广东财政年鉴

广东财政年鉴编辑委员会 编

2020

FINANCE YEARBOOK OF GUANGDONG

SPM
南方出版传媒
广东人民出版社
·广州·

图书在版编目（CIP）数据

广东财政年鉴.2020/ 广东财政年鉴编辑委员会编. —广州：广东人民出版社，2020.10

ISBN 978-7-218-14535-8

Ⅰ.①广… Ⅱ.①广… Ⅲ.①地方财政—广东—2020—年鉴
Ⅳ.①F812.765-54

中国版本图书馆CIP 数据核字（2020）第 200867 号

GUANGDONG CAIZHENG NIANJIAN · 2020

广东财政年鉴·2020

广东财政年鉴编辑委员会 编

广东财政年鉴编辑部
地 址：广州市北京路 376 号广东省财政厅 3 号楼 512 室
邮政编码：510030
电 话：（020）83170499，83170901
传 真：（020）83170973
电子邮箱：gdcznj@gd.gov.cn

出 版 人：肖风华

责任编辑：钱 丰 黄炜芝
责任校对：胡 萍
特约编审：阳晓儒
装帧设计：徐兴洋
责任技编：吴彦斌 周星奎

出版发行：广东人民出版社
地 址：广东省广州市海珠区新港西路 204 号 2 号楼（邮政编码：510300）
电 话：（020)85716809(总编室)
传 真：（020）85716872
网 址：http://www.gdpph.com
印 刷：中华商务联合印刷（广东）有限公司
开 本：889 毫米×1194 毫米 1/16
印 张：29.5 **插 页：**22 **字 数：**1160 千
版 次：2020 年 10 月第 1 版
印 次：2020 年 10 月第 1 次印刷
定 价：380.00 元

广东财政年鉴编辑委员会

广东财政年鉴编辑部

主　　任　杨　娟
副 主 任　许航敏
编　　辑　贺巧知　杜婷婷

广东财政年鉴特约通讯员

毛存中（广东省财政厅办公室）
潘　敏（广东省财政厅法规处）
张晓红（广东省财政厅税政处）
李良恒（广东省财政厅预算处、预算编审处）
张吕芳（广东省财政厅国库处、国库支付局）
林晓燕（广东省财政厅综合处）
李　栩（广东省财政厅政府债务管理处）
张启明（广东省财政厅行政处）
李琪民（广东省财政厅政法处）
杨远立（广东省财政厅科教和文化处）
李德宽（广东省财政厅经济建设处）
夏景善（广东省财政厅工贸发展处）
贺　莹（广东省财政厅农业处）
陈妍斐（广东省财政厅资源环境处）
戚伟强［广东省财政厅社会保障处（广东省社会保险基金财政管理办公室）］
朱　超（广东省财政厅资产管理处）
边　宁（广东省财政厅金融处）
李志宏（广东省财政厅会计处）
胡中原（广东省财政厅政府采购监管处）
崔竹英（广东省财政厅绩效管理处）
张　豪（广东省财政厅监督局）
闫　鹏（广东省财政厅人事教育处）
张江涛（广东省财政厅离退休人员服务处）
张元财（广东省财政厅机关党委）
王俊哲（广东省财政厅数字财政专班）
陈海平［（广东省财政厅国际金融合作办公室）（广东省世界银行贷款业务办公室）］
李　晶（广东省财政厅投资审核中心）
石佳平（广东省农业综合开发评估中心）
陆　晴（广东省财政厅政务服务中心）
谢　峰（广东省运行监控中心）
杜婷婷（广东省财政科学研究所）
关楚业（广东省财政厅政府债务监测评估中心）
林壮镇（广东省注册会计师协会）
刘文娴（广东省资产评估协会）
闫　宇（广东省纪委省监委驻省财政厅纪检监察组）
贺志华（广州市财政局）
代婷婷（深圳市财政局）
吴利锋（珠海市财政局）
黄志婷（汕头市财政局）
罗雅泉（佛山市财政局）
何　洲（韶关市财政局）
朱小文（河源市财政局）
李振豪（梅州市财政局）
梁淑仪（惠州市财政局）
李　倩（汕尾市财政局）
袁颖桢（东莞市财政局）
周凤林（中山市财政局）
罗紫嫣（江门市财政局）
简梅芳（阳江市财政局）
黄丽云（湛江市财政局）
梁骏杨（茂名市财政局）
赵俊杰（肇庆市财政局）
肖　禹（清远市财政局）
陈丽洁（潮州市财政局）
黄同涛（揭阳市财政局）
晏　磊（云浮市财政局）

编辑说明

一、《广东财政年鉴》是广东省财政厅主办的年度资料性工具书，于2005年创刊。《广东财政年鉴》以马克思列宁主义、毛泽东思想、邓小平理论、“三个代表”重要思想、科学发展观和习近平新时代中国特色社会主义思想为指导，其宗旨是全面、准确、系统地记录广东省财政事业发展状况和工作开展情况，为读者了解和研究广东省财政改革发展提供信息数据资料。

二、《广东财政年鉴》采用分类编辑法，主体内容以类目、分目和条目结构组成。全书条目标题统一用黑体加【】表示，个别包括多方面资料的条目在段首用楷体标题标明资料主题。

三、《广东财政年鉴》以出版年号为卷次名称，2020年卷为总第16卷，主要载录2019年广东财政事业发展的基本资料。正文设中华人民共和国成立70周年广东财政改革发展专记、年度关注、大事记、广东财政总述、法制税政、预算管理、政府债务、国库管理、归口预算管理、财政监管、机关建设、财政服务、行业协会学会、市县财政、机构·荣誉、统计资料、文献专载、规范性文件、附录19个类目。

四、为提高全书质量，增强实用性和可读性，《广东财政年鉴2020》注重调整规范框架内容，突出广东财政专业特色和改革亮点。其中，设“专记”类目记载中华人民共和国成立70周年广东财政改革发展成就；以“年度关注”类目重点反映2019年度广东财政重要改革等。

五、《广东财政年鉴2020》注重以图片专辑和内文配图形式收录图片资料，直观、形象地反映财政改革发展相关内容。

六、全书配有中英文目录和索引，具有双重检索系统。索引采用主题分析法，按照主题词汉语拼音字母顺序排列。

七、全书编纂得到广东财政系统各有关单位支持，谨表感谢！疏漏和差错之处，敬请读者指正。

总　　目

目　录

图片专辑

中华人民共和国成立70周年广东财政改革发展专记

年度关注

大　事　记

广东财政总述

法制税政

预算管理

■财政政法

■财政科教文

■财政经济建设

■财政工贸发展

■财政农业农村

■财政资源环境

■财政社会保障

■财政金融管理

财 政 监 管

■国有资产管理

■会计管理

财 政 服 务

行业协会学会

市 县 财 政

机构·荣誉

统计资料

文 献 专 载

规范性文件

附　　录

■领导批示

■年度预决算文件

■媒体报道

图片专辑

Photo Album

广东省政区图
比例尺 1：2550 000
广东省地图出版社

注：本图资料截至2019年12月，界线不作为权属争议的依据。 审图号：粤S（2020）101号

2019年 广东财政要录

省领导：充分肯定广东财政工作

■ 2019年，省委书记李希，省委副书记、省长马兴瑞，省人大常委会主任李玉妹，省委常委、常务副省长林克庆，省委常委、省纪委书记、省监察委员会主任施克辉，副省长张虎等省领导先后亲临财政厅调研指导、听取汇报，对财政工作给予充分肯定，并就财政工作作出指示批示。

财政运行：不折不扣落实更大规模减税降费，财政收入增幅保持在合理区间

■ **设立税政处**

■ **“能快则快、能低则低、能简则简”**

■ **“一揽子”政策“顶格”减税**

■ 2019年，全省累计实现减税降费超过**3000亿元**，其中新增减税超过**2400亿元**，超出2019年初的预计数

形成全省上下一盘棋，共同抓收入的工作局面：

■ 建立厅长联系基层工作制度，建立厅领导班子联系地市制度，成立厅内抓收入工作专班

■ 全省一般公共预算收入增长**4.5%**

■ 税收收入增长**3.3%**

■ 非税收入增长**9.4%**

预算编制执行监督管理改革：成为广东财政改革的响亮品牌 03

- 制定出台改革配套制度 **40** 多项
- 完成主要改革事项 **100** 多项
- 推动实施财政“放管服”事项改革 **22** 项
- 改革在省级部门和市县全面铺开
- 省级 **117** 个部门均建立预算改革配套制度
- **21** 个地市和 **74** 个县（市、区）完成本级预算改革部署
- 牵引带动各项财政改革都取得新的突破和进展

■ 7 月，财政部召开部分省市座谈会专题研究广东预算管理改革的做法和成效，我省在会上作了经验介绍发言。

■ 8 月，财政部专门刊发 17 号简报将广东省预算改革做法上报中办、国办，专报国务院领导同志，抄送各省（区、市）政府。

■ 江苏、浙江、山东等 7 个兄弟省市区先后到广东省调研学习，其中山东省和青岛市于 2019 年初参考广东省做法出台预算改革的意见，江苏省也在 2020 年预算编制中采取类似广东省的改革措施。

■ 新华社、人民日报、中国财经报等先后报道广东省预算管理改革的做法和成效。

"全面对标 全力推动走在前列"工作：24 项重点考核事项实现走在前列目标 

■ 把"全面对标 全力推动走在前列"作为推动工作落实的总抓手

■ 把财政工作与中央和省委、省政府部署要求对标，与先进省市财政部门、省直部门对标

■ **64** 项对标事项，基础好的工作努力进入全国财政系统前 **5** 名或者省直各部门前 **10** 名

■ **26** 项重点考核事项中预计有 **24** 项实现走在前列

专项债发行使用工作

■ 2019 年广东新增债券发行与支出使用进度均位列**全国第一**

■ 6 月 17 日，广东地区（不含深圳）在全国**率先**完成 2019 年全年新增债券发行任务

■ 10 月底，全年新增债券已完成 **100%** 支出，全部拨付到项目上，有力拉动形成有效投资

预算绩效管理工作

■ 起草广东省关于全面实施预算绩效管理的若干意见，明确推进"三全四化"的预算绩效管理体系，实现"两必问两提高"的目标，形成了 **18** 类 **61** 项清单重点工作任务

■ 量化绩效评价结果与预算挂钩方式，实现"无效就压减"

■ 扶贫项目资金绩效管理填报率和审核率圆满实现双 **100%**

■ 在财政部组织的 2018 年度预算绩效管理工作考核中获全国第 **1** 名

"数字财政"建设

■ 以"最高站位、最优方案、最强保障"推进"数字财政"建设

■ 2019 年 8 月 7 日，成立广东省财政厅"数字财政"建设工作领导小组和办公室

■ 制定建设方案和工作清单，建立沟通协调机制和工作周报制度，明确建设思路和工作职责

■ 取得阶段性成果，基本完成业务规范、技术标准和系统需求的梳理整理工作

- 广东省财政厅**连续三年**在全国财政工作会议上做经验交流发言
- 广东地方预决算公开全国排名从 2017 年的倒数提高到第 **2** 名
- 广东信息工作在全国排名从 2018 年的 11 名提升至前 **3** 名
- 党建考核位于省直单位**一等次**
- 广东省财政厅社会保障处获**“全国助残先进集体”**
- 干部队伍统计分析工作从多年没有受过表彰到获得**一等奖**

机构改革：“瘦身”“强体”建立“一个部门对口一个处室”工作机制

- 瘦身：划转 **4** 个单位、**1** 项职能，主责主业更为聚焦
- 强体：设立一批新处室，合并更名一批处室，调整理顺处室职责 **52** 项，改革面超过**一半**
- 做强“龙头”和“龙尾”、做长“龙身”
- 对口预算单位的处室由 **6** 个增加到 **12** 个，全厅八成以上处室和人员从事与财政预算本职相关工作

“一个部门对口一个处室”

- 每个省直预算单位的资金预算管理事项由一个处室对口负责
- “只进一个门、只跑一个处”
- 实行对口服务清单等“六统一”
- 大力推动财政“放管服”改革，提出 **22** 项“放管服”清单。行政权力事项从 **63** 项压减为 **3** 项，压减率约 **95%**
- 省级财政专项资金审批环节由 **15** 个减少到 **7** 个
- 政府采购资金由直接支付改为授权支付，平均拨付时间缩短 **82.8%**

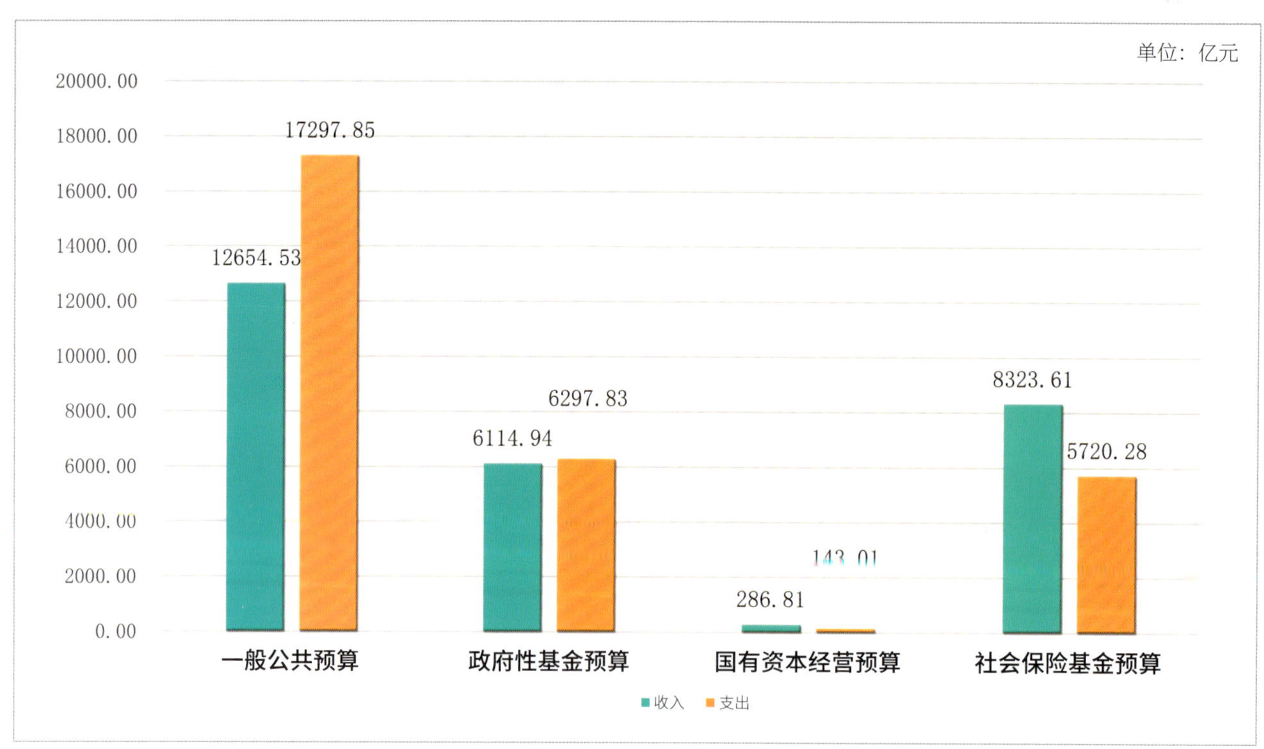

2019 年广东省四本预算收支情况图

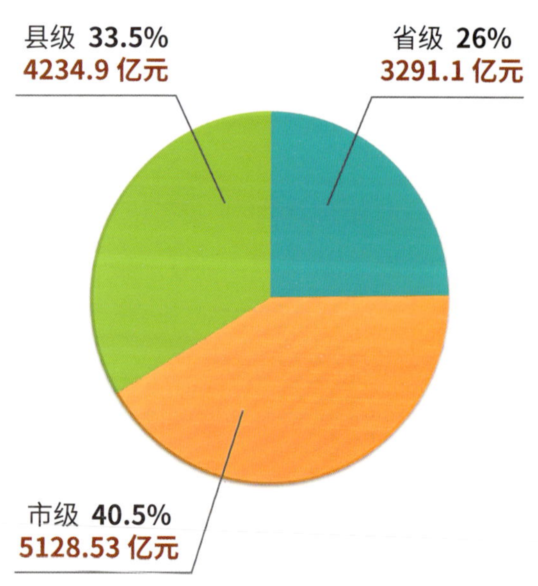

2019 年广东省一般公共预算收入分预算级次构成图

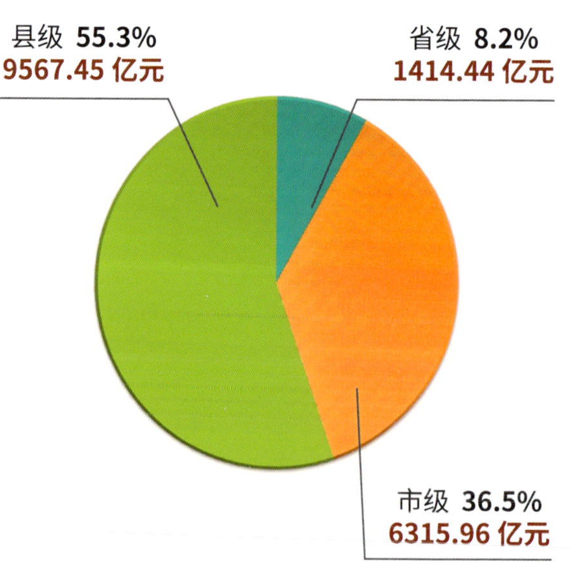

2019 年广东省一般公共预算支出分预算级次构成图

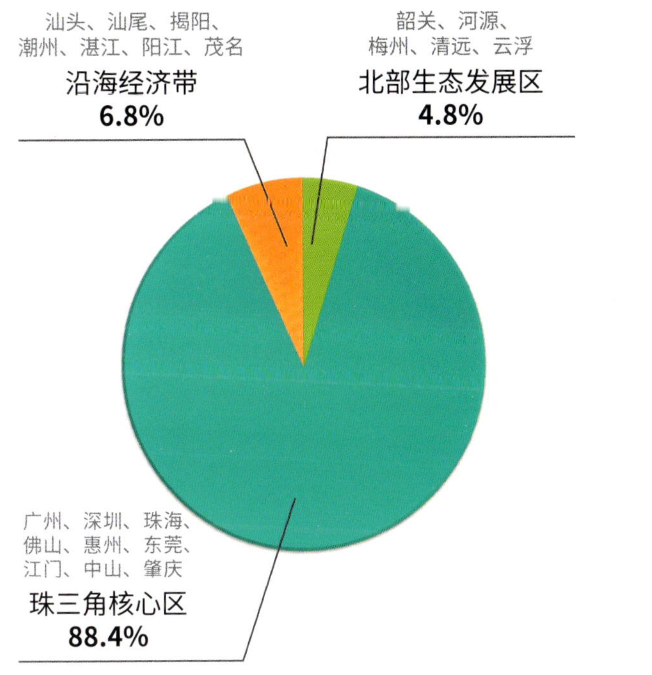

2019 年广东省市县一般公共预算收入分区域构成图

其他
19.5%

一般公共服务
10.7%

民生类支出
69.8%

2019 年广东省一般公共预算支出分用途构成图

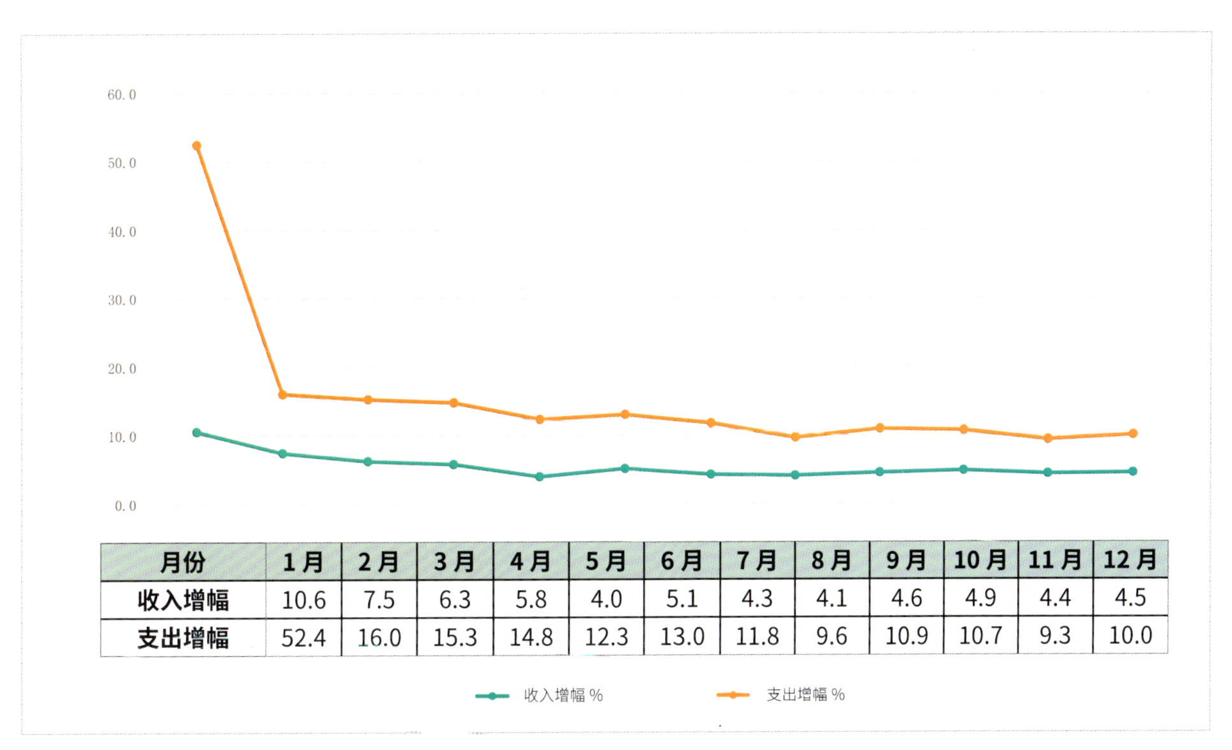

月份	1月	2月	3月	4月	5月	6月	7月	8月	9月	10月	11月	12月
收入增幅	10.6	7.5	6.3	5.8	4.0	5.1	4.3	4.1	4.6	4.9	4.4	4.5
支出增幅	52.4	16.0	15.3	14.8	12.3	13.0	11.8	9.6	10.9	10.7	9.3	10.0

2019 年广东省一般公共预算收支累计增幅走势图

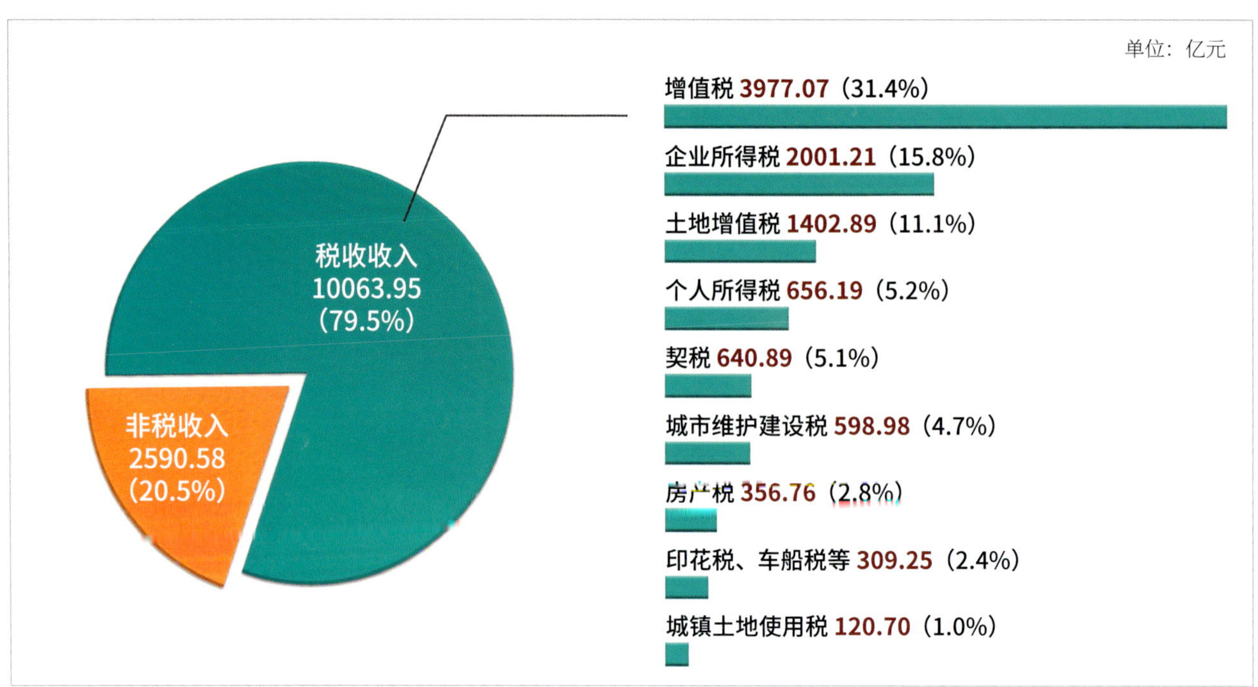

2019 年广东省一般公共预算重点收入情况图

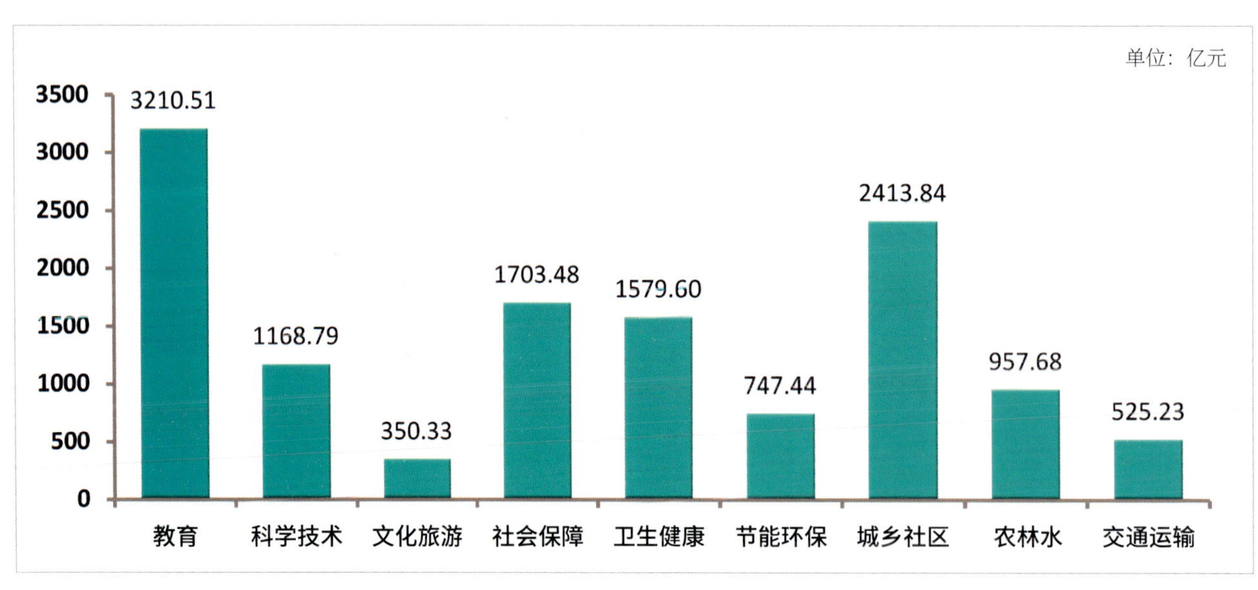

2019 年广东省一般公共预算重点支出情况图

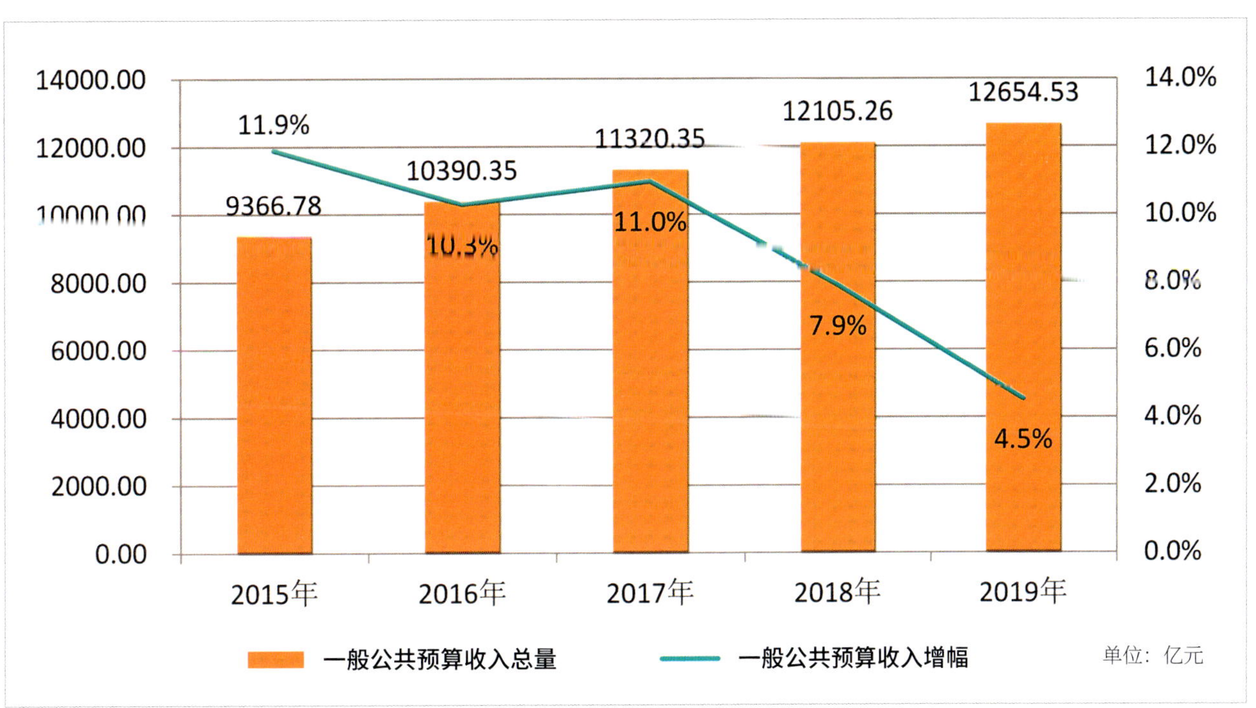

2015 — 2019 年广东省一般公共预算收入

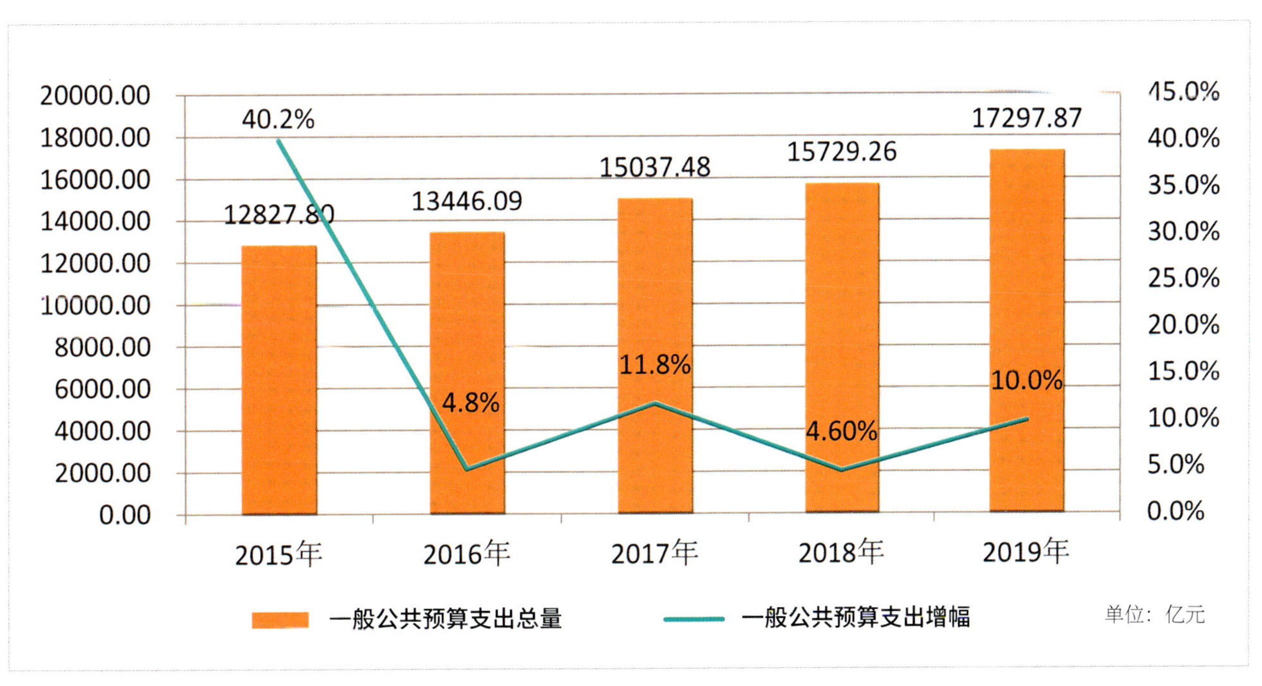

2015 — 2019 年广东省一般公共预算支出

2019 年度
广东省各地市
一般公共预算收入情况
清远
一般公共预算收入
118.54 亿元
增幅 5.9%
肇庆
一般公共预算收入
114.21 亿元
增幅 7.7%
一般公共预算收入
731.62 亿元
增幅 4.0%
佛山
云浮
一般公共预算收入
60.48 亿元
增幅 4.9%
江门
一般公共预算收入
256.83 亿元
增幅 5.2%
阳江
一般公共预算收入
64.30 亿元
增幅 2.7%
茂名
一般公共预算收入
139.89 亿元
增幅 2.8%
一般公共预算收入
131.27 亿元
增幅 7.7%
湛江

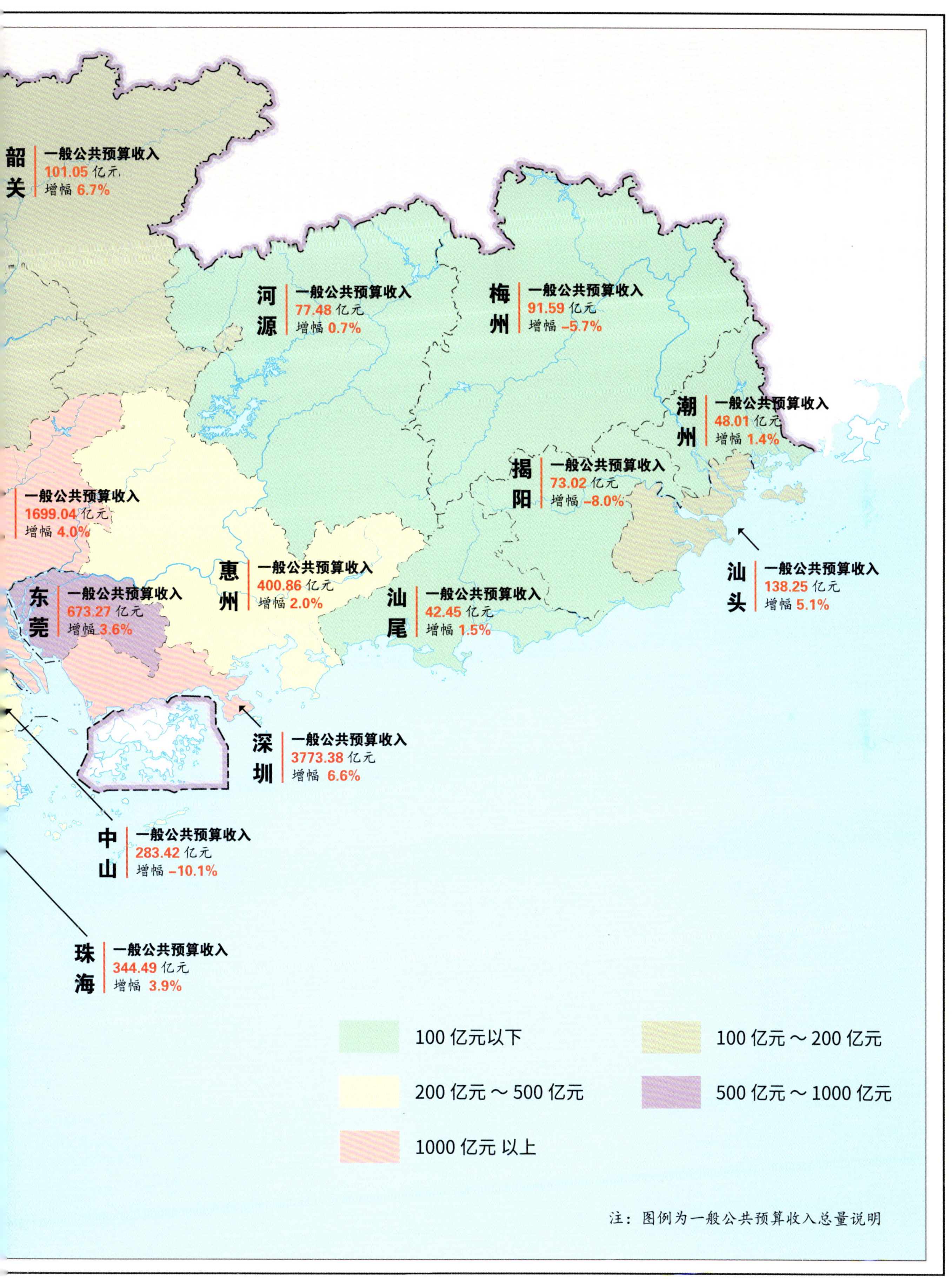
韶关
一般公共预算收入
101.05 亿元
增幅 6.7%
河源
一般公共预算收入
77.48 亿元
增幅 0.7%
梅州
一般公共预算收入
91.59 亿元
增幅 -5.7%
潮州
一般公共预算收入
48.01 亿元
增幅 1.4%
揭阳
一般公共预算收入
73.02 亿元
增幅 -8.0%
一般公共预算收入
1699.04 亿元
增幅 4.0%
惠州
一般公共预算收入
400.86 亿元
增幅 2.0%
东莞
一般公共预算收入
673.27 亿元
增幅 3.6%
汕尾
一般公共预算收入
42.45 亿元
增幅 1.5%
汕头
一般公共预算收入
138.25 亿元
增幅 5.1%
深圳
一般公共预算收入
3773.38 亿元
增幅 6.6%
中山
一般公共预算收入
283.42 亿元
增幅 -10.1%
珠海
一般公共预算收入
344.49 亿元
增幅 3.9%
100 亿元以下
100 亿元～200 亿元
200 亿元～500 亿元
500 亿元～1000 亿元
1000 亿元 以上
注：图例为一般公共预算收入总量说明

2019 年度
广东省各地市
一般公共预算支出情况
清远
一般公共预算支
395.28 亿元
增幅 15.6%
肇庆
一般公共预算支出
351.65 亿元
增幅 11.4%
一般公共预算支出
941.32 亿元
增幅 16.7%
佛山
云浮
一般公共预算支出
242.99 亿元
增幅 12.7%
江门
一般公共预算支出
421.24 亿元
增幅 11.5%
阳江
一般公共预算支出
242.34 亿元
增幅 7.1%
茂名
一般公共预算支出
458.12 亿元
增幅 7.8%
一般公共预算支出
503.10 亿元
增幅 4.5%
湛江

韶关
一般公共预算支出
377.59 亿元
增幅 11.5%
河源
一般公共预算支出
370.22 亿元
增幅 11.8%
梅州
一般公共预算支出
443.84 亿元
增幅 -0.3%
潮州
一般公共预算支出
197.16 亿元
增幅 6.6%
揭阳
一般公共预算支出
349.69 亿元
增幅 11.5%
一般公共预算支出
2865.33 亿元
增幅 14.3%
惠州
一般公共预算支出
614.86 亿元
增幅 13.0%
东莞
一般公共预算支出
863.01 亿元
增幅 12.8%
汕尾
一般公共预算支出
278.92 亿元
增幅 10.7%
汕头
一般公共预算支出
386.54 亿元
增幅 18.2%
深圳
一般公共预算支出
4552.73 亿元
增幅 0.3%
中山
一般公共预算支出
411.74 亿元
增幅 -6.0%
珠海
一般公共预算支出
615.74 亿元
增幅 7.5%
300 亿元以下
300 亿元 ～ 500 亿元
500 亿元 ～ 1000 亿元
1000 亿元以上
注：图例为一般公共预算支出总量说明

戴运龙
办公室
国库处
法规处
税政处

1 2019年8月27日，广东省省长马兴瑞到广东省财政厅调研 （肖鑫晖 摄）

2 2019年12月5日，省人大常委会主任李玉妹率省人大视察组到省财政厅视察指导工作　（肖鑫晖　摄）

3 2019 年 1 月 24 日，省委常委、常务副省长林少春到广东省财政厅参加厅领导班子民主生活会　（肖鑫晖　摄）

4 2019 年 4 月 18 日，省委常委、省纪委书记施克辉到广东省财政厅调研 （肖鑫晖 摄）

5 2019 年 7 月 25 日，广东省副省长张虎到广东省财政厅调研指导“不忘初心、牢记使命”主题教育工作 （肖鑫晖 摄）

6 2019年4月1日，财政部副部长程丽华来粤开展调整完善土地出让收入使用政策专题调研，广东省财政厅党组书记、厅长戴运龙，党组成员、副厅长肖红梅参加调研座谈（肖鑫晖 摄）

7 2019年5月28—31日，财政部党组成员、副部长余蔚平到广东开展减税降费调研，广东省财政厅党组书记、厅长戴运龙陪同调研（李向楠 摄）

8 2019年6月11日，财政部党组成员、全国社会保障基金理事会理事长刘伟到广东省财政厅主持召开专题座谈会，广东省财政厅党组书记、厅长戴运龙汇报广东省经济运行情况和社会保险相关情况（肖鑫晖 摄）

1 2019 年 1 月 8 日，广东省财政厅召开创建模范机关领导小组专题会议，厅党组书记、厅长、厅模范机关创建活动领导小组组长戴运龙主持会议并讲话，党组成员、纪检监察组组长叶昊文，党组成员、副厅长郑贤操、杨朝峰参加会议 （肖鑫晖 摄）

2 2019 年 4 月 9 日，广东省财政厅党组书记、厅长戴运龙以“重塑风清气正的良好政治生态，奋发有为谱写广东财政事业新篇章”为主题，为全厅党员干部上党课 （肖鑫晖 摄）

3 2019年6月18—23日，广东省财政厅在广东财经大学举办为期5天的"不忘初心、牢记使命"主题教育集中学习研讨，广东省财政厅党组书记、厅长戴运龙作开班动员讲话，党组成员、副巡视员、主题教育领导小组成员参加交流研讨 （肖鑫晖 摄）

4 2019年7月8日，广东省财政厅党组书记、厅长戴运龙以"不忘初心、牢记使命，在财政事业新征程上担当作为奋勇前行"为题给全厅党员干部上党课 （肖鑫晖 摄）

5 2019 年 6 月 19 日，广东省财政厅开展“不忘初心、牢记使命”革命传统教育，组织前往中共三大会议纪念馆参观学习，并重温入党誓言。省财政厅党组成员、纪检监察组组长叶昊文，党组成员、副厅长郑贤操、杨朝峰、陈剑、肖红梅等厅领导参加活动 （肖鑫晖 摄）

6 2019 年 9 月 2 日，广东省财政厅组织处级以上党员干部到省档案馆，集中参观学习“不忘初心、牢记使命”主题教育档案文献展和焦裕禄精神展 （肖鑫晖 摄）

7 2019 年 9 月 12 日，广东省财政厅举办支部书记集中培训　　（李伟坚 摄）

8 2019 年 7 月 1 日，广东省财政厅组织青年党员赴广州农民运动讲习所，开展“不忘初心、牢记使命”革命传统教育　　（丁丽芸 摄）

戴运龙
姚 露
办公室
行政
资环处
机关党委
1

2

刘云梅
综合科
国库科
3

1 2019 年 10 月 15 日，广东省财政厅党组书记、厅长戴运龙主持召开深化全省预算编制执行监督管理改革暨市县财政管理工作会议 *（广东省财政厅预算处供图）*

2 2019 年 4 月 26 日，广东省财政厅召开全省预算编制执行监督管理改革视频培训会议，省财政厅党组成员、副厅长杨朝峰参加会议 *（李伟坚 摄）*

3 2019 年 3 月 4 日，广东省财政厅在云浮市召开预算编制执行监督管理改革工作调研座谈会 *（云浮财政局供图）*

4 2019 年 6 月 20 日，汕头市召开全市深化预算编制执行监督管理改革和全面实施预算绩效管理工作培训会 *（汕头财政局供图）*

5 2019 年 8 月 12 日，江门市组织举办深化预算编制执行监督管理改革暨 2020 年部门预算编制工作布置专题培训 *（江门市财政局供图）*

1 2019 年 6 月 14 日，广东省财政厅党组书记、厅长戴运龙赴肇庆市开展研究建立均衡性转移支付制度专题调研

（广东省财政厅预算处供图）

2 2019 年 7 月 22 日，广东省财政厅党组书记、厅长戴运龙前往东莞市开展“不忘初心、牢记使命”主题教育调研，了解省实验室建设及新增债券资金使用管理情况

（东莞市财政局供图）

3 2019 年 12 月 30 日，广东省财政厅党组书记、厅长戴运龙到广州市财政局调研座谈 （*广州市财政局供图*）

4 2019 年 7 月 23 日，广东省财政厅党组成员、驻厅纪检监察组组长叶昊文率队调研指导河源市财政局“以案促改”工作（*河源财政局供图*）

5 2019年5月22日至5月23日，广东省财政厅党组成员、副厅长郑贤操到韶关市开展2018年度全省保障农民工工资支付工作考核实地核查

（韶关市财政局供图）

6 2019年6月27日，广东省财政厅党组成员、副厅长杨朝峰到中国中医科学院广东分院开展传承发展中医药事业调研

（广东省财政厅社会保障处供图）

7 2019 年 2 月 28 日，广东省财政厅党组成员、副厅长陈剑在汕头市华侨试验区东海岸新城实地调研

（汕头华侨经济文化合作试验区管委会供图）

8 2019 年 8 月 13 日，广东省财政厅党组成员、副厅长肖红梅到东源县顺天镇实地调研灯塔盆地田园综合体项目，指导河源市乡村振兴工作

（河源市财政局供图）

1 2019 年 5 月 11 日，广东省财政厅党组书记、厅长戴运龙率广东省财政厅有关处室负责同志，深入精准扶贫帮扶点——龙川县鹤市镇
2 鹤市村调研指导精准扶贫工作，并组织驻村工作队轮换交接及开展精品水果大棚调研，向贫困户了解葡萄长势和收成情况（*陈建国 摄*）

3 2019年9月7日，广东省财政厅党组成员、纪检监察组组长叶昊文一行到甘孜州康定市调研援建项目——甘孜州融媒体中心

（甘孜州融媒体中心供图）

4 2019年11月12日，广东省财政厅党组成员、副厅长陈剑一行到龙川县鹤市镇鹤市村调研脱贫攻坚工作，并到农贸市场调研电子厂经营情况

（陈建国 摄）

5 2019年11月25日，广东省财政厅党组成员、副厅长肖红梅赴龙川县鹤市镇鹤市调研脱贫攻坚工作，并到精品水果大棚察看优质草莓种植情况（陈建国 摄）

STRIVE
6

7

8

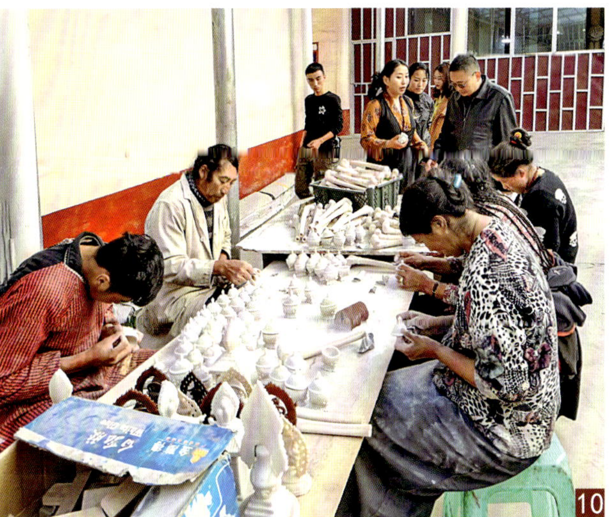

6 2019 年 8 月 22 日，广东省财政厅驻鹤市村工作队为贫困户发放鸡苗 （陈建国 摄）

7 2019 年 10 月 17 日，广东省财政厅驻鹤市村工作队邀请镇农机站站长察看水稻生长情况（陈建国 摄）

8 2019 年 10 月 31 日，广东省援川前方工作组一行到云南昭通调研产业扶贫工作 （广东省援川前方工作组供图）

9 广东援川项目——甘孜州甘孜县光伏发电扶贫 （广东省援川前方工作组驻甘孜县小组供图）

10 广东援川项目——民族手工业扶贫车间 （李晓彬 摄）

11 广东援川项目——甘孜州康定市若吉村乡村振兴 10 户民宿改建示范户 （李晓彬 摄）

1 2019 年 1 月 12 日，广东省财政职业技术学校成建制移交省教育厅管理签约仪式在广东省教育厅举行，广东省财政厅党组书记、厅长戴运龙出席签约仪式并讲话，党组成员、副厅长郑贤操、肖红梅出席签约仪式 （肖鑫晖 摄）

2 2019 年 5 月 17 日，广东省财政厅召开机构改革干部大会，党组书记、厅长戴运龙，党组成员、纪检监察组组长叶昊文，党组成员、副厅长肖红梅出席会议 （肖鑫晖 摄）

3 2019 年 5 月 20 日，广东省财政厅党组书记、厅长戴运龙走访涉及机构改革的处室 （肖鑫晖 摄）

4 2019 年 7 月 10 日，广东省财政厅召开省级财政对口服务改革暨预算编制动员会议，省财政厅党组书记、厅长戴运龙，党组成员、副厅长郑贤操出席会议 （广东省财政厅预算处供图）

热烈欢迎世 银行广东农业面源污染
治 项目督查团！
Ou yinggang
Wang Dehan

1

2

3

1 2019 年 1 月 14 日下午，香港华人会计师公会新任会长余广文率队到访广东省财政厅，与省财政厅党组书记、厅长戴运龙就进一步加强粤港会计服务合作，助力粤港澳大湾区建设等事项进行座谈交流 （广东省财政科学研究所供图）

2 2019 年 1 月 28 日，广东省财政厅党组成员、副厅长郑贤操会见世界银行首席城市专家梅帕杰先生一行 （广东省财政科学研究所供图）

3 2019 年 2 月 26 日，世界银行全球农业实践局副局长内森·贝雷特先生一行访问广东，广东省财政厅党组成员、副厅长郑贤操出席项目督导启动会，并会见内森·贝雷特先生一行 （广东省财政科学研究所供图）

8

5 2019年11月16日，广东省财政厅在广州体育学院举办第二十一届全民健身运动会，各厅党组成员、二级巡视员以及全厅干部职工400多人参加运动会

6 拔河比赛 （*肖鑫晖 李伟坚 摄*）

7 鼓舞人心

8 和谐家庭

庆祝新中国成立 70 周年快闪活动

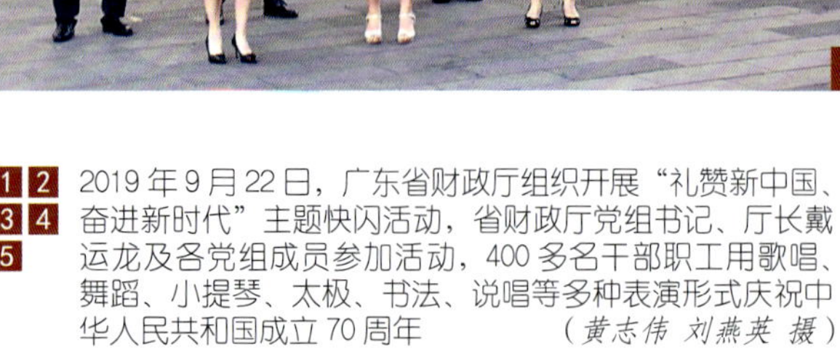

1 2 3 4 5 2019 年 9 月 22 日，广东省财政厅组织开展“礼赞新中国、奋进新时代”主题快闪活动，省财政厅党组书记、厅长戴运龙及各党组成员参加活动，400 多名干部职工用歌唱、舞蹈、小提琴、太极、书法、说唱等多种表演形式庆祝中华人民共和国成立 70 周年　　（*黄志伟 刘燕英 摄*）

中华人民共和国成立70周年广东财政改革发展专记

70th Anniversary of the Founding of the People's Republic of China: Special Feature on Fiscal Reform and Development of Guangdong

潮起珠江：从广东速度到广东质量

——专访广东省财政厅厅长戴运龙

走进广州的老街区永庆坊，广彩、广绣、粤剧……一条条巷子，一间间老店铺，无不透着浓浓的岭南文化。过去这里电缆纵横、盘根错节，不少房屋濒临倒塌，路面被泥土覆盖。如今，街区环境大提升，建筑物翻新恢复昔日风采，保留了乡土乡愁的同时，也把现代创客空间、文化创意产业引入进来，历史街区重新焕发了光彩。2018年10月24日，习近平总书记在广州考察，第一站就到了这里。

在永庆坊，游人如织，记者感受到了对传承的坚守和对创新的包容。这种传承和创新、坚守和包容，正是广东敢为人先、勇立潮头精神的彰显吧。

广东省财政厅厅长戴运龙说："新中国成立70年来，广东从一个经济比较落后的农业省份，成为改革开放的排头兵、先行地、实验区，不断实现历史性跨越，经济持续快速增长，各项社会事业均取得显著成就。广东财政也得到快速发展，财政制度改革不断深化，财政政策不断完善，财政实力不断增强，为广东经济社会发展提供了坚实的财力支撑和体制保障。去年习近平总书记在广东考察时提出了更高要求，我们要高举新时代改革开放旗帜，把改革开放不断推向深入。"

潮起珠江的南粤故事

先来看这样一组"大数据"：从1978年到2017年，广东地区生产总值从185.85亿元增加到89705.23亿元，年均增长12.6%，人均地区生产总值从370元增加到80932元，社会消费品零售总额连续36年全国第一，城镇居民家庭人均可支配收入从412元增加到40975元，农村居民家庭人均可支配收入从193元增加到15780元……

新中国成立70年特别是改革开放40年来，广东综合实力大幅提升，城乡面貌日新月异，人民生活不断改善，在坚持和发展中国特色社会主义事业中创造了广东经验。如果把中国经济看成一艘巨轮，那么广东就是巨轮前行的一个重要引擎。

作为中国改革开放的前沿地区，改革开放是广东不竭的发展动力。改革开放初期，广东大胆地闯、大胆地试，以"敢为天下先"的历史担当和"杀出一条血路"的精神，解放思想，在改革开放探索中先行一步，"全国第一"这一关键词频频出现引人关注。

1978年，广州市芳村区率先放开了河鲜、蔬菜价格，带动了蔬菜、河鲜、水果等农副产品价格的陆续放开。

1978年，东莞虎门镇与外商合作，成立了全国第一家"三来一补"企业——太平手袋厂。

1979年，蛇口炸响了中国对外开放的"第一声开山炮"，创建了中国大陆第一个出口加工区。

同一年，广州东湖新村开工建设，这是第一个商品住宅建设项目，开启了住房商品化改革的路子。

1980年，深圳特区正式成立，"时间就是金钱，效率就是生命"，迅速成为特区建设者们奉行的口号。

1982年，中国第一代打工仔、打工妹出现，逐渐成为改革开放前沿地区经济建设的生力军。

1983年，深圳出现了股份制企业，第一张股份制企业股票在深圳公开发行。

……

20世纪80年代初的大多数时间，广东珠江三角洲的许多市县、乡镇，都像深圳一样，突破原有的体制与经营模式，不断探索和适应市场经济的规律，经济发展年年上新台阶。

同样，广东财政也走在了改革的前列。紧紧围绕党中央在不同时期的重大决策部署，立足改革开放大局，把中央改革精神与广东发展实际有机结合，发挥财政改革"牵一发而动全身"的突破口作用，探索形成了具有广东特色的财政改革路径。"广东的财政改革发展大体经历'统收统支制''包干制''分税制''公共财政改革'和'现代财政制度'等五个阶段。"戴运龙介绍说，"尤其是在公共财政改革纵深推进过程中，广东以匹配市场经济体制为目标全面推动财政体制改革，搭建起了与社会主义市场经济相适应的公共财政框架，财政改革由局部调整迈入整体机制构建的新阶段，为建立现代财政制度、推进国家治理体系和治理能力现代化打下了坚实基础。"

从高增长到高质量的嬗变

"推动高质量发展，是以习近平同志为核心的党中央作出的重大决策部署，是当前和今后一个时期确定发展思路、制定经济政策、实施宏观调控的根本要求。”戴运龙说。习近平总书记2018年3月7日参加广东代表团审议时，明确要求广东在构建推动经济高质量发展的体制机制上要走在全国前列；当年10月在广东考察时再次提到广东要在推动高质量发展上聚焦用力，发挥示范引领作用。总书记的殷殷嘱托，为广东推动高质量发展提供了根本遵循、指明了前进方向，推动经济高质量发展也成为近年来广东的一大亮点。

东莞是广东的制造业重镇。曾经，全球每10双鞋就有一双产自东莞，劳动密集型加工制造业成为东莞的代名词。而如今，每4部智能手机就有一部是“东莞制造”，智能制造在东莞制造业企业中蔚然成风。统计显示，东莞加工贸易的比重已由98%降至41.3%，先进制造业增加值占GDP的比重达52.3%。

在经济由高速增长转向高质量发展阶段，近30年经济总量连续位居全国第一的广东，如何实现动力转换，不断推动改革开放向纵深挺进？带着这个疑问，记者来到了东莞松山湖国家高新区。松山湖，一幅诗意山水与现代建筑相互掩映的大画卷，坐拥8平方公里的湖面，6.5平方公里的湿地，14平方公里的生态绿地，绿化覆盖率超过60%，生态环境可媲美4A级景区。18年前，松山湖还是一片荔枝林；如今这里已成为高新技术企业集聚的沃土。既有着国之重器大科学装置散裂中子源，也有着28.5秒就可封装一台智能手机的华为南方工厂，尤其吸引记者的是颇具欧洲建筑风格的华为“溪村”。

说起“溪村”这个名字可能多少有些陌生，可若说“华为小镇”，想必早已名声在外。每年的华为开发者大会就是在这里举办，而“松山湖+华为”碰撞出的奇妙火花，成为松山湖乃至东莞最引人瞩目的地标。1900亩的区域内，有仿照意大利维罗纳、德国海德堡等12个城市的经典建筑林立其中，全球化的气息被体现得淋漓尽致。

东莞作为制造业名城，具有制造业各行各业较为完善的产业链，华为作为高端电子产业的龙头企业，选择松山湖不仅仅是看中松山湖的环境，也是看中松山湖乃至东莞完善的产业配套环境。依托东莞的制造业基础，作为科技创新发展引擎的松山湖，布局了以高端电子信息、生物医药、机器人、新能源、现代服务业为主体的现代产业体系，引进了华为终端、蓝思科技、华贝电子、华勤通讯等一批行业龙头企业。

“财政是国家治理的基础和重要支柱，推动经济发展跨越关口、实现高质量发展，必须发挥好财政体制、政策、资金的保障作用。”戴运龙表示。为此，广东财政通过“两加两减”，即加强重点领域财政保障、加大财政改革力度、不折不扣落实减税降费政策、牢固树立“过紧日子”思想等，积极发挥好财政资金政策在推动质量变革、效率变革、动力变革中的引导带动和服务保障作用。“今年以来，国家出台了小微企业税收优惠、深化增值税改革、社保费率降率减负等一系列减税降费政策，这对支持实体经济发展、激发民间投资活力、稳定经济增长等方面发挥了积极作用。”戴运龙说，“特别是广东制造业发达，通过增值税改革、降低增值税率等，有效地促进了制造业的转型升级，让企业和人民群众享有实实在在的获得感。”上半年，广东全省累计实现减税降费1727.8亿元，超过年初测算全年减税降费数（2681亿元）的64%，其中：减税1509.4亿元；减轻企业行政事业性收费和政府性基金收费136.9亿元；降低社保费率减轻企业缴费81.5亿元。

营商环境就是生产力。近年来，广东还积极对标国际先进地区，全面优化营商环境，为高质量发展提供制度支撑。以松山湖为例，多年来一直努力打造最优的营商环境——“政策最优、成本最低、服务最好、办事最快”，不断进行体制机制的改革和优化。这里设立了综合性服务中心，落实“一门式一网式”政务服务模式改革、“最多跑一次”改革，提供1200多项服务事项，让群众走进一扇门，解决百件事，打通群众办事“最后一公里”。

谋划对外开放新格局

珠江之畔、南海之滨，港珠澳大桥像一条银龙飞旋向海，成为网友点赞的“最美地标”，这也是宣示改革开放再出发的里程碑。

“建设粤港澳大湾区，是习近平总书记亲自谋划、亲自部署、亲自推动的重大国家战略，也是新时代广东改革开放的大机遇、大文章。”戴运龙说。继广东省委、省政府发布贯彻落实《粤港澳大湾区发展规划纲要》实施意见之后，今年7月，广东“推进粤港澳大湾区建设三年行动计划”发布，进一步明确了广东省推进大湾区建设的“三步走”安排、九项重点任务，详细列出最近三年实施的100条举措。

可以说，大湾区建设正在改变广东的经济地理版图，一个个港口、机场和高铁站，将大湾区打造成为辐射全球的供应链枢纽。据当地人说，过去从珠海运货到香港，需要经虎门大桥，再从深圳过关，耗时至少5个小时；港珠澳大桥开通后，只需不到1小时。以往从香港尖沙咀坐船到广州南沙区至少要2小时，如今从香港西九龙出发，35分钟就可到达。

横琴，这个位于珠海市南部、珠江口西侧的岛屿，与澳门仅一河之隔，总面积却是澳门的三倍。其特殊的地理位置，注定了它在对接港澳、促进港澳繁荣稳定方面发挥着独特的作用。2009年8月，中国国务院正式批复《横琴总体发展规划》，同年12月16日，横琴新区正式成立，实行比经济特区更加特殊的政策，定位于“一国两制”下探索粤港澳合作新模式的示范区、深化改革开放和科技创新的先行区和促进珠江口西岸地区产业升级的新平台。横琴新区成为继上海浦东、天津滨海之后的第三个国家级新区。记者走进横琴，切身感受到这个当年蕉林遍野的荒岛小镇，如今已发展成为初具规模的现代化新城。

横琴新区粤澳合作中医药科技产业园，是《粤澳合作框架协议》下首个落地项目。2018年10月22日，习近平总书记曾来到这里考察，他强调，建设横琴新区的初心就是为澳门产业多元发展创造条件。横琴有粤澳合作的先天优势，要加强政策扶持，丰富合作内涵，拓展合作空间，发展新兴产业，促进澳门经济发展更具活力。

横琴·澳门青年创业谷就是服务港澳和内地青年交流合作、干事创业、实现梦想的孵化平台。中科智谷（横琴）科技有限公司是青创谷2018年度“创业之星”之一，其创始人毕业于澳门城市大学，在VR风潮和内地市场的吸引下到横琴成立公司，致力于为城市空间规划展示及房地产文旅展销提供数字化整体解决方案，如今已参与珠海及周边城市十余个城市空间项目。截至今年6月30日，创业谷已经累计孵化项目352个，其中澳门项目198个；累计培育和引进高新技术企业41家，园区先后荣获市级孵化器、省级孵化器、国家级孵化器、国家级众创空间等20余项荣誉资质，已经成为内地与澳门重要的创新孵化基地，在推动珠澳合作、促进产业集聚、支持澳门融入国家发展大局等方面发挥了重要作用。

财政改革再出发

戴运龙说：“新中国成立70年来，尤其是改革开放40年来，广东财政锐意改革创新，改革发展成效明显，为广东社会主义市场经济体制改革不断完善、经济社会全面发展提供了重要支撑。”广东财政厅的数据显示，一般公共预算收入从1978年的41.82亿元增加到2018年的12105.26亿元，41年间增长288倍，年均增长15.2%，收入总量从1991年开始连续28年位居全国各省、市、自治区首位。财政支出结构不断优化，逐步退出对一般性、竞争性领域的直接投入，不断加大公共服务领域投入，财政支出保重点、保民生、保基层，2010年民生类支出10800亿元，占一般公共预算支出的68.7%。

新时代呼唤新作为。戴运龙介绍说，近年来，广东财政从“财政是国家治理的基础和重要支柱”的全新定位破题，围绕率先基本建立现代财政制度改革目标，以深化预算管理、明晰事权和支出责任、构建地方税收入体系、推进基本公共服务均等化、公平配置政府公共资源为重点，全面深化财税体制改革。

一是深化预算管理改革。实施了构建全口径政府预算体系、细化预算编制、规范国有资本经营预算管理、全面实行项目库管理、基本建立跨年度预算平衡机制、全面规范完善专项资金管理、加大预算统筹力度、规范地方政府债务管理等系列改革措施。在整体构建规范完整、透明高效的现代预算管理制度机制的基础上，2018年起推行省级预算编制执行监督管理改革，这是一项“牵一发而动全身”的战略战役性改革。改革聚焦推动政府职能转变、提高行政效率效能，简政放权，通过“两转变、两精简”，即转变财政管理重心（从管控全程向“管住两头、优化中间”转变），转变部门权责配置（压实部门预算执行主体责任），精简财政资金项目审批事项，精简预算执行流程，推行“大专项+任务清单”模式，实现部门、市县推动改革发展的积极性和资金使用效益“两提高”的目标。

二是扎实推进全面实施预算绩效管理。深入研究起草全面实施预算绩效管理实施意见，将绩效理念和方法深度融入预算编制、执行和监督管理全过程，通过构建结果导向、关口前移的预算绩效目标机制，动态跟踪、及时干预的绩效监控机制，高质量、全覆盖的绩效评价机制，刚性约束、公开透明的绩效结果应用机制等“四个机制”，完善层级配套的绩效管理制度、绩效标准体系、第三方机构跟踪监管等“三个体系”，建立全方位、全过程、全覆盖的预算绩效管理机制，推进预算绩效管理制度化、规范化、标准化、信息化，实现花钱必问效、无效必问责。

三是深化财政体制改革。2017年制定了省级与市县财政事权和支出责任划分改革实施方案，在卫生等基本公共服务领域率先开展省与市县划分改革试点，探索形成省级与市县财政事权与支出责任划分清晰框架。结合省以下权责划分调整改革进展情况，相应健全完善转移支付制度，提高一般性转移支付规模比例，增加市县可统筹财力和资金分配使用自主权。

四是深化税制改革和财政管理改革。营改增改革实现了全面扩围，积极开展资源税、环境保护税等改革，理顺税制降低企业税负，规范市场环境，有力地支持了全省供给侧结构性改革。围绕财税体制改革总体要求，深入推进政府采购“放管服”改革、政府向社会力量购买服务、首批试点地方政府自行发债等系列改革工作，进一步规范财政管理，加大监管力度，提高财政资金使用效益明显。

五是深化推进基本公共服务均等化。先后两次修编相关规划纲要，形成“5+5”（即公共教育、公共卫生、公共交通、公共文化体育、公共安全、生活保障、就业保障、医疗保障、住房保障、生态环境保障）的基本公共服务框架。在持续加大财政民生投入的基础上，推动民生财政保障体制机制创新和配套措施落实，探索形成多样化供给形式、多元化供给主体的格局，公众对基本公共服务均等化满意度持续提高。

六是深化财政投入机制创新改革。充分利用广东市场经济发育充分这一优势，突出在经营性领域发挥财政政策杠杆作用，通过建立全省PPP项目库，加快推广PPP模式运用；进一步完善股权投资支持方式，扩大财政经营性资金股权投资改革试点；设立政策性引导基金，创新财政资金投入方式等投入机制创新，充分发挥财税体制对优化资源配置、维护市场统一、促进社会公平的保障作用，推进了财政治理体系和治理能力现代化建设。

逝者如斯夫，不舍昼夜。滚滚流淌的珠江，见证着广东发展的奇迹。

戴运龙表示，进入新时代，站在新的历史起点上，广东财政将坚持以习近平新时代中国特色社会主义思想和党的十九大精神为指导，深入贯彻习近平总书记视察广东重要讲话精神，坚持稳中求进工作总基调，坚持新发展理念，牢固树立过紧日子的思想，集中财力支持国家和省的重大战略实施，切实保障和改善民生，加快建立现代财政制度，为实现“四个走在全国前列”、当好“两个重要窗口”提供财政保障。

（原载于《中国财政》2019年第17期）

改善民生最长情的告白：持续深入推进基本公共服务均等化

基本公共服务均等化是党的十六届六中全会提出、中央部署推进的一项重大战略决策，是落实以人为本、推动科学发展的重要制度性安排。广东省是全国改革发展的先行地，推进基本公共服务均等化，形成惠及全民的公共服务体系，让人民群众共享改革发展成果，是广东贯彻落实习近平新时代中国特色社会主义思想和党的十九大精神，实现“四个走在全国前列”、当好“两个重要窗口”的必然要求。

推进基本公共服务均等化：广东一直在路上

切实保障和改善民生，让全省人民享受到改革带来的红利，始终是广东省委、省政府努力的方向。推进基本公共服务均等化既是广东改革发展的必然要求，又是一项长期艰巨的基本任务。

（一）先行先试，于全国率先推进基本公共服务均等化

按照中央推进基本公共服务均等化的决策部署，早在2008年3月，广东省就着手开展基本公共服务均等化的体制政策研究，加强推进基本公共服务均等化的制度设计和规划引领。2009年12月，《广东省基本公共服务均等化规划纲要（2009—2020年）》（以下简称《规划纲要》）在全国率先出台。2012年，国务院印发《国家基本公共服务体系“十二五”规划》后，广东省对照国务院相关规定，及时对《规划纲要》进行了修编，并于2014年5月印发实施。经过这次修编，拓宽了基本公共服务范围，形成了“5+5”框架体系，即5项基础服务（公共教育、公共卫生、公共文化体育、公共交通、公共安全）和5项基本保障（生活保障、住房保障、就业保障、医疗保障、生态环境保障）的基本公共服务框架，并细化了实施阶段目标和措施，重新测算了财力需求，完善了配套政策体系，使广东推进基本公共服务均等化进程既符合国家政策规定，又切合本省经济社会发展的实际。

（二）发挥示范效应，开展基本公共服务均等化综合改革试点

为加快基本公共服务均等化进程，探索更高效的改革道路，发挥典型示范效应，确保《规划纲要》各阶段目标顺利实现，2012年，省政府印发《深入推进基本公共服务均等化综合改革工作方案》，确定以惠州市为首个试点市，开展基本公共服务均等化综合改革。试点期间，惠州市结合实际、大胆创新，探索出一套具有示范性的制度体系和工作框架，如通过建立市级基本公共服务均等化专项统筹资金，探索建立财政横向转移支付机制，统筹资源要素配置提高基本公共服务

供给效率，改革付费机制满足基本公共服务多层次选择需求等。综合改革试点工作成效明显，示范效应显著。2014年和2015年，为进一步扩大改革试点效应，省政府决定在惠州市继续深化综合改革试点的基础上，将改革试点地区范围扩大到珠海、清远等7市。2016年底，综合改革试点顺利结束，各试点市均按时保质完成了试点任务，取得了预期效果。各试点市的积极探索，为广东省全面实施基本公共服务均等化积累了经验。

（二）"十三五"时期，力争率先实现基本公共服务均等化

《国家"十三五"推进基本公共服务均等化规划》印发后，广东启动了对《规划纲要》的再次修编，并经省政府同意，于2017年6月正式印发《广东省基本公共服务均等化规划纲要（2009—2020年）》(2017年修编版)。本次修编明确了广东省基本公共服务制度，提出了《"十三五"广东省基本公共服务清单》，清单覆盖了十大领域共104个服务项目，调整了实施阶段及阶段目标，进一步细化和量化了十个基本公共服务均等化领域的阶段目标任务和工作措施，区分轻重缓急，确立优先顺序，统筹兼顾，重点突破。同时，为贯彻落实党的十九大关于加快推进基本公共服务均等化的决策部署及习近平总书记在参加十三届全国人大一次会议广东代表团审议时关于完善基本公共服务均等化推进机制的讲话精神，2019年初，经省政府同意印发了《广东省完善基本公共服务均等化推进机制的实施方案》。

广东经验：在实践中不断探索创新体制机制

稳步扎实推进基本公共服务均等化，核心是形成既保障基本供给、又提升供给效率的可持续的基本公共服务体制机制。在推进基本公共服务均等化过程中，广东省着力探索创新体制机制，实现了民生资金由"舍得花"向"花得好"的转变。

（一）完善工作机制，确保权责行统一

省级层面，不断完善《规划纲要》实施工作机制，基本形成了由财政部门承担日常工作、各有关部门按职能分工主动参与推进的大工作架构。特别是按照党的十八届三中全会提出的建立事权和支出责任相适应的制度要求，对各项基本公共服务项目的支出责任在省以下层面作出原则性划分，区域性较强的公共服务作为地方事权，省级政府主要负责全省基本公共服务标准确定、地方政策法规制定、涉及省级事权的基本公共服务提供与财力保障，确保基本公共服务均等化权责统一。地市层面，根据国家和省的要求，结合自身市情财力，也形成了独具特色基本公共服务均等化的工作目标、实施机制等。如惠州市按照"保基本、广覆盖、促均等、可持续"的思路，着力推动全市城乡之间、县区之间、不同群体之间的基本公共服务项目全面覆盖，并依据市情财力，动态扩大基本公共服务项目覆盖范围；清远市则重点从教育和医疗两个方面突破。

（二）加大投入力度，完善投入机制

坚持尽力而为、量力而行的原则，全省各级财政部门不断调整优化支出结构，加大对民生领域的财政投入力度，建立以基本公共服务均等化为导向的财政投入及保障机制。2012—2015年，全省各级财政对基本公共服务领域的投入达到10517.94亿元，占全省一般预算支出的比重从35.07%提高到48.28%。到2018年，全省各级财政部门积极履行职能，有力保障了教育、文化、卫生、社会保障等基本公共服务领域资金需求。全年全省基本公共服务支出8987亿元，占全省一般公共预算支出比重达57.2%。投入机制方面，地市也在实践中探索出多种方式，如惠州市创新设立基本公共服务均等化横向转移支付统筹资金，实现统筹资金规模随着财政收入的增长而逐年稳定增长；珠海市结合本市发展情况，专门设立西部地区和海岛专项转移支付资金，以平衡区域间发展不平衡问题；江门市建立全市统一标准底线均等项目转移支付机制，按照因素法，对不同区域分档给予补助；清远市建立了"强统筹、提绩效"的资金筹集机制，在全省范围内率先实施零基预算改革，强化财力统筹。

（三）破除区域壁垒，推进一体化

针对影响和制约区域基本公共服务一体化的突出问题，积极进行体制和机制的创新，2009年省级层面编制实施了《珠江三角洲地区基本公共服务一体化规划（2009—2020年）》，从资源共享、制度对接、待遇互认、要素趋同、流转顺畅、差距缩小、城乡统一和指挥协调等八个方面入手，努力破除珠三角行政区划、城乡二元体制的限制和障碍，构建资源要素优化配置、共建共享、流转顺畅、协作管理的社会公共事务管理机制，推动珠三角地区率先建立区域一体化的基本公共服务体系。地市层面则主要以鼓励引导方式调动县区积极性。如惠州市安排部分资金对县（区）、乡镇自主实施的基本公共服务项目进行适当补助，重点解决各县（区）基本公共服务均等化中存在的短板和薄弱环节；江门市对关键项目达到全省或全市先进水平的地区，进行激励性奖励，充分调动了各市（区）的积极性和主动性。

（四）创新供给方式，强化体制保障

坚持推进基本公共服务均等化政府主导的原则，探索基本公共服务多样化供给形式，形成公共服务事业供给主体多元化格局，提高公共服务效率和质量；探索基本公共服务民主决策机制，选取村级公益

事业建设“一事一议”、小型农田水利项目、农村危房改造和基层医疗机构建设等四项民生决策事项开展为民办事征询民意试点；深化省以下财政体制改革，通过调整完善分税制财政管理体制、建立县级基本财力保障机制、建立生态保护补偿机制、推进省直管县改革等，为《规划纲要》实施提供财力和体制保障。各地也积极创新基本公共服务供给方式，综合运用财政贴息、补助、奖励、竞争性分配等方式引导社会资金投入民生领域，完善基本公共服务保障网络，提高基本公共服务产品供给的效率和质量。如阳江市政府出台了《关于支持民间资本进入社会公共服务领域的意见》，鼓励企业投资教育、医疗卫生、文化体育、交通运输等领域，同时，深化事业单位改革，提高事业单位公共产品和服务供给效率。惠州市改革付费机制，由补贴供给方转变为直接补贴服务对象，如推行电子教育券，养老服务券，发放文化惠民卡等。

（五）强化问需于民，回应公众诉求

自《规划纲要》实施以来，广东省要求各级政府在推进基本公共服务过程中注重从群众最关心、最迫切的问题入手，不断拓展、丰富基本公共服务领域和内容，做好重大惠民工程，使社会保障水平得到逐步提高，公众基本需求不断得到保障，民众满意度持续提升。为保障公众需求能够得以体现，广东省在基本公共服务均等化绩效考评中引入了公众满意度调查，把公众满意度作为各级地方政府基本公共服务均等化绩效的重要指标纳入考评，推动基本公共服务供给与人民群众需求“无缝对接”。

群众获得感：广东推进基本公共服务均等化的终极目标

一路走来，广东省推进基本公共服务均等化工作起步早、工作实，老百姓最基本、最关心的获得感在很大程度上得以满足。2017年最后一次开展的基本公共服务均等化绩效考评显示，全省基本公共服务均等化系数（基本公共服务均等化任务完成率）为0.9787，连续四个年度达到优秀等级。21个地市全部达到优良等级，改革成效显著。

（一）基本公共服务保障标准进一步提高

近年来，随着基本公共服务均等化进程的深入，广东省各项基本公共服务的财政保障标准显著提高。目前广东省10个基本公共服务领域中，主要保障项目指标达到或超过全国平均水平的比例达到94%，城乡低保、特困人员、孤儿、残疾人保障、医疗救助等底线民生保障水平保持在全国前列。一些体现底线均等、普惠性的保障项目建立了稳定的增长机制，如，规定特困人员基本生活标准达到不低于当地最低生活保障标准的1.6倍；从2019年1月1日起，城乡居民基本养老保险基础养老金最低标准从每人每月148元提高到170元，增幅为15%，同时积极推进参保扩面，城乡居民基本养老保险覆盖率达到98%以上。

（二）区域、城乡不同群体间基本公共服务均等化差距进一步缩小

城镇职工医保、城镇居民医保、新农合和城乡医疗救助实现了制度衔接和区域内关系转移接续，在本省就读的异地务工人员子女，符合条件的可参加学校所在统筹地区城镇居民医保，并享受同等财政补助政策。非户籍常住人口在住房、随迁子女教育等方面逐步纳入基本公共服务均等化、一体化保障范围等。惠州等各综合改革试点市也积极探索推行电子教育券、文化消费卡、公共卫生券等公共服务券、实施“巡教”“巡医”制度等创新做法，统筹城乡资源要素配置，促进资源流通打破区域差异。

（三）公众满意度逐年提高

2017年最后一次绩效考评结果显示，11个地市考评结果为优秀，10个为良好，公众满意度达到83.64%，比实施第一年2010年提高了7.44个百分点。21个地级以上市公众对基本公共服务均等化满意度的综合评价超过80分的有18个，显示大部分地市公众对当前基本公共服务均等化的状况感到比较满意。

（原载于《中国财政》2019年第17期）

·链接·

广东省完善基本公共服务均等化推进机制的实施方案

（广东省财政厅2019年1月9日发布，粤财办〔2019〕1号）

为贯彻落实党的十九大提出的“加快推进基本公共服务均等化”的总体部署及习近平总书记在参加十三届全国人大一次会议广东代表团审议时的重要讲话中关于“完善基本公共服务均等化推进机制”、习近平总书记视察广东重要讲话中关于“加快实现城乡基本公共服务均等化”的要求，推动我省基本公共服务均等化走在全国前列，制定本实施方案。

一、总体要求

（一）指导思想

坚持以习近平新时代中国特色社会主义思想为指导，全面贯彻党的十九大和十九届二中、三中全会精神，深入贯彻习近平总书记重要讲话精神，按照国家《“十三五”推进基本公共服务均等化规划》部署，坚持以人

民为中心的发展理念，坚持尽力而为、量力而行，围绕解决基本公共服务领域不均衡不充分问题，积极完善基本公共服务均等化推进机制，推进基本公共服务标准化，开展基本公共服务领域共同事权划分改革，进一步提升基本公共服务水平和统筹层次，实现城乡、区域和不同社会群体间基本公共服务制度的统一、标准的一致和水平的均衡，为构建“一核一带一区”区域发展新格局打牢基础。

（二）基本原则

1. 坚持以人为本。坚持底线公平、机会均等，始终把保障和改善民生作为基本公共服务均等化的出发点和落脚点，从幼有所育、学有所教、劳有所得、病有所医、老有所养、住有所居、弱有所扶等与人民群众日常生活需要密切相关的各方面入手，确保更好地提供基本公共服务，切实保障公民的基本权利，保障公民享有最基本的公共服务，保障公民平等的发展机会。

2. 坚持实事求是。立足省情实际，充分发挥基本公共服务兜底作用，坚决守住民生底线。合理确定基本公共服务保障标准，不提不切实际的目标，不做超越阶段和能力的事情，根据不同阶段的目标和公共财政承受能力，统筹兼顾，因地制宜，动态调整，合理引导社会预期，确保不超越经济社会发展阶段，兜牢基本民生保障底线，通过人人参与、人人尽力，实现人人共享。

3. 坚持全省“一盘棋”。全省“一盘棋”部署推进基本公共服务均等化工作，突出基本公共服务均等化统揽各项民生保障工作的抓手作用。合理划分各级政府基本公共服务财政事权与支出责任，适当强化省级分担责任，加大统筹力度，完善转移支付制度，体现对不同地区承担的支出责任差异化，提升粤东、粤西、粤北基本公共服务水平；发挥市县政府在推进本行政区域内基本公共服务均等化的管理优势和主观能动性，将自有财力和上级转移支付优先用于基本公共服务，承担提供基本公共服务的组织落实责任，确保民生政策落实到位。

（三）主要目标

——到2020年，全省基本建成政府主导、覆盖城乡、功能完善、分布合理、管理有效、可持续的基本公共服务体系，区域间人均基本公共服务支出差距控制在30%以内，全省基本公共服务均等化水平国内领先。

——到2022年，全省基本公共服务均等化推进机制更加成熟，区域、城乡和人群基本公共服务保障水平更加均衡，多层次的现代基本公共服务体系更加完善，实现人人平等享有较高水平的基本公共服务，继续保持全省基本公共服务均等化水平国内领先，在国际上达到中等发达国家水平。

二、实施路径

（一）推进基本公共服务标准化

1. 构建基本公共服务标准化体系。以《广东省基本公共服务均等化规划纲要（2009—2020年）》（2017年修编版）为基础，按标准化原理逐步构建科学完善、协调配套的基本公共服务标准体系。在遵守国家指导标准前提下，制定与我省经济社会发展水平相适应，服务区域协调发展新要求的基本公共服务实施标准。由行业主管部门提出，分别制定实施基本公共服务各领域的服务项目、设施建设、设备配备、人员配备、经费投入、服务规范和流程等具体标准，实现城乡、区域之间标准衔接统一。

2. 推进基本公共服务标准实施应用。将基本公共服务标准作为各级政府权责清单的重要组成部分，运用标准化形式向社会公开基本公共服务的清单项目、服务对象、服务内容、服务标准、支出责任和牵头负责单位等。建立依托于基本公共服务标准的绩效考核机制，以标准化机制推进基本公共服务均等化。

3. 开展基本公共服务标准化试点。选择一批基本公共服务均等化工作机制较成熟、成效较显著的地市，以部分重点领域为突破口，坚持尽力而为，量力而行原则，先行先试，试点开展基本公共服务标准化示范工作，待机制成熟后再全面推广。

（二）实施基本公共服务均等化重点工程

1. 实施“补短暖心”工程。以基本公共服务项目的全国平均水平为参照，全面梳理我省基本公共服务的项目短板，按照“既尽力而为、又量力而行”的原则，结合财力实际，集中力量推进补齐短板项目、缩小城乡差距，优先提高落后全国平均较多的重点项目保障水平，确保到2020年全面补齐基本公共服务项目短板。

2. 实施“扩面共享”工程。进一步打破户籍制度壁垒，健全财政转移支付与农业转移人口市民化挂钩机制，稳步推动基本公共服务常住人口全覆盖，促进农业转移人口与城镇居民享受同等的基本公共服务，特别保障为进城农村贫困人口提供基本公共服务，促进有能力在城镇稳定就业的农村贫困人口有序实现市民化，推动让全体人民共享改革开放成果。

3. 实施“提质领先”工程。以提升基本公共服务质量为目标，持续投入确保“底线民生”保障水平保持全国前列，鼓励行业主管部门和各地市政府探索各项基本公共服务体制机制创新，在达到全国平均水平的基础上，进一步增强人民群众的获得感和满意度。积极拓展与港澳公共服务交流合作，推进共建共享，共同打造优质生活圈。

（三）明晰权责规范分担

1. 推进基本公共服务职责规范化。推进政府基本公共服务机构、职能、权限、程序、责任法定化，制定政府履行基本公共服务职能的具体规范，既依法保障人民群众能够获得普遍、公平的基本公共服务，又对政府履行职责设定程序约束，保障基本公共服务提供的连续性、规范性。

2. 完善基本公共服务供给和参与机制。创新基本公共服务供给机制，积极引入社会力量，形成政府主导、多元供给新格局；推进政府购买公共服务，能由政府购买服务提供的，政府不再直接承办，交由具备条件、信誉良好的社会组织、机构、事业单位和企业等承担，依法确定基本公共服务的购买范围和购买程序，加强政府购买基本公共服务的财政预算管理；扩大公众在基本公共服务均等化过程中的话语权，拓宽公众参与基本公共服务均等化的途径，对于涉及人民群众切身利益的重大事项，应履行听证和公开等公众参与程序，相关机构应根据公众的需求，提供更加有效更加优质的基本公共服务。

3. 推动基本公共服务领域共同事权划分改革。将中央已明确的义务教育、学生资助、基本就业服务、基本养老保险、基本医疗保障、基本卫生计生、基本生活救助、基本住房保障等八大类18项基本公共服务领域中央与地方共同财政事权，确定为省与市县共同财政事权，探索制定地区保障标准。适当强化省级责任，实行以按比例分担为主、以按因素确定和项目分担为辅的支出责任分担方式。按照“一核一带一区”区域发展新格局，考虑财力差异，逐步简化统一市县分类分档，并按规范比例分担。强化市级政府在推进本行政区域内基本公共服务均等化等方面的职责，统筹制定本地保障标准，合理划分市级与所辖县（市、区）支出分担比例。

（四）有序提升统筹水平

1. 梳理确定省级统筹项目。建立健全全省基本公共服务“一盘棋”工作机制，全面梳理基本公共服务目录清单项目，在企业职工基本养老保险省级统筹基础上，探索基本公共服务省级统筹机制，进一步提升基本公共服务水平和统筹层次。加大省级财政统筹力度，适当统筹财力用于保障基本公共服务中最基础、最核心的项目，促进区域间基本公共服务水平均衡。对部分重点领域项目实行全省统一制度、统一政策、统一标准，财力水平较高、自行提高保障标准超过国家和省定标准的地区，在适当放缓或暂停提标的基础上，对其形成的增支省级一律不予补助，必要时核减相关转移支付资金，调整到保障水平较低的欠发达地区，避免由于各地区提供基本公共服务的门槛、待遇和流程等差异，导致地区间恶性竞争、超过财政承受能力或财政资金沉淀。

2. 探索城乡区域协调共建机制。加快推进城乡和区域基本公共服务制度对接和标准统一，实现基本公共服务供给体制一体化。统筹规划城乡基本公共服务，按照统一的建设标准，规划建设基本公共服务机构和设施，通过城乡间资源共享、制度对接、待遇互认，全面实现城乡基本公共服务均等化；建立区域间公共事务协作管理机制和利益协调机制，推动相邻区域基本公共服务设施共建共享。以服务半径和服务人口为基本依据，统筹空间布局，在省、市范围内统一布局基本公共服务重大基础设施，避免重复建设与资源浪费。实现基本公共服务信息、资源、技术、设备等要素共享和相互开放，逐步消除基本公共服务资源共享的行政壁垒与制度障碍。

三、保障措施

（一）明确责任分工

加快推进基本公共服务均等化，是新时代政府对人民群众的承诺，要切实加强组织领导和统筹协调，建立健全实施机制，确保按时完成。省财政部门牵头负责，完善制度设计，加强财政保障。省有关部门按照职责分工，做好行业标准研制和均等化水平测算等工作，明确工作责任和进度安排，推动本领域建设目标、工作措施和清单项目的有效落实。各地级以上市人民政府要参照省级做法，借鉴惠州等地开展基本公共服务均等化综合改革试点的成功经验，结合本地实际，制定完善基本公共服务均等化推进机制的实施方案，探索市域内基本公共服务统筹，促进县（区）间基本公共服务水平均衡。各地各部门要把基本公共服务均等化工作摆在重要的位置，精心谋划，周密部署，明确分工，落实责任；要建立综合协调机制，解决实施方案中涉及的跨县区跨部门跨行业的重大问题；在实施过程中，注意研究新情况，解决新问题，总结新经验。

（二）强化投入保障

推进基本公共服务领域省与市县共同财政事权改革，合理划分各级政府基本公共服务支出责任，建立健全公共服务财政保障机制，形成与经济发展水平相适应的基本公共服务标准体系和清单制度，落实提供基本公共服务项目所必需的资金。强化政府公共服务职能，划分各级政府基本公共服务事权与支出责任，不断增加公共服务供给总量。推进财政事权和支出责任划分改革，按照依法依规、受益范围、成本效率、基层优先的原则，逐步理顺事权关系，建立健全财政事权和支出责任相适应的制度，合理界定各级政府的基本公共服务事权和支出责任，按照财政事权与支出责任相适应的原则，科学配置各级政府的事权与财力，不断提高欠发达地区市县财力保障水平。探索实现供给主体多元化，积极引入社会力量，进一步规范、公开基本公共服务机构设立的基本标准、审批程序。

（三）完善考核监督

各级政府要自觉接受同级人大、政协和人民群众的监督，把基本公共服务均等化推进情况纳入绩效考核。加强对基本公共服务均等化的事中监督，做好基本公共服务均等化实施效果的评估跟踪分析。建立政府主导与社会参与的良性互动机制，推动政务公开和政府信息公开，拓展公众参与渠道，做好舆情监测预警和应对，定期开展基本公共服务需求分析和社会满意度调查，及时妥善回应社会关切。

精准发力　推动构建“一核一带一区”区域发展新格局

近年来，广东财政深入贯彻习近平总书记对广东重要讲话和重要指示批示精神，坚持围绕中心服务大局，牢固树立“大财政大预算大资产”理念和全省“一盘棋”意识，对标先进，积极发挥财政“稳定器”和“调节器”的作用，坚持“推改革、建机制，差异化、促精准，保重点、补短板”，着力缩小粤东西北和珠三角财力差距，加大输血力度，增强其造血功能，提高发展平衡性和协调性，为推动广东实现“四个走在全国前列”、当好“两个重要窗口”提供财政保障。

推改革、建机制，构建区域财力协调均衡的省以下财政体制

（一）坚持“重协调、促均衡”，完善收入划分体制，增强省级促进区域协调发展调控能力

按照兼顾调动市县发展积极性和加强省级调控能力的原则，结合区域协调发展需要，不断完善省以下收入划分体制，确保做大“蛋糕”的同时分好“蛋糕”。广东自1996年建立统一规范的省以下收入划分体制框架，将收入划为省级固定收入、省与市县共享收入和市县固定收入，为各地加快发展提供了基础支撑。2011年将共享“四税”省与市县分享比例由“四六”调整为“五五”，增强省级调控能力，为省级加大对欠发达地区支持力度提供保障。2016年将增值税确定为省与市县“五五”分享，确保省以下各地财力格局总体稳定。目前已形成了省与市县收入协调增长的收入划分格局，为区域协调发展提供了财力保障。省、市、县三级收入呈“中间大、两头小”的橄榄型。

（二）坚持“强责任、减负担”，改革财政事权和支出责任划分，减轻欠发达地区支出压力

落实财政事权和支出责任相适应的要求，不断深化省与市县财政事权和支出责任划分改革，切实减轻市县支出负担。制定实施《广东省省级与市县财政事权和支出责任划分改革实施方案》，明确适当强化省级支出责任、减轻欠发达地区支出压力的总体要求。推动基本公共服务领域共同财政事权和支出责任划分改革，将八大类18项与群众生活密切相关的事项确定为省级与市县共同财政事权，对城乡居民医疗保险、基本公共卫生服务等7项事权，根据“一核一带一区”功能定位将全省市县精细划分为4档，省以上财政补助比例总体比原政策平均提高约10个百分点，其中对原中央苏区、海陆丰革命老区困难县、少数民族县的支出责任补助比例达100%，对北部生态发展区、东西两翼沿海经济带的补助比例提高到85%，大幅减轻欠发达地区市县负担，并确保全部地市获益。积极推动分领域改革，制定医疗卫生领域改革方案，研究教育、科技、交通等领域改革方案，加快形成财政事权和支出责任相适应的格局。

（三）坚持"控省级、保市县"，优化转移支付制度体系，加大对欠发达地区转移支付力度

按照财力下沉的原则，不断丰富完善省级财政转移支付政策体系，优化制度设计，充分发挥转移支付调节作用，促进基本公共服务均等化。目前，广东省已建立了以均衡性转移支付制度"保均衡"、县级基本财力保障"保基本"、生态补偿转移支付"补成本"、重点平台支持政策"强产业"、老区苏区和民族地区专项扶持政策"促振兴"等为主体的一般性转移支付体系，以及覆盖教育、住房保障、医疗卫生、科技、文化等领域的专项转移支付，构建了对欠发达地区多层次保障网，打造了欠发达地区基本公共服务支出"稳定器"。2013—2018年，省财政对市县税收返还和转移支付总额从1978亿元增加至4055亿元，实现翻番，年均增长15.4%。转移支付向欠发达地区倾斜，2013—2018年对粤东西北税收返还和转移支付接近1.2万亿元，粤东西北12市税收返还和转移支付占比不断提高，2018年约达70%。

差异化、促精准，精准对接"一核一带一区"区域发展新格局

（一）支持"促优"，增强珠三角核心区"火车头"牵引带动作用

支持打造辐射带动能力更强的珠三角核心区，聚集高水平要素资源，支持发展高端高新产业，实现高质量一体化发展，让强者更强、优者更优，进一步发挥其"头雁效应"和"火车头"引领带动作用。一是推进粤港澳大湾区建设。实施境外人才个人所得税优惠，符合条件的境外人才个人所得税税率最高可从45%下降至15%。首次实现省财政资金跨境使用，顺利拨付香港科技大学省级科研资金316.96万元。创新集合发行大湾区概念专项债842.8亿元，引入澳门金融机构认购大湾区土地专项债50亿元。支持符合条件的港澳人士享受与内地居民同等的社保待遇、就业创业补贴和学生资助等，推动大湾区人流物流资金流信息流有序自由流动。二是支持产业转型升级。省财政统筹资金重点支持产业转移、工业企业实施技术改造以及珠江西岸先进装备制造业和珠江东岸电子信息产业带发展，促进产业结构不断优化，推动制造业向产业链上游发展转型。三是支持创新驱动发展。支持实施创新驱动发展战略，实施重点领域研发计划，并积极完善有利于科技创新的财政制度体系，助力创新驱动发展成效明显。

（二）支持"强极"，促进沿海经济带产业集聚"串珠成链"

充分发挥财政资金引导作用，强化沿海经济带产业发展主战场地位，在支持打造高水平产业集群上下功夫，促进重点优势产业"愿意来、留得住、能壮大"，打造发展增长极，推动沿海经济带与珠三角"串珠成链"。一是支持产业园扩能增效和产业共建，鼓励有技术含量的珠三角企业优先在省内梯度转移，推动珠三角与粤东西北产业共建，实现高水平产业转移。二是落实重点招商引资项目和重点社会民生项目专项补助，支持湛江东海岛石化产业园区、粤东新城、阳江海上风电产业基地等项目基础设施配套建设，支持打造一批"上规模、有技术、能带动"的产业项目和园区。累计安排63亿元落实粤东西北地级市新区基础设施建设补助政策，促进新区加快发展。三是推动珠三角与粤东西北结对帮扶，实行共建项目税收收入等经济利益共享，强化产业跨区域对接和协同发展，2018年珠三角和粤东西北对口产业园共有260个超亿元工业项目落地建设。

（三）支持"筑屏"，促进北部生态发展区"绿水青山"变"金山银山"

全面贯彻落实习近平生态文明思想，践行"绿水青山就是金山银山"的新发展理念，支持打造北部生态屏障，加大对北部生态发展区财政支持力度，提高生态地区基本财力保障水平，促进生态地区与同类非生态地区均衡发展。一是实施生态保护补偿。在2012年实施重点生态功能区转移支付的基础上，进一步优化完善政策，实施生态保护区财政补偿转移支付办法，建立"谁保护、谁得益，谁改善多、谁得益多"的资金分配机制，实现财政补偿与生态保护成效挂钩。坚持扩围提标，财政补偿实现对生态保护区全覆盖，财政补偿实现稳步增长，自2012年政策实施以来，省财政安排补偿资金超200亿元，其中，2019年安排67亿元，同比增长20%。二是支持绿色产业发展。统筹安排省级节能专项及循环经济发展专项资金等对生态发展区绿色、节能产业发展给予倾斜扶持。支持北部生态发展区创建18个省级现代农业产业园。三是支持生态林业建设，积极支持森林碳汇、沿海防护林体系等重点生态工程建设。建立生态公益林差异化补偿机制，及时足额落实资金投入，积极创新体制机制，提高资金使用效益。

保重点、补短板，以点带面破解区域发展不平衡难题

（一）抓好"惠民生"，持续保障和改善民生提升群众获得感

坚持以人民为中心，围绕人民最关心最直接最现实的利益问题，量力而行、尽力而为，持续保障和改善民生，不断满足人民日益增长的美好生活需要。一是加大投入力度，2013—2018年全省财政民生支出累计约5.15万亿元，投入十件民生实事资金约1.18万亿元；2014—2018年，全省各级财政投入底线民生保障资金约1400亿元，推动基础养老金、低保补差水平、医疗救助、残疾人两项补贴等补助标准大幅提高。二是不断提高民生保障标准，教育、卫生、就业、医疗等10个基本公共服务领域中，主要保障

项目指标达到或超过全国平均水平的比例达到94%。三是完善民生保障机制。2014年、2017年两次修编《广东省基本公共服务均等化规划纲要（2009—2020年）》，分三批选取惠州等7个市开展基本公共服务均等化综合改革试点，探索建立完善基本公共服务均等化投入机制、供给机制和实现机制。印发《广东省完善基本公共服务均等化推进机制的实施方案》，推动基本公共服务补齐短板，探索基本公共服务省级统筹机制，开展基本公共服务标准化。

（二）建好“新农村”，促进城乡融合发展

坚持把农业农村优先发展落到实处，全面推进新农村建设和现代农业发展，提高农民收入，有力巩固“三农”发展基础。一是扎实推进乡村振兴战略。省财政十年投入生态宜居美丽乡村建设资金约1600亿元，支持1.4万个村改善人居环境、升级基础设施。促进乡村产业振兴，大力支持富民兴村产业，支持建设150个现代农业产业园，以“一村一品、一镇一业”为抓手发展特色产业。深入整治乡村人居环境，大力支持“千村示范、万村整治”工程，全域推进生态宜居美丽乡村建设，打造山清水秀、天蓝地绿、村美人和的美丽乡村。二是支持精准扶贫精准脱贫。在全面落实财政支持扶贫“双到”财政资金的基础上，省财政多渠道筹集391亿元，推动实施扶贫攻坚，瞄准特定贫困群众落实扶贫开发，累计帮扶近150万相对贫困人口达到广东脱贫标准。三是统筹整合涉农资金，制定《广东省涉农资金统筹整合实施方案（试行）》，通过“两个50%”，推动涉农资金“放得开、管得好”“放得活、管得住”。

（二）扶好“老少区”，推动全面小康一个都不掉队

紧紧围绕全面建成小康社会目标，聚焦老区苏区和民族地区发展难点、民生痛点、社会热点，坚持对标先进、精准投入、改善民生、着眼长远，制定支持老区苏区和民族地区若干财政支持政策，推动老区苏区振兴发展、民族地区加快发展，保障老区苏区和民族地区在全面建成小康社会过程中一个都不掉队。一是做好投入规模的“加法”，在当前减税降费的大背景下，省财政2019—2020年新增安排老区苏区和民族地区补助资金超300亿元。对民族县和重点老区苏区县每县每年安排专项财力补助4000万元，其他老区专项补助1000万元。二是做好支出负担的“减法”，省级全额承担重点老区苏区和民族地区9项基本公共服务共同财政事权的地方支出责任；对国家和省统一部署在原中央苏区、海陆丰革命老区困难县、少数民族县境内的国铁干线、高速公路、机场、港口码头、水利、生态环保等项目资本金，免除当地出资责任。三是做好产业发展的“乘法”，设立老区苏区发展专项奖补资金，支持重点老区苏区招商引资、企业科技创新和技术改造；优先支持老区苏区和民族地区特色优势产业发展，推动老区苏区和民族地区发展换挡提速，走高质量发展之路。

（原载于《中国财政》2019年第17期）

聚焦“两转变、两精简、两提高”全面推进深化预算编制执行监督管理改革

2018年，广东省启动预算编制执行监督管理改革（以下简称预算管理改革），通过部门权责配置和财政管理重心的“两转变”、财政资金项目审批事项和预算执行流程的“两精简”，实现各方预算管理积极性和财政资金使用效益的“两提高”。改革实施一年多来，各项措施扎实推进落实，取得了阶段性成效。

改革的核心内容

根据《关于深化省级预算编制执行监督管理改革的意见》，这次预算管理改革制定了12条具体改革措施，核心可以概括为“两转变、两精简、两提高”。

“两转变”，即转变财政管理重心，从全流程预算管控转变为聚焦预算编制和预算监督，不直接参与预算执行具体事务；转变部门权责配置，从预算管理权责交叉转变为权责明晰，主体到位，主管部门全面负责本部门预算执行，对制定资金分配使用方案、支出进度、绩效、安全性和规范性等负责。“两精简”，即精简财政资金和项目审批事项，改进审批效率；精简预算

执行流程，加快预算执行进度。“两提高”，即提高各方积极性，充分发挥各部门各市县推动改革发展的主观能动性；提高财政资金使用效益，推动全省经济社会高质量发展。

这次改革不是对以往做法的小修小补，而是对整个预算管理体制机制的一场深刻变革。总体上看，此次预算管理改革将实现四个方面的彻底转变：

一是更加科学精准编制预算。不局限于当年任务和预算，以三年、五年甚至更长的周期作统筹规划，关注长远的经济、社会、生态效益。同时将绩效理念深度融入预算编制、执行和监督管理全过程，建立“花钱必问效”机制，有效改变预算资金分配固化格局，切实提升财政资源配置和使用效益。

二是更加明晰各方权责。这次改革的关键是推动职能转变，是对预算法第53条“各部门、各单位是本部门、本单位的预算执行主体”等规定的具体贯彻落实。这次改革后，省财政部门管理重心聚焦于预算编制和预算监管，预算执行由省业务部门全权负责，市县承接资金项目的具体审批权，将实现各方职能优化协同高效。特别是财政部门可以更好地专注主业，腾出更多时间和精力重点抓好统筹财力、促进区域协调发展、指导市县规范债务管理等大事要事。

三是更好调动预算部门的积极性。这次改革在项目审批上实现“两个放权”，赋予基层和部门更大的自主权。一方面向基层放权，尽可能将适合基层管理的项目审批权限下放给市县、基层用款单位；另一方面向部门放权，财政部门不再参与预算执行中的项目审批，强化部门对资金分配的自主权，更加充分地调动部门的积极性。

四是更好强化预算监管。这次改革按照“谁审批、谁使用、谁负责”的原则明确责任主体，将构建起多层次的监管体系。审计部门转向对业务主管部门、市县和用款单位实施审计监督。财政部门加强预算执行监控和事中事后监督。同时审计署特派办、财政部专员办、各级人大以及纪检监察部门加强预算监督。发挥纪检监察部门派驻机构、各部门内审机构的监督作用。

改革的主要措施及阶段性成效

改革实施一年多来，预算改革“牵一发动全身”的积极效果逐步显现，主要体现在实施“五个强化”，推动“五个提升”上。

（一）强化预算管理“法定职责”，以权责匹配为重点，提升各方管财理财积极性

落实预算法“各部门、各单位是本部门、本单位的预算执行主体”的规定，强化部门和市县两个主体责任，推动各方聚焦主责主业。

一是财政部门从“管全程”转变为“聚焦两头”，主责主业发力更精准。财政部门退出专项资金项目审批及组织实施等预算执行具体事务，聚焦预算编制和绩效监督，突出为党委政府谋大事、为全省发展谋全局、为民生保障谋长远。

二是业务部门从“被动接”转变为“主动管”，聚焦职能谋划更主动。落实预算执行主体责任，赋予省级业务部门专项资金省定项目独立审批权，由其根据部门职能和中心工作确定具体项目并接受审计监督，主动思考谋划本部门财政资源配置，谋划事业长远发展。

三是市县从“等分配”转变为“主动谋划”，理财管财更积极。省级专项资金全面推广“大专项+任务清单”管理模式，赋予市县省级专项资金具体项目审批权。如涉农资金统筹整合按照“省定项目资金不超过资金总额的50%、省定约束性任务所需资金不超过市县可统筹资金总额的50%”的原则，最大限度赋予基层涉农资金使用自主权。市县作为权力下放的承接主体，根据当地实际统筹确定最需要的项目，主动理财管财，充分激发谋划工作的积极性。

（二）强化预算编制“龙头作用”，以绩效导向为核心，提升财政资源配置科学性

坚持“财”为“政”服务，革新财政预算编制方式，聚焦绩效配置财政资源，改变原来“先切块分钱再谋做事方案”的做法，积极实践预算管理新理念，落实先有干事方案再研究资金的预算管理原则。

一是预算编制与政策精准对标，重点更加突出。2019年省级财政创新建立预算编审三项机制，即省领导专题研究指导分管部门报预算，加强政策前瞻谋划；业务部门在预算额度内自主确定项目编预算，明确优先保障重点；财政部门集中会审预算，落实统筹兼顾要求，充分发挥财政资源配置对政策的保障作用。

二是预算编制与绩效精准对标，安排更加集约。根据党中央、国务院决策部署，广东省委、省政府出台《关于全面实施预算绩效管理的若干意见》。建立省级预算绩效指标库，收录2600多个绩效指标。在实现省级绩效评价“两个全覆盖”基础上，建立预算安排与绩效评价结果刚性挂钩机制。在编制2019年省级预算时，除补助到个人的民生项目外，对绩效评价结果为“中”的项目按20%比例压减预算，评价结果为“低”“差”的项目调整用途或不予安排，同时严格贯彻落实中央“过紧日子”的要求，全面压减一般性支出，推动“花钱必问效，无效必问责”理念深入人心。

三是预算编制与项目精准对标，基础更加扎实。将项目储备工作前置到预算编制环节，推进项目库全省联网，省、市、县同步实行“先定项目再定预算”管理，有效为预算编报提质量、为预算执行打基础。在编制2019年省级预算时，一些部门主动提出因部分项目条件未成熟、储备未到位，推迟一年申

请专项资金。

（三）强化预算执行“放管结合”，以精简流程为抓手，提升财政资金使用有效性

紧盯解决预算执行环节多、进度慢等问题，在实施“两个放权”的基础上，大力精简流程，推动财政“放管服”改革实现多点突破，提升财政支出效率。

一是精简财政审批事项，确保放权“放到位”。以“刀刃向内、自我革命”的精神，大幅精简财政部门在预算执行环节的审批事项。下放基建项目工程进度款财政直接审核权，转为加强事中事后监管；推进政府采购电子化，下放交易自主权，转为实施激励守信和失信联合惩戒措施；建立以信任为前提的财政科研资金管理机制，赋予科研人员更大的自主权。改革后，省级专项资金从制定方案到下达资金的时间减少50%以上。

二是压实抓支出责任，确保管理“不缺位”。建立预算执行定期分析机制，指导督促省级业务部门、市县每月分析自身预算执行形势，及时研究加快支出进度的措施方案。实行省直部门综合支出考核与财政资金安排挂钩、市县财政综合支出考核与转移支付挂钩、库款资金存量与增量调度挂钩的“三挂钩”，并将预算执行情况纳入政府部门绩效考核范围，倒逼部门和市县将预算执行作为自身“头等大事”之一抓好管好。

三是创造通畅执行条件，确保服务“能补位”。省级业务部门将具体审批项目下放市县后，落实部门资金监管主体责任，同步加强对市县的跟踪指导、督促和培训。省财政部门实行“一个处室对口服务一个部门”，制定对口服务事项清单，统一办事标准，把部门办事的“压力”转为牵头处室的责任，全面提升服务效能；全面推进国库集中支付电子化，省级财政资金在动态监控下实行授权支付，平均每笔资金拨付时间较以往缩短82.8%。

通过改革，2018年广东超额完成财政部下达的支出任务，年底支出进度全国排名并列第一，扭转了广东预算支出进度全国排名长期靠后的局面。

（四）强化预算监督“约束有力”，以实时监控为手段，提升财政资金管理规范性

针对改革前财政部门一定程度上存在的“以审代管”问题，围绕“放管结合、放得活、管得住”的改革目标，通过落实责任、找准抓手、转变方式，改进监督效果，确保财政资金规范安全。

一是突出监督关口前移。将事后监督拓展为事前事中事后全流程监督，推动业务部门建立完善“堵、防、评、固、用”相结合的内控机制，实行部门专项资金目录清单、审批权限清单、重大预算调剂等事项报分管省领导批准制度，督促部门主动跟踪和规范全省相关资金使用管理。

二是突出监督责任到位。构建多层次、全方位的监督体系。财政部门重点抓制度和标准建设，实行绩效目标落实和预算执行进度“双监控”，定期通报并实施提请省政府约谈问责；业务部门规范自我约束，严格落实“三重一大”事项决策机制、每月预算执行分析制度等；审计部门按照“谁审批、谁使用、谁负责”原则，有针对性地对业务部门和市县进行审计监督；建立与人大、纪检监察机关等监督信息共享和协调沟通机制，强化监督结果运用，硬化监督约束力。

三是突出监督“科技支撑”。转变“报资料审资料”的传统监管方式，依托“大数据”系统，建设完善全省预算管理大数据监控平台，加强支出进度和绩效目标“双监控”，实行全流程“实时监控、智能预警、及时核查、整改反馈、跟踪问效”，实现高效规范监督。

（五）强化预算改革“全省一盘棋”，以贯通联动为目标，提升财政管理协同性

省财政部门在预算管理改革进程中，主动担当作为，发挥“棋眼”作用，建立改革协同机制。

一是注重横向到边，推动改革在省直部门深化落实，实现同频共振。通过简政放权和压实责任相结合，省级业务部门与财政部门在预算管理理念、管理目标和管理方式上趋于协同，促使部门在预算编制中保重点、谋大事，在执行上重落实、抓绩效。2019年各部门主动做实预算，申报新增支出990亿元，比上年同比下降36%；注重节约使用财政资金，主动提出收回市县闲置资金等做法逐渐普遍。

二是注重纵向到底，推动改革向市县延伸拓展，做到步调一致。一方面，全省各市县财政部门积极参照省级做法深入推进预算改革，2019年6月底前，所有21个地级市将全部完成本级预算改革部署，各县区也积极探索推进改革工作。另一方面，全省各级业务部门同步按照改革要求，加强对市县业务部门对口指导，督导加强事业谋划、项目研究和资金管理，层层传导改革压力、落实改革举措。通过改革，全省各级政府及部门对财政预算管理工作空前重视，形成“理财管财不仅是财政部门的事，更是各级政府及部门的事”这一共识，“全省一盘棋”的理财管财生动局面逐步形成。

（原载于《中国财政》2019年第17期）

年度关注

Highlights of the Year

广东财政“五个支持”推进粤港澳大湾区建设

建设粤港澳大湾区是习近平总书记亲自谋划、亲自部署、亲自推动的重大国家战略。总书记指出，“要把大湾区建设作为广东改革开放的大机遇、大文章抓紧抓实”。省委、省政府把大湾区建设摆在重中之重的位置，明确以珠三角为主阵地，举全省之力办好这件大事。2019年，广东省财政厅把“中央要求、湾区所向、港澳所需、广东所能”紧密结合起来，以高站位落实大战略，以通规则探索新模式，以小切口推动大变局，通过支持消除“税负墙”、畅通“资金流”、整合“债券池”、搭建“联通桥”、创建“示范区”，为实现这一重大国家战略目标提供财政保障。

一、着力消除“税负墙”，推动大湾区要素自由有序流动

习近平总书记指出，要充分发挥市场在资源配置中的决定性作用，促进人流、物流、资金流、信息流自由流动、高效配置。粤港澳三地个人所得税税负差额大，对人才自由有序流动造成障碍。2019年，广东省财政厅高度重视，积极回应港澳所需，在中央的大力支持下，逐步构建珠三角九市与港澳衔接的财税政策体系。

放宽境外人士在内地居住时间的认定。2019年财政部明确出入境往返当日不计入境内居住天数，境外人士全年境内居住不超过183天，不构成居民个人，可就其取得的全部境外所得，免缴个人所得税，使在境内工作的境外人士的境外所得免税条件比原来更为宽松。

对境外高端紧缺人才个人所得税税负差额予以补贴。这是中央首次赋予的跨地市个税优惠政策，政策实现“两个扩围一个优化”，覆盖范围由原深圳前海、珠海横琴，全面扩围至珠三角九市；覆盖群体由原港澳人士，全面扩展至境外高端紧缺人才；操作更加便捷，明确15%的税负差额补贴标准，有利于降低申报人的申请成本，减少审核难度，便于珠三角九市实际操作。广东省财政厅向社会公布政策并作出清晰解读。这一政策的出台，使大湾区工作的境外人才实际税负水平明显降低，对大湾区广聚英才将起到积极的引导作用，为国际科技创新中心建设提供重要保障。

二、着力畅通“资金流”，推动大湾区科研合作

2017年，在港院士致信习近平总书记，反映香港科研人员参与国家科研研究的热切期盼，指出科研资金过境难的问题。总书记作出重要指示，强调要促进香港同内地加强科技合作，支持香港科技界为建设科技强国、为实现中华民族伟大复兴贡献力量。2019年，为解决创新要素自由流动的制度障碍，省级科研资金实现跨境拨付，助力港澳融入国家创新体系。

建立科研资金跨境使用机制。2019年，广东省政府以1号文印发《印发关于进一步促进科技创新若干政策措施的通知》，明确建立省财政科研资金跨境使用机制。省财政建立科研绿色拨付通道，对符合条件的科研经费，通过国库集中支付的方式予以拨付。

完善符合港澳实际的财政科研资金管理机制。2019年，广东省财政厅、广东省审计厅联合制定省级财政科研项目资金的管理监督办法，明确应按照国库集中支付的有关规定和向境外支付的有关要求，规范管理跨境科研资金。

促成首例跨境使用案例。2019年，首次在省级科技创新发展专项资金中安排452.8万元支持香港科技大学参与广东省科技计划，成为首例港澳高校参与省级科研资金科技计划的成功案例。2019年省市跨境拨付9家港澳机构科研资金累计超过1亿元。

三、着力整合金融“债券池”，推动港澳与大湾区内地建设精准对接

习近平总书记指出，要携手港澳，在促进双向投资、构建新型合作模式等方面积极探索。《粤港澳大湾区发展规划纲要》明确要有序推进金融市场互联互通。2019年，省财政厅继续推动债券发行管理创新，发挥港澳金融优势。

实现额度倾斜。2018年、2019年累计安排珠三角九市1900.2亿元，倾斜支持粤港澳大湾区综合交通、生态环保、教育与医疗卫生等重大基础设施建设。

实现合作创新。加强粤澳金融合作，2018年首次引入澳门金融机构作为境外投资者分销认购粤港澳大湾区土地储备专项债券50亿元。

实现品种创新。整合大湾区资源，探索在重大基础设施建设领域

“集合发债、统筹使用”。2018年、2019年先后集合发行大湾区土地储备、基础设施互联互通建设、生态环保建设、科创平台建设、城市综合发展等5类专项债842.8亿元。

实现认购创新。2019年特别选取广州、佛山优质的专项债券项目，试点柜台发行大湾区生态环保建设专项债券22.5亿元，推动广东各地居民参与认购，助力粤港澳大湾区建设，其发行量（22.5亿元）和个人认购金额均居全国各试点地区第一位。

四、着力搭建“联通桥”，推动大湾区公共服务共享

习近平总书记指出，要坚持共享发展，打造宜居宜业宜游的优质生活圈，为港澳同胞特别是青年在内地学习、就业、创业、生活提供更加便利的条件，使大湾区建设更多惠及广大民众。2019年，针对当前三地公共服务共享不通畅的问题，省财政厅坚持立足长远，深化同港澳的公共服务合作交流。

加快基础设施“硬联通”。推进粤港澳大湾区重要交通基础设施建设，协同港澳打造世界级机场群、港口群。中央和省财政累计安排168亿元支持港珠澳大桥建设，为大桥顺利通车提供财力保障。

推动基本公共服务“软联通”。鼓励珠三角九市对符合条件的港澳居民，享受与珠三角九市居民同等的社保待遇、学生资助政策、各类就业创业补贴等，不断增强港澳同胞对国家的向心力和认同感。

推动会计服务合作交流。推动会计政策开放，先后实施香港与内地注册会计师考试部分科目互免、取消港澳居民担任内地会计师事务所合伙人持股比例限制、放宽港澳人士担任特殊普通合伙会计师事务所其他合伙人条件。推动会计行业“放管服”改革，成立“粤港澳会计师事务所合作联盟”，让港澳会计师事务所来粤办事更方便、来粤合作更顺畅、来粤发展空间更广阔。

五、着力创建“示范区”，推动大湾区高质量发展

习近平总书记指出，要把粤港澳大湾区建设成为高质量发展的典范。当前，各地尚未能充分发挥综合优势，经济创新力和国际竞争力仍待提升。2019年，省财政厅坚持高质量发展方向，以科技创新为战略支撑，先进制造业为主体，积极构建现代产业体系，推动在更高水平上扩大开放。

对支持重点平台发挥示范作用。省财政安排专项补助，推动横琴新区、南沙新区等重点平台基础设施建设，扶持高新区和珠三角国家自主创新示范区建设，支持珠三角九市与港澳共建各类合作园区。

支持打造国际科技创新中心。2019年，省财政安排战略性新兴产业领域核心关键技术攻关23.2亿元，支持重大平台与基地、实验室建设等14.62亿元，支持大型创新平台建设等5.8亿元，支持粤港澳联合实验室和协同创新平台建设1亿元等，推动粤港澳大湾区国际科技创新中心建设。

加强产业共建和对外开放。继续落实省级资金保障“实体经济十条”“民营经济十条”“外资十条”“稳外贸九条”一系列省级政策，争取国家和省各类产业投资基金支持，构建差异化产业体系，在更高水平上实现对外开放。

支持大湾区生态环保联防联治。2019年，省财政安排大湾区大气污染防治项目7.2亿元，建立生态环境监测网络4.5亿元，支持粤港澳三地开展生态环保合作。

（广东省财政厅预算处供稿）

实施差异化财政政策　支持构建“一核一带一区”区域发展新格局

2019年，广东省财政厅深入贯彻习近平总书记对广东重要讲话和重要指示批示精神，坚持围绕中心、服务大局，精准对接省委、省政府“一核一带一区”区域发展新格局决策部署，深化财政体制改革，建立对全省县区“促均衡”的均衡性转移支付制度，对北部生态发展区“补成本”的生态补偿政策、对老区苏区和民族地区“促振兴”的财政扶持政策，系统构建以功能区为引领、有利于区域财力分布均衡的差异化转移支付体系，支持推动全省经济社会高质量发展。

一、保基本，实施均衡性转移支付制度

广东省财政厅坚持以市县之所急、所想、所忧为导向，以自我革命的勇气深化改革，制定均衡性转移支付制度，推动实现“三个历史性转变”，有效增强市县托底保障能力，缩小区域财力差距，提升发展平衡性和协调性。

（一）急市县之所急，推动由“锦上添花”转向“雪中送炭”

主动适应经济发展新常态，牢固树立底线思维，优化调整转移支付政策导向，从侧重于激励型转向侧重于“保住基本、兜住底线，雪中送炭、扶弱补短”的保障型。均衡性转移支付分配与GDP、财政收入增长彻底脱钩，按可持续、保基本的原则，通过“两补一奖”新分配机制，将资金向人口规模大、支出负担重、自身财力困难的地区倾斜，夯实其加快发展的财力基础。

（二）想市县之所想，推动由“局部受益”转向“全面覆盖”

改变按粤东西北和珠三角地域简单划分的传统做法，统一根据财力困难程度精准确定范围，将珠三角和粤东西北所有财力困难县区统一纳入范围。其中，珠三角财力低于全省平均水平的台山、开平等6个县区首次新增纳入政策范围。全面扩围后，均衡性转移支付由原政策的60个县（市）扩围至86个县区，实现全省财力困难县区“全覆盖、广受益”。

（三）解市县之所困，推动市辖区由“夹心层”转向“双重保障”

坚持问题导向，建立省财政加大对市辖区支持力度的长效机制。将欠发达地区22个市辖区全部纳入均衡性转移支付政策范围，实现省级财力性补助资金从无到有的历史性突破；对撤县改区的7个市辖区延续5年原有转移支付待遇不变，缓解其转型期财力不足的现实困难，做到“扶上马送一程”。同时，建立省对市本级奖励机制，激励其加大对市辖区支持力度，实现省市联动，双重呵护，支持市辖区“补铁补钙”补齐财力短板，推动做强地市中心城区，提升辐射带动能力。

二、保生态，建立生态保护区财政补偿转移支付

广东财政坚持“绿水青山就是金山银山”，紧紧抓住生态发展区最关心最直接最现实的利益问题，完善生态保护区财政补偿转移支付制度，全面扩围提标，加力提效，提升生态地区基本公共服务水平，引领高质量发展，筑牢全省绿色生态屏障。

（一）坚持“谁保护、谁受益”，财政补偿实现生态保护区全覆盖

对标“一核一带一区”划分，扩大补偿范围，根据生态类型、生态环境状况、财力水平等因素对生态保护区实施分类补助，科学保障，实现生态发展区、生态保护红线区、禁止开发区及国家级海洋特别保护区全覆盖，由26个重点生态功能区县扩围至48个生态发展区县，由50个国家级禁止开发区扩围至145个省级以上禁止开发区，将生态保护红线区和国家级海洋特别保护区新增纳入财政补偿范围。

（二）突出“保基本、促均衡”，财政补偿实现连年提标

以增强托底保障为基础，改变原重点生态功能区转移支付以激励为主的资金分配方式，集中财力优先保障生态地区基本财力保障需求，提高生态地区基本公共服务水平，促进生态地区与同类非生态地区均衡发展。48个生态发展区县中，省对26个重点生态功能区补偿在2018年提标60%基础上，2019年再提标15%，县均补助约1.8亿元；2019年省对22个非重点生态功能区实施财政补偿，县均补助提高至0.7亿元，逐步缩小与重点生态功能区之间的差距。

（三）注重“提质量、促发展”，财政补偿实现与生态保护成效挂钩

以强化生态保护和建设，构建和巩固北部生态屏障为导向，资金分配不再简单考核生态地区GDP和财政收入，首次引入“高质量发展综合绩效评价结果”和“生态环境状况指数（EI）”因素，激发市县保护生态环境的积极性，让保护环境的地方不吃亏、能受益、更有获得感，促进生态地区在高水平保护中实现高质量绿色发展。

三、促振兴，制定老区苏区和民族地区财政支持政策

广东省财政厅深入学习贯彻习近平总书记重要指示精神，认真贯彻落实省委、省政府推动“老少”地区高质量发展的部署，以真心实意、拿真金白银、用真抓实干，加力促进支持“老少”地区实现全面小康、推进振兴发展。

（一）抓重点，做好投入规模的“加法”，加大财力支持力度

以加强基本保障能力为首要任务，克服减税降费巨大减收影响，严格控制和压减省级一般性支出，全力加大对“老少”地区输血力度。2019年起，省对重点老区苏区县和民族县专项财力补助由每年每县3000万元提高至4000万元，新增安排其他老区专项财力补助每年每县1000万元。省级少数民族发展专项资金由4400万元/年提升至2亿元/年。同时加大均衡性转移支付、生态保护区财力补偿的倾斜支持力度，着力提升“老少”地区财政保障能力，提升基本公共服务水平。

（二）补短板，做好市县支出负担的“减法”，增强民生保障能力

以保障和改善民生为着力点和落脚点，全额承担重点老区苏区县和民族县城乡居民基本养老保险补助等9项基本公共服务共同财政事权地方支出责任；全额补助重点老区苏区县和民族县乡镇卫生院升级改造、县级中医院升级建设项目资金；中央和省级支持中等职业教育发展的资金，按不低于其他地区1.2倍的系数安排至老区苏区。通过一系列民生保障“组合拳”，提高老区苏区保障和改善民生水平，

加快补齐全面建成小康社会的突出短板。

（三）强弱项，做好制约发展的“除法”，夯实基础设施底板

以突破基础设施瓶颈为重要抓手，在基础设施建设资金上强化财政保障，对统一部署的国家干线铁路、高速公路、机场、港口码头、水利、生态环境保护等重大项目资本金，免除重点老区苏区县和民族县出资责任；新增地方政府债券对“老少”地区重大基础设施建设倾斜支持；专项资金对重点老区纳入中央预算内资金支持范围的公益类基础设施项目给予优先支持；对老区苏区符合条件的普通公路置换债券予以贴息支持。

（四）重长远，做好产业发展的“乘法”，提升内生发展动力

以发挥产业乘数效应为长远目标，设立老区苏区发展专项奖补资金和民族工业园专项补助资金，以重点老区苏区和民族工业园的企业所得税省级分成部分为参考进行奖补，支持招商引资、企业科技创新和技术改造；优先支持“老少”地区发展“一村一品、一镇一业”，建设省级现代农业产业园；统筹安排的产业类和创新类发展专项资金，在同等条件下倾斜支持“老少”地区，促进产业发展加力提效。

（广东省财政厅预算处供稿）

加快专项债券发行使用
有力有效促投资稳增长

加快发行使用地方政府专项债券，是积极财政政策加力提效的重要措施，也是合理扩大有效投资的关键之举，对于深化供给侧结构性改革、应对当前经济下行压力等具有重要意义。广东省作为全国经济大省、投资大省，积极落实党中央、国务院“六稳”部署要求，把稳投资放在更加突出的位置，按照中央经济工作会议和《政府工作报告》关于增加地方政府专项债券规模、加快发行使用进度的总体安排，创新专项债发行管理，更好匹配项目资金需求；做实做细项目储备库，确保新建一批、开工一批、储备一批；压实支出责任，避免财政资金“沉淀”“趴账”；建立联动联查机制，推动尽快形成实物工作量，为稳投资、促进形成强大国内市场提供有力支撑。2019年7月上旬，广东即完成全年1815亿元专项债券发行任务；10月底，专项债券资金已100%拨付到项目上，有力拉动形成有效投资。国务院、财政部高度肯定广东省专项债券发行使用工作，李克强总理在广东省呈报的《广东探索地方政府专项债“三加快”发行使用机制　更加有力有效稳投资》上做出肯定批示。财政部对广东省财政厅2019年地方政府债券发行工作予以表扬。

一、创新专项债发行管理，更好匹配项目资金需求

广东省财政厅高度重视专项债券发行工作，综合考虑各地债务负担、资金需求、项目进度、金融市场变化等因素，研究细化年度发行计划和季度安排，优化项目组合、发行期限和债券结构，形成差异化债券发行管理机制，并主动加强与承销商、港澳金融机构等的协调沟通，争取合理较优发行利率。

（一）“项目包”式债券，对接服务国家战略

充分利用鼓励专项债券集合发行的政策红利，加大粤港澳大湾区建设重点领域、重大项目支持力度，全面整合广州、珠海、佛山、东莞、中山等地优质资源形成“项目包”，集合发行基础设施互联互通建设、生态环保、科创平台、城市综合发展等领域专项债券500.9亿元，推动铁路干线、轨道交通、机场、产业园区、污水治理、科创平台等重大项目建设。如，首次发行水资源专项债券36亿元，筹集资金全部用于珠三角水资源配置工程建设，比银行融资节约利息4.8亿元，惠及大湾区居民2000多万人。

（二）“长期限”式债券，有效平滑偿债压力

为避免年度偿债规模与项目建设运营期限错配，考虑项目类型、债券市场情况、投资者偏好、地区债务分布等因素，成功发行10年期及以上期限专项债券866.5亿元，占已发行新增专项债券的47.7%。新增专项债券加权平均期限达8.4年，较以往年度显著拉长（2018年为6.4年），通过适当拉长专项债券期限，支持粤港澳大湾区城际轨道、深圳城市黑臭水体治理等周期

较长的公益性项目建设和运营，缓释即期偿债压力。同时，深化专项债券发行市场化改革，2019年专项债券平均发行利率为3.43%，较2018年降低28个基点。

（三）“可赎回”式债券，合理降低资金成本

完善专项债券本金偿还方式，在到期一次性偿还本金方式基础上，于2019年2月成功发行首单20亿元“3+2”年限结构的含权土地储备专项债券。债券发行第3年末，发行人可综合考虑市场利率水平、项目建设和收益等情况，选择全额赎回或第5年到期时还本。通过这种结构化设计方式，丰富地方债品种，增强偿还债券本金灵活性，降低发行人利息支出和偿债压力。市场对此类债券普遍表示欢迎，发行利率3.14%，认购倍数达33.5。

二、做实做细项目储备库，优先保障在建续建工程

广东省财政厅把做实做好项目储备库作为加快专项债券发行使用的重要抓手，缩短前期手续办理时限、提高入库项目数量和成熟度，确保每年新建一批、开工一批、储备一批，始终保持有效投资力度，形成对稳增长的有力支撑。

（一）重大项目储备“批次滚动”

分领域储备符合专项债券条件的重大项目，统筹调动各地市、各厅局合力，加快项目审批、核准、备案办理进度，提高规划选址、用地（用海）、环评等手续办理效率。对符合专项债券发行标准、具备开工条件但尚未完成审批手续的项目，相关部门集中办公、集中审批，推动项目库按月更新、动态调整。

（二）在建续建项目“优先支持”

优先选择前期手续完备、具备施工条件或已经施工的项目，精准测算分年、分季、分月资金需求，与专项债券发行节奏和规模相匹配，确保债券资金发行转贷后可尽快形成实物工作量。2019年发行债券中，74.6%安排用于支持956个在建续建项目，包括粤港澳大湾区污水联防联治、汕湛高速公路、练江整治等在建工程，以及广州市轨道交通7号线二期、广东以色列理工学院二期校区建设、深圳宝安（龙川）产业转移工业园三期等续建项目。

（三）重大工程项目“应报尽报”

按照重大项目全部报、重点领域敞开报、核心企业牵头报的原则，分批次报送铁路、机场、高速公路、重大水利工程、天然气管网等重点领域拟发行专项债券项目近2000个，涵盖所有已列入项目储备库及其他符合专项债券使用要求的项目，专项债券需求超过4000亿元，总投资达3万亿元以上。其中，广汕铁路、广湛铁路、珠三角水资源配置工程、深圳机场、珠海机场、湛江机场、白云机场三期扩建配套工程等重大项目2020年资金需求全额申报，保证2020年有效投资力度进一步加大。

三、加快支出使用进度，确保资金及时拨付到位

为加快债券筹集资金拨付进度，广东省财政厅建立健全考核通报、挂钩分配和调度库款机制，层层压实支出责任、增强资金使用灵活性，避免财政资金“沉淀”“趴账”。

（一）实行“一周一报、月度通报”制度

严格专项债券支出进度要求，明确各地财政部门在专项债发行后3个工作日内办结转贷工作，每周统计新增专项债支出进展、分析研判异常数据，按月将支出情况通报省、市政府一把手，以层层压实支出责任，提高资金使用绩效。同时，建立资金支出与额度分配挂钩机制，对支出进度较快的地区，在分配下一年度新增债券时予以适当倾斜；年末支出进度低于50%的，由省财政按程序收回并在分配新增额度时酌情扣减。

（二）允许有条件地区先行调拨库款

为更好发挥集中财力办大事的优势，允许有条件的地区在专项债券发行完成前，先行调度库款用于项目基础准备工作，抢抓项目施工黄金期，加快推动项目实施。例如，珠海市在2018年底、2019年初分别安排8.5亿元、0.7亿元政府专项债用于支持中山大学珠海校区基础设施建设，提前调拨库款1.7亿元建设海洋科学学院楼、“天琴计划”科研综合楼等项目，2019年专项债发行后第一时间全额归垫，推动7个相关项目提前3个月完成桩基和主体工程建设，累计节约资金成本0.7亿元。

四、建立联动联查机制，推动项目尽快落地实施

推动采取联合会商、联合勘查等方式，及时跟进项目进展、协调解决建设中的实际问题，推动资金、手续、建设紧密高效衔接，确保早发力、早落地、早见效。

（一）联合会商解决项目堵点

由广东省发展改革委、广东省财政厅、广东省自然资源厅、广东省生态环境厅、广东省水利厅等有关部门定期召开重点项目问题会商会议，共同研究解决重点项目建设中存在的砂石供应难、资金支出进度慢等突出问题，梳理形成问题清单台账，逐一明确责任单位、解决时限，实行“销号管理”，切实提高项目办理效率和工作质量。

（二）联合勘查督促加快施工

通过分片包干，组织各地相关部门共同开展项目实施情况监测，现场勘查工程进度、专项债资金支出等情况并定期回访，督促项目加快施工建设，尽快形成实物工作量。

（广东省财政厅政府债务管理处供稿）

深化科技领域“放管服”改革

党的十八大以来，习近平总书记把创新摆在国家发展全局的核心位置，围绕实施创新驱动发展战略，加快推进以科技创新为核心的全面创新，提出一系列新思想、新论断和新要求。为深入贯彻落实习近平总书记对广东的重要讲话和重要指示批示精神，贯彻落实党中央和国务院关于推进科技领域“放管服”改革精神，2019年6月广东省财政厅联合广东省审计厅印发《广东省财政厅　广东省审计厅关于省级财政科研项目资金的管理监督办法》，聚焦完善以信任为前提的科研管理机制，按照能放尽放的要求赋予科研人员更大的人财物自主支配权。

一、多点突破，营造以信任为前提的科研环境

在科研项目预算管理制度上取得突破。简化科研项目直接费用编制要求，直接费用中除设备费外，其他费用只需提供基本测算说明，不需提供明细。下放科研项目直接费用中所有科目的调剂权，由项目承担单位根据科研活动实际需要自主调整，赋予科研人员科研经费管理自主权。

在科研项目资金拨付制度上取得突破。建立科研项目资金拨付绿色通道和专账管理机制，科研资金可直接拨付至项目承担单位账户，并实行专账管理，单独核算，确保专款专用。

在结余资金留用时间放宽限制。项目完成任务目标并通过验收后，结余资金全部留归项目承担单位统筹安排用于科研活动的直接支出，不作留用时间限制。

二、明晰职责，建立清晰的责任链和绩效导向

明晰主体责任。科研项目承担单位是科研资金管理的责任主体，负责制定完善内部管理制度和内部风险防控机制，对资金使用的真实性、合法性、规范性负责。项目负责人是科研项目资金使用的直接责任人，对资金预算编制和使用的真实性、合法性负直接责任。科研项目主管部门是本部门科研项目资金的分配和监管主体，负责合理编制科研项目资金分配方案和绩效目标，制定统一的定期跟踪监督计划并进行日常绩效目标运行跟踪，并承担监督指导责任。

强化绩效导向。更加注重对科研人员人力成本补偿，“以人为本”进一步调动科研人员创新积极性。提高智力密集型和纯理论研究等科研项目的间接费比例，绩效支出向一线科研人员倾斜，向承担科研任务的中青年科研骨干倾斜，增强科研人员的改革获得感。

三、内外联合惩戒，构建联合监管网络

强化外部审计监管约束。首次实现与审计部门联合发文，将审计监督工作与科研项目资金使用管理工作深入融合。构建联合监管的信用网，对已履行勤勉尽责义务但因技术路线选择失误导致未能完成预定目标的单位和项目负责人予以免责；对严重违背科研诚信要求的相关单位和人员采取联合惩戒措施，纳入科研活动黑名单。

在内部监督坚持制度先行。把各项管理规定和改革要求首先落实在制度层面。明确各单位要严格按照要求，加快制定内部管理制度和公开制度，定期公开科研项目预算、预算调整、资金使用、资金结余、科研成果等项目信息，主动接受内部监督。

四、强化激励，提升科研人员改革获得感

“创新之道，唯在得人”，没有人才优势，就不可能有创新优势、科技优势。在激励机制上，进一步提高间接费比例，并建立高端人才年薪制管理制度。科研项目中提取的绩效支出要向承担科研任务的中青年科研骨干倾斜、向承担重点领域研发计划的高层次人才倾斜，同时要求各部门、高校、科研院所要进一步细化薪酬激励政策，完善评价激励机制，加大对科研人才的激励力度。

（广东省财政厅科教和文化处供稿）

广东深化预算编制执行监督管理改革取得阶段性成效

为深入贯彻落实习近平总书记对广东重要讲话和重要指示批示精神，按照党的十八届三中全会关于“财政是国家治理的基础和重要支柱”重要论述要求，2018年5月省委、省政府部署实施省级预算编制执行监督管理改革（以下简称预算改革），从创新预算管理入手，推动广东省政府治理更加优化协同高效。预算改革实施牵引推动各级政府及部门强化管财理财意识、完善现代预算管理制度、提升政府治理绩效，“牵一发而动全身”的效应逐步显现，为广东省实现“四个走在全国前列”、当好“两个重要窗口”提供支撑。2019年，广东省率先在全国实施预算改革的做法得到财政部及各方的高度关注和肯定。财政部多次通过《特供信息》《财政信息》《财政简报》宣传广东预算改革。新华社、《人民日报》、《中国财经报》先后报道广东预算改革的做法和成效。

一、预算管理从权责不清转变为权责匹配，提升各方管财理财积极性

广东省财政厅落实预算法第53条“各部门、各单位是本部门、本单位的预算执行主体”的规定，科学划分预算管理各环节权责。

财政部门从“管全程”向“聚焦两头”转变。全面退出项目审批及组织实施等预算执行事务，聚焦预算编制和预算监管，突出抓好中央和省重大决策部署落实、统筹集中财力、促进区域协调发展、防控政府债务风险等主责主业。2019年，在落实减税降费政策的同时，保障全省财政收入稳定在合理区间，争取新增政府债券2169亿元，为广东省做好“六稳”工作提供支撑；研究出台均衡性转移支付、生态保护区财政补偿转移支付、促进老区苏区振兴发展等多项促进区域协调发展政策。

业务部门从“被动接”向“积极谋划”转变。强化预算执行主体责任，主动确定预算项目，承担资金监管责任，分配资金更加贴合部门职能和行业规划，谋事干事更积极有效。如广东省自然资源厅实施“一个项目、一个分管领导、一个专班、一跟到底”模式，推动重大项目建设落地；广东省公安厅加大资金统筹力度保障扫黑除恶专项斗争等重大部署；广东省农业农村厅推进乡村振兴，2019年统筹中央和省级资金11亿元，落实“一村一品、一镇一业”富民兴村工作。

市县从“等分配”向“主动理财”转变。承接省级资金下放审批权，结合实际需要统筹资金，用于支持急需必要项目。特别在涉农资金领域，省级业务部门按照省定项目和约束性任务占比均不高于50%的原则下放项目审批权，2019年市县可统筹涉农资金达到133亿元，增长35倍。如，揭阳市在20亿的涉农资金中统筹整合6亿元用于当地急需涉农项目建设；肇庆市封开县充分统筹农村人居环境整治示范村建设资金，使用效益和群众获得感大幅提升。

二、预算编制从注重花钱规模转变为注重办事绩效，提升财政资源配置科学性

广东省财政厅坚持“财”为“政”服务，改进预算编制方式，强化预算源头管理，突出“先谋事后排钱”“先有项目后定预算”理念。

预算编制与政策精准对标。创新建立省领导专题研究分管部门预算、业务部门自主谋划预算、财政部门集中会审预算三项机制，围绕落实中央和省委、省政府重要决策部署安排资金，确保重大政策和项目不留“硬缺口”。2019年，省级财政安排落实省委“1+1+9”工作部署重点支出占总支出比例超过八成，充分发挥财政资源配置对重大政策和重点工作的保障作用。

预算编制与绩效精准对标。全面落实绩效目标管理，注重成本效益分析，试行重大政策和项目事前绩效评审。建立预算安排与当年项目入库率、绩效评价结果、审计意见、执行进度“四挂钩”机制，压减低效无效资金。编制2019年省级预算时，累计压减支出、调整结构、盘活存量资金200多亿元，促使“花钱必问效、无效必问责”理念深入人心。2018年度全国预算绩效管理工作考核中，广东省获第1名。

预算编制与项目精准对标。加快推进项目库全省联网，省、市、县三级同步实行“先有项目后定预算”管理，落实未入库项目原则上不得安排预算的“硬约束”，省级

专项资金项目入库率未达到预算参考数70%的，将按比例扣减预算额度，促使全省上下把提前研究储备项目作为预算编制的头等大事抓实抓好。编制2020年省级预算时，项目库储备二级明细项目4.1万个、3641亿元；省委组织部、省科技厅、省交通运输厅、省水利厅等部门的专项资金二级项目入库率超过100%，确保预算一经批复即可及时支出。

三、预算执行从长期落后转变为主动高效，提升财政资金使用有效性

广东省财政厅针对以往预算执行进度慢等突出问题，实施“省级向市县”“财政部门向业务部门”两个放权，持续深化财政“放管服”改革，着力提升财政支出效率。

精简审批事项，提高执行效率。全面推广“大专项+任务清单”管理模式，省级按照“应放尽放”原则，将专项资金具体项目审批权下放市县。2019年下放400多亿元，如广东省工业和信息化厅、广东省生态环境厅、广东省商务厅等部门下放资金比例超过90%。省级专项资金审批环节由15个减少到7个，从制定分配方案到下达资金的时间减少50%以上，市县收到省级资金后转下达时间由平均3个月压减到1个月以内。

精简审批流程，提高服务效能。以刀刃向内、自我革命的精神，大力精简财政审批流程，在政府采购、科研项目审批、基建项目工程进度款审核、国库集中支付等方面新增实施22项“放管服”事项，平均每笔资金拨付时间较以往缩短82.8%。以机构改革为契机，创新建立“一个部门对口省财政厅一个处室”服务工作机制，明确每个省直部门的预算管理事项由我厅一个处室对口服务，每一类综合性事项由我厅一个政策牵头处室统筹，业务办理做到“只进一个门”，简化流程努力做到“最多跑一次”，全面提升财政服务效能。改革后，广东省预算执行明显加快。支出进度在全国的排名从2017年的第24名，提升到2018年的第12名，2019年前三季度提升至前5名。

四、预算监督从事后监管转变为全程监控，提升财政资金运行规范性

广东省财政厅围绕“放得活、管得住”改革目标，通过落实责任、找准抓手、转变方式，提升监督效果，确保财政资金规范安全。

前移监督关口。将事后监督拓展为事前事中事后全流程监督，推动业务部门建立完善内控机制，严格落实“三重一大”事项决策机制、预算执行定期分析制度。将部门预算管理情况纳入年度机关绩效考核，督促部门主动加强资金下达后的跟踪监管，较好解决以往“重分配、轻管理”问题，资金在市县沉淀等现象明显减少。

凝聚监督合力。建立财政、人大、纪检监察、审计等部门的监督信息共享和协调沟通机制。审计部门按照“谁主管、谁审批、谁使用、谁负责”原则，直接对负责资金分配使用的部门、市县和用款单位实施审计监督。2018年起省人大探索对5个省级部门预算使用情况开展审议监督，2019年省审计厅实现对117个省级部门审计全覆盖。

提升监督精度。依托“数字政府”技术支撑，建设全省预算管理大数据监控平台，实行预算管理动态监控，落实预算执行进度和绩效目标“双监控”，实现全流程“实时监控、智能预警、及时核查、整改反馈、跟踪问效”。

五、全省预算改革从分散实施转变为统筹协同，提升行政管理系统性

广东省财政厅坚持全省“一张图”谋划改革方案，“一体化”推进改革措施，“一盘棋”落实改革要求，推动预算改革在部门横向拓展、在市县纵向延伸。

注重横向到边。117个省级业务部门均已建立预算改革配套制度，实行每月专题研究预算执行常态机制。业务部门与财政部门在预算管理理念、管理目标和管理方式上趋于协同，更加注重在预算编制中保重点、谋大事，在执行上重绩效、抓落实。2019年各部门主动做实预算，申报新增支出990亿元，比2018年下降36%，“报大数”现象明显减少。

注重纵向到底。各市县财政部门积极参照省级做法，深入推进预算改革。21个地市和74个县区已完成本级预算改革部署，其余县区正积极探索推进改革工作。以预算改革为牵引，推动各级财政管理水平提升，广东省在2019年全国县级财政管理绩效评价考核中位列全国第7。通过改革，全省各级政府及部门对预算管理工作逐步重视，“理财管财不仅是财政部门的事，更是各级政府及部门的事”成为共识，“全省一盘棋”的理财管财局面逐步形成。

（广东省财政厅预算处供稿）

广东预算绩效管理工作获全国第一

2019年7月，财政部公布2018年度预算绩效管理工作考核结果，广东省获得全国第一名的优异成绩。这是广东省落实党的十九大关于全面实施绩效管理的具体体现，也是全面贯彻落实习近平总书记重要讲话精神的有力佐证。广东省预算绩效管理改革起步早，注重创新和突破，逐步形成以“四化”为支撑、具有“四多”特色（即以制度化为基础，构建多制度联动分级管理；以标准化为前提，构建多维度绩效指标体系；以规范化为条件，构建多特色并行管理模式；以信息化为手段，构建多功能线上操作系统）的预算绩效管理路径，为全面实施绩效管理夯实根基。

一、以制度化为基础，构建多制度联动分级管理

广东省始终注重制度先行，从综合性管理制度、专项管理办法和业务操作规范三个层面抓好建章立制，逐步形成“层级配套、功能协调、覆盖到位”的预算绩效管理制度体系。

制定综合性制度。针对预算绩效管理的基本原则、范围、方法、要素，以及工作目标、任务、路径和要求，制定综合性制度。如广东省委、省政府出台《关于全面实施预算绩效管理的若干意见》，明确全省推进全面实施预算绩效管理的总体思路和工作举措，计划通过“三全四化”，实现“两必问两提高”（即通过推进建立全方位、全过程、全覆盖的预算绩效管理体系，推进预算绩效管理制度化、规范化、标准化、信息化，实现花钱必问效、无效必问责，提高财政资源配置效率和使用效益，提高预算管理水平和政策实施效果）。确保全面实施预算绩效管理落地见效。

制定专项办法。针对具体预算支出类型，尤其是各类专项资金的特点和绩效管理要求制定专项办法。如到期专项资金绩效管理办法、一般性转移支付绩效管理暂行办法、基本公共服务均等化绩效考评办法、整体支出绩效评价办法等。

完善业务操作规范。制定内部协调、工作流程、操作规程、评价范本等大量程序性文件和具体办法。如省级财政专项资金竞争性分配监管内部工作流程、绩效管理考核奖励试行办法、预算绩效管理委托第三方实施工作规程和评价质量控制体系、考核标准体系等。

二、以标准化为前提，构建多维度绩效指标体系

健全预算绩效标准体系是全过程预算绩效管理的重要基础，也是提高预算绩效管理质量的有效措施。广东省财政厅从2011年起专门组织团队对绩效评价指标开展研究。2018年，通过实地调研、分类收集、反复提炼、专业论证等严格程序，历时1年多，制定印发《广东省财政预算绩效指标库》，收录52个子类、277个资金用途、2589个绩效指标。这一指标体系呈现出四个方面的特点：

指标框架全面反映政府绩效结构。在兼顾政府收支分类、各部门职能和资金使用方向的基础上，建立预算绩效指标和标准体系。指标和标准体系分为20个大类，包括通用类和行业类指标，总体架构分为三个层级，其中：一、二级指标使用财政部通用指标分类，三级指标为个性化指标，通过资金用途、指标解释、指标值等13个方面细化反映部门和行业绩效指标。

指标动态管理提高绩效质量和效能。通过从定性信息向定量数据转变、从财政部门自建自用向各部门共建共享转变、从静态编制向动态管理转变、从单向统计向综合分析转变、从依靠“人为判断”向“数据分析”转变的“五个转变”，对预算绩效指标进行多维衡量和系统、动态管理，提高绩效质量和效能。

指标体系贯穿预算绩效管理全过程。将预算绩效指标和标准体系定位于服务预算和绩效管理，作为推动预算与绩效管理相融合的重要纽带，贯穿于预算编制阶段、预算执行和监督全过程。

指标应用提供绩效大数据支撑。通过指标和标准体系的实际应用，为衡量政府履职效果提供数据支撑。通过类型检索，直接提取重点评价项目的可用指标；通过指标检索形成《污染防治绩效指标集》和《精准脱贫绩效指标集》，为打赢“三大攻坚战”和落实扶贫资金动态监控要求“保驾护航”。

三、以规范化为条件，构建多特色并行管理模式

广东省注重规范化建设，尤其在事前评估、目标管理、绩效监控、绩效质量控制等具体操作环节，逐渐形成多特色并行的管理模式。

探索事前绩效评估机制。2019年，广东省财政厅制定印发《广东

省省级财政资金绩效评审管理办法》，并选择9个项目开展事前评估，将审核结果作为进入项目库和编制预算的硬性条件。东莞市、中山市等已建立“先评审后入库、先入库后安排预算”的预算管理机制，围绕“该不该、行不行、花多少”的原则，由财政部门委托第三方机构或组织专家对入库项目进行审核，并将审核结果作为进入项目和编制预算的硬性条件。

强化绩效目标管理。省级财政在2019年预算编制项目及入库过程中对238项专项资金一级项目、约300项其他事业发展性支出一级项目、3000多项部门运转性项目支出重点二级项目、69项部门整体支出绩效目标进行审核。进一步完善“部门自审+第三方机构初审+财政部门复审”的审核机制，建立“绩效处—业务处—主管部门”专人沟通对接机制。

逐步探索双监控模式。2018年，广东以省政府名义印发《关于深化省级预算编制执行监督管理改革的意见》，明确要求部门建立预算执行承诺机制，对预算执行进度和绩效目标完成程度实行双监控；开展扶贫资金绩效目标动态监控方案，并通过绩效管理信息系统对178个项目实行事中绩效监督，跟踪绩效目标完成情况。佛山、江门市等建立部门自行跟踪、财政部门监控、第三方重点监控相结合的多层次预算绩效监控机制。

推动绩效评价全覆盖。广东省所有市、县、区均已开展绩效评价，并逐年扩大评价范围。2018年，省本级将部门整体支出自评范围扩大到全部省直预算单位；2019年，组织开展十件民生实事、到期专项、乡村振兴等约2000亿元资金的重点绩效评价。除一般公共预算支出项目外，还将民航发展基金、城乡居民基本医疗保险基金、失业保险基金、高速公路联网收费“一张网”产品召回置换贷款贴息资金等其他三本预算中的部分项目列入评价范围。河源市、江门市等绩效评价范围覆盖财政四本预算；湛江市、肇庆市等已从项目支出拓展到部门整体支出。

建立绩效结果硬约束。省级在建立评价结果反馈及整改机制、专题向省政府报告的基础上，着力推动“挂钩”和“公开”：首先是完善绩效评价结果与预算挂钩机制。2019年预算安排中，除补助到个人的民生项目外，对2018年重点绩效评价结果为“中”“低”“差”的项目，原则上在下年预算压减安排规模或不予安排，强化绩效评价结果硬约束。其次创新绩效信息报送和公开机制。广州市番禺区等建立事前评估和绩效目标与预算安排挂钩机制，对事前评估或绩效目标审核不通过的项目不予安排预算。

四、以信息化为手段，构建多功能线上操作系统

广东省从2010年起推进财政绩效信息管理系统建设，至2019年，绩效系统上线单位超过4300个，2万多个用户登录使用。实现事前评估、绩效目标、绩效监控、绩效评价和绩效管理结果应用的在线申报、在线审核、在线跟踪、在线反馈和在线查询；实现绩效指标库的入库、调整、退库等动态管理；实现对第三方机构邀请通知、申报意向、选择确定、匹配项目、工作进展、及时反馈问题、提供绩效管理结果的全过程跟踪管理。

（广东省财政厅绩效管理处供稿）

涉农资金统筹整合改革

2019年，广东省财政厅深入贯彻习近平总书记对广东重要讲话和重要指示批示精神，以及习近平总书记关于“三农”工作特别是涉农资金统筹整合工作重要论述精神，推动广东省涉农资金统筹整合改革工作取得新进展。

一、推进涉农资金统筹整合改革工作

建立领导机制。提请省政府成立省涉农资金统筹整合领导小组，由省长马兴瑞担任组长，省委常委叶贞琴担任召集人，负责涉农资金统筹整合日常工作和组织协调。2019年，省领导出席省涉农资金统筹整合联席会议10次，推动各项工作具体落实。

完善制度体系。组织制定《省涉农资金统筹整合管理办法》，规范涉农资金管理和使用；制定《省涉农资金统筹整合领导小组工作规则》和《省涉农资金统筹整合领导小组办公室工作规则》，促进工作制度化、规范化；制定《关于深化涉农资金统筹整合改革的实施意

2019年4月30日，省财政厅副巡视员崔亚宗一行到韶关市调研推进涉农资金统筹整合改革进展情况（邓翠华 摄）

见》，推动改革进一步深化。

做好资金下达。2019年初，省级财政将除救灾应急资金以外的省级涉农资金303亿元全部下达，市、县的可统筹能力上升35倍，达到133亿元，实现涉农资金使用由分散到集中、从低效到高效转变。

加强宣讲培训。召开全省涉农资金整合改革推进会、培训动员会，对深化改革工作进行部署，将改革精神传达到各地党委、政府及部门领导，开展对市县财政、农业农村、水利、林业部门的分管领导及科（股）长进行宣讲培训，确保市县“接得住”。

开展调研指导。共组织赴16个市、36个县，有针对性开展5轮次的专题调研指导，重点摸查并指导市县解决改革推进过程中遇到的痛点、难点、堵点。

推广典型经验。挖掘揭阳、梅州、封开、南雄四个典型地区，通过印发信息简报和会议交流等方式，进行经验推广，用正面典型带动全省改革向纵深推进。

提前谋划工作。提前下达2020年省级涉农转移支付资金249亿元至各市县，提前下达比例达到已定省级涉农转移支付资金规模的97%。

二、涉农资金统筹整合改革工作成效

2019年涉农资金统筹整合改革总体上做到改革措施有特点、改革成效有亮点、改革计划有重点，相关工作获财政部高度肯定。涉农资金统筹整合改革总体呈现“三个转变”：

（一）实现从“要我统筹”向“我要统筹”转变

改革前，市县各部门把精力耗费在小、散项目的审批分配上。改革后，主体责任落到市县政府，同时赋予市县统筹能力，让市县政府有条件结合实际情况、按照其发展规划实施项目。各市县政府，尤其是党政一把手对此项改革高度重视，基本成立以市长、县长为组长的领导小组，部分地区由党委书记担任组长。部分市县除统筹使用省级补助资金外，还主动将市县预算安排资金与省级补助资金放在一个盘子统筹使用。如揭阳市市委书记亲自担任组长，召集部门主动谋划改革，从省、市安排的21亿元涉农资金中整合出6亿元重点用于人居环境综合整治项目，推动练江流域水环境综合整治。

（二）实现从“单兵推进”向“集团作战”转变

改革前各部门资金条块分割管理、各自为政。改革后，市县普遍由政府层面牵头，对影响该地全局发展的重点涉农项目，统筹各农口部门资金集中攻坚。如肇庆市通过跨行业、跨项目、跨区域、跨年度“四个统筹”，把农业、林业、水利等各行业资金整合起来，共统筹各类涉农资金5.8亿元，推进省际廊道美丽乡村示范带等重点项目建设。

（三）实现从“钱等项目”向“项目等钱”转变

改革前，“先争取钱、再研究事”“钱等项目”的粗放管理问题突出。改革后，市县自行定项目，自行承担责任，倒逼强化“先谋划事、再安排钱”理念，提前做好项目研究论证，提前储备项目。如南雄市强化涉农项目入库申报及核查工作，每轮涉农项目入库都从各成员单位抽调业务能手成立项目库核查小组，对所申报项目的建设依据和项目是否立项、是否做好前期准备、是否开工等基本情况进行核查，确保项目真实可行，提高入库项目质量。

（广东省财政厅农业农村处供稿）

广东省财政厅机构改革顺利实施

根据中央和省委机构改革部署，在完成涉改职责转隶工作的基础上，按照党中央关于深化党和国家机构改革系统性、整体性重构的要求，广东省财政厅开展“三定”修订工作。2019年7月1日，《广东省财政厅职能配置、内设机构和人员编制规定》经批准正式印发。结合开展“不忘初心、牢记使命”主题教育和曾志权案“以案促改”工作，广东省财政厅迅速做好“三定”实施的处室调整、职责优化、干部配备和业务调整等各项工作，高质量完成机构改革任务，实现改出效果、改出新风、改出形象的预期目标。

一、突出加强党的领导，实现上下贯通、执行有力

广东省财政厅机构改革坚持以习近平新时代中国特色社会主义思想为指导，坚持党对各项财政工作的集中统一领导，体现坚定落实中央关于加快建立现代财政制度、加强生态文明建设、加强债务风险防控、全面实施绩效管理、加强金融国有资本统一监管等重大决策部署，坚决做到“两个维护”。为更好落实党中央的决策部署，在保持内设机构总量不变的前提下，增设3个新处室、合并3个处室，对8个处室予以更名。其中，新设资源环境处，落实中央“五位一体”总体布局，支持打好污染防治攻坚战，推进生态文明建设；新设税政处，整合税收和非税收入职责，落实中央减税减费，加强地方税体系建设，推进“稳收入”工作；新设金融处，落实中央关于金融资产集中统一监管，加强金融财政政策研究，推进PPP工作等，确保党中央和省委政令畅通和工作高效，构建运行顺畅、充满活力的工作体系。

二、突出聚焦主责主业，实现对内优化、理顺职能

围绕深化预算编制执行监督管理改革，聚焦解决处室职责交叉、关系不顺、主责主业不突出的问题，按照“一类事项由一个处室统筹、一件事情由一个处室负责”的原则，调整理顺处室职责50多项，涉及处室15个，推动形成“大财政、大预算、大债务、大资产”管理格局和全省“一盘棋”的工作机制。

构建大财政管理体系。由预算处牵头，加强重大经济财政研究，强化经济财政监测预警能力，全面统筹各类财力资产资源要素，建立健全财政与发展规划、金融等政策协调和工作协同机制。

构建大预算管理体系。预算处、预算编审处聚焦管盘子、管制度，建立支出标准体系，组织编好预算，将预算支出进度考核、预决算公开、非税收收入政策等交给监督局等实施，减少微观管理；绩效管理处牵头全面实施预算绩效管理；监督检查局更名为监督局，重心转移，重点开展预算执行和绩效运行“双监控”，各对口处室负责加强日常管理；在债务管理上，将债务管理职责集中到债务管理处，负责政府债务额度分配、债券发行、风险监控等全流程闭环式管理，严控地方政府债务风险。

构建大资产管理体系，将党政机关办公用房和公务用车的日常管理移交机关事务管理局，将行政事业资产管理处更名为资产管理处，整合国有资产报告、国有资本经营预算和行政事业单位资产等管理职责，实现全口径资产管理。

三、突出加强对口服务，实现对外协同、归口管理

针对财政部门资金处室一般按功能设置，导致部门到财政办事需要跑多个处室、办事效率不高、服务不够到位的问题，广东省财政厅主动自我革命，建立“一个部门对口一个处室”的对口服务工作机制，明确每个省直预算单位的资金预算管理事项，由一个处室对口负责，把方便留给预算单位，把“麻烦”困难留给自己。具体实行“六个统一”，即统一服务清单，统一对口处室，统一政策标准，统一办事流程，统一办事平台，统一监督管理。明确对口服务为预算编制执行监督和资产财务管理等五大类25项办事事项；117个预算单位分别由12个处室对口服务，制定对口服务办事指引和工作流程，力求“只进一个门、只跑一个处”，对口服务机制的实施，实现资金业务归口管理，提高服务效能。改革前各部门对口广东省财政厅3个以上资金处室的超过40个，对口4个以上有12个，还要分别到资产、采购等处室办理非资金业务，跑八九个处是常态，改革后，由对口处室负责办理，涉及其他处室的由对口处室牵头协调，处室由“专科门诊”向“综合诊疗”转变。5月份以来，省财政厅领导、对口服务处室主动上门服务，为部门解决困难问题60多个，增强了部门的改革获得感。

四、突出深化“放管服”，实现简政放权、运行高效

针对财政管理流程长、审批多的问题，坚持刀刃向内、主动革命，坚持应放尽放，制定首批“放管服”清单改革事项22项，全面向部门放权。省级财政资金原则上全部实行授权支付，将政府采购审批、物业出租出借、对外投资、资产处置等审批、额度内出国（境）组团审核、高校上级学校返拔审批、基建项目进度款审核、绩效工资审核等10项事项放权给部门，将会计师事务所许可、境外会计师事务所临时执业、非营利组织免税资格、公益性捐赠税前扣除资格确认等4项行政权力委托、下放地市就地就近办理，省级财政转为管制度、管标准、管培训、管监管，实现了权责清晰、运行顺畅。改革后支出进度进一步加快，2019年上半年，省直部门重点科目支出进度比2018年加快16.5个百分点，有2/3的部门支出进度较2018年明显提升。

五、突出精心组织实施，实现改出新风、改出形象

坚持蹄疾步稳、导向鲜明、系统谋划的原则，成立机构改革工作专班。改革前访谈300多人次，收集意见建议1200多条，厅党组多次会议研究讨论制定改革方案。制定组织实施方案，职责调整分工、干部调整方案，实行挂图作战。坚持正确用人导向，围绕重点处室选优配强干部，加强干部分析研判；坚持以事择人、人岗相适，坚持五湖四海、以德为先。分两批次交流轮岗干部88名、其中处级干部41名，处室主要负责同志13名，调整比例达1/3左右；37名干部在资金处室和非资金处室间轮岗；21名干部在厅机关和厅属单位间轮岗，营造风清气正的政治生态。

财政部对广东省财政厅机构改革思路及措施给予充分肯定；省直部门对省财政厅建立“一个部门对口一个处室”的对口服务机制普遍给予点赞；全厅干部积极投身机构改革，干部队伍精神面貌焕然一新。

（广东省财政厅人事教育处供稿）

以“最高站位、最优方案、最强保障”推进广东省“数字财政”建设

为贯彻落实财政部财政信息化规划与预算管理一体化建设和省委、省政府“数字政府”工作部署要求，2019年广东省财政厅着眼财政改革大局，着力推进“数字财政”建设，坚持高规格、高标准、高质量、高效率，全面重构省级一体化平台，全力推进全省财政核心业务纵向集中化，实现财政治理体系和治理能力的现代化，为财政管理监督和科学决策提供有效支撑。

一、提高政治站位，坚持“高规格”部署推动

从2019年6月开始，财政部对财政信息化建设进行一系列重要部署。省委、省政府和省领导在部署推进“数字政府”建设的同时，对广东“数字财政”建设高度重视。广东省财政厅围绕以信息化推进国家治理体系、治理能力现代化和落实中央以及省委、省政府部署，主动谋划，迅速行动，于2019年8月成立厅“数字财政”建设工作领导小组及其办公室，由厅长戴运龙任领导小组组长，副厅长杨朝峰任领导小组副组长兼办公室主任，抽调相关处室、厅属单位和部分地市财政部门业务骨干近20人组建工作专班，全脱产、专职专责推进财政信息化和预算管理一体化建设工作。为落实《关于开展财政核心业务一体化系统实施工作的通知》，广东省财政厅组织召开全省工作动员会，对全省所有市、县（区）、乡镇财政部门进行动员部署，快速建立起覆盖省、市、县三级财政部门的上下对接工作机制。同时，广东省财政厅提出以“最高站位、最优方案、最强保障”，举全厅、全省财政之力谋划和推进财政信息化建设的总要求。其中，“最高站位”，是站在贯彻落实习近平总书记重要论述、财政部财政信息化建设要求和“数字政府”建设整体布局的高度，按照走在前列的要求，把财政信息化和预算管理一体化建设工作做到最好最优；“最优方案”，是充分利用现有信息技术手段，突出最优的理念，选择最合适的技术实现方式，保持系统的生命力和扩展性；“最强保障”，是把财政信息化和预算管理一体化建设作为一把手工程，选优配强建设队伍，集中资源力量开展攻坚，并在工作机制、后勤保障等方面给予全力支持。

二、立足改革全局，坚持“高标准”谋划研究

在财政信息化建设过程中，广东省财政厅对全国10多个省市、省内21个地市和10多个省直部门进行实地调研，并树立系统梳理、全面规范、整体推进的建设思路。按照财政部财政信息化建设规划和预算管理一体化工作要求，对标“数字政府”总体规划，把财政信息化建设作为深化财政改革的一项重要抓手。跳出对现有信息系统的小修小补，从信息化建设的实际出发，树立从底层数据开始，对当前系统管理进行重构的思想。不局限于系统建设，而是从理顺各业务环节管理内容、管理要求、管理职责、管理流程、业务要素、控制规则和建立各级财政间、关联业务间业务协同机制的角度出发，对现行业务规则和标准进行重新统一规范，也为系统建设打下良好制度基础。不局限于信息化建设本身，而是把服务财政管理与改革作为财政信息化工作的中心和重心，把财政信息化、预算管理一体化建设工作与深化预算编制执行监督管理等相关改革结合起来，把改革要求融入信息化建设，以信息化提升改革质量，形成互促共进的良性机制。

三、注重对标对表，坚持“高质量”实施推进

着眼全国，注意与财政部财政信息化规划及有关方案制度的对标对表，全面落实各项工作要求。针对财政部两次关于《财政核心一体化业务管理规范》征求意见，广东省财政厅先后两次召集各市县预算、国库等业务骨干进行集中研讨，认真学习领会规范精神，两次征求意见分别研究提出意见建议53条和23条。立足广东，注重联系本省实际，建立问题导向，对广东财政信息化管理现状进行全面梳理，找准标准多样化、信息孤岛化、管理分割化等痛点、难点，严格遵循财政部预算管理一体化规范标准的要求，研究制定适合广东实际的业务管理规范、技术方案和实施路径，把财政信息化和“数字财政”建设作为推动广东财政工作走在全国前列的具体措施之一，加强业务和技术创新。

四、聚焦重点任务，坚持“高效率”完成落实

为确保按时保质完成“数字财政”建设工作，广东省财政厅专门制定工作方案，围绕财政部财政信息化规划明确的“一体化、集中化、大数据、财政云”四项重点任务，重点推进统一财政核心业务规范、推进应用大集中、重构横向一体化、应用全新技术架构、建设财政云平台、构建省级大数据中心、建设省、市两级运维中心等重点建设任务，并在实施路径上注重项目管控和工作提效。坚持科学规划，尊重信息化建设客观规律和广东财政信息化建设现状，按照关联度和轻重缓急，对与财政预算管理相关的核心业务系统进行分类分期建设整合，细化各项建设任务的时间节点要求，挂图作战，做到目标明晰，进展清楚，确保按时保质实现财政部数据集中的目标。坚持优化统筹，加强与省政数局的沟通协调，简化流程，将立项方案论证、规划方案呈报、管理规范梳理、技术开发研究等相关工作结合起来，同步实施推进，并做好相互衔接。坚持上下协同，制定省财政厅财政信息化工作职责和厅内沟通协调机制，建立数字财政建设周报制度，发动省财政厅内各处室和市县财政部门共同参与全省核心业务系统的建设，形成“全省一盘棋”推进财政核心业务一体和财政信息化建设的工作合力。

（广东省财政厅数字财政专班供稿）

落实“放管服”改革
亮出财政放管服改革工作清单

2019年6月25日，李克强总理在全国深化放管服改革优化营商环境电视电话会议上强调“各地区各部门要以‘不忘初心、牢记使命’主题教育为动力，推动放管服改革和优化营商环境取得更大动力……政府管理和服务要行‘简约’之道，程序、要件等都要删繁就简、便民利企”。广东省财政厅深入贯彻党中央决策部署和省委、省政府工作要求，全面深化“放管服”改革工作，切实转变政府职能，将“放管服”改革向更深层次推进，印发《广东省财政厅“放管服”改革清单和工作台账（第一批）》，明确广东省财政厅2019年需完成的22项具体改革事项，以取消审核、下放权利、优化流程推进“放管服”

改革，激发市场活力，增加内生动力，为人民群众办事创业提供便利。

一、以聚焦主责、取消审核释放活力与动力

按照“放管服”工作的要求，广东省财政厅突出聚焦主责主业，从政府采购、行政事业单位资产管理、预算收支管理等与预算部门息息相关的领域入手，2019年取消12项财政部门审核事项，使财政部门集中精力聚焦财政政策研究制订等主责主业。在政府采购领域，通过取消公开招标数额标准以上的采购项目采购方式审批和政府采购进口产品财政部门审核，并将广东省政府采购公开招标数据标准由200万元提高到400万元，加大采购人自主权。在行政事业单位资产管理领域，取消4项财政部门审核环节事项，如取消行政事业单位500万元以下资产处置事项财政部门审批等，加强风险防控，压实行政事业单位资产处室主体责任。在预算收支管理领域，充分利用技术升级、风险防控等手段，通过取消学费返拨、基建项目进度款、考核基数内因公出国（境）经费等财政部门审核事项，优化对预算单位的服务，提升对省直部门的服务水平、提高省直单位获得感。以取消考核基数内因公出国（境）经费先行审核为例，取消该项审核后预计每年可减少300个出国团组先行审核事项，既压缩整体审核时间，减少审批链条，提高办理工作效率，又强化出访单位因公出国经费管控主体责任。

二、以重心下移、减税降费创造便利与实惠

推行“放管服”改革后，广东省财政厅通过下放权利、减税降费为企业和民众创造实实在在的便利，增强人民群众的获得感和幸福感。

重心下移，便民利企。2019年省财政厅把4项省级行政职权调整为市县实施，实现重心下移。同时，按照全省“一盘棋”管理，统一平台、统一标准、统一监管，确保接得住、管得好。如，将非营利组织免税资格认定审核及社会团体、群众团体公益性捐赠税前扣除资格确认等2项下放至地市，方便社会组织“就地办、就近办”，推进审批服务便民化；将境外会计师事务所临时办理审计业务审批、会计师事务所执业许可审批等2项委托地市实施。通过将量大面广、风险可控、地市管理更方便有效的事权下放实施，降低民众办事的沟通成本、时间成本，也赋予各地更多主动作为的空间。

减税降费，释放红利。在财政收支矛盾较大、财政收入增速放缓的情况下，全面贯彻落实增值税改革、个人所得税专项附加扣除、小微企业普惠性税收减免、降低社保费率以及进一步清理规范行政事业性收费、政府性基金等一系列减税降费政策，确保国家减税红包不折不扣送到纳税人手中。2019年，全省累计实现减税降费3044亿元。其中：减税2436亿元，减轻企业行政事业性收费和政府性基金收费274亿元，降低社保费率减轻企业缴费334亿元。

三、以精简审核、优化流程提升效率和服务

广东省财政厅树立“主动请客”而不是“被动买单”理念，以资金安全为主线，以提升拨付效率为目标，以增进预算单位获得感为动力，把财政“放管服”改革理念融入各项财政改革工作中。在“放管服”改革清单中，省财政厅聚力优化完善4项支付业务，以精简审核、优化流程为着力点，为提升单位用款效率提供源动力，为完善财政国库管理奠定良好基础。

优化统发工资财政内部发放流程。以系统预警控制管理替代处室人工审核，精简工资数据审核管理，提高工资发放效率。

优化省直部门预算资金支付方式。除按规定需实行直接支付的资金外，省直部门资金原则上通过授权支付方式办理，以进一步减少财政内部审批，有效扩大预算单位资金使用自主权，更好落实预算单位预算执行主体职责。

进一步优化基本支出用款计划下达机制。将现有基本支出在1月10日、6月25日、9月25日系统自动分别下达指标总额的50%、25%、17%调整为1月10日下达92%，剩余8%在12月统发工资发放完毕后下达。

进一步优化项目支出用款计划审核流程。通过强化系统控制管理，取消业务处室审核环节，进一步提高用款计划下达效率，提高单位用款及时性和便利度，省直部门重点科目支出进度明显提升。

（广东省财政厅法规处供稿）

大事记

Memorability

1月

9日 广东省财政厅以粤财办〔2019〕1号文印发《广东省完善基本公共服务均等化推进机制的实施方案》。

12日 广东省财政职业技术学校成建制移交广东省教育厅管理签约仪式在省教育厅举行。省财政厅党组书记、厅长戴运龙，省委教育工委书记、省教育厅党组书记、厅长景李虎共同出席签约仪式并讲话。

18日 全省财政工作会议在广州召开。会议总结2018年全省财政工作，分析研判形势，研究部署2019年全省财政工作。省财政厅党组书记、厅长戴运龙作工作报告。叶昊文、郑贤操、杨朝峰、陈剑、肖红梅等厅领导，特邀部门代表，各地级以上市、财政省直管县财政部门主要负责人以及省财政厅各处室和所属单位主要负责人参加会议。

24日 广东省财政厅成立落实中央纪委国家监委查处曾志权案件做好“以案促改”工作领导小组及办公室，省财政厅党组书记、厅长戴运龙担任领导小组组长，叶昊文、肖红梅担任副组长，郑贤操、杨朝峰、陈剑及厅各处室（单位）主要负责人为成员。

△广东省委常委、常务副省长林少春到省财政厅参加厅领导班子民主生活会。

2月

21日 广东省财政厅党组书记、厅长戴运龙前往香港参加《粤港澳大湾区发展规划纲要》宣讲会。

25日 是日至3月1日，广东省财政厅党组成员、副厅长陈剑前往惠州、汕头、揭阳，开展防范地方政府债务风险专题调研。

26日 广东省财政厅党组成员、副厅长郑贤操出席世行贷款农业面源污染治理项目督导启动会，并与省农业农村厅厅长顾幸伟共同会见世界银行全球农业实践局副局长内森·贝雷特一行。

△广东省委、省政府以粤发〔2019〕5号文印发《中共广东省委 广东省人民政府关于全面实施预算绩效管理的若干意见》。

△是日至27日，广东省财政厅党组成员、副厅长肖红梅前往肇庆开展扶贫项目和资金使用情况调研。

3月

7日 广东省政府办公厅以粤府办〔2019〕5号文印发《广东省人民政府办公厅关于印发广东省医疗卫生领域省级与市县财政事权和支出责任划分改革实施方案的通知》。

9日 是日至12日，广东省财政厅党组成员、副厅长肖红梅前往浙江学习考察乡村振兴及“千村示范、万村整治”等工作

27日 是日至29日，全省涉农资金统筹整合改革业务培训班在广州举办，广东省财政厅党组成员、副厅长肖红梅出席培训班并作讲话。

4月

1日 财政部副部长程丽华到广东开展调整完善土地出让收入使用政策专题调研。

9日 广东省财政厅党组书记、厅长戴运龙给全厅党员干部上“以案促改”专题党课。郑贤操、杨朝峰、陈剑、肖红梅等厅领导参加。

12日 根据《中共广东省委机构编制委员会办公室关于明确省直公务用车管理职责的函》（粤机编办发〔2019〕38号），广东省政府机关事务管理局履行省直机关及事业单位一般公务用车管理职责（广东省财政厅不再履行相关职责）。

18日 广东省委常委、省纪委书记施克辉到省财政厅调研。

5月

13日 广东省财政厅以粤财预〔2019〕94号文印发《广东省省级预算执行监督管理办法》。

16日 第六次全国自强模范暨助残先进表彰大会在北京举行，广东省财政厅社会保障处获得国务院残疾人工作委员会颁发的“全国助残先进集体”荣誉称号。

△广东省财政厅举办纪念五四运动100周年诗歌朗诵会。

17日 广东省财政厅党组书记、厅长戴运龙主持召开厅机构改革动员大会。叶昊文、肖红梅等厅领导参加。

22日 国务院总理李克强、财政部部长刘昆在《广东探索地方政府专项债“三加快”发行使用机制 更加有力有效稳投资》作出重要批示。

△是日至23日，广东省财政厅党组成员、副厅长郑贤操前往韶关、清远开展2018年度全省保障农民工工资支付工作考核实地核查。

24日 广东省委、省政府以粤发〔2019〕12号文印发《中共广东省委 广东省人民政府关于国有金融资本管理的实施意见》。

26日 是日至28日，广东省财政厅党组成员、副厅长杨朝峰前往梅州、汕尾、河源，开展全省职业年金实账积累、推进工伤保险基金

省级统筹改革督导和2018年企业养老保险省级统筹、促进就业工作目标责任制考核。

28日 财政部党组成员、副部长余蔚平前往东莞调研，广东省财政厅党组书记、厅长戴运龙陪同调研。

△财政部党组成员、副部长余蔚平在广州调研，广东省财政厅党组成员、副厅长陈剑陪同调研。

△是日至29日，广东省财政厅党组成员、副厅长陈剑前往深圳参加广东省自行发债有关工作。

29日 财政部党组成员、副部长余蔚平前往南沙、佛山调研，广东省财政厅党组书记、厅长戴运龙陪同调研。

6月

5日 广东省财政厅以粤财预〔2019〕78号文印发《广东省生态保护区财政补偿转移支付办法》。

△广东省财政厅以粤财规〔2019〕5号文印发《广东省财政厅广东省审计厅关于省级财政科研项目资金的管理监督办法》。

6日 广东省财政厅党组书记、厅长戴运龙主持召开广东省财政厅“不忘初心、牢记使命”主题教育工作会议。叶昊文、郑贤操、陈剑、肖红梅等厅领导参加。

△广东省财政厅党组成员、副厅长郑贤操前往省教育厅，开展提高高等教育毛入学率资金测算以及学位综合奖补方案调研。

△广东省财政厅、省退役军人事务厅、广东粤财投资控股有限公司签订《广东省退役军人应急救助基金委托管理协议》，明确救助基金委托期限、投资限定、本金和收益运作程序等事项。

10日 广东省财政厅党组成员、副厅长肖红梅前往省自然资源厅，开展省财政厅机构改革对口服务机制实施情况调研。

△是日至11日，广东省财政厅党组成员、副厅长陈剑前往佛山调研督导落实减税降费工作。

△财政部党组成员、全国社会保障基金理事会理事长刘伟到广东省财政厅主持召开专题座谈会，广东省财政厅党组书记、厅长戴运龙汇报广东省经济运行情况和社会保险相关情况。

△是日至12日，财政部党组成员、全国社会保障基金理事会理事长刘伟前往小鹏汽车公司、智慧电子公司、广发基金公司调研养老保险有关政策执行情况，广东省财政厅党组成员、副厅长杨朝峰陪同调研。

13日 广东省副省长张虎前往河源市连平县视察灾后重建工作，省财政厅党组成员、副厅长陈剑陪同视察。

△是日至14日，广东省财政厅党组成员、副厅长肖红梅前往肇庆市，开展省级涉农资金统筹整合改革推进调研。

14日 是日至15日，广东省财政厅党组书记、厅长戴运龙前往肇庆市，开展研究建立均衡性支付制度专题调研。

16日 是日至17日，广东省财政厅党组成员、副厅长陈剑前往深圳组织债券发行工作。

17日 广东省发行2019年第四批新增债券6110649万元，在全国各省级政府中率先完成全年新增债券发行工作。

△按照广东省委、省政府关于做好受灾地区应急救灾复产工作部署，广东省财政厅紧急安排暴雨重灾区救灾复产重建资金6488万元，其中河源4596万元，梅州1892万元，支持重灾地区开展救灾复生产生活秩序。

△广东省财政厅以粤财税〔2019〕2号文印发《关于贯彻落实粤港澳大湾区个人所得税优惠政策的通知》。

△是日至20日，广东省开展地方债柜台发行试点，通过商业银行柜台向个人和机构投资者发行22.5亿元。柜台发行量（22.5亿元）和个人投资者认购量（13.96亿元），均为各试点省市首位。

19日 广东省财政厅以粤财预〔2019〕106号文印发《关于实施老区苏区发展专项奖补政策的通知》。

△广东省财政厅以粤财科教〔2019〕46号文印发《广东省省级补齐公共文化财政支出短板奖补资金管理办法》。

26日 是日至27日，广东省委书记李希前往河源调研救灾复产以及“七一”慰问，省财政厅党组书记、厅长戴运龙陪同调研及慰问。

27日 广东省财政厅副厅长杨朝峰前往省中医院、中国中医科学院广东分院，开展传承发展中医药事业调研。

7月

5日 广东省委常委叶贞琴前往肇庆市封开县，开展提高涉农资金统筹整合使用效率专题调研，省财政厅党组成员、副厅长肖红梅陪同调研。

8日 广东省财政厅党组书记、厅长戴运龙以“不忘初心 牢记使命 在财政事业新征程上相当作为奋勇前行”为题，为全厅党员干部上“不忘初心、牢记使命”主题教育专题党课，叶昊文、肖红梅等厅领导参加。

△广东省财政厅党组成员、副厅长郑贤操主持召开省级财政科研项目资金管理监督办法宣讲会。

10日 广东省财政厅党组书记、厅长戴运龙主持召开省级财政对口服务改革暨预算编制动员会议，叶昊文、郑贤操等厅领导参加。

11日 广东省财政厅党组成

中华人民共和国财政部办公厅

财办预〔2019〕147 号

财政部办公厅关于对2018年度预算绩效管理工作考核先进单位给予表扬的通报

党中央有关部门财务部门，国务院各部委、各直属机构财务部门，中央军委后勤保障部财务局，全国人大常委会办公厅机关事务管理局，政协全国委员会办公厅机关事务管理局，高法院行装局，高检院计财局，各民主党派中央财务部门，有关人民团体财务部门，有关中央管理企业财务部门，各省、自治区、直辖市、计划单列市财政厅（局），新疆生产建设兵团财政局：

为深入贯彻落实《中共中央 国务院关于全面实施预算绩效管理的意见》，根据《预算绩效管理工作考核办法》（财预〔2015〕25号），我部对2018年度中央部门和地方预算绩效管理工作进行

— 1 —

2019年7月16日，广东省在财政部组织的2018年度预算绩效管理工作考核中获全国第一名

员、副厅长陈剑前往珠海市开展“不忘初心、牢记使命”主题教育调研。

16日 广东省在财政部组织的2018年度预算绩效管理工作考核中获全国第1名。

△是日至18日，广东省财政厅党组成员、副厅长肖红梅前往揭阳市、潮州市，开展涉农资金统筹整合实地调研指导。

22日 广东省财政厅党组书记、厅长戴运龙前往东莞市开展“不忘初心、牢记使命”主题教育调研，了解省实验室建设、新增债券资金使用管理情况。

23日 是日至24日，广东省财政厅党组成员、驻厅纪检监察组组长叶昊文前往河源市开展“以案促改”专题调研。

25日 戴运龙、叶昊文、杨朝峰、陈剑、肖红梅等厅领导参加副省长张虎来厅开展“不忘初心、牢记使命”主题教育督导会议。

△是日至26日，广东省财政厅党组成员、副厅长肖红梅前往惠州市开展“以案促改”专题调研。

26日 广东省财政厅党组成员、驻厅纪检监察组组长叶昊文前往梅州市开展“以案促改”专题调研。

△广东省财政厅党组成员、副厅长陈剑前往佛山市参加2019年新增债发行与使用情况主题教育专题调研分片区实地调研暨培训。

31日 广东省财政厅党组书记、厅长戴运龙主持召开厅“不忘初心、牢记使命”主题教育调研成果和整改落实进展情况交流会。叶昊文、郑贤操、杨朝峰、陈剑、肖红梅等厅领导参加。

△中共广东省委、广东省政府在广州召开第五届广东省“人民满意的公务员”和“人民满意的公务员集体”表彰大会，广东省财政厅沈明被授予“人民满意的公务员”称号。

是月 财政部召开部分省市座谈会专题研究广东预算管理改革的做法和成效，广东省在会上作经验介绍发言。

8月

7日 广东省副省长张虎前往中山市调研，省财政厅党组成员、副厅长陈剑陪同调研。

△省财政厅党组书记、厅长戴运龙主持召开厅“全面对标，全力推动走在前列”年中专题工作会议。郑贤操、陈剑、肖红梅等厅领导参加。

9日 广东省财政厅成立“数字财政”建设工作领导小组及办公室。

13日 广东省财政厅党组成员、副厅长肖红梅前往河源市开展涉农资金统筹整合实地督导。

△财政部专门刊发17号简报将广东省预算改革做法上报中办、国办，专报国务院领导同志，抄送各省（区、市）政府。

15日 是日至16日，广东省财政厅党组成员、副厅长杨朝峰前往梅州市、河源市开展全省职业年金实账积累、推进工伤保险基金省级统筹改革督导。

22日 广东省财政厅党组书记、厅长戴运龙主持召开全省部分地市财政工作会议，党组成员、副厅长陈剑参加。

27日 广东省省长马兴瑞来省财政厅调研，戴运龙、叶昊文、郑贤操、杨朝峰、陈剑、肖红梅等厅

财 政 简 报

第 17 期

财　政　部　　2019年8月13日

广东深化预算编制执行监督管理改革
转变管理重心 提高资金使用效益

为贯彻党的十九大关于“建立全面规范透明、标准科学、约束有力的预算制度”的要求，2018年，广东省开展了省级预算编制执行监督管理改革，优化部门职责配置，精简财政审批事项，转变财政管理重心，提高各方预算管理积极性和财政资金使用效益，取得良好成效。现将有关情况简报如下：

一、强化预算管理“法定职责”，以权责匹配为重点，提升各方管财理财积极性

（一）财政部门从“管全程”向“聚焦两头、优化中间”转

— 1 —

2019年8月13日，财政部专门刊发17号简报将广东省预算改革做法上报中办、国办，专报国务院领导同志，抄送各省（区、市）政府

领导参加座谈会。省财政厅党组书记、厅长戴运龙汇报财政收支、市县暂存暂付款挂账以及主题教育等工作。

9月

6日　是日至10日，广东省财政厅党组成员、驻厅纪检监察组组长叶昊文赴四川甘孜州，就加强省对口援川项目资金监管事项开展实地专题调研。

9日　经广东省政府同意，将省农业信贷担保公司成建制划转粤财投资控股有限公司。

12日　广东省财政厅举办党支部书记集中培训暨交流研讨会。

19日　广东省委书记李希到广东省财政厅，就学习贯彻习近平新时代中国特色社会主义思想特别是总书记对广东重要讲话和重要指示批示精神，做好全省财政工作开展调研。

23日　是日至24日，广东省财政厅召开全省预算绩效管理培训会。

26日　广东省财政厅党组书记、厅长戴运龙接受广东电视台“壮丽70年　奋斗新时代”系列报道采访。

27日　广东省财政厅举办“讲好财政故事，展现财政风采”专题座谈会。

是月　财政部组织全国财政系统年轻干部培训班，戴运龙厅长作为地方财政部门唯一受邀授课厅长在培训班上介绍广东预算改革的情况。

10月

14日　广东省财政厅党组书记、厅长戴运龙，党组成员、副厅长肖红梅参加省涉农资金统筹整合联席会议。

△广东省副省长张虎前往省税务局调研并参加财税工作会议，省财政厅党组书记、厅长戴运龙陪调研并参会，党组成员、副厅长陈剑一并参会。

15日　广东省财政厅党组书记、厅长戴运龙主持召开深化全省预算编制执行监督管理改革暨市县财政管理视频工作会议。

17日　是日至18日，广东省财政厅党组成员、副厅长郑贤操陪同财政部调研组前往汕头开展稳投资工作调研。

20日　广东省政府办公厅印发《广东省科技领域省级与市县财政事权和支出责任划分改革实施方案》。

22日　广东省财政厅党组书记、厅长戴运龙主持召开厅长联系基层工作点第一次座谈会。

月底　全年新增债券完成100%支出，全部拨付到项目上，有力拉动形成有效投资。

11月

6日　广东省财政厅党组书记、厅长戴运龙主持召开贯彻落实李希书记在省财政厅调研时讲话精神专题会议。叶昊文、郑贤操、杨朝峰、肖红梅等厅领导参加。

9日　国务院办公厅在第23期《政务情况交流》专刊刊发《广东加快专项债券发行使用　推动重大项目落地　积极扩大有效投资》，

政务情况交流

第 23 期

国 务 院 办 公 厅　　　　2019 年 11 月 9 日

广东省加快专项债发行使用 推动重大项目落地 积极扩大有效投资

加快发行使用地方政府专项债券，是积极财政政策加力提效的重要措施，也是合理扩大有效投资的关键之举，对于深化供给侧结构性改革、应对当前经济下行压力等具有重要意义。广东省作为我国经济大省、投资大省，积极落实党中央、国务院“六稳”部署要求，把稳投资放在更加突出的位置，按照中央经济工作会议和《政府工作报告》关于增加地方政府专项债券规模、加快发行使用进度的总体安排，创新专项债发行管理，更好匹配项目资金需求；做实做细项目储备库，确保新建一批、开工一批、

— 1 —

2019年11月9日，国务院办公厅在第23期《政务情况交流》专刊刊发广东省加快专项债券发行使用情况，顶格呈送中央与国家领导

顶格呈送中央与国家领导。

14日　广东省财政厅党组书记、厅长戴运龙主持召开全厅处职以上干部大会。叶昊文、郑贤操、杨朝峰、陈剑、肖红梅等厅领导参加。

15日　戴运龙、叶昊文、杨朝峰、陈剑、肖红梅等厅领导参加中央宣讲团党的十九届四中全会精神宣讲报告会暨广东省市厅级主要领导干部学习贯彻党的十九届四中全会精神研讨班开班式。

16日　叶昊文、郑贤操、杨朝峰、陈剑、肖红梅等厅领导参加在广州举办的广东省财政厅第二十一届全民健身运动会。省直机关工委巡视员肖怀跃受邀出席。

18日　是日至19日，广东省财政厅党组成员、副厅长肖红梅赴毕马威华振会计师事务所（特殊普通合伙）广州分所、安永华明会计师事务所（特殊普通合伙）广州分所指导“不忘初心、牢记使命”主题教育工作。

25日　是日至26日，广东省财政厅党组成员、副厅长肖红梅前往河源龙川县鹤市村，调研脱贫攻坚工作。

△广东省财政厅党组成员、副厅长郑贤操出席新开发银行在广州举办的“大湾区等中国城市群综合交通发展”研讨会。

29日　广东省财政厅党组书记、厅长戴运龙前往深圳市财政局、深圳市南山区财政局调研。

△广东省十三届人大常委会第十五次会议修订通过《广东省行政事业性收费管理条例》，自2020年4月1日起执行。

12月

4日　广东省财政厅党组书记、厅长戴运龙参加“关于推进《粤港澳大湾区发展规划纲要》落地实施”政协提案办理情况专题会议。

5日　广东省人大常委会主任李玉妹率领省人大财经委、环资委、农村农业委、教科文卫委、常委会预算工委和部分省人大代表到省财政厅视察。省财政厅党组书记、厅长戴运龙汇报广东省2019年1—11月预算执行情况、2020年预算草案编制情况以及落实重点领域研发、水污染防治、学前教育公办学位建设三个项目资金安排情况，杨朝峰、肖红梅等厅领导参加。

13日　根据粤组干〔2019〕1139号文，广东省委批准胡建斌同志任省注册会计师行业党委专职副书记（副厅级）。

25日　广东省财政厅举行宪法宣誓仪式，省财政厅党组书记、厅长戴运龙监督，党组成员、副厅长肖红梅主持。

△是日至26日，广东省财政厅党组成员、副厅长肖红梅前往河源龙川县鹤市村，调研脱贫攻坚工作。

26日　深圳市财政局预算处、东莞市财政局樟木头分局、佛山市禅城区财政局获全国财政系统“先进集体”表彰，广东省财政厅姚露、广州市财政局李征荣、汕头市财政局张志翔获全国财政系统“先进个人”表彰。

30日　广东省财政厅党组书记、厅长戴运龙前往广州市财政局调研。

是月　全国财政工作会议召开，广东在会上介绍专项债发行使用工作经验做法。

广东财政总述

Guangdong Public Finance Outline

综　述

【财政收支概况】 2019年，广东省一般公共预算收入完成12654.53亿元，比2018年增收549.27亿元，增长4.5%，收入总量连续29年位居全国各省市首位。其中，税收收入完成10063.95亿元，比2018年增收326.43亿元，增长3.4%；全省一般公共预算支出完成17297.85亿元，比2018年增支1568.60亿元，增长10.0%。省级一般公共预算收入完成3291.10亿元，比2018年增收160.29亿元，增长5.1%。其中，税收收入完成2837.56亿元，比2018年增收126.15亿元，增长4.7%；省级一般公共预算支出完成1414.44亿元，比2018年增支177.11亿元，增长14.3%。

【“大学习、深调研、真落实”持续深化】 2019年，广东省财政厅持续深化“大学习、深调研、真落实”活动。

持续抓好“大学习” 省财政厅全面落实第一议题制度，深入学习习近平新时代中国特色社会主义思想，结合财政实际研究谋划工作。全年召开党组会议32次，其中第一议题41个，组织党组理论学习中心组学习会6次。

持续开展“深调研” 省财政厅开展“落实充分发挥中央和地方两个积极性的体制机制”专题调研，聚集问题研究具体对策。围绕中央和省委部署要求、深化财政改革、群众反映突出问题选定15个调研课题，研究提出70余条解决问题、推动发展的思路举措，形成一批务实管用的财政制度机制。

持续推动“真落实” 省财政厅开展“全面对标、全力推动走在前列”工作，在深入调研基础上，把财政重点工作与中央和省委部署要求对标，与先进省市财政部门、省直部门对标，找差距、补短板、抓落实，全年23项重点工作实现走在前列目标。

（广东省财政厅办公室供稿，毛存中执笔）

积极的财政政策加力提效

【减税降费政策落实】 2019年，广东省财政厅在中央授权范围内制定地方税收优惠政策为企业顶格减税，实行行政事业性收费和政府性基金目录清单管理，落实省定涉企行政事业性收费“零收费”。全年全省累计实现减税降费3043.7亿元，其中新增减税2435.7亿元、约占全国14%。

【财政收入组织管理】 2019年，广东省财政厅强化财政收入形势监控和分析，会同税务等部门对全省地方税种开展税源分析，完善相关征管措施。盘活国有资源资产，完善省属企业国有资本收益收缴机制。全年全省一般公共预算收入增速保持在合理区间并高于全国平均水平。

【财政支出聚力增效】 2019年，广东省财政厅落实每月预算支出执行分析机制，加快预算支出进度。全省一般公共预算支出进度并列全国第一名。建立健全机关事业单位厉行节约长效机制，省级部门一般性支出和“三公”经费均下降超过10%。

2019年，广东省财政厅用好用足新增债券资金。争取中央加大新增债务限额支持力度，中央下达广东省新增债务限额2169亿元，比2018年增长59.2%。加快新增债券使用进度，在全国率先完成新增债券发行任务，拉动形成有效投资超过2300亿元，为“稳投资”提供强支撑。

（广东省财政厅办公室供稿，毛存中执笔）

“1+1+9”工作部署保障

【粤港澳大湾区建设】 2019年，广东省财政厅出台推进大湾区建设若干财政政策实施方案，实施大湾区个税优惠政策，下调符合条件的境外高端紧缺人才个人所得税税率至15%。首次实现省财政科研资金跨境使用。全年创新集合发行大湾区概念专项债500.9亿元，试点柜台发行大湾区生态环保建设专项债券22.5亿元，保障大湾区基础设施

2018年1月18日，全省财政工作会议在广州召开　（肖鑫晖　摄）

建设资金需求。

【深圳建设先行示范区】 2019年，广东省财政厅建立支持深圳建设先行示范区和广州实现老城市新活力的特事特办工作机制，争取中央支持两市开展首创性、差异化财政改革探索，推动形成更多可复制、可推广的财政改革创新成果。

【“三大攻坚战”财政支持】 2019年，广东省财政厅严格实施债务限额管理，规范政府举债融资，遏制隐性债务增量，提前完成年度隐性债务存量化解任务。建立应急响应机制，强化监测预警和监督问责。广东省政府债务债务率低于全国平均水平，全省各地区债务风险实现“零预警”。统筹76亿元支持实施增收脱贫工程及兜底保障工程，助力打赢脱贫攻坚战。落实打好污染防治攻坚战相关资金298亿元，为广东省生态环境治理提供财政保障。

·链接·

我省出台强力吸引国际人才的大湾区个税优惠政策

明确15%的税负差额补贴标准

《关于贯彻落实粤港澳大湾区个人所得税优惠政策的通知》（下称《通知》）日前正式公布，明确对在大湾区工作的境外高端人才和紧缺人才，其在珠三角九市缴纳的个人所得税已缴税额超过其按应纳税所得额的15%计算的税额部分，由珠三角九市人民政府给予财政补贴，该补贴免征个人所得税。

这一政策实施后，将使在粤港澳大湾区工作的境外人才实际税负水平明显降低，对粤港澳大湾区广聚英才将起到积极的引导和推动作用。

鼓励吸引更多国际人才

今年3月，财政部、税务总局制定出台《关于粤港澳大湾区个人所得税优惠政策的通知》，对在大湾区工作的境外（含港澳台）高端人才和紧缺人才，按内地与香港个人所得税税负差额给予补贴，并对补贴免征个人所得税。

为进一步释放政策红利，鼓励吸引更多国际人才到粤港澳大湾区工作生活，我省在中央政策的基础上，进一步细化明确差额补贴的标准和范围、人才认定的框架范围和原则意见等要求，并充分考虑珠三角九市的实际需要，由各市根据当地实施制定高端人才和紧缺人才的具体认定标准和操作办法，赋予各市充分的自主权。

公布补贴金额计算公式

《通知》首先明确了15%的税负差额补贴标准，补贴金额计算公式为：在大湾区缴纳的个税已缴税额–应纳税所得额×15%。有利于降低申报人的申请成本，减少审核难度，统一补贴标准，便于珠三角九市实际操作。

《通知》还明确纳入差额补贴的个人所得范围，将工资薪金所得、劳务报酬所得、稿酬所得、特许权使用费所得、经营所得及入选人才工程或人才项目获得的补贴性所得纳入差额补贴的个人所得范围，鼓励外籍人才到大湾区工作创造价值，同时支持外籍青年来大湾区创业就业。

补贴根据个人所得项目，按照分项计算（综合所得进行综合计算）、合并补贴的方式进行，每年补贴一次。同时，为了更好地满足大湾区的实际需要，《通知》明确高端人才和紧缺人才的框架范围和原则意见，具体由各市制定操作办法，明确赋予各市充分的自主权。

该通知自今年1月1日起执行，试行一年，一年后视情况予以修订。

申报条件

●申报人应具备以下基本条件

香港、澳门永久性居民，取得香港入境计划（优才、专业人士及企业家）的香港居民，台湾地区居民，外国国籍人士，或取得国外长期居留权的回国留学人员和海外华侨；在珠三角九市工作，且在此依法纳税；遵守法律法规、科研伦理和科研诚信。

●申报人应当符合下列条件之一

国家、省、市重大人才工程入选者，取得广东省“人才优粤卡”、外国人工作许可证（A类）或外国高端人才确认函的人才，以及国家、省、市认定的其他境外高层次人才。

国家、省、市重大创新平台的科研团队成员，高等院校、科研机构、医院等相关机构中的科研技术团队成员，在广东省重点发展产业、重点领域就业创业的技术技能骨干和优秀管理人才，以及珠三角九市认定的其他具有特殊专长的紧缺急需人才。

（原载于2019年6月23日《南方日报》，记者：肖文舸，通讯员：岳才轩）

【区域发展新格局构建】 2019年，广东省财政厅对广州南沙、珠海横琴等重点平台建设实施专项补助。出台实施均衡性转移支付制度，首次将欠发达地区22个市辖区及珠三角6个困难县区新增纳入保障，支持县区兜住“三保”底线。完善生态保护区财政补偿转移支付制度，实现生态发展区县全覆盖。2019—2020年新增集中财力超过300亿元，支持老区苏区和民族地区振兴发展。

【科技创新强省建设】 2019年，广东省财政厅安排近20亿元支持高校和科研院所开展基础与应用基础研究，支持科技型中小企业技术创新，推进省实验室体系建设；安排35亿元支持重点领域研发计划，集中攻关突破“卡脖子”核心技术，增强支撑创新驱动发展的源头供给，推动创新驱动发展。

【乡村振兴发展战略实施】 2019年，广东省财政厅投入乡村振兴战略资金超1000亿元，支持粤东西北地区3000个示范村发展特色效益产业、200个镇打造农业特色专业镇，推进全域农村人居环境整治和“千村示范、万村整治”，96.4%的自然村完成基础环境整治，助力推动农村环境改善、农民增收致富。

【民生保障和改善】 2019年，广东省财政厅坚持以人民为中心的发展理念，安排民生类支出11393亿元，占一般公共预算支出比重68.9%，保障群众基本生活。树立底线思维，安排底线民生保障资金264亿元、增长25%，确保低保、特困、孤儿、困难残疾人等保障水平保持在全国前列。出台广东省完善基本公共服务均等化推进机制的实施方案，推进基本公共服务均等化。

（广东省财政厅办公室供稿，毛存中执笔）

财政改革

【预算编制执行监督管理改革纵深推进】 2019年，广东省财政厅制定出台改革配套制度40项，完成主要改革工作事项100多项。117个省级部门建立预算改革配套制度，21个地市和74个县、区完成本级预算改革部署。全面推进项目库管理，落实未纳入项目库的项目不得安排预算的“硬约束”规定，做细做实项目库。开展重大政策和项目事前绩效评审工作，提升预算编制精准性。推动财政“放管服”改革，改革累计下放审批权限资金600多亿元，省级专项资金分配下达时间减少50%以上，实现财政资金使用效率和效益“双提升”。

【预算绩效管理全面实施】 2019年，广东省财政厅加强预算绩效目标管理，完善绩效指标体系，规范绩效评价方式。评价范围在“两覆盖”的基础上，进一步拓展到PPP、新增债券等财政管理领域。落实绩效评价结果与资金安排挂钩激励约束机制，对绩效评价结果不理想的、支出进度慢的，坚决调减预算资金或取消预算安排，做到“花钱必问效，无效必问责”，推动构建全方位、全过程、全覆盖的预算绩效管理体系。广东省财政绩效管理工作获得全国考核优秀等次第一名。

【涉农资金统筹整合】 2019年，广东省财政厅出台深化涉农资金统筹整合改革的实施意见，将省级涉农资金预算编制和预算执行的主导权交给市县，推动实现跨部门统筹整合，采取“大专项+任务清单”资金分类整体下达管理模式，落实省定项目和约束性任务“两个50%”双控要求，市、县可统筹财力上升35倍、达133亿元。

【财政管理改革】 2019年，广东省财政厅深化财政机构改革，加快“数字财政”建设，开展国有资产管理改革，推进国库管理改革和财政“放管服”，财政管理改革取得新突破。

深化财政机构改革 省财政厅坚持“一类事项由一个处室统筹、一件事情由一个处室负责”的原则，制定处室职责清单，调整理顺处室职责，创新建立“一个部门对口一个处室”的对口服务工作机制，力求部门到财政办事“只进一个门、只跑一个处”，提升财政工作效能。

加快“数字财政”建设 省财政厅按照对标“数字政府”建设要求，推进财政信息化建设，优化各级财政业务流程，重构省级一体化平台，推进全省财政核心业务纵向集中化。

开展国有资产管理改革 省财政厅建立健全省政府向省人大常委会报告国有资产管理情况制度，试点开展党政机关和事业单位经营性国有资产集中统一监管，促进国有资产保值增值。

推进国库管理改革 财务核算信息集中监管实现省市两级全覆盖（除深圳外），政府财务报告编制试点范围扩大至全省21个地级市，省本级国库集中支付业务全流程电子化改革正式上线。

推进财政“放管服” 省财政厅将省级财政63项行政权力事项压减为3项，实施22项“放管服”事项，在政府采购、行政事业资产管理、注师行业管理、评估行业管理等方面推行“放管服”改革。进一步拓宽视野，加强与国际金融组织的合作。

（广东省财政厅办公室供稿，毛存中执笔）

法制税政

Legislation and Taxation of Public Finance

财政法制

【概况】 2019年，广东省财政厅以法治财政建设为重点，狠抓工作落实，做好立法和规范性文件管理工作，推进财政领域“放管服”改革，规范行政执法行为，开展法制宣传教育，加强财政管理法律风险防控，组织开展依法行政和政务服务专项、行政审批和政务服务效能专项两项绩效考核自查考核，各项工作取得新成效。在省级机关绩效考核中，省财政厅的依法行政和政务服务专项、行政审批和政务服务效能两项专项考核均获得满分。

【立法和规范性文件管理】 2019年，广东省财政厅做好立法和规范性文件管理相关工作。配合国家和省有关部门做好政府采购法、政府购买服务、省行政事业性收费管理条例等立法调研；做好各类文件的合法性审查及备案审查等，全年办理地方性法规征求意见26件，规范性文件征求意见70件，办理党内规范性文件征求意见函60件。依法依规开展省财政厅规范性文件制定工作，印发《广东省海域使用金征收使用管理办法》《广东省海域使用金征收标准》和《广东省财政厅 广东省审计厅关于省级财政科研项目资金的管理监督办法》等3份规范性文件，修订《会计师事务所执业许可和监督管理业务指南》1份规范性文件。开展机构改革法规规章规范性文件专项清理和全省涉政府产权纠纷问题专项治理工作，夯实财政法治建设制度基础。

【“放管服”改革】 2019年，广东省财政厅推动简政放权向纵深发展，坚持确保放得开、接得住和管得好的原则，压减财政省级权责清单事项，实现省级权责清单压减率超过95%。印发《关于印发广东省财政厅“放管服”改革清单和工作台账（第一批）的通知》，明确广东省财政厅2019年需完成22项“放管服”具体改革事项，在政府采购领域、行政事业资产管理领域、财政收支管理领域、减税降费领域等方面推行“放管服”改革。以开展省级行政权力事项压减工作为抓手，推动强市放权。制定《省财政厅省级权责清单事项调整实施意见》，将省级财政63项行政权力事项通过取消、整合、委托、重心下移、移出清单等方式压减为3项，超额完成压减2/3的任务目标。

【行政执法规范】 2019年，广东省财政厅推行行政执法公示制度、依法依规办好行政案件，规范行政执法工作。

全面推行行政执法公示制度 省财政厅贯彻落实《广东省人民政府关于全面推行行政执法公示制度执法全过程记录制度重大执法决定法制审核制度的实施方案》，制定《广东省财政厅全面推进行政执法公示制度执法全过程记录制度重大执法决定法制审核制度工作方案》，出台《广东省财政厅行政执法音像记录管理制度》《行政执法全过程音像记录清单》及《重大行政执法决定法制审核目录清单》，对全面实施“三项制度”提出具体要求，按照“谁执法、谁公示”原则明确责任处室和完成时限，做到行政执法事前信息全面公开、事中公示合法合规、行政执法结果及年度数据及时公布、行政执法文字记录合法规范、音像记录普遍运用和严格归档。开展2019年度行政执法案卷评查工作。根据《广东省行政执法案卷评查办法》的规定，组织开展2018年7月1日至2019年6月30日期间省财政厅行政执法处室及地市财政部门作出的行政执法决定执法案卷评查，加强内部行政执法监督及对地方财政部门行政执法的指导。

依法依规办好行政案件 省财政厅坚持合法、公正、公开、及时、便民办理行政复议和诉讼案件。办理行政复议和诉讼案件38件。其中，作为行政复议机关办理行政复议案件16件（维持9件、撤销2件，申请人撤回申请1件，不予受理3件，驳回行政复议申请1件），作为被申请人案件13件（复议维持5件、复议撤销1件、申请人撤回行政复议申请2件，不予受理4件），行政应诉案件9件（一审审结案件均为驳回诉讼请求）。

【财政法治宣传教育】 2019年，广东省财政厅开展形式多样的法制

2019年11月7日，广东省财政厅组织开展全省行政执法案卷评查

（广东省财政厅法规处供图）

宣传教育，以“12·4”宪法日为契机，组织全厅干部职工开展宪法宣誓，维护宪法的意识。印发省财政普法责任制实施意见及普法责任清单。完善法规数据库建设，将法规库嵌入到OA办文全文搜索中，方便财政干部查询法律依据。开展多场普法宣传活动，邀请财政部、省司法厅有关人员为省财政厅及地市财政部门工作人员开展专题讲座，就财政部门在行使职权尤其是在行政执法过程中面临的各种风险及防范进行详细讲解，提升行政执法能力和水平；为基层财政法制机构及行政执法机构人员开展“普法下基层”法治宣传教育活动。

【法律风险防控】 2019年，广东省财政厅加强财政管理法律风险防控工作。对近千份文件进行合法性审核，涉及财政预算管理、政府采购、行业监管、财政投资项目等业务类型，加强对信息公开、信访投诉等行政行为的法律风险控制。修订完善《广东省财政厅法律风险内部控制办法》《广东省财政厅政策制定风险内部控制办法》，明确风险防控职责，完善风险控制流程，促进防范业务和廉政风险。开展优化办事流程，落实首问首办责任制，建立健全理顺资产处置办理流程，理顺省级行政权力委托、重心下移至地市实施的办理机制，优化省级非税收入退库办理流程、高级会计师评审流程等措施优化部门办事服务、企业和群众办事服务、省财政厅内后勤办事服务“三个流程”，为落实预算编制执行监督管理改革、深化“一个部门对口一个处室”工作机制提供支撑。

（广东省财政厅法规处供稿，莫辛燕执笔）

财政税制

【概况】 2019年，广东省财政厅聚焦主责主业，推动各项减税降费政策落地实施，推进支持粤港澳大湾区建设等相关地方税政工作，全面规范非税收入管理，做好税务部门对口服务。1—12月全省累计实现减税降费3043.7亿元。其中：减税2435.7亿元，减轻企业行政事业性收费和政府性基金收费274亿元，降低社保费率，减轻企业缴费334亿元。

2019年广东省减税降费构成图

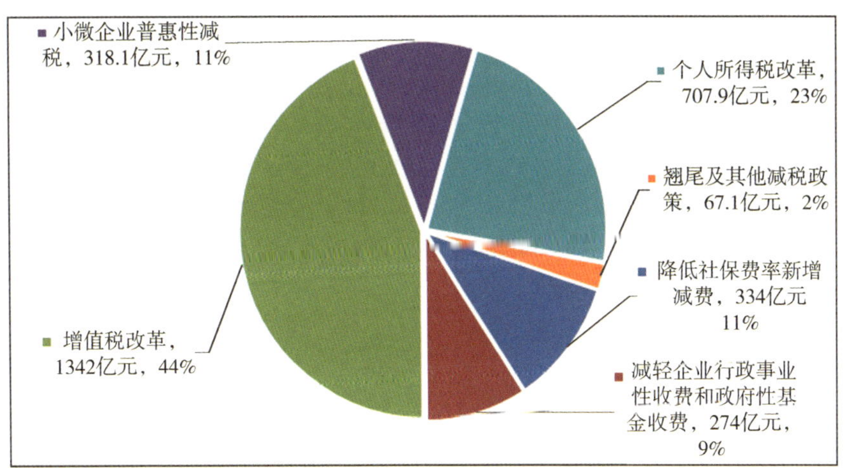

【减税降费政策落实】 2019年，广东省财政厅强化组织领导、细化实化工作举措、强化宣传解读、加强调研督导，落实减税降费政策。

强化组织领导 省财政厅提请省政府建立减税降费工作联席会议

2019年12月25日，广东省财政厅首次举行宪法宣誓仪式 （肖鑫晖 摄）

制度，分管财税部门的省领导为召集人，省纪委监委、省委办公厅、省政府办公厅、省发展改革委、省财政厅、省人力资源社会保障厅、省税务局等为成员单位，统筹协调全省减税降费工作。成立省财政厅减税降费工作领导小组及其办公室，统筹全厅资源和力量推进减税降费政策落实落地。

细化实化工作举措　省财政厅按照“能快则快、能低则低、能简则简”的原则，提前做好各项准备工作，确保在中央政策文件出台后，广东省第一时间出台贯彻落实措施，在中央授权范围内制定地方税收优惠政策，为企业“顶格”减税。

强化宣传解读　省财政厅汇编印发系列减税降费政策指引及解答，通过新闻媒体、门户网站等发布、解读减税降费政策。联合省税务局召开减税降费新闻发布会，对落实减税降费政策情况进行宣传解读。在财政部组织开展的减税降费知识竞赛中，广东省财政厅获得优秀组织奖。

加强调研督导　省财政厅组织开展减税降费专项调研督导，广泛听取意见、发现突出问题、评估政策效果。建立减税降费政策落实情况定期报送机制，组织全省财政部门开展减税降费自查自纠，会同省税务局等七部门开展减税降费联合调研督导等，推进减税降费政策落地落实。

【地方税政工作扎实推进】　2019年，广东省财政厅贯彻落实粤港澳大湾区个人所得税优惠政策，支持粤港澳大湾区建设税收政策落地，组织实施耕地占用税及开展立法调研，推进地方税收工作。

贯彻落实粤港澳大湾区个人所得税优惠政策　省财政厅联合省税务局印发《关于贯彻落实粤港澳大湾区个人所得税优惠政策的通知》，明确补贴的标准，按内地与15%的香港标准税率进行差额补贴，明确纳入差额补贴的个人所得范围以及人才认定的框架范围和原则意见，并考虑珠三角九市的实际需要，允许珠三角九市结合本地区实际，具体由各市制定操作办法，赋予各市充分的自主权。珠三角九市均制定发布具体的人才认定和补贴发放办法。

支持粤港澳大湾区建设税收政策落地　为做好中央财政支持粤港澳大湾区建设的相关财税政策（明确实施个人所得税税负差额补贴、启运港退税、对南沙实施国际航运保险业务免征增值税、将旅游业纳入横琴新区企业所得税优惠目录等）落地，省财政厅加强与财政部的沟通请示，报送将横琴旅游业纳入企业优惠目录、对南沙实施国际航运保险业务免征增值税政策请示等，并跟进珠三角九市启运港退税政策。横琴旅游业纳入企业优惠目录政策于8月落地实施。

组织实施耕地占用税及开展立法调研　省财政厅在税法规定税率幅度内研究提出广东省耕地占用税适用税率。7月25日，广东省第十三届人大常务会第十三次会议表决通过《广东省人民代表大会关于广东省耕地占用税适用税额的决定》，自2019年9月1日起实施。组织开展土地增值税、房地产税等立法调研，提出有关立法政策建议。

【非税收入管理】　2019年，广东省财政厅调整非税收入政策，推进非税收入管理制度建设，优化完善非税收入集中收缴，实行收费目录清单管理，规范非税收入管理。

调整非税收入政策　省财政厅联合省发展改革委制定印发《关于扩大部分涉企行政事业性收费免征对象范围的通知》，将省定涉企收费免征对象由广东省内工商行政管理部门核发营业执照且其组织机构类型为企业的经营单位，扩大至由市场监督管理部门（含原工商行政管理部门）核发营业执照且其组织机构代码机构类型为企业的经营单位，推动建立健全统一市场公平竞争的营商环境；联合省税务局印发《关于我省实施文化事业建设费减征政策的通知》，自2019年7月1日至2024年12月31日，对归属地方收入的文化事业建设费，按照缴纳义务人应缴费额的50%减征，2019年为相关企业减轻负担约7亿元。

推进非税收入管理制度建设　推进《广东省行政事业性收费条例》的立法，逐步完善非税收缴、项目管理、对账管理、代收银行资金安全性管理、分成管理、考核办法等全过程制度体系建设。

优化完善非税收入集中收缴　省财政厅完善非税系统建设，优化流程、完善功能，推进建立全省非税收入联网系统。组织开展省级非税收入管理系统专项检查，全面梳理系统全流程存在的问题，研究制定集中收缴优化措施，通过解析技术架构和优化业务逻辑，整合现有个性化或特殊的缴费及对账流程，逐步统一流程，规范管理，完整解决现有公安出入境业务、户政业务、港澳车业务、邮政代办业务缴费对账流程特殊性带来的问题及风险。

实行收费目录清单管理　省财政厅按照行政事业性收费和政府性基金目录清单管理关于“所有的行政事业性收费和政府性基金均应纳入目录清单管理，未纳入收费目录清单的一律不得收费”的要求，广东省财政厅会同省直相关部门，根据降费政策的出台和实施情况更新并公布广东省行政事业性收费目录清单和政府性基金目录清单，保障公众的知情权和监督权，规范行政事业性收费和政府性基金的收缴，为构建项目法定、权责一致、简政放权、公开透明的收费监管体系建立基础。

（广东省财政厅税政处供稿，刘征执笔）

预算管理

Fiscal Budget Management

综　述

【概况】　2019年，广东省财政厅抓牢财政收支管理，深化预算管理改革，健全财政体制政策，加强预算规范管理，全省县级财政管理绩效综合评价进入全国前列。建立均衡性转移支付制度，聚焦“促均衡、保基本、全覆盖、解困局、兜底线”，促进区域协调均衡发展。实施生态保护区财政补偿转移支付办法，通过“点线面”相结合，扩大受益范围，筑牢全省绿色生态屏障，推动生态地区高质量发展。通过十三项财政支持政策，推动老区苏区实现振兴发展。通过制定十项财政扶持政策，推动民族地区全面小康、高质量发展。建立、健全厅长联系基层工作制度，帮助基层解决难题。促进粤港澳大湾区生产要素自由流动，全面提升粤港澳大湾区经济创新力和竞争力。建立次年省级财政预算安排与当年项目入库率、绩效评价结果、审计意见、执行进度指标等“四挂钩”机制，促进各单位强化预算编制，优化预算执行、加快支出进度。

【一般公共预算收支】　2019年，广东省一般公共预算收入12654.53亿元，比2018年增长4.5%。其中：税收收入10063.95亿元（其中增值税收入3977.07亿元、企业所得税收入2001.21亿元、个人所得税收入656.19亿元、土地增值税收入1402.89亿元）、非税收入2590.58亿元。2019年全省一般公共预算支出17297.85亿元，比2018年增长10%。重点支出主要情况：教育支出3210.51亿元、科学技术支出1168.79亿元、文化旅游体育与传媒支出350.33亿元、社会保障和就业支出1703.48亿元、卫生健康支出1579.60亿元、节能环保支出747.44亿元、城乡社区支出2413.84亿元、农林水支出957.68亿元、交通运输支出525.23亿元。

【财政收支管理】　2019年，广东省财政厅抓牢财政收支管理，保障全省财政平稳运行。狠抓收入管理，加强收入形势分析研判，督促落实各项收入组织工作，做到应收尽收。推动盘活政府资源资产，推进处置盘活省直行政事业单位闲置、低效资产，推动盘活省属国企土地资产和清理处置历史形成的省政府股权项目，落实促进地方税收入增长措施。跟进掌握重点地区和重点收入项目资金收缴，统筹协调各地市收入组织管理工作，重点强化珠三角收入体量较大地市收入运行情况分析和督促落实。抓实支出管理，优化财政支出结构，保障重点领域资金需求。2019年省级安排落实“1+1+9”工作部署的重点支出占比超过八成，全省民生类支出占比约七成。坚持过好“紧日子”，大力压减一般性支出，严格控制“三公”经费。2019年省级部门一般性支出和“三公”经费均下降超过10%，其中一般性支出压减达11.62亿元。压实省直部门和市县支出责任，分解细化全年支出任务目标，跟进重点项目支出。2019年上半年和前三季度，一般公共预算支出进度排名分别为全国第8名、第5名，比2018年同期分别提升5个名次和7个名次，至2019年底并列全国第一。

【预算管理改革】　2019年，广东省财政厅深化预算管理改革，推动财政治理效能提升。制定年度深化预算管理改革实施方案及省直部门、市县任务清单，召开2次全省视频会议，组织赴广州、东莞、云浮等地市实地调研座谈，印发进一步做好预算编制执行监督管理改革有关工作的通知。全年制定配套制度40多项，完成改革任务100多项，指导督促117个省直部门建立预算改革配套制度，21个地市和74个县区完成本级预算改革部署。统筹“四本预算”和债券资金，将提前下达债券资金列入预算统筹安排，加大政府性基金预算和国有资本经营预算调入一般公共预算力度，盘活存量资金和政府资源资产。完善和落实预算审核三项机制，推动省直部门聚焦行业领域事业发展；推广“大专项+任务清单”管理模式，下放市、县具体项目审批权限资金

2019年7月26日，广东省财政厅举办2020年省级预算编制培训

（肖鑫晖　摄）

达400多亿元。试行重大政策和项目事前绩效评审，选取9项资金共266亿元试点开展事前绩效评审。推进全省项目库联网，全省120多个地市和县区建立项目库系统。制定基本支出预算管理、项目支出定额标准等制度办法；依托人社、医保、编制等信息资源建立人员基础信息库，编细编准基本支出；推进项目支出定额标准体系建设。落实财政“放管服”，精简财政审批事项和流程，省级专项资金审批环节由15个减少到7个，从制定分配方案到下达资金的时间减少一半以上。

2019年7月10日，广东省财政厅召开省级财政对口服务改革暨预算编制动员会议
（广东省财政厅预算处供图）

【财政体制政策健全】 2019年，广东省财政厅健全财政体制政策，着力提升区域发展平衡性和协调性。落实中央和省重大区域发展战略。支持推进粤港澳大湾区建设，提出七个重点领域28项财政措施；支持深圳建设中国特色社会主义先行示范区，推动深圳开展财税领域相关改革试点，建立健全特事特办工作机制等；支持广州实现老城市新活力和“四个出新出彩”，对新兴产业、教育、医疗、公共文化等重大项目予以专项支持，对广州南沙、中新知识城和临空经济示范区等重点平台予以专项补助。构建适应“一核一带一区”新格局的差异化转移支付体系。出台实施均衡性转移支付制度；完善生态保护区财政补偿转移支付制度和县级基本财力保障机制；支持茂名绿色化工和氢能产业园、湛江东海岛产业园、揭阳滨海新区粤东新城等重大投资项目建设，以及广州南沙、中新知识城、临空经济示范区等重点平台建设；扶持老区苏区和民族地区振兴发展。兜牢兜实基层“三保”底线，建立县级“三保”预算编制审核、执行监控和风险应急处置三项机制，完善省、市、县齐抓共管工作机制；开展县级“三保”预算编制审核试点，督促县区编实编细“三保”预算。

【预算规范管理】 2019年，广东省财政厅加强预算规范管理，提升财政服务意识和水平。培训指导“多元化”，组织预算编制、预算改革、项目库管理等业务培训37次，对象覆盖117个省一级预算单位、33个厅内设处室和下属单位、122个市县财政部门。业务流程“标准化”，完善预算编制机制，研究制定预算编制工作规程和支出审核规则，坚持做到编制预期、编制规程、审核规则“三明确”，实现预算系统、业务培训、对口服务、信息共享“四优化”。信息系统“便捷化”，升级改造预算编制系统，除新增支出以外，预算编制“全部数据走线上”；精简优化人员信息、中期财政规划预算编报流程，项目库信息编报由省直部门财务处室延伸至业务处室。联系基层“常态化”，建立厅长联系基层工作制度，搭建厅长直接与部分县（市、区）财政部门对口联系的重要平台。服务代表委员“多样化”，答复人大建议和政协提案，提前谋划做好预算草案听取人大代表意见相关工作。

【广东省县级财政管理绩效综合评价进入全国前列】 2019年，广东省在财政部通报的县级财政管理绩效综合评价结果中位列全国第七，平均得分80.7分，获得财政部奖励资金8500万元。县级财政管理绩效综合评价内容为规范预算编制、强化预算执行、优化支出结构、增强财政可持续性、加大预决算公开5个方面。在纳入评价范围的全国1868个县（县级市、旗，以下简称县）中，全省有陆丰市、吴川市、高州市、翁源县、龙川县、阳春市、遂溪县等7个县排名进入全国前200名，并全部进入东部地区前50名。

（广东省财政厅预算处供稿）

均衡性转移支付制度

【差异化转移支付体系构建】 2019年，广东省财政厅聚焦促均衡，系统性构建推动高质量发展的转移支付体制机制。针对广东省区域发展差距大的瓶颈问题，省财政转变理财理念，深化财政体制改革，注重提高发展平衡性和协调性，突出公

·链接·　**李玉妹率省人大代表视察组赴省财政厅视察开展提前介入预算编制监督工作**

为更好贯彻落实党的十九届四中全会和省委十二届八次全会精神，做好即将召开的省十三届人大三次会议审查和批准政府预算工作，12月5日下午，省人大常委会主任李玉妹率省人大财经委、环资委、农村农业委、教科文卫委、社会建设委、常委会预算工委负责人和部分省人大代表到省财政厅视察省财政工作，了解我省今年预算执行情况，提前介入2020年预算草案编制监督，推动落实重点领域研发、水污染防治、学前教育公办学位建设三个专项资金安排。

李玉妹充分肯定我省今年财政工作取得的成效。她指出，省财政厅深入贯彻习近平总书记对广东重要讲话和重要指示批示精神，认真贯彻省委十二届八次全会部署要求，落实省十三届人大二次会议决议，担当作为、攻坚克难、扎实工作，全力保收入保增长，扎实抓好减税降费，抓支出保重点，有力支持和保障了全省经济社会持续健康稳定发展。

李玉妹强调，省人大代表高度关注重点领域研发、水污染防治、学前教育公办学位建设三个项目的资金安排，要仔细考虑、统筹做好有关重点项目预算安排，认真研究吸收座谈会上代表提出的意见建议，积极回应人大代表和人民群众所想、所盼、所急，把我省明年的预算草案编制好。要扎实推进预算编制执行监督管理改革，贯彻落实好中央及省委一系列关于加强预算决算审查监督和国有资产管理情况监督的制度性文件，实施好刚刚修订的《广东省预算审批监督条例》，准确把握新时代人大预算审查监督新要求，密切配合，增强实效，不断提高预算编制质量和管理水平，更好发挥人大对预算的监督作用。要认真做好听取代表意见建议工作，进一步加强同人大代表的联系，增强预算草案可读性、可审性，加强为代表提供预算审查信息服务工作，帮助代表掌握更多情况，切实提高服务人大代表的能力。

（原载于2019年12月6日《南方日报》，记者：陈理，通讯员：任宣）

平性和普惠性。建立以“促均衡”为目标的均衡性转移支付制度，结合对北部生态发展区实施的生态补偿“补成本”、对东西两翼沿海经济带重点平台实施的定向支持“强产业”、对老区苏区和民族地区实施的专项扶持“促振兴”等一系列政策，精准对接“一核一带一区”区域发展新格局，系统构建以功能区为引领、有利于区域财力分布均衡的差异化转移支付体系，着力缩小粤东西北与珠三角之间、困难县区与全省平均水平之间的“两个差距”，支持推动全省经济社会高质量发展。

【转移支付政策导向调整优化】 2019年，广东省财政厅聚焦保基本，根本性实现转移支付政策导向由激励型向保障型转变。主动适应经济发展新常态，牢固树立底线思维，优化调整转移支付政策导向，从侧重于激励型转向侧重于“保住基本、兜住底线，雪中送炭、扶弱补短”的保障型。均衡性转移支付分配与GDP、财政收入增长彻底脱钩，按可持续、保基本的原则，通过“两补一奖”新分配机制，将资金向人口规模大、支出负担重、自身财力困难的地区倾斜，夯实其加快发展的财力基础。

【财力困难县区政策“全覆盖”】 2019年，广东省财政厅聚焦全覆盖，突破性将珠三角困难县区纳入政策范围。在深入调查研究的基础上，回应市、县发展诉求，推进财政体制改革。均衡性转移支付政策范围不搞“一刀切”，改变按粤东西北和珠三角地域简单划分的传统做法，统一根据财力困难程度精准确定范围，将珠三角和粤东西北所有财力困难县区统一纳入范围，做到哪里有困难，政策就覆盖到哪里。其中，珠三角财力低于全省平均水平的台山、开平等6个县区首次纳入政策范围。全面扩围后，均衡性转移支付由原政策的60个县（市）扩围至86个县区，实现全省财力困难县区“全覆盖、广受益”。

【欠发达地区市辖区财力支持】 2019年，广东省财政厅聚焦解困局，针对性解决欠发达地区市辖区财力薄弱问题。坚持问题导向，建立省财政加大对市辖区支持力度的长效机制。将欠发达地区22个市辖区全部纳入均衡性转移支付政策范围，实现省级财力性补助资金从无到有的历史性突破；对撤县改区的7个市辖区延续5年原有转移支付待遇不变，缓解其转型期财力不足的现实困难。建立省对市本级奖励机制，激励其加大对市辖区支持力度，实现省、市联动支持市辖区补齐财力短板，推动做强地市中心城区，提升辐射带动能力。

【县区兜底线全面保障】 2019年，广东省财政厅聚焦兜底线，全面性保障县区落实“三保”政策和保持平稳运行。省财政坚持“控本级、保基层”，多渠道筹集资金加大均衡性转移支付力度，安排442亿元，比2018年增长15.7%，高于中央对地方均衡性转移支付增幅约5个百分点。均衡性转移支付下达县区优先用于兜住“两条底线”：兜牢

"保工资、保运转、保基本民生"的底线，增强财力困难县区的托底保障能力，坚持"三保"支出在财政支出中的优先顺序及国家标准的"三保"支出在"三保"支出中的优先顺序；兜牢财政收支平衡的底线，帮助财力困难县区弥补因落实更大规模减税降费政策带来的财力缺口，确保实现全省财政收支平稳运行。（广东省财政厅预算处供稿）

生态保护区财政补偿全面扩围提标

【财政补偿实现生态保护区全覆盖】 2019年，广东省财政厅以构建"一核一带一区"区域发展新格局为引领，财政补偿转移支付范围实现对生态发展区、生态保护红线区、禁止开发区及国家级海洋特别保护区全覆盖，由26个重点生态功能区县扩围至48个生态发展区县，由50个国家级禁止开发区扩围至145个省级以上禁止开发区，将生态保护红线区和国家级海洋特别保护区纳入财政补偿范围。省财政根据生态类型、生态环境状况、财力水平等因素对生态保护区实施分类补助，科学保障。

【财政补偿实现稳步增长】 2019年，广东省财政厅针对补偿资金规模较小、补短板作用不明显、市县获得感不强等问题，以保障生态地区基本公共服务水平为首要任务，克服减税降费减收影响，严格控制和压减一般性支出，集中财力加大对生态地区开展生态保护、污染治理、控制减少排放造成财政减收增支的财力补偿。安排生态保护区财政补偿资金67亿元，比2018年增长20%，提高生态地区基本财力保障水平，促进生态地区与同类非生态地区均衡发展。

·链接· **广东：财政补偿实现对生态保护区全覆盖**

广东省践行"绿水青山就是金山银山"的新发展理念，实施生态保护区财政补偿转移支付办法，通过"点线面"相结合，扩大受益范围，筑牢全省绿色生态屏障，推动生态地区高质量发展。财政补偿转移支付范围实现对生态发展区、生态保护红线区、禁止开发区及国家级海洋特别保护区全覆盖。2019年，省财政安排生态保护区财政补偿资金67亿元，同比增长20%，切实提高生态地区基本财力保障水平，促进生态地区与同类非生态地区均衡发展。

广东省财政厅有关负责人表示，针对原制度设计上存在受益面偏窄的问题，以构建"一核一带一区"区域发展新格局为引领，财政补偿转移支付范围实现对生态保护区全覆盖，由26个重点生态功能区县扩围至48个生态发展区县，由50个国家级禁止开发区扩围至145个省级以上禁止开发区，将生态保护红线区和国家级海洋特别保护区新增纳入财政补偿范围。省财政根据生态类型、生态环境状况、财力水平等因素，对生态保护区实施分类补助，科学保障。

此外，针对补偿资金规模较小、补短板作用不明显、市县获得感不强等问题，广东省财政厅以保障生态地区基本公共服务水平为首要任务，努力克服减税降费减收影响，当好"铁公鸡"，严格控制和压减一般性支出；打好"铁算盘"，集中财力加大对生态地区因开展生态保护、污染治理、控制减少排放而带来的财政减收增支的财力补偿。

（原载于2019年8月8日《中国财经报》）

【财政补偿实现与生态保护成效挂钩】 2019年，广东省财政厅针对生态保护补偿激励和导向作用不强等问题，以提升生态环境质量、促进高质量发展为导向，转移支付资金考核首次引入"高质量发展综合绩效评价结果"和"生态环境状况指数（EI）"因素，建立"谁保护、谁得益，谁改善多、谁得益多"的资金分配机制，对生态禀赋好和生态建设意愿强的地区加大支持，让保护环境的地方不吃亏、多受益、更有获得感，引领生态地区在高水平保护中实现高质量发展。

（广东省财政厅预算处供稿）

老区苏区财政保障

【财力支持力度加大】 2019年，广东省财政厅以加大老区苏区保障基本能力为首要任务，坚持"控省级"，调整优化省级支出结构、通过新增债券置换公共预算资金来源等方式，加大对老区苏区"输血"力度，实现所有老区苏区纳入财政专项补助的"全覆盖"。省对重点老区苏区县专项财力补助由3000万元/县，提高至4000万元/县，新增安排其他老区专项补助1000万元/县；加大均衡性转移支付、生态保护补偿等倾斜支持，精准提升老区苏区财政统筹保障能力。

【民生保障能力增强】 2019年，广东省财政厅以减轻老区苏区民生支出负担为重点目标，加大保障和改善民生力度，加快补齐全面建成小康社会的突出短板。省级全额承担城乡居民基本养老保险补助等9项基本公共服务共同财政事权地方支出责任；省级全额补助重点老区苏区乡镇卫生院升级改造、县级中医院升级建设项目资金；对单独选址公益类项目购买省级持有的水田指标设立保护价450万元/公顷，全面提升老区苏区民生福祉。

【发展内生动力提高】 2019年，广东省财政厅以发挥产业乘数效应为长远目标，推动老区苏区发展换挡提速，走高质量发展之路。优先支持老区苏区红色文化资源修护保护，发挥老区苏区独特产业资源和鲜明印记，展现红色精神魅力和时代风采；设立老区苏区发展专项奖补资金，支持重点老区苏区招商引资、企业科技创新和技术改造；对老区苏区在实现生态宜居美丽乡村建设、省级现代农业产业园建设、"一村一品、一镇一业"建设上给予优先支持，加快发展特色优势产业，推动老区苏区实现产业振兴发展。

【基础设施底板夯实】 2019年，广东省财政厅以破除基础设施瓶颈为重要抓手，在建设资金上强化财政保障。对统一部署的国家干线铁路、高速公路、机场、港口码头、水利、生态环境保护等重大项目资本金，免除重点老区苏区配套出资责任；对重点老区苏区纳入中央预算内资金支持范围的公益类基础设施项目给予优先支持；对老区苏区符合条件的普通公路置换债券予以贴息支持。

（广东省财政厅预算处供稿）

民族地区高质量发展

【民族地区基本公共服务水平保障】 2019年，广东省财政厅紧扣民生福祉，以推进基本公共服务均等化为重点，解决民族地区群众最关心、最直接、最现实的教育、医疗等问题。民族县交通基础设施建设专项补助调整为专项财力补助，由当地统筹使用，补助标准从每县每年3000万元提高到4000万元。省级全额承担民族县城乡居民基本养老保险补助、城乡居民基本医疗保险补助、义务教育公用经费保障、基本公共卫生服务等9项基本公共服务共同财政事权地方支出责任。生态公益林补偿对民族县实行特殊区域政策，执行最高补偿标准，全面提升民族地区民生福祉。

【民族地区发展条件改善】 2019年，广东省财政厅以民族地区实际需要出发，加大力度支持交通、旅游、群众生产生活等基础设施建设，补齐发展短板。对国家和省统一部署在民族县的国家干线铁路、高速公路、机场、港口码头、水利、生态环境保护等重大基础设施建设项目资本金，免除当地出资责任。优先支持民族地区加强国省道升级改造，对国道达不到二级的瓶颈路段升级和路面改造项目，省在现有交通专项资金中全额负担建安工程费。支持3个民族县6条乡村旅游公路项目建设，省在现有交通专项资金中按照省道标准给予补助。

【民族地区发展内生动力激发】 2019年，广东省财政厅以壮大民族地区县域经济，增强自我发展和可持续发展能力为目标，支持民族地区开发特色优势资源，提高产业结构层次。2019—2022年，省财政将每年安排的促进少数民族地区发展补助资金调整为一般性转移支付，由4400万元/年增加至2亿元/年，支持美丽城乡建设和特色产业发展。扶持3个民族县至少各建设一个省级现代农业产业园。优先支持民族地区统筹利用现有政策和资金全域推进农村人居环境整治，创建生态宜居美丽乡村示范县（乡）。省、市、县级财政分别以清远民族工业园企业所得税本级分成部分为参考，安排清远民族工业园专项补助，支持民族地区产业发展加力增效。（广东省财政厅预算处供稿）

厅长联系基层工作制度

【基层实地调研深入开展】 2019年，广东省财政厅深入基层开展实地调研。在日常调查研究的基础上，改进调查研究工作方式方法，制定厅长联系基层制度，建立厅长直接与部分县（市、区）财政部门对口联系的常态机制，打造厅长深入基层、紧密联系群众的"直通车"，倾听基层意见，了解基层诉求，掌握基层实情。

【密切联系基层效能水平提升】 2019年，广东省财政厅优化制度设计，调动联系人反映情况和问题的积极性，提升沟通效能和服务水平。联系点选择力求全面，综合考虑省委、省政府"一核一带一区"区域发展新格局决策部署、各地区位特点、重大政策和项目布局、财政运行等因素选择并定期轮换。联系人选择力求精准，要求联系人做到秉持公心、客观公正、熟悉财政管理业务、善于思考和研究财政工作。对接机制力求便捷，坚持"一对一"对接，厅长直接与联系人沟通，基层联系人"只进一个门、只对一个人"。交流方式力求高效，原则上在每季度首月通过集中座谈、部分面谈、实地调研、书面汇报等进行交流。建立厅长联系基层微信群，确保交流实时、便捷、高效。交流内容力求务实，更多关注中央和省财政政策落地执行、基层财政管理运行状况及基层诉求。

【决策科学化民主化水平提高】 2019年，广东省财政厅坚持全省一盘棋，通过试行厅长联系基层制度改革，从研究解决基层的小问题、小困难入手，以点带面，把基层情况摸清查明，把问题症结找准，提高决策的科学化和民主化水平。召开厅长联系基层工作点第一次座谈会议，收集梳理各联系点反映的情况和问题，组织后续跟进研究。实施清单管理，建立联系人反映情况和问题清单，按规定流程做好登记、跟踪、办理和反馈，并按分工开展系统研究。将基层联系点的合理建议，反映的共性问题，作为深化财政改革、完善财政政策、加强财政管理的重要参考和方向。

（广东省财政厅预算处供稿）

粤港澳大湾区建设

【涉及广东的具体政策细化落实】 2019年，广东省财政厅印发《广东省关于贯彻落实财政部推进粤港澳大湾区建设若干财政政策意见的实施方案》（简称《方案》）。《方案》逐一细化涉及广东的具体政策，并划分为“省贯彻落实措施”“对接中央落实措施”和“深入研究争取中央拓展政策红利”三类，明确任务分工和时间表，建立台账落实督办制度，对政策实施情况按季度汇总、实行年度通报。

【粤港澳三地融合发展“五个支持”】 2019年，广东省财政厅突出广东特色、促进粤港澳三地融合发展，实现“五个支持”：支持“人才集聚”，落实各项税收优惠政策，推动税负环境衔接，促进大湾区要素自由流动。支持“资金过境”，建立省级科研资金跨境使用机制，优化资金过境服务。支持“债券联动”，推动地方债合作，探索在港澳发行离岸人民币地方债。支持“平台互通”，促进三地交通联通，携手科技创新、产业发展、对外开放等，打造高质量发展示范。支持“民生共享”，深化会计合作，给予符合条件的港澳人士享受与内地居民同等的社保待遇、就业创业补贴和学生资助等。

【大湾区建设工作取得阶段性成效】 2019年，广东省财政厅狠抓落实，推进大湾区建设工作取得阶段性成效。加快推进三地规则衔接贯通，落实大湾区个税优惠政策，珠三角九市预算安排个税差额补贴资金31亿元，使高端紧缺人才税负成本实现与香港趋同。加快建设国际科技创新中心，2019年省、市跨境拨付9家港澳机构科研资金累计超过1亿元，省、市财政5年合计安排6亿元与国家自然科学基金设立区域创新发展联合基金。加快提升基础设施互联互通，省财政统筹财力安排铁路建设资本金、珠三角水资源配置工程等超过200亿元，倾斜支持大湾区基础设施建设。加快重点产业平台改革创新，通过财政奖补、产业基金、政府债券等多种

2019年10月22日，广东省财政厅厅长联系基层工作制度第一次座谈会召开　（广东省财政厅预算处供图）

形式，支持美的机器人、超视堺显示器件等重大项目。支持广州南沙、珠海横琴等争取中央优惠政策。加快三地青年创新创业，支持符合条件的港澳青年创新创业基地纳入广东省区域性（特色性）创业孵化基地建设扶持范围，给予不超过5000万元省级资金支持。加快改善民生福祉，支持解决港澳人员在粤涉及的住房、子女教育、医疗保障以及社会保险衔接等问题。

（广东省财政厅预算处供稿）

预算安排“四挂钩”机制

【概况】 2019年，广东省财政厅出台《广东省省级财政预算安排“四挂钩”试行办法》，建立次年省级财政预算安排与当年项目入库率、绩效评价结果、审计意见、执行进度指标等“四挂钩”机制。以问题为导向，查找出直接影响年初预算到位率和提前下达比例的项目入库率、直接影响资金效果和政策落实质量的预算执行进度两大问题，并将绩效评价和审计监督两大事后监管抓手形成的结果和发现的问题作为指标，将以往分散在不同文件中的考核挂钩指标进行整合，构建项目入库率前端约束、执行进度中端监测、绩效评价和审计监督后端调控的全链条约束挂钩机制。

【挂钩基准确定】 2019年，广东省财政厅以定基准为核心，构建挂钩机制。围绕预算法、中央和省委省政府有关预算执行结果运用和资金下达时限规定，反复研究执行现状、测算分析挂钩影响，分类分档确定标准适度的挂钩基准和预算扣减（调整）比例。如，以预算法规定的转移支付下达时限为挂钩指标，按不低于10%的比例扣减未按时限下达资金预算额度；落实《中共中央　国务院关于全面实施预算绩效管理的意见》，强化绩效评价结果运用，对专项资金等事业发展性支出评价结果为“中”“低”的项目分别按照20%、50%的比例扣减预算，“差”的项目予以撤销；按照财政部提前下达转移支付时限和比例要求设计项目入库率挂钩指标，对截至11月20日专项资金二级项目入库率未达到预算参考数70%的，按照未达到部门10%的比例扣减预算，属于省级下放审批权限的，市县项目总体入库率未达到30%的，按照不低于10%的比例扣减预算。

【预算编制硬化挂钩约束】 2019年，广东省财政厅挂钩办法以扣减预算安排、调整支出政策为手段，以优化支出结构、提高资金使用效益为目标，自编制2020年预算起试行。一方面，体现“严”的约束，对项目入库率低、绩效不佳、审计发现问题多、支出进度慢的资金严格按照挂钩条款扣减预算安排直至撤销，对绩效评价结果、审计意见等综合考核挂钩事项实行更严格挂钩条款，扣减资金在以后年度不予恢复。另一方面，体现“刚”的保障，保障刚性支出，确保中央及省委、省政府部署的重点工作在预算安排上不打折扣，明确基本支出、补助到个人的民生支出、省级部门基本建设资金、还本付息支出等不纳入挂钩范围。

【挂钩指标成效初显】 2019年，广东省财政厅以见实效为目标，彰显挂钩价值。在制定《广东省省级财政预算安排“四挂钩”试行办法》和征求意见过程中，向资金管理使用部门传导优化财政支出结构、提高资金使用绩效的信号和理念。财政部门聚焦主责主业，创新预算编制研究方式、狠抓项目库建设、建立预算支出定期分析机制、加大督查通报力度等措施，各项挂钩指标成效初显。组织开展重点绩效评价，评价结果优良率87%，较2018年提高18%；2019年前三季度广东地区支出进度排名首次进入全国前5名，较2018年同期提高12个名次，近90%的部门预算支出进度达到并超过60%，较2018年同期提高近30%。

（广东省财政厅预算处供稿）

政府债务

Government Debts

综 述

【概况】 2019年，广东省财政厅妥善处理好稳增长与防风险的关系，全面加强地方政府债务管理，全力推进防范化解政府债务风险。一方面，防控政府债务风险，遏制违法违规举债。严格实施政府债务限额管理，确保法定债券不出任何风险；防范化解隐性债务风险，遏增量稳妥去存量；加强债务监测统计，全省首次实现政府债务风险“零预警”；推进信息公开，增加债务透明度。广东省政府债务总体安全、风险可控、底数清晰，是全国债务风险水平最安全的地区之一。另一方面，用好用足新增债券，规范政府举债融资。争取新增债券额度，创历年新高。新增债券发行与支出使用进度均位列全国第一；广东省超过60%的专项债券资金投入稳投资、补短板领域，拉动形成有效投资；创新政府债券发行实践，打造“广东债”品牌。广东省政府债券发行管理工作得到国务院、财政部、省政府的多次批示肯定。

【广东地方政府债券首次通过商业银行柜台发行】 2019年6月18—20日，广东省财政厅围绕“举全省之力建设粤港澳大湾区”主题，首次通过商业银行柜台发行粤港澳大湾区生态环保建设专项债券22.5亿元，柜台发行量位居全国各试点省、市第一位。广东省财政厅选取广州、佛山优质专项债券项目，通过农业银行、工商银行、建设银行、中国银行、浦发银行、兴业银行、交通银行、平安银行、顺德农商行等9家银行柜台面向个人和机构投资者分销22.5亿元粤港澳大湾区生态环保建设专项债券（发行利率3.34%，期限为5年期），个人投资者认购金额13.96亿元，认购比例62.1%，个人投资者认购金额位居全国各试点省、市第一位。

（广东省财政厅政府债务管理处供稿）

政府债务风险防控

【债务限额管理】 2019年，广东省财政厅确保债务风险总体安全可控。在法定政府债务限额内通过发行新增债券举借地方政府债务，2019年末全省地方政府债务余额11948.95亿元，控制在法定债务限额14198.1亿元以内。优化债务期限结构，较大幅度提高10年期及以上期限债券发行比例，平滑年度间政府还本付息支出。全省政府债务率低于全国平均水平，远低于国际公认的警戒线。

【偿债资金来源落实】 2019年，广东省财政厅确保法定债券不出风险。根据年度到期应偿还政府债务规模，督促指导各地各部门落实偿债资金来源，分别将政府债券还本付息资金纳入一般公共预算和政府性基金预算管理，按时足额缴付本息资金，通过做大财政蛋糕、优化

2019年6月17日，广东成功在商业银行柜台发售地方政府专项债券22.5亿元，发行量与个人认购金额均居全国第一

（广东省财政厅政府债务管理处供图）

2019年4月10—12日，广东省财政厅举办政府债务与PPP管理培训班

（广东省财政厅政府债务管理处供图）

支出结构、合理运用再融资政策等，保障兑付资金需要，按时足额履行偿还责任，维护政府信誉。

【隐性债务存量化解】 2019年，广东省财政厅确保不发生区域性债务风险。完善常态化统计监测机制，对全省隐性债务建档建卡，实行动态管理，每月一报，销账即报。加强对各地债务管理工作指导，落实隐性债务问责办法，严禁违法违规举债融资，遏制隐性债务增量。隐性债务存量规模明显下降，超额完成年度化解任务。

（广东省财政厅政府债务管理处供稿）

新增债券使用

【新增债券精准投向】 经国务院批准，财政部2019年下达广东省新增债务限额2169亿元（含外债转贷7.8亿元），比2018年（1362.4亿元）增加806.6亿元，增幅59.2%。广东省科学合理分配额度，在延续2018年“项目制”分配思路基础上，在举债空间内实现全省省定重点项目资金需求、全省土地储备项目资金需求、全省棚户区改造项目资金需求全覆盖，支撑国家、省的一系列重大决策部署落地、落实。

【新增债券发行支出加快】 2019年，广东地区在全国各省级政府中率先完成全年发行任务，首次集合发行粤港澳大湾区专项债券500.9亿元，通过商业银行柜台发行专项债券22.5亿元，在全国排名第一，发行全国首单“3+2”年期含权专项债券20亿元。融资条件更加优惠，平均发行利率3.42%，同比降低28个基点，加权平均期限8.4年。广东省建立健全考核通报、挂钩分配和调度库款机制，多措并举加快新增债券资金支出使用。10月底，全省新增债券支出使用2161.2亿元，支出进度100%，全部拨付到项目。

【政府债务信息公开】 2019年，广东省财政厅做好地方政府债券预决算公开、债券发行公开等信息公开工作。规范债务预算管理，建立债务预算信息公开机制，规范地方政府债务报表编报，细化预算草案债务报告事项，新增举借债务纳入年初预算及预算调整方案报同级人大批准。规范向人大报告地方政府债务管理情况，落实政府债务管理报告制度，接受人大监督审查，严格执行《省政府向省人大常委会报告地方政府债务管理情况制度》，全面反映全省和省级政府债务规模、结构及增减变化情况，增强地方政府债务信息透明度。规范做好

2019年2月25—26日，广东省财政厅党组成员、副厅长陈剑率调研组一行8人到惠州市开展防范地方政府债务风险“深调研”工作

（惠州市财政局供图）

向社会公开债券存续期信息，首次公开2017年至2018年广东省本级政府债券存续期信息，并组织全省各市县按要求公开。规范全面披露债券发行兑付信息，分季度、分月度向市场通报发行计划，发行前5个工作日规范全面披露发行信息及第三方专业报告，披露债券还本付息信息。

（广东省财政厅政府债务管理处供稿，李栩执笔）

·链接·　　省人大常委会表决通过关于批准省人民政府2019年省级财政预算调整方案的决议

广东新增省级债务1081.2亿元　用于推动粤港澳大湾区建设等

21日，省人大常委会表决通过关于批准省人民政府2019年省级财政预算调整方案的决议。根据方案，广东拟增加举借债务1081.2亿元，包括新增一般债117.2亿元，新增专项债964亿元，拟全部发行地方政府债券。

一般公共预算总额调整为6097.53亿元

省财政厅相关负责人介绍，2019年财政部下达广东省政府债务限额14262亿元，其中深圳698.5亿元；广东地区为13563.5亿元（广东地区为不含深圳数据，下同）。新增政府债务限额2169亿元，其中深圳314亿元；广东地区为1855亿元，包括外债转贷7.8亿元、一般债335.2亿元、专项债1512亿元。

剔除由财政部批复项目的外债转贷7.8亿元后，由广东地区统筹分配额度为1847.2亿元。其中，财政部2018年末已提前下达766亿元，有关额度已编入2019年年初预算，本次增加下达额度1081.2亿元，拟全部发行。

根据方案，2019年广东省级增加举借债务1081.2亿元，其中，新增一般债117.2亿元，列入省级一般公共预算；新增专项债964亿元，列入省级政府性基金预算。

据此，2019年省级一般公共预算需要增加一般债117.2亿元，总收入增加117.2亿元，总额从年初预算的5980.33亿元调整为6097.53亿元；总支出相应从5980.33亿元调整为6097.53亿元，收支平衡。

新增债用于推动粤港澳大湾区建设等

新增债务将用于哪些工作安排？据悉，2019年新增债安排将积极落实省人大及其常委会关于坚持促发展与防风险并举，保障重点项目需求，发挥政府债券资金对稳投资、扩内需、补短板的重要作用等要求，新增债分配注重服务省委“1+1+9”工作部署，推动粤港澳大湾区建设，支持沿海经济带加快发展，促进北部生态发展区协调发展，保障重点项目资金需求。

同时，新增债分配以不发生政府债务风险预警为前提条件，确保政府债务规模与财力水平相适应，确保市县有稳定偿还能力。转贷市县资金由市县按中央和省规定的用途，研究确定具体项目并报本级人大批准。

84亿元支持原中央苏区等地区发展

根据财政部关于新增债用于公益性资本支出的规定，结合省级承担建设任务情况，省财政厅建议将新增债84亿元安排用于置换年初预算已安排的医疗卫生服务体系建设、省职教基地建设、乡村振兴等建设项目资金，具体项目包括：县级公立医院升级改造建设资金15亿元、中心卫生院升级建设资金12亿元、县级中医院升级建设资金5亿元、省职教基地建设资金4.3亿元、污水处理及雨污分流设施建设资金（乡村振兴）47.7亿元。

对于置换腾出的年初预算资金84亿元，主要用于完善省对“一核一带一区”财政转移支付体制，支持原中央苏区、革命老区、少数民族地区发展，加大均衡性转移支付、县级基本财力保障、生态保护补偿支持力度，增强区域发展平衡性和协调性。

（原载于2019年5月23日《羊城晚报》，记者：侯梦菲）

国库管理

Treasury Management

综　述

【概况】　2019年，广东省财政厅持续深化国库管理改革，国库重点工作支撑财政中心大局，国库基础管理全面夯实。乡镇国库集中支付改革进一步深化，乡镇公务卡制度管理全覆盖；财务核算信息集中监管全面深化，覆盖省级及20个地市所有预算单位；省本级国库集中支付业务全流程电子化改革上线，预算单位自助柜面业务范围拓展；库款保障水平全国排名大幅提升；国库基础管理工作进一步夯实，强化会计核算、资金支付、账户管理、资金存放、存量资金清理及库款管理等工作，财政资金安全管理长效机制不断完善；政府财务报告编制试点扩大至市县，配合省人大预算联网监督提质增效。

【国库管理工作走在全国前列】　2019年，广东省预算执行分析、财政总决算、部门决算工作及库款管理工作走在全国前列，2018年度预算执行分析工作在全国各省市中位居第一，2018年度财政总决算、部门决算工作均获财政部通报表扬，2019年度库款管理考核排名居全国第四位。

［广东省财政厅国库处（国库支付局）供稿，张吕芳执笔］

国库管理改革

【国库集中支付改革】　2019年，广东省财政厅深化乡镇国库集中支付改革，督促各地逐步将所有乡镇财政资金纳入国库集中支付；开展乡镇账户再清理，共清理撤销不符合规定的乡镇账户近800个。加强和推广省以下公务卡使用，推动市、县公务卡使用管理提质增效，乡镇地区实现公务卡制度管理全覆盖。完成省本级国库集中支付业务全流程电子化改革上线，拓展省级预算单位自助柜面业务范围，同时加强对地市督导。截至2019年底，省级有8家代理银行完成自助柜面改革，近600家单位实现“足不出户”办理资金支付。11个市及13个县区实施支付电子化改革，其中惠州市实现全辖区支付电子化改革。

【权责发生制政府财务报告改革】　2019年，广东省财政厅制定印发《2018年度广东省政府财务报告编制试点工作方案》，成立试点工作领导小组。加强对省级部门、地市财政部门的工作指导和业务培训，提升各级编制人员业务水平，夯实工作基础。升级完善系统，重点加强数据查询、报表审核功能，得到财政部肯定并推广至全国使用，为全国改革提供借鉴经验。在省、市、县三级全面开展编制的基础上，将试点范围全面涵盖到21个地

广　东　省　财　政　厅
中国人民银行广州分行

加　急　　　　粤财支付函〔2019〕10号

关于实施省级财政国库集中支付电子化改革
（第三阶段）有关事项的通知

省级财政国库集中支付代理银行：

根据省级财政国库集中支付电子化改革（以下简称支付电子化）工作安排，省财政厅与人民银行广州分行已顺利完成支付电子化省级改造工作并通过测试，现定于5月5日起正式上线实施支付电子化（第三阶段）业务，有关事宜通知如下：

一、上线内容

上线单位：广东省财政厅与人民银行广州分行

上线内容：集中支付（包括直接支付和授权支付）清算额度业务、实拨业务、电子对账等。

二、上线时间安排

（一）4月29日-5月4日，上线单位完成联调测试及上线前准备。

2019年5月5日，省级财政实现国库集中支付电子化改革（第三阶段）上线，完成财政部门、代理银行和人民银行间全流程支付电子化改革

［广东省财政厅国库处（国库支付局）供图］

级以上市，纳入试点的一级部门15495个，基层单位26513家。在省、市、县三级财政和预算部门编制本级的政府综合财务报告基础上，全省上下级合并编制全省政府综合财务报告。加强审核工作，组织开展省级部门财务报告和市县政府综合财务报告会审，提高报告编制质量，并通过财政部审核。

【财务核算信息集中监管改革】2019年，广东省财政厅上线适应新政府会计制度的新版财务监管系统，实现与部门决算系统的联通，提高单位获取基础财务数据的便利性。加大改革推进力度，全面推进省、市、县三级预算单位改革扩面，举办3期省级会计业务培训、16期系统上机操作培训以及1期市县培训班，赴省政府办公厅等30多家预算单位开展实地走访督导，为70多家省级科学事业单位专题授课，通过电话热线、上门服务、汇编指引、实地调研等方式，加大对省级预算单位及市县的督导，提升预算单位会计核算质量。加大对财务核算集中监管改革理论及实践意义的研究分析，探索深化改革路径，发挥对财政财务的基础支撑作用。截至2019年底，省级及20个地市实现预算单位改革全覆盖，县级改革覆盖率大幅提升至88%。

［广东省财政厅国库处（国库支付局）供稿，张吕芳执笔］

2019年2月28日，广东省财政厅在广州举办全面推进市县财务核算信息集中监管改革培训班，推进财务核算集中监管改革全覆盖

［广东省财政厅国库处（国库支付局）供图］

国库资金管理

【会计核算管理规范】2019年，广东省财政厅夯实会计核算基础，完成各项会计核算工作。严格执行对账制度，优化信息系统对账功能，提升对账效率。强化资金审核把关，保障各项资金收支科目信息准确，督促纠正经济分类科目使用中存在的问题。加强对下级财政总预算会计业务指导和培训，组织市、县财政部门对财政部财政总预算会计制度改革工作方案开展深入研究。

【资金支付业务流程全面优化】2019年，广东省财政厅落实财政“放管服”改革要求，全面优化资金支付流程，精简基本支出用款计划下达和直接支付审核流程，完善代理银行年度考评机制，规范工资发放管理制度，修订印发《省级财政统发工资内部操作规程》，全年办理省级财政资金拨付（额度下达）102928笔共11401.91亿元。

【账户管理及资金存放规范】2019年，广东省财政厅加强对地市财政专户和省级预算单位银行账户的管理，配合省级机构改革涉改单位银行账户设立、变更等工作。印发《广东省省级财政专户及资金存放管理办法（2019年修订）》，通过竞争性方式择优选定省级社保基金财政专户开户银行，有序开展77亿元省级社保基金定期存款竞争存放工作。印发《广东省财政厅财政资金安全年度自查和整改报告制度（试行）》，建立财政资金安全管理长效机制，防控省级财政资金运行风险。组织全省各级财政部门和预算单位全面开展资金存放自查工作，并对部分省直单位和地市自查情况进行实地摸查，督促各级财政部门和预算单位防范资金存放风险和廉政风险，确保资金存放管理安全、规范、高效。

【存量资金清理】2019年，广东省财政厅开展部门实有资金账户财政存量资金清理工作，结合业务实际修订完善工作制度机制，实行更严格的清理政策，最大限度盘活财政存量资金，发挥财政存量资金的使用效益。围绕“过紧日子”工作要求，在督促部门加快资金使用基础上，制定部门实有资金账户财政存量资金清理工作方案，定期统计存量资金情况，督促部门加快清理和及时按政策规定上交国库。全年清理收回财政存量资金7.6亿元。

【财政库款管理强化】2019年，广东省财政厅督促指导各级财政部门通过完善库款调度机制、加强库款日常监控、实地调研督导等措

2019年12月3日，广东省财政厅举办2019年度省直行政事业单位部门决算培训 （李伟坚 摄）

施，加快资金拨付进度和债券资金使用进度，保持合理库款水平，确保库款满足重点支出需要。结合库款情况合理确定国库现金管理操作规模和频率，会同人民银行广州分行开展5期共计450亿元省级国库现金管理操作，提高资金存放效益。

国库专项工作

【预算执行分析水平提升】 2019年，广东省财政厅深入推进预算执行分析工作，提高预算执行分析水平。加强财政收入监测，实行“每日一报”制度，将有关情况及时反馈抓收入专班，配合做好全省收入组织工作；提前收集分析素材，坚持在汇审数据后当天即形成简要报告供领导参阅；加强与财政部、兄弟省市、税务和经济部门的沟通交流，掌握第一手全国及兄弟省市经济税收信息，做好月度预算执行分析工作。结合财政收入运行的新趋势、新特点，围绕全省分月收入、罚没收入、与兄弟省市财政收入对比等主题撰写分析报告，高质量完成季度重要时点、重要会议向省领导汇报的预算执行情况材料。开展专题调研和基层调研，加强金融业、汽车行业等重点行业的研究分析，掌握重点市县财政运行中出现的新情况、新问题，并研提措施；与省统计局建立数据信息共享、联合调研等长期合作关系，提升预算执行分析水平。深入完善开发大数据决策分析系统，加强与省税务局、人民银行广州分行的沟通协商，加快推进财税库银联网系统的数据共享和实质性运用。

【决算工作质量提升】 2019年，广东省财政厅组织开展全省业务培训，加强市县业务骨干重点培养，通过组织集中办公和专题研究，在工作实践中锻炼充实全省编审工作力量。细化工作要求，督促各预算单位和市县财政部门严格按照审核标准开展工作，落实“自行初审、各地复审、省级终审”的流程化工作要求，利用信息化工作方式，提升决算编审质量。强化决算分析应用，系统整理汇编决算数据，从不同维度进行深入分析，为预算管理改革提供数据支撑，发挥决算资源在预决算闭环管理链条中的作用。

［广东省财政厅国库处（国库支付局）供稿，张吕芳执笔］

归口预算管理

Budget Management by Specialized Departments

财政综合

【概况】 2019年，广东省财政厅进一步强化“财”为“政”服务意识，推进财政综合各项工作。支持交通基础设施建设，配合交通部门完成公路水路交通建设年度目标任务获得国务院督查激励；强化彩票监管，彩票销量居全国前列；加强自然资源收入政策管理；做好宏观财政经济形势分析评估，每月按时报送财政经济形势预测分析情况，财政经济形势分析预测工作得到财政部书面表扬；提升财政票据服务保障水平，服务上门群众2000余人（次），回复网络问政及政务服务咨询平台的咨询合计16起。

【交通基础设施建设财政支持政策】 2019年，广东省财政厅倾斜支持“老少边穷”地区交通基础设施建设、支持粤东西北地区“四好农村路”建设、推动全省交通网络加快建设、落实交通领域减税降费相关工作、加强交通建设资金管理、加强省级交通债务风险防范化解、推进交通领域财政事权和支出责任划分改革，支持全省交通基础设施建设。

倾斜支持“老少边穷”地区交通基础设施建设 省级全额负担原中央苏区、海陆丰革命老区困难县的省管高速公路资本金；对国家和省统一部署在3个少数民族自治县的高速公路、港口、码头等项目资本金，免除当地出资责任；3个少数民族自治县的交通基础设施建设专项补助调整为专项财力补助，由当地统筹使用。补助标准从每县每年3000万元提高至4000万元，提升交通运输对“老少边穷”地区经济社会发展的支撑作用。

支持粤东西北地区“四好农村路”建设 省财政安排39亿元用于支持“四好农村路”建设，并按照整合涉农资金管理要求，以“大专项+任务清单”方式下达市县，提高资金使用效益。

推动全省交通网络加快建设 省财政安排59亿元用于国道升级改造、国道省道路面改造等项目建设，并督促各市落实“省市共建”高速公路项目地方资本金，支持推进全省高速公路建设。

落实交通领域减税降费相关工作 省财政厅配合业务主管部门制定广东省取消高速公路省界收费站实施方案、清理规范地方性通行费减免政策和召开调整收费公路车辆通行费计费方式听证会等。继续配合业务主管部门推进对使用粤通卡支付通行费的合法装载货运车辆实行八五折优惠，截至年底有65条高速公路路段纳入优惠范围（约5600千米），降低社会物流成本。

加强交通建设资金管理 省财政厅下达经管的交通建设资金约255亿元；会同业务主管部门完成2018年度城市公交车成品油补贴等中央专项转移支付资金的绩效自评工作；参与惠州、河源市扶贫资金动态监控系统现场调研；组成调研组赴福建省学习高速公路建设运营模式、省级资金筹措及政府还贷高速公路车辆通行费管理等先进做法和经验。

加强省级交通债务风险防范化解 省财政厅妥善处理到期省级交通债务，落实偿债资金来源，按时足额履行政府债务偿还责任，维护政府信誉；会同有关部门、单位梳理省级交通领域借款，指导有关建设单位制定化解债务预案。

推进交通领域财政事权和支出责任划分改革 省财政厅研究制定广东省省以下交通运输领域财政事权和支出责任划分改革方案，推进广东省交通运输领域财政事权和支出责任划分改革工作。

2019年，广东财政支持推进全省高速公路建设。图为韶赣高速公路粤境段，又称韶关市曲江至南雄公路，路线全长126.5千米，是广东省首条省管政府还贷高速公路　　（广东省南粤交通投资建设有限公司供图）

【彩票监管】 2019年，广东省财政厅加强彩票市场管理、支持彩票市场发展、开展彩票管理调研，加强彩票资金管理，促进全省彩票市场安全稳定。

加强彩票市场管理 省财政厅实行彩票管理分析会制度，会同彩票销售机构及时研究应对国家彩票政策调整对广东省彩票销售工作造成的影响，分析广东省彩票销售形势，研究解决彩票销售工作中遇到的困难和问题。

支持彩票市场发展 省财政厅

图为2019年福利彩票品牌公益活动　（广东省福利彩票发行中心供图）

支持彩票销售机构做好促销、宣传、销售渠道建设等工作，促进广东省彩票市场发展。全年广东省销售彩票约395亿元，居全国首位。

开展彩票管理调研　省财政厅联合彩票销售机构到兄弟省市开展彩票管理调研，学习先进经验做法，检视工作遇到的问题，研究、落实整改措施，促进广东省彩票销售工作。参加全国人大常委会法工委组织的彩票立法调研座谈会，反映广东省意见建议。

加强彩票资金管理　省财政厅做好彩票销售机构业务费、体彩公益金分配下达、预算执行等资金管理工作。按照“一个处室对口一个部门”工作要求，提升对口彩票销售机构服务水平，推动彩票资金管理精细化、科学化。

【自然资源收入政策管理】　2019年，广东省财政厅完善海域使用金收入管理政策、开展土地收入政策研究、配合构建租购并举的住房制度，加强自然资源收入政策管理。

完善海域使用金收入管理政策　省财政厅会同省自然资源厅修订印发《广东省海域使用金征收使用管理办法》，明确海域使用金征收标准管理、征收方式、减免程序、缴库及预算管理等规定，确保广东省海域使用金的征收使用管理工作与国家《海域、无居民海岛有偿使用的意见》及各项管理规定全面衔接。会同省自然资源厅制订印发《广东省海域使用金征收标准》，明确广东省海域等别划分及海域使用金征收标准，落实海域使用金征收标准动态调整机制。

开展土地收入政策研究　省财政厅配合做好提高土地出让收入用于农业农村比例政策研究工作。配合整治违反中央八项规定精神突出问题专项工作，开展征地工作经费摸查调研，制订印发《广东省财政厅关于规范征地工作经费使用管理的通知》，规范征地工作经费的使用管理。

配合构建租购并举的住房制度　省财政厅支持棚户区改造、公租房建设，做好新筹集公租房中央补助资金、中央财政支持租赁市场发展试点等中央资金申报和2018年中央保障性安居工程资金绩效评价工作，推动全省提保障性安居工程建设。配合省住房城乡建设厅研究广东省关于推进共有产权住房发展等政策，配合研究广晟国有工矿棚户区改造相关问题，赴韶关市开展国有工矿棚户区改造等工作调研。

【财政票据管理】　2019年，广东省财政厅强化财政票据全流程管理、推进广东省财政电子票据改革走在前列、开展票据核销工作，加强财政票据管理。

强化财政票据全流程管理　省财政厅进一步统一和规范财政票据印制、管理业务流程，将票据印制管理及库存财政票据管理纳入经常性检查范围，采取系统实时监控、厂家自查和上门检查相结合的方式，及时、准确掌握财政票据生产、库存管理动态，强化源头管控，确保票据安全。截至12月31日，印制财政票据8.18亿份，印刷费支出7200万元；发放财政票据8.36亿份；核销财政票据6.36亿份；安全销毁财政票据3.84亿份。

推进广东省财政电子票据改革走在前列　省财政厅印发《关于加快财政电子票据推广应用暨与“粤省事”功能对接有关事宜的通知》，

转发财政部等3部委《关于全面推行医疗收费电子票据管理改革的通知》，牵头省直有关部门及地市相关单位开展医疗票据专题调研，在全省三甲医院开展电子票据试点工作，并在广州市妇女儿童医疗中心、华南师范大学等单位率先试点区块链电子票据。初步建成全省财政电子票据管理平台，完成平台与19个地市非税系统的对接，集思广益，采取对策，解决各地财政电子票据推广中遇到的问题，督促各地将试点工作向县区延伸，推动电子票据在非税单位和社团组织中的普及应用。全年全省1246个单位开展财政电子票据试点工作，共开具财政电子票据622万份，累计金额53亿元。

开展票据核销 结合日常办票业务，采取集中审核、现场核票、上门核票等方式，对用票量大的省直单位，制定年度核销工作计划，采取错锋预约或上门等方式核销票据。督促市、县财政票据监管部门加强对票据存根的核销、销毁，加强票据监督管理力度。处理违规用票858.62万元，督促单位补缴税金额29.1万元；指导并督促有关部门打击伪造票据违法行为3起共60份，维护监管权威和用票秩序。

（广东省财政厅综合处供稿，林晓燕执笔）

财政行政

【概况】 2019年，广东省财政厅发挥财政职能作用保障政权运转和社会稳定，推进行政财政管理各项改革及年度重点工作。坚持“财”为“政”服务，落实“1+1+9”工作部署。做好对口服务37个部门预算管理工作，优先保障“数字政府”建设、基层党组织建设、“人才强省”建设、统一战线、民族地区发展等省委、省政府重点工作支出，落实工资津补贴政策，强化统筹保障力度。坚持以规范公务支出为抓手，牢固树立过“紧日子”思想，健全完善规范因公出国（境）、公务用车制度改革、差旅伙食费和市内交通费收交等公务支出管理制度规定并汇编成册，优化因公出国（境）经费审核方式，开展行政经费节约考核并优化调整相关基数，加强公务支出管理业务培训。以政府购买服务改革为抓手，推动政府部门加快职能转变，降低行政成本和提升行政效能。以支持广东省“数字政府”改革为切入点，推动加快政府职能转变，提升政府治理能力和水平。落实“一个部门对口一个处室”工作机制，做实“保重点、压一般”以及“四挂钩”，推进省级预算编制执行监督管理改革；健全规范省直单位机构编制事项审核内部工作规程，明确审核责任和优化审核流程。

【行政部门资金保障】 2019年，广东省财政厅保障行政部门资金，确保行政单位正常运转。

着重突出保运转 省财政厅按照预算管理改革的新内容和新要求，做细做实对口服务的党、政府、群团组织等37个部门及所属单位各项财政管理服务和资金保障工作。

着重突出保重点 在支持基层党组织建设方面，广东省财政厅继续落实广东省加强党的基层组织建设三年行动计划财政保障政策，全年安排47.65亿元支持实施基层基础保障工程。从2019年下半年起，对老区苏区和民族地区村（社区）办公经费在原省级分担6成的基础上增加20%，推动欠发达地区基层党组织全面进步、全面过硬。在支持“人才强省”建设方面，以重大人才工程为抓手，强化人才工作资金保障，全年投入7.3亿元，加大引才聚才力度。参与研究制定科技创新战略（人才发展）专项资金管理办法，明确专项资金预算编制执行管理要点，规范相关资金使用。在支持广东省民族地区发展方面，落实《中共广东省委 广东省人民政府关于推动我省民族地区加快高质量发展的意见》要求，全年安排2亿元支持广东省民族地区特色美丽城乡建设、提高民族地区基本公共服务水平。

【行政财政管理制度建设】 2019年，广东省财政厅加强行政财政管理制度建设。

健全完善公务支出管理等制度规定 省财政厅出台《关于树立过

2019年8月21日，广东省财政厅举办省级公务支出管理培训班

（丁丽芸摄）

紧日子思想 严控一般性支出的意见》，通过严控新增支出等十条措施，对“三公”经费等一般性支出进行严管严控；印发《关于进一步严格执行公车改革各项配套制度的通知》《关于规范差旅伙食费和市内交通费收交管理有关事项的通知》，严格规范公务交通补贴发放及公务交通费用报销行为，明确差旅伙食费、市内交通费收交的各项要求。

加强公务支出管理制度评估、宣传和培训 省财政厅主动征求部门关于加强“三公”经费管理有关意见，对收集到的104条意见汇总整理成两类共8个问题，形成有关评估报告；梳理汇总2009—2019年制定（修订）的“三公”经费管理制度文件25份，汇编成册并印发省直各单位和全厅参考执行；牵头组织召开省级公务支出管理业务培训班，组织100多个省直单位约220名财务工作人员集中学习公务支出管理制度，提高单位财务人员公务支出管理水平。

强化因公出国（境）经费预算管理 省财政厅完善因公出国（境）经费预算管理制度，单独编列预算，并通过信息系统实现预算编制、预算执行的超基数控制，严控有关支出和年中调整事项；印发《关于调整省直党政机关因公临时出国经费先行审核制度的通知》，将考核基数以内的出国团组审核权限下放至主管部门，解决基数内出国审核流程长的问题；印发《关于进一步加强因公出国管理 严控出国团组和经费管理的通知》，从制定计划、呈报审批、额度管控、经费支出等方面规范因公出国管理工作。

开展行政事业单位经费节约考核 省财政厅根据广东省机构改革职能划转情况，重新修订省级部门行政经费节约考核办法，将其纳入省级机关绩效考核范围，将考核结果直接与单位激励约束措施挂钩。结合机构改革后行政经费节约管理工作要求，对省直单位行政经费节约考核基数进行优化调整，并作为预算编制、预算执行和年度考核的重要依据，提高考核的科学性和合理性。

做好“违反中央八项规定精神突出问题”专项整治 省财政厅开展整治违反中央八项规定精神突出问题的专项工作，对“小金库”、公款吃喝及“私车公养”等问题进行专项抽查，针对维稳、征地、招商、防火、防洪等五个领域组织专题调研，并健全完善专项经费使用管理制度。截至2019年底，省财政厅牵头负责的6项工作全部完成。

【政府购买服务改革】 2019年，广东省财政厅规范政府购买服务信息公开行为、推进政府购买服务第三方绩效评价、开展政府购买服务调研，推进政府购买服务改革。

规范政府购买服务信息公开行为 省财政厅为进一步提高政府购买服务工作透明度，强化社会监督，体现政府购买服务公开择优、公平竞争的基本原则，制定《省直机关政府购买服务信息公开管理暂行办法》，推进购买主体加强政府购买服务信息公开工作。

推进政府购买服务第三方绩效评价 省财政厅对标中央，研究草拟广东省《关于推进政府购买服务第三方绩效评价工作的实施意见》，提高政府购买服务规范化、制度化管理水平，逐步实现政府购买服务项目绩效管理全覆盖，提升财政资金使用效益和政府公共服务管理水平。

开展政府购买服务调研 省财政厅对标先进，赴浙江、上海和深圳等省市调研学习先进经验做法，结合广东省实际推进政府购买服务第三方绩效评价工作。

【“数字政府”改革建设】 2019年，广东省财政厅强化“数字政府”改革资金保障、优化“数字政府”改革职能部门预算管理模式、建立健全省级政务信息化服务预算编制规范和标准体系、规范省级政务信息化项目内部审核程序、参与“数字政府”改革有关制度研究，推进“数字政府”改革建设。

强化“数字政府”改革资金保障 省财政安排纳入“数字政府”范围项目预算超过11.7亿元，其中安排省政务服务数据管理局专项用于推进‘数字政府’改革建设资金6.3亿元，重点支持打造“粤省事”“粤商通”等全省一体化在线政务服务平台，为群众和企业办事提供便利。

优化“数字政府”改革职能部门预算管理模式 省财政厅结合中央“放管服”精神和新一轮机构改革，将广东省政务服务数据管理局从二级预算单位调整为一级预算单位。

建立健全省级政务信息化服务预算编制规范和标准体系 省财政厅在全国率先出台《省级政务信息化服务预算编制规范和标准（试行）》，确保政务信息化项目预算编制和资金安排有法可依，有据可查，成本可控，助推“数字政府”建设，打造“廉洁政府”。

规范省级政务信息化项目内部审核程序 省财政厅研究制定《广东省财政厅省级政务信息化服务项目内部审核工作指引（试行）》，明确厅内有关处室、单位做好政务信息化项目立项审核职责分工和办理流程，形成厅内推进“数字政府”改革建设强大合力。

参与“数字政府”改革有关制度研究 省财政厅配合省政务服务数据管理局研究制定《广东省省级政务信息化服务项目管理办法（试行）》《广东“数字政府”政务云平台部署实施方案》等制度规定，为“数字政府”改革建设提供政策支持。

（广东省财政厅行政处供稿，张启明执笔）

财政政法

【概况】 2019年，广东省财政厅规范政法财政经费管理，做好对口领域经费保障和支出管理；推动扫黑除恶专项斗争攻坚深入开展；完善省以下法院、检察院财物统管制度，推动财政政法领域改革见实效；支持社会治理格局共建、共治、共享，推进平安广东法治广东建设。支持基层公安派出所“固本强基”，为推动公安机关依法履行职责提供财政保障。

【政法财政经费管理制度完善】 2019年，广东省财政厅适应深化预算管理改革要求，加强政法领域相关经费管理制度建设，印发《广东省社会治理专项资金（社会治安防控体系建设）管理办法》《广东省社会治理专项资金（公共法律服务）管理办法》《广东省社会治理专项资金（政法业务能力提升）管理办法》，会同省军区制定《广东省民兵事业费使用管理暂行办法》，规范全省维护社会稳定相关经费使用。

【扫黑除恶专项斗争攻坚】 2019年，广东省落实扫黑除恶专项斗争工作经费10.02亿元，重点支持粤东西北、任务较重和基础薄弱等地区，补助扫黑除恶办案经费、充实举报奖励经费和改善基层办案装备。推动加快涉黑涉恶财产处置上缴工作。配合提出涉黑涉恶案件涉案财产处置上缴的规范措施，建立完善扫黑除恶涉案财物管理台账和大额涉案资产上缴情况跟踪机制。

【省以下法院、检察院财物统管制度完善】 2019年，广东省财政厅建立完善财物统管工作和经费保障机制，研究修订《广东省省以下法院、检察院财物统一管理办法》，理顺市县法检财物管理职责分工，压实省法院、检察院对系统内财物的统筹管理责任；制定《广东省省以下法院、检察院项目框架体系》，规范预算编制项目开支范围、内容及科目；推动建立统管市、县法院、检察院人员经费纳入财政统发机制，解决人员经费管理痛点、难点；推进法院、检察院“数字统管”信息应用子平台建设，实现全省法院、检察院人财物信息共享、预算智能审核以及数据综合分析功能，发挥省级法院、检察院对系统内人财物的组织、统筹、监管职能。

【社会治理格局共建、共治、共享】 2019年，广东省财政厅支持构建社会治安防控体系，投入13.3亿元推进全省公安科技信息化建设、欠发达地区公安派出所“精准脱困”、预防和化解社会矛盾机制建设等专项工作，保障监狱、戒毒场所安全警戒设施改造，推动加固、补齐公共安全指数短板，完善公共安全体系。支持完善公共法律服务体系，投入2.4亿元支持欠发达地区村居法律顾问、法律援助、社区矫正、人民调解、普法等工作，推动落实公共法律服务均等普惠。

【基层公安派出所“固本强基”财政支持】 2019年，广东省财政厅以加强公安基层所队基础设施建设为重点，分三年安排资金7.38亿元补助粤东西北地区542个派出所，支持解决办案用房年久失修、功能区域不全、面积严重不足等影响基层警务保障水平和办案执法效能的问题，推动公安部门增强基层实力、激发基层活力、提升基层战斗力。截至12月底，首批2亿元补助经费全部拨付到位，支持188个纳入补助范围的派出所进行重建或修缮改造。

（广东省财政厅政法处供稿，李琪民执笔）

·链接·

广东省社会治理专项资金（公共法律服务）管理办法

（广东省财政厅、广东省司法厅2019年9月12日发布，粤财政法〔2019〕89号）

第一章 总 则

第一条 为了规范和加强广东省社会治理专项资金（公共法律服务）（以下简称专项资金）管理，提高资金使用效益，根据《中华人民共和国预算法》《广东省省级财政专项资金管理办法（试行）》（粤府〔2018〕120号）及国家和省有关公共法律服务工作的规定，制定本办法。

第二条 本办法所指专项资金，是指省财政通过一般公共预算安排，用于支持我省粤东西北地区和江门市的恩平市、台山市、开平市司法行政部门开展法律援助、一村（社区）一法律顾问、社区矫正、普法宣传、人民调解等公共法律服务工作的补助资金。

第三条 专项资金的管理和使用坚持“依法依规、公正公开，突出重点、科学分配，注重绩效、规范管理”的原则。

第四条 专项资金实行因素法分配。

第二章　职责分工

第五条　省财政厅、省司法厅按职责分工负责专项资金管理。

省财政厅负责牵头拟定专项资金管理办法；汇总编制专项资金预算，审核专项资金目录清单、绩效目标等；办理专项资金下达和拨付；对预算执行和绩效运行开展监控通报，组织开展绩效评价；不直接参与具体项目审批等事务。

省司法厅全面负责专项资金预算编制和执行，对资金支出情况、绩效、安全性和规范性等负责。对专项资金执行承担指导和监管责任；负责申报专项资金预算、目录清单、绩效目标，制定明细分配方案；对专项资金执行和绩效运行进行日常跟踪监管，组织用款单位开展绩效自评；负责专项资金绩效管理、信息公开。

第六条　市县财政部门将省下达的专项资金纳入预算全流程规范管理，做好资金转下达和拨付工作；配合同级司法行政部门加强对专项资金拨付、使用的监督管理；接受省级监督检查和绩效评价等。

市县司法行政部门承担省级下达专项资金的预算执行、绩效目标监控的主体责任，确保完成省司法厅下达的绩效目标；负责加强资金管理，做好信息公开、绩效自评等工作；接受省级监督检查和绩效评价。

第三章　专项资金预算编制

第七条　专项资金主要用于法律援助机构办理法律援助案件、村（社区）聘请法律顾问、社区矫正执法、普法宣传和人民调解工作等事项，不得用于补充司法行政部门及所属法律援助机构、公职律师事务所、社区矫正机构、人民调解机构的人员经费、日常运转公用经费。省司法厅根据行业领域事业发展的目标任务、当年度重点工作任务，在预算编制阶段研究提出专项资金"政策任务"。

专项资金经常性的政策任务，包括省级对粤东西北地区和江门市的恩平市、台山市、开平市的法律援助及公职律师事务所补助资金、一村（社区）一法律顾问补助资金、社区矫正补助资金、普法专项经费补助、人民调解补助资金等。具体用途范围如下：

（一）法律援助及公职律师事务所补助资金。专项用于补助市县司法局直属的法律援助机构办理法律援助事项及公职律师事务所开展各项工作相关支出。

1.法律援助方面的支出。包括支付接受法律援助机构指派或安排的法律援助人员承办法律援助事项的补贴；法律援助机构办理法律援助工作的指导、培训、宣传等费用；受援人败诉后确因经济困难无力交纳的鉴定费和仲裁费；办理法律援助事项过程中需要支付的盲文、外国语、手语、少数民族语言等方面的翻译费用；法律援助案件质量评估费用；其他承办法律援助事项相关支出。

2.公职律师事务所方面的支出。包括公职律师事务所承办同级政府交办的法律事务；指导、协助各政府部门公职律师法律业务，特别是为涉及政府和社会公众重大利益的法律纠纷提供专项法律服务或组织专家论证；协助同级法律援助机构承担部分法律援助事项等支出。

（二）一村（社区）一法律顾问补助资金。专项用于补助村（社区）聘请律师（含实习律师）开展一村（社区）一法律顾问公益性服务工作，不得用于司法行政部门开展律师业务培训、召开工作会议、交通费等支出。

（三）社区矫正补助资金。专项用于司法行政机关（包括司法所）及社区矫正机构开展社区矫正相关工作。支出范围如下：

1. 司法行政机关社区矫正工作指导管理费。包括社区矫正工作执法督导检查经费、宣传经费、培训经费、表彰奖励费、会议经费、课题研究费、调研考察经费等。

2. 社区矫正工作经费。包括开展社区矫正调查评估、执行变更费用及案件办理费用，档案文书费，对社区服刑人员的监督管理、风险评估、突发事件处置费，组织集中教育、心理矫正、社区服务等活动所发生的购买服务经费、劳务费、资料费、场地费，接收衔接经费，社区评议经费，脱管查找经费，技能培训经费，人员意外保险经费，公益劳动经费及社区矫正管理系统运行维护费等。

3. 社区矫正设备费。包括执法记录仪等必要的警用设备购置费，社区服刑人员定位管理设备购置费，社区矫正信息系统购置费，音像设备、通信网络设备购置费，档案管理设备费，其他业务装备购置费用。

（四）普法专项经费补助。专项用于市县司法局开展普法宣传业务工作。包括普法宣传教育活动的组织开展；普法工作基础设施和阵地的建设、使用和维护；普法工作队伍培训；普法宣传教育资料和法制文艺作品的编印、制作和发放；普法工作制度的研究、制定等规范化工作；其他普法宣传教育活动。

（五）人民调解补助资金。专项用于司法行政部门办理人民调解工作。包括支付人民调解员办理人民调解案件的补贴；人民调解组织规范化建设经费；为粤东西北地区和江门市的恩平市、台山市、开平市乡镇人民调解委员会聘请专业人员专职从事调解工作的支出；人民调解工作的督导检查、宣传、培训及表彰奖励等工作指导经费；其他人民调解工作相关支出。

第八条 专项资金分配办法。

（一）法律援助及公职律师事务所补助资金。按照各地常住人口、财力情况、公职律师事务所数量、办理法律援助事项数量及资金支出情况等五项因素，分别按20%、20%、20%、30%和10%的权重计算确定补助数额。其中：粤东西北地区市级司法局分配资金总额的10%；县（市、区）司法局分配资金总额的90%。

（二）一村（社区）一法律顾问补助资金。根据粤委办发电〔2014〕42号文规定，省财政按每个村（社区）5000元的标准，对粤东西北地区和江门市的恩平市、台山市、开平市开展一村（社区）一法律顾问工作予以补助。

（三）社区矫正补助资金。根据上一年度各地在册监管的社区服刑人员数量及资金支出情况两项因素，分别按照90%和10%的权重计算确定补助数额。

（四）普法专项经费补助。根据各地常住人口、财力情况、普法工作绩效及资金支出情况等四项因素，分别按35%、25%、30%和10%的权重计算确定补助数额。其中：粤东西北地区市级司法局分配资金总额的20%；县（市、区）司法局分配资金总额的80%。

（五）人民调解补助资金。根据人民调解办案量、县区级调解组织机构数量、乡镇级调解组织机构数量及资金支出情况等四项因素，分别按照40%、15%、35%和10%的权重计算确定各地补助数额。

第九条 结合政策任务设置情况，省司法厅在年度预算编制阶段与省财政厅充分沟通后编报专项资金目录清单，报分管省领导专题研究或审核并修改完善后，报送省财政厅汇总报批。专项资金原则上提前一年组织项目论证研究和入库储备，未入库项目原则上不安排预算。

第十条 在年度预算编制环节，专项资金应按不同预算级次细化编制，细化分配比例原则上不低于70%，属对市县转移支付的分地区编列并按规定办理提前下达，提前下达比例不低于70%。

第十一条 专项资金各“政策任务”应按规定申报绩效目标，绩效目标应合理可达到，由事业发展直接相关，可量化评估的数量、质量、时效、成本、经济效益、社会效益、生态效益、可持续影响、满意度等绩效指标构成。

第四章 专项资金执行及管理

第十二条 省司法厅按规定编制专项资金分配方案及绩效目标，在预算法规定下达时限7日前报送省财政厅，并同步在预算管理系统中提交资金分配二级项目、绩效目标及经济分类等数据信息。省财政厅在收到分配方案7日内发文下达指标，同步下达分地区绩效目标。其中，省级审批项目的资金分配方案（含提前下达部分）及调整方案应经部门集体研究审议后，在公示前报分管省领导审批。市县收到省级资金后，应在预算法规定时限内将资金拨付到有关单位。

第十三条 对未按规定办理专项资金分配下达，经提醒督促仍未有效整改导致资金沉淀的，由省财政按规定将专项资金收回统筹或转为财力性补助资金分配下达市县。

第十四条 专项资金按照国库集中支付有关规定办理资金拨付手续，涉及政府采购、招投标的，按照有关规定办理。

第十五条 专项资金应严格按照批准的预算执行，不得随意调整，确有需要调剂用于其它专项资金的，由省司法厅汇总根据调剂资金的比例按规定报批。各市县和用款单位不得随意调剂。

第十六条 专项资金预算批准后，由省司法厅制定预算执行支出计划，征求省财政备案意见后报分管省领导批准，报省财政厅备案，作为预算执行监督的依据。

省司法厅加强对专项资金执行进度和绩效目标实现情况的跟踪监控，定期编制资金的动态监控分析报告报省财政厅。对执行进度慢、绩效目标偏离的，及时通知有关市县采取有效措施予以纠正。省财政厅定期对绩效目标实现情况与预算执行进度情况进行通报。

第十七条 市县司法行政部门应加快专项资金预算执行进度，对执行进度严重滞后，且经督促仍未整改到位的，由省司法厅提出资金处理意见，省财政厅办理资金的调整、收回统筹等事宜。

第十八条 预算年度终了，各级司法行政部门应按规定编列专项资金年度决算报表，报送同级财政部门。

第五章 专项资金绩效评价和监督管理

第十九条 预算年度终了或预算执行完毕后，省司法厅组织市县司法行政部门开展绩效自评，并对部分市县开展绩效评价后，形成专项资金整体绩效自评报告报省财政厅备案。省财政厅视情况进行重点绩效评价。绩效评价结果作为专项资金预算安排、政策调整、资金分配的重要参考依据。

第二十条　省司法厅负责对专项资金分配下达、实际支付和绩效目标实现、信息公开进行全面核查和重点抽查，原则上每三年对专项资金完成至少一次全面核查，并将核查情况报告抄送省财政厅。

第二十一条　各级司法行政部门应自觉接受人大、审计、财政等部门的监督检查，配合提供相关材料。

第二十二条　省司法厅加强对专项资金管理关键岗位和重点环节的廉政风险排查和防控，完善内控机制，加强对专项资金分配、使用、管理全流程的监管。

第二十三条　专项资金实行责任追究机制。对专项资金使用管理过程中存在违规行为的单位、个人，按照《中华人民共和国预算法》《财政违法违规行为处罚处分条例》等法律法规及相关规定进行严肃处理，涉及违法犯罪的，移送司法机关处理。

第六章　信息公开

第二十四条　除涉及保密要求或重大敏感事项不予公开外，专项资金分配、执行和结果等全过程信息按照“谁制定、谁分配、谁使用、谁公开”的原则予以公开。主要内容包括：

（一）专项资金目录清单。

（二）专项资金管理办法。

（三）资金分配方式、程序和结果，包括资金分配明细金额和分配对象等；完成约束性任务后剩余资金统筹使用情况。

（四）专项资金使用情况。

（五）专项资金绩效评价、监督检查和审计结果，包括绩效自评报告和财政部门反馈的重点评价报告、财政财务监督检查报告、审计结果等。

（六）公开接受和处理投诉情况，包括投诉事项和投诉处理情况以及其他按规定应公开的内容。

第二十五条　省司法厅在相关信息审批生效后20日内，通过省级专项资金管理平台、本部门门户网站、相关信息系统等载体向社会进行公开。市县司法行政部门应参照省级做法，通过本部门或本级政府、上级主管部门门户网站及其他信息载体向社会进行公开。

第七章　附　　则

第二十六条　各级司法行政部门、财政部门应加强信息互通，对收到上级有关专项资金下达、使用、管理有关文件的，应及时以适当方式通知同级相关部门。

第二十七条　本办法由省财政厅会同省司法厅解释。

第二十八条　本办法自印发之日起实施，有效期3年。《广东省公共法律服务专项资金管理试行办法》（粤财政法〔2017〕18号）、《广东省省级普法专项经费管理办法（2015年修订）》（粤财行〔2015〕186号）同时废止。

财政科教文

【概况】　2019年，广东省财政厅深入推进科技经费管理改革，健全教育经费投入机制，完善财政文化政策体系，优化财政支出结构，全年安排下达教育、科技、文体与传媒等公共预算资金707.49亿元，全力服务科技创新强省建设，保障教育经费投入“两个只增不减”，推动思想文化工作和建设文化强省。深化省级预算编制执行监督管理改革，完善科技、教育领域省以下财政事权和支出责任划分，强化预算绩效管理，加强工作调研、思路谋划，强化与对口部门的沟通服务，保障各项预算管理改革措施落地见效。财政科研项目资金管理改革举措和经验在财政部全国财政科教文工作会议上作交流。广东省财政教育经费分析监控工作获财政部专文表扬。

【科技经费管理改革】　2019年，广东省财政厅推进科研项目资金管理、科技领域财政事权和支出责任、科研财政资金跨境拨付等科技经费管理改革。

科研项目资金管理改革　联合省审计厅印发《广东省财政厅　省审计厅关于省级财政科研项目资金的管理监督办法》，聚焦建立以信任为前提的科研管理机制，在符合中央精神和改革方向的前提下，实施政策突破，加大对科研人员的激励引导力度，按照能放尽放的原则赋予科研人员更大的人财物自主支配权，构建“放得下、接得住、管得好”的财政科研项目资金制度规范。

科技领域财政事权和支出责任改革 省财政厅制订印发《广东省科技领域省级与市县财政事权和支出责任划分改革实施方案》，根据科技事权的公共性层次，结合广东省实际，明确界定省以下财政事权支出责任，建立权责清晰、财力协调、区域均衡的省级和市、县财政关系，推动形成省、市协同的财政科技投入新格局。

科研财政资金实现跨境拨付 省财政厅联合省科技厅印发《广东省科学技术厅 省财政厅关于鼓励香港特别行政区、澳门特别行政区高等院校和科研机构参与广东省财政科技计划（专项、基金等）组织实施的若干规定》，鼓励港澳地区高校和科研机构参与广东省财政科技计划，推动粤港澳三地加强科技合作交流。成功将首笔港澳高校牵头组织实施的省级财政科研项目资金16.96万元跨境拨付至香港科技大学，为促进粤港澳大湾区科研合作提供示范效应。截至2019年底，广东省科研项目资金跨境拨付资金超过1亿元，其中省本级跨境拨付资金超过2000万元、广州、深圳跨境拨付资金分别达到3800万元、4230万元。

【科技创新强省建设】 2019年，广东省财政厅推动省实验室建设与发展，实施省重点领域研发计划，服务科技创新强省建设。

推动省实验室建设与发展 省财政厅会同省科技厅联合印发《广东省实验室建设省级财政投入资金管理办法》，明确省级财政投入资金的投入比例和投入范围，发挥各承建市的主观能动性，加大省实验室布局建设。省财政在珠三角地区省实验室启动3年后根据评估情况按不高于省市1∶2的比例给予后奖补投入，根据粤东西北地市省实验室建设投入情况，按省市2∶1的比例同步予以支持。

实施省重点领域研发计划 省财政厅安排35亿元实施省重点领域研发计划，集中攻关突破“卡脖子”核心技术，增强支撑创新驱动发展的源头供给。聚焦新一代信息技术、高端装备制造、绿色低碳等重点领域，推进4批共204项省重点领域研发计划项目，支持5G芯片、操作系统、关键电子元器件、工业软件等关键攻关方向，推动形成一批具有国际竞争优势的重大科技产品和装备。部分项目研发达全球领先水平，如材料基因工程专项“高通量计算与数据融合的新材料设计平台”项目、新能源汽车专项“燃料电池发动机用超高速无油空气压缩机开发”项目、人工智能专项“高性能TOF三维感知器件研发及视觉引导自主智能系统应用”项目等。

2019年7月8日，广东省财政厅召开《省级财政科研项目资金管理监督办法》政策宣讲会，广东省财政厅党组成员、副厅长郑贤操出席会议

（肖鑫晖摄）

【教育优先发展】 2019年，广东省财政厅健全完善教育经费保障机制、支持义务教育均衡优质发展、支持高等教育均衡发展和内涵提升、支持职业教育“扩容、提质、强服务”、完善学生资助政策、支持全面深化新时代教师队伍建设改革、加大学前教育投入、支持民办教育和特殊教育发展，促进教育优先发展。

健全完善教育经费保障机制 全年全省教育支出3210.51亿元，比2018年增加417.62亿元，增长14.95%。研究起草《广东省教育领域省级与市县财政事权和支出责任划分改革实施方案》，合理确定政府提供教育领域公共服务的范围和方式，明确各类教育领域财政事权和相应的支出责任，推动广东省教育领域事权和支出责任划分改革。建立覆盖全学阶的生均拨款制度，按照“迈小步、不停步”的思路，明确最低标准并建立逐步增长机制，2019年学前教育生均拨款和公办普通高中生均公用经费分别为每生每年300元和500元，省属公办本科学校生均标准增加2000元，省属公办中高职（含技工学校）生均标准增加3000元，全年省财政安排生均拨款264.71亿元，为各学阶教育事业发展提供保障。落实财政“放管服”改革，出台《广东省省属高等院校建设项目预算支出标准（试行）》；修订《省属学校教育收费“收支两条线”管理暂行办法》，简化教育收费返拨审批流程，提升省属学校教育收费资金使用效率。

支持义务教育均衡优质发展 省财政安排183.8亿元用于落实各项义务教育补助经费政策，保障城乡全面免费义务教育、免费教科书、义务教育家庭经济困难学生生活费补助、农村义务教育营养改善计划、山区边远地区学校教师生活补助、义务教育中小学校舍维修等政策落实；下达9亿元在全省经济欠发达地区全面开展农村义务教育寄宿制学校建设，改善办学条件，增加寄宿制学位供给；下达义务教育薄弱环节改善与能力提升补助资金6.3亿元，用于消除城镇学校大班额、加强两类学校建设、推进农村学校教育信息化建设；下达校舍安全保障长效机制省级资金和中小学校舍安全保障中央奖补资金共10.17亿元，重点用于校舍的日常维护以及校舍及围墙等附属设施维修改造。完善省义务教育家庭经济困难学生资助政策及普通高中免学费补助政策，整合统筹中小学校舍安全保障长效机制补助中央资金及省资金，完善义务教育经费保障机制，提高资金使用效益。

支持高等教育均衡发展和内涵提升 省财政厅配合研究并提请省政府印发《广东省进一步提高高等教育毛入学率实施方案（2019—2021年）》，统筹19.04亿元开展提高高等教育毛入学率工作，着力解决高等教育领域发展不平衡、不充分问题。持续支持高等教育质量水平提升，安排省级教育资金46.37亿元（含统筹用于提高高等教育毛入学率资金10.84亿元），支持双一流大学和学科建设、高水平大学建设、粤东西北高校振兴计划等一系列政策措施。完善省属高校生均拨款制度，一步到位追加25.74亿元，提高省属生均学校生均综合定额拨款标准，一次性追加经费7112万元，提高部分学科特别是师范类专业学生的生均拨款折算系数，全年安排普通本科高校生均定额补助经费102.46亿元，比2018年增长21.8%；安排高职院校生均定额补助经费27.56亿元，比2018年增长41.4%。

支持职业教育“扩容、提质、强服务” 省财政厅整合优化职业教育专项，统筹制定职业教育“扩容、提质、强服务”三年财政资金规划，提升财政资金使用效率。全年安排职业教育“扩容、提质、强服务”资金14.2亿元，支持职业教育扩学位、提水平、补短板；安排现代职业教育质量提升计划专项资金3.47亿元，推动广东省职业教育发展；安排省职教城一期项目建设经费4.3亿元，建成后每所高职学院占地53.33公顷，为全省提供高等教育学位约2万个。

完善学生资助政策 省财政厅安排省级以上学生资助资金52.21亿元。落实教育精准扶贫政策，确

·链接· **从500元增至1000元！广东提高公办普高生均公用经费拨款最低标准**

广东省财政厅近日公布了《关于提高全省公办普通高中生均公用经费拨款标准的通知》（粤财科教〔2019〕147号），通知明确，在去年《关于建立全省公办普通高中生均公用经费拨款制度的通知》（粤财教〔2018〕399号）的基础上，从2020年起，全省公办普通高中生均公用经费拨款最低标准提高到每生每年1000元。

而2019年，广东公办普通高中生均公用经费拨款最低标准为每生每年500元。

生均公用经费拨款标准适用对象为：全省各级公办普通高中（包含完全中学和十二年一贯制学校的高中部），各级财政部门应按照当地公办普通高中有正式学籍的全日制一、二、三年级在校学生进行核拨。

公办普通高中公用经费开支范围为：主要用于保障学校正常运转、完成教育教学活动和与教学相关的后勤服务等方面支出的费用。

具体支出范围包括：教学业务与管理、教师培训、实验实习、文体活动、水电、交通差旅、邮电，仪器设备及图书资料等购置，房屋、建筑物及仪器设备的日常维修维护等。公用经费应按照“勤俭办学”、“建设节约型校园”要求使用，优先用于学校教育教学最急需、最紧迫的方面，重点安排保障教学业务费、日常维持维修维护费、教师培训和仪器设备图书购置等方面。学校公用经费不得用于财政供养人员的工资、津贴、福利、社保和住房公积金等工资福利支出；不得用于基本建设投资、偿还债务等方面的支出。

广东省级财政补助范围和标准为：各地落实生均公用经费拨款所需资金由同级财政安排，由省财政对欠发达地区分三档按70%、50%、30%的比例予以补助，即：第一档为原中央苏区、海陆丰革命老区困难县、少数民族县，由省财政按70%的比例补助；第二档为除第一档以外的北部生态发展区和东西两翼沿海经济带市县，由省财政按50%的比例补助；第三档为珠三角核心区财力相对薄弱市县，由省财政按30%的比例补助。除上述三档地区外，剩余地区为珠三角核心区其余市县，由同级市、县（区）财政自行负责落实。

（2019年10月31日，羊城派记者：严丽梅，通讯员：岳才轩）

保广东省学生资助政策对外省户籍建档立卡、低保、特困学生全覆盖，将建档立卡增量资助政策扩大到全日制本科和研究生阶段，明确2018—2020年教育精准扶贫资金筹措方案；研究制定全省建档立卡学生补助工作指引，优化资金安排方式，确保教育扶贫资金落实到位，杜绝资金错发、漏发或重复发放的情况。清理收回以前年度学前教育和义务教育学生资助地市结余资金，加大教育资金统筹力度；理顺义务教育困难学生资助政策，提高财政资金使用效率。

支持全面深化新时代教师队伍建设改革 省财政厅全面落实《中共广东省委 广东省人民政府关于全面深化新时代教师队伍建设改革的实施意见》，安排44.07亿元用于教师队伍建设改革工作。推动教师教育振兴，省财政公费定向培养2200名粤东西北中小学教师，补助市、县级教师发展中心建设。继续落实高校毕业生到农村从教上岗退费、山区和农村边远地区义务教育学校教师岗位津贴补助政策，吸引优秀人才到艰苦地区任教，确保欠发达地区乡村教师队伍稳定。发挥强师工程资金作用，对全省学前教育阶段至高等教育阶段的教师队伍建设给予支持。落实教师工资待遇“两个不低于或高于”政策，保障教师工资待遇。配合广东省教育厅印发《广东省银龄讲学计划实施方案》，从2019年起广东省欠发达地区的71个县（市、区）银龄教师工作经费由省财政全额负担。

持续加大学前教育投入 省财政厅下达学前教育家庭经济困难儿童资助资金2.11亿元，落实好学前教育资助政策；下达支持学前教育发展中央专项资金1.51亿元，并在教育发展专项资金（推进教育现代化及农村义务教育寄宿制学校建设用途）中安排学前教育资金7.92亿元，支持欠发达地区公办幼儿园和普惠性民办幼儿园新建、改扩建和改善办园项目，扩大普惠性学前教育资源；下达补助资金3.08亿元，帮助全省欠发达地区建立学前生均拨款制度，为学前教育发展提供长效支持。

继续支持民办教育和特殊教育发展 省财政厅下达民办教育发展专项资金9600万元，专项支持民办教育的专业、师资队伍建设；下达义务教育阶段特殊教育学生公用经费和课本费补助资金2.88亿元，保障义务教育阶段残疾学生受教育机会；安排特殊教育发展省级专项资金0.3亿元及中央特殊教育补助资金0.16亿元。

【文化强省建设】 2019年，广东省财政厅补齐公共文化财政支出短板，支持开展大型文化活动、网络信息安全工作、文化品牌建设和红色革命资源重点项目，推进文化强省建设。

补齐公共文化财政支出短板 省财政下达人均公共文化财政支出补短板奖补资金11.28亿元，保障和激励欠发达地区落实文化补短板工作。出台《省级补齐公共文化财政支出短板奖补资金管理办法》，规范财政资金审批监督，加强财政权力运行监控。压缩资金分配自由裁量权，充分赋予地方资金使用的自主权。坚持任务和绩效导向，通过下发任务清单的方式，引导地方将钱花在“刀刃上”。

支持开展大型文化活动 省财政厅落实粤港澳大湾区国家重大战略，安排开幕式晚会经费1850万元，支持开展首届粤港澳大湾区文化艺术节，塑造湾区人文精神，增强大湾区文化软实力。支持做好澳门回归祖国20周年配合性庆祝活动，保障落实广东省庆祝澳门回归祖国20周年音乐会经费。支持做好中华人民共和国成立70周年庆祝大会相关工作，保障广东彩车所需经费。

支持网络信息安全工作 省财政安排3300余万元，用于加强和改进网络内容建设，做好中华人民共和国成立70周年等重大主题网上宣传，办好“网信广东”等新媒体矩阵，推动建立“粤微群”。打通省内重点新闻网站与门户网站、热点新闻客户端稿源共享、平台互用的合作渠道等工作，为发挥网信职能作用，加快推进网络强省建设，筑牢网络意识形态安全“护城河”“防火墙”，巩固壮大主流思想舆论提供支持和保障。

支持文化品牌建设 省财政安排0.95亿元支持文艺院团振兴提升计划，主要用于文艺精品创作、人才引进培养，打造品牌活动等，将全省重点文艺院团打造成为岭南文化创新创造的主力军。着力以广东粤剧院、省歌舞剧院有限公司等5个基础厚实、体量较大、实力较强的省市重点文艺院团为代表，打造在全省乃至全国具有示范引领和辐射带动作用的“龙头”院团。

支持红色革命资源重点项目 省财政安排红色革命遗址保护利用经费3亿元，用于重点支持“红色遗址保护建设”和“红色遗址展陈提升”两大行动计划，保障全省具有较大历史价值、影响较大的128处省级以上级别红色革命遗址与纪念设施的保护建设和改陈布展、中央和省委部署的重大项目等。

（广东省财政厅科教和文化处供稿，杨远立执笔）

财政经济建设

【概况】 2019年，广东省财政厅围绕支持经济建设，做好基建项目财政管理。抓好四个专项性工作，多渠道筹措资金，支持加快铁路、机场建设，构建空铁联运格局；做好对口援建工作，保障边疆民族地区长治久安；排查清理政府工程欠款，保障农民工工资发放，获得国家考核A等级。落实好“一项牵头政策”，牵头拟订基建财务管理制度。深入推进基建财务放管服改革，做好基建项目资金管理。按照“一个部门对口一个处室”改革要求开展“三个梳理三个明确”，确保完成基建项目财政管理移交工作。做好新能源汽车、打好污染防治攻坚战、保障性安居工程等资金管理，提升资金管理绩效。

【基建财务管理“放管服”改革】 2019年，广东省财政厅按照深化省级预算编制执行监督管理改革要求，继续深化基建财务管理“放管服”改革。优化基建项目立项财政资金审核流程，探索开展投资估算联合评审，提高工程建设项目审批效率；加强基建项目预算编制及审核工作，重点推进绩效预算和项目库管理工作，实行广东省财政厅、广东省主管部门、广东省代建局三个部门联审基建项目年度预算制度，做实做准基建项目预算，提高基建项目资金绩效。向广东省政府建议取消向重点项目委派财务总监，减少基建项目审核环节。落实优化基建项目资金拨付程序有关措施，向广东省政府呈报《省级基本建设项目财政性资金集中支付管理办法》，将基建项目直接支付改为由主管部门审核授权支付，减少资金支付流程，加快支出进度。与广东省发展改革委联合印发《关于明确省级基本建设项目建设资金来源筹措有关事项的通知》，提高省级基本建设项目建设资金筹措工作效率，统筹规范省级基本建设项目投资管理。指导和督促主管部门做好承接的省直部门本部以外的其他基建项目的工程结（决）算审核工作，加强监管，防止管理缺位。加强基建财务管理业务培训，夯实基建财务管理水平。印发《广东省省级财政投资基本建设项目预算信息公开实施办法》，规范基建项目信息公开工作。

2019年，国家批复湛江机场迁建工程概算总投资48.9亿元，其中省财政安排资本金70148万元（广东省财政厅经济建设处供图）

【基建项目移交】 2019年，广东省财政厅按照“一个部门对口一个处室”的要求，进一步理顺基建项目财政管理关系，明确从2020年起，基建项目由项目建设单位（即项目预算单位）对口资金处室负责，经建处作为政策牵头处室。为确保各对口资金管理处顺利承接基建项目管理业务，省财政厅开展“三个梳理三个明确”工作：梳理部门归口基建项目情况，明确基建项目接什么；梳理基建项目审核办理环节和流程，明确基建项目如何接；梳理基建项目管理规章，介绍基建项目财务管理的关键节点和注意事项，明确基建每个环节如何管。为确保办理基建财务管理业务时政策统一、标准统一、口径统一，整理基建项目财务管理涉及各方面业务的办事标准、依据、流程、注意事项等，形成《“一个部门对口一个处室”办事指引（基建项目财务管理）》。

【基础设施供给侧结构性改革】 2019年，广东省财政厅加快推进广东省基础设施供给侧结构性改革，坚持问题导向，以适度超前、布局科学、功能完善、质量一流、面向未来的现代化基础设施为目标，增强供给能力，提升供给质量和效率，聚焦“补短板、增后劲”。用好用足专项债政策，组织铁路、机场等重大交通基础设施项目申报专项债，拓宽重大交通基础设施筹措项目资本金渠道，加快推进项目建设进度，推进基础设施供给侧改革，落实中央稳投资决策部署。落实国铁干线及珠三角城际铁路省级资本金77.57亿元，支持广州至湛江铁路、广州至汕尾铁路、汕尾至汕头铁路、赣州至深圳铁路等轨道交通建设，开通运营梅州至潮汕铁路、穗莞深城际新塘至深圳机场段等铁路项目。安排5.5亿元支持韶关机场、惠州机场、湛江机场迁建等机场项目建设，揭阳潮汕机场跑道延长、惠州机场扩建等项目建成使用，韶关机场军民合建、湛江机场迁建工程顺利开工建设。管好用好区域协调发展战略专项资金，安排基建投资及配套资金12亿元，保障省级基建项目资金需求；安排重大项目前期工作经费3亿元，推动加快重大项目前期工作，为稳投资提供重大项目储备，变“资金等项目”为“项目等资金”；安排专项建设基金贴息2.4亿元，撬动资金投资规模约120亿元，支持一批省级重大项目建设。

穗莞深城际新塘至深圳机场段项目于2019年开通运营，项目总投

穗莞深城际新塘至深圳机场段项目于2019年开通运营，项目总投资254.23亿元，其中省财政安排23.8亿元，图为穗莞深城际横涌海特大桥和穗莞深城际中堂动车运用所　（广东省财政厅经济建设处供图）

资254.23亿元，其中省财政安排23.8亿元。

【保障性安居工程建设】　2019年，中央和省财政共安排保障性安居工程资金21.99亿元，专项用于住房租赁补贴发放、棚户区改造、筹集公租房、发展住房租赁市场等工作。省财政厅督促各地依据住房城乡建设部门下达的绩效目标加快项目实施和资金拨付，确保完成相关任务。依据各地工作实际情况和住房城乡建设部门的统计情况适时对已下达资金进行清算，避免资金闲置浪费，提高资金效益。联合省住房城乡建设厅争取中央住建口相关资金支持。推荐广州市参与中央发展住房租赁市场试点城市竞争，成功获得8亿元中央资金支持。

【污染防治攻坚战财政支持】　2019年，广东省财政厅落实支持垃圾分类、污水管网、黑臭水体整治等惠民财政政策，做好相关民生项目的资金政策保障工作，下达中央和省打好污染防治攻坚战专项资金27.29亿元。督促部门和相关市、县加快预算执行进度、提高资金使用绩效，确保财政资金“花在刀刃上”，打好污染防治攻坚战。

【对口援建】　2019年，广东省财政厅做好对口援建工作。足额筹措并提前拨付对口援建资金，为对口援建工作队落实省委、省政府关于对口援建的决策部署提供财力保障。构建远程实时大数据财政援疆资金动态监控平台，参照省级预算单位实有资金账户监管试点的做法，开发并上线援疆资金动态监控平台，实时监控援疆资金，掌握援疆资金的流动和存量信息，建立分析、反馈机制，及时纠偏，防范潜在风险，保障援疆资金安全。通过制定援疆资金预算执行动态监控暂行办法，从监控内容、监控预警和核查等加强援疆资金监管，使援疆资金拨付使用更加规范有序。会商省援藏援疆办制定对口援建专项资金管理办法，加强对口支援专项资金监管。

（广东省财政厅经济建设处供稿，李德宽执笔）

财政工贸发展

【概况】　2019年，广东省财政厅按照省委“1+1+9”工作部署及推进粤港澳大湾区建设、支持深圳先行示范区建设部署安排，坚持新发展理念，发挥产业政策、财政资金的引导带动和服务保障作用，推动以制造业为主体的现代化经济体系建设，着力扩大高水平对外开放，提高市场监管水平，夯实应急救灾能力，保障物资储备安全，促进经济质量变革、效率变革、动力变革，推动广东省经济高质量发展。落实粮食安全省长责任制考核各项工作，广东省在2018年粮食安全省长责任制考核中取得优秀等次，获得财政部表扬，广东省财政厅牵头的考核指标均为满分。

【制造业高质量发展财政支持政策】　2019年，广东省财政厅支持制造业高质量发展。

参与重大政策拟订　省财政厅参与省委、省政府关于推动制造业高质量发展重大政策拟订，在政策的主要定位和核心思路上，提出的意见建议得到省领导的肯定和采纳。研究制定新一轮工业企业技改政策，经省政府常务会议审议通过。

支持工业企业实施提质增效　2019年，省财政安排43.5亿元，支持工业企业实施提质增效、智能化改造、设备更新和绿色发展，重点支持新一代信息技术、高端装备制造、绿色低碳、生物医药、数字经济、新材料、海洋经济等战略性新兴产业领域的数字化、网络化、智能化和绿色化技术改造，培植新的税源。

发展先进装备制造业　省财政安排16.79亿元，按照“突出关键环节、精准扶持”原则，重点对优质项目落地建设、首台（套）装备研发使用、集约集聚发展等予以支持；力争将珠江西岸打造成为国内领先、具有国际竞争力的先进装备制造业基地。

激励企业提升创新能力 省财政安排3.8亿元扶持省级企业技术中心开展创新能力建设和省级制造业创新中心建设，构建战略性新兴产业新技术新产品对接平台，推进高端资源要素向实体经济产业集聚，建设形成更强创新力和更高附加值的产业链及高端、高质、高新的实体经济产业。

【贸易高质量发展财政支持政策】 2019年，广东省财政安排省级外经贸专项资金13.5亿元，统筹中央外经贸发展资金6亿元。落实“外资十条”，安排利用外资项目资金6.5亿元，支持外资新项目、增资项目和跨国公司总部落户，以及支持境外投资者在粤的利润再投资，加大对扩大对外开放积极利用外资的支持力度。应对中美贸易摩擦，落实“稳外贸政策”，支持企业开拓多元化市场，推动外贸新业态发展壮大，加快外贸转型升级。支持“一带一路”建设。拨付0.8亿元支持广东省中欧（中亚）班列开行。优化营商环境，安排1.25亿元，支持广东省口岸基础设施和查验配套设施建设、驻粤口岸查验单位口岸通关模式改革创新、口岸信息化建设等项目建设。继续做好广东省免除查验没有问题外贸企业吊装移位仓储费用全面试点工作。研究制定《关于取消上缴省财政的粤港直通货运车辆指标有偿使用费工作实施方案》，对已缴交2019年度车辆指标有偿使用期的费用从1月1日起按天计算予以退还，累计退费1.17亿港元，惠及香港运输企业628家。支持粤贸全球行动，安排资金0.92亿元支持广东产品全国巡回展活动，支持广东21世纪海博会、加工贸易博览会和中国中小企业博览会等会展活动，促进广东产品消费。

【粮食和物资储备财政保障】 2019年，广东省财政厅紧扣粮食安全和储备资金规范管理，粮食和物资储备管理取得新的成效。落实全国政策性粮食库存数量和质量大清查工作经费，参加自查、普查阶段的督导工作，完成国家联合工作组对广东省的抽查考核。实现省级储备粮财政费用支出的节支增效，稳步推进广东省省级储备粮动态储备改革，全年新增下达动态储备计划29.69万吨，其中下达民企动态储备计划13.5万吨。通过推动定额包干动态轮换、减少财政兜底竞价轮换等措施，2019年储备支出总额比2018年减少2.6亿元，实现在库储备粮常储常新的目标。提高军粮供应管理水平，会同省粮食和储备局制定广东省军粮供应费用标准，实行不同地区差异性保障，为军粮供应工作提供支持。做到省级储备冻猪肉关键时候能调得动、供得上。针对2019年5月下旬至12月底生猪价格持续走高的形势，广东省启动缓解生猪市场价格周期性波动调控预案一级响应机制。省财政厅配合广东省粮食和储备局完成3780吨省级储备冻猪肉的投放市场和补库工作，稳定市场预期。规范粮食和物资储备管理，严格储备费用结算审核，要求省粮食和储备局、省储备粮管理总公司做到储备费用结算前须聘请第三方机构进行审核。

【市场监管财政保障】 2019年，广东省财政厅支持市场监管，营造公平优质的营商环境。

推进引领型知识产权强省建设 省财政安排知识产权专项资金3.78亿元，推动知识产权高水平创造，强化知识产权高标准保护，促进知识产权高效益运营，推动引领型知识产权强省高质量发展。全省发明专利申请量、授权量、PCT国际专利申请量、商标有效注册量、知识产权综合发展指数和专利综合实力位居全国第一。举办2019粤港澳大湾区知识产权交易博览会，促成知识产权交易逾17亿元。组建广东省知识产权保护中心，建成3个国家级知识产权保护中心和7个国家级知识产权快速维权中心。查处各类知识产权违法案件3905件，处理各类知识产权投诉1384宗。

强化食品安全监管 省财政安

2019年，广东省财政安排3.29亿元支持稳外贸，对重点领域贸易推广、外贸新业态、出口信保等给予支持，推动外贸高质量发展。图为广东广州港，2019年货物吞吐量60616万吨，集装箱吞吐量2283万标准箱

（广东省财政厅工贸发展处供图）

排食品抽检及监管专项资金1.58亿元，把食品安全列为2019年度省级民生实事予以重点保障。完成食品抽检603421批次，食用农产品快速检测877.3万批次，抽检合格率达99.5%以上，营造放心消费环境。

促进质量强省战略深入实施 省财政安排质量强省专项资金7500万元，聚焦粤港澳大湾区建设，加快先进测量体系、标准体系、合格评定体系建设，建成2个省级产业计量测试中心、6个国家技术标准创新基地和54个国际和全国标准化技术委员会，实施质量提升行动和开展产品质量安全“问诊治病”活动，推进质量强省工作。

【应急救灾财政保障】 2019年，广东省财政厅紧扣应急能力体系建设要求，做好应急救灾资金保障工作。参与省委、省政府《广东省自然灾害防治能力建设行动方案》的拟订，提出的意见建议得到省领导的肯定和采纳。安排资金1亿元支持开展安全生产应急救援体系建设、安全生产重大隐患治理及风险防控，安全生产宣传教育等，实现全省安全生产事故起数和死亡人数双下降，促进全省安全生产形势持续稳定好转。做好应急救灾各项工作，支持各地开展救灾复产工作。下达省级以上应急救灾资金1.54亿元支持受灾地区恢复生产生活正常秩序，解决受灾群众衣、食、住、衣等生活困难；下达河源市20亿元，支持河源市落实“一核一带一区”区域发展战略，开展灾后重建，推进乡村振兴建设。加大消防救援投入，省财政安排省消防救援总队1.91亿元，支持特勤大队、国家陆搜基地、区域战勤保障中心等消防救援作战队伍开展日常演练及跨区域救援，补充更新消防装备器材，组织实施消防安全专项整治活动，保障人民群众生命财产安全。安排欠发达地区政府专职消防队专项经费5354万元，用于补助消防业务及消防装备支出，租赁消防车辆等，提升政府专职消防队救援能力水平，增强广东消防救援力量。

（广东省财政厅工贸处供稿，夏景善执笔）

财政农业农村

【概况】 2019年，广东省财政厅发挥财政职能作用，落实“三农”工作各项要求，推动乡村振兴战略实施，推进农业财政管理各项改革，发挥财政支持保障作用。健全财政投入保障机制，更大力度向“三农”倾斜，全年省财政预算安排农林水、自然资源及其他相关支出589.6亿元，加上用于农村教育、医疗、社保等领域相关资金，省级财政预算安排乡村振兴战略相关资金超千亿元。引导撬动市、县财政加大投入，支持农业农村各项事业发展，全年全省农林水支出959.32亿元，比2018年增长5.4%。省财政厅作为牵头部门之一的河长制湖长制、农村人居环境整治、农村危房改造、农产品流通现代化等工作获得国务院督查激励。在国家东西部扶贫协作成效考核中，广东省财政厅财政援助资金指标位居全国第一。广东省涉农资金统筹整合改革获财政部肯定。

【乡村振兴战略推动实施】 2019年，广东省财政厅优化乡村振兴资金筹集机制、乡村振兴资金筹集机制，推动农业产业发展，支持生态宜居美丽乡村建设、生态宜居美丽乡村建设，推动重点水利工程建设、基层有效治理，做好民生保障工作，推进自然资源相关工作，推动实施乡村振兴战略。

优化乡村振兴资金筹集机制 省财政厅发行省本级债券105.2亿元支持农村生活污水治理设施建设等乡村振兴重点项目。支持各地使用省级转贷债券资金66.2亿元投用于村振兴重点领域。设立农业供给侧结构性改革基金，实施农村金融机构定向费用补贴和农业保险保费补贴，建立农业信贷担保体系等，吸引撬动更多金融和社会资本投入农业农村领域。加强水田垦造收入管理，筹集资金全部用于农业农村发展。

推动农业产业发展 省财政安排资金25亿元，对欠发达地区每个省级现代农业产业园补助5000万元，资金由省财政通过国库集中支付方式直接拨付给各现代农业产业园实施主体，简化资金拨付环节，提高资金的使用效率。

支持生态宜居美丽乡村建设 按照省财政十年投入生态宜居美丽乡村建设约1600亿元的计划，2019年，省财政安排101.62亿元支持农村人居环境整治、“厕所革命”、农村生活污水处理等。

助力精准扶贫精准脱贫 省级安排约76亿元连同其他扶持乡村产业等相关资金，重点支持产业扶贫、就业扶贫、保障性扶贫等，支持实施增收脱贫工程、兜底保障工程、推进扶贫扶志扶智相结合等。坚持问题导向，配合扶贫部门进一步完善扶贫资金管理政策措施。投入8.28亿元省财政资金继续高位推进东西部扶贫协作工作，将93个东西部扶贫协作县财政援助标准从每县每年3000万元提高到每县每年4000万元，帮助桂川滇黔四省区消除贫困、改善民生，逐步实现贫困县脱贫“摘帽”，全面实现建成小康社会。

推动重点水利工程建设 省财政安排35亿元用于完成2022.3千米中小河流治理工作、注入国有企业资本金16.2亿元支持韩江榕江练江水系连通工程建设、安排地方政府债券资金26亿元保障珠江三角洲水资源配置工程建设，保障重点水利工程开工建设。

推进基层有效治理 省财政巩

固基层公共服务平台建设，落实运行经费保障，按每个行政村1万元的标准补助全省欠发达地区基层公共服务平台建设，督促市县落实建设和管理、维护主体责任。研究制定修改完善《提高离任村干部生活补助标准方案》，妥善解决离任村干部待遇问题。

做好民生保障工作　省财政共统筹中央和省财政资金投入15.7亿元，用于非洲猪瘟防控及扶持生猪生产、保障市场供应相关工作。结合广东省实际研究制定政策措施，推进中央政策落地和省各项政策落实，为非洲猪瘟防控和生猪稳产保供等工作提供保障。

推进自然资源相关工作　省财政厅制定《广东省城乡建设用地增减挂钩节余指标跨省域调剂资金收支管理办法》《广东省省级实施垦造水田资金结算与支付管理办法》；配合财政部做好自然资源领域财政事权与支出责任实施方案的制定；上解0.17万公顷城乡增减挂钩节余跨省调剂资金125.5亿元。审核批复垦造水田项目预算，管理水田指标交易收入。

【涉农资金统筹整合改革】　2019年，广东省财政厅提请省政府成立省涉农整合领导小组，建立改革推进领导机制。做好资金下达，2019年初省级将除救灾应急资金以外的省级涉农资金303亿元全部下达，市县的可统筹能力上升35倍。通过开展多层次业务培训、编印答疑手册等，确保市县“接得住”。有针对性开展5轮次专题调研指导，指导市县解决改革推进过程中遇到的痛点、难点、堵点。建立经验交流平台，收集各市县推进改革的做法，形成可借鉴、可复制的经验。提前谋划，启动2020年涉农资金统筹整合改革工作，2019年12月提前下达2020年省级涉农转移支付资金249亿元。

2019年3月27—29日，广东省涉农资金统筹整合改革业务培训班在广州举行，省财政厅党组成员、副厅长肖红梅出席培训班并作讲话

（广东省财政厅农业农村处供图）

【涉农财政财务管理】　2019年，广东省财政厅将绩效管理要求涵盖所有财政涉农资金项目，并选取省定贫困村新农村建设资金等部分涉农资金开展第三方重点绩效评价。推进涉农资金公示公开，发挥社会监督作用。探索建立信息化监管机制，加强扶贫资金监管。加强财政监督检查和专项治理，对违规行为予以纠正，建立管理长效机制。加强财政支农政策培训，全省共举办财政支农政策培训班296次，参训52525人次，其中省级师资培训班2期，参训234人次。

（广东省财政厅农业农村处供稿，罗松林执笔）

财政资源环境

【概况】　2019年5月，广东省财政厅设立资源环境处，努力开创资源环境财政工作新局面。广东省财政厅发挥财政资金引导带动作用，在支持打好打赢污染防治攻坚战、探索建立多元化生态保护补偿机制、支持粤北生态特别保护区绿色发展、落实国土空间规划管控、推进海洋高质量发展等方面取得实效，做好资源领域收入组织工作，有序推动自然资源、生态环境等领域财政各项工作取得新进展。

【打好污染防治攻坚战财政支持政策】　2019年，广东省财政厅围绕《广东省打好污染防治攻坚战三年行动计划（2018—2020年）》重点工作任务要求，强化资金统筹力度、提高资金使用绩效，为经济高质量发展提供支撑。强化项目实施保障，全年省财政预算安排打好污染防治攻坚战相关资金298.19亿元（含2018年提前落实资金51.5亿元），支持大气、水、土壤（含重金属）污染防治及环保能力建设等项目。创新资金安排方式，引入社会资本参与练江流域整治、固体废物处理处置等环保基础设施建设项目，安排参与练江流域整治的省属企业注资资金66.85亿元、参与固体废物处理处置省属企业注资资金10亿元，发挥财政资金的杠杆和引导效应，利用社会资本的技术和资源优势推动项目建设。建立健全制度法规，研究制定生态环境损害赔偿资金管理办法，按照《广东省生态环境损害赔偿制度改革实施方案》相关要求，制定《广东省生态环境损害赔偿资金管理办法》，强化对生态环境损害赔偿资金执收的监管。

【生态保护补偿财政支持政策】 2019年，广东省财政厅初步探索建立有利于调动各方积极性的多元化生态保护补偿机制。健全省内流域生态保护补偿机制，会同省生态环境厅研究省内流域上下游横向生态保护补偿制度，以东江流域作为试点，研究完善《广东省东江流域上下游横向生态保护补偿实施方案》，探索建立“受益者补偿，保护者受益”的生态补偿政策，从体制机制上构建经济补偿和行政管控相结合的全流域长效生态保护补偿机制。推进跨省重点流域生态保护补偿，倡导构建上下游省区联防联动的水环境保护机制，全年按照国家监测总站核定的水质监测结果拨付粤桂九洲江、粤赣东江、粤闽汀江–韩江流域生态补偿资金3亿元。提高省级生态公益林补偿标准,全年安排省级以上生态公益林效益补偿资金约24.5亿元（含中央资金3亿元），全省省级以上生态公益林平均补偿标准达36元/亩；实施分区域差异化补偿制度，对“特殊区域”生态公益林效益给予额外6.1元/亩增量补偿，补偿标准仅次于北京和浙江两地，进入全国前三。

【粤北生态特别保护区财政支持政策】 2019年，广东省财政厅加大对粤北生态特别保护区生态保护、修复的支持力度，促进粤北生态特别保护区改善生态环境质量。推进国家公园创建，坚持高位推进，支持粤北生态特别保护区规划，省财政继续安排粤北生态特别保护区规划工作经费用于编制国家公园总体规划。统筹山水林田湖草保护修复工作，坚持山水林田湖草是生命共同体，支持推进山水林田湖草保护修复工作试点，指导督促韶关市加快粤北南岭山区山水林田湖草生态保护修复项目实施进度，用好中央财政支持资金10亿元，提高资金使用效益。

【耕地保护财政支持政策】 2019年，广东省财政厅统筹推进土地生态保护修复。保障垦造水田顺利推进，按照“占优补优，占水田补水田”原则，推进全省垦造水田建设工作，安排垦造水田成本性支出17.32亿元，保障垦造水田工作推进。落实基本农田保护经济补偿制度，全年安排9.09亿元用于支持各地实施基本农田保护经济补偿。联合广东省自然资源厅印发《关于进一步加强基本农田保护经济补偿资金绩效管理的通知》，加强农田保护经济补偿资金绩效管理，提高资源配置效率和使用效益。推进“三旧改造”、拆旧复垦，联合广东省自然资源厅出台“三旧”改造有关政策，调整完善拆旧复垦有关分成缴库政策，促进各地推进“三旧”改造、拆旧复垦工作积极性。支持推动不动产登记改革，提前落实欠发达地区不动产登记奖补资金2.34亿元，支持推进不动产登记信息集成、流程集成、人员集成。

【海洋高质量发展财政支持政策】 2019年，广东省财政厅深入实施海洋生态保护修复工作，强化重点项目资金保障，2019—2021年连续三年每年新增安排5亿元。同时，2018—2020年连续三年每年新增安排3亿元，支持实施海洋六大产业三年行动计划，推动海洋传统产业优化升级和战略性新兴产业孕育壮大，加快海岸带综合示范区建设，打造世界级沿海经济带，全面推动建设海洋强省。打造海洋经济交流合作高端平台，支持深圳加快构建现代化海洋产业体系，建设全球海洋中心城市，举办2019年中国海洋经济博览会，助力粤港澳湾区和深圳全球海洋中心城市建设。

【资源领域财政非税收入组织】 2019年，广东省财政厅做好资源领

2019年8月9日，广东省财政厅党组成员、副厅长肖红梅赴湛江市调研垦造水田工作（广东省财政厅资源环境处提供）

2019年12月26日，广东省财政厅与省生态环境厅一同赴省环境监测中心调研（广东省财政厅资源环境处提供）

域收入组织工作。加快垦造水田项目预算、结算审核批复工作，推进垦造水田施工、验收、结算各环节工作进度，形成可交易水田指标。配合广东省自然资源厅研究制定《关于实施广东省全面推进拆旧复垦促进美丽乡村建设工作方案（试行）的补充通知》并报广东省政府审定后实施，优化交易分配机制和资金划转方式，助力全省脱贫攻坚、乡村振兴。督促指导有关市县财政、自然资源主管部门做好省级非税收入信息管理系统权限开通、开具缴款通知书、资金划缴等有关工作。加强与广东省政府办公厅、执收单位及相关市县的沟通，强化对海砂出让、建设用地规模资金收入、拆旧复垦指标交易收入等重要自然资源出让收入的征管。

（广东省财政厅资源环境处供稿，陈妍斐执笔）

财政社会保障

【概况】 2019年，广东省财政厅深入推进财政社保领域重点改革攻坚，力促社保民生工作再上新台阶。始终把促进就业创业作为最大的民生，落实广东省“促进就业九条”政策措施，完善就业政策，持续减轻企业负担、增强活力，促进扩大就业规模；持续深化医药卫生体制改革。落实鼓励和支持就业创业政策措施、公立医院综合改革工作获得国务院督查激励。助力打赢打好脱贫攻坚战，调整结构，加大投入，全省底线民生保障水平保持全国前列。推进养老服务体系建设，养老服务水平提升。落实退役军人权益保障，完善社会保障体系。在第六次全国自强模范暨助残先进表彰大会上，广东省财政厅社会保障处获得“全国助残先进集体”荣誉称号。开展重点财政社会保障资金绩效考评工作，2019年省财政社保12项重点评价项目均取得“良”以上等级，其中“失业保险基金”评价为“优”。强化社会保险基金管理，将科学化、精细化管理贯穿基金管理工作各个环节。

【就业局势稳定】 2019年，广东省财政厅提升促进就业创业发展专项资金效益，发挥全省失业保险基金的杠杆作用，确保全省就业局势稳定。

提升促进就业创业发展专项资金效益 省财政安排19.88亿元促进就业创业发展专项资金，重点支持公共就业创业服务、技工教育发展以及职业技能培训等，推动粤东西北区域性创业孵化基地、技能型特色创业孵化基地以及博士和博士后创新创业孵化基地建设，打造功能完备、辐射力强、特色鲜明的人力资源服务产业园，加强对省重点扶持项目、高水平技师学院建设、专业建设、技工院校和实训基地基础能力建设、竞赛项目和技工教育师资培训的扶持力度，加快提升广东省劳动者职业技能水平，促进粤东西北发展的技能人才培养及新生代产业工人骨干培养，加强技能晋升培训，支持人社部门大力推进“粤菜师傅”工程。截至2019年12月全省人社系统累计开展粤菜师傅培训3.7万人次，直接带动11.8万人实现就业创业；继续实施“圆梦计划”，全面建立起农村劳动力技能培训普惠制度。

发挥全省失业保险基金的杠杆作用 省财政从失业保险基金中安排资金用于稳就业和开展职业技能提升行动，设立职业技能提升行动专账管理，增强就业创业政策与失业保险制度的政策合力。实施社会保险降费和缓缴政策，降低企业社会保险负担，千方百计做好高校毕业生、异地务工人员、退役军人、就业困难人员等重点群体就业工作，保持就业局势稳定。2019年中央财政对获得国务院2018年督查激励地区在安排中央财政就业补助资金时给予倾斜和支持，广东省获得国务院办公厅通报表彰激励第一名，中央补助资金比2018年增长53%。

【社会保障兜底保障能力强化】 2019年，广东省财政厅下达中央和省财政底线民生保障资金264.45亿元（中央67.64亿元、省财政196.8亿元）。落实困难群众救助保障资金80.16亿元，支持全省特别是经济欠发达地区继续巩固提高底线民生保障水平，确保城镇、农村低保对象最低生活保障人均补差水平，分别从每月503元、228元提高到554元、251元；特困人员基本生活标准达到不低于当地最低生活保障标准的1.6倍；孤儿基本生活最低养育标准集中供养和分散供养水平，分别从每人每月1560元和950元提高到1685元和1025元；支持全省特别是经济欠发达地区做好临时救助、流浪乞讨人员救助工作。落实城乡医疗救助保障资金28.17亿元，支持全省特别是经济欠发达地区保障城乡低保对象、建档立卡贫困人口政策范围内基本医疗救助比例在80%以上。落实困难残疾人生活补贴和重残护理补贴保障资金15.19亿元，支持经济欠发达地区保障残疾人两项补贴发放。困难残疾人生活补贴、重度残疾人护理补贴标准分别从每人每年1890元、2520元提高到1980元、2640元。落实基础养老金保障资金140.92亿元（中央42.23亿元、省财政98.69亿元），支持全省保障城乡居民基本养老保险基础养老金最低补助标准从每人每月148元提高到170元。推进参保扩面，城乡居民基本养老保险覆盖率在98%以上。

【养老服务水平提升】 2019年，广东省财政厅做好省直机关事业单位离退休人员经费保障。做好省直机关事业单位、省属企业等基本离退休费、离退休人员慰问金、住房改革补贴及节日补贴等各项经费保障，强化老干部学习活动场所基础设施建设。推进养老服务体系建设，围绕省委、省政府关于广东省率先全面建成小康社会，每千名老年人拥有养老床位35张的目标任务，统筹用于社会福利的彩票公益金50%以上的资金支持养老服务体系建设。全年省财政投入4.98亿元（含中央补助资金0.88亿元），着力支持各地推进以居家为基础、社区为依托、机构为补充、医养相结合的养老服务体系建设，支持养老机构设施设备改造升级护理型床位建设，养老爱心护理临终关怀以及养老护理、残疾康复、护理员培训等项目建设，落实民办养老机构财政补贴政策，对经济困难的高龄、失能老年人给予补贴，支持养老服务项目政府购买服务。其中，配合民政部门做好居家和社区养老改革试点工作，向中央推荐河源、江门、深圳、东莞、珠海五个市申报第四批中央财政支持居家和社区养老服务改革试点地区，深圳市获得国家改革试点地区并获得资金支持1691万元，为居家和社区养老服务工作提供可推广、可复制、可持续的成熟经验和创新做法。

【医药卫生体制改革持续深化】 2019年，广东省财政厅深入推进高水平医院建设、加强基层医疗卫生服务能力建设、推进医疗卫生领域省级与市县财政事权和支出责任划分改革、健全全民医保体系、提高基本公共卫生服务保障水平、支持中医药事业发展、推动药品安全监督管理，持续深化医药卫生体制改革。

深入推进高水平医院建设

2018—2019年，省级财政共投入90亿元对纳入高水平医院的30家重点建设医院予以支持，其中最后一批8家重点医院于2019年7月择优遴选完毕，按照“一院一策”的原则，省财政放开补助资金不可用于基建的限制，强化重点建设医院自主预算管理及使用权，重点用于学科建设、人才引进和教学科研平台建设，打造医疗卫生高地。

·链接·

广东省财政厅社保处获“全国助残先进集体”荣誉称号

日前，在第六次全国自强模范暨助残先进表彰大会上，广东省财政厅社会保障处获得国务院残疾人工作委员会颁发的“全国助残先进集体”荣誉称号。

全国自强模范暨助残先进表彰大会每5年举办一次，是我国给予残疾人事业战线突出贡献个人和集体的最高褒奖。本次大会全国共表彰500名集体和个人。

党的十八大以来，广东省财政厅坚持以人民为中心，切实落实残疾人事业各项财政政策，主动担当，积极作为。2014—2018年，全省各级财政共筹集残疾人事业发展资金231.08亿元，为广东省残疾人事业发展提供了强有力的资金保障。

2019年，广东省落实困难残疾人生活补贴和重残护理补贴保障资金15.19亿元，支持经济欠发达地区保障残疾人两项补贴发放。困难残疾人生活补贴、重度残疾人护理补贴标准分别从2018年每人每年1890元、2520元提高到2019年每人每年1980元、2640元，自2014年起连续6年提高补贴标准。在积极做好残疾人事业发展资金保障工作的同时，广东省财政厅社会保障处注重加强对残疾人事业财政资金使用的管理、指导和监督，促进了全省残疾人事业发展资金使用的规范化和科学化。

（2019年7月16日《中国财经报》）

加强基层医疗卫生服务能力建设 省财政落实项目资金78.27亿元，着力加强粤东西北地区县级以下医疗卫生机构的硬件设备设施。完成47家中心卫生院升级建设，床位增加逾万张。

推进医疗卫生领域省级与市县财政事权和支出责任划分改革 省财政厅制订广东省医疗卫生领域省级与市县财政事权和支出责任划分改革实施方案，建立健全权责清晰、财力协调、标准合理、保障有力的医疗卫生制度体系和保障机制。

健全全民医保体系 按照每人每年520元的标准，省财政统筹中央和省财政276.41亿元支持各地落实城乡居民医疗财政补助资金，完善大病保险制度，大病保险政策范围内支付比例提高至不低于60%，对困难群体下降大病保险起付标准，提高报销比例，不设年度最高支付限额，发挥大病保险的精准扶贫功能。

提高基本公共卫生服务保障水平 省财政安排基本公共卫生服务项目补助资金24.28亿元，按“一核一带一区”区域发展新格局对各地予以合理补助，确保广东省人均基本公共卫生服务经费不低于69元。

支持中医药事业发展 省财政安排传承发展中医药事业专项资金6.67亿元，重点支持全省中医优势病种突破、中医临床重点专科建设、中医药人才队伍建设等项目，加强岭南中药材保护，促进中医药产业持续健康发展。

推动药品安全监督管理 省财政安排促进经济高质量发展专项资金2.7亿元，用于加强药品监督管理工作，开展全省药品专项检查、加强药品监督系统能力建设，改善药品监管条件、提升药品监管水平。

2019年6月27日，广东省财政厅党组成员、副厅长杨朝峰前往广东省中医院（大学城院区）开展传承发展中医药事业调研

（广东省财政厅社会保障处供图）

【退役军人权益保障落实】 按照“一核一带一区”功能定位，从2019年起，广东省财政分三年安排，实行预安排后结算的补助方式，对退役士兵补缴基本养老保险单位缴费部分所需政府补助资金分档补助。为帮扶广东省户籍的退役军人及其他优抚对象解决特殊生活困难，省市共同出资10亿元设立广东省退役军人应急救助基金，实行存本用息，每年收益所得全部用于帮扶退役军人及其他优抚对象解决特殊生活困难。继续提高部分优抚对象等人员抚恤、医疗保障和生活补助标准，下达中央及省财政优抚对象抚恤、医疗保障和生活补助资金等25.57亿元。安排中央和省财政退役士兵安置、一次性经济补助及全员适应性培训、职业技能培训等支出17.56亿元。

【社会保障体系完善】 2019年，广东省财政厅推进养老保险和职业年金实账积累清算、完善养老保险省级统筹、提高社保待遇水平、完善养老保险政策体系、增强社会保险基金保值增值能力、降低费率支持实体经济发展、完善医保制度体系、支持残疾人各项事业发展，不断完善全省社会保障体系。

推进养老保险和职业年金实账积累清算 省财政厅推进机关事业单位养老保险和职业年金实账积累清算工作，防范化解该领域的风险，全省累计征收职业年金约800亿元。

完善养老保险省级统筹 省财政厅落实中央调剂制度，完善省级统筹改革制度，弥补全省收不抵支的12个地市缺口基金240亿元，解决困难地区养老金支付难问题。

提高社保待遇水平 全年全省城乡居民基本养老保险基础养老金最低补助标准提升至170元/人·月。全省职工医保、城乡居民医保住院政策规定报销比例分别达87%和76%，最高支付限额分别为74万元和62万元。城乡低保对象、建档立卡贫困人口政策范围内基本医疗救助比例达到80%以上，工伤伤残津贴标准提高至月人均3482元。

完善养老保险政策体系 省财政厅鼓励符合条件的单位建立企业年金，完善职业年金制度；完善机关事业单位养老保险制度配套政策制度；强化退休人员社会化管理制度建设，提升社会化管理服务水平；抓好提高广东省企业养老保险待遇水平方案的贯彻落实，做好基本养老金计发办法改革工作。

增强社会保险基金保值增值能力 省财政厅在做好2018年第一批养老保险基金1000亿元委托投资运营工作的基础上，2019年再投1030亿元开展委托投资运营，增强基金保值增值能力。

降低费率支持实体经济发展 自2019年7月1日起，全省工伤保险基金实施行省级统筹。阶段性降低工伤保险费率，在全面实施浮动费率的基础上，加大阶段性下调工伤保险费率力度，全省工伤保险平均费率从0.34%降至0.17%，最高下调比例达50%；维持失业保险费率1%不变；继续实施失业保险浮动费率制度，将现行的缴费系数由0.6、0.8、1三个档次调整为0.4、0.6、1；阶段性降低符合条件的职工基本医疗保险单位缴费费率，降低幅度不少于0.5%。

完善医保制度体系 省财政厅研究推动省直机关事业单位公费医疗制度改革，推进生育保险和职工基本医疗保险合并实施，稳步推进基本医疗保险省级统筹，完善城乡居民高血压糖尿病门诊用药保障机制，发挥各类医保制度的大病保险的兜底保障作用。

支持残疾人各项事业发展 省财政厅安排3.48亿元用于补助欠发达地区完成国家、省重点康复项目、无障碍改造项目任务以及提高残疾人康复水平等支出。

（广东省财政厅社会保障处供稿，戚伟强执笔）

财政金融管理

【概况】 2019年5月，广东省财政厅金融处成立。广东省财政厅按照防范化解金融风险、服务实体经济、深化金融改革的目标要求，完善国有金融资本管理体制，发挥财政金融政策支小支农作用。着力防范化解重大金融风险，支持农信社改制工作；严守财政支出责任“红线”，坚决遏制以PPP名义变相举债；加强宣传推广，促进全省PPP模式高质量发展。提升财政金融服务实体经济能力，支持新设金融机构，支持小微企业和“三农”发展，支持政策性农业保险发展。广东省财政厅在财政部对全国金融企业财务决算报表工作考评中排名前列；在财政部举办的全国金融企业财务决算报表编报培训班上，作为唯一受邀的地方财政部门分享介绍有关工作经验。

【国有金融资本管理体制完善】 2019年，广东省财政厅建立健全国有金融资本管理制度体系、加强国有金融资本基础管理、履行国有金融资本出资人职责，完善国有金融资本管理体制。

建立健全国有金融资本管理制度体系 省财政厅提请印发《中共广东省委 广东省人民政府关于完善国有金融资本的实施意见》，明确理顺国有金融资本管理体制、加强国有金融资本监管、促进国有金融企业持续健康经营等方面共23条实施意见。制定《广东省财政厅关于贯彻落实省委省政府完善国有金融资本管理实施意见的通知》，进一步明确将各级政府出资形成的一级金融企业国有金融资本统一划归同级财政部门管理，并就各级财政部门依法履行国有金融资本出资人职责细化具体要求。督促指导各地级以上市财政部门贯彻落实中央和省决策部署，制定该地区完善国有金融资本管理工作实施方案报市级政府同意实施。

加强国有金融资本基础管理 省财政厅完成全省金融企业财务报表编报、产权登记、绩效评价等基础管理工作。组织各地级以上市财政局开展全省国有金融资本管理业务培训，逐条梳理中央和省关于国有金融资本管理的基础制度文件，明确工作流程和要求，提高国有金融资本管理工作水平。加强业务指导，整理汇总国有金融资本基础管理文件汇编，简要列明工作规程，

惠州大亚湾红树林城市湿地公园第二阶段一标段工程PPP项内容为大亚湾中心区淡澳河沿河等湿地景观工程的水体整治、驳岸新建和改造、公园配套设施等。图为惠州大亚湾红树林城市湿地公园第二阶段一标段工程PPP项目

（广东省财政厅金融处供图）

印发省属金融企业和地市财政部门对照执行。

履行国有金融资本出资人职责 省财政厅加强省属金融企业管理，做好省属金融企业财务监管、绩效评价、产权登记、股权管理、薪酬考核及其他重大事项监管工作。理顺省农业信贷担保有限责任公司监管体制，印发《关于将广东省农业信贷担保有限责任公司成建制划转广东粤财投资控股有限公司管理的通知》，省农业信贷担保有限责任公司由广东省财政厅成建制划转至广东粤财投资控股有限公司管理。加强国有金融资本经营预决算和收益收缴管理，督促广东粤财投资控股有限公司编报年度国有资本经营预决算草案，足额上缴国有资本收益。落实金融企业国有资产全口径报告工作，完成《广东省2018年金融类企业国有资产管理情况报告》并向省人大汇报。

【重大金融风险防范化解】 2019

·链接·

2019年广东省PPP项目情况

地区	项目数量（个）	已落地项目（个）	项目总体落地率（%）
全省合计	539	399	74
广州市	25	19	76
珠海市	14	9	64
汕头市	29	24	83
佛山市	5	5	100
韶关市	25	9	36
河源市	26	20	77
梅州市	24	15	63
惠州市	48	41	85
汕尾市	19	11	58
东莞市	108	108	100
中山市	14	10	71
江门市	39	28	72
阳江市	28	16	57
湛江市	28	16	57
茂名市	20	7	35
肇庆市	27	24	89
清远市	24	11	46
潮州市	14	9	64
揭阳市	15	11	73
云浮市	7	6	86

备注：截至2019年12月末，广东省有539个项目纳入省PPP项目库管理，总投资额4772亿元，其中399个项目已签约落地进入执行阶段，项目总体落地率74%，居于全国上游水平。

年，广东省财政厅通过安排专项库款临时调度资金、新增债券资金、临时救助和一次性财力补助等措施支持全省农信社改制工作。安排促进经济高质量发展专项资金（金融服务）6000万元，支持全省性、综合性重点金融平台、项目和基础设施建设。安排地方金融监管局专项资金345万元，专项用于解决省网贷风险应对、防范和处置非法集资、保障互联网金融风险整治、打好防范化解重大风险攻坚战保障等工作。做好广东省国际信托投资有限公司（简称广国投）破产清算和广东华侨信托投资公司（简称华信公司）清产核资，参与广国投破产清算工作，解决破产清算过程中的历史遗留问题，协调破产清算组加快推进剩余财产处置和资金回收工作；会同省国有资产监督管理委员会对华信公司开展清产核资工作，在审计和评估的基础上，向华信公司追缴资金3.67亿元。健全PPP规范管理制度，将促发展与防风险有机结合。优先支持基础设施补短板以及健康、养老、文化、体育、旅游等基本公共服务均等化领域有一定收益的公益性项目，确保项目实施符合经济社会发展需要、决策程序完备、回报机制清晰、融资结构合理。严格对照财政部“正负面”清单规范PPP项目库管理，对涉及回购安排、固定回报、保障最低收益、违规担保等违规行为的项目，一律不予入库；组织核实全省PPP项目财政支出责任各项数据，并对已纳入隐性债务统计的PPP项目组织开展项目合规性论证，发挥财政支出责任统计监测作用。举办全省财政系统PPP管理专题培训班，提高各地管理水平；梳理总结全省PPP工作情况和PPP模式风险隐患及对策建议，报送财政部及省委、省政府。

【财政金融服务实体经济能力提升】 2019年，广东省财政厅支持新设金融机构、支持小微企业和“三农”发展、支持政策性农业保险发展，提升财政金融服务实体经济能力。

支持新设金融机构 省财政厅支持广州市做好广州期货交易所筹建工作，发挥期货交易所对机构、资金和人才的聚焦效应，为广东推进粤港澳大湾区建设和建设金融强省提供支持，支持广州打造区域金融中心；支持东莞市筹建丝路信用保险公司，协助丝路信用保险公司筹备组加强与财政部的沟通协调，争取财政部等国家部委对筹建丝路信用保险公司的政策支持。

支持小微企业和“三农”发展 省财政厅配合省地方金融监管局出台《广东省支持中小企业融资的若干政策措施》，支持解决民营和中小企业融资难、融资贵、融资慢问题，引导金融机构加强对民营和中小企业金融服务，支持民营和中小企业融资纾困，着力化解流动性风险。印发《关于印发进一步发挥政府性融资担保机构作用切实支持小微企业和“三农”发展若干政策措施的通知》，进一步完善政府性融资担保体系，发挥政府性融资担保机构作用，支持小微企业和“三农”发展。做好财政支持深化民营和小微企业金融服务综合改革试点城市工作。开展财政支持深化民营和小微企业金融服务综合改革试点城市工作，安排佛山、东莞两市中央专项资金各3000万元，用于支持民营和小微企业金融服务。支持农村金融机构发展。填补农村金融空白，对新型农村金融机构给予定向费用补贴，全年安排农村金融机构定向费用补贴资金1649万元，支持全省村镇银行发展，改善农村金融生态环境。

支持政策性农业保险发展 省财政厅主动对接财政部金融司，协调做好中央农业保险补贴资金分配工作，全年结算资金77452万元，提前下达资金69707万元。会同相关部门研究制定推动全省农业保险高质量发展的实施意见和方案。

（广东省财政厅金融处供稿，刘晓辉执笔）

财政监管

Fiscal Supervision and Management

国有资产管理

【概况】 2019年，广东省财政厅着力推进“大资产”管理，国有资本经营预算管理工作再上新台阶。做好职能承接和对口服务，应对减税降费政策下财政收支平衡压力，建立国有资本收益分类分档收缴机制，促进财政收入增长。健全完善国有资产监管制度和盘活处置机制，为提升国有资产使用绩效和促进财政收入增长夯实基础。支持国有企业改革发展，支持省属国企改善资产和经营结构，提升抗风险能力和企业竞争力，促进国有企业做强、做优、做大。加强组织谋划，推动完成国有资产报告工作，国有资产管理情况报告通过省人大常委会审议。加快“放管服”改革，压实省直行政事业单位主管部门监管主体责任，确保指导监督有力。

【年度国有资产报告】 2019年，广东省财政厅落实2018年度人大审议意见，逐项研究制定工作措施，加强国有资产管理基础工作，抓好审议意见落实。加强与人大有关机构沟通协调，提前介入人大每年的审议计划，联合省自然资源厅、省国有资产监督管理委员会等部门，克服国有资产种类繁多、监管职能分散、数据基础薄弱等困难，共同落实资产报告工作。收集各类国有资产基础数据和管理情况，组织编制《广东省2018年度国有资产管理情况综合报告》和《广东省2018年度行政事业性国有资产管理情况专项报告》。全省企业国有资产、金融类企业国有资产和行政事业性国有资产三大类国有资产总额151390.99亿元，比2017年度增长16.59%。其中全省行政事业单位资产总额29202.07亿元，比2017年度增长14.43%。《广东省2018年度国有资产管理情况综合报告》在内容上实现“全口径、全覆盖”要求，全面反映各类国有资产的基本情况，包括四大类国有资产的总量、结构、分布、效益等主要情况，对国有资产管理和资产报告工作中存在的问题作概要报告，重点聚焦群众关心的问题。《广东省2018年度行政事业性国有资产管理情况专项报告》反映广东省行政事业性国有资产的总量、构成、分布，详细报告广东省行政事业性国有资产管理、改革和成效等情况，提出推进工作的思路与措施。两份报告均通过省人大常委会审议。

2018年广东省国有资产分类别构成图

（单位：亿元）

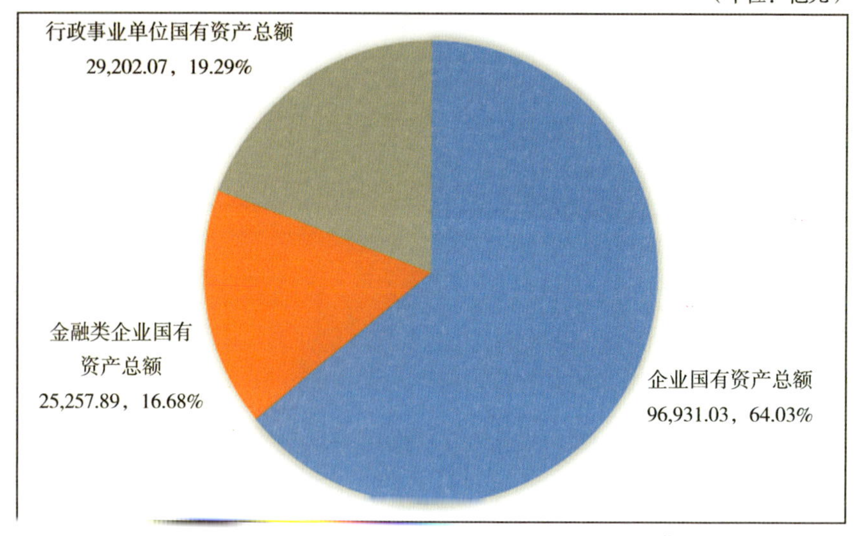

（广东省财政厅资产管理处供图）

【省属企业国有资本收益分类分档收缴】 2019年，广东省财政厅按照依法依规、从严审核、实事求是、应收尽收的原则开展国有资本收益审核工作，完成2019年国有资本收益收缴工作。建立国有资本收益分类分档收缴机制，印发实施《广东省省属企业国有资本收益分类分档收缴实施方案》，对金控投资及资本运营类企业的利润收入收缴比例由30%提高至50%。2019年实现新增国有资本收益12.44亿元，已全部收缴并调入一般公共预算统筹。加大国有资本经营预算调入一般公共预算的力度，确保调入比例不低于30%，调入资金按规定统筹用于民生等支出。

【一般公务用车管理职能移交】 2019年6月，根据《中共广东省委机构编制委员会办公室关于明确省直公务用车管理职责的函》，广东省财政厅将一般公务用车管理职责移交省政府机关事务管理局。移交后，省财政厅负责省直机关及事业单位的执法执勤用车、特种专业技术用车的车辆编制、标准、更新、购置配备等管理；指导下级公务用车管理。贯彻落实《党政机关公务用车管理办法》，加强执法执勤用车、特种专业技术用车的管理。

【省直党政机关和事业单位经营性国有资产集中统一监管】 2019年，广东省财政厅制定印发《省直党政机关和事业单位经营性国有资产集中统一监管试点工作方案》，按照“政企分开、政资分开、所有权与经营权分离”要求，选取具有代表性的25个部门所办112家企业，按照分类处理资产权属关系，实行集中统一监管。与行使公共职能或发展公共事业无关的企业实行全部脱钩划转，其中宣传和文化类企业划转移交省国有文化资产监督管理

·链接·

省政府向省人大常委会 报告国有资产明白账

总资产超15.13万亿元，同比增长16.59%

广东省国有资产家底多厚，管理情况如何？24日，《广东省2018年度国有资产管理情况综合报告》（以下简称“综合报告”）《广东省2018年行政事业性国有资产管理情况报告》（以下简称“专项报告”）提请省十三届人大常委会第十四次会议审议。

综合报告显示，截至2018年底，全省企业（不含金融类企业）国有资产、金融类企业国有资产和行政事业性国有资产三大类国有资产总额151390.99 亿元（国有自然资源只统计实物量，暂不统计价值量），比2017年增长16.59%。负债总额84412.96亿元，比2017年增长16.90%。净资产（所有者权益）总额66978.03亿元，比2017年增长16.10%。

数据 全省企业国有资产总额同比增长17.17%

●企业国有资产总额超9.69万亿元

截至2018年底，全省企业国有资产总额96931.03亿元，同比增长17.17%；负债总额57162.42亿元，同比增长17.87%，净资产39768.61亿元，同比增长16.18%。

在加强企业国有资产监管方面，加强产权监督，防止和纠正产权交易过程中违法违纪现象的发生。同时，加强投资监督、财务监督、监事会监督、审计监督、考核监督等。截至2018年底，全省已按市场化实质出清“僵尸企业”2221户。

●金融类企业国有资产总额超2.52万亿元

截至2018年底，全省国有金融类企业共195户，资产总额25257.89亿元，比上年同期增长17.58%；负债总额20913.71亿元，比上年同期增长16.95%；所有者权益4344.18亿元，比上年同期增长20.73%。国有资本1558.64亿元，比上年同期增长28.30%。

●行政事业单位资产实现收益53.11亿元

截至2018年底，全省行政事业单位资产总额29202.07亿元，同比增长14.43%；负债总额6336.83亿元，同比增长9.20%；净资产总额22865.24亿元，同比增长15.96%。2018年度，共实现国有资产收益53.11亿元。

其中，省本级资产总额4985.67亿元，负债总额1730.81亿元，净资产总额3254.86亿元。市县资产总额24216.40亿元，负债总额4606.02亿元，净资产总额19610.38亿元。

随着全省行政事业性国有资产总量不断增大，运行绩效不断提高，在发挥公共服务职能中的作用不断增强。行政事业单位资产统筹和调剂力度加大，存量资产有效盘活，加强闲置资产出租出借和处置管理，资产收益大幅提升。同时，为公共服务事业发展提供有力保障。

●全省土地总面积26958.76万亩

全省国有自然资源资产包括土地资源、矿产资源、海洋资源、森林资源、水资源、草地资源等六个类别。

具体而言，2018年，全省土地总面积26958.76万亩，农用地22336.60万亩，建设用地3153.94万亩，未利用地1468.23万亩，列入广东省矿产资源储量简表的矿产共有89个矿种。广东省已确权海域面积42767.46公顷，未确权海域面积为6435632.54公顷。全省无居民海岛共1906个，森林覆盖率58.59%等。

同时，综合报告也指出全省国有资产管理存在的问题，如国有企业发展仍然存在薄弱环节、国有金融资产治理体系和治理能力建设有待进一步提升、行政事业性国有资产管理仍需加强、国有自然资源管理面临新挑战等。下一步，将完善国有资产管理体制，强化顶层设计；加强国有资产管理，改进薄弱环节；创新资产管理方式方法，夯实管理基础。

解读 重点聚焦群众关心问题

省政府向省人大常委会报告国有资产管理情况是一项常态化制度化的工作，每年都固定列入省人大常委会监督工作计划。值得关注的是，今年的综合报告不仅包括国有资产细的数据，还涵盖各类资产管理和改革推进情况等。省财政厅资产管理处处长林树发解读了今年综合报告的三个特点：

一、报告内容实现了全口径、全覆盖。综合报告包含企业国有资产、金融类企业国有资产、行政事业性国有资产和部分国有自然资源资产总量情况；专项报告除了纳入行政事业单位资产报表的国有资产外，对部分暂未纳入资产报表的其他行政事业性国有资产。

二、报告既包含了细的数据，也包含活的管理情况和实的措施。报告包含各类资产的总量数据和多维度的结构性数据，同时，还涵盖了各类资产的管理和改革推进情况、取得成效等，并指出国有资产管理中存在的问题和下一步的改进措施。

三、报告内容重点聚焦群众关心的有关情况。报告对加强国有企业监管、推进国资国企改革、防范化解金融风险、提高国有资产配置和使用效益，支持公共服务事业发展，加强自然资源管理、促进生态环境保护与利用等方面作了重点报告，聚焦群众关心的问题，有利于进一步加强全社会对国有资产的监督。

（原载于2019年9月25日《羊城晚报》，记者：侯梦菲）

办公室，其他企业划转移交给省国有资产监督管理委员会履行出资人职责的国有资本投资、运营公司或国有企业。企业划转移交后，由接收企业实施集中统一监管，相应承担资本运作、资产处置和保值增值等职责。部分特殊企业维持现行管理体制。对于新闻宣传、文化类企业，维持现行管理体制，继续实行管人、管事、管资产和管导向相结合办法。对政法、金融等领域承担国家特殊任务的企业，以及经省委和省政府批准的其他特殊企业，维持现行管理体制不变。不具备正常生产经营条件和需要改制退出的企业通过市场化方式处置。“僵尸企业”、空壳企业、以及与行使公共职能和发展公共事业无关但难以脱钩划转的企业，由原主办单位作为出清主体，按照国家有关规定通过实施注销、撤销、破产、拍卖、出售等市场化方式进行处置。

【省直行政事业单位资产处置“放管服”改革】 2019年，广东省财政厅推进省直行政事业单位资产处置“放管服”改革。

出租出借事项审批权限下放 省财政厅抓好《广东省省直行政事业单位国有资产对外出租出借管理暂行办法》《关于开展省直行政事业单位出租资产进入省公共资源交易平台交易工作的通知》等规定的贯彻执行，跟踪落实出租出借审批权限下放后的省直主管部门主体责任，加强备案管理和资产管理系统动态跟踪，规范省直行政事业单位国有资产对外出租出借行为，确保出租资产进入省公共资源交易平台交易。全年共有129个省属单位发布拍卖公告171宗（含流拍重发）共计801个标的，成功招租标的数526个，规避各单位私自交易、“暗箱操作”、利益输送等问题。

资产处置事项审批权限和资产评估结果核准权限下放 省财政厅落实国务院、省委省政府深化“放管服”改革要求，修订印发《广东省省直行政事业单位国有资产处置管理暂行办法（2019年修订）》，明确省直行政事业单位主管部门抓好资产处置监管工作的主体责任。落实“一个部门对口一个处室”服务工作机制，研究制订资产处置事项办理工作指引。压实省直行政事业单位主管部门监管主体责任，落实各单位管好、用好国有资产的具体职责，促进国有资产使用规范和绩效提高。

（广东省财政厅资产管理处供稿，朱超执笔）

会计管理

【概况】 2019年，广东省财政厅围绕财政中心工作，推进会计管理各项工作。加强政府会计准则制度宣传贯彻，全省行政事业单位内控报告编报优良率大幅提升。做好会计专业技术资格考试考务管理，全省超60万人报名参加2019年度会计专业技术初、中、高级资格无纸化考试。开展职称制度改革，研发“广东省会计人员高级职称评审管理系统”，选拔75名专家入选省高评委专家库；组织做好2019年度高级、正高级会计师评审申报工作。加强高端人才培养，广东省3人入选全国国际化高端会计人才选拔。强化会计人员基础信息管理，完成省级会计管理信息系统升级改造及全省55万余名会计人员信息采集上报。开展会计行业治理，推进“扫黑除恶”专项工作。简政放权，完成会计师事务所（分所）执业许可审批、境外会计师事务所临时办理审计业务审批委托下放前期准备工作。推进继续教育管理改革，全年全省累计65.7万人次完成继续教育学分记录登记。促进粤港澳大湾区会计服务合作交流。

【会计准则制度宣传贯彻】 2019年，广东省财政厅推进政府会计准则制度宣传贯彻工作。抓好制度准则培训，举办广东省政府会计准则制度师资培训班，就新旧政府会计准则制度过渡期重点问题进行讲解，省直有关单位、各地财政部门、培训班师资约200人参加培训。开展准则制度调研，重点走访医院、学校、科研机构等事业单位，了解政府会计准则制度实施情况。为省直部门及市县购买发放《政府会计实务全过程操作指南》，为准

2019年5月29日，特许公认会计师公会（ACCA）到广东省财政厅访问座谈
（广东省财政厅会计处供图）

则制度落地实施提供业务指导。持续加强行政事业单位内部控制规范的贯彻实施，督促各行政事业单位按时报送内控报告，提升内控报告质量，全年全省（含深圳市）28369家行政事业单位完成内控报告编报，其中深圳市2072家完成内控报告编报。继续推动广东省大中型企事业单位总会计师素质提升工程，首次采取“在线报名”方式，以主题班方式分别组织行政事业班、大中型国企班、财政系统班及领军人才班等培训班；发挥行业协会、主管部门作用，提高课程针对性及参与度，扩大总会计师素质提升工程培训影响力。全年全省培训705人，其中两周班375人、一周班330人。

【会计专业技术资格考试考务管理】 2019年，广东省财政厅做好会计专业技术资格考试报名工作。印发广东省2019年会计专业技术中、高级资格和2020年会计专业初级资格考试报名通知，实行初、中级资格考试网上报名缴费、资格后审。全年报名总人数超过60万人，其中，初级资格42.73万人，比2018年增长14.2%；中级资格17.84万人，增长18.85%；高级资格4541人，增长16.06%。做好考前准备，制定全省无纸化考试实施工作方案和考试技术设备突发事件应急处理工作方案，加强对无纸化考试工作流程和考试软件系统应用的人员培训等。采取网上评卷，委托广东财经大学完成中级资格考试主观题评卷，委托山东财经大学对高级资格考试实行集中评卷。做好初、中级资格考后复核，全省初级资格审核通过67131人，中级资格审核通过22904人。

【高端会计人才培养】 2019年，广东省财政厅配合财政部完成国际化高端会计人才选拔报名和笔试，广东省报名21人，出考18人，进入面试6人，最终录取3人，占全国录取人数10%。会同北京国家会计学院组织开展广东省第二期会计领军（后备）人才第四次集中培训。组织开展2019年高级、正高级会计师职称评审。深化会计人员职称制度改革，协同省人力资源和社会保障厅制定《广东省深化会计人员职称制度改革实施方案》；调整设立省高级会计师职称评审评委专家库，按规定择优确定75名专家；研究开发“广东省会计人员高级职称评审管理系统”，广东省2019年高级、正高级会计师职称评审实现网上申报、网上缴费、网上评审和制发电子证书。

2019年6月25日，财政部会计资格评价中心一行到广东省财政厅开展会计资格无纸化考试改革调研座谈（广东省财政厅会计处供图）

【会计人员信息采集】 2019年，广东省财政厅开展会计人员信息采集。按照“简、放、新”的原则，对原省级会计人员管理系统进行升级改造，简化操作系统，减少审核环节，开放移动端填写，方便会计人员。在人力资源社会保障、工商、税务、教育、卫生、交通、国资、农业农村等省直部门网站发布公告，在省财政厅咨询热线中增加提示语，在《南方日报》刊登信息采集公告，引导会计人员进行信息采集。截至2019年底，全省有55万余人完成采集工作。

【会计行业治理】 2019年，广东省财政厅持续开展行业治理工作。落实2018年度扫黑除恶专项斗争工作要求，对“有照无证”（取得营业执照但未申请执业许可）的会计师事务所（分所）进行清理及整改，全年共有23家会计师事务所完成整改工作。形成部门联动，与省市场监督管理局进行沟通协调，实现企业法人信息数据共享，督促“有照无证”会计师事务所限期完成整改。

【会计行业“放管服”改革】 2019年，广东省财政厅推进会计行业“放管服”改革。简化会计师事务所行政审批流程，修订并发布广东省《会计师事务所执业许可和监督管理业务指南》，精简材料清单、优化办理流程、压缩审批时间，申请会计师事务所（分所）执业许可办结时间比财政部令第97号法定办结时间压减50%。制定行政审批权下放地市实施工作方案，调研制定会计师事务所（分所）执业许可审批、境外会计师事务所临时办理审计业务审批下放至各地级以上财政部门工作方案，推进审批服务便民化；编制业务操作手册，规范审批行为。推进“证照分离”改革，根据《广东省人民政府关于印发广东省开展“证照分离”改革全覆盖试点实施方案的通知》要求，制定优化会计师事务所设立审批实施方案；制定会计师事务所分支机构设立审批和中介机构从事代理记账业务审批实行“告知承诺”制度改革实施方案。

（广东省财政厅会计处供稿，李志宏执笔）

政府采购监管

【概况】 2019年，广东省财政厅发挥政府采购在加快政府职能转变和推动经济发展中的重要作用，全省政府采购规模扩大至4413.43亿元，比2018年增长17%。广东省2018年政府采购透明度评估在2019年财政部公布的2018年政府采购透明度评估工作中排名全国第三，政府采购信息统计报表编报工作获财政部通报表扬，推动政府采购公平竞争优化营商环境的政策文件获中国政府采购报营商环境评比年度创新奖。

（广东省财政厅政府采购监管处供稿）

【政府采购制度改革深化】 2019年，广东省财政厅深化政府采购制度改革。

推动全省政府采购“放管服”改革 省财政厅研究广东省政府采购制度改革工作方案，以对标对表和问题导向为原则，结合广东省实际，研究制定广东省贯彻落实的具体改革措施，加大政府采购“放管服”改革力度。支持“数字政府”建设，配合修订完善《广东省省级政务信息化服务项目统采分签实施细则》，支持和配合做好“数字政府”采购相关工作。

落实省级财政对口服务改革 省财政厅根据“一个部门对口一个处室”工作机制，落实预算部门全流程对口服务责任制，将“政府采购项目采购方式变更审批”“核准采购进口产品”两项职责从政府采购监管处划转到资金管理处室，由资金管理处室对口服务预算部门。

开展电子卖场改革研究 省财政厅牵头完成财政部布置的政府采购电子卖场管理暂行办法（试行）、政府采购电子化交易规则、政府采购电子卖场基础数据规范和接口标准（试行）等3个课题及相关制度的制订。成立以广东省财政厅，海南省财政厅、深圳市财政局及广东财经大学相关人员为成员的课题组，明确课题研究的主要内容、时间节点以及课题组的具体分工，深入开展调查研究，如期完成3个课题并报送财政部。

完善电子化采购交易 省财政厅印发《广东省省级2019年集中采购机构采购项目实施方案》等政策文件，简化、优化电子化采购流程，扩大采购人自主权；对电子化采购改革实施执行情况开展专题调研，形成电子化采购政策改革实施效果调研报告；全年电子采购规模123亿元，其中：定点采购成交金额99亿元、电商直购成交金额21亿元。

【政府采购透明度提高】 2019年，广东省财政厅构建覆盖政府采购全流程的信息公开机制，提高政府采购透明度。统一信息公开渠道，指定广东省政府采购网作为广东省政府采购信息发布的指定媒体。统一信息公开范围，明确政府采购项目信息公开事项和内容，形成省、市、县（区）三级政府采购信息公开格局，实现政府采购全流程、各环节信息公开全覆盖。统一信息公开格式，制定全省统一的信息公开格式，供采购人、采购代理机构使用。强化信息公开责任，按照权责对等的要求，政府采购项目信息由采购人或其委托的采购代理机构负责公开，政府采购监管信息由财政部门负责公开。强化信息公开时效，对政府采购法律法规有明确时限规定的，要求采购人、采购代理机构必须严格按照规定的时限要求公开。在省政府采购网设置预警功能，对采购人未按法律规定进行合同备案和公开的予以通报，提高政府采购效率和透明度。

【政府采购监督执法】 2019年，广东省财政厅加强政府采购监督执法。

完善内控制度建设 省财政厅健全内控管理机制，制定《政府采购监管处行政处罚信息“双公示”

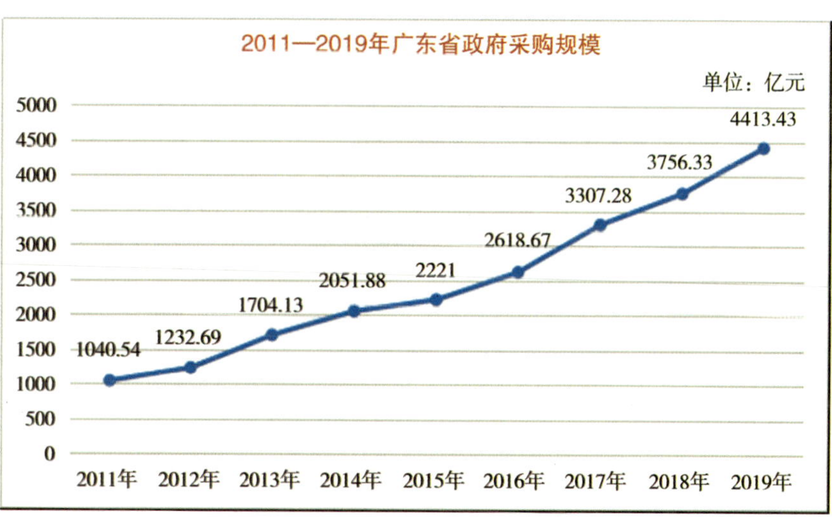

（广东省财政厅政府采购监管处供图）

2019年9月24日，2019年广东省财政预算绩效管理培训班在韶关市召开。广东省财政厅党组成员、副厅长杨朝峰出席培训班

（广东省财政厅绩效管理处供图）

内部操作指引》《政府采购代理机构名录登记内控管理》，规范行政处罚信息“双公示”、代理机构登记等工作，修订完善《政府采购评审专家内控管理》《变更政府采购方式审批业务操作规程》《政府采购进口产品核准业务操作规程》等内部工作规范，细化规范岗位职责和要求，以制度形式明确主体责任并严格对照落实，强化权力约束和规范运行。完善对外服务流程，对广东省政府采购网业务指南有关栏目进行规范，完善评审专家选聘、代理机构名录登记等业务办理流程，通过广东省政府采购网对外公布，提高办事效率。

落实政府采购主体责任追究 省财政厅创新监管机制，加大对采购人、代理机构、供应商等监督管理，建立法定代表人政府采购项目投诉受理告知制度，及时告知法定代表人在政府采购项目投诉受理过程中拥有的权力与义务，以及相应承担的法律行政风险等。加强联合惩戒，加大对政府采购活动中违法违规行为处罚问责力度。引导和督促采购人加强内部控制建设，依法选择采购方式，执行采购政策，做好采购需求制定、信息公开及履约验收等，压实采购主体责任。

加强采购代理机构监督管理 省财政厅按照代理机构名录登记的要求，以宣传登记注册的操作指引为抓手，加强政策咨询和技术服务，在简化名录登记和权限登记的申请流程和审核流程的基础上，缩短代理机构从申请到审核通过的办事时间。截至2019年12月底，全省完成中国政府采购网名录登记并在广东省政府采购网完成权限登记的代理机构1116家（总公司），不含未审核通过的代理机构。开展政府采购代理机构监督检查，随机抽取并统筹确定165家代理机构（独立法人机构，不含分支机构）列入全国检查名单。

开展政府采购领域扫黑除恶专项斗争 省财政厅建立线索收集渠道，发文要求各地级以上政府采购监管部门摸排广东省政府采购领域涉黑涉恶线索，各地市共反馈2条线索。加强对政府采购活动的监督检查，加大对有违法违规行为的采购人、评审专家、代理机构、供应商等政府采购活动主体责任追究力度。建立健全统一的政府采购严重违法行为和失信行为曝光机制，依法对评审专家、采购人代表、代理机构、供应商等违法违规行为进行查处纠治。全年收到省级供应商投诉58件、举报23件，作出处理决定13件、行政处罚10件。加强与纪委监委、审计等部门的协同配合，逐步实现与发改、工商、税务等部门的联合惩戒，严格查处政府采购活动中的违法违规行为，形成监管合力。加强政府采购信用监管，规范政府采购行政处罚信息“双公示”操作。建立扫黑除恶专项工作台账，对照工作台账推进各项工作任务，做到扫黑除恶工作有跟踪、有检查、有落实。

（广东省财政厅政府采购监管处供稿，宋明城执笔）

预算绩效管理

【概况】 2019年，广东省财政厅落实省委、省政府《关于全面实施预算绩效管理的若干意见》，推进全面实施预算绩效管理。在2018年度全国预算绩效管理工作考核通报中，广东位居优秀等次第一名。完善预算绩效管理配套制度，梳理充实指标库，扩大绩效评价范围。落实扶贫资金动态监控，组织审核850个扶贫资金项目绩效目标，完成率和审核率达到双100%。组织开展十件民生实事、乡村振兴战略等2263亿元资金的重点绩效评价，资金规模比2018年增长33%。突出绩效导向，建立预算安排与绩效评价结果、预算执行进度、审计意见、项目入库“四挂钩”机制；强化绩效评价结果硬约束，接受人大和社会监督。

【预算绩效管理制度建设】 2019年，广东省财政厅研究起草广东省全面实施预算绩效管理意见文稿，由省委、省政府以《关于全面实施预算绩效管理的若干意见》印发。印发《关于贯彻落实〈中共广东省

委 广东省人民政府关于全面实施预算绩效管理的若干意见〉的通知》和《广东省财政厅推进全面实施预算绩效管理工作方案》，明确贯彻落实《关于全面实施预算绩效管理的若干意见》的总体要求、实施路径、责任分工、工作步骤等。印发《广东省省级财政资金预算绩效目标管理办法（试行）》，对绩效目标的申报、审核、批复下达、公开及职责分工等作出明确规定，为优化绩效目标管理和提高预算编制科学性提供制度保障。

【事前绩效评审试点】 2019年，广东省财政厅开展事前绩效评审试点。通过组建涵盖行业专家、财务专家、绩效专家在内的评审小组，采取书面评审和现场座谈相结合的方式，对2020年广东省应急管理厅应急管理专项经费及广东省自然资源厅专项工作经费、省级地质灾害防治专项资金3个预算项目的申报必要性、投入经济性、绩效目标合理性、实施可行性、筹资合规性等进行评审，并将评审结果应用于2020年预算编制，优化财政资源配置。

【绩效目标管理优化】 2019年，广东省财政厅优化绩效目标申报审核流程。通过绩效目标多家并联审核、绩效指标与项目库“一个口”申报、分类设置绩效目标申报表等措施，聚焦提高绩效目标质量。加大审核力度，对500个一级项目、650个二级项目开展重点审核，并对初审不通过的退回部门修改完善，初审退回比例50%以上；委托第三方机构“一对一”辅导省直部门完善绩效目标，制定基建类项目、涉农资金等9大类资金的绩效目标模板，提高绩效目标申报质量；梳理和充实指标库，将一级行业分类从20大类扩充到30大类，将二级行业分类从52个子类扩充到70个。

【绩效评价提质扩面】 2019年，广东省财政厅创新项目绩效自评管理方式，扩大重点绩效评价和部门整体支出绩效自评范围。采用点面结合的方式，全面复核47家部门绩效自评组织情况，重点复核60个项目财政资金使用绩效情况，并将绩效自评报告在广东省财政厅门户网站上集中公开，发挥部门绩效管理的主体作用。组织开展十件民生实事、预算到期项目等重点绩效评价，评价范围覆盖一般公共预算、政府性基金预算、国有资本经营预算和社保基金预算四本预算，并选取部分政府债务项目、政府和社会资本合作（PPP）项目开展重点评价试点；部门整体支出绩效自评覆盖所有一级预算部门，重点评价由2018年的15个增加到20个。

【绩效结果硬约束强化】 2019年，广东省财政厅将75份重点绩效评价报告反馈有关部门，要求部门作为完善内部资金管理的重要参考；实行次年预算安排与当年项目绩效评价结果挂钩，对绩效等级评为“中”以下的项目按比例进行扣减、调整、撤销等，强化绩效评价结果硬约束；将303个重点项目绩效目标和61份重点评价报告报送十三届人大三次会议审议并公开，接受人大和社会监督。

（广东省财政厅绩效管理处供稿，崔竹英执笔）

·链接·

广东省省级财政预算绩效目标管理办法（试行）

（广东省财政厅2019年8月25日发布，粤财绩〔2019〕11号）

第一章 总 则

第一条 为进一步规范省级财政预算绩效目标管理，根据《中华人民共和国预算法》、《中共广东省委 广东省人民政府关于全面实施预算绩效管理的若干意见》（粤发〔2019〕5号）和省委、省政府关于深化省级预算编制执行监督管理改革的部署要求，制定本办法。

第二条 本办法适用于省级财政一般公共预算、政府性基金预算、国有资本经营预算、社保基金预算的绩效目标管理。

第三条 预算绩效目标（以下简称绩效目标）是指财政支出在一定区域范围、一定期限内预期实现的产出和效益。

第四条 绩效目标管理按照权责统一的原则开展，谁申请预算、谁申报目标，谁审核预算、谁审核目标，强化预算责任和绩效责任“双约束”。

第五条 绩效目标与预算编制同步布置、同步申报、同步审核、同步批复、同步公开。未按规定申报绩效目标或绩效目标审核不通过的，不得纳入省级财政资金项目库及编列预算。

第二章 职责分工

第六条 省级财政部门。负责制定省级财政绩效目标管理制度并组织实施；审核、批复省本级预算绩效目标和下达省级财政转移支付绩效目标；负责省级财政预算绩效指标库管理；指导省级业务主管部门和市县财政部门开展绩效目标管理工作。

第七条　省级业务主管部门。负责组织本部门使用和管理的省级财政资金绩效目标的申报、审核等工作；负责所属单位和市县业务主管部门绩效目标运行监控；负责构建本行业、本领域、分层次的绩效指标体系。

第八条　市县财政部门。负责组织本地区省级财政转移支付资金的绩效目标管理工作；指导同级业务主管部门开展绩效目标管理工作。

第九条　市县业务主管部门。按要求申报本部门使用和管理的省级财政转移支付资金的绩效目标；组织本级资金使用单位绩效目标的申报、审核和运行监控。

第十条　资金使用单位。按要求申报本单位使用省级财政资金的绩效目标，按年度向业务主管部门申报绩效目标并报告绩效目标完成情况。

第三章　绩效目标的基本内容

第十一条　绩效目标分为部门整体预算绩效目标和项目绩效目标。

部门整体预算绩效目标是指一个预算部门或单位按照职责使用和管理的预算资金，在一定期限内预期达到的总体产出和效益。

项目绩效目标是指依据部门职责和事业发展要求，通过预算安排的项目支出在一定期限内预期达到的产出和效益。

第十二条　绩效目标主要包括总目标、绩效指标及指标值。

（一）总目标：对相关财政支出的政策意图、总任务、总要求、总产出和总效益等方面内容的概括性描述。

（二）绩效指标：是总目标的管理过程和实现程度的细化、量化描述，包括投入、过程、产出、效益四个方面。

（三）指标值：是绩效指标在实施周期内预期达到的水平或结果。指标值是绩效监控和绩效评价的主要依据。

第四章　绩效目标的申报

第十三条　绩效目标按年度申报。滚动安排预算的跨年度项目，既要设置全周期的绩效目标，也要设置当年度绩效目标。

第十四条　绩效目标的申报依据：

（一）国家和本地区的相关法律法规、规章制度；

（二）本级党委和政府制定的国民经济和社会发展规划；

（三）中央下达我省的任务和考核指标；

（四）各部门的职能及发展规划、年度工作计划、中期财政规划；

（五）资金申请文件、资金管理办法、项目规划和申报指南；

（六）相关历史数据、行业标准、计划标准等；

（七）省级财政部门和业务主管部门认可的其他依据。

第十五条　绩效目标的申报要求：

（一）指向明确：体现党中央、国务院和省委、省政府决策部署，符合本地区本部门中长期战略规划和年度规划目标等。

（二）细化量化：从产出、效益等方面进行细化，并设置可量化、可衡量的绩效指标。确实无法量化的，指标值可采用定性表述，但表述应可比较、可评定。

（三）合理可行：经过调查研究或科学论证，符合客观实际，能够在一定期限内如期实现，避免目标设立过高或过低。

（四）相应匹配：与实施期内的任务数或计划数相对应，与预算投入规模、支出内容和政策依据相匹配。

（五）整体一致：总目标、产出指标和效益指标之间应逻辑清晰、环环相扣，体现投入、过程、产出、效益的一致性和整体性。

第十六条　省本级支出绩效目标申报：

（一）部门整体预算绩效目标由省级业务主管部门申报；

（二）项目绩效目标，由省级业务主管部门、资金使用单位申报，包括部门预算项目、省级财政专项资金、其他事业发展性支出。

第十七条　省级财政转移支付绩效目标申报：

（一）一般性转移支付由市县财政部门根据省财政下达的预算和本地区预算绩效管理的具体要求，组织同级业务主管部门根据资金实际分配的用途申报绩效目标，开展绩效目标管理工作。

（二）专项转移支付绩效目标：

专项转移支付绩效目标包括整体绩效目标、区域绩效目标和明细绩效目标。

1. 整体绩效目标是指一项转移支付在其全部转移支付地区范围内要实现的总目标，由省级业务主管部门申报。

2. 区域绩效目标是指一项转移支付在一个地区范围内要实现的绩效目标，由省级业务主管部门申报或组织市县业务主管部门申报。

3. 明细绩效目标是指细化到具体项目的绩效目标。由各级业务主管部门申报或组织资金使用单位申报。

第五章　绩效目标的审核

第十八条　绩效目标的审核要点：

（一）完整性：绩效目标的各项要素填报是否完整规范、内容是否清晰明确。

（二）相关性：绩效目标与支出内容、政策依据是否关联，与部门职责及其事业发展规划是否相关。

（三）全面性：绩效指标是否涵盖与业务相关的个性化、行业性的主要产出指标和效益指标。

（四）可行性：绩效目标与预算资金规模是否匹配，绩效指标的指标值设置是否合理,能否如期实现。

（五）可衡量性：绩效指标是否细化和量化，指标值是否可比较或可评定。

第十九条　绩效目标按照“谁分配资金，谁审核目标”的原则审核：

（一）省级财政部门负责审核省本级支出绩效目标和专项转移支付的整体绩效目标。

（二）省级业务主管部门负责审核专项转移支付的区域绩效目标和省级保留审批权限的明细绩效目标。

（三）市县财政部门和业务主管部门负责审核审批权限下放市县的省级财政转移支付明细绩效目标。

第二十条　各级财政部门、业务主管部门可根据需要委托第三方机构或行业专家协助进行绩效目标审核，最终结果应以财政部门或业务主管部门的审核认定意见为准。

第六章　绩效目标的批复下达

第二十一条　省级预算按程序经省人民代表大会审查和批准后，绩效目标随预算批复或下达：

（一）省本级支出绩效目标，由省级财政部门随部门预算批复；

（二）省级财政专项转移支付：

1. 整体绩效目标、项目审批权限下放市县的区域绩效目标以及省级保留项目审批权限的明细绩效目标，随预算同步下达；

2. 项目审批权限下放市县的明细绩效目标，由市县财政部门随同级预算批复下达，并报省级财政部门和业务主管部门备案；

（三）年中追加预算的绩效目标应随预算文件批复或下达；

（四）对应急救灾等确不能同步批复下达绩效目标的资金，应于预算批复下达60日内，由市县主管部门或资金使用单位将绩效目标报省级业务主管部门审核后，报省级财政部门备案。

第二十二条　绩效目标批复或下达后，无特殊原因一般不予调整。预算执行中因项目变动、预算调剂或调整等原因确需调整的，应按照绩效目标申报程序报批。

第七章　绩效目标的公开和应用

第二十三条　绩效目标按照“谁申报、谁公开”的原则，由省级业务主管部门按照有关规定随部门预算在门户网站或公开媒体公开。重点项目绩效目标可由省级财政部门集中统一公开。

第二十四条　省级财政部门、省级业务主管部门按职责分工对绩效目标的实现程度进行监控。

第二十五条　绩效目标是绩效自评以及财政重点绩效评价的重要内容，绩效目标实现程度也是下一年度预算编制的重要参考。

第二十六条　各级业务主管部门和项目单位要按照绩效目标组织预算执行。预算执行与绩效目标严重背离的部门和单位，财政部门可责令其整改。违反《预算法》《财政违法行为处罚处分条例》的行为，按规定追究责任。

第八章　附　　则

第二十七条　中央转移支付资金的绩效目标管理按照财政部和中央业务主管部门的相关制度和要求执行。

第二十八条　本办法自印发之日起实施。

财政监督

【概况】　2019年，广东省财政厅坚持锐意创新，以“双监控”为抓手推动财政监督转型发展，预算支出进度取得历史性突破，至11月全省支出进度在财政部通报中排名第1，首次得到财政部通报表扬。坚持服务中心，发挥财政监督工作服务财政政策和管理的作用；研究制订《广东省关于进一步加强涉企和个人财政补贴（补助）资金管理的若干意见》，提出加强资金监管政策措施，堵塞管理漏洞。坚持防控风险，发挥内控内审管控效应；坚持监管并行，狠抓提升会计行业执业质量。广东省财政厅推进广东省预决算公开工作走在全国前列，在财政部预算公开考核中，预决算公开排名从2018年的全国第32名提升至第2名。

【预算监督】　2019年，广东省财政厅加强预算监督。

做好改革顶层设计规划　省财政厅研究制订《广东省财政厅“双监控”工作实施方案》《广东省财政厅预算管理动态监控内部工作规程（试行）》《广东省省级财政资金“双监控”管理暂行办法》等制度文件。明确“以财政资金管理的全流程、全链条为监控主线，力争实现对财政资金快不快、对不对、好不好的全方位监控”的监控目标，以及改革推进路径。

推进“双监控”系统建设　省财政厅推进“双监控”系统建设，实现预算支出定期分析机制落实情况、支出进度情况的反馈和督促。结合“双监控”三个方面目标，分三个系统模块分步实现线上全方面监控功能。其中，监控支出进度的“快不快”模块已向所有省直部门和地级以上市开放，实现集支出进度情况查阅、监控、分析、督促、反馈等功能为一体的综合监控功能。

建立“线上+线下”联动机制　省财政厅结合系统线上监控情况和财政资金管理重点领域情况，对涉农、省级企业技术改造专项资金和农村义务教育寄宿制学校建设专项资金三项资金开展“双监控”线下核查。分别赴云浮等7个地市开展支出进度督导与绩效目标跟踪，提出完善和改进工作的建议。

建立完善监控结果应用机制　省财政厅初步建立“双监控”提醒函、核查专题报告、监控报告三种形式应用模式。印发《关于建立“双监控”问询及提醒机制的通知》，对各部门各项目支出进度、绩效目标运行不理想情况及监控发现的相关问题等进行问询和提醒，及时纠偏纠错。

【民生重点领域和重大财政政策贯彻落实监督检查】　2019年，广东省财政厅监督检查民生重点领域和重大财政政策贯彻落实情况。

开展减税降费政策专项检查　省财政厅组织各级财政部门在全省范围内开展减税降费政策专项检查，针对纳税人对政策了解不足导致无法享受政策、部分地市及基层管理部门对政策把握不精准、小微企业涉税诉求和意见反馈机制不够通畅等问题，组织开展全省中小微企业减税降费政策实施效果问卷调查，联合省税务局等7个职能部门组成联合调研组，对珠三角和粤东西北4个地市开展实地调研，形成《广东省减税降费政策措施实施效果自查报告》，推动各项减税降费政策措施落实到位。

开展民生重点领域监督检查　省财政厅组织对2013—2018年省级十件民生实事5000多个基础设施建设项目进行全面梳理，对因市县配套资金不到位而导致的“半拉子”民生工程进行重点检查，督促重点民生政策落实到位。落实“以案促改”工作，结合“小金库”专项抽查，组织开展全省“三公”经费2017—2018年使用情况专项检查，重点检查143家单位“三公”经费使用情况，发现问题金额合计0.989亿元，占全省各级2.85万个部门2017—2018年“三公”经费的0.35%；组织开展新一轮“私车公养”问题自查，对29家省直单位开展现场检查，发现3个单位存在涉嫌“私车公养”违纪违法问题，涉及8人次、金额13.9万元。组织开展中新广州知识城等5个重点平台专项补助重点核查、汕头金平等5个县区的“三保”预算编制执行情况核查、五华等3个县财政挂账情况核查。

【会计信息质量监督】 2019年，广东省财政厅围绕提高会计信息质量和会计师事务所及资产评估机构执业质量，加强对行政事业单位、重点企业及两行业会计信息质量的执法监督。会同广东省医保局联合开展医药企业会计信息质量检查，调研剖析医药企业销售费用管理不规范的成因，深挖药价居高不下的根源，服务医疗改革。广东省各级财政部门共投入检查力量2152人次，对1536个党政机关、事业单位、社会团体和企业等进行会计信息质量检查（其中包含20家代理记账机构）。省本级投入检查力量478人次，对736个党政机关、事业单位、社会团体和企业等进行会计信息质量检查，对其中71家会计师事务所和40家资产评估机构同步开展执业质量检查。依法受理查处举报投诉，处理行业投诉举报事项13件，其中涉及注册会计师行业事项8件；资产评估机构事项5件。将有关违反行业准则的行为移送行业协会处理，并督导行业协会加对行业机构的自律管理。

【惠民惠农财政补贴资金“一卡通”专项治理】 2019年4月，广东省财政厅组织全省财政等相关部门开展惠民惠农财政补贴资金“一卡通”专项治理，将自查范围拓展到全省21个地级市，从面上摸清全省“一卡通”基本情况。截至2019年4月底，约452亿元惠民惠农财政补贴资金发放到位，占应发金额的90%，惠及全省人民群众近3000万人、2800多万户。对新兴县、郁南县的重点检查共查出违规金额4060.64万元，主要涉及未及时发放、虚报冒领、超范围发放、以现金方式发放、“一户多卡”等问题。省财政厅联合省农业农村厅、省民政厅等部门，印发《关于惠民惠农财政补贴资金“一卡通”专项治理情况的整改意见》，建立规范管理的长效机制；将惠民惠农财政补贴资金“一卡通”监管工作纳入涉企和个人财政补贴资金“一网式”监管机制建立工作。

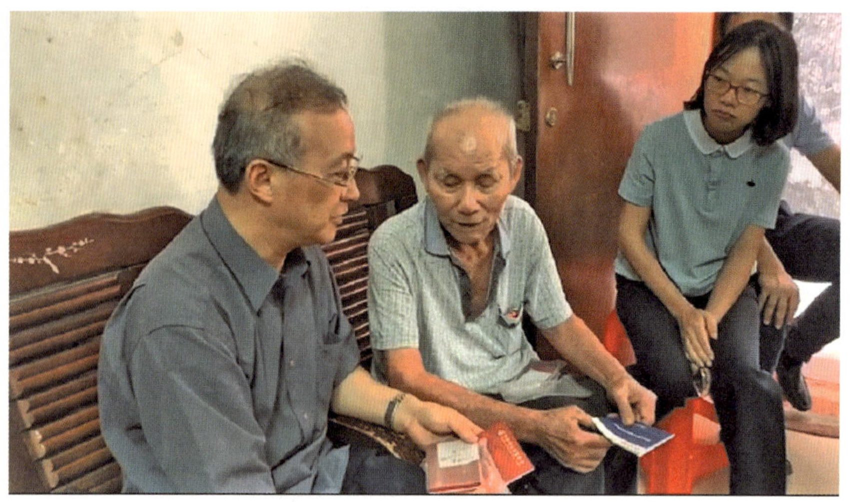

2019年6月，广东省财政厅赴云浮新兴县开展“一卡通”专项治理检查，深入农户家里详细了解惠农惠民财政补贴资金“一卡通”发放情况

（广东省财政厅监督局供图）

【预决算公开工作走在全国前列】 2019年，广东省财政厅健全预决算公开联动机制、强化预决算公开检查机制、完善预决算公开考核机制、建立预决算公开沟通机制，预决算公开工作走在全国前列。

健全预决算公开联动机制 省财政厅树立全省“一盘棋”理念，在制定全省统一预决算公开模板的基础上，牵头组织开发“广东省预决算报告公开填报系统”，实现预决算公开报告自动审核、自动督办、自动检查功能，并指导市、县全面使用系统公开预决算，做到省、市、县全覆盖，提高政府和部门预决算公开统一性。

强化预决算公开检查机制 省财政厅针对部分单位在广东省预决算报告公开填报系统填报时存在数据不一致、说明不规范、网站链接错误等问题，建立问题台账和任务清单，明确责任处室和责任人员，挂图出战抓整改，做到每天抓整改、每日更新进度，要求部门立行立改，做到“解决一个，销号一个”。组织“回头看”全面检查，确保前期发现的问题全部整改到位并防止产生新问题。

完善预决算公开考核机制 省财政厅落实各级预决算公开的主体责任，提升市县财政管理工作绩效水平，将预决算公开工作作为部门绩效考核的依据并纳入全省市、县财政管理工作绩效考核范围。针对个别部门不重视，反复整改不到位的情况，省财政厅进行公开和通报；对存在未公开情况的部门实行一票否决。坚持自查和核查相结合，确保结果真实性，组织各级财政部门提前对政府预算的抽查科目支出情况进行全面自查，并在自查基础上开展重点核查，指导市县组织核查整改。

建立预决算公开沟通机制 省财政厅主动向财政部广东监管局沟通汇报预决算公开各项机制建立情况及采取的工作措施、经验和成效，在政策理解口径上与检查部门取得一致意见。配合检查组完成检查，协调各地区按照检查工作要求提供资料，对检查部门提出的问题做好政策解释和说明。

（广东省财政厅监督局供稿，张豪执笔）

国际金融合作与外债管理

【概况】 2019年，广东省财政厅加快绿色发展示范和转型升级、保障和改善民生等方面的十大国际金融合作项目建设进度。筹备广东海绵城市试点工程、贫困问题分析预警预防治理信息平台、中国食品安全提升项目（广东）等国际金融组织和外国政府贷款新项目。加强对外财经交流，拓展合作新领域。规范内部管理，促进外债管理水平提升。

【绿色发展示范和转型升级项目建设】 2019年，广东省财政厅推进绿色发展示范和转型升级项目建设。

广东农业面源污染治理项目　省财政厅持续推进世界银行贷赠款广东农业面源污染治理项目。环境友好型种植业示范工程逐步发展到10市、27县、94镇、587个村、10.9万个农户、3.83万公顷农田。保护性耕作试点面积增加到0.13万公顷，纳入牲畜废弃物治理的养殖场发展到137家。

阳江沙扒海上风电项目　省财政厅开展新开发银行粤电阳江沙扒海上风电项目各项准备工作。会同省发展改革委向省政府报告粤电阳江沙扒海上风电项目申请新开发银行20亿元人民币贷款情况，完成资金申请报告报批手续，完成报请省领导签署项目协定相关工作。

能效电厂循环资金项目　省财政厅加快推进能效电厂循环资金项目。与省能源局等成员单位加强沟通协调，推动节能中心及粤财信托开展项目筛选、评审等工作，经协调小组会议研究同意，省财政厅批复亚洲开发银行能效电厂4个新项目。

2019年11月25日，广东省财政厅党组成员、副厅长郑贤操参加金砖国家新开发银行大湾区等中国城市群综合交通发展研讨会

（广东省财政厅国际金融合作办公室供图）

农村综合开发示范镇项目　省财政厅完成世界银行贷款农村综合开发示范镇项目后续工作。4月30日，世界银行将该项目正式关账。项目总投资6.6亿元，贷款总额5000万美元。

知识合作项目　省财政厅以课题研究为载体，开展与国际金融组织的知识合作（课题研究）。利用世界银行贷款40万美元，推进TCC6粤港澳大湾区洪水风险与保险政策研究项目。利用亚洲开发银行技援贷款30万美元，开展广东工业绿色发展评价体系及创新机制研究。

【保障和改善民生项目建设】 2019年，广东省财政厅支持保障和改善民生项目建设。

广东义务教育项目　省财政厅持续推进世界银行贷款广东义务教育项目。全省16个项目县（市、区）完成基建项目勘察、设计招标工作，5个项目县（市、区）开工建设。“班班通”项目第一批共2268套周转宿舍完工，超额完成2018年26600名受益人的目标。推进第二批招标采购工作，招标教学平台12932套，招标代理机构向6家中标单位发放《中标通知书》，确定4所院校为省级农村小学全科教师培养基地学校，承担世界银行贷款农村小学全科教师培养任务，完成2019年招生工作并开学，1145名农村小学全科教师培养对象分别在4所基地院校接受培养。

广东城乡社保一体化和农民工培训项目　省财政厅加速实施世界银行贷款广东城乡社保一体化和农民工培训项目。完成省集中式人力资源和社会保障一体化信息系统的设计开发、联调测试和上线部署，省集中社保系统在珠海、汕头、河源、汕尾、清远、潮州、惠州、韶关、江门、阳江、云浮、茂名、湛江等13个地市和省本级上线运行。加强对学校管理人员和教师的培训，开发适合企业需求的能力本位培训课程资源包52个，共54803名在校学生和17482名短期培训学员接受能力本位课程培训，加快学校信息化建设和基础工程建设。推进广东职业教育的国际交流与合作，6月广州市工贸技师学院完成孟加拉职业教育发展培训任务，共培训孟加拉学员500人次。

广东潮南水资源保护及利用示范项目　省财政厅加快推进亚洲开发银行贷款广东潮南水资源保护及利用示范项目。该项目1700千米的供水管道完成1100千米，3个水厂中龙溪水厂建设完工，秋风水厂扩建和金溪水厂改造工程完成75%。

【粤港澳大湾区新项目服务筹划】2019年，广东省财政厅筹划粤港澳大湾区项目服务。

筹划新开发银行贷款广州轨道交通项目　省财政厅与广州市有关部门和广州地铁集团有限公司召开座谈会，研究利用新开发银行贷款，筹划申报广州轨道交通28号线项目。成功申报广东海绵城市试点工程项目，指导督促项目主管部门及项目单位开展项目实施前期工作。成功申报广东省贫困问题分析预警预防治理信息平台项目。利用世界银行贷款金额60万美元，开发广东省返贫和新生贫困的预警和预防信息监测系统。成功申报世界银行贷款中国食品安全提升项目（广东）。

研究筹划世界银行全球城市可持续发展项目　省财政厅会同广州市政府与世界银行团队开展“可持续城市平台”项目探讨与设计。会同省教育厅、省人力资源与社会保障厅等单位与世界银行谋划研究建立广东对外职业教育交流合作平台，推动广东省职业教育对外输出。筹划广东省城市生活垃圾分类管理政策体系及绩效评价机制研究项目。

【对外财经交流合作新领域拓展】2019年，广东省财政厅加强与金砖国家新开发银行的战略合作。推进金砖国家新开发银行广东粤电阳江海上风电项目签约和广州轨道交通项目申报准备工作。拓展东盟与中日韩宏观经济研究办公室（AMRO）的交流活动。深化与亚洲开发银行的沟通交流。组团参加第五届对非投资论坛，就加强世界银行、广东与非洲（刚果布）三方职业教育交流与合作的意向达成共识。促成“广东企业对外投资和风险管理研讨会”举办，探讨广东省民营企业对“一带一路”沿线国家的投资合作。参加中德生物多样性与气候变化对话论坛、中法绿色金融与经济转型研讨会、清洁基金绿色创新投资业务专题研讨会等活动。

【外债管理】　2019年，广东省财政厅强化内部管理和规范业务流程，提升外债管理水平。配合做好广东省2003—2019年国外贷款项目专项审计工作，共完成和整理33个审计查询函和18个审计取证单的回复意见和资料，并函复专项审计调查报告中提出的关注事项和调查建议。研究办理天保项目退出事宜；办理部钢节能减排项目提前还款及解除土地抵押等相关手续。通过开展《国际金融组织和外国政府贷款项目实施问题课题调研》，深入项目单位了解项目实施存在的问题和困难，研究提出解决方案，加快项目实施进度。编制上报2018年国际金融组织和外国政府贷款年度报表，下达2019年广东省分地区分项目地方政府外债转贷额度。

（广东省财政厅国际金融合作办公室供稿，陈海平执笔）

财政投资审核

【概况】　2019年，广东省财政厅加快建立健全责任到位、管理规范、高效透明的新型预算评审工作机制。创新工作方式方法，推进省级基建项目评审业务向项目预算评

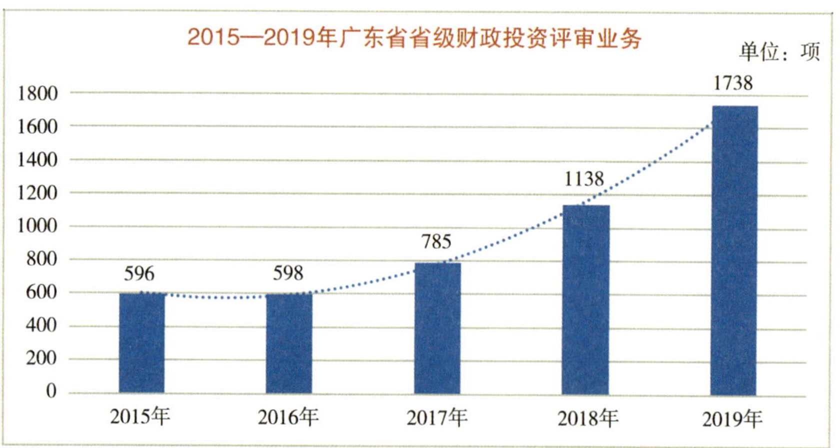

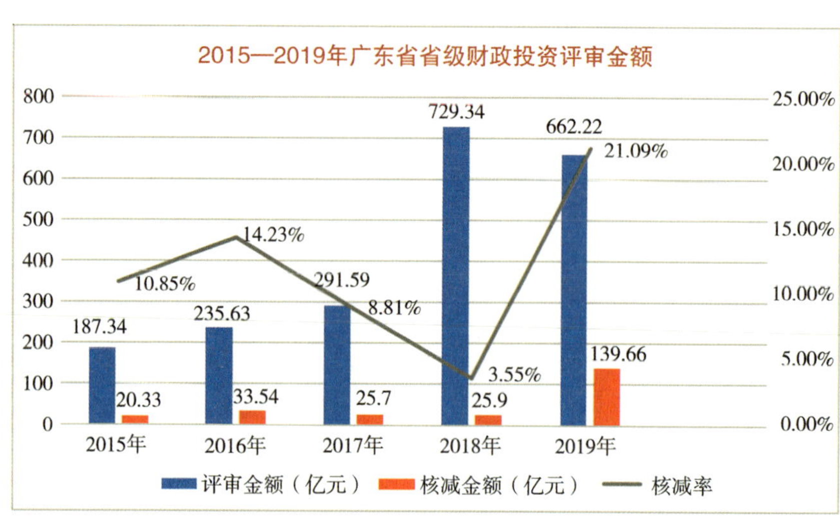

注：2019年核减金额已剔除部门预算不发表意见的项目金额34.68亿元

（广东省财政厅投资审核中心供图）

审转型，加强风险防控，建立健全预算评审机制，将评审工作嵌入预算编审管理中，推动财政投资评审工作上新台阶。全年完成各类评审业务1738项，评审金额662.22亿元，审定金额487.89亿元，核减金额139.66亿元，核减率21.09%，为财政加强预算管理、促进提高财政资金使用效益提供保障。

【评审职能转型探索】 2019年，广东省财政厅探索财政投资评审职能转型工作。

深入开展调研 2019年，省财政厅按照“建立全面规范透明、标准科学、约束有力的预算制度，全面实施绩效管理”的要求，深入开展相关调研，探索评审职能转型。到相关地市调研评审改革动态，分两批次赴云南、重庆、山西、山东、江苏、浙江等先进省（市）学习调研，重点就财政评审机构体制机制、预算评审业务、重大项目和政策评估机制、项目支出定额标准体系建设等进行深入交流，全面分析研究在广东省省本级开展项目预算评审、绩效评价和支出标准研究三项具体工作的必要性、合理性和可行性。

梳理制约发展瓶颈问题 2019年，省财政厅坚持问题导向，审视当前财政投资评审工作，梳理制约投资审核发展瓶颈问题，主要包括：职能定位不够明确、评审范围不够清晰、内设组分工不够合理；专业技术人员配备不齐，干部队伍业务知识学习更新能力有待提升；运用社会中介机构和专家参与财政评审不够充分；财政投资评审信息化系统建设亟待加强。通过梳理存在问题，提出关于开展预算评审和预算支出标准建设，完善评审机制体制，服务财政预算编制执行监督管理改革等评审职能转型工作思路和建议。

【评审方法创新】 2019年，广东省财政厅创新财政投资评审方法。

科学制定工作计划 省财政厅理清财政评审转型工作思路，科学制定2019年投资审核工作计划，明确10项具体工作任务，细分为39个具体落实措施，确定负责落实的经办人（组）、负责领导、工作内容及步骤、时间节点及完成时间等。

探索新估算评审方式 省财政厅与省发展改革委联合评审省级文化工程“三馆合一”“文心阁”等投资估算项目，审核金额52.72亿元，并对项目的建设规划条件、场馆的建设需求进行科学论证，提出优化建设方案和项目建议书。

推进垦造水田项目评审 2019年，省财政厅对垦造水田项目，启动应急审核流程，采取项目送审资料同步补充、专家集中稽核复审等多种措施，保证资料齐全后两周内审结。全年完成8批共85个垦造水田项目预算评审，送审金额36.74亿元，共3452.12公顷。每季度督导地市报送开展省级垦造水田结（决）审核工作情况及发现存在问题，创新方式邀请相关单位召开工程结算联合评审会，指导解决地市垦造水田项目结算中存在的争议问题，推动省级垦造水田结（决）审核工作。

【评审内控管理】 2019年，广东省财政厅加强财政投资评审内控管理。

完善廉政风险防控措施 省财政厅结合财政系统发生的腐败问题及典型案例，强化财政投资评审廉政风险防控。凡涉及评审任务分配等重大事项，实行集体决策并按规定办理。完善重点项目抽查督办制度，实行重大问题集体决策，做到重要事项有督办。坚持把依法评审、规范评审、廉洁评审作为财政投资评审工作的基本要求和重要工作内容，细化评审监管措施，做实风险防控。

加强项目全流程督办 省财政厅财政投资评审工作中，加强评审项目前台收件管理，对项目资料严格把关，对欠缺资料的项目发出补充资料通知书催补，对资料不齐、不合规、达不到受理条件的项目及时退件。对审核项目每月督办一次，提高中介机构和专管员的效率意识。对投资审核各环节、各岗位的审核规范、时限要求做出具体规定，落实受理项目限时审结。全年完成基本建设项目估、概、预、结、决算评审业务288项，累计审核金额236.66亿元，比2018年增长48.16%，累计审定金额217.46亿元，比2018年增长59.73%。

【预算评审机制健全】 2019年，广东省财政厅建立健全预算评审机制。

制定相关制度和标准 省财政厅细化重大项目、专项项目（基建项目、信息化项目等）分类，制定项目支出预算编制的分类规范文本，梳理预算评审各类型项目的审核要点，制定预算支出专用定额标准有关管理制度和论证办法，规范预算评审工作，引导部门落实主体责任。发挥技术优势，制定《广东省省级财政项目支出定额标准管理暂行办法》，构建省级财政预算定额标准体系、定额标准管理办法和建设规划等。按照职责分工与省政务服务数据管理局联合印发《省级政务信息化服务预算编制规范和标准（试行）》，助推省本级“数字政府”建设。编制《广东省省属高等院校建设项目预算支出标准（试行）》，规范省属高等院校建设项目预算编制，助推提高高等教育毛入学率资金规划方案落地。开展项目支出定额规范或标准建设内容20项。

助力“数字政府”建设 省财政厅编写《关于省级政务信息化项目立项审核工作要点的建议》，指导省政务数据管理局规范省级政务信息化项目立项审核工作。拟订

《广东省财政厅省级政务信息化服务项目内部审核工作指引（试行）》，规范省财政厅信息化服务项目审核流程。全年完成信息化项目立项审核182个，送审金额45.61亿元。

完成2020年部门预算评审 省财政厅提前制定2020年预算评审工作预案，明确内部分工、组织方式、工作流程、评审要点、评审格式。在“一上”环节中，完成2020年部门预算项目评审共1264个，申报金额105.46亿元，建议安排预算金额22.55亿元，建议核减金额48.23亿元，暂不发表意见金额34.68亿元。

推进重大政策和项目绩效评审 省财政厅推进重大政策和项目绩效评审试点，制定项目绩效评审工作方案，明确评审范围、评审依据、评审内容及重点等，开展现场调研和勘查。全年完成广东省提高高等教育毛入学率资金规划方案、“四好”农村路建设项目、粤东西北地区司法所建设帮扶经费和省公安厅环粤省际公安检查站“升级增效”等4个项目绩效评审，审核金额274.49亿元，审定金额202.26亿元，核减72.23亿元，为科学精准编制预算提供支撑。

（广东省财政厅投资审核中心供稿，李晶执笔）

图为河源市灯塔盆地田园综合体——顺天大坪古村公园（2019）

（广东省财政厅农业综合开发评估中心供图）

农业评估

【概况】 2019年，广东省财政厅开展涉农项目绩效评价和财政扶贫资金动态监控工作。组织开展2018年农村综合改革工作考评及农村综合性改革试点试验和田园综合体建设试点项目绩效评价，推进农村综合改革，助力乡村振兴。加强财政扶贫资金动态监控工作，依托系统建立扶贫资金总台账，实时了解各级、各地、各类扶贫资金的安排、拨付和支付情况，动态监控项目实施进度、绩效目标实现程度，促进扶贫资金安全、规范、有效使用，为打赢脱贫攻坚战保驾护航。

【涉农项目绩效评价】 2019年，广东省财政厅开展涉农项目绩效评价工作。按照《中央财政农村综合改革转移支付资金管理办法》《财政部关于印发农村综合改革工作考评试行办法的通知》等要求，组织开展2018年农村综合改革工作考评，重点评价全省推进村级公益事业建设“一事一议”财政奖补、美丽乡村建设试点、扶持村级集体经济发展试点、农村综合性改革试点试验和田园综合体建设试点等工作情况，总结主要作法和成效、存在问题和下一步工作思路等，形成《2018年广东省农村综合改革工作自评总结报告》《2018年广东省农村综合改革工作考评量化评分表》上报财政部。对国务院农村综合改革办公室批准开展的4个农村综合性改革试点试验项目和4个田园综合体建设试点项目开展绩效评价，深入项目所在地，现场调研项目实施情况、财政资金使用管理情况、工作亮点和成功经验等，指导督促加快项目实施和资金拨付进度。

【财政扶贫资金动态监控】 2019年，广东省财政厅全面加强财政扶贫资金动态监控工作。制定《广东省财政厅财政扶贫资金动态监控工作规程》，明确扶贫资金动态监控内容和职责分工，建立“横向到边，纵向到底”的扶贫资金全流程监控机制，推动阳光扶贫、廉洁扶贫。做好监控月报上报、扶贫资金投入总量分析、疑点信息核实反馈等工作；通过现场督导、电话、QQ群、微信群等方式，督促指导各级、各地做好扶贫资金下达情况、支付情况、绩效目标、到人到户情况等信息的录入工作，以及疑点信息、预警信息核实处理等工作。全省2019年度扶贫资金分配下达进度为100%（高于全国平均水平0.6个点），全国排名并列第1名；支出进度95.7%（高于全国平均水平1.8个点），全国排名第9名；到人到户项目明细数据填报进度100%（高于全国平均水平1.4个点），全国排名并列第1名；扶贫项目绩效目标填报比例和审核比例均达到100%，全国排名并列第1名。

（广东省财政厅农业综合开发评估中心供稿，石佳平执笔）

机关建设

Adminstrative Construction

机关党建

【概况】 2019年，广东省财政厅坚持以习近平新时代中国特色社会主义思想为指导，以党的政治建设为统领，开展“不忘初心、牢记使命”主题教育，深入开展创建模范机关活动，落实曾志权案“以案促改”，开展锻造合格党支部书记行动，教育引领党员干部树牢“四个意识”，坚定“四个自信”，坚决做到“两个维护”，推动新时代广东财政改革发展和机关党的建设开创新局面。

【政治建设】 2019年，广东省财政厅坚持把党的政治建设摆在首位，以正确的认识和行动落实“两个维护”，推动营造良好政治生态。

旗帜鲜明讲政治 省财政厅把旗帜鲜明讲政治的要求贯彻到财政工作全过程各方面。把坚持正确政治方向贯彻到谋划财政重大战略、制定重大财政政策、推进重大财政工作的实践中，经常对表对标，及时校准偏差。把习近平总书记重要指示批示作为政治要件，列出粤港澳大湾区建设等重点任务，强化督查督办，推动贯彻落实。

开展“以案促改”工作 省财政厅将开展曾志权案“以案促改”作为一项重要政治任务，抽调精干力量成立促改办，制定“1+6+X”整改任务清单，抓好整改落实。结合财政系统违纪违法案件，通过党风廉政建设会议、专题民主生活会、专题党课、专题辅导报告、支部讨论会等，以案为鉴开展警示教育。深入开展财政系统党风廉政建设专项治理，围绕规范财政权力运行、严格财政资金管理、完善选人用人机制等出台制度办法62个，以案治本扎紧制度笼子。

开展创建模范机关活动 省财政厅以创建模范机关活动为抓手，制定模范机关创建活动实施方案、机关党建工作重点措施，推进政治机关建设，强化政治教育和政治引领，严明政治纪律和政治规矩，引导党员干部站稳政治立场、提高政治站位、增强政治敏锐性和政治免疫力。严肃党内政治生活，严格执行新形势下党内政治生活若干准则，严格落实民主生活会、组织生活会等制度。

【思想建设】 2019年，广东省财政厅深化理论武装，扎实开展“不忘初心、牢记使命”主题教育，推动学习贯彻习近平新时代中国特色社会主义思想往深里走、往实里走、往心里走。

学习贯彻习近平新时代中国特色社会主义思想 省财政厅坚持把学习习近平新时代中国特色社会主义思想作为厅党组会议的第一议题和理论学习中心组学习会、党支部“三会一课”的主要内容。全年厅党组开展第一议题学习43次，理论学习中心组学习6次，主题教育期间开展集中学习研讨和专题学习10次，带动33个党支部开展200多次集中学习。

开展“不忘初心、牢记使命”主题教育 省财政厅成立厅主题教育领导小组及办公室，制定主题教育实施方案和四项重点措施工作方案，紧扣学习贯彻习近平新时代中国特色社会主义思想主线，聚焦不忘初心、牢记使命主题，按照“四个到位”要求统筹推进学习教育、调查研究、检视问题、整改落实四项重点措施，抓实8个方面专项整治。

深化理想信念教育 省财政厅组织赴中共三大会址纪念馆、农民运动讲习所等参观学习，举办专题辅导讲座、观看警示教育片等，深入开展革命传统教育、形势政策教育、先进典型教育和警示教育，引导党员干部强化政治认同、理论认同和情感认同。落实意识形态工作责任制，加强意识形态阵地管理和党员干部教育管理监督，把握意识形态工作领导权。

【组织建设】 2019年，广东省财政厅全面加强基层组织建设，突出提升基层组织力，推动基层党组织全面进步、全面过硬。

开展锻造合格党支部书记行动 省财政厅制定印发锻造合格党支部

2019年12月6日，广东省财政厅举行学习贯彻党的十九届四中全会精神宣讲报告会
（肖鑫晖 摄）

书记行动方案，全面加强组织锻造和个人锻造，培优建强抓基层党建的“头雁工程”。围绕党支部规范化建设、党员干部队伍建设、党建业务深度融合等，组织开展专题培训、集中学习研讨、基础知识测试等，全面提升抓党建工作的思想意识、履职能力。

突出基层党建指引行动　省财政厅以机构改革基层党组织换届选举、补选委员等为契机，编印基层党组织换届选举具体工作操作指引，统一规范会议程序和文书，加强现场监督指导。严格党员发展程序，突出政治标准，细化发展党员的25项工作流程。

开展“三会一课”提质增效行动　省财政厅印发推进“三会一课”提质增效有关事项的通知，持续推进党支部标准化规范化建设，统筹建立对口联络机制、定期检查服务机制、学习资料推送机制、落实情况研判机制、支部党建展示平台等“四项机制一个平台”，以忠诚严格的工作标准推动提升基层党组织建设质量。

【作风与纪律建设】　2019年，广东省财政厅持续强化正风肃纪，突出加强作风与纪律建设，使铁的纪律成为广大党员干部日常习惯和自觉遵循。

加强作风建设　省财政厅开展违反中央八项规定精神突出问题专项整治，对利用名贵特产类特殊资源、特殊定制版高档酒、“天价烟”谋取私利问题进行自查自纠，对违反中央八项规定精神问题进行通报批评。转变工作作风，建立“一个部门对口一个处室”服务工作机制，制定解决形式主义突出问题为基层减负的具体措施，建立健全厅长联系基层工作制度，在主题教育期间厅党组选定15个调研课题开展近30次调研。

严格日常监管　省财政厅落实领导干部个人重大事项报告、干部考勤管理等制度，建立干部谈心谈话常态化机制，加强因公（私）出国境管理等。落实省委关于加强对各级党组织一把手监督的意见，组织对8名离任正处职干部开展经济责任审计，督促抓好整改落实。严把选人用人廉洁关，对职级晋升、评优评先等进行廉政审查，防止“带病提拔”。

严明党的纪律　省财政厅用好监督执纪“四种形态”，着力在用好第一种形态上下功夫，对苗头性、倾向性问题及时开展谈话提醒。组织开展党的十八大以来办结案件的党纪政务处分决定执行情况全面自查，维护纪律的严肃性和权威性。做好信访举报受理办理工作。

·链接·

监督执纪“四种形态”

第一种：党内关系要正常化，批评和自我批评要经常开展，让咬耳扯袖、红脸出汗成为常态。第二种：党纪轻处分和组织处理要成为大多数。第三种：对严重违纪的重处分、作出重大职务调整应当是少数。第四种：而严重违纪涉嫌违法立案审查的只能是极少数。

【机关文化建设】　2019年，广东省财政厅发挥群团组织纽带作用，加强财政机关文化建设，推动形成干事创业强大合力。发挥厅机关工会、机关团委等群团组织作用，结合新时代新要求以及年轻干部特点，创新活动内容和形式，把文化元素注入其中，推动“以文化人、以史育人”。召开纪念五四运动100周年青年座谈会，举办“坚定信念心向党、青春逐梦谱华章”诗歌朗诵会。开展庆祝新中国成立70周年系列活动，开展“礼赞新中国、奋进新时代”主题快闪活动，全厅400多名干部职工用多种表演形式表达对祖国的深切热爱和真挚祝福，展现财政干部奋发进取的精神风貌。组织开展“不忘初心再出发，立足岗位建新功”主题学习调研活动；举办“讲好财政故事，展现财政风采”专题座谈会，特邀离退休老干部讲述财政故事，激励年轻同志不忘初心、立足岗位做贡献。定期开展舞蹈、羽毛球、网球以及瑜伽、太极拳等活动，连续第21年举办厅全民健身运动会，参与省直机关趣味运动会，获得团体总分二等奖的优异成绩。建立老干部活动室，组织开展书画活动。对患病住院、丧亲、生育、结婚干部职工进行慰问，加强对专项工作干部和困难党员干部职工的慰问，开展扶贫济困日捐款活动、无偿献血活动，继续开展职工医疗互助保障计划和在职职工住院医疗综合互助保障活动，体现人文关怀。

（广东省财政厅机关党委供稿，张元财执笔）

人事管理与教育

【概况】　2019年，广东省财政厅以建设“忠诚、干净、担当”的高素质财政干部队伍为总目标，树立正确选人用人导向，以深化财政机构改革、曾志权案“以案促改”为契机，完善干部素质培养、知事识人、选拔任用、从严管理、正向激励五大工作体系。通过抓人事整改，扬正气树新风，恢复选人用人公信力，重塑风清气正的良好政治生态；坚持以新规促新貌，完善选人用人制度；从干部培养入手提升干部综合素质；始终坚持以人为本，严格落实干部日常管理。财政干部队伍展现全新风貌。

【干部队伍整改】　2019年，广东省财政厅坚持立行立改、规范干部管理、严肃政治纪律政治规矩、注重激励和约束并举、完善考核机制，整改干部队伍。

坚持立行立改 省财政厅制定“以案促改”干部队伍专项整改工作方案，明确10个方面28项措施，从根本上实现以案促改，让干部从每一批次的调整和配备中感受到公道正派；组织召开各地市财政局人事科（处）长座谈会，督导各地市开展“以案促改”干部队伍专项整改。

规范干部管理 省财政厅在2018年开展“选人用人规范化行动年”的基础上进行“回头看”，对照省委组织部选人用人不规范问题清单，对2014—2019年每一批次选人用人工作各个环节进行复查，巩固选人用人工作规范化成果。

严肃政治纪律和政治规矩 省财政厅在厅党组书记上党课、召开全厅机构改革干部大会、与部分处职干部的任职谈话、处级选拔任用廉政谈话、干部职级晋升集体谈话等工作中增强干部宗旨意识和规矩意识，强调政治纪律、组织纪律、廉洁纪律、群众纪律、工作纪律和生活纪律，全面净化政治生态。

注重激励和约束并举 省财政厅注重发现和推介平时工作好典型、好做法、好公文，树立标杆。开展不作为、不尽责专项整治，对落实工作不担当、不作为的干部予以通报批评并调整岗位，形成良好的教育和震慑作用。

完善考核机制 省财政厅整合党建、党风廉政建设考核和年度考核，突出政治和实绩考核，坚持专项考核与民主测评相结合，完善干部日常考核和近距离考核，发挥考核的“指挥棒”作用。参与推动厅绩效考核获省直单位一等奖。

【选人用人制度完善】 2019年，广东省财政厅通过明导向、修办法、立标准、讲公道、选贤才等措施，完善选人用人机制。

明导向 省财政厅明确提出“五个坚持”，即坚持好干部标准，把政治标准摆在首位；坚持五湖四海、以德为先，防止以籍择人；坚持事业为上、以事择人、人岗相适；坚持崇尚实干、激励担当作为；坚持发挥各层级干部的积极作用。

修办法 省财政厅以制度先行，组织修订干部轮岗管理办法、事业单位人事管理办法、干部人事档案管理办法、干部重大事项报告制度，制定干部监督工作联席会议制度、干部提醒函询诫勉操作规程、干部考察规范、选拔纪实规范、干部人事档案审核规范等一系列制度，为完善干部工作五大体系奠定基础。

立标准 省财政厅坚持从每一批干部选拔、每一个岗位配备做起，重建选人用人的公信力。根据新修订的《党政领导干部选拔任用工作条例》，选拔任用正处职干部5名、副处职干部4名、正副调研员5名，既突出实绩选人用人，又妥善解决干部待遇问题。启动晋升科级干部25名，将晋升提名权交给处室，完善科级干部晋升机制。率先完成职级套转，开展全厅公务员职级晋升，晋升涉及干部239人次、共183人。

讲公道 省财政厅采取自愿报名、组织考察、公开择优等方式选派第九批援藏干部正式人选1名、第九批援疆干部正式人选1名、驻村第一书记及工作队员3名；建立外派学习机会公平竞争机制，改变由省财政厅主要负责人直接指定的方式，通过统一考试选拔前三名后，再由厅党组集体研究从中确定人选。

选贤才 省财政厅启动厅属单位统一公开招聘，委托专业机构实施招聘工作，设置7个职位共吸引1950人考试，创下省财政厅考录比纪录；组织开展向全国公开选调10名公务员，吸引2216人报名，坚持以最优的程序选出最优秀的人才；面向“双一流”高校选调2名优秀应届毕业生，聚力打造高素质干部队伍。

【干部教育培训】 2019年，广东省财政厅通过抓源头培养、抓跟踪培养、抓多渠道培养、抓人才队伍建设，做好干部教育培训工作。

抓好源头培养 省财政厅对27名新入职人员进行为期2个半月的集中培训，围绕政治建设、专业训练、实践磨练、综合培养四大模块，安排省财政厅主要处室处长与外聘专家轮流授课，开展实习调研，高标准培训新学员。

抓好跟踪培养 省财政厅建立新入职人员导师制，成立学习小组，开展专题研讨和业务培训，通过经办讲、处长说、厅长评、大家议等方式，集中解析案例理念及经验教训，建立跟踪培养责任制，确保学员稳步成长。

抓好多渠道培养 省财政厅选派4名干部参加援建扶贫工作，选派12名干部参加上级专项工作，其中2名干部到省委主题教育办参加主题教育巡回指导组工作；接收地市跟班学习干部9名，抽调省直单位和地市共7人参加厅内业务专项工作，抽调12人参加“数字财政”建设专班。

抓好人才队伍建设 省财政厅制定广东省财政系统教育培训中长期规划，印发《广东财政系统建设高素质人才队伍行动计划（2020—2023年）》，以建设忠诚、干净、担当的高素质财政人才队伍为总目标，重点构建“四横、四纵、六航计划”的财政人才工作体系，并依托“六航计划”等一系列特色品牌培训项目构建覆盖广东省财政系统领导人才、中层干部、年轻干部和专家人才的全链条教育培训体系。

【干部日常管理】 2019年，广东省财政厅建立定期学习机制、加强外事管理、做好干部交流调配等工

·链接·

广东打造高素质专业化财政干部队伍

广东省财政厅坚持问题导向，探索干部培训新模式，通过从业务工作中的典型事例入手，举办专题研讨式业务培训，加强干部专业训练，补足干部能力短板，促进转变理财理念、创新工作方法、转变工作作风，全面提升财政干部的专业能力专业素养，推动全省各项财政改革落地落实。

聚焦典型事例，找准研讨方向。一是聚焦贯彻落实省委、省政府决策过程中发现的重点问题。如，在贯彻实施预算编制执行监督管理改革过程中，针对省政府专题研究关于“四好农村公路”建设及资金安排方案汇报时指出的问题，举办“四好农村公路”案例专题研讨培训，研究如何提高站位、转变理念，加强财力统筹，做实预算编制和项目库；如何加强调查研究，提高审核意见的质量和效率，提升谋大事谋实事的能力。二是聚焦财政日常工作中发现的共性问题。针对如何规范审核新增预算资金需求等问题，举办预算新增资金审核专题研讨培训，研究完善资金审核原则和统筹协调机制。三是聚焦业务工作中的难点问题。针对广东省获批新增地方政府债券限额规模大、时间紧问题，举办加强政府债务管理专题研讨培训，研究债务管理思路，建立大债务体系；围绕省委、省政府要求制定的打赢污染防治攻坚战三年行动计划资金保障方案，开展重大战略资金保障专题研讨培训，提高资金筹集和支出效率。

“讲、议、评”三管齐下，创新研讨培训方式。在业务专题研讨培训中，通过“讲、议、评”三个环节，引导大家深入研究思考，充分交流互动。所谓“讲”就是由经办处室主要负责人汇报具体案例的办理情况，分享经验教训、提出改进的意见建议，分管副处长、经办同志谈办理过程、个人意见和心得体会，多视角透析不同岗位的职责分工和专业要求。“议”即其他处室负责同志围绕本处室的参与情况、经验教训和意见建议发言，从共性问题的处理方法和个性的办理要求进行充分讨论并达成共识。“评”则是由厅领导参与分析案例，对相关处室发言情况进行总结评价，对共性问题形成统一意见，提出工作标准并由有关处室及时对标对表，不断总结完善，严格工作落实。

努力解决问题，扩大研讨训练实效。深入剖析解决专业问题。对重点难点问题，通过集体充分研究讨论，将问题解剖麻雀式地呈现开来，让干部在进行系统专业训练的同时，形成共识，找到“药方”。以点带面解决共性问题。如聚集解决收支管理的问题，提出坚持目标导向和结果导向，加强收入研判督导、压实支出主体责任、健全考核机制、树立全省“一盘棋”机制，找到了共性问题的解决方案。集思广益解决工作难题。通过政府债务专题研讨，提出树立大债务理念，构建债务管理“一盘棋”机制。围绕打赢污染防治攻坚战，提出资金保障“三找”，即找准核心，分析攻坚战的关键；找准来源，统筹多种资金渠道；找准定位，优化资金使用方式，做到思路清晰、务实管用。

带动完善工作机制，促进队伍能力建设。案例研讨式的业务专题培训，带动形成了钻研工作、加强学习、提升能力的有效机制。在工作研讨机制方面，明确了凡是省政府会议研究的议题，需经厅领导牵头组织有关处室研究；凡是需提交厅党组会议和厅办公会议的议题，处长必须组织处内研究，确保问题精准、研究深入、沟通到位、把关严格。在调查研究机制方面，针对工作中反映的调研不够深入、情况掌握少、把关不够到位的问题，要求各处室在政策研究中实地调研、摸清底数，抓住问题重心，把握核心指标，提高工作质量。在能力提升机制方面，由厅长主持能力建设专题讲座，要求全厅干部全面提升把握政治方向能力、全局思维能力、业务研究能力、贯彻执行能力、统筹协调能力、语言文字表达能力、改革创新能力、带好队伍等8方面能力，推动全厅加强学习、实践锻炼，努力补齐短板。

推动政策落地落实，全面凸显培训成效。首先，转变理财理念，带头落实预算编制执行监督管理改革，树立了“干事才给钱”“先有干事方案才有花钱计划”“花钱必问效、无效必问责”的理财理念，支出进度在全国排名显著提升，预算绩效水平明显提高。其次，创新工作方法，建立了“找出问题—深入调研—共同讨论—及时总结—反馈应用”的全链条工作方法，推动防范化解债务风险工作取得突出成效，预算绩效管理体系、支出标准体系和绩效指标库管理等工作走在全国前列。再其次，转变学风作风，厅长亲自谋划选题，先后主持举办业务专题研讨会8期，推动厅内开展业务专题培训150多次，围绕重大改革成立了10多个专班，集中业务骨干实行改革攻坚，营造了担当作为的机关氛围。结合预算改革深入开展调查研究，到市县听取意见建议，由厅领导率队向部门送课上门、开展“一对一”服务，工作作风明显转变。最后，推动政策落实，围绕中央和省委、省政府部署的重大战略，财力统筹力度不断加强，预算编制执行监督管理改革稳步推进，形成大财政大预算格局；三大攻坚战稳步实施，债务管理机制不断创新；制定污染防治攻坚战资金保障方案，推动涉农资金整合，财政谋大事能力有效提升；机构职责优化调整稳步实施，深化财政“放管服”改革稳步推进，推动了财政改革事业发展，营造了干事创业的良好氛围。

（原载于2019年5月28日《中国财经报》，代兰兰）

作，加强对干部的日常管理。

建立定期学习机制 省财政厅在每周一组织组工干部开展选人用人政策业务学习，着力提高组工干部业务能力；将新修订的《党政领导干部选拔任用工作条例》作为选人用人的根本遵循，专题学习新公务员法、公务员职务与职级并行规定和实施方案等，确保省财政厅公务员职务与职级并行工作稳妥有序开展。

加强外事管理 省财政厅严格执行出国（境）证件集中保管制度，严把计划关，严控预算关，严审目的地关，办理因公出国（境）团组24批30人次，因私出国（境）260多人次。

做好干部交流调配 省财政厅做好接收安置军转干部3人；组织做好交流到外单位干部9人和外单位交流到省财政厅干部6人的考察商调工作；办理退休10人。做好工资福利、养老保险清算、休假管理、保密管理、计划生育等基础性服务工作，优化人事教育信息化水平。

（广东省财政厅人事教育处供稿，闫鹏执笔）

财政纪检监察

【概况】 2019年，中共广东省纪委广东省监委驻省财政厅纪检监察组（以下简称驻厅纪检监察组）立足职责定位，履行职责，精准发力，擦亮监督“探头”，各项工作取得新进展。聚焦“两个维护”，围绕党的路线方针政策和党中央重大决策部署落实情况加强监督检查，着力推进政治监督具体化、常态化，做到党中央决策部署到哪里，监督检查就跟进到哪里。创新日常监督方式，坚持严管厚爱相结合，着力抓早抓小、防微杜渐，强化日常教育监督管理。坚持有信必办、有风必纠、有腐必惩、有贪必肃，畅通举报监督渠道，着力加大查办案件的力度，打好遏制腐败攻坚战。

2019年11月，广东省纪委监委驻广东省财政厅纪检监察组研究专案工作
（驻厅纪检监察组供图）

【政治监督】 2019年，驻厅纪检监察组把习近平新时代中国特色社会主义思想贯彻落实到各项纪检监察工作中，确保中央重大决策部署贯彻落实。会同相关处室赴河源等地市开展减税降费专项调研，推动减税降费政策落到实处；协助省财政厅对清远等四市八县环保资金使用情况进行重点检查，发现并移交相关纪检监察机关问题线索15条，保障打赢三大攻坚战；深入剖析曾志权案暴露的问题，为全厅党员干部作警示教育专题辅导报告；前往梅州、河源等市县财政部门开展实地督导，推动全省财政系统一盘棋完成“以案促改”工作；督促相关监督单位防范化解系统性金融风险，集全组之力协助追债挽损，为省委、省政府决策部署落实提供纪律保障。

【日常监督】 2019年，驻厅纪检监察组紧盯“关键少数”、关键岗位，围绕权力运行各个环节，严格日常监督，发挥纪委监委专责监督作用。协助厅党组全面落实管党治党主体责任，定期与厅党组专题研究党风廉政建设情况和反腐败工作，共同推动全面从严治党向纵深发展；对省财政厅部分党支部组织生活会上反思曾志权案危害、对照查摆问题剖析不深刻、效果打折扣的问题，约谈分管领导，并督促相关支部重开组织生活会；严把干部任职提拔“廉洁关”，匡正选人用人风气，全年出具党风廉政意见230份，对新任处级干部开展任前廉政谈话，强调落实“一岗双责”；前往四川、新疆了解援助资金管理和援建干部廉政工作情况并提出工作建议和纪律要求；向省财政厅相关处室发出2份监察建议书，协助整改问题、完善制度；针对省财政厅财政改革、文风、工作作风等问题开展多层次、多渠道、立体式调研，向厅党组反馈6个方面的问题，并提出4项整改建议。

【执纪问责】 2019年，驻厅纪检监察组构建一体推进“三不”（即不能腐、不敢腐、不想腐）体制机制建设，开展反腐败斗争和做好查办案件的“后半篇文章”。全年收到信访举报70件，处置问题线索45条，立案21件21人，收缴红包礼金约16万元，清退违规借款118万元，收缴骗取专项资金3991.82万元。与省纪委监委第六监督检查室、相关区纪委监委等组成10.24联合专案组，重拳出击、追债挽损，采取留置措施4人、予以逮捕17人，截至2019年底追债挽损合计约2.4亿元。

（驻厅纪检监察组供稿，闫宇执笔）

2019年10月16日，广东省财政厅关心下一代工作委员会到河源市龙川县鹤市小学开展扶困助学活动　（广东省财政厅离退休服务处供图）

离退休人员服务

【概况】　2019年，广东省财政厅创新服务保障方式，推动离退休干部服务工作再上新台阶。广东省财政厅关心、重视离退休干部，举行离退休人员新春茶话会，看望慰问老同志，通报2018年全省财政工作情况；做好离退休党组织建设工作，多次召开专题会、成立离退休党总支；支持老干活动室维修改造，为离退休人员开展形式多样的文体活动营造舒适环境。

【离退休人员服务保障】　2019年，广东省财政厅为离退休人员提供书刊订阅、日常保健和走访慰问等服务保障。订阅《秋光》《健康文摘》《长寿生活》等保健书刊180份，丰富离退休人员的日常保健常识。每月定期邀请省政府机关门诊医生上门为离退休人员坐诊开药，邀请省干部疗养院医师讲解高血压、糖尿病、脑卒中三种病症的认识与防治，组织120多名离退休人员参加健康体检。坚持定期走访、生病住院和春节等重大节日慰问探望制度，春节走访慰问离退休人员60多人次，全年探望患病住院人员50多人次，慰问生活困难老党员2人。

【文化娱乐活动】　2019年，广东省财政厅组织离退休人员开展“不忘初心、牢记使命”主题教育和庆祝新中国成立70周年活动。动员组织离退休人员以书法、舞蹈、合唱、太极拳等文体节目参与“喜迎新中国成立70周年”活动，参观“大潮起珠江——广东改革开放40周年展览”，参加广东省财政厅举办的“礼赞新中国　奋进新时代”主题快闪活动及参观韶关市仁化县红军长征粤北纪念馆等。邀请7名副厅级以上离退休老同志，围绕“讲好财政故事，展现财政风采”主题，以漫谈方式与在职党员干部座谈交流。

【关爱活动和扶贫助学】　2019年，广东省财政厅开展关心下一代工作及扶贫助学活动。组织部分厅干部职工子女（中小学生）到广东华侨博物馆参观，了解广东华侨历史文化。看望慰问河源市龙川县鹤市小学师生，在鹤市小学开展扶贫助学捐赠活动，对鹤市村脱贫攻坚工作开展调研。

（离退休人员服务处供稿，张江涛执笔）

财务与档案管理

【概况】　2019年，广东省财政厅开展各项财务工作，完成新政府会计建账、全年财务核算、预决算编制、预算执行、政府财务报告、政府采购及资产管理等相关工作，财务管理水平持续提高。在2018年度省级部门决算编制工作评比中，省财政厅决算编制工作被评为优秀；在2018年度行政经费节约考核中，省财政厅行政经费节约考核结果为良好（为最高等级）。档案管理工作按照注重规范、完善管理、强化技术支撑的工作思路，夯实资源基础、优化服务，全年完成各类档案资料电子归档4.3万件，实现档案电子数据全覆盖。启动档案库房加固升级改造工程，优化实体档案管理。做好档案编研利用，丰富省财政厅史料。

【财务管理】　2019年，广东省财政厅完善财务规章制度，修订《广东省财政厅差旅费管理办法》《广东省财政厅机关计算机软硬件采购管理办法》等文件，为财务管理提供制度保障。加快预算执行进度，继续实行预算执行进度的季度通报，并将通报纳入省财政厅机关财务管理制度中形成固定模式，通过强化督促通报和预警提示，督促各处室（单位）采取措施加快预算支出进度。截至2019年12月31日，全厅下达预算指标49680.82万元，支出47121.16万元，支出进度达94.85%，达到省政府收支专题研究会议上关于年底前实际支出进度不低于90%的指示要求。完成行政经费节约考核目标，全年财政拨款“非三公”考核项目费用670.61万元，比考核基数减少27.31%；财政拨款“三公”考核项目费用82.24万元，比考核基数减少29.72%。并对下属单位2018年度行政经费节约情况进行考核和批复。开展“新一轮”小金库问题专项检查工作，对厅内26个处室及8个所属预算组成单位的资金来源、资金使用、资金结余及各类资产进行全面复查，复查面达100%，未发现设立“小金库”情况。

升级改造前的广东省财政厅档案库房（2019）

（广东省财政厅办公室供图）

基础财务 省财政厅按照各项财务规章制度开展工作，确保全厅会计信息真实、合法、准确、完整，发挥财务核算、监督作用。全年省财政厅本部共制作2694份会计凭证，完成3976笔支出，总额3.25亿元。完成常规性报送工作26项，其中月报12项、季报4项、半年报1项、年报8项。

政府采购及资产管理 省财政厅完成政府采购及资产管理工作。组织实施省财政厅本部政府采购535项，采购金额1.22亿元；登记入库资产611笔，入库资产总额605.97万元，处置资产288笔，处置金额350.8万元（资产原值），其中无偿划拨6项。

预决算 省财政厅开展本部门预决算编制工作，完成2018年财务决算报表的编报、数据分析和省财政厅属二级单位会计决算报表审核汇总及上报，批复省财政厅下属单位预决算，完成2020年省财政厅机关及厅属单位部门预算及中期规划编报汇总。预决算信息公开方面，按时通过省财政厅门户网站向社会公开全厅2018年决算、2019年预算情况，维护公众知情权。绩效评价方面，组织省财政厅本部及厅属单位完成2019年度整体支出绩效及项目支出绩效自评。在2019年省级财政资金绩效自评复核中，省财政厅得分87.8分，绩效等级为良。

【档案管理】 2019年，广东省财政厅加强档案管理工作。

档案基础业务 省财政厅完成各类文书资料档案电子归档4.3万件，项目档案524卷，声像档案189卷（2571张照片档案），实物档案91件，全部档案实现电子数据化，电子文件与纸质文件归档管理“双轨制”运行有序。全年档案利用线下实体查阅105人次、线上网络查阅9700件次，档案服务利用效能提高。

档案库房优化 省财政厅按照《机关档案管理规定》《档案室安全保管保护条件建设指引》等机关档案管理建设要求，启动档案库房加固升级改造工程。通过加固扩容、设施升级改造，新档案库房面积达250平方米。新库房实行分区管理，设有涉密档案专区，库区内实现恒温恒湿，保障库藏档案实体的存放安全。

档案编研利用 省财政厅为发挥档案资料“以史育人、以文化人”的教育作用，多途径挖掘、收集省财政厅大楼各类历史档案。通过查阅民国财政史料，组织文物鉴定专家现场鉴定比对，完善省财政厅大楼正门“广东财政厅”百年石匾的史料信息。利用档案史料编制《广东省财政厅大楼史话》，做好档案编研利用，丰富省财政厅史料。

（广东省财政厅办公室供稿，毛存中执笔）

财政服务

Fiscal Services

政务服务

【概况】 2019年，广东省财政厅政务服务中心在后勤管理上做到精心服务、精细保障、精准施策，通过政府购买服务引进专业机构，全面实现后勤事务社会化提供；加强与处室的协调配合，协助厅办公室及中标服务单位合力巩固厅机关后勤管理改革成果；推进厅属国有资产对外出租出借清查整改，合理调配厅周转房；改善办公环境、提高餐饮水平、拓展服务内容，加强日常安全保卫，加大安全教育力度等，政务服务工作效率和质量全面提高。

【后勤管理社会化效能提升】 2019年，广东省财政厅政务中心配合厅机关后勤改革工作专班与中标单位完成服务合同的签订和备案，做好后勤管理工作的衔接与过渡。规范后勤服务内容，经厅办公室、政务中心和珠江物业公司三方协商，与珠江物业公司签订《广东省财政厅停车场管理委托协议》《广东省财政厅周转房房租代收代缴委托协议》《广东省财政厅水电费代收代缴委托协议》，细化停车管理、周转房房租代收代缴和厅属物业水电费代收代缴工作。坚持制度先行，督促、指导服务中标单位根据广东省财政厅实际情况制定一系列管理制度，如《广东省财政厅项目管理处设施设备管理制度》《广东省财政厅项目管理处应急预案》《工程部值班管理制度》等，推动广东省财政厅后勤管理和食堂服务规范化、标准化。加强监管，在后勤管理合同中引入季度考核机制，督促后勤服务中标单位落实整改要求，激发中标单位不断完善服务制度，提高服务标准和质量。

【后勤管理服务效率和水平全面提高】 2019年，广东省财政厅政务服务中心全面提高后勤管理服务效率和水平。

管理事务有新成效 省财政厅政务服务中心推进厅属国有资产对外出租出借清查整改工作，收回到期物业千龙广告公司及南方公证处租赁场所。应对莱克酒店拒不归还租赁场地纠纷问题，防止国有资产流失。提前谋划，主动作为，积极应诉，基于房产所有权关系，推动以广东省财政厅的名义向广州市越秀区人民法院起诉莱克酒店非法侵占国有资产，确保广东省财政厅作为物主单位的合法权益得到保障。按照厅周转房使用管理规定，全面清查，严格审批，确保厅周转房合理调配。全年共审批24名干部职工入住申请，受理退租申请26人。

服务机关上新水平 省财政厅政务服务中心以改善办公环境、提高餐饮水平、拓展服务内容为重点，完善服务机制，提高服务保障能力。改善办公环境，聘请园林公司对广东省财政厅公共区域办公环境的园林绿化布局进行调整、补植、扩绿，为迎接中华人民共和国成立七十周年营造欢庆的节日气氛。配合厅机关机构改革，形成一人对多人的无缝跟踪、对接落实机制，限时、保质、保量完成4个新增处室办公用房改造和88名涉改领导干部的搬迁工作。做好厅主题“快闪”后勤保障事宜，在用电保障、安全保障、用餐安排、清洁卫生、场地保障、物资存管、医疗保障等方面保障活动开展。安全、稳妥、有序开展广东省财政厅办公用房总体优化完善工作，成立办公用房优化改造工作专班，完善有关工作职能，研究制定办公用房优化总方案和计划。做好厅24小时值班室选址、改造工作，确保落实省委、

2019年11月10日，广东省财政厅政务服务中心在广东省财政厅大院开展垃圾分类宣传活动 （陆 晴 摄）

省政府节假日三级带班值班工作要求。研究制定《广东省财政厅生活垃圾分类制度实施方案》，推动厅机关垃圾分类管理和大院住户区域楼道撤桶、垃圾投放点配套建设工作。稳步推进物业管理工作，做好厅办公楼、厅属物业、厅周转房的物业及弱电维护工作。全年协调物业完成日常维修2500余次；门禁、视频监控、会议系统等弱电维护900余次。严格规范车辆出行，以“安全”和“服务”为抓手，做到精心管理、细心服务。全年服务用车2236次，租赁社会化车辆146辆次，行驶里程8万多千米。改进食堂管理，提供安全、优质的就餐服务。拓宽服务渠道，开通OA线上就餐申请，增设周末加班餐供应。加强日常监督管理，以季度满意度调查为抓手，激励中标单位服务人员不断完善服务制度，提高服务标准和质量。

2019年11月22日，广东省财政厅开展“消防安全宣传月”消防安全演练 （温远豪　摄）

安全工作上新高度　省财政厅政务服务中心加强日常安全保卫工作，健全厅机关大院安全防范责任制，严格执行来访登记制度和保安人员24小时值班制度。全年按照信访接待程序接待来访群众58次（440人）；巡查发现办公楼门锁未锁、车窗未关等异常80起；不断强化消防风险防范，坚持日检、月检、重点检查和节前安全大检查结合，逐步解决安全隐患问题。抓好安全生产工作，坚持预防为主、综合治理。联合物业公司研究制定阶段安全生产工作具体措施，细化安全生产工作任务，把安全生产责任落实到具体环节、岗位；定期召开会议，多角度、多层面地研究安全生产形势和措施；联合办公室、人教处制定节假日办公场所及厅属物业安全大检查制度，开展安全隐患排查整改和设施设备保养工作。加大安全教育力度，开展消防安全演练活动。以全国119消防安全宣传月为契机，开展覆盖全厅干部职工的消防安全培训及演练活动，厅机关及所属单位260余人参加活动，做到全面普及安全常识，增强干部职工消防安全意识及防御和处置灾害的能力。

（广东省财政厅政务服务中心供稿，陆晴执笔）

2019年9月12日，广东省财政厅政务服务中心开展厅内中秋节前安全生产大检查 （温远豪　摄）

财政信息化建设

【概况】　2019年，广东省财政数据信息中心围绕财政中心工作，按照“全面对标、全力推动走在前列”的要求，立足本职，对标对表，助力财政改革深入推进，持续优化完善财政业务系统；推进公共支付平台持续提质扩面，率先“试水”区块链财政电子票据业务；完善财政扶贫资金动态监控平台系统建设，扶贫资金监管工作走进全国前列，做好外网应用迁移上云工作；加强系统安全管理及运维保障，为确保财政各项业务平稳、安全、有序运行提供技术支撑。

【财政管理应用系统优化完善】 2019年，广东省财政数据信息中心优化完善财政管理应用系统。

优化改造预算管理系统 省财政数据信息中心细分主题、深入调研，深挖单位预算编制、执行各环节操作的痛点、堵点，广泛收集处室和部门意见建议，以问题为导向，精简内部审核流程，简化系统操作，实现用款计划自动生成，基建和代建直接支付转为授权支付，简化资金申报操作，经费划转由业务处一键生成指标单据，增量调度实现按比例生成，办理流程操作程序进一步简化优化，提升工作效率；以“数据”管理为核心，全面开展支付和总账电子化，分三期全面推进省级国库集中支付业务电子化和总账电子化，做实数据基础，为智能编审打下基础；以推进智能编审为目标，对预算编制和项目库管理系统持续优化改造，提升辅助智能编审占比，提升工作效率和效能。

构建智能监控平台 省财政数据信息中心根据预算编制执行监督管理改革及财政管理重点聚焦预算编制和预算监管的改革要求，依托已建成的财政数据库，构建多种智能分析模型和可视化监控模型，搭建起财政资金智能监控平台，涵盖财政预算执行进度双监控系统、实有资金账户监控、援藏援疆资金监控等应用场景，为实现对全省财政收支全流程、全覆盖、全智能监督监控的前瞻目标打下坚实基础。其中的双监控系统于2019年11月18日上线，为115个省直部门和21个地市财政部门提供支出进度情况查询、预算支出定期分析、支出进度情况及相关建议反馈等功能，并建立对各地、各部门支出进度通报工作的“线上、线下”联动机制，提升财政监管工作效能。

夯实财政大数据平台 财政大数据平台入库数据不断增加，新增纳入工商、编办、卫计委等部门业务数据及国家统计局公布的各类经济统计数据。数据处理和展现工具更为多样，新增开发应用机器学习、语义分析、规则库管理、智能爬虫、智能网络分析等数据处理工具，丰富和完善可视化模型管理、数据仪表盘、数据图表、自定义报表等数据展现工具。数据应用场景更为丰富，数据溯源、关联图谱、数据集市、智能监控、处室数据和热点分析等应用场景投入使用。支撑业务更为便捷，有关数据统一纳入全省财政资金实时在线联网监督工作，可实现市县财政相关数据自动上报、上下级相同资金编码的数据自动衔接、业务有关数据的自动抓取。

建设预决算公开报告填报管理系统 省财政数据信息中心依托财政数据库平台，建设全省统一的预决算公开报告填报管理系统，开发“在线填报，智能取数”“智能审核，自动督办”“实时爬取，全程监控”三大功能，实现“公开内容的完整性、公开形式的规范性、公开时间的及时性、公开监督的全程性”四大管理目标。为全省162个行政区域（不含深圳市），1.3万家预算单位提供近5万次的报告填报及审核检查服务，使广东省预决算公开工作从2017年度全国省级排名倒数第三跨越式提升到2019年度全国排名第二。

【信息化服务效能提升】 2019年，广东省财政数据信息中心提升信息化服务效能。

扩大公共支付平台覆盖面 省财政数据信息中心持续推进缴费支付手段的多样化、便捷化，并不断扩大平台的覆盖面。随着公共支付平台建设纳入省数字政府改革规划建设的八大支撑平台之一，将全省所有市县的非税系统全部接入公共支付平台，建成全省统一的收费支付渠道。推进支付平台与收费部门系统的对接工作，新增纳入户政、司法考试等多套系统，持续扩大平台覆盖面；将微信、支付宝、云缴费等常用便捷的支付手段不断吸纳完善入系统，支付渠道便捷畅通；开展电子票据试点，在广州知识产权法院和中山市车辆管理所顺利推行；与邮政EMS合作，提供票据快递上门，推进相关服务便民利民持续深入。2019年度公共支付平台获得腾讯公司颁发的“年度智慧政务民生小程序”奖项及省电子政务协会颁发的“2019广东省‘互联网+政务服务’创新案例”奖项。

2019年，广东省财政数据信息中心组织研究财政大数据平台支撑数据分析和智能填报 （广东省财政数据信息中心供图）

·链接· **财政电子票　星火正燎原**

——各地推进电子票据管理改革工作纪实

按照2018年12月17日正式印发的《广东省财政电子票据管理改革实施方案》，广东省选择省直单位及深圳市同步开展试点，优先上线继续教育类电子票据，并于2019年1月11日，在广东外语外贸大学开具出第一张财政电子票据。

广东省财政厅相关负责人介绍，截至1月30日，全省范围内已初步完成125所高校（院）对继续教育类票种的推广覆盖，累计开出电子票据2238张，金额达591.99万元。

深圳市也确定了市公安局交通警察局、住房保障署、考试院、不动产登记中心、南山区人民法院和2家幼儿园作为首批试点单位。目前，2家幼儿园均已完成财政电子票据系统操作培训，上线开具财政电子票据工作全部就绪，待新学期开学即可开票。

随后，广东省还将着手研究车辆通行费、出入境非税票据和医疗收费等民生密切关注领域，切实增强服务对象和群众的获得感。“以港珠澳大桥车辆通行费电子票据改革为载体，我们准备推进政府还贷高速公路车辆通行费电子票据运用，提高港珠澳大桥车辆通行‘无感度’。”广东省财政厅相关负责人说。

（原载于2019年2月19日《中国财经报》，记者：张思楠）

开发区块链电子票据平台　省财政数据信息中心根据《关于全面推开财政电子票据管理改革的通知》，为解决电子票据防伪可信、安全流转等技术难题，将区块链技术应用于财政电子票据管理系统，利用分布式账本、智能合约以及链式结构存储技术特性，实现操作有痕迹、过程可跟踪、结果可追踪；利用分布式账本、共识算法和安全加密等技术特性，既保证电子票据在区块链上的防伪可信、安全流转，为数据及其流转安上“保护锁”，又实现电子票据的信息共享，随时随地检索利用。2019年10月，区块链电子票据平台开发完成，10月15日在华南师范大学和广州市妇女儿童医疗中心上线试点，10月24日广州市花都区人民医院开出区块链电子票据，标志着区块链财政电子票据业务在广东“启航”。

【专项工作信息化保障服务】　2019年，广东省财政数据信息中心做好专项工作信息化保障服务。

扶贫资金监管　省财政数据信息中心为确保精准扶贫资金安全有效使用，建立并完善覆盖省、市、县、乡四级的财政扶贫资金动态监控平台，实现横向到边、纵向到底，打通财政扶贫资金监管“最后一公里”，方便及时掌握资金流向和使用情况。系统覆盖全省13个地级市、113个县区，将财政部下达资金（1014.82亿元）和广东省配套资金（1430.88亿元）共274个扶贫专项纳入平台管理，扶贫资金监管工作全国排名第五。

外网应用迁移上云　省财政数据信息中心根据《广东省人民政府办公厅关于做好省政府各部门政务信息系统接管及迁移上云工作的通知》，会同省政数局、数字广东公司，完成将具备条件迁移上省政务云的20套外网业务应用系统及60台套相关设备系统的迁移上云工作。

【信息系统安全和运维保障】　2019年，广东省财政数据信息中心做好信息系统安全和运维保障。

信息系统安全管理　省财政数据信息中心严格规范信息系统日常安全监控，加强防病毒管理，常态化进行漏洞扫描，发现问题严格按规范指引开展工作；重大节日加强人员监控保障，组织驻点人员开展专题安全教育座谈；与省委网信办、省公安厅等安全主管部门加强联系，借助技术力量，提升安全管理水平。

系统运维保障　省财政数据信息中心做好系统软硬件运维和安全管理，组织开展各项运维管理工作，及时响应用户咨询和对各业务系统的优化需求，确保OA、移动办公以及预算管理等各业务系统安全稳定运行，组织多次预算管理系统大规模用户培训；硬件网络系统持续稳定提供服务，支撑内网核心应用生产、灾备中心和网络平台得以升级改造，服务器处理能力提升，网络线路冗余、性能更为稳定，虚拟化资源得到充实。

（广东省财政数据信息中心供稿，谢峰执笔）

财政科研宣传

【概况】　2019年，广东省财政科学研究所围绕财政中心工作，聚焦科研宣传主业，发挥参谋咨询、宣传媒介和史鉴资政作用。贯彻落实省财政厅党组决策部署，紧盯厅中心工作，深入开展课题研究，形成高质量研究成果；优化课题管理思路，持续提升课题管理工作水平；以课题研究成果和课题管理结项报告为基础，加强科研成果转化应用；围绕“深度与时效”，加强广东财政改革及文化宣传，在2019年度全国财政科研宣传工作中获一等奖；推动年鉴编纂质量提升，《广东财政年鉴（2018）》被评为2019年全省优秀等级年鉴二等年鉴。

【财政科研】　2019年，广东省财政科学研究所开展自主研究和合作研究，加强课题管理和科研成果运用。

自主研究 广东省财政科学研究所围绕财政中心工作，开展自主课题研究。与财政部门及科研院所专家深度研讨，深入开展均衡性转移支付相关问题研究，组织均衡性转移支付相关问题书面调研，到广州、佛山等多个地市和部门开展探索性实地调研；组织开展全省书面调研、部分地市实地调研及省人大代表访谈等，研判财政运行态势，研提对策建议，形成《2019年我省财政运行情况调研报告》；分析财政经济发展相关的热点问题，形成《广东落实减税降费政策效果及存在的问题》《中美经贸摩擦对广东经济财政的影响及相关建议》《广东革命老区和原中央苏区经济发展水平及相关政策建议》等系列研究成果。

合作研究 广东省财政科学研究所与中国财政科学研究院合作，形成《广东大财政大预算体系建设研究》，从理论内涵、基本要求、体系构成与制约因素等角度对广东“大财政大预算”体系建设进行探讨分析并提出政策建议。与省财政厅业务处室开展合作研究，参与“财务核算信息集中监管改革”及“转移支付制度”课题研究，合作完成《关于我省不良资产处置存在问题与政策建议》报告。参与中国财政科学研究院组织的全国协作课题研究，形成《金融“脱虚向实”尚须更实——基于中国财政科学院关于广东等省金融机构的相关研究报告》，参与全国财政协作课题研究，形成《大财政体系下的预算改革探究——基于财政治理能力》研究报告。

课题管理 广东省财政科学研究所加强课题管理，做好课题选题和立项。做好自主参与课题管理，以年度财政重点工作为选题方向征集课题项目，共立项课题68个，通过结项课题56个；探索以“后补

2019年8月20日，广东省财政科学研究所参加在省财政厅召开的中国财科院“地方科研院所改革”调研座谈会 （丁丽芸 摄）

财政研究报告

2019年第8期（总第64期）

广东省财政科学研究所 2019年11月15日

2019年“降成本”问卷调查广东省分析报告

摘要：中国财政科学研究院利用企业线上问卷调查数据资料分析，近期形成了2019年“降成本”问卷调查广东省分析报告，从税费情况、企业融资成本、营商环境和企业人工成本、物流成本及原材料成本、企业用能用地成本、企业生产经营及成本等6个方面进行分析，描述了我省“降成本”现状及其变动并肯定成绩、指出差距。该报告基于问卷调查方式，以独特的视角反映了我省降成本的政策落实及企业感受等相关情况，具有参考价值和启发作用。

2019年11月15日，广东省财政科学研究所编印《2019年“降成本”问卷调查广东省分析报告》 （广东省财政科学研究所供图）

助”方式开展广东省财政科研课题（第二批）的选题和立项，向厅业务处室征集并发布研究选题16个，由省直部门、地市财政系统和省内外高校申报并通过专家评审立项的课题50个。

成果应用　广东省财政科学研究所注重科研成果应用，以编印《财政研究报告》《财经信息辑要》方式将科研成果提供厅领导和各处室参考。围绕广东大财政大预算体系建设、2019年广东财政运行情况、2019年“降成本”问卷调查等主题，编印《财政研究报告》12期；以山东对预算管理及财政体制实施重大改革、生态补偿的国内外经验、粤港澳科技创新与创业跨境合作“以财补税”模式等主题，采编《财经信息辑要》12期。

【财政宣传】　2019年，广东省财政科学研究所加强财政工作宣传。

持续宣传党的十九大精神　《广东财政理论与实务》设置“学习贯彻党的十九大精神”专栏，持续宣传习近平新时代中国特色社会主义思想，先后刊登习近平总书记在省部级主要领导干部坚持底线思维，着力防范化解重大风险专题研讨班开班式上发表的重要讲话及习近平总书记关于财政工作及民生保障的重要论述，财政部部长刘昆的署名文章，省财政厅厅长戴运龙的专访，以及专家学者对党的十九大精神的解读等文章。

聚焦宣传财政改革热点　《广东财政理论与实务》“聚焦”板块围绕省财政厅重大改革和重点工作选题，与厅业务处室合作开展宣传，先后聚焦“全面对标　全力推动财政工作走在前列”、财政改革发展、涉农资金统筹整合、财政定点扶贫工作、经济高质量发展、省级科研资金“放管服”改革、预算绩效管理、地方债务管理、“数字财政”、财政监督等主题进行深度宣传，突出财政改革热点。

突出宣传广东财政文化　《广东财政理论与实务》着力宣传广东财政先进工作事迹、队伍建设、文化建设情况，助力提升广东财政工作凝聚力。围绕省财政厅打造高标准财政干部源头培养体系、纪念五四运动100周年系列活动、庆祝新中国成立70周年系列活动、省驻村扶贫财政干部工作情况等，宣传广东省广大财政工作者积极向上精神面貌和工作氛围。

推动年鉴编纂质量提升　2019年，广东省财政科学研究所坚持对标对表省内优秀年鉴，突出专业性、规范性，优化完善年鉴框架和内容。在框架设计上做到逻辑清晰、重点突出，正文以“年度关注”“大事记”“广东财政总述”三个篇目开篇记录财政大事要事；按财政职能划分将“省级财政工作”类目拆分为十个类目，突出年度财政工作重点和亮点；对有关类目进行归并和规范。在版式编排设计上注重创新，图片专辑以省财政厅2018年大事要事为主线设置编排栏目，突出党的建设、深化省级预算编制执行监督管理改革、机构改革、新入职人员培训等重点亮点工作，首次以地图形式展现广东省各地市一般公共预算收支情况，以丰富的财政数据图突出财政特色；以随文配图直观反映财政行业风采、财政支持重要改革发展成果等情况；首次增加“链接”作为部分内容的延伸，可读性进一步增强。

（广东省财政科学研究所供稿）

2019年6月21日，广东省财政支农政策师资培训班（第一期）在广州市举行　（丁群文　摄）

会计函授职业技术教育

2019年4月12日，广东省会计函授职业技术学校组织省师资库专题组到珠海市斗门县岭南大地田园综合体调研 （丁群文 摄）

【概况】 2019年，广东省会计函授职业技术学校围绕财政中心工作，顺应基层干部群众的培训需求，组织开展财政支农政策培训。全年全省举办财政支农政策培训班296期，参训53525人，培训计划完成率100.97%，全省平均每个行政村培训2.35人。其中：省级师资培训班举办2期，参训234人；17个地级以上市举办培训班294期，参训53291人。开展财政支农政策培训专题教研活动8次，开发培训专题4个，完成18.06万字的讲义和教学设计方案编写及配套课件制作。12月，广东省会计函授职业技术学校在财政部召开的全国财政系统培训管理者培训班上，对广东省财政支农政策培训的先进经验和做法作讲解介绍，得到财政部及兄弟省市的肯定。

【财政支农政策培训】 2019年，广东省会计函授职业技术学校做好财政支农政策培训工作。

培训准备 广东省会计函授职业技术学校对整个年度的培训工作进行全面梳理、整体布署，制定工作项目及时间表，明确11项主要管理工作的具体要求、责任人、完成时间等，为省、市、县各级培训工作提供指引；通过征集省财政厅有关处室、各地市财政局及基层培训对象的意见，确定2019年度4个培训专题，组织培训专题组教师到基层调研，编写讲义和教学方案设计，制作教学课件；设计并印制54200本兼备课堂学习笔记和财政支农政策宣传功能的笔记本，免费派发全省培训学员使用；与上海国家会计学院多次协商，开通“广东培训管理系统”，建立对省、市、县（区、市）三级培训计划、进度、班次、内容、授课时数等的管理督导工作制度，实现省、市、县（区、市）三级培训数据动态对接共享。

培训提质增效 广东省会计函授职业技术学校举办两期全省财政支农政策师资培训班。培训结合热点，紧跟时事，增加习近平总书记视察广东清远、习近平总书记关于“三农”工作的重要论述等内容，用时政要闻教育基层干部群众。在课堂教学中，省师资库3名教师综合运用老师讲述，视频播放、提问抢答和案例分析等形式授课，90%以上的参训学员对教师授课效果给予优秀等次评价。此外，省师资库老师深入广州、珠海、中山等11个地市及其所辖县区授课，让优质教学资源下沉基层，深受参训人员好评。

培训实地评估 广东省会计函授职业技术学校抽取江门市新会区、清远市市直及连南县的财政支农培训工作进行实地评估，旁听培训班授课，实地了解当地财政支农政策培训开展情况，检查当地财政支农政策培训省级资金的使用情况。对广州市、珠海市、汕头市等17个地级以上市的财政支农政策培训，从组织领导、计划实施、经费使用、培训管理、质量控制、特色做法六个方面进行量化评估，并将评估结果应用到财政支农政策培训省级补助资金分配上。

【财政支农政策教研】 2019年，广东省会计函授职业技术学校开展财政支农政策教研。

开展教研活动 广东省会计函授职业技术学校组织省师资库培训专题组9位教师开展基层调研、大纲审定、讲义及教学方案设计初审和复审及教师试讲等教研活动8次。开发“实施乡村振兴战略——探讨广东乡村五大振兴 推动乡村加快发展”“进一步加强我省乡镇财政预算管理”“广东省精准扶贫开发资金和新农村建设资金的使用和核算”“村居两委‘白条账’专项治理”4个教研专题，编写讲义及教学方案设计，制作配套教学课件，提供全省各地培训使用。

编写教学案例 广东省会计函授职业技术学校落实“深调研”，做好教学案例编写工作。围绕精准扶贫、乡村振兴、乡镇财政预算管理等培训主题开展教研活动，在珠三角、粤东、粤西、粤北地区选取10镇9村7个现代产业园和农业综合体作为调研点，深入镇、村实地调研，梳理总结各地市发展亮点及经验做法，形成全省教学案例。

（广东省会计函授职业技术学校供稿，关楚业执笔）

行业协会
学会

Industry Associations
and Societies

广东省注册会计师协会

【概况】 2019年，广东省注册会计师协会加强省注册会计师行业管理。全省共有会计师事务所（团体会员）963家、注册会计师（执业会员）10421人、非执业会员19202人；全省会计师事务所实现业务收入超100亿元。全年办理注册会计师注册855人（含深圳298人）、非执业会员入会（含注册会计师转非执业）2274人，注册会计师转所572人，办理非执业会员转会108人，办理会员信息变更117次，为会员开具证明97份。组织全省注册会计师专业阶段考试全省报名200751人、557200科次，分别比2018年增长21.46%、23.51%；组织综合阶段考试报名5165人。先后召开2次理事会、2次常务理事会、7次专门和专业委员会。

【注册会计师行业“不忘初心、牢记使命”主题教育】 2019年，广东省注册会计师协会根据财政部党组和省委关于开展第二批“不忘初心、牢记使命”主题教育的部署要求，组织开展执业机构党组织主题教育，聚焦主题主线，贯彻“守初心、担使命、找差距、抓落实”的总要求，把学习教育、调查研究、检视问题、整改落实四项重点措施有机融合、贯穿始终。带头围绕习近平总书记关于初心使命、党的建设、行业建设等方面的重要论述开展集中学习研讨，落实党组织会议第一议题、党组织学习常设议题制度，结合行业发展实际研究谋划具体落实工作，推动全行业学习贯彻工作往深里走、往心里走、往实里走。加强组织领导，突出以上率下，制定主题教育实施方案，指导行业党组织落实主体责任，统筹推进落实。突出全覆盖抓学习教育到位，全省执业机构369个党组织、5355名党员参与学习教育，实现党员学习教育全覆盖；党组织书记参加轮训555人次，累计检视问题513个。指导召开专题组织生活会和民主评议党员，聚焦突出问题进行检视整改，建立制度377个。

【注册会计师行业“职业化建设”主题活动】 2019年，广东省注册会计师协会出台广东省开展行业“职业化建设年”主题活动贯彻实施意见，制定主题活动时间表和路线图，以推进行业“职业化建设”目标任务为总抓手，探索党建教育、党的组织生活与职业化要求相融合的途径方法，指导事务所党组织发挥党的思想政治优势，引领注册会计师对职业精神的认同和追求；构建主题活动督导体系，完善工作机制，把职业化要求贯彻在会员管理、业务执行标准、会员继续教育、事务所执业质量监管等工作。

【注册会计师行业“放管服”改革】 2019年，广东省注册会计师协会推进“数字年检”改革工作，优化年检系统，落地注册会计师年检全面通过协会公共服务平台网上办理，实现年检工作全面提速。全年全省应检注册会计师6312人，其中年检6179人，不予通过133人，年检通过率97.9%。推进落实“放管服”改革和省“数字政府”改革要求，修订出台《广东省注册会计师协会注册会计师注册规程》，将注册工作流程按“2+5+0”（2项材料、5天办结、0跑腿）进行规范和优化，推动进驻广东政务服务平台，实现注册会计师注册全程网上受理、审核和审批，“零”跑腿办理。

【注册会计师考试组织实施】 2019年，广东省注册会计师协会完成注册会计师考试组织工作。其中，综合阶段考试到考率86.68%，专业阶段考试6科平均到考率35.74%。做好考务人员培训工作，对全省考务人员进行集中培训，统一思想、统一标准、统一做法。加强开展考试机位检查，派出检查组、联合各市注册会计师协会对全省19个考区近96个考点、1445个考场、83870个考试机位及考点的环境等进行检查。

2019年5月16日，广东省注册会计师协会会长欧斌任职座谈会在广州召开。广东省财政厅党组书记、厅长戴运龙出席座谈会并讲话

（广东省注册会计师协会供图）

【注册会计师继续教育】 2019年，广东省注册会计师协会开展多种形式的教育培训，举办各类培训班101期，培训注册会计师、非执业会员、助理人员共17207人次，其中培训注册会计师10281人，完成培训率99%。完成广东省行业第一期领军人才培养工作，共有47名学员毕业；连续第五年在英国举办高级人员培训班；首次成功举办会计师事务所高端人才美国培训班；举办国际化高端人才（美国CPA方向）培训班。连续第五年举办新批准执业注册会计师拓展培训，培训新批准执业注册会计师260人。举办名师走进广东系列专题培训之政府会计与绩效评估专题培训班和新修订审计准则培训班及财经讲堂等。

【会计师事务所执业质量检查和培训】 2019年，广东省注册会计师协会开展2019年会计师事务所执业质量检查工作，共组织32名检查人员、6名专家组成8个检查组，对42家会计师事务所开展检查工作，共抽查报告2213份。对检查发现存在严重问题的4家会计师事务所、8名注册会计师给予行业惩戒处理。将检查发现的突出问题，编写成案例剖析材料，印发行业学习借鉴。对存在问题突出的12家会计师事务所、27名注册会计师进行谈话提醒和专家帮扶，有针对性地予以指导与帮扶。共办理反映会计事务所业务质量问题的投诉举报案件21件，对受投诉举报13家事务所、34名注册会计师进行谈话提醒。开展“司法会计鉴证业务指南”课题研究，指导行业从事司法会计师鉴证业务。组织新审计准则指南培训班、政府采购政策宣讲培训班，加深注册会计师对审计准则，政府采购政策、相关法律法规的理解，提高注册会计师服务质量。

【注册会计师行业信息化建设】 2019年，广东省注册会计师协会继续推进广东省中小型会计师事务所内部管理云平台建设，探索解决会计师事务所信息化的技术资源和财务资源配套问题。推动形成注册会计师协会协同办公系统需求分析方案和需求设计方案，正式上线试运行协同办公系统。建设全省高清视频会议系统，构建便捷、高效的上下联动机制，全年利用高清视频会议系统举行会议7次、远程培训班逾10期，事务所借用培训设备近60次。

【注册会计师行业对外交流与宣传】 2019年，广东省注册会计师协会联合香港会计师公会、澳门会计专业联会在广州举办粤港澳会计师事务所合作联盟“数字经济与大湾区建设”论坛。与香港会计师公会联合举办首届高新科技论坛、专业资格课程（QP）讲座、税务新政之个税改革及大湾区税务政策解读。举办“广东省注册会计师行业诚信杯羽毛球暨粤港澳会计师行业羽毛球友谊赛”。安排中国注册会计师协会驻香港联络处与中外企业促进联会访问团前往东莞高新企业考察交流。与特许公认会计师公会（ACCA）在广州签署新一轮合作备忘录，并合作举办两场税务在线讲座。与澳洲会计师公会联合举办税务专题讲座暨新修订审计准则培训班、互联网趋势下的内控合规转型讲座、新金融工具准则讲座。

【注册会计师行业治理建设】 2019年，广东省注册会计师协会加强行业自律运作，发挥理事会、常务理事会的决策作用，以及专门和专业委员会的专业咨询作用，强化监事会的监督职责。落实国务院“减税降费”工作要求，在2019年会费收缴工作中将中国注册会计师协会减费措施落实到位，让会员有更多获得感。修订完善《广东省注册会计师协会对市补助经费管理暂行办法》，支持地市注册会计师协会提升会员服务和行业治理水平。

（广东省注册会计师协会供稿，林壮镇执笔）

广东省资产评估协会

【概况】 2019年，广东省资产评估协会贯彻落实《中华人民共和国资产评估法》，结合广东省资产评估行业实际履行职能：重视行业党建工作，以党建引领行业发展；制

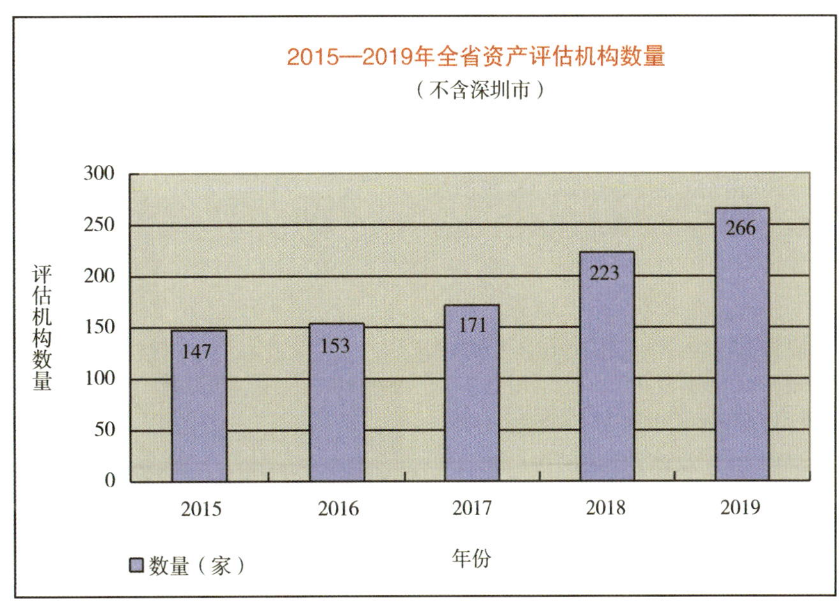

（广东省资产评估协会供图）

定《广东省资产评估行业自律公约》，加强行业诚信建设；开展人才培养调研，组织资产评估师考试、培训，强化行业人才培养；开展行业自律监管、会员日常管理及服务等工作；加强对外交流与学习，承办2019专业人才助力粤港澳大湾区建设评估行业专题交流活动，推动行业融入粤港澳大湾区建设。截至2019年底，广东省资产评估行业（不含深圳市，下同）共有资产评估机构266家，执业资产评估师1900多名。

【资产评估行业党建】 2019年，广东省资产评估协会加强行业党建活动。

开展行业主题教育 省资产评估协会围绕“不忘初心，牢记使命”主题抓学习、促教育，组织广州地区资产评估机构党支部书记集中开展学习研讨，增强守初心、担使命的思想和行动自觉。坚持从实际出发，强化分类指导。分赴广州、佛山、东莞、肇庆、江门等5个地市，听取当地工作情况汇报，到资产评估机构开展督导指导。聚焦问题狠抓整改落实，指导执业机构开展集中整顿软弱涣散基层党组织专项整治，查摆并列出问题清单，逐项整改落实。围绕中心突出学做结合，指导资产评估机构把开展主题教育与提升执业质量等中心工作结合起来，引导资产评估机构参与志愿者服务、社会公益等活动，履行社会责任，组织13家资产评估机构向龙川县鹤市村进行扶贫捐款。

开展主题党日活动 省资产评估协会组织开展“传承五四精神 争做新时代追梦人”、赴龙川县鹤市村开展脱贫攻坚等主题党日活动，引导行业基层党组织、党员发挥先锋模范作用，提升行业凝聚力。

加强行业党组织建设 省资产评估协会开展广东省资产评估行业党员及党建普查工作，推动资产评估行业党的组织和党的工作全覆盖；向省委“两新”工委推荐3家资产评估机构党组织进入省属行业党委直接联系点，加强基层党组织建设。

【资产评估行业诚信建设】 2019年，广东省资产评估协会加强行业诚信自律建设。研究制定《广东省资产评估行业自律公约》，成立协会诚信自律委员会，健全完善行业诚信自律机制。12月10日，广东省资产评估协会举办行业自律公约签约暨2020诚信建设年启动大会，首批234家资产评估机构负责人共同签署《广东省资产评估行业自律公约》并进行诚信宣誓。

【资产评估行业人才培养】 2019年，广东省资产评估协会加强行业人才培养。

加强行业人才队伍建设 省资产评估协会开展“行业人才培养”调研工作，掌握行业人才培养需求和人才发展新情况，探索构建行业人才结构体系。组织部分资产评估机构参加专场招聘会，拓宽人才引进渠道。做好行业专业人才储备和推荐工作，组建省人民法院委托资产评估专业技术评审库，审核25名资产评估师入选评审库并报中国资产评估协会备案；配合中国资产评估协会开展资产评估行业高端人才选拔培养工作，广东省2名资产评估师入选行业高端人才。

做好资产评估师资格考试考务工作 省资产评估协会加强各方沟通协作，做好各项考务安排，保障广东考区考试顺利进行。2019年资产评估师考试广东考区报考人数5564人，总报名14608科次，考试报名人数比2018年增长17.6%。

开展资产评估专业人员培训 省资产评估协会举办5期共8个资产评估师继续教育培训班，培训学员1940人次。12月，协助省财政厅举办全省资产评估机构诚信道德教育培训班，提升资产评估机构和资产评估专业人员执业质量和执业道德水平。

【资产评估行业自律监管】 2019年，广东省资产评估协会加强行业自律监管。

开展行业执业质量检查 省资产评估协会采取行政检查和行业检查联合开展的方式，组建6个检查组，对24家非证券评估资格资产评估机构进行实地检查。先后召开检

2019年12月10日，广东省资产评估协会举办行业自律公约签约暨2020诚信建设年启动大会 （广东省资产评估协会供图）

查汇报会暨专业技术委员会会议、惩戒委员会会议，研究行业执业质量检查发现的问题。按程序对2家资产评估机构作出通报批评，对1家资产评估机构作出严重警告的自律惩戒；对2名资产评估师作出严重警告，对4名资产评估师作出警告的自律惩戒。对7家资产评估机构、16名资产评估师给予谈话提醒、发关注函等非自律惩戒类的行业处理。并对4名资产评估师多处执业问题和对1家资产评估机构不符合持续设立条件问题，向省财政厅报告。

开展扫黑除恶专项斗争重点行业领域专项整治　5—6月，省资产评估协会派出工作组到广州、佛山、汕头、河源、韶关、清远、湛江、阳江等8个地级市开展行业专项整治实地检查调研，听取资产评估机构自查自纠工作情况及对该行业、该地区乱象线索的反馈意见。7月，结合主题教育的部署要求，将行业执业环境治理纳入调研计划，制定行业整治专项措施，逐步完善专项整治线索摸排管理机制和行业自律监管体系等长效机制。

妥善处理投诉来访事项　省资产评估协会受理投诉事项12件，省财政厅会办信访事项2件，按程序妥善予以办理。

【会员管理服务】　2019年，广东省资产评估协会加强会员管理服务。

资产评估机构和分支机构备案　省资产评估协会共发出省财政厅委托的140家资产评估机构备案公告，其中登记备案57家，变更备案73家，注销备案10家。

资产评估师年检和首席评估师备案　全省参加并通过年检的执业资产评估师1545人，未通过年检128人；全省按规定完成首席评估师备案的资产评估机构159家，未备案或备案不符合规定的资产评估机构35家。

会员日常服务管理　省资产评估协会为资产评估机构业务投标出具无不良记录证明240份，业务征询意见函6份。办理资产评估师职业资格登记273人次，注销登记32人次。办理非执业会员登记74人次。办理资产评估师执业会员转所347人次，非执业会员转会27人次。

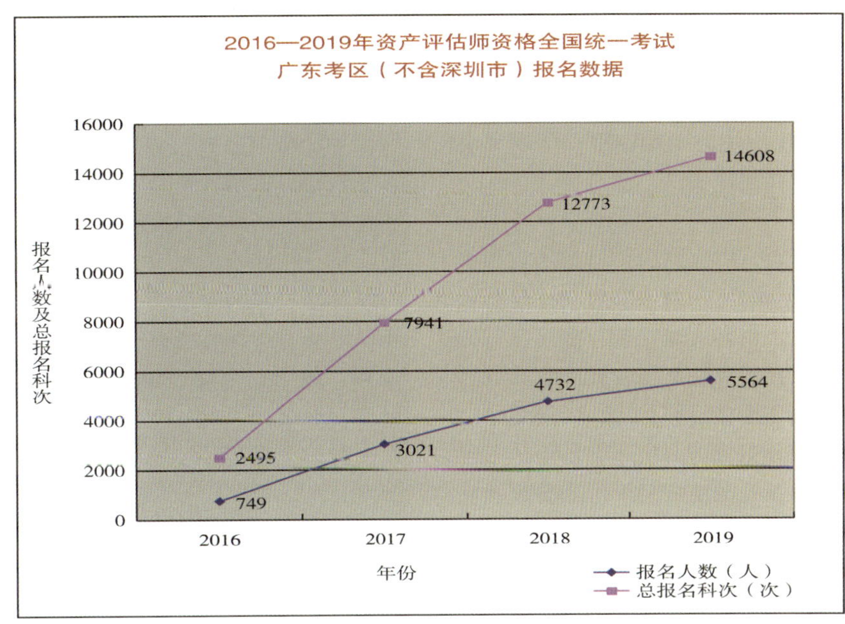

注：资产评估师资格考试改革，自2016年起由中国资产评估协会自主实施资产评估师资格全国统一考试　　（广东省资产评估协会供图）

资产评估机构年度报备　全省参加并通过年度报备的资产评估机构203家，未通过的12家，期间注销资产评估机构4家。将未通过年度报备的12家资产评估机构相关情况报告省财政厅。

资产评估机构综合评价工作　省资产评估协会印发《关于做好2019年资产评估机构综合评价工作的通知》，组织开展广东省资产评估机构2019年综合评价工作。向中国评估协会汇总上报152家参与综合评价的资产评估机构数据；评价公布2019年广东省资产评估机构综合评价排名前80家资产评估机构名单。

【行业对外交流】　2019年，广东省资产评估协会加强对外学习与交流，推动行业融入粤港澳大湾区建设。承办“凝聚新智慧，献策大湾区”2019专业人才助力粤港澳大湾区建设评估行业专题交流活动，邀请粤港澳三地专业人士，围绕“机遇挑战”“创新融合”“共话蓝图”等议题深入探讨，促进评估专业人才互动与交流，为粤港澳三地评估务实合作奠定基础。

（广东省资产评估协会供稿，刘文娴执笔）

广东省会计学会

【概况】　2019年，广东省会计学会围绕财政中心工作，发挥专业优势和平台作用，在会计科研课题研究、会计人才培训、会计宣传、会员服务和政府购买服务事项承接等工作上取得新成绩。

【会计学术研究】　2019年，广东省会计学会组织开展2019—2020年度会计科研课题立项评审工作。专家评审委员共评审课题209项，主要对课题的研究内容、工作方案、课题主持人及课题组成成员等情况进行评审，评出2019—2020年度立项课题120项。

【会计宣传】 2019年，广东省会计学会加强会计工作宣传。

会刊编印宣传 省会计学会做好会刊《广东财会》的编印宣传工作。围绕研究财会理论、探讨财经问题、交流实践经验、分享实践方法、宣传会计文化；设立“研究探索”“来稿撷萃”“技术导航”“交流驿站”等栏目，多角度、多层次、多领域宣传会计理论研究和实践方面的新成果、新动向、新经验和新知识，全年编印《广东财会》4期。

会计职称改革宣传 省会计学会为方便广东省会计人员了解最新的会计职称评审政策，结合省人力资源和社会保障厅、省财政厅联合颁布的《广东省深化会计人员职称制度改革实施方案》，举办深化会计职称制度改革宣讲会，为全省各类单位准备申报会计职称的人员、各地财政部门会计管理机构的管理人员等近400人进行政策宣讲及申报系统讲解。

【会计专业培训】 2019年11月25日，广东省会计学会开展会计专业知识培训，提高会计从业人员业务水平。

会计继续教育远程培训 省会计学会结合财政和会计改革需要，制定年度培训方案，确保培训工作有序进行。广东省会计学会远程继续教育培训系统逐步实现专业服务标准化，按照有关财政部门规定的内容及学习时间要求。录制提供各年度继续教育课程视频，课程面向省直、佛山、东莞、湛江、梅州、云浮等地会计人员。全年共有8376人次在学会远程继续教育平台报名学习。

高端专业培训 省会计学会围绕当前会计热点，打造高端专业培训品牌。4—9月，联合厦门国家会计学院和上海国家会计学院，共举办4期广东省中高级会计人员培训班。培训主题涵盖大数据在财务工作上的运用、宏观经济形势与税制改革、业财融合与管理会计发展趋势、管理会计与财务管理在行政事业单位的应用、企事业单位内部控制与风险管理、财务报表分析与解读、财务管理中的法律问题以及公司治理相关问题探讨等，共472名学员参加学习。

【会员服务】 2019年，广东省会计学会做好会员服务工作。

完善线上会员服务平台 省会计学会完善学会网站、公众号等线上服务平台。健全完善学会网站的支付功能，新增开通微信扫描支付手段，简化会员、远程继续教育学员缴费流程，增加电子发票功能，使服务更加人性化、智能化和服务均等化，提升工作效率及服务效率；微信公众服务号接入扫码报名会员活动的小程序，为广东省财会人员、学会单位会员提供更方便快捷参与学会活动的手段。

简化入会程序 省会计学会优化入会流程，减少使用纸质申请，多次邮寄等繁琐手续。实现会计人员网上填写入会资料，选择会员等级、提交相关证明材料和按入会年限进行缴费。全年共有73人申请成为个人会员，其中62名会员通过网上申请入会；1个单位申请成为单位会员。

优化职称考试教材征订系统 省会计学会总结职称考试考试教材征订出现的问题，结合实际，对征订系统进行全面优化和调试，涉及征订流程、银联收费、网站系统等各个方面。面向全省考生，提供从选书、下单、付款、咨询、订单跟进、送书上门等一站式线上服务。全省共征订会计专业技术资格考试用书16939本。

2019年11月25日，广东省会计学会举办深化会计职称制度改革实施方案宣讲会 （广东省会计学会供图）

【政府购买服务事项承接】 2019年，广东省会计学会承接会计师事务所执业证书核发、会计资格考试、会计师资格评审等政府购买服务事项。

会计资格考试考务 省会计学会协助做好广东省会计资格考试考务工作，对21个考区会计专业技术资格考试报名、考后资格进行复核。2019年度广东省初级有427298人报名，达到合格线标准67415人，考后资格审核通过67131人，审核不通过131人，逾期未参加审核153人；中级有178445人报名，达到合格标准线23166人。其中，考后资格审核通过约22904人，审核不通过175人，逾期未参加审核87人；高级有4532人报名。广东省有45.6万人成功报考2020年度初级考试。

正、副高级会计师资格评审 省会计学会协助省财政厅会计处搭建广东省会计人员高级职称评审管理系统，包括候选评委选拔、职称材料申报、职称材料评审等子系统。其中，候选评委选拔子系统于2019年9月投入使用，共收到171人的申请材料。职称材料申报系统于2019年底投入使用，完成注册的单位（不含广州市、深圳市所辖单位）909家，审核通过835家；完成注册的申报人员1029名。按照省人力资源和社会保障厅、省财政厅联合颁布的评审文件要求，完成网上申报材料审核835份，受理800份，其中：高级774份、正高26份（破格1份、认定11份、评审14份）；审核不通过材料16份；未再次提交审核的失效材料19份。

会计师事务所执业证书核发 省会计学会配合落实“放管服”改革，优化会计师事务所执业证书核发办理流程，全年办理新设会计师事务所33家，分所9家；事务所变更181家；终止事务所（分所）13家。

（广东省会计学会供稿，陈锦媛执笔）

广东省预算会计研究会

【概况】 2019年，广东省预算会计研究会围绕广东财政中心工作，结合职能特点，优化管理运作机制，提升为预算管理和国库管理服务的能力和水平。完成研究会换届工作，2019年12月11日召开第四届第一次会员大会，审议第三届理事会工作报告和财务收支报告，修改研究会章程，选举产生第四届理事会、监事会，以及会长、副会长和秘书长等。围绕中心工作开展重点课题研究，按全国预算与会计研究会部署承接“粤港澳大湾区财政政策研究”。做好《预算管理与会计》征订宣传工作，承接广东省财政厅委托服务事项。

【粤港澳大湾区财政政策研究】 2019年，全国预算与会计研究会将“粤港澳大湾区财政政策研究”课题作为2019年重点研究课题，邀请广东省预算会计研究会作为课题组成员开展研究。广东省预算会计研究会深入调查研究，制定细化研究提纲，组织专家写作，邀请江门市财政局及广东省财政职业技术学校有关领导和专家参与研究，丰富课题研究内容，着力提高课题研究的实践性、针对性和有效性，形成高质量课题报告。10月，广东省预算会计研究会将课题报告报送全国预算与会计研究会。

【《预算管理与会计》征订】 2019年，广东省预算会计研究会继续开展《预算管理与会计》征订宣传工作，对历年《预算管理与会计》征订结构进行深入分析，巩固传统订阅网络；调整订单发送方式，由原来发送到单位调整为直接发送到个人，增加订阅支持；对征订较少的地市财政局加大宣传力度，实现刊物在地市层面全覆盖；增加对市级四套班子及省、市、县三级图书馆的赠阅，扩大征订范围。

【委托服务工作承接】 2019年，广东省预算会计研究会承接广东省财政厅委托的相关服务事项，协助完成省财政厅预算处、国库处、科教文处各类资料整理汇编业务，包括《广东财政分析资料》《广东省预算管理制度汇编》，校对汇报材料；做好文件收发工作，协助管理有关档案；协助开展综合性工作，提供专家咨询服务等。

2019年12月11日，广东省预算会计研究会在广州召开第四届第一次会员大会
（肖鑫辉　摄）

·链接·

广东省预算会计研究会第四届理事会领导名单

会　长：许航敏

常务副会长：黎利权

副会长：李文彬　罗其安　姚凤民　彭成洪

秘书长：刘继东

广东省财政学会

【概况】　2019年，广东省财政学会围绕广东财政改革发展中心工作，协助开展财政科研宣传等辅助服务，参加各类学术活动，提升广东财政学会影响力。协助广东省财政科学研究所收集课题研究资料；参与《广东财政理论与实务》杂志美术编辑，承担省财政厅交办的摄影摄像任务，协助做好财政宣传有关工作；参与管理广东省财政厅图书馆，提供图书导读借阅等服务。

【财政科研服务】　2019年，广东省财政学会为财政课题研究定期收集财经改革信息，包括国家和广东省最新出台的财政改革制度政策文件、领导重要决策部署和国内外最新财经改革动态等信息，为财政科研提供支撑；协助开展课题研究，2019年，广东省财政学会配合参与中国财政学会和中国财政科学研究院在粤开展的“降低企业融资成本”深度调研、金融“脱虚向实”深度调研、全国财政协作课题《大财政体系下的预算改革探究——基于财政治理能力》调研等。

【财政宣传服务】　2019年，广东省财政学会参与《广东财政理论与实务》杂志全年12期的来稿登记、文字校对、封面设计、排版印刷和每期近1万册的邮寄派送工作；承担《广东财政理论与实务》版式设计和美术编辑工作，为省财政厅提供摄影摄像服务，参与省财政厅重要事件的声像资料存档工作，为《广东财政理论与实务》和《广东财政年鉴（2019）》提供图片素材，为省财政厅档案归档提供声像材料。

【图书资料服务】　2019年，广东省财政学会服务全厅干部职工的图书资料需求，做好图书馆管理服务工作，构建良好阅读环境。每季度选购精品图书，完成图书馆图书更换、上架、整理与清理等工作；制定新书目录，方便全厅干部职工参考借阅；配备专人管理图书，做好图书查寻和新书登记造册工作；协助管理省财政厅“数字图书馆”，为全厅干部职工免费查阅资料与阅读电子文献提供海量学习资源。

【学术活动】　2019年，广东省财政学会参加省社科联和社会组织总会举办的培训和会议，与高校和研究机构等加强横向交流，拓展学会视野。

（广东省财政学会供稿，肖鑫晖执笔）

2019年11月1日，广东省财政学会第八届第二次常务理事会召开

（广东省财政学会供图）

市县财政

Municipal and County-level Public Finance

广州财政

【财政经济概况】 2019年，广州市实现地区生产总值23628.60亿元，按可比价格计算，比2018年增长6.8%。其中，第一产业增加值251.37亿元，比2018年增长3.9%；第二产业增加值6454.00亿元，增长5.5%；第三产业增加值16923.23亿元，增长7.5%。第一、二、三次产业增加值的比例为1.06∶27.32∶71.62。全年完成固定资产投资比2018年增长16.5%。其中，国有经济投资比2018年增长36.1%；民间投资增长27.8%；港澳台、外商经济投资下降19.3%。全年商品进出口总值9995.81亿元，比2018年增长1.9%。其中，商品出口总值5257.98亿元，比2018年下降6.2%；商品进口总值4737.83亿元，增长12.7%。全年社会消费品零售总额比2018年增长7.8%。其中，批发零售业零售额比2018年增长7.7%；住宿餐饮业零售额增长8.1%。全年居民消费价格总水平比2018年上升3.0%；工业生产者出厂价格下降1.0%；工业生产者购进价格下降1.4%；固定资产投资价格上升4.8%。

2019年，全市一般公共预算收入1697.2亿元，比2018年增长4%。其中，市本级收入810亿元，比2018年增长3.3%；区级收入887.2亿元，增长4.5%。全市一般公共预算支出2865.1亿元，比2018年增长14.3%。其中，市本级支出950.8亿元，比2018年增长9.5%；区级支出1914.3亿元，增长16.9%。

【财政经济调控】 2019年，广州市落实减税降费，增强科技创新支撑力，增强产业体系竞争力，增强对外开放吸引力，提升交通枢纽功能，推进乡村振兴战略，支持大湾区建设，扶持民营经济发展，优化营商环境，防范化解政府债务风险，增强财政经济调控能力。

落实减税降费 广州市建立减税降费联席会议制度，加强对全市落实减税降费工作的组织领导和统筹协调。印发《广州市落实减税降费政策总体工作方案》，细化市各部门责任分工，确保政策落实工作无缺失、无漏项。加强财政运行动态监控，全面强化财政管理，厉行节约、挖掘潜力，采取措施化解收支矛盾，确保全年收支平衡。建立财税部门联动机制，加大全年财政收支运行监控力度，测算各项减税降费政策对财政收入的影响，研究减税降费工作中需协调解决的问题。与市税务、社保等部门共同贯彻落实好深化增值税改革、个人所得税改革、小微企业普惠性减税和“六税两费”按50%幅度减征和社保费降费率等改革措施。会同市发改等部门落实降费减负政策，深入企业调研政策落地情况，听取企业意见建议，减轻实体企业负担。全年广州市新增减税621.7亿元。

增强科技创新支撑力 广州市级财政投入100.4亿元支持科技创新。投入21.6亿元支持基础研究和关键核心技术攻关，推进再生医学与健康省实验室、海洋省实验室、太赫兹国家科学中心等重大科技基础设施研究平台建设，新增1家国家重点实验室、5家国家级企业技术中心、4家国家地方联合工程研究中心，专利、发明专利授权量分别比2018年增长16.7%和13.2%。投入18.7亿元落实企业研发机构建设和研发投入后补助等扶持政策，高新技术企业突破1.2万家，居全国第三；国家科技型中小企业备案入库9283家，居全国第一。投入5亿元优化创新生态，推进广州（国际）科技成果转化天河基地启动建设，华南（广州）技术转移中心获批中国创交会成果转化基地，科技信贷风险补偿资金池撬动银行贷款超过140亿元。

增强产业体系竞争力 广州市级财政投入62.8亿元推进现代化产业体系建设。投入30.9亿元推动制造业高质量发展，推动汽车、消费品工业、装备制造等产业加快转型升级，72个项目获得国家、省级智能制造试点，103个项目获得国家级绿色制造示范项目，高技术制造业增加值比2018年增长21%。投入6.5亿元发展战略性新兴产业，十大价值创新园区集聚企业超过3700多家，乐金显示、粤芯芯片、百济神州等重大项目建成投产，18个工业互联网标识解析二级节点接入国家顶级（广州）节点，新兴产业增加值比2018年增长7%。投入25.4亿元支持现代服务业出新出彩，“全

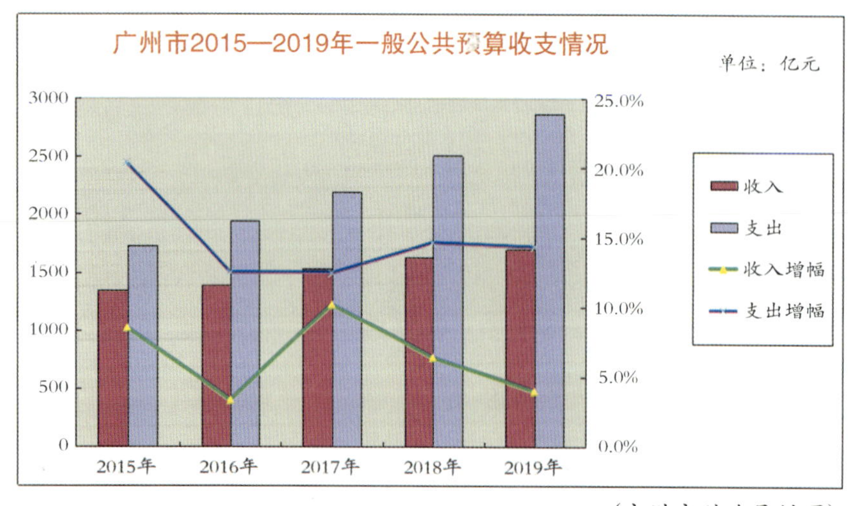

（广州市财政局供图）

球定制之都”“广州设计之都”“生态设计小镇”建设卓有成效，认定高端专业服务业重点企业133家，设立上交所南方中心和深交所广州服务基地，新增上市公司20家，现代服务业增加值比2018年增长9.3%。

增强对外开放吸引力　广州市级财政投入26.3亿元支持形成全面开放新格局。全面落实国家减税降费政策，全市新增减税621.7亿元；出台境外高端和紧缺人才个人所得税差额补贴政策，首笔财政科研资金实现跨境拨付，率先取消政府采购投标保证金。投入12.6亿元参与“一带一路”建设，新增落户世界500强企业5家，外贸进出口总额突破1万亿元；签署广深战略合作框架协议，实施新一轮广佛同城化合作，加快打造广佛肇清云韶经济圈。投入13.7亿元支持商贸发展和人才建设，推进市场采购、服务贸易创新发展等国家试点，国际时尚之都、国际消费中心和国际商贸服务中心基本形成；跨境电商进口规模全国第一，实际使用外资比2018年增长8.1%。新入选国家重大人才工程专家105人，评选产业领军人才116名，新发放人才绿卡1325张。安排超过100亿元专项补助支持推进南沙自贸试验区建设，累计形成506项创新成果，42项在全国复制推广。

提升交通枢纽功能　广州市级财政投入226.1亿元完善交通枢纽功能。投入141.1亿元加大综合交通网络建设，先后推动广湛高铁等16个国铁城际线站项目开工建设，穗莞深城际开通运营；持续推动三号线东延段等13个地铁项目建设，地铁21号线通车运营，地铁运营里程突破500千米；继续推进高速公路网建设，凤凰山隧道全线通车，大交通综合网络体系得到进一步完善。投入27.3亿元加快国际航运、航空枢纽建设，加快建设南沙港区四期、深水航道拓宽二期等航运枢纽工程，广州港货物和集装箱吞吐量分别比2018年增长12.6%和6.1%；新开国际航线21条，机场旅客吞吐量7338.6万人次。投入57.7亿元公共交通综合补贴，完善城乡公交客运网络，提升外围区域公交接驳服务和夜间经济发展公交配套服务，提升农村客运信息化水平。

推进乡村振兴战略　广州市级财政投入142.4亿元推进乡村振兴战略。投入基本公共服务补助资金80.9亿元，落实各项农业补贴、惠农（渔）政策，多渠道促进农民增收，实施城乡社会关爱工程。市级高标建设补助资金标准从原来的22500元/公顷提高至37500元/公顷，累计建成高标准农田61.67万公顷。新增生态景观林40千米、新增绿道60千米。投入32.2亿元产业振兴资金，建设7个省级现代农业产业园，市级农业龙头企业达到172家，大湾区“菜篮子”平台投入运营。投入17亿元改善生态宜居环境，农村生活垃圾保洁和生活污水治理基本实现全覆盖，90个行政村达到省定特色精品村标准，新改建“四好农村路”260千米。投入12.3亿元促进农村创新发展，实施“粤菜师傅”“南粤家政”等工程，建成一批国家级、省级大师工作室及培训基地，推进“百团千人科技下乡”工程。

支持大湾区建设　广州市向中央争取粤港澳大湾区个人所得税优惠政策等财税优惠政策，8月印发《广州市关于粤港澳大湾区个人所得税优惠政策财政补贴管理暂行办法》，明确从2019年1月1日起对在广州市工作的境外高端紧缺人才在广州市缴纳的个人所得税已缴税额超过其按应纳税所得额的15%计算的税额部分给予财政补贴，补贴免征个人所得税。对纳入大湾区战略部署的重大发展平台、重点项目、体制机制创新任务予以重点支持；对接省级财政专项资金扶持方向，推动海洋省实验室、华工国际校区、香港科技大学（广州）、乐金显示、广州呼吸中心、高水平医院等一大批项目得到省级扶持。对涉及大湾区建设的相关业务开通绿色通道，加快审核审批、资金拨付等进度；推进财政科研项目资金跨境使用，出台《关于市级财政科研项目资金绩效提升和管理监督办法》，探索市级财政科研项目经费“包干制”和构建跨境财政科研资金监管模式，明确资金跨境拨付流程。2019年8月1日，广州市首笔财政科研资金3800万元拨付至香港科技大学。出台支持港澳青年来穗创新创业政策，新增港澳青创孵化基地32个。

扶持民营经济发展　广州市加大对科技、工业、金融、商务等产业发展专项资金投入力度，不分企业所有制形式，通过补助、奖励、股权投资等多种方式支持包括民营企业、中小微企业在内的各类企业在广州创新发展。创新完善融资机制，缓解中小微企业融资难问题。利用信贷风险补偿资金池，为科技型中小企业发放不低于10倍风险补偿资金规模的科技信贷。2016—2019年，广州市财政分年度投入5亿元支持设立市本级再担保机构，专门为中小企业开展再担保业务。设立中小企业发展基金，广州市财政投入5亿元，通过吸引民间资本，以股权投资方式支持中小企业发展，2019—2021年，广州市财政每年安排3000万元（共9000万元）资金用于政策性小额贷款保证保险风险补偿和保费补贴，通过政府支持、市场运作的方式，完善政银保风险分担机制，缓解中小微企业融资难问题。

优化营商环境　广州市推进政府采购体制机制、执行操作、政策功能、基础管理、监督检查等关键监管领域改革，促进广州市政府采购全方位健康发展，优化全市营商环境。全面清理妨碍政府采购领域公平竞争的规定和做法，促进政府采购公平竞争，依法保障市场各类主体平等参与政府采购活动的权利。在国内率先取消投标保证金，确需收取履约保证金的应当通过非现金方式，降低供应商参加政府采购活动的交易成本。缩短采购资金支付时间，满足合同约定支付条件的，采购人原则上应当自收到发票后5个工作日内办理支付，方便供应商资金回笼。广州市在中国社科院发布的全国主要城市营商环境综合评分中排名第一。

防范化解政府债务风险　广州市实施政府性债务化解方案，市级财政落实政府性债务还本付息资金64亿元，确保政府债务按时归还。依法依规开展债券融资，全年市级发行新增地方政府债券175.6亿元，发挥地方政府债券对稳投资、扩需求、补短板的重要作用。建立政府债务风险指标定期监测机制，准确测算本地区的举债空间，在空间内适度举借政府债务。截至2019年底，全市政府债务余额2715亿元，低于省下达广州市限额（3132亿元），广州市各项债务风险指标均处于警戒线之下，全市没有地区被纳入风险预警地区和风险提示地区，风险可控。

【财政民生保障】　2019年，广州市扩大公共教育资源供给，健全社会保障就业网络，提升卫生健康服务质量，促进区域文化繁荣发展，完善社会治理机制，提高城乡环境质量，扩大扶贫援建成果，推进民生十件实事，保障民生财政支出。

扩大公共教育资源供给　广州市级财政投入198亿元发展教育事业。主要包括：投入66.9亿元保障各类教育经费，推进教师队伍建设及维持学校日常运作。投入18.3亿元发展学前教育及提升基础教育设施，普惠性幼儿园在园幼儿占比达82.6%，新增公办幼儿园学位5.88万个、公办中小学学位1.36万个。投入23.5亿元推进职业教育优质品牌和“双精准”示范专业建设，广州科技教育城开工建设，番禺职业技术学院、广州铁路职业技术学院获评“国家优质专科高等职业院校”并纳入国家高水平高职学校和专业建设计划，广州市在第45届世界技能大赛中获得4枚金牌。投入40.5亿元支持在穗高校“双一流”建设，广州大学计算机科学、工程学和广州医科大学药理与毒理学进入ESI全球前1%学科，华南理工大学国际校区一期建成开学。投入6亿元用于城乡免费义务教育补助、随迁子女学位补贴等，促进城乡教育均等化发展。

健全社会保障就业网络　广州市级财政投入167亿元完善社会保障体系。投入7.8亿元就业创业资金，加大对高校毕业生、退役军人、转岗分流职工、城镇就业困难人员等群体就业保障工作，实现全市城镇就业人数33.73万人，城镇登记失业率2.15%。投入58.4亿元养老保险资助资金，推进农转居人员并入城乡居民养老保险改革，惠及20.4万人；持续推进社保扩面，企业退休人员养老金提高至3586元/月，在穗近1.4万名港澳居民同等享有养老保险待遇。投入12.8亿元低保、救济、残疾人补助等资金，稳步提高社会救助标准，城乡低保标准和孤儿基本生活保障标准分别提高到每人每月1010元和每人每月2406元，长者饭堂增加到1036个。投入17.8亿元抚恤安置资金，创建双拥模范城市，初步建成退役军人四级服务保障体系。投入33亿元加快保障性安居工程建设，新开工棚户区改造住房1.73万套、基本建成1.76万套，发放住房租赁补贴1.36万户。

提升卫生健康服务质量　广州市级财政投入117.8亿元健全卫生健康服务机制。投入30.5亿元完善医疗基础设施，国家呼吸医学中心、国家儿童区域医疗中心加快建设；推行药品集中采购，采购药品费用较公立医疗机构综合改革前下降25.2%；全市全民健康信息平台已联通274家医疗卫生机构，15家市属医院已接入检验检查结果互认信息平台。投入40亿元医疗保险政府资助资金，做好城乡居民、社会

2019年9月6日，广州市财政局局长陈雄桥到广州市老年人服务中心、海珠区沙园街道调研广州市居家养老以及长者助餐配餐工作开展情况

（广州市财政局供图）

申办退休人员及机关事业单位工作人员的医疗保障，居民医保扩面完成率107.7%，报销比例提高5.8%，资助19.3万名困难群众参加社会医疗保险，2万多名港澳学生享有同等医疗保险待遇。投入7.5亿元计划生育和优生优育资金，实施第三轮母婴安康行动计划，推进3岁以下婴幼儿照护服务发展。投入8.8亿元加大基层医疗卫生服务补助，推进紧密型医联体医共体建设、社区医院建设试点和优质服务基层行活动，基层医疗卫生机构业务用房建设达标率突破98%。

促进区域文化繁荣发展　广州市级财政投入46.5亿元发展文化旅游体育传媒事业。投入14.9亿元发展文化旅游产业，商旅文、文化与金融、文化与科技融合发展取得突破进展，北京路核心文化区获得全国10家创建“国家级文化产业示范园区”资格。投入16.6亿元推进文化设施建设，广州美术馆、文化馆主体结构完工，省“三馆合一”项目落户广州。投入6.8亿元加强文化宣传交流，举办广州文交会、“羊城之夏”广州市民文化节等活动，番禺区成功创建首批国家全域旅游示范区。投入7.5亿元推进体育强市建设，246个公共图书馆实现通借通还，体育场馆惠民超过1000万人次。

完善社会治理机制　广州市级财政投入98.8亿元构建安全共享的社会治理格局。投入10.5亿元推进社会治安防控体系建设，深入推进扫黑除恶专项斗争，案件类警情、刑事立案分别下降13.7%和5.2%。投入7.7亿元完善社区治理体系，推进社区、社会组织、社工“三社联动”建设，将服务和管理向社区延伸。投入8.5亿元城市更新改造资金，完成202个老旧小区微改造，永庆坊二期示范段和骑楼段、海珠广场、沙面片区完工对外开放。投入2.5亿元支持市容环境整治和违建治理，整治“散乱污”场所3.9万个，拆除违法建设4800万平方米。投入2.4亿元创建国家食品安全示范城市，完善安全生产责任体系。

提高城乡环境质量　广州市级财政投入152.8亿元推进污染防治工作。投入121.1亿元推进水环境治理，纳入国家监管平台的147条黑臭河涌基本消除黑臭，建成污水处理厂12座，新增污水处理能力100万吨/日；新建成污水管网4169千米；第二批49个城中村截污纳管工程基本完工，累计埋地管约2149千米；第三批44个城中村截污纳管工程累计埋地管2091千米，完成率93%。投入20.6亿元推进垃圾治理，第三资源热力电厂、福山生物综合处理厂建成运营，新增焚烧处理能力4500吨/日、生化处理能力3720吨/日；持续推进“厕所革命”，新改建公厕2557座，扩大机关企事业单位厕所对外开放。投入11.1亿元巩固蓝天保卫战成果，推进公交车电动化改革，全市PM2.5平均浓度连续三年达到国家二级标准。

扩大扶贫援建成果　广州市级财政投入21亿元推进扶贫援建工作。投入14.8亿元支援新疆、西藏、贵州毕节和黔南，以及梅州、清远等地区扶贫援建工作，超额完成东西部扶贫协作协议指标；新疆疏附县、西藏波密县脱贫摘帽；梅州、清远8万贫困人口脱贫率达99.5%。投入6.2亿元扶持市内北部山区巩固扶贫成果，推动113个行政村创建省级生态宜居美丽乡村示范点。

推进十件民生实事　广州全市财政共投入211.1亿元推进十件民生实事，其中市本级投入99.4亿元。主要用于公共交通、住房保障、政务服务、医疗卫生、公共安全、就业保障、救助济困、社会保障、公共教育、环境整治等领域。

【财政改革】　2019年，广州市财政局以深化预算编制执行监督管理改革为契机，进一步提升预算管理工作成效。广州市和南沙区双双获得国务院2019年度全国地方财政管理工作考核激励表彰，是全国8个获此殊荣的城市中唯一市、区同时上榜的城市。

推进市区事权与支出责任划分改革　广州市印发《广州市市级与区级财政事权和支出责任划分改革实施方案》《广州市基本公共服务

2019年11月13日，广州市财政局局长陈雄桥到对口帮扶的清远连州市沙子岗村开展扶贫调研　（广州市财政局供图）

领域市与区共同财政事权和支出责任划分改革方案》，按照“明确一项，推进一项”的原则，分年度、分领域稳步推进市、区财政事权划分改革，其中对基本公共服务领域七类12项事权纳入先行改革范围。全面落实新一轮市对区财政管理体制方案，加大对各区在招商引资、培植税源、民生保障、城市治理等方面扶持力度，着力构建权责清晰、区域均衡、财力协调的市与区财政关系。

推进预算绩效管理 广州市以市委、市政府名义印发《关于全面实施预算绩效管理的实施意见》，提出到2022年广州市基本建成“全方位、全过程、全覆盖、全公开”的预算绩效管理模式的总目标，推动预算绩效管理由项目拓展至部门整体、由事后评价延伸至预算管理全过程、由一般公共预算覆盖至全口径四本预算、由市本级为主向市、区、镇（街）三级同步发展。构建政府预算、部门预算和项目（政策）预算三个层级的全方位预算绩效指标体系，全年汇编各项指标1.1万个。扩大监控范围，加大绩效运行监控力度，健全以部门监控为基础、紧盯重点项目的绩效监控体系。完善绩效评价由项目评价向部门整体评价拓展、部门整体与重点项目相结合的新型评价机制，对98个项目支出和11个部门2018年度部门整体支出开展绩效评价，并将绩效评价结果融入决算审查公开环节。加强绩效评价结果应用，明确绩效评价结果作为预算安排和政策调整的重要参考依据，削减低效无效资金，提高财政资源配置效率。广州市财政局应邀参加2019年预算绩效管理国际研讨会并发表演讲，分享广州市全面实施绩效管理改革的实践和经验。

全面从严过紧日子 广州市印发《关于树立过紧日子思想 严控一般性支出的实施意见》，健全机关事业单位过紧日子、厉行节约长效机制。要求各部门严控行政运行开支，压减大型活动经费。实施更严厉的一般性支出项目压减措施，将节省的资金用于保障“三大攻坚战”、推动粤港澳大湾区建设等重点领域。从严执行政府采购经费预算和资产配置标准，停止新建、扩建、改建、迁建、购置楼堂馆所，统筹机构改革办公用房调配。

健全支出标准体系 广州市在全面完善基本支出标准体系基础上，深入推进制定项目支出标准体系探索，制定专家劳务费标准、民办养老机构护理补贴标准、职业教育高层次人才补贴标准等21项支出定额标准；收集市本级现有财政部门标准，整理形成《广州市本级预算支出定额标准汇编》。

优化项目库管理 广州市对接省级“大专项+任务清单”管理要求，对项目实行分类分级管理，部门项目支出数量由2019年的8545个降至2020年一级项目2712个，聚焦一级项目和经济社会发展类项目的管理，推动业务主管部门主体责任落实，提高部门项目管理自主性。加大项目预算评审力度，将3000万元以上的一次性项目或1000万元以上的经常性项目列入重大项目评估范围，对项目必要性、可行性、绩效目标合理性等要素进行实质性审查。

深化预算评审改革 广州市制定《2019年预算评审嵌入预算管理实施方案》《广州市财政局部门预算项目入库评审管理办法（试行）》，明确预算评审的主要内容、目标、范围、程序、结果应用及任务分工；扩大入库评审范围，评审2020年部门预算入库项目377个，涉及金额90.63亿元，核减率39.55%；推进重大项目评估机制，评估结果作为安排预算的必备条件。预算评审服务预算编制的格局正在形成。

【财政管理】 2019年，广州市推进法治财政建设，擦亮广州“阳光财政”品牌，加强财政统筹管理，强化预算刚性约束，加快预算支出进度，盘活财政存量资金，实施区级预算管理绩效考核，强化基层预算管理监督，规范行政事业资产管理，开展涉农资金统筹整合，完善行政性经费财务管理制度，加强财政管理。

推进法治财政建设 广州市围绕“依法强化制约和监督财政权力”“全面提升财政干部法治思维和依法行政能力”两大创建内容，高起点、高标准谋划推进全国财政系统法治财政示范点建设，在16项任务措施上“组合拳”发力，在细化深化、固强补弱、创新亮点上下功夫，形成一批具有地方特色的经验和做法。广州市财政局受邀在财政部召开的法治财政创建中期座谈会上作经验交流，创建成果材料在《中国财政》刊登；获全国“七五”普法中期先进集体称号，是广东省财政系统、广州市市直机关唯一获此殊荣的单位。

擦亮广州“阳光财政”品牌 广州市制定全市预决算公开模板，深入推进财政信息公开。在清华大学公共管理学院公共经济、金融与治理研究中心课题组公布的“2019年地级及地级以上市政府财政透明度排行榜”中，广州市与北京市并列第一，在国有资本及部门预决算情况公开、城市债务详细说明、“三公”经费2018年预算执行、专项资金和政府采购信息公开等多个单项获得满分。

加强财政统筹管理 广州市制定市级财政收支预算管理若干政策措施，通过强化财政收支管理大力支持减税降费政策落地，引导形成全市财政管理“一盘棋”。深入挖掘收入增长潜力，盘活处置政府闲置资源资产，促进上级资金和市级资金的协同，加强债券资金与预算资金的衔接，加快财政专项资金压减整合，推进城市基础设施配套费统筹使用。坚持勤俭节约、精打细算、有保有压，集中资金精准投入，将节省出来的资金优先用于重大战略、重大改革及重点领域，促进广州市经济社会持续健康发展。

强化预算刚性约束 广州市严格执行市人大批准的预算，未经法定程序不得调整。年中出台的新增政策支出，原则上列入以后年度预算安排。推行预算安排与绩效评价结果挂钩参考机制，对绩效评价结果为“中”以下等级的项目，从严从紧安排预算，对低效无效资金坚决削减或取消。推行预算安排与审计结果挂钩机制，对于审计发现突出问题的，扣减预算或撤销原用途支出。推行预算安排与项目储备、支出进度挂钩机制，项目库项目储备不足、未按法定时限下达、支出进度未达到要求的资金，按比例扣减下一年度预算。

加快预算支出进度 广州市健全预算执行通报机制，加强对区和部门单位一般公共预算、政府性基金、省市十件民生实事、库款等情况通报，并抄送同级党委、政府。建立全市支出执行情况预警机制，按旬监控全市支出执行情况，重点督导支出任务大、支出进度偏缓的区和单位，发现影响支出的难点问题及时进行预警和沟通解决。建立强制回收机制，对于当年6月底前仍未细化到具体项目的部门预算资金，原则上一律回收市财政统筹；对于设备购置项目资金，在9月底前未启动采购程序的，全部回收财政统筹。2019年市本级一般公共预算支出执行达到97.5%。

盘活财政存量资金 广州市压缩结转使用年限，市本级部门预算资金最多结转安排1年，逾期未支出的全部视作结余资金收回统筹。对于结转超过2年的市级转移支付资金（财力性转移支付资金除外），一律收回市级财政或核减下一年度预算。执行更严格财政存量资金盘活政策，加大将政府性基金存量调入一般公共预算统筹力度。清理收回财政专户结余及暂存款挂账资金，按规定及时盘活并收回财政统筹使用。截至2019年底，全市财政存量资金盘活率达到91.8%。

实施区级预算管理绩效考核 广州市修订印发《广州市财政管理工作绩效评价办法》，对区级预算执行、财政收入质量、盘活财政存量资金、国库库款管理、预决算公开、预算绩效管理、其他财政管理工作等七个方面开展绩效评价。对于预算编制出现较大偏差、财政挂账清理、财政收支管理等其他重点财政管理工作出现失误或管理责任的，列入主要减分事由；对被列入债务风险预警地区或新增政府隐性债务的，在评价选取奖励时一票否决。推动形成主动作为、竞相发展的良好局面，进一步完善预算管理制度。

强化基层预算管理监督 广州市推动预算管理改革向基层延伸，加强对镇（街）财政管理的指导和监督。组织区政府、区人大、区财政局、镇街等主要责任人290多人开展财政改革和财经纪律专题培训，对巡察、审计和财政监督发现的基层财政管理问题进行清查整改。制定强化镇（街）财政管理工作指导意见，对优化管理模式、规范管理行为、创新服务方式等进行指引和约束。修订转移支付管理办法，健全财政管理激励监督机制。区级财政管理改革全面展开，“放管服”改革措施富有基层治理特色，黄埔区十项财政改革举措获得《人民日报》专题报道。

规范行政事业资产管理 2019年，广州市对市属行政事业单位国有资产出租出借情况进行全面清理整改，推动资产管理主体责任落实。将清理整改和资产盘活相结合，全年共清理206.2万平方米资产用于市党政机关机构改革办公用房或划转市属国企转为经营性资产。将问题整改和实施问责相结合，推动3327处、419万平方米涉及违规出租出借物业强制整改，整改完成率达96%，对相关资产管理违法违规责任人实施问责。将完善制度和动态监控相结合，健全资产底数、分布、结构及状况等动态电子数据库，从源头提升资产管理水平。市人大常委会审议通过2018年度广州市国有资产管理情况综合报告。

开展涉农资金统筹整合 广州市出台《广州市涉农资金统筹整合实施方案》，明确进一步理顺财权和支出责任等13项任务，提高各区涉农资金使用的灵活性和主动性，提升涉农资金的使用效益。

完善行政性经费财务管理制度 广州市印发《广州市财政局关于进一步加强和规范行政事业单位内部饭堂财政资金使用管理的意见》《广州市财政局关于进一步加强和规范我市公务差旅管理有关问题的意见》，从严规范资金筹集、使用和管理，维护财政资金使用安全。

（广州市财政局供稿，贺志华执笔）

深圳财政

【财政经济概况】 2019年，深圳市实现地区生产总值26927.09亿元，按可比价计算，比2018年增长6.7%。其中，第一产业增加值25.20亿元，比2018年增长5.2%；第二产业增加值10495.84亿元，增长4.9%；第三产业增加值16406.06亿元，增长8.1%。第一产业增加值占全市地区生产总值的比重为0.1%，第二产业增加值比重为39.0%，第三产业增加值比重为60.9%。全市固定资产投资比2018年增长18.8%。其中，房地产开发项目投资比2018年增长15.9%，非房地产开发项目投资增长21.0%。

基础设施投资比2018年增长33.6%。工业投资比2018年增长11.5%，其中工业技术改造投资增长20.7%。民间投资比2018年增长9.2%。全年全市进出口总额29773.86亿元，比2018年下降0.6%。全年全市社会消费品零售总额6582.85亿元，比2018年增长6.7%。其中，批发和零售业5754.74亿元，增长6.1%；住宿和餐饮业828.11亿元，增长11.2%。全年居民消费价格比2018年上涨3.4%。工业生产者购进价格比2018年下降0.6%。工业生产者出厂价格与2018年持平。

2019年6月17日，深圳市发行160亿元政府债券　（深圳市财政局供图）

2019年，深圳辖区一般公共预算收入9424.2亿元，比2018年增长3.5%。其中，中央级收入5651亿元，比2018年增长1.6%；地方级收入3773.2亿元，增长6.5%。地方级收入中税收收入3067.7亿元，比2018年增长5.7%。2019年深圳市财政收入增长呈三个特征：规模大，2015—2019年，深圳市地方级一般公共预算收入从2727亿元增长到3773亿元，年均增长8.5%，收入规模在全国36个省级财政中位居第9，占全国地方级的3.7%和全省的29.8%。税收收入占财政收入的比重稳定在八成以上，第三产业税收比重超过70%，每平方公里产出财税收入规模在全国大中城市中稳居首位。增速快，在全国经济下行压力加大，财政收入增速放缓的形势下，深圳财政收入继续保持稳定增长态势。地方级收入增速预计在全国36个省级财政中排名第7，高于全国地方级、广东、北京、上海和广州，较2018年（第25名）上升18个名次。贡献大，2019年深圳辖区地方级收入3773亿元，贡献全省收入增量的43%。

财政预算执行情况
2019年1-12月

一般公共预算

收入累计完成 3773.2 亿元　增长 6.5%　完成年初预算的 104.7%

支出累计完成 4551 亿元　增长 6.2%　完成年初预算的 106.9%

政府性基金预算

收入累计完成 1005.7 亿元　增长 2.9%

支出累计完成 970.9 亿元　增长 51%

国有资本经营预算

收入累计完成 68.7 亿元

支出累计完成 41.1 亿元

2019年深圳市财政预算执行情况
（深圳市财政局供图）

【财政经济调控】　2019年，深圳市加强财政经济调控，深化供给侧结构性改革，用足用好地方政府债券，深度融入粤港澳大湾区建设，精准发力支持科技创新，为实体经济注入“源头活水”。

深化供给侧结构性改革　深圳市全面落实增值税改革、小微企业普惠性减税、个人所得税专项附加扣除等政策，在中央授权范围内为企业“顶格”减税。落实阶段性降低社保费率政策，清理规范行政事业性收费和政府性基金，实行收费目录清单动态管理。开展宣传调研和监督检查，打通政策落实“最后一公里”。全年全市减税降费超过1100亿元，规模达全市GDP的4%，其中新增减税超过900亿元。

用足用好地方政府债券　深圳市发行地方政府债券314亿元，比2018年增加262亿元。债券发行使用全面提速，一般债和专项债发行完成时间均提前于财政部要求，债券资金于10月底前全部拨付到项目，重点用于治水提质、轨道交通建设等领域，其中水污染治理领域203亿元，占比达64.5%；轨道交通领域30亿元，占比9.9%，助力稳增长、补短板。

深度融入粤港澳大湾区建设 深圳市出台内地首部财政科研资金在港澳地区使用管理规程，推动深港澳科技合作。推动深港科技创新合作区、光明科学城等重点区域开发，各安排补助10亿元。增设蛇口邮轮母港离境退税口岸。

精准发力支持科技创新 深圳市全市科学技术支出548亿元。市本级财政科技专项资金安排123亿元，比2018年增长近一倍，其中37%投向基础研究和应用基础研究。加大知识产权保护投入，深圳市PCT国际专利申请量稳居全国首位。

为实体经济注入“源头活水” 深圳市运作规模50亿元的中小微企业银行贷款风险补偿资金池，全年拨付风险补偿资金1.9亿元，撬动新增银行贷款1028亿元。市财政统筹40亿元，分别向高新投集团和深圳担保集团注资20亿元，为政府性融资担保机构提供发债增信资金支持。制定出台深圳市中小微企业融资担保基金工作方案，推进基金加快落地。

【财政民生保障】 2019年，深圳市九大类民生支出3013亿元，比2018年增长8.7%，占总支出的66.2%。深圳市的省十项民生实事支出进度稳居全省第一。推动教育高质量发展，全市教育支出717亿元，比2018年增长22.6%；转移支付各区学前教育经费34亿元；创新发展“以事定费”管理的公办幼儿园；建立多方参与的义务教育阶段学校午餐午休管理机制；安排第二期高水平大学建设专项经费44亿元。推进共建“健康深圳”，全市医疗支出336亿元，比2018年增长19.2%；完善公立医院政府投入机制，推动“三名工程”、高水平医院和区域医疗中心建设，做好一批新改扩建医院筹备运营保障；新增特定群体二类疫苗免费等一批惠民健康服务；提高各项社保待遇水平。健全社会保障体系，构建完善的养老服务体系，重点发展社区居家养老服务，提高社区长者助餐服务水平和高龄津贴标准，完善最低生活保障制度，加大对困境儿童的救助保护，加强残疾人社会保障和服务体系建设。市本级安排住房保障资金111亿元，支持构建多层次住房保障体系。提升城市文化软实力，公共文化财政支出规模居全省第一，举办国际篮联篮球世界杯、WTA年终总决赛等国际大型体育赛事。支持打好污染防治攻坚战，全市节能环保支出332亿元，比2018年增长31.3%；新增地方专项债超六成投入治水提质领域，深圳全域实现消除黑臭水体，入围国家第三批城市黑臭水体治理示范城市；深圳市财政局在全市生态文明建设考核中获得市直A类部门唯一优秀等次。精准推进对口帮扶合作，全市投入财政帮扶资金超过36亿元，新增协作帮扶江西寻乌、贵州毕节、云南昭通等市县，助推对口地区30多万贫困人口脱贫；配合出台深圳市推进乡村振兴战略实施意见，推动脱贫攻坚与乡村振兴有效衔接。建设平安深圳，推动食品安全工程实施，率先建立供深食品标准体系；保障扫黑除恶专项斗争，确保社会大局和谐稳定。

【财政改革】 2019年，深圳市制定印发《关于进一步规范财政资金管理审批的若干意见》，明确年度预算安排及调整、重大新增支出政策等事项应当提请市委财经委员会集体研究；完善资金决策、分配、使用和监管机制，规范财政权力运行。以项目库管理为核心，深化预算管理体制改革，全年市本级部门预算到位率达到91.5%。纵深推进预算绩效管理，推动关口前移，探索事前绩效评估机制；部门预算绩效目标实现全覆盖、全公开，重点绩效评价从项目向政策和部门整体拓展，评价资金规模107亿元；深圳市绩效管理工作获得财政部通报表扬。政府带头过“紧日子”，从严从紧审核项目，2020年部门预算编制“一下”项目经费压减10%，“三公”经费继续压减3%，保障好刚性、重点和民生领域支出。完善专项资金管理制度，深化“一个部门一个专项资金”管理改革，推动主管部门清理整合专项资金；废止原监管银行制度，实现管理主体责任归位。深化政府引导基金市场化运作机制，严控基金数量，清理长期未设立基金，出台引导基金绩效评价办法，促进基金规范化运作。

【财政管理】 2019年，深圳市加强财政管理，防范化解财政风险，加强国有资产管理，推进会计行业高质量发展，加强政府采购监管，夯实财政基础管理，推进“智慧财政”建设。

防范化解财政风险 深圳市面对建国以来首次全国性商业银行被接管，稳妥处置包商银行重大金融风险事件，争取合法权益。完善财政资金存放管理制度，优化招投标规则，强化质押制度，保障财政资金安全。

加强国有资产管理 深圳市财政局主动接受人大监督，牵头向市人大常委会报告全市国有资产管理情况。推进市直党政机关和事业单位国有资产集中统一监管改革试点，填补国有资产监管空白。罚没物资管理规范、处置成效明显。

推进会计行业高质量发展 深圳市出台加快行业发展的实施意见。指导推进罗湖区会计服务产业集群试验区建设。完成《深圳经济特区注册会计师条例》修正。选拔高端会计人才近200人，集中采集21万会计人员信息。

加强政府采购监管 深圳市完成市委巡察反馈问题整改，全面采纳监察建议，重新制定或修订19项管理制度，构建新的政府采购廉政风险防范体系和监管权力内外制衡机制。《深圳市本级采购人政府采购工作责任制管理办法》获中国政府采购年度创新奖。推行电子化招投标、预付款制度改革等多项举措，深圳市“政府采购”指标在全国营商环境试评价中排名第一。举办“共同打造阳光采购”诚信签名暨十大典型案例曝光活动，树立政府采购公信力。

夯实财政基础管理　深圳市完善财政法治建设，完成《深圳经济特区政府采购条例》立法后评估工作，完善行政执法三项制度及重大行政执法决定目录清单。深圳市财政总决算工作获全省一等奖。持续推进国库集中支付管理改革，全年共完成市本级资金拨付417万笔。构建覆盖所有财政业务的三级内控制度体系，推动内控从“立规矩”向“见成效”转变。率先完成《政府会计制度》转换实施工作，深圳市预算单位内控建设水平全国第一。全面推行财政电子票据管理改革，开出全国首张交通罚没区块链财政票据。

推进“智慧财政”建设　深圳市全面重构“数字化”财政业务流程，以“数据”为核心，打造“安全、智能、开放”的财政一体化信息系统，为全国财政现代化发展提供可复制的领先样本，为深圳“智慧城市”和“数字政府”建设贡献高质量的业务拼图和实施经验。智慧财政核心业务一体化系统于2020年1月1日成功上线。财政部肯定“智慧财政”项目建设“有先行示范意义”。

【财政资金存放改革深化】　2019年，深圳市财政局持续深化财政资金存放改革，从“制度、流程、风控”三点着力深化改革，提高财政资金存放的安全性和效益性，着力构建“亲清”政商关系。深圳市2019—2020年国库现金管理定期存款19家中标银行现场提交由法人签字并加盖银行公章的《廉政承诺书》，标志着财政资金存放改革向纵深推进。

2019年，深圳市财政局会同人民银行深圳市中心支行、深圳市人力资源和社会保障局等部门，出台深圳市《国库现金管理操作实施办法》《社会保险基金定期存款办理操作规程》《引导基金待投资资金存放银行资格及资金分配实施细则》等一系列文件，建立完善财政资金存放管理制度体系。重构资金存放管理流程，完善公开透明的竞争性招标流程。财政资金银行存放资格和存放额度均通过招标确定；招标不设门槛，达到监管要求的各家银行均可参加，事前事后均在网上公开。评标小组成员除市财政局外，还包括人民银行、人社等部门，招标过程接受各方监督。资金分配过程和结果均经多人复核，以支部扩大会议形式通过集体审核确认，杜绝个别人员暗箱操作。建立客观全面的评分指标体系，评标指标体系中的银行税收贡献度、规模实力、经营状况等客观指标占总分95%；指标数据来自于税务、人民银行、银保监等部门；评分指标覆盖面广，能较好反映银行的综合实力和管理水平。实施资金存放风控举措，重评级广质押，严控银行风险。用好银行监管部门对银行的评级结果，强化对银行及其总行风险指标的考察。全面引入质押品制度，尤其在社保基金、引导基金方面更是全国首例。重承诺强内控，杜绝利益输送，出台《深圳市财政局工作人员行为规范“八不准”》；具有财政资金存放资格的银行现场出具《廉政承诺书》。通过财政资金存放改革，深圳市逐步建立科学规范、公正透明的财政资金存放管理制度体系，财政资金存放工作走在全国前列。财政资金保值增值效果显著，深圳市社保基金实现利息收入超千亿元，国库现金利息收入超百亿元。政商关系日益“亲清”，不设置歧视性条款的投标条件、减少制度性交易成本，促使银行集中力量加强自身管理，规范参与资金存放工作。财政资金存放吸引部分金融企业落户深圳，深圳市金融业税收从2007年约230亿元增长到2018年约1315亿元，增长4.7倍，其中银行业税收占比约50%。

2019年3月7日，深圳市财政局与中国平安签署协议，合作共建“智慧财政”一体化管理平台　（深圳市财政局供图）

【一般性支出大力压减】　2019年，

深圳早编细编2020年预算，大力压减一般性支出，市本级预算“一下”项目支出较2018年下降10%以上。削减一般性开支，除市委、市政府明确要求实施的项目，以及单位正常履职、安全生产、机构运行的刚性支出外，对其他新增支出事项一律不安排预算，通过部门存量基数统筹解决；对确需安排增量资金的项目，要进行事前绩效评估，本级预算单位2398个新增项目全部申报绩效目标；对课题、调研、会议、差旅、培训等严控类经费严格把关，除机构改革新设立单位外，原则上不安排新增规模。2020年新增项目核减率在60%以上，安排预算规模同2019年“一下”相比下降40%。降低行政运行成本，压减预算基数，除教育、科技、卫生、社保、粮油储备等领域支出以及保工资的刚性支出外，对其他经费预算按10%比例予以压减。“三公”经费继续压减3%，对各单位公务接待、因公出国（境）、公务用车购置和公车运行维护费控制数在2019年已压减3%的基础上，在2020年继续压减3%。与2012年相比，“三公”经费规模下降达50%。强化结果导向和约束机制，深入推进绩效和预算管理一体化，对没有完成绩效自评的项目，不安排新增支出；对重点绩效评价不高的项目，扣减低效无效的支出事项，市本级专项资金减少支出23亿元。以2018年决算和2019年上半年预算执行为参考，对预算调整频繁、支出进度滞后的单位，除刚性项目和重大政策性增资事项，原则上不再增加支出规模；对支出进度落后的产业类专项资金（经费），按落后序时进度的百分点压减下年预算。保障好刚性和重点支出，调整优化支出结构。对教育、医疗、社会保障等民生领域，以及科技、人才、环境保护、对口支援等重大战略继续加强保障。对口支援专项资金增加4亿元；教育、卫生领域保运转支出分别增加11亿元和15亿元，科技研发资金增加5亿元，孔雀计划奖励补贴增加7亿元等。推进预算编细编实，市财政部门跟进掌握专项资金细化编制情况，指导提高编制质量。本级专项资金项目“一上”到位率超过60%；督促预算单位继续细化项目组织，对“二上”前仍未落实具体项目的资金一律收回重排。

【全国首张区块链交通类财政票据开出】 2019年，深圳市将区块链技术应用于交通罚款电子票据业务，是深圳市开出的首张交通罚款区块链财政电子票据，也是全国首张交通罚款区块链财政电子票据。“区块链+交通罚款电子票据”在三个方面实现创新：开创财政电子票据数字化管理新模式。通过区块链的智能合约将每个管理行为过程产生信息全程“上链”，实现操作有痕迹、过程可跟踪、结果可追溯。为数据及其流转安上“保护锁”。通过区块链分布式存储、安全加密、共识算法等特性，实现电子票据在区块链上的防伪可信、线上流转的应用。通过信息共享，告别“反复核验”。依托区块链数据共享模式，提高电子票据社会化应用整体工作效率，构建电子票据社会化应用的可信机制，使票据无需核验、打印，取之即用、用之可信。

【政府采购营商环境优化】 2019年，深圳市财政局优化政府采购营商环境。

推行“1234”工程 深圳市财政局在政府采购领域推行“1234”工程，为民营企业参与政府采购活动创造条件。“1”即强化电子化采购平台功能，在供应商注册环节实行“不见面审批”，方便企业实时便捷参与投标，减少供应商提交的证明材料，推行承诺制管理。“2”即推行电子化招投标、取消投标保证金，鼓励采购人不收取或按较低标准收取履约保证金，每年为投标供应商减少投标成本超过3.5亿元，降低企业交易成本。“3”即推进政府采购订单融资改革、预付款制度改革以及付款提速改革，缓解企业资金压力。“4”即建立招标文件负面清单审查机制、建立公平有效投诉处理机制、建立合同履约抽检评价机制以及建立供应商诚信管理机制，引导企业公平竞争。

落实“放管服”改革 深圳市财政局取消11项政府采购审批审核事项，强化采购人主体责任，明确招标机构职责，提高采购效率。每年均针对市区两级财政部门、集中采购机构及社会采购代理机构举办政府采购培训。针对评审专家及供应商开展“不忘初心 立行立改 共同打造阳光采购”诚信承诺签名暨典型案例宣讲活动，倡导政府采购参与各方在政府采购活动中诚信守法。

（深圳市财政局供稿 黄承键执笔）

珠海财政

【财政经济概况】 2019年，珠海市实现地区生产总值3435.89亿元，比2018年增长6.8%，其中，第一产业增加值57.36亿元，增长1.9%，第二产业增加值1528.73亿元，增长4.6%，第三产业增加值1849.79亿元，增长9.2%。三次产业的比例为1.7：44.5：53.8。全年完成固定资产投资1971.88亿元，比2018年增长6.1%，完成外贸进出口额2908.89亿元，下降10.4%。合同外资金额99.81亿美元，比2018年增长32.4%，实际外资金额24.24亿美元，增长1.3%。全年居民消费价格总指数累计上涨2.3%。

2019年，珠海市以支持珠海打造粤港澳大湾区重要门户枢纽、珠江口西岸核心城市和沿海经济带高质量发展典范提供财力支撑为工作的出发点和落脚点，加强收支管理，调整优化支出结构，全年财政收支运行总体保持平稳态势。全市一般公共预算收入累计完成344.49元，比2018年增长3.9%，收入总量居全省第六位，增幅稳定在合理区间，税收收入占比82.4%，质量居全省第二。市直一般公共预算收入累计完成128.11亿元，比2018年增长3.9%，一般公共预算支出累计完成225.44亿元，增长14.6%。

【财政经济调控】 2019年，珠海市发挥财政逆周期调节作用，支持珠海经济高质量发展，推进三大“攻坚战”。

发挥财政逆周期调节作用 珠海市科学稳健把握财政逆周期调节力度，打出加力提效实施积极财政政策的“组合拳”。落实减税降费各项政策，推动减税降费政策落地落细，全年减免税费110亿元，其中，税收减免97亿元，社会保险费减免13亿元。用好用足新增债券资金，向省争取到新增地方政府债券资金107.04亿元，筹措低成本的建设资金，保障珠海市土地储备、重点交通基础设施项目、高校园区建设等方面资金需求，拉动形成有效投资，为“稳投资”提供强力支撑。重点项目足额保障，多渠道筹措资金，统筹安排46.5亿元用于加快构建以港珠澳大桥为龙头的综合交通体系，重点交通项目建设快马加鞭、提速明显。盘活存量资金取得实效，全市存量资金规模从2019年年初的149.45亿元，降至2019年底的16.62亿元，发挥沉淀资金的使用效益。

支持珠海经济高质量发展 珠海市聚焦短板和薄弱环节，着力支持实体经济发展，提升经济创新力和竞争力。加码科技创新财政投入，支持实施科技创新行动计划，加强与香港、澳门科技创新交流合作，支撑粤港澳大湾区国际科技创新中心建设。全市财政预算安排科技支出48.89亿元，比2018年增长7.4%，占一般公共预算支出的7.9%。实施大湾区个税优惠政策，印发《珠海市实施粤港澳大湾区个人所得税优惠政策人才认定及财政补贴暂行办法》，成为珠三角九市中第四个公布粤港澳大湾区个人所得税优惠政策的城市，符合条件的境外高端紧缺人才个人所得税税率下降至15%。推进科研领域“放管服”改革，出台《关于优化财政科研资金管理提升科研资金绩效的通知》，加快构建以信任为前提的财政科研管理机制；加大放权力度，赋予科研项目机构和科研人员更大的人财物自主支配权；提升服务质量，简化财政科研资金投入、拨付以及设备采购流程；建立科研资金绿色拨付通道，确立市级财政科研资金跨境使用机制。落实英才计划资金保障，全年各级财政共安排人才专项资金19.83亿元用于兑现“珠海英才计划”，打造大湾区人才高地；珠海市财政与职能部门研究拟定《珠海市人才创新创业基金设立方案》，设立首期规模为2亿元的人才基金。

推进三大“攻坚战” 珠海市坚持把支持打好三大攻坚战作为财政部门责无旁贷的义务抓紧抓实。支持打好脱贫攻坚战，集中财力攻坚克难，确保巩固前期脱贫成效，2019年全市财政共安排扶贫资金8.96亿元，助力对口帮扶地区如期脱贫。打好防范化解重大风险攻坚战，将政府债券还本付息资金纳入全口径预算管理，全年还本付息32.41亿元；健全政府举债融资机制，规范政府举债融资、政府和社会资本合作、政府购买服务等行为，遏制隐性债务增量；建立债务风险评估及预警机制，完善债务统计监测制度；实施防范化解隐性债务风险专项行动，超额完成隐性债务存量化解任务，防范发生区域性系统性财政金融风险。支持打好污染防治攻坚战，全年市财政拨付香洲区“前山河涉水治污债券资金”6.18亿元，分三年安排斗门区涉水治污项目建设补助资金6亿元、安

2019年12月12日，财政部农业农村司司长吴奇修一行深入珠海市考察农业农村项目，调研督导珠海斗门岭南大地国家级田园综合体试点创建项目开展情况
（珠海市财政局供图）

排乡村振兴资金15.25亿元，着重改善农村生态环境。

【财政民生保障】 2019年，珠海市九项民生支出436.1亿元，占一般公共预算支出的70.8%。2015—2019年实现基本民生保障补助标准“年年涨”，城乡居民医疗保险补贴标准提高到每人每年590元，城乡居民养老保险基础养老金标准提高到每人每月430元，城乡低保提高到每人每月1055元，孤儿基本生活标准提高到每人每月1820元，特困供养人员标准提高到每人每月1688元，重度残疾人护理补贴标准提高到每人每月220元，基本公共卫生财政补贴标准提高到每人每年69元。在聚焦群众痛点、贴近群众需求的领域，财政投入持续加码。全年全市财政安排教育支出104.21亿元，比2018年增长36.4%，支持普惠性幼儿园和中小学校建设，支持民办教育、西部地区教育提升、提供托管看护服务。注重卫生健康支出，全年全市财政安排卫生健康支出39.18亿元，比2018年增长23.1%，支持建设高水平医院和加快公立医疗机构发展，解决群众就医难问题。推动扩大公共文化体育设施免费开放，群体受惠面扩大。持续加大公共文化财政投入，安排博物馆、纪念馆、美术馆免费开放资金、市文物保护专项、公共文化服务体系专项、农村放映专项、社区公园建设资金等，推进文化场馆、博物馆、体育场馆等公益性文化体育设施免费开放。把十件民生实事资金落实到位。全年全市财政累计拨付27.67亿元用于市十件民生实事，推进医疗卫生信息便民服务、提供更加便捷的公交服务、改善陆岛交通、建设长者饭堂、推进农贸市场改造等各项工作任务。

【财政改革】 2019年，珠海市推出财政“1+N”的一系列系统性改革措施，在重要领域和关键环节取得突破性进展。推进市区财政体制改革，按照集中财力办大事、增强可持续发展、减少对土地依赖等原则，加快建立市、区财力与事权相匹配的财政制度。推进市级财政预算资金使用审批制度改革，从多方面着手，在原有制度基础上，对项目资金设立、审批、调剂及追加流程进行修订，将财政资金管理权、审批权关进制度的笼子。全面推进预算绩效管理改革，突出抓好财政资源配置效率和有效性，将绩效理念和方法深度融合预算编制、执行、监督全过程，确保资金花在刀刃上。推进市直部门预算编制管理改革，从预算编审体系、编制程序、内容、方法、审核等方面进行系统变革，提高财政预算分配科学性，增强预算统筹分配能力。推进财政国库支付中心改革，做好国库集中支付改革的“加减法”，通过改革，优化服务模式，“减”过去强行退单的“冷”监督，“加”风险提示的“暖”服务。做好会计集中核算的“权责归位”，坚持集中核算单位资产所有权、资金使用权、财务自主权不变的原则下，持续提供优质高效会计服务。明确核算单位承担会计主体责任，实现风险提示留痕管理。创新投资审核模式改革，实现报审资料“线上预审”，项目“线下审核”，让“数据多跑路”。建立自审与协审结合、复核与审核分离机制，防范廉政风险。建立“一个部门对口一个科室”服务机制改革，提升财政服务效能，把方便留给预算单位，把“麻烦”留给自己。推进智慧财政改革，致力打通经济信息孤岛、提升大数据挖掘分析能力，加快实现财政资金管理“实时在线、全程留痕、全程监督”，打造珠海财政的“指挥中心”“最强大脑”和“晴雨表”。

2019年12月31日，珠海市委书记、市人大常委会主任郭永航，市委副书记、市长姚奕生到珠海市财政局调研　　（珠海市财政局供图）

【财政管理】 2019年，珠海市在预算源头管控上下功夫，在硬化预算约束上下功夫，在公用经费规范管理上下功夫，加强资金审核和拨付，全面加强财政管理。

在预算源头管控上下功夫 珠海市发挥项目支出预算标准的基础作用，购买社会管理协管员服务、法律顾问服务、移动办公终端配备、扶贫工作经费、园林绿化常规养护工程费用等支出按照出台的标准编制预算。建立起科室初审、绩效评审、交叉互审、现场联审的四

级审核机制，各审核环节围绕预算安排必要性、可行性、合理性、效益性，通过不同的角度严格审核，精准把关。现场联审阶段，邀请人大代表、政协委员专家学者和市民代表参与部门联审，实现通过借助“外脑”，做到开门审预算。

在硬化预算约束上下功夫 珠海市从严控制预算追加范围，预算追加支出厘清轻重缓急，优先保障上级政策性新增支出和市委、市政府确定的重点支出。强化绩效评价结果的应用，结合评价结果，调整、暂缓或取消相关预算安排，明确预算单位支出总体执行率与预算安排挂钩。从紧把好支出关，建立预算单位支出增减例会制度，从申报预算单位是否合理配置资产、是否贯彻绩效管理理念、是否存在多头申请等角度严格把关，2019年调整预算实际增支10.31亿元，比2018年下降74.8%。

在公用经费规范管理上下功夫 珠海市以《关于市直预算单位培训、调研经费申请程序的通知》再次明确市直各单位2019年度开展调研培训项目，需专项报批，原则上不安排外市调研培训，明确申报受理时间及程序。市直预算单位专项经费中安排的培训、调研经费预算由市财政统一编制，原则上不安排外市调研培训，全年节约经费近3220万元。将差旅费标准与公务接待标准相衔接，堵塞转嫁负担漏洞，规范公务差旅开支。全年一般性支出压减10%、“三公”经费压减23%，年中预算调整回收统筹财政资金16.26亿元。

加强资金审核和拨付 珠海市加强政府投资项目预决算审核，市财政投资审核中心全年受理工程预算、结算及竣工财务决算项目389个、二类费用984个；审结项目330个、二类费用797个；退审项目36个，退审二类费用57个；合计审核金额166.83亿元，审定金额156.40亿元，节约财政资金10.44亿元，预结算合计核减率6.43%。全年市财政国库支付中心办理国库集中支付业务159709笔，金额573.81亿元，比2018年增长0.11%和2.2%。

（珠海市财政局供稿，吴利锋执笔）

汕头财政

【财政经济概况】 2019年，汕头市实现地区生产总值2694.08亿元，比2018年增长6.1%。其中，第一产业增加值120.88亿元，比2018年增长3.0%；第二产业增加值1279.70亿元，增长4.1%；第三产业增加值1293.50亿元，增长8.7%。三次产业结构为4.5∶47.5∶48.0。全市固定资产投资比2018年增长12.9%；进出口总额600.5亿元，比2018年增长8.1%；社会消费品零售总额1894.34亿元，比2018年增长7.0%；居民消费价格（CPI）比2018年上涨3.0%。

2019年，汕头市财政运行总体平稳。全市一般公共预算收入138.3亿元，完成预算调整的102.1%，比2018年增长5.1%，增加6.7亿元。加上税收返还收入18.1亿元、上级补助收入164.3亿元、地方政府一般债务转贷收入11.9亿元、国债转贷资金上年结余0.1亿元、动用预算稳定调节基金12.4亿元、调入资金66.7亿元（政府性基金预算调入54.9亿元、国有资本经营预算调入0.7亿元、其他调入资金11.1亿元）、上年结余26.4亿元，收入总计438.2亿元。

2019年，汕头市一般公共预算支出386.5亿元，完成预算调整的108.7%，比2018年增长18.2%，增加59.4亿元。加上上解上级支出17.2亿元、地方政府一般债务还本支出4.5亿元、国债转贷资金结余0.1亿元、安排预算稳定调节基金9.2亿元、调出资金1.2亿元、结转下年支出19.5亿元，支出总计438.2亿元。

【财政经济调控】 2019年，汕头财政发挥稳定经济增长作用，八项支出比2018年增长20.81%，增幅全省排第3位，拉动GDP增长2.37个百分点。多渠道统筹资金推进重点项目建设，全年整合统筹上级补助、债券资金和存量资金超150亿元，投入亚青会筹办、城市功能优化提升工程、练江整治、雨污分流、教科文卫等重点项目建设。着力支持实体经济发展，拨付降低制造业企业成本支持实体经济发展资金7.99亿元，提高企业发展后劲，推动全市经济高质量发展。稳妥防范化解债务风险，通过剔除投入及收益良性运营的项目、组织对PPP项目进行合规性论证清理、规范项目运作、压降政府购买服务项目等多项措施推进化解债务风险，全市政府债务严格控制在债务限额及风险警戒线以内。支持打好脱贫攻坚战，落实新时期精准扶贫资金4.4亿元，出台《汕头市财政专项扶贫资金绩效评价办法》，加大资金统筹力度，明确责任分工，提高资金使用效率、效益和效果。推进打赢防治污染攻坚战，全年市本级投入练江流域综合整治项目约13.4亿元；多渠道筹措补助9.8亿元，在全市1157个自然村全面铺开“雨污分流”建设，改善农村人居环境。

【财政民生保障】 2019年，汕头

·链接·

财政八项支出包括一般公共服务支出、公共安全支出、教育支出、科学技术支出、社会保障和就业支出、卫生健康支出、节能环保支出、城乡社区支出。

市着力保障和改善民生，持续加大民生资金投入，全市投入教育、社会保障等十类民生支出293.39亿元，占一般公共预算支出75.85%，比2018年增长17.4%。优先落实省、市十件民生实事资金，全市全年落实省十件民生实事资金8.4亿元，完成计划的113.9%，在全省排名第7位；汕头市财政2019年初安排实施市十件民生实事资金25.2亿元，比2018年增长8.9%，全年共拨付市十件民生实事资金30.8亿元，拨付进度122.5%。提升基本公共服务均等化水平，安排社保民政医疗卫生项目支出10亿元、教育文化体育预算项目支出10.6亿元、公共安全预算支出3.8亿元，支持教育、医疗、文化、体育、“法治汕头”建设等各项事业的发展。提高区域发展平衡性和协调性，全年汕头市财政补助各区县转移支付资金58.3亿元，如安排一次性财力补助5800万元缓解金平区、南澳县财政困难；紧急调度库款资金23.4亿元统筹支持各区（县）调整优化支出结构、足额保障“三保”。支持实施乡村振兴战略，落实8.6亿元推动“百村示范、千村整治”“美丽乡村”建设等各项工作取得实效，安排1.6亿元推进“厕所革命”、垃圾分类等各项任务，增强群众获得感和幸福感。推进全域创文提标提质，筹措资金11亿元用于市政道路改造、公园绿化提升等中心城区市容市貌提升项目、基层村居创文强管工作等。严控一般性支出，全市“三公”经费和会议费比2018年下降14.0%，减少0.2亿元。

【财政改革】　2019年，汕头市深化预算管理改革取得进展，出台《关于深化市级预算编制执行监督管理改革的意见》和《关于全面实施预算绩效管理的实施意见》，明晰财政部门与主管部门权责划分，财政部门从全流程预算管控转变为聚焦预算编制和监督，推动预算编制、支出管理等体制机制“简政放权、放管结合、优化服务”，提高资金分配使用效率和效能。加快构建全市“一盘棋”财政管理机制，出台《汕头市财政管理体制调整方案》《汕头市土地管理和收益分配体制改革方案》等改革方案，增强区（县）级财政保障能力，着力推动区域协调发展。加大资金支持力度，重点领域改革取得新突破，出台《提高市直事业单位财政经费保障水平意见》，加快事业单位分类改革进程，推进落实事业单位绩效工资制度，着力解决长期以来人员经费保障水平存在差距、同工不同酬等突出问题；出台《支持创建区域医疗中心实施方案》，从2019年起至2022年投入约20亿元，对汕头市医院和基层卫生医疗机构在项目建设、设备购置、学科建设等各方面给予重点支持，提升城市医疗服务功能。

【财政管理】　2019年，汕头市着力优化营商环境，深化财政“放管服”，主动服务提速简流程。简化基建项目资金支付审核流程，由汕头市业务主管部门根据审核要素和规则审核进度款，市财政部门事后抽查。改进政府采购流程，推进政府采购业务全程“线上”循环和采购计划电子化备案，做到“零跑动”和符合条件“秒备案”。优化财政业务流程，以放权为核心，通过简化预算单位请款流程、减少内部审批环节、严格“5个工作日”办结时限等举措，优化指标编制、审批、下达流程，提高指标办理效率；建立资金拨付时限制度，实施财务核算信息集中监管平台升级；全面推进国库集中支付电子化管理，扩大授权支付范围。强化财政投资评审，全年审结市级工程项目263个（含上年未完成项目），送审金额75.1亿元，审定金额72.1亿元，核减3.0亿元，核减率4.0%。推动农村财务管理信息化，创新“互联网+督查”工作方式，通过“市级农村财务监管平台”对全市1168个农村集体经济实施会计委托代理进度情况实施网上督查。强化重点项目评价，对汕头市中心城区雷打石环保电厂扩建特许经营（BOT）项目开展事前绩效评估，核定项目实施可节约垃圾处理补贴2.7亿元；对“实施市区黑臭水体改造及西片区截污管网建设等污水整治”“推进公益性文化设施免费开放，加大

2019年6月24日，汕头市财政局举行迎“七一”“不忘初心、牢记使命”庆祝建党98周年“快闪”活动（汕头市财政局供图）

文化投入专项资金”等总金额1亿元的4个民生项目开展事中绩效评价。实行“一个部门对口一个科室”，明确每个预算单位的预算管理事项由汕头市财政局一个科室对口服务，每一类综合事项由一个牵头科室统筹，提升预算单位办事满意度，促使部门加强对整个行业领域资金的统筹谋划。营造良好财政文化氛围，牵头组织汕头市人力资源和社会保障局等单位举办迎“七一”“不忘初心，牢记使命”庆祝建党98周年“快闪”活动。

【汕头市开出首张财政电子票据】2019年8月29日，汕头市首张财政电子票据在汕头技师学院（汕头市高级技工学校）开出。2019年7月，汕头市财政局以“多票种齐头并进、关键票种先行先试”为改革思路，启动全市财政电子票据管理改革工作，将非税收入类电子票据确定为第一批上线票据，以网上支付渠道为突破口，推动财政电子票据系统与中国建设银行汕头市分行柜台系统的对接调试，实现网上缴费后即时开具财政电子票据并推送给缴款人的功能。非税类电子票据上线后，市民可将电子票据下载保存到手机随时查看，避免票据遗失；入账单位及相关各方也可随时登录广东省财政电子票据公共服务平台查验财政电子票据；减少收费单位和财政部门纸质票据印刷、运输、使用、保管等多环节的管理成本。

（汕头市财政局供稿，黄志婷执笔）

佛山财政

【财政经济概况】 2019年，佛山市地区生产总值10751.02亿元，比2018年增长6.9%。其中，第一产业增加值156.92亿元，比2018年增长3.0%；第二产业增加值6044.62亿元，增长6.3%；第三产业增加值4549.48亿元，增长8.1%。规模以上工业增加值增长7%，高于2018年0.7个百分点。全年实现社会消费品零售总额3516.33亿元，比2018年增长7.0%。全市居民消费价格总水平比2018年上涨2.9%。全年固定资产投资比2018年增长5.4%。全市进出口总额4827.6亿元，比2018年增长5.0%，其中出口3727.7亿元，增长5.7%，进口1099.9亿元，增长2.6%。

2019年，佛山市地方一般公共预算收入完成731.47亿元，为2019年人大通过预算的98.47%，比2018年增长4.03%。在宏观经济下行、落实国家减税降费政策背景下，增速有所放缓，较2018年降低2.29个百分点。全市地方一般公共预算支出完成941.57亿元，比2018年增长16.69%，为2019年初各级人大通过预算的113.62%。

【财政经济调控】 2019年，佛山市持续降低实体企业成本，支持创新型城市建设，支持粤港澳大湾区建设，提升开放经济水平，加强财政经济调控。

持续降低实体企业成本 佛山市落实减税降费政策，组织召开减税降费“千人大会”，将降低增值税税率、扩大受惠企业范围等税费优惠政策宣传和落实到位。持续降低企业人工成本、融资成本、用能用地成本，全年为企业减负459.19亿元。

支持创新型城市建设 佛山市科技支出98.16亿元，比2018年增长79.61%。重点保障季华实验室、清华大学佛山先进制造研究所等一批科技创新平台建设，推动前沿和关键核心技术攻关、科技成果转化，支持高新技术企业培育，落实各项人才政策资金。

支持粤港澳大湾区建设 佛山市加强交通基础设施互联互通，全市累计投入财政资金超150亿元，重点保障广佛线二期、广州地铁7号线西延顺德段以及高快速路网等建设助推佛山融入大湾区“一小时生活圈”。制定《佛山市关于实施粤港澳大湾区个人所得税优惠政策财政补贴管理暂行办法》，支持国际化人才集聚。

提升开放经济水平 佛山市安排稳外贸增长专项资金1.2亿元，支持企业开拓多元化国际市场，抱团港澳企业“拼船出海”，深度参与“一带一路”建设。

【财政民生保障】 2019年佛山市加强支出统筹，加大薄弱环节投入，兜牢基本民生底线，全市民生支出累计完成670.76亿元，占一般公共预算支出的比重达71.24%。全市落实省十件民生实事支出30.99

2019年佛山市一般公共预算支出执行情况

单位：亿元

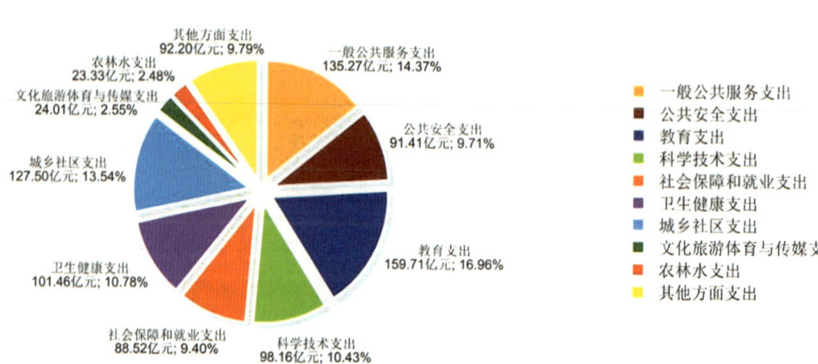

（佛山市财政局供图）

2019年11月27日，起始规模为3亿元的佛山市融资担保基金成立。图为佛山市财政局下属佛山市金融投资控股有限公司与首批合作的3家担保机构及11家银行签署战略合作协议 （佛山市财政局供图）

亿元，完成年初计划的136.76%。提高底线民生保障水平，全市最低生活保障标准由每人每月980元提高到每人每月1060元，孤儿基本生活最低养育标准从每人每月2000元提高至每人每月2200元，居民医疗保险补助标准提升32.95%，实现弱有所扶、幼有所育、病有所医。促进教育资源均衡发展，全市教育支出159.71亿元，比2018年增长7.75%。调整完善学前教育生均经费拨款制度，促进学前教育普惠健康发展；推进实施义务教育阶段学校基础设施五年提升行动计划，建立公办普通高中生均公用经费制度；引进北京科技大学研究生院、香港理工大学等高等教育资源，支持佛科院建设高水平理工大学。支持“健康佛山”建设，全市卫生健康支出101.46亿元，比2018年增长14.58%，基本公共卫生服务人均标准达73.48元，位居全省第二。持续加强基本医疗卫生服务保障，支持高水平医院建设“登峰计划”，推进医疗救助“一站式”结算。提升就业保障水平，贯彻落实“促进就业九条”等政策措施，全年发放失业稳岗补贴资金1.32亿元，返还企业失业保险费1.91亿元，发挥财政稳就业促就业的积极作用。

【财政改革】 2019年，佛山市推进预算编制执行监督管理改革，启动扶持政策标准化改革，成立佛山市融资担保基金，申报金融服务综合改革试点城市，推进财政电子票据管理改革，全面深化财政改革。

推进预算编制执行监督管理改革 佛山市制定出台14份市级改革文件，明晰财政与业务部门的预算管理权责，加快转变财政管理重心，建立健全财政预算管理体制机制。预算编制方面，从2020年开始，市级预算实行预下达额度控制模式，同时通过优化项目入库审批机制，形成政府定额度、部门排项目的预算编制新格局；预算支出方面，进一步简政放权，扩大财政授权支付范围，放开基建项目预算和结算审核环节，并全面退出专项资金分配使用具体事务，加快预算执行进度；预算绩效方面，开展市级预算绩效指标库建设，出台全面实施预算绩效管理实施意见，逐步构建具有佛山特色的“三全”预算绩效管理体系。全市五区均已出台区级改革纲领性文件，其中南海区在全省区县一级率先启动预算编制执行监督管理改革。

启动扶持政策标准化改革 佛山扶持通平台建设取得新成效，截至年底，平台企业注册量超1.2万家，累计发放扶持资金超14.3亿元。在扶持资金“一网通办，一键申领”的基础上，佛山市在禅城区启动扶持政策标准化改革试点，实现“流程标准化、材料清单化、时限明确化、指南格式化”，政策兑现时限大幅压缩，最短只需20个工作日。佛山市财政局凭借扶持通平台获2019年佛山口碑榜互联网+服务最佳口碑单位。

成立佛山市融资担保基金 佛山市成立融资担保基金。担保基金起始规模为3亿元，担保费不超过2%，低于现在3%~4%的市场费率，

2019年8月16日，佛山市扶持政策标准化改革试点启动会议在禅城区举行，市委副书记、市长朱伟（中）出席会议 （李向楠 摄）

同时在省内率先探索政府融资担保国家、省、市三级合作模式。基金运行采用市场化手段，对佛山市符合条件的民营企业尤其是中小微企业提供融资担保增信服务，帮助解决企业融资难、融资贵问题。

申报金融服务综合改革试点城市 成功申报财政支持深化民营和小微企业金融服务综合改革试点城市，成为全国首批59个试点市（州、区）之一，并获得中央专项奖励资金3000万元。制定《佛山市财政支持深化民营和小微企业金融服务综合改革试点城市工作方案》，加快探索民营和小微金融服务创新。

推进财政电子票据管理改革 深化财政领域“放管服”改革，2019年6月率先推出全省首张非税财政电子票据，在全省率先实现财政非税系统、财政电子票据管理系统、行政服务中心“市民之窗”自助服务终端、非税代收银行四方业务的互联互通。群众只需通过自助终端或扫二维码的方式即可获得财政电子票据，提升电子票据使用和监管效率。

【财政管理】 2019年，佛山市做好财政收支管理，加快实施全面绩效管理，加强财政管理。

做好财政收支管理 佛山市各级财政部门统筹推进稳增长、促改革、调结构、惠民生、防风险、保稳定，做好财政收支管理工作。收入方面，通过提高税收征管质量、盘活政府资源财产、加强非税收入统筹缴库等措施，为全市经济社会发展提供财力保障。禅城区构建“一网式”税收共治新模式，推进综合治税网格化管理。支出方面，坚持有保有压，严控和压减一般性支出、“三公”经费，加强差旅伙食费和市内交通费规范管理，盘活存量财政资金，加大力度保障“三保”和重点领域支出；狠抓财政支出进度，利用财政综合管理平台实现支出进度实时监控。

加快实施全面绩效管理 佛山市出台《关于全面实施预算绩效管理的实施意见》，逐步实现全面预算绩效管理向市、区、镇（街）三级全覆盖，建立全面预算绩效管理横向到边、纵向到底的“全市一盘棋”大格局，构建具有佛山特色的“三全”预算绩效管理体系。

（佛山市财政局供稿，罗雅泉执笔）

韶关财政

【财政经济概况】 2019年，韶关市地区生产总值1318.4亿元，比2018年增长6%。其中，第一产业增加值174.4亿元，比2018年增长5.1%，第二产业增加值443.4亿元，增长4.5%，第三产业增加值700.6亿元，增长7.1%。三次产业结构由2018年的11.6：33.5：54.9调整为13.2：33.6：53.2。农林牧渔业总产值286.9亿元，比2018年增长4.3%。全年完成工业增加值367.8亿元，比2018年增长5.3%。人均生产总值（按常住人口计算）4.35万元，比2018年下降3.33%，按平均汇率折算为6351美元。全市居民人均可支配收入25806元，比2018年增长9.0%。全年完成固定资产投资比2018年增长3.6%。进出口总额182.2亿元，比2018年增长16.8%。全社会消费品零售额811.7亿元，比2018年增长8%。市区居民消费价格比2018年上涨2.9%，其中消费品价格上升3.5%。

2019年，韶关市财政总收入300.89亿元。其中全市上划中央收入完成96.76亿元，比2018年增长9.81%，省市共享“四税”收入31.53亿元，下降1.6%。全市一般公共预算收入完成101.05亿元，比2018年增长6.7%，高于全市经济增长水平。2019年，一般公共预算收入加上上级补助收入、债券转贷收入、上年结余收入和调入资金等337.58亿元，全市财政总收入完成438.63亿元。全年全市政府性基金预算收入完成60.41亿元，比2018

2019年12月11日，韶关市财政局党组书记、局长陈大川前往始兴县、乐昌市、乳源瑶族自治县调研山水林田湖草项目建设 （何卿 摄）

年增长37.33%。全年全市国有资本经营预算收入完成2.65亿元，比2018年增长28.64%。

2019年，韶关市一般公共预算支出完成377.59亿元，比2018年增长11.47%。一般公共预算支出加上上解上级支出、债券还本支出、安排预算稳定调节基金等39.69亿元，全市财政总支出完成417.28亿元。全年全市财政总收支相抵，年终结余21.35亿元。全年全市政府性基金预算支出完成65.38亿元，比2018年增长21.93%。全年全市国有资本经营预算支出完成2.07亿元，比2018年增长22.48%。

【财政经济调控】 2019年，韶关市加强财政经济调控，支持生态文明建设，支持创新驱动发展战略实施，推进政策性保险工作，打好防范化解重大风险攻坚战。

支持生态文明建设 韶关市共统筹安排农林水资金38.84亿元、节能环保资金24.2亿元，重点支持创建国家森林城市、生态公益林效益补偿、造林抚育、森林植被恢复、垃圾与固体废物处置、城镇污水处理设施建设、大气污染防治、土壤重金属污染治理、重点生态修复保护、生态环境能力建设等方面，筑牢粤北生态屏障，推动全市生态文明建设。

支持创新驱动发展战略实施 韶关市筹集资金9.08亿元重点支持企业科技研发创新、技术改造、中小企业上规模及“双倍增”奖励，解决中小企业融资难，注资做大做强国有企业等。出台一系列落实创新驱动发展战略的政策文件，通过强化政策扶持，加大投入，增强区域创新能力建设和促进科技金融深度融合。全年全市高新技术企业保有量236家，提前一年超额完成三年倍增任务；韶关市利民制药厂（企业类）被列入广东省重点实验室，东阳光科技研发有限公司新型研发机构建设获广东省科技厅立项。

推进政策性保险工作 韶关市多途径筹措防灾减灾资金，减轻农民负担，全年投入财政资金3695万元。协助做好新一轮政策性水稻、玉米、生猪、家禽等政策性农业保险招标工作。受2019年上半年强降雨及非洲猪瘟等因素影响，全年赔付超过3000万元，减轻农民负担。继续探索巨灾保险——强降雨指数保险模式，与平安保险韶关支公司签订合同并支付保费1270万元。在全市境内发生的达到合同约定触发条件的强降雨事件，获赔资金3918万元，有效补充韶关市对防灾减灾的资金投入。

打好防范化解重大风险攻坚战 韶关市各级财政机关调整优化年度化债计划，确保在时限后期不出现化债计划大量集中的情况。开展债务风险“深调研”、隐性债务专项检查、政府债务风险专项调研、隐性债务化解自查自纠等。对尚未实施的PPP项目进行梳理和分析，大幅压降项目投资规模，引导项目建设逐步转型，从源头上化解隐性债务风险。加强对各县（市、区）及市直单位的指导督促，跟进隐性债务化解任务完成进度，规范隐性债务变动统计流程，遏制隐性债务增量，化解隐性债务存量。截至2019年11月底，全市在未新增隐性债务的基础上，通过预算安排资金还款、重新签订协议等方式，超额完成隐性债务存量化解任务，政府债务风险实现“零预警”。

【财政民生保障】 2019年，韶关市落实民生类支出289.66亿元，其中落实省十件民生实事资金8.8亿元，完成年初预算的100%，落实市十件民生实事资金2.36亿元，基本公共服务均等化水平持续提高。贯彻落实省政府关于全额免除中央苏区和少数民族地区的城乡居民基本医疗保险、城乡居民基本养老保险基础养老金、基本公共卫生服务的支出责任政策，全年南雄市和乳源县的城乡居民基本医疗保险、城乡居民基本养老保险基础养老金、基本公共卫生服务三项支出均为0，减轻负担1.25亿元。筹集落实各项配套资金，城乡居民基本医疗保险配套标准从每人每年490元提高到每人每年520元；城乡居民基本养老保险配套标准从每人每月148元

2019年10月22日，红军长征粤北纪念馆在韶关市仁化县城口镇正式开馆，成为广东省唯一以红军长征为主题的爱国主义教育基地

（韶关财政局供图）

提高到每人每月170元。继续推进机关事业单位养老保险制度改革，基本完成职业年金实账积累清算和机关事业单位养老保险基金清算。支持健康韶关建设，全年卫生健康支出39.03亿元，比2018年增长0.71%。韶关市财政安排资金1.23亿元，加强基层医疗卫生服务能力建设；安排资金1.34亿元支持公立医院建设，重点支持市妇幼保健计划服务中心、广东韶州人民医院、韶关市中医院更新改建、十里亭院区建设等。支持推进教育强省建设，全年教育支出58.86亿元，比2018年增长3.63%。完善中小学教师待遇保障机制，设置班主任岗位绩效经费，对班主任考核发放岗位绩效，平均每人每月不低于500元。安排资金1910万元，落实向原民办教师和原代课教师发放生活困难补助政策。建立学前教育及公办高中生均经费拨款制度，提高全市公办、民办幼儿园、公办普通高中生均公用经费标准。支持教育重点项目建设，全年韶关市财政安排市区教育资源整合资金7421万元，重点支持广东省松山职业技术学院迁建、韶关学院医学院迁建、新建韶州中学、广东北江中学扩建及韶关市第一中学初中部建设。

【财政改革】 2019年，韶关市深化财政改革，推进预算编制执行监督管理改革，推进预算绩效管理，推进财政机构改革，推动两区融合财政管理体制改革。

推进预算编制执行监督管理改革 韶关市推动实施财政“放管服”事项改革，10个县（市、区）均制定改革方案和配套制度，完成改革部署。重点完善项目库管理系统，细化项目库管理。10月，全市储备争取上级专项资金项目2287个，储备项目金额572.27亿元，储备金额排名全省第1；其中已审核申报金额183.3亿元，排名全省第7。全年全市审核申报资金581.5亿元，申报项目3858个，其中涉农资金396.86亿元，项目2327个。

推进预算绩效管理 韶关市加强制度建设，深入完善绩效指标体系，做好绩效目标随同预算公开、绩效自评情况随同决算公开、重点评价报告在门户网站公开的“三公开”，做到绩效目标与预算编制同步布置、同步申报、同步审核、同步下达、同步公开的“五同步”，解决预算与绩效“两张皮”的问题，实现预算编制与绩效管理深度融合。

深入推进财政机构改革 韶关市推进财政“放管服”改革，实施“一个事项一个科室牵头，一个单位对应一个科室”，推动科室职能从“物理融合”向“化学反应”转变，为各预算部门提供更为顺畅的财政业务服务，提高办事效率。设置债务和资源环境业务负责部门，对接上级业务。推进土地储备预算管理改革试点，成功争取成为全省唯一的地市级试点，制定土地储备项目管理一体化系统建设方案和土地储备专项债券资金监管账户银行招标采购方案，初步拟定市本级2020年度土地储备专项债券申报项目，申报债券资金总规模28亿元（含新区8亿元）。

推动两区融合财政管理体制改革 韶关市做好韶关高新区和芙蓉新区融合发展改革中涉及财政牵头的重大改革事项，成立韶关新区财政局筹建工作小组，建立周例会制度，制定筹建工作任务清单和改革方案，制定和完善一批韶关新区财政局财政资金管理制度、内控管理工作制度和学习培训工作方案。合理编制韶关新区2020年财政预算，协调设立新区税务机构，明确新区财政局“三定”方案。

【财政管理】 2019年，韶关市加强财政管理，统筹盘活资金资产资源，加强财政监督管理。

统筹盘活资金资产资源 韶关市清理沉淀资金，对结存在国有企业的财政资金进行收回统筹使用，收回10.68亿元；规范市级预算资金管理，建立中央和省级资金调整使用和收回统筹机制。盘活闲置或低效政府资产，全年通过调整转变用途、出租、拍卖等方式处置政府资产12223平方米，上缴财政的资产处置收益449.47万元；将23辆机构改革后有关单位非保留车辆调剂给新组建部门或需报废更新公车的单位使用，节约财政资金。降低项目建设成本，建立全过程成本控制机制，提高项目实施的计划性、时序性，全年压减项目投资约120亿元，降幅达30%以上；加强韶关市本级政府投资项目及市委、市政府重点项目资金统筹，优化调整项目建设时序，做好年度资金安排，推动项目建设。

加强财政监督管理 韶关市针对财政监督、资金管理审批等问题，围绕规范财政权利运行、严格财政资金管理、完善选人用人机制等重点工作出台制度办法。推进依法行政依法理财，全年受理行政复议案件2件。承办省、市建议提案共43件，其中人大建议15件、政协提案23件、来信5件，实现人大代表和政协委员100%满意率。加强财政监督检查，开展预决算公开、“三公”经费、新一轮“私车公养”问题、惠农惠民财政补贴资金“一卡通”、财政扶贫资金、减税降费实施效果、专项资金等系列专项检查核查，保障财政政策落实。

（韶关市财政局供稿，邓韶江 何洲执笔）

河源财政

【财政经济概况】 2019年，河源市实现地区生产总值1080.03亿元，比2018年增长5.5%，增速比2018年回落0.8个百分点。其中，第一产业增加值121.17亿元，比2018年增长5.0%，第二产业增加值371.81亿元，增长5.7%，第三产业增加值587.04亿元，增长5.4%。三次产业对全市经济增长的贡献率分别为10.3%、39.6%和50.1%，拉动地区生产总值增长0.6个、2.2个和2.7个百分点。全年全市固定资产投资比2018年增长19.3%；全市进出口总额303.0亿元，比2018年增长11.9%，其中出口总额251.2亿元，增长16.7%；全市实际利用外商直接投资5.96亿美元，比2018年增长43.1%；全市实现社会消费品零售总额677.40亿元，比2018年增长7.7%。全年居民消费价格指数（CPI）累计比2018年上涨2.6%。全年河源市一般公共预算收入完成77.47亿元，比2018年增长0.7%。全市一般公共预算支出完成373.13亿元，比2018年增长12.7%，增长率在全省21个地市排名第11位；其中八项重点科目支出完成312.21亿元，增长13.6%，增长率在全省排名第12位，占一般公共预算支出的83.7%。

【财政经济调控】 2019年，河源市加强财政经济调控，支持经济社会高质量发展，支持打好三大攻坚战。

支持经济社会高质量发展 河源市聚焦突出短板和薄弱环节，着力支持实体经济发展，提升经济创新力和竞争力。加大科技创新财政支持力度，安排资金支持科技型中小企业技术创新。统筹安排财政扶持工业企业发展专项资金4.3亿元，支持工业加快转型升级，促进实体经济提质增效；推动广东粤和产业发展基金落地运作，设立融资专项资金，推动“市金融十条”落地见效。建立健全与税务等部门的协同机制，全年减轻企业税费负担20.56亿元。争取省新增地方政府债券资金53.27亿元，完成再融资债券9.4亿元，盘活以往年度债券资金2.5亿元，缓解经济社会发展资金不足的压力。统筹省级涉农资金20.24亿元支持推进乡村振兴战略，其中统筹整合移民资金3000万元支持灯塔盆地及田园综合体国家试点项目建设。

2019年11月12日，河源市财政局党组书记、局长骆超（中）到定点挂钩帮扶村——紫金县水墩镇黎坑村走访慰问结对帮扶贫困户彭锦祥

（河源市财政局供图）

支持打好三大攻坚战 河源市防范化解政府债务风险，加强政府性债务管理，加强全市债务监测，制定《河源市政府性债务管理办法》，完善政府债务管理机制。支持精准扶贫精准脱贫，落实“千村脱贫”政策，累计投入2200万元推进挂钩扶贫村——黎坑村脱贫工作。支持打好污染防治攻坚战，统筹资金4.2亿元，用于推进水污染防治、土壤污染防治、空气污染防治、污水处理厂建设及运营等环保整治工作。

【财政民生保障】 2019年，河源市民生支出288.4亿元，比2018年增长12.1%。十件民生实事全面完成，基本公共服务均等化水平持续提高。拨付到位6.5亿元推进广东技术师范大学河源校区建设、市区建校建园及配套基础建设。统筹安排资金6.86亿元，全面落实低保、五保等困难群众救助补助及养老、医疗救助等提标扩面政策。争取资金1.04亿元用于市区医疗卫生信息系统、能力提升等软硬件建设。千方百计筹集26.17亿元资金投入“6·10”“6·12”救灾复产及灾后重建工作，其中争取省下达灾后重建专项资金20亿元。承办、协办的51件人大建议、政协提案，办结率和满意率均达100%。落实创文、扫黑除恶、村级基层组织建设等项目的资金保障，支持文明河源、法治河源、平安河源建设。

【财政改革】 2019年，河源市推进预算编制执行监督管理改革，出台《关于深化市级预算编制执行监督管理改革的实施意见》《河源市财政资金项目库管理试行办法（修订）》以及市级预算执行监督管理办法、市直部门预算支出进度考核暂行办法等一系列预算管理制度，建立健全市级资金项目库，推进国有资本经营预算管理改革。推进涉农资金统筹整合改革，制定实施

2019年7月2日，河源市财政局党组书记、局长骆超（中）率队到定点挂钩帮扶村——紫金县水墩镇黎坑村调研指导精准扶贫、乡村振兴和灾后复产重建等工作

（河源市财政局供图）

《河源市涉农资金统筹整合实施方案（试行）》，实行“大专项+任务清单”管理模式，促进涉农资金使用由分散到集中、由低效到高效转变。推进全面实施预算绩效管理，制订市级财政预算绩效目标管理办法（试行），探索构建绩效与预算同步布置、同步申报、同步审核、同步下达、同步公开的五同步模式；全面实施预算绩效目标审核，扩大事前绩效评估试点，开展预算单位绩效自评和财政部门重点绩效评价，基本实现专项转移支付资金绩效评价全覆盖。深化基本公共服务均等化综合改革，制定实施《河源市完善基本公共服务均等化推进机制的实施方案》《基本公共服务领域省级与市县共同财政事权和支出责任分担方案》，围绕解决全市基本公共服务领域不均衡不充分问题提出改革措施，明确市县共同财政事权和支出责任划分。探索开展地方政府债券资金管理改革，制定实施《引入市场思维用好用活地方政府债券资金的实施方案》，推动加快债券资金周转，提升资金使用效益。

【财政管理】 2019年，河源市牢固树立“过紧日子”思想，严格控制“三公”经费，压减一般性支出10%，做好保工资、保运转、保民生和重大项目资金保障。构建财政“大监督”格局，推进在线互联网监控系统与省对接改造，推进行政事业单位内控建设，加强经营性资产、公务用车、财政票据监督管理，加强实施财政投资评审制度，全年完成评审项目664个，核减资金6.59亿元。按照《预算法》推进预决算信息公开工作，改善预决算公开的及时性、完整性、细化程度和公开方式等。加强财政库款和非税收入管理，强化库款运行情况监测，规范本级财政挂账管理，全面清理市直预算单位银行账户，消化存量财政暂存性款项26.79亿元，库款管理水平在全省排名靠前；组织开展非税收入检查，严格非税收入减免缓审批，规范处置行政执法机关没收物品。盘活财政存量资金和沉淀资源资产，收回符合要求的存量资金并重新安排使用，提高财政资金使用效益。对市级行政事业单位闲置土地和房屋资产进行清理核查，优化调整市直机关事业单位机构改革后办公用房。

（河源市财政局供稿，朱小文执笔）

梅州财政

【财政经济概况】 2019年，梅州市实现地区生产总值1187.06亿元，比2018年增长3.4%。其中，第一产业增加值219.03亿元，比2018年增长4.1%；第二产业增加值370.89亿元，增长3.0%；第三产业增加值597.14亿元，增长3.4%。三次产业的结构比例为18.5：31.2：50.3。全市完成固定资产投资比2018年增长4.0%。全市社会消费品零售总额775.14亿元，比2018年增长6.7%。全市货物进出口总额120.62亿元，比2018年下降10.8%。全市出口总额100.74亿元，比2018年下降14.6%。全年新签外商直接投资项目130个，实际利用外商直接投资2.4亿元（按国家商务部确认口径），比2018年下降27.6%。全市2019年末金融机构本外币各项存款余额2251.36亿元，比2018年末增长5.6%。全市居民人均可支配收入22904元，比2018年增长8.0%。全市居民人均消费支出16823元，比2018年增长5.7%。

2019年，梅州市一般公共预算收入91.59亿元，比2018年下降5.67%，其中税收收入60.58亿元，下降12.9%，占一般公共预算收入比重为66.15%；全市一般公共预算支出443.84亿元，下降0.29%。市本级一般公共预算收入22.05亿元，比2018年增长0.52%；市本级一般公共预算支出55.84亿元，增长2.49%。

【财政经济调控】 2019年，梅州市争取上级政策资金支持，服务重大工程项目建设，落实减税降费政策，支持创新驱动发展，加强政府债务风险防控，加强财政经济调控。

争取上级政策资金支持 梅州市对接落实上级均衡性转移支付、生态保护补偿、老区苏区振兴发展等政策，2019年全市获得上级各类转移支付资金381亿元、各类债券资金60.96亿元。

服务重大工程项目建设 梅州市支持保障市委、市政府确定实施的嘉应新区以及市属各类医院、市实验小学、客家博物馆升级改造、市旅游服务中心等项目建设。加大政府投资项目评审力度，全市预、结算项目投资评审核减率11.03%，其中市本级核减率13.24%。

落实减税降费政策 梅州市落实更大规模的减税降费，用足用好各项政策空间，推动深化增值税改革、小微企业普惠性减税、个人所得税减税和降低社保费率等各项减税降费政策在梅州市落到实处、见到实效，最大限度让利于企业，2019年全市新增减税降费规模超25亿元。

支持创新驱动发展 梅州市服务构建“5311”绿色产业体系，深入落实“实体经济十条”“民营经济十条”等惠企政策，促进先进制造业、互联网等产业发展，全年市财政拨付扶持企业发展资金2.1亿元。落实人才政策，市财政预算安排5000万元人才发展专项资金，激发各类人才的创新创造创业活力。

加强政府债务风险防控 梅州市按照“严控增量、化解存量”的要求，规范政府举债融资行为。遏制隐性债务增量，2019年全市各级均无新增隐性债务。落实化债措施，优化《梅州市隐性债务化解实施方案》，提前完成年度隐性债务存量化解任务。加强管控，建立法定政府债务和隐性债务等级评定通报机制，强化对债务风险的预判和处置。

【财政民生保障】 2019年，梅州市财政民生支出368.63亿元，占一般公共预算支出的83.06%。支持乡村振兴，完善乡村振兴战略资金管理相关制度，将涉农资金统筹投入到“四好农村路”、乡村振兴连片示范、美丽乡村等项目建设，全年市财政拨付配套资金2.9亿元。支持脱贫攻坚，安排使用扶贫专项资金，建立和完善扶贫动态监控系统，进行实时监控；做好梅州市财政局对口帮扶大埔县西河镇溪头村的扶贫工作，帮扶村退出省定相对贫困村行列。支持生态建设，管好用好节能减排财政政策综合示范、环保等专项资金，支持打好蓝天、碧水、净土三大保卫战，全年市财政拨付污染防治等资金3.1亿元。支持卫生教育事业，全年全市财政卫生健康支出56.93亿元、教育支出83.48亿元。支持文体事业，推动公共文化服务体系建设，支持文化产业发展、文化惠民工程和基层公共文化设施建设，支持梅州足球特区建设，全年全市财政文化旅游体育与传媒支出9.18亿元。

2019年12月3日，梅州市委常委、常务副市长吴晓晖到梅州市财政局走访调研 （梅州市财政局供图）

【财政改革】 2019年，梅州市推进预算编制执行监督管理改革，出台《关于深化市级预算编制执行监督管理改革的实施意见》，推进“大专项+任务清单”资金管理、项目库建设等工作。推进财政事权与支出责任改革，理顺市与部分县（区）的财政关系，推进蕉华管理区、梅州高新区财权事权的优化，配合做好东升工业园区的体制改革工作。加快“数字财政”建设，推进国库集中支付电子化改革，全面推开财政电子票据。推进涉农资金统筹整合改革，明确涉农资金统筹整合后的资金支持方向，建立目标到县、任务到县、资金到县、权责到县的“四到县”涉农资金管理体制，2019年梅州市涉农资金统筹整合改革被评为先进，获得省级激励资金200万元。

【财政管理】 2019年，梅州市加强财政收支管理，消化财政挂账，加强法治财政建设、财政监督检查、预算绩效管理、国有资产管理和政府采购监管，全面加强财政管理。

财政收入管理 梅州市加强与税务等相关执收部门的密切配合，强化税收征管，深入挖掘税收增收潜力。做实做好土地文章，加大土地收储力度，增加土地相关税费收入。推进拆旧复垦指标交易工作，梅州市获得指标交易资金15.55亿元。加大存量资金盘活力度，将结余结转资金收回年限从不超过2年改为1年，并将收回的存量资金用于急需的民生领域支出。

财政支出管理 梅州市加强与各部门的沟通，严控新增资金需求，在2019年初压减5%基本支出的基础上，再次压减全年非刚性、非重点的一般性支出，市级全年压减各类支出9亿元，“三公”经费实现只减不增。严格执行《梅州市本级财政资金审批管理办法》，规范财政资金审批管理程序，提高资金使用效率和效益。

消化财政挂账 梅州市规范借出款项和其他应收款等财政暂付性款项管理，全市暂付款挂账规模总体下降。市本级2019年末暂付款挂账余额比2018年末减少12.4亿元。

法治财政建设 梅州市落实行政执法公示制度、执法全过程记录制度、重大执法决定法制审核制度，规范行政执法行为。深入开展财政法制宣传教育，明确政务服务事项实施清单，深化“放管服”改革，将“最多跑一次”审批事项全部纳入梅州市政务大厅办理，提升财政服务效能。

财政监督检查 梅州市深入组织开展农村“白条账”专项整治、惠民惠农财政补贴资金“一卡通”专项治理、“三公”经费使用情况和“小金库”专项检查、“私车公养”使用情况专项抽查、预决算公开规范性检查等。

预算绩效管理 梅州市制定出台《关于贯彻落实全面实施预算绩效管理的实施意见》，为构建全方位、全过程、全覆盖的预算绩效管理体系提供制度保障。

国有资产管理 梅州市做好行政事业单位国有资产月报、年报汇总分析，加强行政事业性国有资产收益管理，首次向人大报告国有资产管理情况，配合做好“僵尸企业”的处置工作。

政府采购监管 梅州市全面加强政府采购科学化规范化管理，加大信息公开力度，推进电子交易，政府采购透明度和服务效率提升。2019年，全市共报备政府采购计划14.37亿元，实际采购金额13.91亿元，节约资金0.45亿元。其中，市本级报备政府采购计划2.07亿元，实际采购金额1.93亿元，节约资金0.14亿元。

（梅州市财政局供稿，李振豪执笔）

惠州财政

【财政经济概况】 2019年，惠州市实现地区生产总值4177.41亿元，比2018年增长4.2%。其中第一产业完成增加值205.50亿元，比2018年增长1.8%；第二产业完成增加值2169.12亿元，增长2.3%；第三产业完成增加值1802.79亿元，增长6.8%。三次产业结构比重调整为4.9：51.9：43.2。全市固定资产投资增长15.4%。全市外贸进出口总额2709.74亿元，比2018年下降18.7%。实际利用外商直接投资金额64.25亿元，比2018年增长1.2%。全市商品零售价格指数累计比2018年上涨1.5%。全市居民消费价格指数（CPI）累计比2018年上涨3.2%。

2019年，惠州市财政收支实现量的合理增长和质的稳步提升，取得四个突破，来源惠州财政总收入完成1233.33亿元，首次突破1200亿元，比2018年增长3.8%；全市一般公共预算收入累计完成400.86亿元，比2018年增收7.85亿元，首次突破400亿元，增长2.0%；全市一般公共预算支出累计完成614.92亿元，比2018年增支70.67亿元，首次突破600亿元，增长13.0%；民生支出完成431.71亿元，首次突破400亿元，比2018年增长13.1%。

【财政经济调控】 2019年，惠州

2019年惠州市各县（区）一般公共预算收入情况

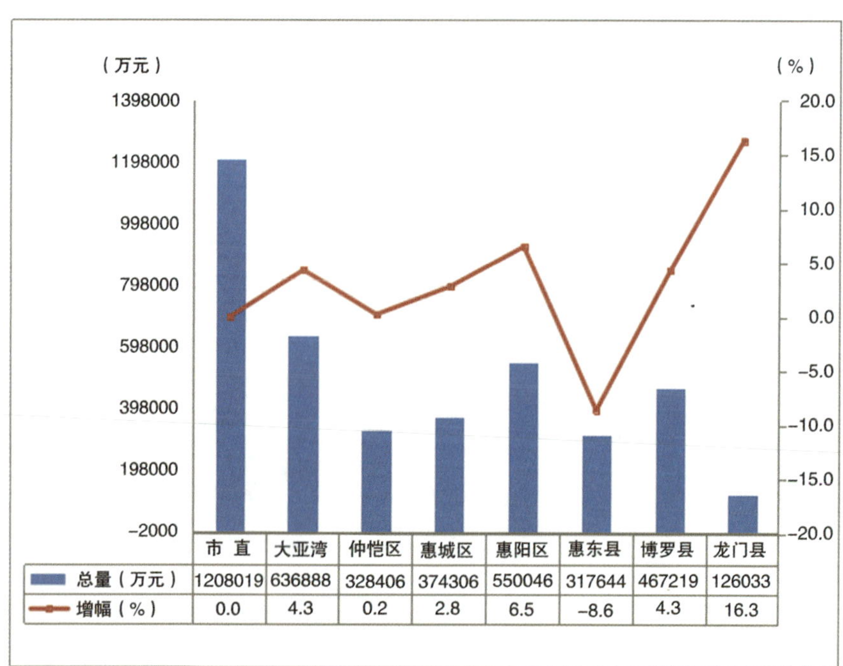

	市直	大亚湾	仲恺区	惠城区	惠阳区	惠东县	博罗县	龙门县
总量（万元）	1208019	636888	328406	374306	550046	317644	467219	126033
增幅（%）	0.0	4.3	0.2	2.8	6.5	-8.6	4.3	16.3

（惠州市财政局供图）

2019年，惠州市投入23.88亿元支持大亚湾石化区建设，图为惠州大亚湾石化区建设成果　　（大亚湾区管委会供图）

市财政落实重点保障，支持粤港澳大湾区建设，加大财政资金统筹力度，加强财政经济调控。

落实重点保障　惠州市财政支持“2+1”产业集群和重点项目发展，在新增专项债券中安排“2+1”产业集群和国家及省确定的重点项目32.8亿元，保障两大科学装置、埃克森美孚、重点实验室等重点项目的建设。支持交通补短板建设，支持惠州机场升级改造建设，全年统筹安排惠州机场航线补贴及机场建设运营补贴2.8亿元，惠州机场年旅客吞吐量突破250万人次大关；支持高速公路建设，安排省市共建高速公路资本金2.1亿元，国省道公路管理及养护经费1.9亿元；支持公交事业发展，安排公交TC管理公司运营和管理经费5.4亿元；投入10.1亿元支持赣深客专和广汕客专国铁干线等重大交通基础设施建设。支持创新驱动发展，全市科技投入完成25.2亿元，比2018年增长13.6%；统筹安排科技专项资金1.1亿元，支持“惠州创造”；全年安排中韩产业园起步区建设资金1.3亿元，惠东白花新材料产业园前期启动资金3亿元支持重大创新平台建设。支持企业发展，落实各项减税降费政策，全市企业减税降费约101亿元，增强企业发展动力；全年安排2017—2019年上市企业奖励资金0.2亿元，支持企业做大做强；安排工业和信息化专项资金1.0亿元，创新完善中小微企业投融资机制，支持中小微企业发展；安排企业外贸发展专项资金0.2亿元，支持企业“走出去”。

支持粤港澳大湾区建设　惠州市财政印发《惠州市实施粤港澳大湾区个人所得税优惠政策财政补贴管理暂行办法》，支持境外高端人才和紧缺人才在粤港澳大湾区流动；安排18.2亿元新增债券资金用于大亚湾重大产业项目配套基础设施建设，支持大湾区发展。

加大财政资金统筹力度　惠州市财政争取地方政府新增专项债券额度，全年全市累计增加新增专项债券81.2亿元，比2018年增加31.2亿元，增长62.4%。加大土地出让力度，全市国有土地出让收入完成239.5亿元，比2018年增收10.4亿元，增长4.5%。盘活财政存量资金，全年全市累计盘活财政存量资金237.1亿元。盘活闲置国有资产，印发《关于开展市直单位物业资产清产核资的工作方案》。

【财政民生保障】　2019年，惠州市兜牢民生底线，支持发展公平优质教育，支持社会保障体系建设，推进乡村振兴战略，保障民生财政支出。

兜牢民生底线　惠州市提高底线民生保障标准，城乡最低生活保障标准每人每月达800元（城镇低保平均补差每人每月565元，农村低保平均补差每人每月430元）；城乡居民养老保险基础养老金标准从每人每月173元提高至185元，比省定标准高出15元；城乡居民基本医疗保险补助标准从年人均490元提高至520元。建立健全底线民生保障机制，出台《惠州市完善基本公共服务均等化推进机制的实施方案》，从制度上确保市域内底线民生保障水平的提高和均衡发展。

支持发展公平优质教育　惠州市加大教育投入，全市教育支出完成119.4亿元，比2018年增长11.7%。建立公办幼儿园及普惠性民办幼儿园生均公用经费补助制度，从2019年起，全市公办幼儿园与普惠性民办幼儿园年生均公用经费拨款标准均为300元。建立公办普通高中生均公用经费拨款制度，全市公办普通高中生均公用经费拨款标准为每生每年500元。提高市属公办职业院校生均定额经费标准，支持职业教育发展，普通中职（技工）学校从每生每年3200元提高至每生每年4100元，国家重点中职（技工）学校从每生每年3700元提高至每生每年4600元，高职院校从每生每年4000元提高至每生每年4900元。

支持社会保障体系建设　惠州市健全覆盖城乡的社会保障体系。惠州市财政安排城乡居民养老保险补助经费2.03亿元，居民基本医疗保险补助经费1.92亿元，最低生活保障经费0.54亿元，80周岁以上老年人政府津贴0.54亿元。加大医疗卫生投入，安排医疗卫生支出17.25亿元，提高全市医疗保障水平。推进新形势下就业创业工作，统筹安排促进就业专项资金0.38亿元，从失业保险待遇基金结余中提取0.93亿元资金用于创业担保贷款担保基金和贴息支出、提取2.94亿元作为职业技能提升行动资金。

推进乡村振兴战略 惠州市加大乡村振兴战略投入力度，市本级共安排乡村振兴资金12.3亿元，资金保障到位。出台《关于进一步加强扶贫资金监督管理的补充通知》，确保扶贫资金使用安全、规范有效。出台《惠州市关于进一步加强和规范农村会计委托代理服务工作的实施方案》，规范农村财务的管理。

【财政改革】 2019年，惠州市深化财政管理体制改革，推进预算改革，推进涉农资金统筹整合改革，统筹推进其他各类财政改革，全面深化财政改革。

深化财政管理体制改革 惠州市完善市对区财政管理体制改革，出台《惠州市市对区财政管理体制改革实施方案》，逐步建立权责清晰、财力协调、区域均衡的市与区财政体制关系，在提高市级财政集中财力办大事能力的同时，调动区级政府的积极性。推进乡镇（街道）财政管理体制改革，研究探索关于深化乡镇（街道）财政管理体制改革的指导意见，提升乡镇（街道）基本保障水平和社会治理能力。

推进预算改革 惠州市制定市直2019—2021年中期财政规划，确保年度预算与中期财政规划、2019—2021年市级财政投资项目三年滚动计划相衔接，实现市级政府投资规划、政策、项目和资金相适应。印发《2020年市直预算编制工作方案》，对无效、低效资金，管理不规范、使用进度不理想的资金，实行一次性、基数性扣减预算直至取消预算安排，强化预算编制刚性约束。加快研究市级财政资金项目库实施细则，推进市级财政资金项目库管理改革。修订《惠州市市级财政专项资金管理办法》，强化对财政专项资金的管理。印发《惠州市贯彻落实〈中共广东省委广东省人民政府关于全面实施预算绩效管理的若干意见〉的工作方案》和《惠州市市级财政预算绩效目标管理办法（试行）》，完善预算绩效管理制度。

推进涉农资金统筹整合改革 2019年，惠州市制定《惠州市涉农资金统筹整合实施方案（试行）》，清理整合市级涉农资金5.4亿元；将现有市级涉农资金归并整合为农业产业发展、农村人居环境整治等6大类涉农资金；下放审批权限，加大县（区）统筹权，限定市级实施涉农项目金额不超过30%，县（区）实施项目区分约束性任务和指导性任务（其中约束性任务不超过50%）；提升涉农资金整体使用效益，全年省级涉农资金支出10.79亿元，支出进度（89%）与2018年同期（36%）相比提升147%。

统筹推进其他各类财政改革 惠州市推进财务核算信息集中监管改革，将市直169户集中支付预算单位纳入监管范围，规范单位财务管理。推进乡镇公务卡制度改革，实现公务卡强制结算目录全市全覆盖。继续完善国库集中支付电子化改革，市、县（区）清算业务和实拨业务电子化上线，实现全市一盘棋。深化财政电子票据管理改革，创新财政票据监管模式，2019年5月30日惠州市首张财政电子票据在惠州学院开具。

【财政管理】 2019年，惠州市加强财政监督检查，加强绩效管理，加强财政监管，建立“三大机制”，加强财政管理。

加强财政监督检查 惠州市开展2017—2018年度“三公”等行政经费专项检查、惠民惠农财政补贴资金“一卡通”专项治理、2019年政府采购代理机构监督检查，“私车公养”问题专项抽查等监督检查工作。

加强绩效管理 2019年，惠州市对所有2018年市级财政项目支出和市直部门整体支出进行绩效自评，实现2018年市级财政资金绩效

2019年4月9日，惠州市财政局党组书记、局长何国斌率队到大亚湾开展市对区财政管理体制调研

（惠州市财政局供图）

自评全覆盖；选取“优化教育教学条件”等3件民生实事、6个项目资金、2项政策、6个部门开展第三方评价工作；将2018年“惠州市养老服务体系建设补助经费绩效评价报告”等18个项目评价的结果及整改意见反馈给相关部门单位进行整改，强化绩效评价结果运用；开展2020年项目预算绩效目标审核，提高预算绩效目标管理的科学性、规范性、有效性。

加强财政监管 惠州市开展政府投资项目预结算审核，全年共完成财政投资审核项目232个，涉及送审金额85.02亿元，审定金额71.36亿元，核减13.66亿元，平均审减率16.07%；加强国有资产管理，印发《惠州市市直行政事业单位国有资产对外出租出借管理暂行办法》；加强政府采购监管，推进惠州市政府采购项目管理系统升级改造工作。

建立“三大机制” 惠州市财政局建立局领导分片联系县（区）财政部门的工作机制。惠州市财政局班子成员分片联系七个县（区），提升为基层财政部门服务的水平。局主要领导率队分别到四个区（惠城区、惠阳区、仲恺高新区、大亚湾区）实地开展市对区财政管理体制专题调研，理顺市与区两级政府财政分配关系，推动惠州市构建大财政大预算管理格局。局领导班子分别率队前往龙门、惠东、博罗等3个县6个乡镇（街道）开展调研，深入了解县（区）对乡镇（街道）财政管理体制现状及2018年镇办财政运行情况，推动基层财政事业发展。建立“市直一个部门对口财政局一个科室”的工作机制。以机构改革为契机，将原来的5个资金支出科室拓展至11个，将预算部门按业务性质分类划入11个资金支出科室对口服务，服务人员由原来的30人增加至72人，将市直预算部门以前到财政部门办理业务要跑多个科室的压力转化为归口科室牵头协调的内部压力，实现预算部门业务办理“只进一个门”，对口服务“一张清单”，办事流程“最多跑一次”。建立主动上门服务的工作机制。主动到预算单位开展上门服务，全年上门服务累计近100人次；对预算部门在预算编制执行管理中存在的问题进行提醒，并与预算部门共同探讨问题的解决办法，促进惠州市财政局职责优化、干部形象和工作作风的“三个转变”。

（惠州市财政局供稿，梁淑仪执笔）

【新一轮市对区财政管理体制改革实施方案出台】 2019年，惠州市出台《惠州市人民政府办公室关于印发惠州市市对区财政管理体制改革实施方案的通知》。新一轮市对区财政管理体制改革工作在上一轮体制框架的基础上，围绕全市财政“一盘棋”的理念，完善市对区的财政管理体制。主要内容包括：（1）明确财政支出范围。按财政事权与支出责任相适应原则，依法、合理划分进一步明确划分市级和区级财政支出范围。（2）进一步明确划分财政收入范围。在进一步明确划分税收收入、非税收入范围基础上，从2019年1月1日起，在保障2018年市与区的既得利益基础上，税收收入和非税收入市与区均按市40%：区60%比例分享。（3）进一步完善转移支付政策。土地收入政策方面，市补助区，即除划拨地外，市级征收的国有土地使用权出让收入的10%返还给财力比较困难的惠城区，主要用于该区的基础设施建设项目等；区上解市，除工业用地和划拨地外，区级征收的国有土地使用权出让收入的10%上划市级统筹，主要用于全市性重大项目建设等。其他主要转移支付政策，东江、惠南高新科技产业园扩容区产生的税收地方留成部分，由仲恺区与惠城区按50%：50%分享；在残疾人就业保障金方面，保障2018年市在惠城区与仲恺区的既得利益，通过市与区年终结算办理。

主要特点有：（1）统一性，将惠阳区纳入统一体制范围；将原来一区一体制调整为四区一体制。（2）稳定性，按照“保存量、调增量”的原则，保障四个区2018年既得利益。（3）规范性，将支出范围、收入划分予以明确；将原体制中属于“一事一议”政策的内容剔除，通过另行研究确定。（4）引导性，通过土地政策引导各区合理调整产业结构，鼓励发展工业项目。（5）便捷性，如税收分享比例仅设置一档，非税收入市区共享收入只保留两项，转移支付政策均实行年终清（结）算处理。

（惠州市财政局供稿，吴晔执笔）

汕尾财政

【财政经济概况】 2019年，汕尾市实现地区生产总值1080.3亿元，比2018年增长6.7%。其中，第一产业增加值152.27亿元，比2018年增长5.6%；第二产业增加值403.14亿元，比2018年增长6.8%；第三产业增加值524.89亿元，比2018年增长7.0%。三次产业结构为14.1：37.3：48.6。

2019年，汕尾市全市一般公共预算收入42.45亿元，比2018年增长9.32%。其中，税收收入26.1亿元，比2018年增长5.35%；非税收入16.35亿元，比2018年增长16.3%。非税收入占一般公共预算收入的比重为38.52%。全市一般公共预算支出完成278.92亿元，比2018年增长11.28%。

【财政经济调控】 2019年，汕尾市财政部门坚持“财”为“政”服务，围绕市委、市政府中心工作精准发力，着力支持“抓重点、补短板、强弱项”。

保障重点项目建设 汕尾市统筹一般公共预算资金、政府债券等资金，保障重点项目资金需求，支持推进海汕路西闸至埔边段、海滨大道至金湖路市政道路、金鹏路、金湖路东段等交通基础设施和市政基础设施建设。

扶持产业发展 汕尾市发挥财政资金引导作用，支持推进红草园区等产业园区建设以及招商引资和产业落户。落实小微企业普惠性减税、个人所得税专项附加扣除、深化增值税改革，清理规范行政事业性收费和政府性基金等“一揽子”减税降费政策，减轻企业负担。落实产业共建财政奖补、创新驱动、制造业升级改造、扶持外贸发展等财政扶持政策和资金，联合广东省粤科金融集团设立3亿元粤科财信专项投资基金助力重点企业发展，综合运用中小微企业融资风险补偿、融资再担保等平台，帮助中小微企业解决融资难、融资贵的问题。

支持打好精准脱贫攻坚战 汕尾市财政投入8.9亿元支持扶贫工作，加强财政扶贫资金动态监控，对财政扶贫资金的分配、下达、支付及项目资金绩效目标执行等进行全流程监督，提升扶贫资金使用绩效。

支持打好污染防治攻坚战 汕尾市财政节能环保支出8.35亿元，落实环境监测、生态保护、污染防治等经费保障，支持推进蓝色海湾整治、汕尾市小岛生态保护、龟龄岛保护等重点项目建设，确保大气、土壤和水体污染防治工作顺利推进。

支持乡村振兴战略 汕尾市财政农林水支出32.52亿元，落实农业支持保护补贴、农业保险补贴等各项强农惠农财政补贴政策，支持完善四好农村路、农田水利等基础设施，加快农村人居环境整治、新农村示范村建设和农村产业发展。

【财政民生保障】 2019年，汕尾市持续加大对民生领域的财政投入，支持健全多层次社会保障体系。全市财政完成民生类支出222.37亿元，比2018年增长13.58%，占一般公共预算支出的79.72%。

2019年，汕尾市支持推进交通基础设施建设。图为汕尾大道（海汕路西闸至埔边段）综合改造工程，全长9.5千米，是连接汕尾市区和海丰县城的主干道。项目总投资16.1亿元 （汕尾市财政局供图）

提高底线民生保障标准 汕尾市落实底线民生保障扩面提标政策，提高城乡居民基础养老金、最低生活保障、五保、孤儿基本生活保障、残疾人补贴、医疗救助等底线民生保障水平，筑牢底线民生保障网。

提高教育保障水平 汕尾市财政教育支出55.51亿元，落实覆盖全学阶的生均公用经费、山区边远地区学校教师生活补助、“两相当”、家庭经济困难学生生活费补助等各项教育投入政策，支持汕尾市实验初级中学、汕尾市高级技工学校、汕尾市职业技术学院完善教学楼、宿舍楼等基础设施，助推教育“创现”。

支持医疗卫生事业发展 汕尾市财政卫生健康支出34.73亿元，提高基本公共卫生服务项目、城乡居民医疗保险等财政补助标准，支持推动中心卫生院、县级公立医院升级，保障深汕中心医院、汕尾市全民健康信息综合管理平台等重点项目建设。

支持文体事业发展 汕尾市财政文化旅游体育与传媒支出7.25亿元，保障文化基础设施建设、非物质文化遗产保护、红色革命遗址保护利用、公共文化体育活动场馆免费开放等资金需求，扎实落实公共文化补短板政策措施，全市人均公共文化财政支出243.33元。

支持省市十件民生实事 汕尾市财政投入80.67亿元保障市十件民生实事落实，投入4.45亿元配合落实省十件民生实事。

【财政改革】 2019年，汕尾市围绕建立现代财政制度目标，推进各项财政改革任务落实。

深化预算编制执行监督管理改革 汕尾市出台《关于深化汕尾市市级预算编制执行监督管理改革的实施意见》《汕尾市市级零基预算实施方案》，以深化预算编制执行监督管理改革为重点，将财政管理重心从全流程预算管控转变为聚焦预算编制、优化预算执行、强化预算监管，统筹推进零基预算、中期财政规划和项目库改革，促进预算管理优化协同高效。

推进财政事权和支出责任划分改革　汕尾市出台《汕尾市基本公共服务领域市级与县级共同财政事权和支出责任划分改革方案》，明确义务教育、基本医疗保障、基本养老保险等八大类18项基本公共服务领域事权的市级、县级支出责任分担方式和相关标准。

推进涉农资金统筹整合改革　汕尾市建立涉农资金统筹整合长效机制，出台《汕尾市涉农资金统筹整合实施方案（试行）》，将涉农资金统筹整合成农业产业发展、农业农村基础设施建设等6大类资金，实现跨部门、跨领域涉农资金整合，促进涉农资金使用由分散到集中、从低效到高效转变。

推进财政电子票据管理改革　汕尾市创新财政票据监管模式，着力推进财政电子票据管理改革，推动非税收入财政电子票据和医疗收费电子票据管理系统成功上线，成功开出粤东地区首张医疗收费电子票据。

全面实施预算绩效管理　汕尾市全面推开全过程绩效管理改革，制定市级预算绩效目标管理办法，健全全过程预算绩效管理链条，完善预算绩效指标库，完成2018年度“四本预算”项目资金、转移支付项目资金、2015—2017年地方政府债券项目资金以及2018年度部门整体支出共473个项目和单位85.33亿元现场绩效评价，推进绩效信息公开和结果应用。

推进政府购买服务改革　汕尾市推进政府购买服务信息公开，出台《市直机关政府购买服务信息公开管理暂行办法》，统一规范政府购买服务信息公开行为，提高政府购买服务工作透明度。

【财政管理】　2019年，汕尾市把提升财政监管水平作为推进财政科学化、精细化管理的重要抓手，推进财政管理提质增效。

严格支出管理　汕尾市树立过“紧日子”思想，除刚性和重点项目外，将一般性支出压减5%以上、“三公”经费压减8%、其他项目支出压减10%，强化预算约束，严格控制超预算支出；落实预算单位的预算执行主体责任，建立健全支出进度通报和考核机制，加快财政支出进度，提高预算执行的均衡性和有效性。

推进财政预决算信息公开　汕尾市规范预决算公开形式，按照新统一的模板公开预决算信息，确保预决算公开的内容真实、准确、规范，推进“阳光财政”建设。

深化政府投资项目评审“放管服”改革　汕尾市优化投资评审流程，放宽市级财政投资项目预结算送审额度的范围，对政府投资单项建安工程金额在50万元以下的政府投资项目实施备案制。

加强财政监督检查　汕尾市健全日常监督机制，深入开展“三公”等行政经费、会计信息质量、“小金库”、惠民惠农“一卡通”、“私车公养”等专项检查，规范财政资金使用管理行为。

推进行政事业资产管理　汕尾市做好机构改革办公用房调配和资产划转工作，牵头落实国有资产管理情况报告制度，首次向市人大常委会报告全市国有资产管理情况，进一步增强国有资产管理公开透明度。

加强政府债务管理　汕尾市坚持促发展与防风险并举，落实防范化解债务风险长效机制，严格债券资金项目管理，加强债券资金使用监控，发挥债券资金使用效益。

（汕尾市财政局供稿，李倩执笔）

东莞财政

【财政经济概况】　2019年，东莞市地区生产总值9482.5亿元，比2018年增长7.4%。分产业看，第一产业增加值28.48亿元，比2018年增长5.5%；第二产业增加值5361.5亿元，增长7.6%；第三产业增加值4092.52亿元，增长7.2%。三次产业比例为0.3：56.5：43.2。全年固定资产投资比2018年增长17.5%。全年全市进出口总额13801.65亿元，比2018年增长2.8%。其中进口5172.87亿元，比2018年下降5.3%；出口8628.78亿元，增长8.5%。“一带一路”沿线国家进出口额3103.08亿元，比2018年增长17.9%。全市电子商务交易额5377亿元，比2018年增长12%。全年社会消费品零售总额3179.78亿元，比2018年增长9.4%。居民消费价格总水平（CPI）比2018年上涨3.5%。

2019年，全市一般公共预算收入673.18亿元，比2018年增长3.58%。一般公共预算收入中税收收入555.37亿元，比2018年增长1.3%，占82.5%，税收占比连续3年位居全省第一；非税收入117.81亿元，增长15.87%，占17.5%。以上收入加上上级补助收入、调入资金和上年结转结余，全市一般公共预算总收入981.99亿元。全市一般公共预算总支出973.45亿元，比2018年增长15.34%。收支相抵，2019年一般公共预算结余8.54亿元。

2019年，全市政府性基金预算收入442.79亿元，比2018年增长12.7%。其中，土地出让收入414.61亿元；其他政府性基金收入28.18亿元。以上收入加上上级补助收入、地方政府专项债券转贷收入后，政府性基金预算总收入528.35亿元。全市政府性基金预算总支出502.14亿元。收支相抵，政府性基金预算结余26.21亿元。

2019年，国有资本经营预算收入5.92亿元，比2018年增长2.97%。连同上年结余0.22亿元，国有资本经营预算总收入6.14亿元。国有资本经营预算总支出5.82亿元。收支相抵，国有资本经营预算结余0.32亿元。

2019年，全市社会保险基金收入671亿元，比2018年增长5.18%。全市社会保险基金支出415.87亿元，比2018年增长35.84%。收支相抵，全市各项社会保险基金当年结余255.13亿元。加上历年滚存结余2026亿元，2019年全市各项社会保险基金累计结余2281.13亿元。

【财政经济调控】 2019年，东莞市加强财政经济调控，融入粤港澳大湾区建设，推动产业转型升级，提升科技创新水平，增创人才资源红利，提升城市综合品质，推动镇村协调发展。

融入粤港澳大湾区建设 东莞市投入5.7亿元，支持散裂中子源、松山湖材料实验室和南方光源检测平台等重大科研平台建设。投入5亿元，推进滨海湾新区建设，打造粤港澳协同发展先导区。投入5亿元，深入开发水乡新城。投入50.8亿元，启动地铁1号线建设，支持地铁2号线运营，推进城际轨道和赣深铁路东莞南站等建设，融入湾区交通网络。投入3.61亿元，支持铁路东莞站配套工程、环莞快速路、博深高速清溪出入口连接线等建设。

推动产业转型升级 东莞市投入1.72亿元，实施“倍增计划”，支持开展协同倍增，推动试点企业实现规模与效益的倍增。投入2.52亿元，打造智能制造全生态链，支持智能制造、服务型制造、绿色制造，推动产业转型升级。投入1亿元，推动工业企业开展新一轮技术改造。投入7052万元，深化科技金融产业“三融合”。投入4538万元，通过贴息和风险补偿支持融资租赁发展。

提升科技创新水平 东莞市投入1.16亿元，推进新型研发机构、企业研发机构、孵化育成体系和海外创新中心等建设。投入1.23亿元，开展自然科学基金、国家和省联动重大科技项目以及创新科研团队项目，支持核心技术攻关。投入3544万元，培育重点领域高新技术企业，组织创新创业大赛，推进创新镇建设。投入4124万元，鼓励专利申请、保护和应用，支持科技成果转化。

增创人才资源红利 东莞市实施“十百千万百万”人才工程。投入1.35亿元，建设一支知识型、技能型、创新型劳动力大军，打造“技能人才之都”。投入1.18亿元，引进各类特色人才，鼓励高端人才扎根东莞。投入1545万元，奖励在产业发展与科技创新方面作出突出贡献的创新型人才。投入1797万元，为新入户人才和特色人才提供住房补贴，推进人才安居工程。

2019年2月19日，东莞市推进粤港澳大湾区建设首批重点项目集中动工大会暨轨道交通1号线项目全线动工仪式举行

（东莞市财政局供图）

提升城市综合品质　东莞市投入11.47亿元，落实城市品质三年提升计划，实施广深港澳科技创新走廊建设和中心城区夜景灯光景观品质提升等工程。投入5.79亿元，用于公路桥梁、市政设施及城市公园养护。投入1.78亿元，加快推动“三旧”改造，开展城市更新。投入5.72亿元，加强网络信息化建设，打造“数字政府”和“智慧城市”。投入5.92亿元，购买公交服务，发展公共交通。投入10.32亿元，开展茅洲河、石马河流域综合整治。投入9.2亿元，用于全市污水处理。投入4078万元，淘汰非纯电动公交车辆，推动全市公交电动化。投入1亿元，推广应用新能源汽车。投入1.92亿元，开展全市生活垃圾焚烧飞灰处理和医疗废物处置。

推动镇村协调发展　东莞市投入20.5亿元，为镇街提供基本公共服务补助，减轻镇街在治安、教育、社会保障、医疗卫生、就业等方面的支出压力，对次发达镇给予重点倾斜支持。投入10亿元，支持市直管镇体制改革，强化园区统筹组团发展。投入6亿元，配套设立总规模10亿元的扶持次发达镇产业发展资金池，推动次发达镇加快发展优质产业项目。投入24.29亿元，为村（社区）提供环卫、治安、行政管理等基本公共服务补助。投入1.27亿元，改善村（社区）人居环境，推动美丽幸福村居单村及特色连片示范建设。投入1.55亿元，补偿生态公益林、基本农田和非经济林地。

【财政民生保障】　2019年，东莞市财政部门支持教育扩容提质，完善社会保障体系，完善社会保障体系，提升医疗卫生水平，保障民生支出。

支持教育扩容提质　东莞市投入35.21亿元，补助镇街教育经费及市属学校经费，保障教育优先发展。投入4.35亿元，支持民办教育发展，为民办学校义务教育公用经费、民办中职学校学生免学费提供补助，发放民办学校教师从教津贴，鼓励民办学校项目建设。投入2.86亿元，为20余万个义务教育阶段积分制入学民办学位提供补贴。投入1.16亿元，支持学前教育发展，鼓励优质幼儿园办学。投入7822万元，推进中小学校集团化办学和品牌学校培育，打造一流教育品牌。投入6796万元，支持东莞职业技术学院创建省一流高职院校。

完善社会保障体系　东莞市投入17.11亿元，补助城乡一体社会养老保险、农（居）民医疗保险、生育保险等缴费支出。投入2.62亿元，完善最低生活保障等社会救助体系，将低保对象最低生活保障标准提高到每人每月980元，开展困难家庭重特大疾病二次救助。投入1.54亿元，资助养老机构，提供失能老年人补助和居家养老服务，为14万名70周岁以上高龄老人提供生活津贴。投入2.14亿元，为4.7万名残疾人提供生活津贴，支持镇街残疾人康复就业中心运作。投入1.44亿元，为小额创业贷款提供担保基金和贴息。投入1.28亿元，帮助就业困难人员、贫困劳动力、高校毕业生就业创业。

提升医疗卫生水平　东莞市投入2.17亿元，为市民免费提供14项基本公共卫生服务以及两癌筛查、新生儿听力筛查等服务。投入1.66亿元，提高市属公立医院基本医疗服务补助标准。投入4.46亿元，购置二类疫苗，增加优质疫苗供应，保障疫苗使用安全。投入1.11亿元，支持市儿童医院、市中心血站、区域中心医院、区域消毒供应中心、临床病理诊断中心建设。投入6299万元，支持市第九人民医院建设。

【财政改革】　2019年，东莞市创新投融资体制机制，推进减税降费，推进预算编制执行监督管理改革，支持市直管镇体制改革，全面深化财政改革。

创新投融资体制机制　东莞市推动PPP项目落地，截至2019年底108个在库PPP项目全部签约落地。坚持以“经营城市”理念推动政府投融资工作，聚焦轨道交通、流域治理、园区开发、市政道路、松山湖科学城等五大领域，提出新形势下创新政府投融资的具体路径方案，并以试点项目积累经验推动创新机制全面落地。发挥政府投资基金效能，引导社会资本支持产业升级。

推进减税降费　东莞市落实上级减税降费政策，降低企业税费、合理降低社保缴费负担、持续降低涉企收费，激发企业发展活力，优化营商环境。全年为企业减负310.58亿元。

推进预算编制执行监督管理改革　东莞市出台落实预算编制执行监督改革的实施意见，聚焦“两转变、两精简、两提高”的要求，转变部门职能，明确权责划分，精简资金、项目审批流程，提高各方积极性。修订改革配套制度，提高部门承接省级下放专项资金的管理能力。

支持市直管镇体制改革　东莞市出台财政管理实施方案，强化功能区管理机构的财政收支、债务与投融资、资金监督等方面的管理水平，激发市直管镇体制活力。

【财政管理】　2019年，东莞市优化支出管理，强化政府债务管理，全面实施预算绩效管理，强化财政资金统筹，加强财政管理。

优化支出管理　东莞市落实预算申报限额制度，严格压减会议、培训、办公、宣传等一般性支出，市级一般性支出实现压减7.8%。加快支出进度，完善预算执行督导配套制度，对重大项目、重点支出实行专人管理、动态监控和精准督导，继续用好月度通报、季度约谈、与年终考核挂钩等机制，全年支出进度位列全省前列。

强化政府债务管理　东莞市财政局坚持“借得来、用得好、还得起”的理念，严格控制政府债务规模，优化债务结构，防范债务风险，政府债务风险指标低于预警线，处于安全区间。科学合理用好政府债券，向上级申请到77.06亿元新增政府债券，支持东莞市土地储备及重大基础设施建设。

全面实施预算绩效管理　东莞市出台全面实施预算绩效管理的实施意见，制定具体落实方案，推进各项绩效管理工作，拓展绩效管理覆盖面，完善全过程绩效管理机制，补齐短板，提升绩效管理质量，邀请人大政协参与绩效评价，提高评价结果权威性，引入第三方专业力量，为绩效管理提供技术支撑，加强对镇街绩效管理工作的培训和指导，推动东莞市财政管理水平整体提升。

强化财政资金统筹　东莞市通过预算联审会议制度，增强财政对重大民生支出项目的统筹能力，加强重大财政民生项目管理。加大盘活存量资金力度，加快对存量资金的盘活运用。

【全过程预算绩效管理机制完善】2019年，东莞市财政局加强绩效目标管理，推进绩效运行监控，开展预算绩效评审，扩大绩效自评覆盖面，主动接受人大、政协监督，完善全过程预算绩效管理机制。

加强绩效目标管理　东莞市财政局制定市级财政预算绩效目标管理办法，纳入2019年预算项目绩效目标管理范围的项目有615个，涉及财政资金154.2亿元，其中实质性审核项目101个，涉及财政资金87.8亿元，实质性审核的绩效目标报人大审批，审批通过后的绩效目标作为预算执行和事后绩效评价的参考依据，提高绩效目标管理的严谨性。2020年预算项目绩效目标申报覆盖一般公共预算、政府性基金预算和国有资本经营预算，实现绩效目标全覆盖。

推进绩效运行监控　为建立项目绩效跟踪机制，东莞市财政局强化绩效目标事中监控，在2018年试点工作基础上，2019年东莞市财政继续选择部分项目开展绩效运行监控并扩大监控范围，纳入2019年绩效运行监控的项目122个，比2018年增加80个，涉及市级财政预算资金89.82亿元。绩效运行监控将单一的支出进度管理转变为预算执行、绩效目标双维度管理，以监控促落实、促效率，推动绩效目标如期实现。

开展预算绩效评审　为提高预算编审质量，东莞市财政局对申报2020年预算入库的32个项目的必要性、可行性和预算合理性进行预算评审，涉及预算资金2.55亿元。将绩效管理手段融入到预算审核工作，发挥预算绩效评审对预算审核的支撑作用，实现“先评审后入库、先入库后安排预算”，提高预算编制质量，优化预算资源配置。

扩大绩效自评覆盖面　为强化预算单位绩效管理主体责任，东莞市财政局要求预算单位对上一年度预算项目完成情况进行绩效自评，并扩大绩效自评管理范围，在将非基建项目自评范围扩大至150万元以上的基础上，增加20个部门开展整体支出绩效自评。2019年，纳入市级财政支出绩效自评范围的项目共824个，比2018年增加233个，涉及财政预算资金150.5亿元，有效强化事后绩效管理工作。

主动接受人大、政协监督　东莞市财政局围绕市委、市政府和公众关注的重大财政支出，结合财政专项资金管理和拓展绩效管理覆盖面等工作要求，东莞市财政局选取“倍增计划专项资金”等17个重点项目委托第三方实施评价，涉及评价金额30.63亿元。邀请市人大代表、市政协委员参与“倍增计划专项资金”“东莞生态园公租房”“市级生态补偿资金”等三个项目的评价，提高评价工作透明度和权威性。

【新一轮村（社区）基本公共服务专项资金补助政策实施】2019年，东莞市财政局开展调研，制定新一轮的村（社区）基本公共服务专项资金补助政策，自2019年起实施。科学筹集资金，村（社区）基本公共服务专项资金继续从各镇（街道）参与税收分成收入中切块安排，由统一比例改成结合各镇（街道）经济发展程度、财政承受能力及区域间基本公共服务支出标准的差异性计提，专项资金规模继续随税收收入同步调整。明确各类补助标准，村（社区）治安和环卫支出补助规模按照2018年的补助标准固定，扩大民政、卫生、消防、安全生产等一般公共管理经费的补助范围，次发达村（社区）和水乡地区基本公共服务补助继续增长20%，推动区域协调发展。强化考核监督，把村（社区）公共管理事务经费支出实现“只减不增”作为补助资金绩效考评目标，督导镇（街道）把实施村（社区）基本公共服务补助政策与减轻基层负担、推动公共服务待遇市民化、基本公共服务均等化、新型城镇化、强化基层组织建设、深化农村综合改革等工作有机结合起来，狠抓政策落实。2019年村（社区）基本公共服务专项资金24.29亿元，比2018年度增长3.44亿元，增幅达16.5%。

【以“经营城市”理念推进基础设施建设】2019年，东莞市财政局为破解财政收支矛盾难题，以“经营城市”理念为指引，通过顶层设计、整体谋划、联动开发，促使项目投资转化为“城市资源增值”，增加收益来源，做到“项目自求平衡”，推动一批基础性、支撑性、引领性的重大项目加快建设。将基础设施建设融入到城市发展，提升城市资源的协同效应，挖掘项目潜在收益、内化项目溢出效益，协调用好财政和市场两个手段，针对不同的项目分类施策，用基础设施相关的预期收益反哺项目投资，实现基础设施项目市场化整合和建设，确保合规性和可行性，推动投资、发展相互支撑、相互促进。聚焦轨道交通、流域治理、园区开发、市政道路、中子科学城等五大领域，通过调查研究，分别提出具体的实施方案，如轨道交通TOD模式、流域治理EOD模式、市政道路“项目+产业+土地物业”综合平衡模式等，统筹推进多个领域的重大项目建设，并以试点项目积累经验推动创新机制的全面落地。东莞市财政局推动建立健全政府统筹、部门协作的工作机制，明确项目实施主体，落实市属国企主责主业和各部门任务分工，形成工作合力，通过市场化的运作方式，实现重大项目建设理念转变、管理效能提升。

（东莞市财政局供稿，袁颖桢执笔）

中山财政

【财政经济概况】 2019年，中山市实现地区生产总值3101.10亿元，比2018年增长1.2%。其中，第一产业增加值62.60亿元，比2018年下降2.0%；第二产业增加值1521.82亿元，下降1.6%；第三产业增加值1516.68亿元，增长4.4%。三次产业结构调整为2.1：49.1：48.9，第三产业所占比重比2018年提高1.4个百分点。全年固定资产投资下降17.6%。全年进出口总值2387.19亿元，比2018年增长2.0%。其中，出口额1929.19亿元，比2018年增长7.1%；进口额458亿元，下降15.2%。进出口差额（出口减进口）1471.18亿元，比2018年增加209.1亿元。全年新签外商直接投资项目310个，比2018年下降46.9%；合同利用外资8.23亿美元，增长17.6%；实际利用外资金额5.52亿美元，增长1.6%。全年社会消费品零售总额1535.95亿元，比2018年增长3.0%。全年社会消费品零售总额1535.95亿元，比2018年增长3.0%。全年全市居民消费价格总指数累计比2018年上涨3.1%。

2019年一般公共财政预算收入283.38亿元，比2018年下降10.1%；其中税收收入207.99亿元，下降11.4%。全年地方一般公共财政预算支出411.73亿元，比2018年下降6.0%。其中，教育支出73.90亿元，比2018年增长5.1%；医疗卫生与计划生育类支出26.78亿元，增长4.1%；社会保障和就业类支出41.17亿元，增长22.3%。民生类支出为293.82亿元，占一般公共预算支出比重为71.36%。

【财政经济调控】 2019年，中山市加强财政经济调控，加快建设现代化经济体系，鼓励实体经济蓬勃发展，增强科技创新能力，落实减税降费政策，坚持防范化解重大风险，支持精准扶贫脱贫，落实乡村振兴发展战略，推进精准治污防污。

加快建设现代化经济体系 中山市财政拨付13.2亿元产业扶持资金，促进制造业高质量发展，支持新一代信息技术、高端装备制造、健康医药、智能家电家居等战略性新兴产业和重点项目落户建设，着力提升企业自主创新能力，稳步提高经济质量。

鼓励实体经济蓬勃发展 中山市加大企业上规扶持力度，市财政拨付3000万元支持企业通过多层次资本市场扩大融资渠道，借助“助保贷”平台发放银行贷款5.3亿元，利用“过桥贷”政策发放周转贷款170.1亿元，推动金融高效服务实体经济，培育壮大市场主体，促进民营企业创新提质发展。

增强科技创新能力 中山市财政设立总规模为20亿元的中山市科技创新创业投资引导基金，促进社会资金、金融资本投向科技领域。拨付1.1亿元支持重点领域核心技术攻关，研发突破“卡脖子”的关键核心技术。拨付1.8亿元支持共建高端科研机构，提高中山科技创新能力，全面对接广深港澳科技创新走廊。

落实减税降费政策 中山市通过合理降低企业税费负担等举措，全年增值税、个人所得税、企业所得税及部分地方固定税种相应减收25.6亿元，减免企业行政事业性收费及政府性基金15亿元，减轻企业负担，释放惠企红利，减税降费效果显著。

坚持防范化解重大风险 中山市规范政府性债务举借行为，常态化建立镇区政府债务风险预警机制，强化政府性债务和隐性债务管理监测。全市地方政府债务余额326.3亿元，债务风险等级评定结果为绿色等级，各项债务风险指标均低于警戒线，确保不发生系统性风险底线，着力化解存量隐性债务风险，打好中山市防范化解政府性债务风险攻坚战。

支持精准扶贫脱贫 中山市落实打赢脱贫攻坚战三年行动计划方案，市财政拨付2.8亿元扶贫资金，继续加大扶贫投入力度。其中拨付东西部扶贫协作资金1.8亿元，将东西部扶贫协作资金标准提高至每县每年4000万元；拨付全省扶贫开发资金6300万元、扶贫工作经费1060万元，确保如期高质量完成脱贫攻坚任务。

落实乡村振兴发展战略 中山市财政拨付2241万元支持富民兴村产业发展，推进农业供给侧结构性改革，实现质量强农和绿色兴农。

拨付6682万元用于落实耕地地力保护补贴、高标准基本农田整治、政策性农业保险补贴等政策，完善农业支持保护制度。拨付3.6亿元开展农村人居环境综合整治，建设生态宜居美丽乡村。

推进精准治污防污 中山市财政拨付14亿元全面推进全市黑臭水体综合整治工程，拨付4.7亿元支持污水处理厂运营及提标改造，拨付7074万元支持河涌水质自动监测站建设，切实加强水环境治理。拨付2262万元推动改善大气空气质量，拨付1372万元用于土壤、固废污染防治，拨付4.8亿元用于垃圾处理运营及基地建设，拨付9.7亿元用于新能源公共汽车购置、公共汽车乘车优惠等各项补贴，深入推进节能减排，切实打造蓝天、碧水、净土美丽中山。

【财政民生保障】 2019年，中山市保障民生财政支出，提高现代化教育教学质量，推动文化事业繁荣发展，构建优质医疗卫生服务体系，筑牢社会保障民生底线，实现更高质量人才就业，建设共治共享社会体系，保障民生实事落实见效。

提高现代化教育教学质量 中山市财政拨付1.5亿元支持公益普惠幼儿园、民办教育和特殊教育优质发展。拨付1.4亿元支持全市公办中小学建设工程，提升镇区义务教育学位供给能力。拨付4.9亿元落实市直属义务教育教学经费保障，促进义务教育均衡发展。拨付3837万元高等教育发展经费，推进高水平大学建设。拨付2，794万元落实强师工程，推进新时代教师队伍建设。

推动文化事业繁荣发展 中山市财政拨付资金8690万元保障基础文化设施建设，支持建设中山纪念图书馆、市博物馆等公益文体场馆。拨付420万元支持推进精神文明建设，培育和践行社会主义核心价值观。拨付770万元举办中山国际马拉松赛、第八届市运会等大型群体赛事活动。拨付469万元推进国家全域旅游示范区建设，创新旅游发展业态。

构建优质医疗卫生服务体系 中山市财政拨付3亿元用于基本医疗保险、门诊基本医疗保险城乡居民缴费两项财政补贴。拨付2.2亿元卫生计生专项资金，提升医疗服务水平，加强基本公共卫生服务保障。拨付1407万元支持建设镇区医疗卫生机构，施行分级诊疗制度。

筑牢社会保障民生底线 中山市财政拨付1.7亿元用于困难群体生活保障，将低保标准提高到每人每月1050元，特困人员基本生活标准提高到每人每月1680元，着力提高低保水平。拨付1.2亿元用于老年人、孤儿、残疾人等社会福利事业，落实大病困难帮扶救助机制，加大弱势群体保障力度。

实现更高质量人才就业 中山市财政拨付1.2亿元落实就业创业政策保障，推进“粤菜师傅”等惠民工程，支持稳定就业和开展职业技能提升行动。拨付6992万元实施“人才强市”战略，着力引进一批站在世界科技前沿、处在创新高峰期的领军人才和创新团队，发挥人才第一资源作用。

建设共治共享社会体系 中山市财政拨付5.8亿元开展扫黑除恶专项斗争、全市禁毒等工作，助力“智慧公安”、平安中山建设。拨付4035万元加强法律援助、司法救助等法治中山建设。拨付1.5亿元推进智能交通、交通安全、交通畅通工程建设。拨付1.1亿元用于市级储备粮、食用油和救灾物资储备。拨付4148万元用于全市食品药品、农产品及水产品安全检测，为人民群众生命财产保驾护航。

保障民生实事落实见效 中山市全市统筹投入6.3亿元，着力办好智慧安防进校园、建成开放一批公园、增加幼儿园和公办中小学学位、“爱眼护齿”健康行动、优化政务服务、异地务工人员子女关爱行动、提升道路通行能力等民生实事。

【财政改革】 2019年，中山市推进预算绩效管理，推进市镇财务核算信息集中监管改革，深化财政改革。

推进预算绩效管理 中山市构建绩效核查多元化评价体系，强化

2019年9月23日，中山市召开2020年全市预算布置工作会议

（中山市财政局供图）

绩效结果应用，落实绩效预算硬约束。按“全面覆盖+重点核查”模式，抽选出297个项目开展自评核查工作，涉及年度预算安排资金8.33亿元。启动8类专项资金使用绩效情况重点评价，涉及预算安排资金42.78亿元。

推进市镇财务核算信息集中监管改革　中山市贯彻实施新一轮政府会计制度改革，建立镇区财务核算信息集中监管平台。以实施《政府会计制度》为契机，为全市市、镇两级1300多家预算单位提供范围广、性能高、一体化的财务核算信息集中监管系统，实现“纵向到底，横向到边”的财务集中监管模式，成为广东省首个实现市镇两级全部预算单位纳入财务监管改革统一平台的地市。

【财政管理】　2019年，中山市财政局持续深化预算管理，保障市镇均衡协调发展，规范行政事业单位国有资产管理，强化政府采购代理机构监管，开展专项监督检查，加强财政管理。

持续深化预算管理　中山市财政局以深化预算编制执行监督管理改革为抓手，推进落实“大专项+任务清单”，研究修订市级专项资金管理办法，加强涉农资金整合，切实提高支农资金使用效益，强化财政资金安全意识。探索市级部门项目支出预算及绩效目标层级管理改革，促进预算与绩效有机融合，着力构建“阳光财政”。

保障市镇均衡协调发展　中山市财政通过加大均衡性转移支付和临时救助资金，逐步提高一般性转移支付比重，加大对镇区的转移支付力度，拨付8亿元镇区临时救助资金，拨付97.4亿元镇区税收和非税分成，拨付1亿元省市财政农业转移人口市民化奖励资金，拨付27.2亿元政策性转移支付、均衡性转移支付、定向财力转移支付资金，保障镇区“三保”支出，加大镇区财政对基层公共服务的支持力度，确保基层部门更好地履行公共服务职能。

规范行政事业单位国有资产管理　中山市完成《中山市2018年国有资产管理情况综合报告》和《中山市2018年行政事业性国有资产管理情况报告》的编写工作，印发《中山市市直行政事业单位国有资产对外出租出借管理办法》，确保中山市国有资产出租出借工作规范有序，落实各部门管理责任；出台《中山市市直行政事业单位办公及业务用房租赁管理办法》，创新租赁备案制度，明确市直行政事业单位作为租赁主体，落实“放管服”改革；控制办公用房安排使用，在机构改革期间共腾退面积约30225平方米。

强化政府采购代理机构监管　中山市出台《中山市政府采购工作规范指引》《中山市政府采购代理机构监督考核实施细则》和《中山市财政局政府采购投诉处理规程》，完善政府采购监管机制，持续优化营商环境。制定《中山市政府采购负面清单》，细化政府采购投诉处理、代理机构监督考核等实施细则。

开展专项监督检查　中山市发挥财政“大监督”作用，在全市范围内开展“三公”经费、办公用房、公务用车、非税征管和账户管理等专项工作监督检查，切实排查风险、堵塞漏洞。进一步稳扎稳打纠治“四风”，确保人员资金管理“双安全”，扎实扎紧财政管理制度“笼子”。

【财政推动融入湾区建设互利共赢】　2019年，中山市参与粤港澳大湾区建设。市财政拨付65.3亿元，按照国际一流湾区标准，建设湾区交通路网，统筹推进深中通道、中开高速、广中江高速中山段、坦洲快线等一批现代综合交通基础设施项目建设改造工程。拨付5.5亿元支持长江路、博爱路、富湾南路等市域道路建设，确保中山市加快形成“东承”“西接”交通路网，深度融入粤港澳大湾区城市群发展。共建粤港澳深度合作示范区，落实1.3亿元积极支持省市共建大学，推进中山科技大学、澳门科技大学中山办学项目建设，补齐高等教育短板。拨付1亿元用于组

2019年3月13日，中山市财政局举行粤港澳大湾区发展规划纲要宣讲报告会

（中山市财政局供图）

建生物医药产业化基金，谋划大湾区生物医药等国际合作示范区及创新平台建设，加强与港澳高层次合作。打造湾区宜居宜游生活圈，拨付1.9亿元支持镇区建设森林小镇，推进金钟湖公园、儿童公园等一批供市民休闲休憩的城市公园建设，牢固树立和践行“绿水青山就是金山银山”理念。拨付474万元支持岐澳古道修复建设，深化与港澳文化交流。拨付568万元传承孙中山文化、城乡历史文脉和地方戏曲等非物质文化遗产，擦亮中山文化名城品牌。

（中山市财政局供稿，周凤林执笔）

江门财政

【财政经济概况】 2019年，江门市实现地区生产总值3146.64亿元，比2018年增长4.3%。其中，第一产业增加值254.23亿元，比2018年增长6.3%；第二产业增加值1352.54亿元，增长2.5%；第三产业增加值1539.87亿元，增长5.8%。三次产业结构为8.1：43.0：48.9。规模以上工业增加值1041.95亿元，比2018年增长1.5%。固定资产投资完成1857.98亿元，比2018年增长8.3%。进出口总额完成1425.4亿元，比2018年下降3.2%，其中出口总额完成1136.1亿元，增长1.2%。实际利用外资8.23亿美元，比2018年增长12.1%。社会消费品零售总额1520.43亿元，比2018年增长8%。居民消费价格指数103.0%，比2018年增长3%。

2019年，江门市一般公共预算收入完成256.8亿元，比2018年增长5.3%；市本级一般公共预算收入完成52.07亿元，增长6.5%。全市一般公共预算支出完成424.0亿元，比2018年增长12%，其中，市本级一般公共预算支出完成67.19亿元，比2018年增长3.2%。

【财政经济调控】 2019年，江门市构建支撑高质量发展的现代产业体系，增强创新驱动能力，防范化解债务风险，落实减税降费政策，加强财政经济调控。

构建支撑高质量发展的现代产业体系 江门市支出各项产业扶持政策资金8.59亿元，发展五大新兴产业，培育一批大型骨干企业，推进传统产业转型升级，支持发展工业互联网，促进招商引资。配合研究制定包括总部经济政策、重点企业高质量发展倍增计划、中小企业“政银保”保费扶持政策、其他营利性服务业行动计划等新一轮产业扶持措施，修订招商引资激励十二条，引导和支持产业提质增效。推进产业基金投资取得成效，先进装备制造业基金完成组建江门市弘创新兴产业投资基金、江门市毅达创新创业投资基金两项子基金的投资决策程序；创业创新基金投放鹤山澳米欧无人驾驶专用车生产项目，实际出资1625万元，完成组建鹤山银涂新材料基金、鹤山厚机机械投资基金、江门市弘创新兴产业投资基金等三项子基金的投资决策程序。

增强创新驱动能力 江门市财政科技投入15.4亿元，比2018年增长15.96%，占本级财政支出3.66%。通过持续加大财政科技投入力度，落实高新技术企业培育、新型研发机构建设等八大措施，推动全市高新技术企业超1500家，院士工作站增至11个，与14位院士建立合作关系，建设一批特派员工作站、博士后工作站、技术创新中心等创新平台。江门市在小微企业创业创新基地城市示范期间（2015—2017年），小微企业营业收入增长96.01%，小微企业就业人数增长56.28%，小微企业技术合同成交额增长390.00%，小微企业获得授权专利累计增长369.57%，实现创业目标、就业目标、创新目标“三大突破”。在财政部组织的绩效评价中，江门市在15个城市中排名前50%，获3000万元奖励。

防范化解债务风险 江门市完善政府债务管理顶层设计，研究出台《江门市基础设施和公共服务领域政府投资项目资金筹措指导意见》，修订完善《江门市政府性债务风险应急处置预案》，建立政府性债务风险事件报告和分级响应制度，动态监测债务风险，形成“制度预防、源头管控、预警监测、应急处置”的政府债务全过程闭环管理链条。严控债务风险，多措并举化解存量债务，压降非政府债券形式政府债务规模，优化政府债务结构，腾出空间承接新增债券，分类施策有序化解存量隐性债务，遏制隐性债务增量，全市化解隐性债务48.67亿元，超额完成省市下达的2019年隐性债务化解目标。用好再融资政策，全年全市累计发行再融资债券12.12亿元，促进存量债务良性循环，腾出财力投向省市重点项目。开好规范举债融资“前门”，用足地方政府债券政策，2019年成功发行新增债券44.03亿元（其中土地储备专项债券29.08亿元、其他专项债券14.95亿元），推进重点建设项目早开工、早建设，发挥地方政府债券的作用，带动扩大有效投资，支持补短板扩内需。

落实减税降费政策 江门市持续深化供给侧结构性改革，落实普惠性减税与结构性减税并举措施，深化增值税改革、抓好小微企业普惠性税收减免政策、平稳推进个税改革、降低企业社保缴费负担，清理规范行政事业性收费和政府性基金，强化监督管理工作，杜绝违规收费行为。全年全市累计新增减税降费75亿元（不含残保金退库、用电成本及其他收费等），在此基础上，全年在减免行事收费，降低用地、用工、用电、用气成本等方面累计为全市企业减负超过100亿元。

随着各项政策落地、叠加发力，减税降费对冲经济下行压力和助推经济提质增效的政策导向作用逐步显现。

【财政民生保障】　2019年，江门市拨付民生支出292.57亿元，比2018年增长12.9%，占一般公共预算支出比例近七成。推进医疗卫生改革，全面落实基层医疗卫生机构“公益一类财政保障、公益二类事业单位管理”的要求，突破现行事业单位工资调控水平，绩效工资总量不予限制；全年全市增量投入人员经费约1.6亿元用于推进基层落实公益一类财政保障。提高民生待遇标准，城乡低保标准提高到每人每月850元，特困人员供养标准提高到每人每月16320元，实现全市城乡一体化。支持打赢精准脱贫攻坚战，全年全市共统筹安排各项扶贫开发工作资金1.77亿元，巩固精准脱贫工作成效，全面推进扶贫线与低保线“两线合一”，建立长效帮扶机制，重点推进“就业、技能、社保、人才”精准扶贫，确保扶贫对象就业有岗位、创业有资助、技能有提升、参保有安排、医疗有保障。支持乡村振兴战略加快实施，健全财政投入保障机制，统筹整合各类涉农资金，落实市县两级财政从土地出让收入拿出5%~10%的资金用于支持乡村振兴，确保财政投入与乡村振兴目标任务相适应。全年全市一般公共预算农林水支出34.02亿元，比2018年增长21.74%；市县两级财政从土地出让收入中拿出16.80亿元支持乡村振兴，占全市土地出让收入的7.84%。支持推进污染防治攻坚战，全年各级安排环保专项资金2.06亿元，支持加快补齐生态环境短板；制定《江门市潭江流域生态保护补偿办法》，在全省率先探索建立流域生态保护补偿机制，加强潭江流域生态系统保护，促进受益地区与保护地区共同发展。支持教育文化事业发展，支持教育公平优质发展，建立健全生均拨款制度及逐步增长机制，提高公办学校的经费保障水平，全市统筹资金2.42亿元，支持五邑大学建设高水平理工科大学；加大公共文化投入，补齐公共文化支出短板，全年全市实现全市人均公共文化财政支出251元，超额完成省下达江门市人均公共文化财政支出217元的目标任务，比2018年同期增长15.77%。

【财政改革】　2019年，江门市推进财政改革，构建区域协调发展新体制，深化涉农资金统筹整合改革，创新政府投融资改革，深化国库集中支付改革。

构建区域协调发展新体制　江门市在保障全市统筹发展需要的基础上适当下沉财力，统一各市（区）对市级贡献的计算办法；以激励原则为导向，实行超收奖励返还，每年税收增长超过预期增长目标的统筹额，全额奖励返还所属市（区）；完善配套措施，压实各市（区）城市建设发展和社会管理的主体责任；建立激励性转移支付机制，对台山市、开平市、恩平市三市超预期目标增长给予奖励补助，建立均衡性基本财力转移支付机制。通过完善财政体制机制，市区事权逐步理顺，财力进一步下沉，区级城市建设发展和管理主体责任得到强化，区级发展能力逐步增强，实现全市统筹发展资金机制的完全统一和统一各市（区）对市级贡献的计算办法，财政体制碎片化问题得到破解。转移支付补助力度加大，区域发展平衡性和协调性提高。

深化涉农资金统筹整合改革　江门市探索“大专项+重点项目+任务清单”管理模式，统筹整合工作机制有效运作，项目储备和管理得到加强。制定《江门市涉农资金统筹整合实施方案（试行）》，按照“两个50%”，赋予市（区）“三个权利”，加大市（区）资金使用自主权。创新资金保障，从市、县两级每年的土地出让收入中拿出5%~

2019年2月26日，深江产业园司前园区基础配套设施工程PPP项目签约仪式在江门市新会区司前园区管委会举行，标志着新会区及江门市首个园区PPP项目正式落地，项目投资总额约28.15亿元，合作金额约25.01亿元
（江门市财政局供图）

10%的资金，用于支持乡村振兴工作。2019年市本级统筹整合涉农资金和新增投入3.52亿元，下达给各市（区），由各市（区）统筹使用，用于生态宜居美丽乡村建设，涉及市统筹整合资金的部门共13个。制定《关于加快乡村振兴资金使用的指导意见》，简化审批，优化流程，全年省级涉农资金支出5.73亿元，支出进度87%，支出进度排名全省前列。

创新政府投融资改革 江门市加大补短板工作力度，提出《江门市2020年政府投资项目投融资思路》。规范实施PPP模式，推动江门市PPP工作高质量发展。截至2019年底，江门市纳入财政部PPP综合信息平台系统的项目有39个，累计总投资规模323亿元，成功签约落地33个，实际落地率84.62%，撬动社会资本投资208.7亿元。加大政策配套支持力度，为PPP项目提供融资增信支持，推动江门市PPP基金入股江门大道PPP改造项目0.49亿元，并成功对接中国PPP基金入股财政部第三批示范项目——江门市国省道（国道G325、五邑路等）PPP项目1.38亿元，为探索推进PPP模式在重点领域短板领域广泛应用打下基础。创新政府投资基金运作助推实体经济发展。鹤山财政探索“基金+N”运作新模式，采用“城镇化基金+PPP”模式，完成基金对鹤山市省道S270线鹤城至杜阮段扩建工程（鹤城小官田村至共和宝丰新城段）PPP项目投资，其中城发基金出资2500万元，撬动社会资本11610万元，对政府引导基金进行5.64倍的放大；采用“产业基金+招商”模式，引入新西兰OHMIO新能源智能自动驾驶汽车和广东铂年节能环保科技新材料等高新技术项目，促进相关产业转型升级。截至2019年12月底，完成审批项目3个，产业投资基金共计出资2325万元，子基金总规模合计10500万元。

深化国库集中支付改革 江门市以完善管理制度、提高支付效率、规范安全监管、提升服务为抓手，持续深化财政国库集中支付改革。扩大财务核算集中监管改革覆盖范围，市本级及辖下蓬江区、江海区、开平市与恩平市均已完成所有本级部门预算单位全部纳入核算集中监管改革范围，实现财务核算集中监管改革全覆盖；市本级支付电子化实现全业务全流程上线；市本级通过升级动态监控系统版本、优化预警规则实现事前监控，各县（区）及下辖所有乡镇实现事后预警；扩大授权支付的范围；推进乡镇公务卡制度改革。截至2019年12月底，江门市所辖7个市（区）及所辖所有乡镇均开展公务卡改革。

【财政管理】 2019年，江门市加强财政管理，强化收支管理，加强预算执行管理，加强预算执行管理，全面实施预算绩效管理。

强化收支管理 江门市各级财政部门实施积极财政政策，深化财政改革，做好“六稳”工作，促进全市经济社会平稳健康发展。全市各级抓好财税收入，应对减税降费政策对财政收入的影响，加强经济运行监测，抓好税源分析挖潜，强化地方税种征管，做好非税收入组织，全面梳理盘活政府资源资产，确保财政收入平稳增长。促进财政运行稳增长、稳预期，全市实现一般公共预算收入比2018年增长5.3%，财政收入增长保持在合理区间。财政支出加力提效，全市一般公共预算支出比2018年增长12%，增支45.55亿元，其中八项重点支出科目完成336.6亿元，增长13%。厉行节约，严控“三公”经费等一般性支出，全年市本级一般性支出比2018年压减5.12%，腾出更多资金用于“三保”和重点项目支出。

加强预算执行管理 江门市强化部门预算执行主体责任，全面推进预算管理改革，简化资金分配审批流程。强化动态监督和问责，实施更严格的盘活资金措施，实行预算动态调整机制，全市盘活存量资金28.1亿元，重新安排用于急需支出。

开展财政监督检查 江门市开

2019年2月27日，江门市财政局、新会区财政局陪同广东省财政厅副巡视员张仿松（左四）到今古洲北部污水处理厂、广东轨道交通产业园及珠西综合枢纽江门站，实地调研新会区通过融资筹措资金建设的省、市、区重点工程项目开展情况

（江门市财政局供图）

展各级财政重点专项资金支出情况排查，惠民惠农财政补贴资金“一卡通”、“三公”经费等使用情况问题专项检查，确保各项资金落到实处。

全面实施预算绩效管理　2019年，江门市深化预算绩效管理改革，逐步建立全方位、全过程、全覆盖的预算绩效管理体系，提高财政资金使用效益。强化绩效目标管理，协同推进绩效目标与预算编制融合，促进绩效目标与预算编制实现同步布置、同步申报、同步审核、同步批复和同步公开。选取市本级预算中新增项目、增支较大项目、政府采购定价或资金分配自由裁量权较大的159个项目开展第三方评审，评审范围覆盖四本预算账，涉及申报金额18.44亿元，核准金额14.54亿元，核减金额3.9亿元，核减率21.17%。推进绩效运行监控，分两个阶段（6月和9月）对绩效目标实现情况和预算执行进度进行“双监控”，对部分重点项目进行重点监控。开展绩效自评、重点绩效评价、转移支付绩效评价和部门整体支出绩效评价。开展年度财政资金绩效考核，涉及部门70个，考核结果列入市直机关单位绩效考核范围。

【预算编制执行监督管理改革深入推进】　2019年，江门财政通过明确一个主体，实现两级联动，建立三项清单，落实四个提前，健全五项机制，推动预算编制执行监督管理改革在全市范围内落地见效，加快构建科学、规范的现代财政管理制度。市直部门超过70%的项目提前报批分配到具体的使用用途方向（二级项目），接近50%项目提前细化到三级项目，强化项目绩效目标管理，预算编制更加精准科学，预算编制执行监督管理改革工作走在全省前列。明确“一个主体”，压实部门主体责任，一个专项由一个部门负责，明晰部门权责；实行“两级联动”，强化“先谋事再排钱”理念，加强全市改革的指导和统筹推进，分类指导各地结合实际加快改革；建立“三项清单”，即创新建立市级专项资金项目清单、财政参与分配项目清单、部门保留审批项目清单，按清单分别设立审批权限和流程，推进简政放权；强化“先有项目后定预算”理念，做到“四个提前”，即项目储备做到提前谋划、提前细化、提前报批和提前启动，做实做细项目库；健全“五项机制”，即建立健全督办考核机制、完善资金统筹使用机制、实施全面预算绩效机制、专项资金管理等配套机制和强化风险防控机制，加快形成改革合力。

（江门市财政局供稿，罗紫嫣执笔）

阳江财政

【财政经济概况】　2019年，阳江市实现地区生产总值1292.18亿元，比2018年增长8.2%。其中，第一产业增加值247.05亿元，比2018年增长2.6%，对GDP贡献率为4.9%；第二产业增加值446.07亿元，增长14.1%，对GDP增长的贡献率为74.4%；第三产业增加值599.07亿元，增长4.2%，对GDP增长的贡献率为20.8%。全市人均GDP达50412元，比2018年增长7.6%。全市固定资产投资额450.45亿元，比2018年增长15.3%。全市社会消费品零售总额502.25亿元，比2018年增长7.7%。截至2019年底金融机构本外币各项存款1486.24亿元，比2018年增长7.2%。外贸出口117.1亿元，比2018年增长9.2%，进出口总额为151.6亿元，比2018年增长10.0%。全年居民消费价格总指数上涨2.9%。

2019年，全市一般公共预算收入64.30亿元，比2018年增长2.68%。其中，税收收入48.39亿元，比2018年增长7.61%；非税收收入15.91亿元，下降9.86%。全市一般公共预算支出242.34亿元，比2018年增长7.13%。

【财政经济调控】　2019年，阳江市加强财政经济调控，全面落实减税降费政策，支持打好三大攻坚战，推动城乡协调发展，支持经济转型升级。

全面落实减税降费政策　阳江市全面贯彻落实党中央、国务院出台的减税降费政策，全市累计新增减免税费规模达23.65亿元，促进企业降负、增效，激发市场活力，推动经济增长。

支持打好三大攻坚战　阳江市防范化解地方政府债务风险，全面加强和规范债务管理，严格控制年度债务规模，完善债务风险预警机制，防控债务风险，加大偿债资金安排力度，避免偿债风险。2019年，阳江市债务风险处于绿色区域，政府债务风险实行“零预警”。全年完成计划化解任务的149%，超额完成化解目标。支持脱贫攻坚，2016—2019年全市累计落实扶贫资金共8.2亿元，累计帮扶76283名贫困人口达到当年脱贫标准；建立扶贫项目资金全过程绩效管理机制，明确绩效目标，加强执行监控，强化绩效评价和结果应用，全面加强各级各类扶贫资金管理。支持污染防治，加大统筹力度，相关资金投入达9.2亿元，比2018年增长137%；优化资金分配方式，逐步建立以环境质量改善为导向的资金分配制度，推动污染防治攻坚战取得成效。

推动城乡协调发展　阳江市加大支农投入和县域财力保障，加快缩小城乡区域发展差距。贯彻实施乡村发展战略，全年预算安排农业支出22.60亿元，用于支持推进美丽乡村建设，改善人居环境、升级基础设施，促进乡村产业振兴。实施涉农资金整合，全年市县统筹整合省级涉农资金11.28亿元，通过归并涉农资金专项，设定任务清单，精简资金下达频次，同步下达资金与任务清单，建立相适应的绩效评价体系，印发《阳江市涉农资金统筹整合实施方案（试行）》和《阳江市涉农资金统筹整合管理办法》等，促进涉农资金使用由分散到集中、从低效到高效转变。推动交通网络建设，完成投资总额85亿元，推进怀集至阳江高速公路海陵岛大桥项目、中山至阳春高速公路开平至阳春段、西部沿海高速公路阳江南联络线、广东滨海旅游公路阳江段、阳江港进港航道改造等重点交通项目建设。筹集资金5亿元建成“畅返不畅”路段整治、贫困村新建硬化路建设、农村公路安全生命防护工程、农村公路危桥改造等，投资1179.23万元用于客运站建设改造，保障村民便利出行。推动城区扩容提质，全年阳江市财政共统筹安排市政基础设施建设资金约9亿元，为阳江市漠阳江东河大桥和漠阳江西河大桥建设工程、市区沿江路改造工程、漠阳湖公园建设一期工程等重要基础设施建设提供资金保障。推行PPP模式，引导社会资本投入阳江市基础设施建设，全年全市23个PPP项目招入社会资本方，总投资162.92亿元。

支持经济转型升级 阳江市支持制造业、民营经济和中小企业等发展，增强市场主体活力，提升经济创新力和竞争力，推动经济高质量发展。支持民营企业和小微企业发展，贯彻实施小微企业普惠性税收减免政策，推动减税政策落到实处。继续深入推进企业技术改造，支持中小企业公共服务体系和融资服务体系建设。做好资金筹集工作，支持产业转移园区的基础设施建设。推动制造业高质量发展，全年财政支出2.37亿元，支持企业技术改造、先进装备制造业、产业共建与产业园发展。统筹安排对口帮扶资金和产业基金4.22亿元支持促进海上风电产业发展、新能源产业、合金材料等重点产业发展。提升科技创新能力，持续加大投入力度、优化投入结构、创新支持方式，为科技创新提供支撑。全年全市财政科学技术支出3.97亿元，比2018年增加1.20亿元，增长43.3%，重点支持公共科技活动、企业技术创新和科技成果转移转化、人才优先发展等。

【财政民生保障】 2019年，阳江市调整和优化财政支出结构，加大民生领域投入，支持教育、医疗卫生、社保就业、节能环保、城乡统筹和区域协调发展等重点事业发展。全年全市民生领域支出182亿元，占预算支出比重高达75.1%。保障教育投入，教育支出39.8亿元，巩固落实城乡义务教育经费保障机制，建立涵盖学前至高中各学段生均经费保障制度，筹集资金新建一批义务教育学校，促进教育均衡优质发展。底线民生保障有力，支出11.8亿元，提高低保补差、五保供养、孤儿基本生活保障、医疗救助、残疾人补助、养老保障等底线民生保障水平。精准补齐文化短板，全市财政文化支出达4.6亿元，人均公共文化财政支出提高至180元，支持完善公共文化服务体系、文化惠民工程、文物保护和利用、文艺创作和优秀传统文化保护传承、公共体育设施建设及免费或低收费开放，促进文化事业繁荣。深化医药卫生体制改革，推进全民医保体系建设，居民医保政府补助到位率达到100%；建立基本公共卫生服务均等化制度，基本公共卫生服务经费财政补助标准提高到人均69元，全市落实基本公共卫生服务经费1.19亿元，城乡居民免费获得建立居民健康档案、健康教育、免疫规划等14类基本公共卫生服务；加快公立医院改革，完善财政补偿机制。支持环保工作，加强生态文明建设，统筹安排省、市各类环保资金约2.33亿元，打好空气、水、土壤污染防治“三大战役”。

【财政改革】 2019年，阳江市深

2019年，阳江市财政支持企业技术改造、先进装备制造业发展。图为阳江高新区明阳集团风机叶片生产项目及阳江粤水电新能源装备有限公司装备制造项目
（宋福亮 摄）

2019年，阳江市财政统筹安排对口帮扶资金和产业基金支持促进海上风电产业、新能源产业、合金材料等重点产业发展。图为中节能风电及阳江核电 ［阳江市财政局供图（左图） 梁文栋 摄（右图）］

化财政改革，试点建立事权和支出责任相适应的制度，推进预算编制执行监督管理改革，落实政府向人大常委会报告国有资产管理情况的制度，加强国库支付制度改革。

试点建立事权和支出责任相适应的制度 1月，阳江市印发《阳江市推进社会治安、城乡社区事务基本公共服务领域市县财政事权和支出责任划分改革试点实施方案》，以清单形式列明试点领域财政事权和支出责任，为更大范围改革提供可复制、可推广的经验做法。

推进预算编制执行监督管理改革 阳江市印发《关于深化市级预算编制执行监督管理改革意见》，明确预算管理权责，强调聚焦预算精准编制，简化审批程序，优化预算执行，加强预算监控。会同各县（市、区）、市直业务主管部门规范对接省级“大专项+任务清单”管理模式，做好省级财政专项资金市县项目管理系统试点上线、2020年省级财政专项资金市县项目储备及2019年省级财政专项资金市县项目补录工作。

落实政府向人大常委会报告国有资产管理情况的制度 阳江市编制2018年度国有资产管理情况报告和专项报告，向阳江市人大常委会报告全市企业国有资产、金融类企业国有资产、行政事业性国有资产、国有自然资源等国有资产管理情况，全面准确反映政府资产负债状况。

加强国库支付制度改革 阳江市加快建设人大预算联网监督平台，形成事前审查批准、事中监督提醒、事后监督追责的全过程监督模式；完善预算执行动态监控，将全市各县（市、区）以上预算单位全面纳入动态监控范围。加快推进国库集中支付电子化管理改革，新国库集中支付系统正式上线，符合国库集中支付系统上线条件的市直单位陆续申请上线运行。

【财政管理】 2019年，阳江市加强财政收支管理，建立全口径的预算编报体系，推进预决算信息公开，规范财政资金使用，全面实施预算绩效管理。

加强财政收支管理 阳江市落实收入责任，平衡好收入增长与税源涵养的关系，保证全市财政收入总量均衡、结构合理。全年全市一般公共预算收入64.29亿元，比2018年增长2.7%，保持稳定增长；税收收入占预算收入75.3%，比2018年提高3.5个百分点。盘活存量资金，加强预算统筹平衡，全面盘活一般公共预算、政府性基金预算、国有资本经营预算的结余结转资金，全年市财政盘活财政存量资金总额2.2亿元，通过财政统筹调整安排到稳增长、调结构、补短板等关键领域和薄弱环节，把有限的资金用在刀刃上。加快财政支出，加强预算约束，严格遵守“先有预算、后有支出”的原则，严禁超预算或无预算安排支出；加快预算资金下达及使用，跟踪监测预算执行情况，落实支出进度通报制度。抓好重大项目实施的跟踪落实，建立大额项目、民生保障、经济发展重点项目的支出追踪和监控机制，发挥财政资金的即期效应。全年全市一般公共预算支出完成242.51亿元，支出进度达94.5%。政府性基金预算支出60.52亿元，支出进度达94.4%。

建立全口径的预算编报体系 阳江市围绕“财政预算管理科学化、规范化、精细化、绩效化”的目标，编制一般公共预算、政府性基金预算、国有资本经营预算和社保基金预算，实现“四本预算”。细化编制一般公共预算和政府性基金预算，加大政府性基金预算、国有资本经营预算与一般公共预算的统筹力度。将债务收支纳入全口径预算管理，实现所有政府性收支全部纳入预算，实行统一、完整、全面、规范的管理。

推进预决算信息公开 阳江市统一预决算公开形式，制定统一、规范的公开文本和表格；2019年财政预算、2019年部门预算、2018年财政决算、2018年部门决算等信息全部按规定在阳江市政府及部门网站公开。

规范财政资金使用 阳江市全

面推行“双随机、一公开”工作，推动财政监督检查进一步规范化；开展会计信息质量检查，强化会计监督；加强扶贫资金检查，确保专项资金安全、规范、有效使用；开展“小金库”专项治理检查，与整治违规收送“红包”礼金问题及扫黑除恶专项斗争结合起来，落实中央巡视组反馈意见要求。贯彻落实财政部广东监管局、省财政厅监督部门以及各级审计部门对财政预算执行和其他收支情况的审计及督查意见，加强整改情况的跟踪管理，发挥财政资金使用效益。

全面实施预算绩效管理 阳江市印发《阳江市财政管理工作绩效评价激励办法》《阳江市市级财政预算绩效目标管理暂行办法》，规范财政支出绩效目标管理，增强财政支出预算的合理性、科学性和可行性。扩大绩效目标申报范围，试点开展部门整体预算绩效目标申报工作，委托第三方机构开展绩效重点评价。推进绩效评价结果公开，将一些社会关注度高、影响力大的民生项目和重点项目支出绩效情况，依法向社会公开，接受社会监督。

（阳江市财政局供稿，曾庆光执笔）

湛江财政

【财政经济概况】 2019年，湛江市实现生产总值3064.72亿元，比2018年增长4.0%。其中，第一产业增加值585.24亿元，比2018年增长4.2%；第二产业增加值1055.00亿元，下降0.8%；第三产业增加值1424.48亿元，增长8.0%。三次产业结构19.1：34.4：46.5。全年固定资产投资比2018年下降2.3%。全年外贸进出口总额413.84亿元，比2018年增长9.7%。实际利用外资金额23577万美元，比2018年增长238%。全年社会消费品零售总额1839.50亿元，比2018年增长8.4%。市区居民消费价格总水平比2018年上涨3.4%。湛江市全体居民人均可支配收入23320.4元，比2018年增长8.8%。

2019年，来源于湛江市财政总收入652.81亿元，比2018年下降3.8%。全市一般公共预算收入131.26亿元，比2018年增长7.7%。其中，税收收入92.11亿元，比2018年增长2%，占比70.2%；非税收入39.15亿元，比2018年增长24%，占比29.8%。全市一般公共预算支出503.10亿元，比2018年增长4.5%。市直一般公共预算预算收入52.55亿元，比2018年增长6.6%。其中：税收收入36.49亿元，比2018年增长2.1%，占一般公共预算收入比重为69.4%；非税收入16.06亿元，比2018年增长18.3%，占一般公共预算收入比重为30.6%。市直一般公共预算支出104.45亿元，比2018年下降8.5%。

全市政府性基金预算收入99.51亿元，比2018年下降27.1%。全市政府性基金预算支出160.07亿元，比2018年增长50.8%。其中：市直政府性基金预算收入27.52亿元，比2018年下降64.9%；市直政府性基金预算支出35.12亿元，比2018年下降20.4%。

【财政经济调控】 2019年，湛江市加强财政经济调控，支持打赢三大攻坚战，支持推进“四大抓手”，支持实体经济转型升级。

支持打赢三大攻坚战 湛江市支持打好精准脱贫攻坚战。全市扶贫支出9.63亿元，保障扶贫开发各项工作开展。全年安排市级危房改造配套资金1081.5万元，保障落实湛江新增的2163户危房改造任务。落实建档立卡学生免学费和生活费补助1.58亿元，资助家庭困难学生61553人。推进东西部扶贫协作工作，拨付对口帮扶广西柳州市扶贫协作资金、教师培训资金等650万元。支持打好污染防治攻坚战。全年全市节能环保支出9.1亿元，比2018年增长69.5%，支持重点流域污染防治等环保工作开展。安排8300万元支持建设麻章农村污水处理站、菉塘河生态廊道、南柳河截污工程等项目，推动主城区水系综合整治工作。支持打好防范化解重大风险攻坚战。全方位加强政府债务管理，化解隐性债务，严守不发

2019年7月11日，湛江市财政局召开推进涉农资金统筹整合政策宣讲会 （彭自全 摄）

生系统性金融风险的底线；全力保障市委、市政府重点项目支出，压减一般性支出，缓解财政收支矛盾，严控财政风险；根据土地出让收入大幅低于预期研判，从2019年5月开始暂缓、暂停非重点项目支出资金拨付，控制土地相关支出垫付挂账，采取争取上级政策支持和督促融资平台还款等多种措施清理垫付资金25.01亿元，降低财政运行风险。

支持推进“四大抓手” 湛江市支持加快构建现代化快速立体交通体系。落实湛江港30万吨航道改扩建工程获得中央及省补助资金17.17亿元。拨付玉湛高速、汕湛高速、东雷高速等高速公路项目资本金9.48亿元。拨付县道、乡道农村公路硬底化及农村公路养护市级配套补助资金3.66亿元。持续加大力度促进产业园区扩能增效。以扶持园区建设为抓手，培育战略新兴产业，强化工业载体建设。统筹省下达的1亿元帮扶资金和1.85亿元专项资金，支持产业园区建设、绿色循环发展、企业技术改造、产业创新能力和平台建设、先进装备制造业等，促进园区提质增效。推动中心城区扩容提质。拨付5.3亿元支持市政道路、园林绿化、照明亮化、环卫设施升级改造、黑臭水体整治等174个市政建设项目。安排1000万元支持开展“厕所革命”，升级改造市区40座公厕。安排环卫市场化专项资金及考评奖励经费1.05亿元，确保环卫市场化工作运行顺畅。安排维护资金8800万元，逐步提高公园绿地维护水平。安排2000万元支持市区停车场（停车位）建设。从2019年起两年共统筹29.22亿元支持全市创文基础建设补短板，城市品位和文明水平稳步提升。支持实施乡村振兴战略。省财政下达湛江市涉农资金22.68亿元，市财政安排10.95亿元，支持实施乡村振兴战略，推进农村人居环境整治、农业用水管理、农村饮用水源保护、新农村建设等工作。其中，投入1.85亿元用于推进农村人居环境整治建设生态宜居美丽乡村；投入3.66亿元支持农村公路建设；安排750万元支持镇级生活污水处理设施建设、镇（街）村环卫新建及改造工程等乡村基础设施建设，改善乡村环境。深入推进涉农资金统筹整合改革，出台《湛江市涉农资金统筹整合实施方案》，按照“一池一库六类别”的模式，统筹整合涉农资金用于“三农”发展急需的重点领域和涉农民生支出项目，发挥涉农资金和项目的整体合力，助力乡村振兴战略实施。

2019年，湛江财政落实湛江港30万吨航道改扩建工程。图为湛江港徐闻港区南山作业区客货滚装码头工程 （湛江市财政局供图）

支持实体经济转型升级 湛江市落实民营经济发展专项资金。市级安排扶持企业技改和发展民营经济专项资金1亿元。安排1600万元，支持企业上规模及中小企业创业创新，促进中小企业发展。缓解中小企业融资难问题。省市财政出资8000万元建立风险补偿准备金，为民营（中小）企业提供增信支持，现入池企业176家，其中16家企业获金融机构超1.6亿元贷款。发挥政府性融资担保公司–粤财普惠金融（湛江）融资担保股份有限公司作用，累计向全市民营企业提供超1.5亿元融资担保。支持实施创新驱动发展战略。安排科技专项1.17亿元，支持发展科技企业孵化器和众创空间。落实湛江湾实验室建设经费1.55亿元，支持培育新动能，加快建设科技创新强市。支持企业减负。全市降低实体经济企业成本73.75亿元，其中减免企业、个人税费负担44.47亿元，继续助力社会降本增效。加强财税政策对接，为留抵退税政策快速落地“架专线、开绿灯”，全年退付企业8.89亿元增值税期末留抵税额，大幅提高企业资金周转水平，增添市场活力。

【财政民生保障】 2019年，湛江市民生类支出410.82亿元，占全市一般公共预算支出比重为81.7%，支持“两不愁三保障”（不愁吃、不愁穿，义务教育、基本医疗、住房安全有保障）等民生事业发展，让改革发展成果惠及全市人民。

教育 湛江市教育支出110.4亿元，比2018年增长11.6%。落实义务教育公用经费，支持城区义务教育学位建设，巩固完善城乡义务教育学校校舍维修改造长效机制；

落实城乡义务教育教师工资福利“两相当”、山区和农村边远地区学校教师生活补助经费，提高教师待遇；落实免学费和助学金政策，加大经济困难学生补助，促进教育均衡发展和质量提升。

卫生健康 湛江市卫生健康支出73亿元，比2018增长11.7%。支持医药卫生改革落地生效，基本公共卫生服务范围新增19个项目，规范建设1314个村卫生站，改扩建7间中心卫生院，建立5个县级医疗急救体系，新建或改扩建升级16家县级公立医院，加强医疗卫生人才培养和待遇保障，全市医疗卫生服务能力和人民健康水平提升。

民生提标 湛江市社会保障和就业支出85.2亿元，比2018年增长12.3%。在巩固2018年全市12项民生保障标准提高的基础上，继续提高10项民生保障标准：城市低保保障标准从每人每月638元提高到702元，人均补差水平从503元提高到554元；农村低保保障标准从每人每月440元提高到484元，人均补差水平从228元提高到251元；特困人员供养标准与最低生活保障标准同步提高，确保不低于当地城乡最低生活保障标准的1.6倍；集中养育孤儿基本生活保障标准从每人每月1560元提高到1685元；散居孤儿基本生活保障标准从每人每月950元提高到1025元；残疾人生活津贴从每人每年1890元提高到1980元；重度残疾人护理补贴从每人每年2520元提高到2640元；城乡居民养老保险基础养老金最低标准从每人每月148元提高到170元；城乡居民基本医疗保险财政补助标准从每人每年490元提高到520元；基本公共卫生服务财政补助标准从人均每年55元提高到69元。

社会事业 湛江市拨付省市财政资金9293万元，支持就业创业及劳动力技能培训，促进稳就业。全年一般公共预算公共文化财政支出13.08亿元，完成省定目标12亿元的109%，比2018年增长10.8%，补齐人均公共文化支出短板，支持加快构建现代公共文化服务体系。安排市直保障性安居工程资金1.24亿元，推进住房保障工作。市财政安排禁毒工作经费1.09亿元，支持深入实施全民禁毒工程；安排5198万元，支持“雪亮工程”及建设新一代移动警务平台。全市安排扫黑除恶专项经费4459.07万元，保障扫黑除恶专项斗争取得重大战果，湛江市扫黑除恶知晓率全省第一、“群众安全感提升”全省第六，促进社会大局和谐稳定。

【财政改革】 2019年，湛江市推进预算管理改革、绩效管理改革、电子票据管理改革，加强人大预算联网监督，全面深化财政改革。

预算管理改革 湛江市明晰预算管理权责，压实业务主管部门预算执行主体责任。严格预算编制，推进预算编制标准化建设，优化预算执行审批程序，提高财政资金使用效率。强化预算执行管理，加大财政资金统筹力度，盘活财政存量资金，整合优化涉农资金。落实过“紧日子”的要求，压减一般性支出。推进项目库建设，严格项目入库管理，未纳入项目库的项目，一律不安排资金。按照“量入为出、厉行节约、统筹兼顾、确保重点”的原则，编制好2019—2021年财政中期规划。

绩效管理改革 湛江市加快建立全方位、全过程、全覆盖的预算绩效管理体系，提高预算管理水平和政策实施效果。强化预算绩效目标管理，印发《湛江市市级部门单位整体支出绩效评价管理办法》，规范推动部门整体支出绩效评价工作。组织第三方机构对47个市级部门单位开展部门整体支出绩效自评核查，对9个市级部门单位整体支出绩效和6个市级财政支出项目绩效开展重点评价，推动绩效管理扩围升级。

电子票据管理改革 自8月20日湛江市开出第一张财政电子票据起，全市上线单位382个，上线单位数量排全省前列。推进非税收入网缴和财政电子票据管理改革融合衔接，首次实现非税收入收缴电子一体化管理，打通非税缴费便民服务“最后一公里”。

人大预算联网监督 湛江市通过邀请市人大开展现场监督、开放预算执行系统和财务核算集中监管系统、定期报送预算执行情况等形式，主动接受人大监督，建立集预算编制审查、预算执行情况监督以及存在问题整改等多位一体的管理模式，实现从被动监管向主动联网接受监督的转变，促进财政管理更加规范化、精细化。

【财政管理】 2019年，湛江市财政局通过财政收入征管、财政监督、工程审核、政府资产管理、农村财务管理和政府采购监管等措施，加强财政管理。

财政收入征管 湛江市财政局压实收入责任，坚持定期召开财税联席会议，分析收入形势，完善综合治税信息管理平台，实现涉税信息互通共享，堵塞收入漏洞，确保应收尽收；做好税源摸排，定期跟踪重点项目、重点企业、重点税源变化情况，培育新的财税增长点；规范非税收入管理，挖掘非税增收潜力，确保各项财政收入依法征收入库。

财政监督 湛江市在重点财政专项资金、会计监督、预决算公开、财政存量资金和基层财政管理等方面开展专项检查，检查对象涵盖行政事业单位、企业和社会组织，并就查出问题督促相关单位落实整改，规范财务管理和财政资金使用。推进“不忘初心、牢记使命”主题教育8个方面突出问题专项整治，开展“三公”等行政经费使用情况、惠民惠农财政补贴资金“一卡通”、“小金库”问题、“私车公养”问题等专项治理，推进违规公款吃喝、违规用车、违规收送“红包”礼金等突出问题整治，确保严格落实中央八项规定精神。

工程审核　湛江市以节约财政投资和提高财政资金使用效益为目标，完善工作机制，规范业务流程，提高财政投资工程项目审核质量和效率。全年审核项目159个，审定金额61.11亿元，核减5.81亿元，核减率8.69%。

政府资产管理　湛江市开展行政事业性国有资产、自然资源国有资产、企业国有资产和金融类企业国有资产向市人大报告工作。加强国有金融资本管理，制定《关于完善地方国有金融资本管理实施方案》，理顺国有金融资本管理体制。做好机构改革涉及的办公用房调配等国有资产管理工作。印发《湛江市市直行政事业单位国有资产对外出租出借管理暂行办法》等制度，提高国有资产管理水平。

农村财务管理　湛江市推进村级财务预算管理工作，开展农村“白条账”专项整治，查出白条单15401张，涉及金额2019万元。推进“村（组）财镇代管”，覆盖率排名全省前列，实现会计核算和会计监督充分融合。

政府采购监管　湛江市全面厘清受理、审查、审批等工作流程，取消采购文件备案要求，落实“一地登记，全国通用”政策，执行集采目录标准，加大政府采购活动在线监管力度。全年全市政府采购3128宗，完成政府采购规模49.6亿元，节约资金1.07亿元，节约率2.12%。

【县级财政管理绩效综合评价位列全省首位】　2019年，湛江市加强县级财政绩效目标管理，推动县级财政管理绩效规范化、制度化，在财政部通报的县级财政管理绩效综合评价中，湛江市得分位列全省第1名，其中吴川市和遂溪县排名进入全国前200名，是全省唯一有两个县进入全国前200名的地级市。

2019年，湛江市遂溪县实施积极财政政策，落实减税降费政策，深化财税体制改革，推动深化供给侧结构性改革，加快财政政策方针在全县落地。规范预算编制，坚持收支平衡安排支出预算。强化预算执行，硬化预算执行约束，强化资金使用制度约束性，制定《遂溪县财政专项资金管理规定》《遂溪县预算预备费管理规定》。优化支出结构，严控一般性支出，出台实施《遂溪县党政机关和事业单位培训费管理办法》《党政机关和事业单位差旅费管理问题补充通知》《进一步加强“三公”经费管理的通知》等经费管理办法。优先保障民生支出，守住“保工资、保运转、保基本民生”底线。规范和加强政府债务管理，印发《遂溪县政府性债务风险应急处置预案》。从严控制暂付款规模，以借款单位与县财政签订借款协议书的形式降低财政借款风险。

2019年，湛江吴川市加强财政管理，在规范预算编制、强化预算执行、优化支出结构、增强财政可持续性、加大预决算公开等方面创新举措，取得新成效。规范预算编制，提升预算编制完整性和可执行性；坚持“量力而行、量入为出”原则编制支出，优化支出结构；坚持厉行节约，压减“一般性支出”，严控财政供养人员规模，强化财政统筹保障能力。强化预算执行，实施预算均衡拨付机制，建立《专项资金使用台账》，出台《镇（街）财政综合支出考核与均衡性转移支付挂钩暂行办法》《市直部门预算支出执行进度考核管理暂行办法》，加大项目支出力度；盘活财政存量资金，按照规定将2年未使用的结转资金，收回本级财政统筹用于民生支出。增强财政可持续性，强化“三保”支出在财政支出中的优先地位。加强政府债务管理，化解债务风险，制定《政府性债务风险应急处置预案》，印发《隐性债务化解实施方案》。建立财政暂付款定期清理机制，加强财政暂付款管理。加大预决算公开，建立政府和部门预决算公开专项检查机制。

（湛江市财政局供稿，黄丽云执笔）

茂名财政

【财政经济概况】　2019年，茂名市全市实现地区生产总值3252.34亿元，比2018年增长4.3%，经济总量继续位居粤东西北首位。其中，第一产业增加值581.36亿元，比2018年增长3.6%，对GDP增长的贡献率为12.5%；第二产业增加值1124.89亿元，增长2.5%，对GDP增长的贡献率为20.7%；第三产业增加值1545.86亿元，增长5.9%，对GDP增长的贡献率为66.7%。三次产业结构为17.9：34.6：47.5。人均地区生产总值51119元，比2018年增长2.6%。全年居民消费价格总水平上涨3.9%。全年工业增加值比2018年增长2.8%，其中规模以上工业完增加值增长0.5%。全年固定资产投资比2018年下降7.1%。全年社会消费品零售总额1667.36亿元，比2018年增长8.2%。全年进出口总额196.4亿元，比2018年增长29.4%，其中，出口总额170.6亿元，增长34.0%；进口总额25.8亿元，增长5.7%。实际利用外资金额1.73亿元，比2018年增长5.7%。全市居民人均可支配收入23179元，比2018年增长8.6%，其中，城镇常住居民人均可支配收入29405元，增长8.3%；农村常住居民人均可支配收入18482元，增长9.0%。

2019年，茂名市统筹推进稳增长、促改革、调结构、惠民生、防风险、保稳定，做好“六稳”工作，重点支出保障有力，重大政策

2019年10月21日，茂名市财政投入3.88亿元建设的茂名站南站房启用　　（丘立贺　摄）

落地生根，为茂名加快建设产业实力雄厚的现代化滨海城市、打造沿海经济带上的新增长极提供财力保障。全市一般公共预算收入139.88亿元，比2018年增长2.8%；市本级完成66.78亿元，增长1.0%，完成代编全年预算的100%。其中税收收入累计完成73.75亿元，比2018年下降12.4%；非税收入累计完成66.13亿元，非税比重为47.3%。全市地方一般公共预算支出累计完成457.63亿元，比2018年同期增加34.16亿元，增长8.1%。

【财政经济调控】　2019年，茂名市加强财政经济调控，支持重大产业发展，持续加大交通基础设施投入，推进城区扩容发展，支持打好污染防治攻坚战，支持农业农村加快发展，支持创新驱动发展。

支持重大产业发展　茂名市做好全市人民关心关注、事关全市经济产业发展方向的氢能产业项目资金筹措工作，争取到省财政补助资金10亿元，累计筹集资金41.15亿元，支持加快推进以丙烷脱氢项目为龙头的绿色化工和氢能产业园基础设施建设，支持打造千亿产业集群。

持续加大交通基础设施投入　茂名市统筹落实交通运输支出13.63亿元，茂名火车站南站房、广湛高铁、博贺湾大桥、云茂高速、广东滨海旅游公路茂名段、茂化快线东沿线等一大批重大交通路网和交通节点项目相继开工或建成。

推进城区扩容发展　茂名市投入城乡社区资金161.77亿元（含政府债券和政府性基金），推进“四城同创”，集中力量支持创建全国文明城市和国家卫生城市，市区路网、市政设施、绿化美化面貌焕然一新。着眼建设茂名“未来之城”，落实资金19.75亿元，推进共青河新城规划建设和征地工作。推进南海旅游岛综合开发，落实资金6.6亿元支持土地盘整工作。

支持打好污染防治攻坚战　茂名市落实节能环保支出17.35亿元，比2018年增长62.8%。纵深推进碧水保卫战，加快城镇生活污水处理设施及管网建设，实施彭村湖清淤工程，小东江在全省9个劣V类国考断面中水质排名第一。实施蓝天保卫战，财政累计筹集资金25.89亿元，推进茂名石化炼油厂卫生安全防护距离搬迁安置工作，市区空气质量稳居全省前列。推进净土保卫战，加快推进粤西循环经济示范中心、化州绿能环保发电、电白绿能环保发电等项目建设。

支持农业农村加快发展　茂名市落实农林水支出36.98亿元，深化农业供给侧结构性改革，促进乡村振兴发展。建立多元投入机制，投入资金5.05亿元，全域铺开农村人居环境综合整治，推进“三清三拆三整治”工作，建设生态宜居美丽乡村，建设社会主义新农村。加快现代农业产业园建设，争取到国家和省级财政资金4亿元，荔枝国家农业产业园全部开工建设，创建1个国家级、6个省级现代农业产业园，涵盖荔枝、龙眼、化橘红、罗非鱼、沉香、三华李等特色农业产业，为农业产业持续健康发展注入新动能新活力。加快推进国家田园综合体试点建设，争取到国家和省财政资金2.5亿元，“好心湖畔”“大唐荔乡”两个国家田园综合体试点完成首期建设，着力打造三产融合发展的典范。财政拨付政策性农业保险保费补贴资金6485万元，增强农业抵御灾害能力。投入水利项目建设资金5.66亿元，实施中小河流治理、高州水库灌区续建配套改造、千里海堤加固达标、水利基础设施建设工程。

支持创新驱动发展　茂名市投入科技和产业资金5.25亿元，出资1亿元设立创新创业基金、撬动社会资金1亿元，支持“六大主导产业”发展，完善产业园区基础设施，支持优势产业项目发展。

【财政民生保障】　2019年，茂名市通过厉行节约、优化结构等措施，完成上级下达的各项重点支出指标考核任务。全年全市教育、社会保障和就业等民生类支出379.72亿元，占全部支出的83.0%，比2018年增长6.6%，民生支出得到重点保障。拨付省十件民生实事市县级配套资金18.33亿元，完成年度预算的251.9%，拨付进度连续多年名列全省前茅。

推动卫生健康事业发展　茂名市落实医疗卫生与计划生育支出58.02亿元，完成年度预算的110.8%。落实城乡医疗保险市级配套资金1.8亿元，落实市级配套资金0.51亿元，推进基本公共卫生服务。争取到省财政2018—2020年每年补助1亿元、三年累计3亿元，支持市人民医院建设“登峰计划”高水平医院；安排市人民医院水东湾院区、中医院搬迁扩建贷款财政贴息。高州市公立医院综合改革获国务院督查激励，市委专门发文通报表扬高州市委、市政府、茂名市卫生健康局和茂名市财政局。

促进教育事业优先发展　茂名市落实教育支出132.53亿元，占一般公共预算支出的29%，保障全市3254所各类学校办学教研正常开展和高质量发展，建成粤东西北首个广东省现代职业教育综合改革示范市。

加快发展文化体育事业　茂名市落实文化支出11.79亿元，完成年度预算的130.6%。支持群众文化活动，补助图书馆、博物馆、文化馆免费开放，补齐文化支出短板。

做好社会保障和就业支出工作　茂名市落实社会保障和就业支出73.83亿元，完成年度预算119.9%。支持市公办社会福利机构综合改革试点工作，争取到省财政补助资金8000万元。财政对城乡居民基本养老保险基金补助33.17亿元，确保社保待遇正常发放。加大财政投入，统筹失业保险基金，开展职业技能提升行动，支持稳定就业。做好困难企业军转干部、退役士兵安置、驻茂名部队补助等各项拥军优属工作。

加强公共安全投入　茂名市落实公共安全支出18.80亿元，保障公安经费需求，推进扫黑除恶专项斗争，扎推进全民禁毒工程，支持村居法律顾问、法律援助等工作。

支持“数字政府”建设　茂名市安排专项资金3500多万元支持“放管服”改革，推进茂名市网上办事大厅暨“茂名通”网上政务服务平台、“12345”政府热线等系统建设，加快“数字政府”改革规划建设，为群众办事提供便利。

【财政改革】　2019年，茂名市深化预算编制执行监督管理改革，全面实施预算绩效管理，推开涉农资金统筹整合改革，全面深化财政改革。

深化预算编制执行监督管理改革　茂名市推进财政管理“两转变、两精简、两提高、两统筹”，明晰财政部门与业务部门法定权责，财政部门主抓预算编制和绩效监督，业务部门负责预算执行，增强业务部门谋事管财的责任感。修订专项资金管理办法，推进项目库系统建设。

全面实施预算绩效管理　茂名市贯彻落实中央和省全面实施预算绩效管理意见，推动构建全方位、全过程、全覆盖的预算绩效管理体系。落实绩效评价结果与资金安排挂钩激励约束机制，“花钱必问效、无效必问责”理念逐步深入人心。

2019年10月23日，茂名市财政局党组书记、局长王伯昌（左三）率队上线“茂名民声热线”广播节目，就群众来电所关心的减税降费、医保社保、就业就学等有关政策作解答　（梁骏杨　摄）

推开涉农资金统筹整合改革 茂名市坚持把涉农资金统筹整合改革纳入市政府常务会、市长专题会固定议题，高位推进抓统筹。实现涉农资金整合流程优化再造，在全市范围内建立“统一规划项目、统一管理安排资金、统一监督实施”的资金统筹使用管理制度。融合中小河流治理、新农村示范片建设、“四好农村路”建设和全域旅游等叠加政策优势，统筹整合各部门涉农资金，集中投向农业产业、农村人居环境整治等民生领域，探索出一条经济社会与生态环境相得益彰、相互促进的乡村振兴新路径。强化“先谋划事、再安排钱”理念，按照“三突出一确保”原则，科学合理抓好项目库建设。按照“政府主导、群众参与、市场化运作”的思路，统筹整合涉农资金用于乡村产业振兴，探索以“小投入”带动“大变化”的发展格局。

【财政管理】 2019年，茂名市全面加强库款管理，加强财政监督，加强政府采购监管，提高投资审核工作水平，推进财政预决算信息公开，全面加强财政管理。

全面加强库款管理 茂名市把降低库款规模，盘活库款存量作为实施积极财政政策的重要措施来抓，建立库款监测机制和通报约谈机制，按季度制定分月库款管理目标，维持合理库款规模。

加强财政监督 茂名市做好省委巡视、专项审计等反馈问题的整改落实。按照《财政专项扶贫资金管理办法》加强扶贫资金监管，杜绝扶贫资金闲置滞留、拨付程序不规范等现象，提高扶贫资金使用效益。开展2017—2018年度惠民惠农财政补贴资金“一卡通”管理问题专项治理，惩治涉黑涉恶腐败和“保护伞”，开展行政事业单位私设“小金库”、行政村（社区）保洁经费和高龄老人生活津贴专项检查，加强违反中央八项规定的查处力度。

加强政府采购监管 茂名市细化政府集中采购目录，推行电子化采购，加强网上中介超市财政管理。做好预算单位网上竞价、电商直购、定点采购等工作，明确采购范围、采购程序和采购标准，提高政府采购效率。全市政府采购预算金额74.68亿元，节约资金3.95亿元。

提高投资审核工作水平 茂名市完善财政投资评审各项内部控制制度建设，实行政府投资项目送审资料清单管理，提高评审效率和质量。市级审核项目3824个，送审总造价287.98亿元、核减21.86亿元，核减率7.59%。

推进财政预决算信息公开 茂名市实现全区域、全口径、全细化的全面信息公开，及时发现整改存在问题，保证公开内容全面、真实、完整，做到公开及时，内容准确，形式规范。

【五个“注重”推进减税降费】 2019年，茂名市注重统筹推进，构建高效统一组织体系。成立减税降费工作机构。建立由常务副市长任召集人的茂名市减税降费工作联席会议制度，定期召开工作会议对减税降费工作进行研究部署。转发解读中央、国务院及省各项减税降费政策，线上依托门户网站、政务公务栏、电子滚动屏等方式对外公开、宣传减税降费政策，线下通过行政服务中心、专题宣讲、现场辅导等方式开展面对面的辅导。

注重部门协作，推动减税降费共同发力 茂名市各地各部门共同参与，凝聚工作合力，推动减税降费政策实施。联合电白区政府在广州举行“政商·税企”关系建设恳谈会，聚焦实施更大规模减税降费，为100多家参会建筑企业“把脉会诊”。联合工商部门召开商（协）会交流座谈会，围绕优化营商环境，解读税收改革热点政策，助力茂名推动民营经济高质量发展。借助茂名“民生与法治”普法平台推动减税降费，着力强化宣传辅导，引导社会形成积极稳定的预期。

注重服务质量，打造纳税服务全新体验 茂名市聚焦本地重点税源，制作企业专属“服务卡”，列明企业税收优惠政策和针对企业需求的服务措施，提供“量身定制”式服务，落实减税降费政策。收集本地创业人群信息，“点对点”组织视频连通，宣讲减税降费政策，为返乡创业提供政策支持。围绕茂名农业产业发展特色，以荔枝、龙眼为原型，设计动漫税宣志形象“荔荔”和“龙龙”，制作“减税降费之水果篇”微信表情包。

注重机制建设，提高数据核算分析质量 茂名市以“分地区、分纳税人、分政策类型”为原则，建立减税降费统计核算体系，执行数据抽查机制，强化效应分析凸显政策效果，提高数据核算分析质量。

注重督促指导，确保各项政策落地生根 茂名市开展减税降费专项督查，通过电话抽查、实地检查、查阅资料、税企座谈等方式，做到一督到底、全面覆盖、不留死角。出台落实减税降费“十个不准”，畅通投诉监督渠道，接受社会各界的投诉监督。完善绩效管理，科学编制考评指标，实施考评督促，通过执法督察等方式促进减税降费政策措施落实落地。

（茂名市财政局供稿，黄钧、梁骏杨执笔）

肇庆财政

【财政经济概况】 2019年，肇庆市各级财政部门抓收入、稳增长、促发展、惠民生、推改革，履行财政各项职能，完成年度各项目标任务，推动全市经济社会发展。全年肇庆市地区生产总值2248.8亿元，比2018年增长6.3%。分产业看，第一产业增加值386.02亿元，比2018年增长3.9%；第二产业增加值925.45亿元，增长6.5%；第三产业增加值937.33亿元，增长7.0%。规模以上工业增加值686.53亿元，比2018年增长6.9%；实现固定资产投资1488.46亿元，增长10.8%；实现外贸进出口总额404.43亿美元，增长3.7%；实现社会消费品零售总额825.48亿元，增长6.8%。全市经济总体保持平稳健康发展，经济质量不断提升。

2019年，肇庆市一般公共预算收入114.2亿元，完成年度预算的101.47%，比2018年增长7.69%，其中税收收入85.37亿元，增长4.16%；非税收入28.83亿元，增长19.70%，非税占比25.25%。市本级一般公共预算收入39.84亿元，比2018年增长8.89%。全市一般公共预算支出351.81亿元，完成年度预算的114.92%，比2018年增长11.42%，其中民生类支出249.05亿元，占一般公共预算支出的70.79%，增长9.01%。市本级一般公共预算支出84.30亿元，比2018年增长17.73%。

【财政经济调控】 2019年，肇庆市聚焦税收组织。加强市县两级财税部门的沟通协作，发挥财税金融联席会议制度作用，科学研判形势，着力构建科学、合理的收入预期机制，重点通过抓好土地增值税、契税、房产税、资源税等地方税种清缴和征收，深入摸排大宗一次性税源，争取省免抵调库指标等系列举措，在困难形势下维持税收总体稳定增长。聚焦非税征管。确保财政收入质量，规范抓好非税收入挖潜，整合资源资产、处理国有资产等一次性收入，拉动财政收入增长。全市一般公共预算收入增幅排在全省第2位。

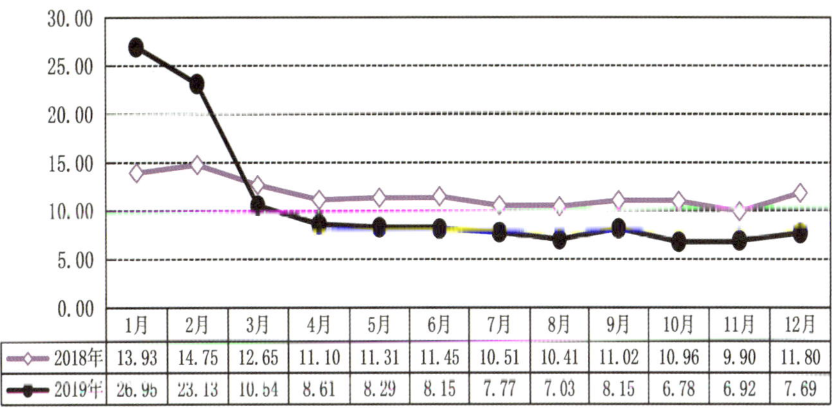

	1月	2月	3月	4月	5月	6月	7月	8月	9月	10月	11月	12月
2018年	13.93	14.75	12.65	11.10	11.31	11.45	10.51	10.41	11.02	10.96	9.90	11.80
2019年	26.95	23.13	10.54	8.61	8.29	8.15	7.77	7.03	8.15	6.78	6.92	7.69

（肇庆市财政局供图）

2019年，肇庆市落实“六稳”部署服务发展。实施积极财政政策，为经济发展和重点项目建设提供支撑。服务保障中心发展战略，支持肇庆市融入粤港澳大湾区建设，安排涉及大湾区建设工作方面经费1.24亿元，优先统筹12.14亿元债券资金重点保障肇庆新区重大平台交通路网、城市地下综合管廊等重大基础设施建设。推进经济高质量发展，坚持“产业强市”不动摇，多渠道筹措资金资源，支持工业发展“366”工程、创新驱动“1133”工程，保障“三个年”活动（作风建设年、环境建设年、项目建设年）开展。落实省各类支持企业发展专项资金4.69亿元；落实市本级专项资金2.27亿元支持产业加快发展转型升级。扶持实体经济健康发展，贯彻实体经济十条、民营经济十条等制度，落实减税降费共37.41亿元，企业和纳税人普遍受益。

【财政民生保障】 2019年，肇庆市聚焦资金统筹，保障民生重点需求。应对财政减收增支影响，优化支出结构，保障民生重点各项支出。摸排支出缺口，合理安排预算优先顺序，保障“三保”预算执

2019年，肇庆财政支持肇庆新区建设。图为肇庆新区风貌

（肇庆市财政局供图）

行。全市民生类支出比2018年增长9%；省、市十件民生（惠民）实事分别完成年度计划123.13%、125.71%。科学组织资金调度，重点跟进大额支出项目情况，各级财政支出进度普遍加快。2019年全市八项支出比2018年增长14.7%，超额完成年度目标任务。乡村振兴、创文攻坚、生态文明建设、扫黑除恶专项斗争等一系列重点工作、底线民生等均得到保障。

【财政改革】 2019年，肇庆市深化财政管理改革，财政服务效能全面提升。以预算编制执行监督管理改革为主抓手，推进财政领域“放管服”，撬动财政各项改革管理工作高效开展。明确市县深化预算管理改革工作任务清单，修订出台《肇庆市市直财政资金拨款管理办法》《肇庆市市直财政资金项目库管理办法》《肇庆市市直专项资金管理办法》等12份配套文件，按照大部门统筹编报预算、大专项管理模式、支出定额标准管理的要求进行年度预算编制和执行，预算单位由原205个减少到87个，市财政专项资金由原108个减少到12个。推进涉农资金统筹整合，聚焦放开、用活、管好，重点通过统筹省市资金、跨行业资金、行业内资金共整合资金约7亿元，集中投向乡村振兴等关键领域。

【财政管理】 2019年，肇庆市以财政收支运行管理为根本，深入推进各项管理工作，提升财政管理水平，全面建设高质量财政，获评全省2019年财政管理绩效考核奖励地市。

实施全过程绩效管理 肇庆市制定印发贯彻落实省委、省政府关于全面实施预算绩效管理若干意见的工作方案，建立完善全方位、全过程、全覆盖的预算绩效管理基本框架。全年实施事前评价134个项目，涉及财政资金18.25亿元。

深入推进财政监督管理 肇庆市围绕财政中心工作，多频次开展“小金库”、“三公”经费、会计监督以及预决算公开等一系列专项监督检查，为财政健康运行提供支撑。将市本级和10个县（市、区）共11个政府和981个预算单位的2019年预算公开信息，以及市本级和10个县（市、区）11个政府和966个决算单位的2018年决算公开信息全部纳入专项核查范围，核查覆盖面达到100%。

加强财政库款管理 肇庆市实时关注财政库款运行走势，完善风险评估报告制度，压实预算、国库责任，合理安排和调度财政资金，从每月一研判提高到每周一研判，适时优化完善，确保库款保障处于安全水平；做好“三保”监测调度，做细、做准收支计划，每周根据库款的保障情况及时调整；启动国库集中支付电子化管理改革，规范暂存暂付款项挂账工作，国库改革管理深入开展。

加强存量资回收统筹 肇庆市按照“锁定总额、消化存量、严控增量”的要求，强化预算刚性约束，严格控制新增挂账，多措并举消化存量挂账。明确市县两级职责，制定暂付款五年消化计划，对财政暂付款实行台账管理；将挂账管理工作纳入财政管理绩效考核指标体系，奖惩分明；定期对市县挂账及消化情况进行跟踪统计，实行暂存暂付款挂账“一月一报，定期通报”制度；加强督导，倒逼各地推进挂账消化。

全面强化政府债务管理 肇庆市注重源头管控，加强政府债务限额管理，综合考虑各地区财力、风险预警指标、重点项目融资需求，以及各地新增债券项目质量、支出进度等因素，统筹新增债券申报与分配；注重制度建设，完善实行地方政府债务风险预警机制，健全落实风险化解实施方案、风险应急处置和通报等制度，增强防范风险能力；注重存量化解，通过暂停非必要项目、新增债券置换、落实财政以及其他资金偿还等措施，开展化解工作。全年全市政府隐性债务存量下降超过50%，超额完成年度任务。

【过“紧日子”思想落到实处】 肇庆市财政局通过打好财力“紧算盘”、管好政府“钱袋子”、扎紧管控“铁篱笆”，将过“紧日子”思

2019年，肇庆市财政支持教育事业发展。图为肇庆新区中心小学建设现场，该项目总投资1.36亿元
（肇庆市财政局供图）

想落到实处。

2019年，肇庆市财政局从源头打好财力“紧算盘”。把好预算源头关，算好“专业账”。在预算收支管理各个方面和各个环节落实过“紧日子”思想，从严从紧编制市直部门年度预算，逐项对预算申报项目进行复核和压减，全年运转性支出压减率达11.36%，压减资金主要用于安排亟需的民生重点领域。把好制度源头关，算好“长远账”。贯彻执行厉行节约等各项要求，注重制度建设，先后制定出台《肇庆市市直财政资金拨款管理办法》《市直党政机关和事业单位会议费管理办法》《市直党政机关和事业单位差旅费管理办法》等，用制度筑紧支出管理“铁笼”。

2019年，肇庆市财政局聚焦三个重点环节，多举措管好政府“钱袋子”。聚焦资金统筹配置，化零为整做大财力半径。在自有财力不足、刚性支出增加迅猛、收支矛盾突出的情况下，深入践行“大财政、大预算”理念，以应对减税降费“大减收”为契机，推动财力结构“大优化”，通过强化政府性基金预算、国有资本经营预算与一般公共预算互补，整合壮大政府财力资源，加大力度盘活“沉睡”财政资金等方式，化“零钱”为“整钱”统筹用于民生重点支出。聚焦重点领域管理，只减不增严控经费使用。执行各项规定及标准，严格财务核算，严控“三公”经费预算，全市各级财政一律按照不低于5%的比例压减一般性支出；市县联动重点瞄准群众反映热烈、问题线索多以及有下属事业单位的部门，开展“小金库”、“三公”经费使用情况等系列专项检查和整治，最大限度净化支出管理“土壤”。聚焦行政资源优化，自上而下节约行政成本。多措并举降低行政办公运行成本，做到“紧自身，宽民生”。规范行政事业性国有资产管理，制定出台《肇庆市市级行政事业单位国有资产使用管理暂行办法》等，构建完善管理制度体系。规范办公用房配备使用，制定《市直行政事业单位资产分类归口管理实施方案》等，确保资产安全完整。推进“数字政府”综合改革试点，通过提升行政效率，节约政府行政资源和行政开支。

·链接·

实施工业发展“366”工程：着力打造新能源汽车、先进装备制造业、节能环保3个超千亿元产业集群，力争未来五年引育6家产值超百亿元企业，新增600家超亿元工业企业。

实施创新驱动发展“1133”工程：到2021年，力争实现高新技术企业总量突破1000家，确保建成10所本科以上高等院校、30家新型研发机构、30家高水平的科技企业孵化器及众创空间。

2019年，肇庆市财政局用好三个监管举措，多维度扎紧管控“铁篱笆”。严用举措，从“单一管控”向“综合管控”转变。严格内部控制，完善财务管理制度，明确各相关部门或岗位在内部监督中的职责权限，对违反财经纪律、挥霍浪费国家资财的行为，严肃问责追责；严格执行国库集中支付制度、公务卡结算管理、以及“三公”公开等规定，加强对公款消费、公务接待等全程监控，确保公务费用“只减不增”；严格结算管理，结合国库集中支付方式改革，采取自动预警与人工综合核查相结合的监控模式，实现对预算执行中提现、公务卡使用及向本单位或与本单位有关联的上下级预算单位银行账户划拨财政资金等转账行为进行事前预警、事中监控和事后检查。严促监管，从“外部监督”向“内外监督”转变。对内协同纪检监察、审计等部门定期组织开展专项检查，协调各地各预算部门强化责任，建立健全地方预决算公开情况检查常态机制和问责机制，保持肇庆市厉行节约，反对浪费工作的良好态势。对外严肃落实公开责任，增强信息公开透明度，继续在全市范围内开展包括财政预决算、部门预决算及“三公”经费预决算、市（县）级汇总“三公”经费预决算等方面在内的公开工作，通过公开倒逼预算部门自觉接受社会和公众监督，促使经费开支更加规范透明。严抓绩效，从“结果评价”向“全程跟踪”转变。加强预算绩效目标管理，将绩效目标设置作为预算安排的前置条件，对未按规定申报预算绩效目标或者审核不通过的财政支出，原则上不纳入财政预算安排；加强执行动态监控，将关口前移，强化事前、事中监督，及时发现、纠正铺张浪费的经费支出，并将这类情况纳入绩效评价结果运用范畴；加强评价结果应用，落实《肇庆市市直财政支出绩效评价结果应用管理暂行办法》，将评价结果作为预算安排的重要依据，作为部门决算公开的重要组成部分，作为人大、监察、审计等部门职能监督和工作考核的参考依据，倒逼各预算部门切实提高预算管理、资金管理、项目管理工作水平和质量。

（肇庆市财政局供稿，赵俊杰执笔）

清远财政

【财政经济概况】 2019年，清远市实现地区生产总值1698.2亿元，比2018年增长6.3%。其中，第一产业增加值263.8亿元，比2018年增长5.0%，对地区生产总值增长的贡献率为11.7%；第二产业增加值564.6亿元，增长4.8%，对地区生

2019年，清远财政支持广清城轨站场建设。图为广清城轨龙塘站道路广场及配套设施工程项目于2019年6月动工，总投资1.85亿元

（清远市财政局供图）

产总值增长的贡献率为27.9%；第三产业增加值869.8亿元，增长7.8%，对地区生产总值增长的贡献率为60.5%。三次产业结构为15.5：33.3：51.2。全年居民消费价格总水平比2018年上涨3.1%。商品零售价格指数（RPI）比2018年上涨1.1%。全年完成固定资产投资比2018年增长12.4%。全年进出口总额416.2亿元，比2018年增长0.9%。其中，出口额214.5亿元，比2018年增长7.1%；进口额201.7亿元，下降5.0%。全年签订外商直接投资项目146个。合同外资金额25.6亿元，比2018年下降43.6%。实际使用外资金额8.6亿元，比2018年增长5.1%。

2019年，来源于清远财政总收入为392.47亿元，比2018年增长9.53%。全市地方一般公共预算收入累计完成118.53亿元，比2018年增长5.93%，其中，税收收入累计完成87.15亿元，增长8.02%，非税收入累计完成31.38亿元，增长0.52%，比重为26.48%。全市一般公共预算支出累计完成394.99亿元，比2018年增长15.69%。

【财政经济调控】 2019年，清远市运用新增债券筹措资金。共争取新增债券额度64.59亿元，比2018年增加18.59亿元，为推动清远市重点工作任务开展提供财力保障。推进新增债券支出管理工作，避免债券资金闲置。全市新增债券资金在10月底前全部支出，支出率100%。市本级新增债27亿元用于奥体匹克体育中心工程、伦洲大桥及引道工程、广清城轨站场建设及TOD开发配套工程、燕湖新城基础设施建设及公共服务配套项目、北江南岸公园、金融学院建设以及黑臭水体综合整治工程等项目。

清远市着力防控财政风险，联合税务部门、土储部门严格抓好税收收入和土地出让收入工作，力促收入均衡入库；加大非税的执收力度，全年实现非税收入共31.38亿元；优化专项资金结构，压减专项资金124项；严控当年新增暂付款挂账规模，全年暂付款没有超过2本预算支出之和的5%；及时清理、收回当年难以支出的资金，调整用于其他有条件实施能形成当年支出的项目；对县级“三保”情况严格监控审查，守住财政管理工作底线。加强地方政府性债务管理，做好存量债务的还本付息，全年拨付利息及本金合计3.3亿元，用于清远市公安视频PPP项目、大燕河整治主体工程项目及长隆周边道路设施项目等项目的还本付息工作中。

清远市支持推进美丽乡村建设，建立上下联动的多元化投入机制、共创机制、监管机制，全市验收通过纳入市级资金奖补的美丽乡村共179个，其中整洁村80个、示范村31个、特色村62个、生态村6个，共兑现市级奖补资金共1.58亿元。全年已使用广东省财厅下达清远市“省定贫困村创建社会主义新农村建设资金”23.83亿元，支出进度达95.7%。

【财政民生保障】 2019年，清远市增进和改善民生福祉。全年全市民生类支出累计完成308.03亿元，占一般公共预算支出的77.98%，比2018年增长15.41%。全市各级财政安排用于省十件民生实事的资金完成拨付13.85亿元，完成全年预算的105.26%。推进基本公共服务均等化综合改革。全市基本公共服务支出192.82亿元，占一般公共预算支出48.82%，市直基本公共服务支出24.8亿元，占一般公共预算支出38.9%。安排专项资金4.17亿元，用于科技创新激励、人才发展、企业技术改造、园区厂房建设、中小企业融资扶持等方面。

【财政改革】 2019年，清远市深化预算管理体制改革。推进市级预算编制执行监督管理改革，强化预算硬约束。明晰权责，简政放权，明确财政部门聚焦预算编制和绩效监管，业务部门紧抓执行。做细做实项目库，承接省级业务部门下放的项目审批权，加大对市县部门的培训和指导力度，引导业务部门逐步树立“先谋事再排钱”的理念，做好做细项目储备，提高预算编制的科学性。

2019年，清远市首创重大政策和项目事前绩效评估对新出台重大政策、项目、基建投资项目开展事前绩效评估。重点论证项目立项必要性、建设规模、建设标准、投入经济性、绩效目标合理性、实施方案可行性等。全年完成18个基建项目和3个信息化项目事前绩效评估，总投资额40.6亿元。

【财政管理】 2019年，清远市全面实行对口服务机制。印发《关于清远财政建立“一个部门对口一个科室”的对口服务工作机制的通知》，明确25项对口服务事项和对口服务部门，正式全面实行对口服务工作机制。对口服务机制建立后，每个市直部门的预算管理事项由一个科室对口服务，并对综合性事项负有兜底服务责任，确保办事原则上“只进一个门、只跑一个科”。

清远市优化作风、精简办事流程，开展“百日攻坚行动”，深入服务单位了解需求、答疑解难。全面梳理清远市财政局审批事项，压缩财政票据、会计等相关事项审批时限，优化财政资金审批、资产处置相关程序，提升行政效能。建立通报约谈制度、开展专项督查，改进文风、会风。

清远市创新公积金便民服务，公积金上线“约定提取”功能，通过增加银行提取业务受理点、在镇行政服务中心新增公积金提取业务，实现公积金业务“就近办”，包括非首次按揭购房提取、离职提取、离退休提取、出境定居提取、约定提取登记、约定提取变更等；压缩贷款、抵押审批时限，确保贷款业务“应办快办”；申请公积金贷款不再要求提供申请资料复印件，确保证明材料“应简尽简”。全年全市共有2.64万人开通约定提取业务，提取额达1.98亿元。

（清远市财政局提供，肖禹执笔）

潮州财政

【财政经济概况】 2019年，潮州地区生产总值总量1080.94亿元，比2018年增长5.0%；人均生产总值40664元，比2018年增长4.8%。分产业看，第一产业增加值99.03亿元，比2018年增长5.6%；第二产业增加值528.35亿元，增长4.1%；第三产业增加值453.56亿元，增长6.0%。实现固定资产投资450.99亿元，比2018年增长6.2%，提高2.8个百分点。潮州货物进出口总额215.6亿元，比2018年增长4.5%，提高6.7个百分点。其中，进口额34.8亿元，比2018年增长7.6%；出口额180.8亿元，增长3.9%，提高5.2个百分点；贸易顺差146亿元，比2018年扩大4.5亿元。全年实际利用外资总额4029万美元。商品零售价格总指数101.4%。居民消费价格总指数102.7%。

2019年，潮州市一般公共预算收入48.01亿元，完成年度预算（经各级人大通过的调整数）的100.2%，比2018年增长1.4%；一般公共预算支出197.17亿元，完成年度预算的104.4%，比2018年增长6.6%。2019年市本级一般公共预算收入192582万元，完成年度预算的100.1%，比2018年增长1.1%；一般公共预算支出447649万元，减少79431万元，下降15.1%（主要是2019年新增地方债务支出比2018年减少8.5亿元，剔除后增长1.5%）。2019年全市一般公共预算收入加上上级税收返还和转移支付补助、债券转贷收入、调入资金和上年结转等，减去一般公共预算支出、债务还本支出和上解省款项等，全市一般公共预算实现收支平衡。

【财政经济调控】 2019年，潮州市促进重大项目建设落实落地，支持产业转型升级，支持打好三大攻坚战。

促进重大项目建设落实落地 多渠道筹集资金，支持重大项目建设。用好新增债券资金政策，发挥债券资金对稳投资、扩内需、补短板的重要作用，盘活存量地方债资金，调整用途用于保障市交通重点建设项目。争取地方债资金，向省申请新增地方债资金37.81亿元，

2019年，潮州财政支持重大项目建设，图为金山大桥湿地公园工程。该工程位于潮州市韩江东岸金山大桥下的滩地和水域，占地约30公顷，工程总投资约2200万元 （潮州市财政局供图）

主要投向于交通、水利、园区基础设施等重点项目建设。加快资金支付进度，出台《市级财政投资建设工程项目资金支付管理办法》，规范市级财政投资建设项目财政资金支付管理，优化财政资金拨付流程，提高财政资金使用效益。市本级累计拨付资金29.13亿元支持全市重大项目建设，范围涵盖基础设施、农林水利、生态环保、文化旅游、民生事业、公共服务、科技创新等。

支持产业转型升级 潮州市用足用好各级减税降费政策空间，最大限度让利于企业，激发市场主体活力。发挥财政资金引导作用，加强人才引育、科技创新专项资金投入，支持科技攻关、技术创新、科研服务平台等项目实施。加大技术改造和转型升级、外贸稳增长、企业融资等资金投入，扶持企业做大做强。发挥财政资金杠杆作用，落实中小企业上市、融资担保奖励和创业担保财政贴息等各类补助资金，鼓励企业多渠道融资。完善财政金融联动机制，加大知识产权质押融风险补偿金规模、增设支农融资风险补偿基金，打通金融活水流向实体经济和脱贫攻坚“最后一公里”。

支持打好三大攻坚战 潮州市支持打好防范化解重大风险战。全年没有新增政府隐性债务，风险总体可控。2019年初预算足额安排偿债基金2.5亿元，安排2019年付息支出4.94亿元。向省申请再融资债券资金4.314亿元，延长还款周期，缓解偿债压力。按照“转化一部分债务、偿还一部分债务、置换一部分债务”的方式，稳妥化解存量隐性债务。通过实行债务限额管理、建立风险应急处置机制、完善统计监测报告制度等措施，守住不发生地区性系统性风险的底线。支持打好脱贫攻坚战。支持精准脱贫和乡村振兴，全市农林水支出20.2亿元，支持改善农村人居环境、提高农业现代化发展水平、保障水利建设、林业生态建设等。从2019年起设立市级发展现代农业产业专项资金，规模按三年不少于1.5亿元安排，推动乡村产业兴旺、农民增收致富。通过产业扶贫激发贫困地区脱贫攻坚内生动力，加快社会主义新农村建设。支持打好污染防治攻坚战。加大环保投入支持力度，全市节能环保支出4.4亿元。推广PPP模式在生态环境治理领域的应用，全年全市采用PPP模式的生活垃圾、污水处理、综合治理项目累计13个落地执行，总投资75亿元。市本级投入逾9000万元支持韩江南堤综合整治工程、锡岗生活垃圾卫生填埋场、如意垃圾压缩站等工程建设，加快补齐环保基础设施建设短板。

【财政民生保障】 2019年，潮州市把推进基本公共服务均等化与全面建成小康社会的目标任务紧密结合，织牢织密基本民生保障网，提高人民幸福感、获得感。全市民生类支出科目完成150.54亿元，民生类支出占一般公共预算支出比重达到76.36%。把教育事业放在优先位置，教育支出完成42亿元，促进教育优质均衡发展。补齐人均公共文化财政支出短板指标，全市公共文化财政支出5亿元，推进公共文化服务体系建设。卫生健康支出25亿元，支持创建国家卫生城市、村卫生站规范化建设和基本公共卫生服务。社保就业支出25.7亿元，完成各项民生提标政策的落实，完善社会保障体系，支持创业担保贷款贴息和贫困家庭劳动力培训等工作。落实扫黑除恶、禁毒、法律服务等专项资金，加强法治建设，规范社会治理。

【财政改革】 2019年，潮州市深化预算管理制度改革，推进财政体制改革创新、市以下财政事权和支出责任划分改革、涉农资金统筹整合及电子非税票据启用。

深化预算管理制度改革 加强市级预算编制执行监督管理培训和政策宣传，细化改革任务，建立本级预算管理改革工作机制。聚焦主责主业，把财政管理重心集中在预算编制和监督上，明晰部门预算执行主体的权责。落实“先谋事后排钱”，全面推行项目库管理，配合省做好市县项目动态储备，争取上级专项资金，推进市级项目库建设。简化资金和项目审批事项，推行“大专项+任务清单”管理模式，推动审批权下放。推进绩效管理改革，构建预算绩效指标库，为规范和提高预算绩效管理工作水平打下基础。

推进财政体制改革创新 潮州市开展调研摸清潮州市湘桥区财政收支运行以及经济发展和社会事务管理中面临的主要问题，研究制订完善湘桥区财政体制的措施，呈报市政府印发《进一步完善湘桥区财政体制方案》。针对枫溪区财政体制政策执行到期的情况，调整《进一步完善枫溪区财政体制方案》，将枫溪区财政体制政策延长执行至2021年12月31日。科学下放部分权限，激发调动区、镇街、村（社区）三级干事创业积极性。

推进市以下财政事权和支出责任划分改革 潮州市为提升各级政府基本公共服务能力和水平，制订《基本公共服务领域市级与县区共同财政事权和支出责任划分改革方案》，逐步建立权责清晰、财力协调的财政关系，推动基本公共服务均等化和促进区域协调发展。

推进涉农资金统筹整合 潮州市财政局牵头制订出台《潮州市涉农资金统筹整合实施方案（试行）》《潮州市涉农资金统筹整合管理办法》等政策文件，为改革工作提供政策指引和支撑。将原分散涉农财政资金统一纳入统筹整合渠道，建立涉农项目“资金池”，至2019年底共统筹省市县涉农资金16.90亿元。注重实效，将资金重点投入生态宜居美丽乡村建设、“四好农村路”建设、现代农业产业发展等领域，提高涉农资金使用效益，助推乡村振兴发展。

推进电子非税票据启用　潮州市加快推进财政电子票据管理改革。开展试点工作，创新财政票据监管模式，建立新型规范的财政票据管理系统。10月28日，潮州市成功开出首张财政非税电子票据。非税收入财政电子票据启用后，非税缴款人可通过选择工商银行税费代收行的柜台、网付、批扣渠道进行缴款并自助获取电子票据，入账单位及相关各方可随时登录财政电子票据查验平台查验电子票据真伪。

【财政管理】　2019年，潮州市加强预算管理、国有资产管理及财政监督检查，加快财政管理信息化，优化会计服务。

全面加强预算管理　深化部门预算编制，市级全面推行零基预算。建立专项资金项目库，对专项资金按“一事一预算”的原则据实核定，严格控制项目个数，按排序优先安排预算，实行动态化管理。通过提前下达部门预算项目参考数，统一由业务主管部门代编市级专项资金预算，完善政府采购预算编制流程等。依法依规推进预决算信息公开工作，配合做好2018年度地方预决算公开情况专项检查，组织批复2019年部门预算，督促部门在财政批复预算后20个自然日内向社会公开。

加强国有资产管理　潮州市印发《关于做好行政事业性国有资产月报试编工作的通知》，开启全市资产月报工作制度。印发《市政府向市人大常委会报告国有资产管理情况工作方案》，开启实施本级政府向本级人大常委会报告国有资产工作。编制《潮州市2018年行政事业性国有资产管理情况报告》《关于潮州市2018年国有资产管理情况综合报告》，2019年10月经潮州市第十五届人大常委会第24次会议审议通过。

加强财政监督检查　潮州市修订完善《市直机关省内乘用非公共交通工具出差定额包干管理办法》《潮州市市直党政机关和事业单位差旅费管理办法》等制度，为加强资金监管提供依据。开展“三公”经费专项检查、预决算公开情况检查、“小金库”重点抽查、十件民生实事“回头看”、公务卡使用情况等一系列监督检查，依托扶贫资金动态监控平台，加强对扶贫和乡村振兴资金使用的监督。加强政府采购监管，强化采购预算管理，开展对集中采购机构的考核和代理机构的监督检查，提高工作效率和服务质量，发挥资金使用效益。

加快财政管理信息化　潮州市推进财务核算集中监管系统的升级改造，至2019年底市直共有210个预算单位纳入联网监督。实施财政电子票据管理改革试点，逐步实现票据管理使用的规范化便捷化。全面推进国库支付电子化管理改革，7月上线授权支付电子化业务、清算业务，市本级国库集中支付全业务、全流程实现电子化，为财政部门与预算单位“两端减负”，保障资金支付的安全高效运行。

优化会计服务　新政府会计制度自2019年1月1日实施，潮州市通过门户网站广泛宣传，发放有关书籍，举办专题培训，加强指导和服务，完善技术支持，做好政策衔接。开展“送服务上门”活动，派出业务指导小组分批次深入到部分预算单位开展会计业务指导工作，一对一解决实际问题。针对潮州市报考会计专业技术初级资格考试人数呈急剧上升的情况，自2019年起在原单设市级考点的基础上，增设各县、区会计专业技术初级资格考试考（场）点，方便考生就近参加考试。

【财政“放管服”】　2019年，潮州市简化工程项目审核，优化政府采购管理，推进审批服务便民化，推进财政“放管服”。

简化工程项目审核　将市委、市政府确定的重大、重点民生项目作为项目审核工作重点，落实《关于市级财政投资项目工程预结算委托社会中介机构审核管理规定》，通过一系列措施，逐步“下放”工程项目审核，投资审核工作重心逐步向监督、管理方向转型。2019年10月，实现50万元以内（含50万元）的单项建安费预结算审核、单项工程技术性服务结算审核，由业主通过中介服务超市购买服务，自行委托审核。加强管理，提升服务，修订完善《潮州市财政局投资审核中心现场踏勘制度》《潮州市市级财政投资项目工程预结算委托社会中介机构审核管理规定》《中介机构参与市级财政投资项目工程预结算审核业务考核办法》等业务制度，制订相关的动态考核机制，加强对中介机构的监管，确保审核服务优质高效。

优化政府采购管理　潮州市开展2017—2018年度潮州市集中采购机构考核，通过抽查2017和2018年度各类项目，加强对集中采购机构的监督管理，提高集中采购机构代理政府采购活动的工作效率和服务质量。拓宽政府采购方式范围，加大预算单位选择权。扩大政府采购信息公开渠道，增强政府采购透明度。优化政府畅通供应商质疑投诉渠道，在政府采购网开设投诉窗口，公布投诉电话及办事流程，为供应商提供高效便捷的维权服务。多方式多渠道征集政府采购评审专业人才，扩大政府采购专家库建设规模。

推进审批服务便民化　潮州市梳理政务服务事项实施清单，推进行政审批标准化和政务服务事项实施清单“十统一”工作。将“最多跑一次”审批事项纳入市政务大厅办理，所有审批项目实行“六公开”。推进审批事项并入省政务服务网工作，共上线发布“政府采购投诉处理”“财政票据核销”“财政票据领用审核”等11个事项，推动业务协同、数据共享。简化审批程序，将原即办、限时办结审批事项全部纳入即时办结。缩短代理记账审批时限，调整审批要件，减少不必要的审批资料，将审批时限压缩到10个工作日。加强代理记账机构事中事后监管，在审批机关进行全覆盖例行检查，推进“双随机一公开”检查方式，接受人民群众监督。

（潮州市财政局供稿，陈丽洁执笔）

揭阳财政

【财政经济概况】 2019年，揭阳市实现地区生产总值2101.77亿元，比2018年增长3.0%。其中，第一产业增加值186.62亿元，比2018年增长4.4%；第二产业增加值818.89亿元，增长0.3%；第三产业增加值1096.26亿元，增长5.5%，三次产业结构为8.9：38.9：52.2。全市固定资产投资总额1151.93亿元，比2018年增长13.7%；进出口总额324.5亿元，下降5.0%，实际利用外资总额1779万美元，增长10.4%；社会消费品零售总额1196.27亿元，增长7.0%。

2019年，全市地方一般公共预算收入完成730161万元，比2018年下降7.97%，其中税收收入458510万元，下降11.93%；全市地方一般公共预算支出完成3496928万元，增长11.46%。

【财政经济调控】 2019年，揭阳市统筹配置财政资源，发挥财政对经济社会发展的基础性支撑作用。

支持全域“融湾建带” 揭阳市按政策返还大南海石化工业区共享税收收入，统筹资金超过22亿元，支持聚焦“一城两园”加快揭阳滨海新区开发建设。做好新增债券申请、分配和使用，争取2019年新增债券资金60.56亿元，做好债券资金分配使用，支持高质量发展项目建设。编制重大基础设施建设项目代编预算，建立完善以项目统筹资金的工作机制，全年拨付财政资金32.39亿元，支持“十三路一河一桥”等重点基础设施项目建设，促进中心城区一体化发展。落实《揭阳市土地征收储备资金管理办法》，强化土地征收储备资金的统筹管理，市级筹集土地储备专项债券10.5亿元、国有土地收益基金1.6亿元，充实土地征收整合储备“资金池”，保障土地征收整合储备资金需要。

支持推进三大攻坚战 揭阳市整合和优化生态环境资金投入，全市财政统筹节能环保支出15.93亿元，重点支持练江流域污染整治、市区截污项目、黑臭水体治理等，推进生态保护与修复。坚持现行脱贫标准和精准导向，优化扶贫支出结构，全年统筹安排省、市精准脱贫资金11.57亿元，完善扶贫资金动态监控机制，督促加快扶贫资金支出进度，支持脱贫攻坚。防范化解政府债务风险，严格实行政府债务归口管理、预算管理和限额管理，督促各地各部门采取措施化解债务风险，债务风险稳健可控。

促进实体经济提质发展 揭阳市落实大规模减税降费政策措施，建立减税降费工作协调机制，加强组织实施、政策宣传和检查督导，推动各项减税降费政策落地实施，持续规范清理行政事业性收费和政府性基金，全市实现减税降费超30亿元，为市场主体减负担、增效益。全市财政统筹投入5.73亿元，落实“暖企行动”计划和扶持“梁柱”企业等政策措施，推动民营经济提质发展。落实科技创新发展八项措施，全市财政统筹投入3.05亿元支持科技研发项目、科技服务平台、企业科技创新等科技创新重点工作，培育发展新动能。

支持美丽宜居乡村建设 揭阳

2019年，揭阳市支持大南海石化工业区开发建设。图为揭阳大南海石化工业区中石油广东石化炼化一体化项目，原油罐区数座10万立方米原油储罐已显露雏形 （郑楚藩 摄）

市级财政按每个农村人口100元的补助标准，一次性下达专项补助资金5.94亿元支持农村雨污分流工程建设，统筹资金3.19亿元支持“三清三拆”工作，统筹资金6715万元支持“四好农村路”建设，统筹资金472万元支持“厕所革命”工作，改善农村人居环境。

【财政民生保障】 2019年，揭阳市财政民生类支出287.48亿元，占一般公共预算支出的82.2%，比2018年增长13.67%。落实省十件民生实事资金支出9.91亿元，完成年目标计划的101.37%。

支持教育事业提质发展 揭阳市安排教育支出76.97亿元，提高教育事业发展质量。联合市教育局制定出台各学段生均公用经费管理办法，建立涵盖学前至高中各学段的生均经费保障管理体制，完善教育投入分担机制，促进教育事业可持续发展。强化市级财政投入和统筹办学责任，支持把空港一中改建为揭阳一中榕江新城学校，由市级承担办学经费保障。

支持提升医疗卫生服务水平 揭阳市研究出台《关于加强公立医院财务管理的意见》，推动公立医院财务管理规范化。制订工作方案合理划分医疗卫生领域市县财政事权和支出责任，提高医疗卫生服务的供给效率。落实城乡居民基本医疗保险各级财政补助资金31.33亿元，推动城乡居民医保提标。全市投入卫生健康支出58.01亿元，重点支持推动4家区级综合医院升级市级专科医院，提高区域医疗服务与保障能力。市级财政统筹安排创卫工作经费1292.78万元，推动创建国家卫生城市。

支持推动文化体育事业发展 揭阳市统筹公共文化支出7.88亿元，完善公共文化服务体系，改善基层公共文化体育设施，支持中华民族优秀传统文化传承发展，加强文化遗产保护，逐步补齐基本公共文化服务短板，推动创建全国文明城市向纵深发展。

支持提高社会保障水平 揭阳市投入社会保障和就业支出58.92亿元，支持稳定就业和职业技能提升，支持实施“粤菜师傅”等惠民工程。做实职业年金账户，实现市级财政全额拨款2019年职业年金实账积累，保障机关事业人员利益。落实城乡居民基本养老保险工作，保障城乡养老待遇按时足额支付。加大力度保障农村五保、孤儿、残疾人等基本生活保障，完善大病保险和困难人群参保补助制度，减轻群众负担。

支持深入推进社会治理 揭阳市统筹公共安全支出17.09亿元，支持推进扫黑除恶专项斗争、社会治安综合治理和打赢全民禁毒战等工作，支持建立健全应急管理体系，推进“大应急”指挥体系建设，增强发展的法治和安全保障。

【财政改革】 2019年，揭阳市财政局以深化预算编制执行监督管理改革为抓手，深化财税体制改革，增创经济社会发展的制度优势和内生动力。

加大财政资金统筹使用力度 揭阳市编制实施统筹所有财政资金的分地区、分部门和市管事项的管理预算，完善以支出项目和支出科目统筹资金安排的综合预算管理机制，市级预算共统筹各类资金306亿元，做实预算盘子，发挥财政支撑全局、促进发展的职能作用。

深化预算编制执行监督管理改革 揭阳市对接省“大专项+任务清单”管理模式，理顺市直部门预算执行关系和市、县（区）财政管理关系。完善财政资金项目库管理，指导督促各部门提高入库项目质量，做实预算编制和财政资金管理的基础，推动预算资金更好地服务经济社会发展。

推进全面实施预算绩效管理 揭阳市制定实施《关于全面实施预算绩效管理的实施方案》，加快建立完善“用钱必问效、无效必问责”工作机制。引进第三方机制探索开展重点项目支出绩效评价，促进提高财政资金使用效益。

【财政管理】 2019年，揭阳市财政局坚持依法理财，抓好收支管理，规范资金资产管理，推动财政平稳运行和财政管理提质增效。

加强财政收支管理 揭阳市按照“四个精准”要求推进组织收入工作，全市一般公共预算收入完成73.02亿元，完成调整预算的100.18%。加强财政资金统筹安排，压减一般性支出，盘活存量资金，优化支出结构，切实保障“三保”及重大项目资金需求，确保地方财政平稳运行，实现全年收支平衡目标。全市一般公共预算支出349.69亿元，比2018年增长11.46%。

加强财政资金监管 揭阳市建立完善加快预算执行的机制和措施，加强结余结转资金清理盘活，对2019年终结余的市级预算资金全额收回总预算统筹安排，提高预算执行效率。组织开展“三公”经费、预决算公开、会计等专项检查，促进提高财政资金使用效率。加强政府性投资工程项目资金监管，研究出台《揭阳市财政局投资审核中心内部业务操作规程》，规范审核行为，加强对项目建设资金来源、工程预结算、资金核拨审查，全年审核工程预算114宗，审核资金10.94亿元，核减0.46亿元，核减率4.22%；审核工程结算64宗，审核资金6.59亿元，核减1.43亿元，核减率21.68%，提高财政资金投资效益。

加强国有资产管理 揭阳市制定实施《市政府向市人大常委会报告国有资产管理情况工作方案》，牵头组织起草综合报告和撰写行政事业专项报告，促进人大监督国有资产工作制度化。制定实施《揭阳市市直行政事业单位国有资产对外出租出借管理暂行办法》，规范国有资产出租出借行为。积极整合市直行政事业单位闲置资产，用于注资水务集团，挖掘资产潜力促发展。

规范农村财务管理 揭阳市研究拟订《揭阳市农村财务管理暂行办法》，举办财政支农政策培训班，制定农村财务公开事项清单目录和模板，组织开展村居两委“白条账”专项治理工作，推动农村财务管理规范化、制度化。

【涉农资金统筹整合改革】 2019年，揭阳市强化组织领导、制度安排、资金投放“三个统筹”，提高涉农资金整合效应，促进涉农资金使用由分散到集中、从低效到高效转变，推动乡村振兴战略实施加劲增效。全年全市共统筹整合涉农资金20.51亿元（省补助资金13.26亿元、市统筹整合资金7.25亿元），其中：农业产业发展类1.15亿元、农村人居环境整治类15.77亿元、精准扶贫精准脱贫类0.07亿元、生态林业建设类1.12亿元、农业农村基础设施建设类2.4亿元。

在组织领导上强化统筹 揭阳市成立市涉农资金统筹整合领导小组，由市主要领导任组长，市政府分管财政和涉农线条3位副市长任副组长，发改、财政和涉农资金主管部门主要负责同志为成员。领导小组负责审定市级涉农资金统筹整合总体资金分配方案和任务清单，协调解决有关重大问题，加强涉农资金统筹整改工作的组织领导。领导小组办公室设在市财政局，负责日常工作。建立涉农资金统筹整合联席会议制度，负责协调行业内、行业间涉农资金统筹整合审议审定，避免部门之间互相扯皮现象。

在制度安排上强化统筹 为防止各地各部门对涉农资金搞政策要求不一、管理程序各异的“拼盘式”拼凑整合，揭阳市对涉农资金统筹整合工作实行规划编制、制度管理、操作指引“三个统一”，着力形成全市涉农资金统筹整合“一盘棋”局面，促进各项工作高效率对接落实。统一规划编制，出台《揭阳市实施乡村振兴战略规划（2018—2022年）》，明确乡村振兴的中长期政策安排和重大任务，以规划为龙头引领涉农资金整合和集中投入。统一制度管理，制定印发《揭阳市涉农资金统筹整合实施方案（试行）》，明确涉农资金统筹整合主要目标，并对推进行业内、行业间涉农资金整合、分类编制下达涉农资金及任务清单、完善涉农资金管理体制机制等主要环节工作进行具体化、职责化和时限化，确保涉农资金统筹整合改革工作落地见效。另外，市财政局还配套出台《揭阳市涉农资金统筹整合管理办法》，使各地各部门涉农资金统筹整合工作更加有法可依、有章可循。统一操作指引，编制印发《涉农资金任务安排、分配方案和使用指引》，明确资金统筹分配原则，并配套约束性任务、指导性任务和市级财政补助资金清单及使用操作指引，既编好任务书，又指明路线图，解决基层不敢统筹、不会统筹、不想统筹的问题。

在资金投放上强化统筹 揭阳市在“统筹整合”四个字上精准发力、深挖潜力，推进涉农资金分配使用。突出资金系统化统筹，加大资金统筹力度，将市、县两级财政涉农资金一并纳入统筹整合渠道。全年全市共统筹涉农资金20.51亿元，其中，约束性任务资金4.55亿元，指导性任务资金15.96亿元。涉农资金方案表分类编制到县（市、区），编列到农业产业发展类、农村人居环境整治类、精准扶贫精准脱贫类、林业生态建设类、农业农村基础设施建设类等6大类中，放大统筹整合效应。突出资金精准化落实，编制《XX县（含XX区）省下达涉农资金约束性任务及资金配置方案表》《市级财政补充涉农资金任务及资金配置方案表》等12张涉农资金配置表，将省、市涉农资金分类归集到各张功能表格中，确保资金、任务和责任“三落实”。突出资金集约化投入，省、市涉农转移支付资金，实行“大专项+任务清单”管理模式，实行系统筹划、系统安排。市各涉农资金牵头部门对财政省直管县和市管区实行区分筹略，分类编制涉农资金额度及任务清单。财政省直管县方面，采取统事不统钱的原则，市在不减弱直管县资金分配自主权的前提下，对省下达指导性任务资金实行约束性管理；市管区采取统事又统钱的原则，省、市资金均由市各涉农资金牵头部门统筹，分类编制下达涉农资金及任务清单，强化重大项目对接。突出资金均衡化保障，坚持统筹兼顾，对榕城区和空港经济区未纳入中央和省补助的涉农资金，市级财政给予资金补充，推动均衡发展。

（揭阳市财政局供稿，黄同涛执笔）

云浮财政

【财政经济概况】 2019年，云浮市实现地区生产总值921.96亿元，比2018年增长6.1%。其中，第一产业增加值172.50亿元，比2018年增长4.6%，对地区生产总值增长的贡献率为13.5%；第二产业增加值286.08亿元，增长6.8%，对地区生产总值增长的贡献率为38.3%；第三产业增加值463.38亿元，增长6.1%，对地区生产总值增长的贡献率为48.2%。三次产业结构比重为18.7：31.0：50.3。全年固定资产投资比2018年增长11.4%。社会消费品零售总额412.35亿元，比2018年增长7.1%。货物进出口总额109.95亿元，比2018年增长1.9%。

其中，出口63.15亿元，比2018年增长0.7%；进口46.80亿元，增长3.6%。新签外商直接投资项目61个，比2018年下降10.3%。实际使用外商直接投资金额3.0亿元，比2018年增长23.0%。

2019年，云浮市地方一般公共预算收入60.48亿元，比2018年增长4.9%；其中，税收收入37.85亿元，增长0.6%；非税收入22.63亿元，增长13%。全年一般公共预算支出243.07亿元，比2018年增长12.7%。其中，教育支出48.10亿元，比2018年增长17.6%；社会保障和就业支出35.06亿元，增长33.7%；卫生健康支出30.48亿元，下降2.8%；农林水支出28.01亿元，增长8.1%；住房保障支出5.88亿元，增长2.5%。

2019年5月17日，云浮市涉农资金统筹整合改革培训班召开

（云浮市财政局供图）

【财政经济调控】 2019年，云浮市加强重点项目执行管理。全市各级财政部门应对复杂形势挑战，深化财政各项改革，保障重点领域支出，提高财政资金使用效益，防范化解债务风险，完成各项重点工作任务。

支持加快融入“三区”交通互联互通 市直新增债券共安排2.35亿元投入到G324线云浮市腰古至茶洞段改线工程、广云高速云浮东出口扩建、云梧高速云浮西立交等省、市重点项目，加快打通融入粤港澳大湾区、深圳先行示范区和珠三角核心区的交通“脉络”。

支持提升中心城区首位度建设 在市直预算中统筹安排1亿元财政资金用于城区“瓶颈路”贯通、社区体育公园建设、中心城区基础设施建设等项目，市直新增债券安排2200万元用于西江新城档案综合大楼建设，加快完善城市配套功能，推动共建宜居宜业的优质生活圈。支持乡村振兴走在全省前列。

支持乡村振兴 深化涉农资金统筹整合改革，落实“大专项+任务清单”模式，全年财政共安排乡村振兴暨精准扶贫专项资金1.5亿元，加大对云浮市乡村产业发展、精准扶贫、农村人居环境建设、“四好农村路”建设等支持力度，增强镇域经济发展活力。

支持落实创新驱动发展战略 建立和完善财政科技投入稳定增长机制，为科技创新提供可靠财力支撑，市财政投入1782万元支持云浮市高新技术企业、科技创新型企业培育发展，支持云浮市第三批省实验室和云浮国际创新院建设；云浮市成功在岭南现代农业、氢能源领域争取两个省实验室，科技创新能力水平增强。

防范化解地方政府债务风险 提升债券资金使用效益。深入基层开展防范地方政府债务风险专题调研工作。出台《云浮市财政局隐性债务问责工作内控操作规程》，以制度建设先行，全面推动政府债务管理工作上台阶。制止和查处各类违法违规或变相举债行为，妥善处理政府债务问题，打好防范化解重大风险攻坚战。推动谋划新增债券重大建设项目储备库；推动项目管理主体责任的落实，细化债券资金支出安排，统筹协调推进债券资金支出使用，发挥债券资金拉动经济增长的有效作用，促进经济平稳运行。

推进简政放权 印发《关于深化市级预算编制执行监督管理改革的实施意见》，主动向县区和业务主管部门放权，推动业务主管部门落实预算执行的主体责任，财政部门更加聚焦预算编制和绩效监管，不断完善“大专项+任务清单”管理模式，进一步明晰权责、简政放权。

执行减税降费政策 全年累计实现减税降费16.52亿元，其中：减税11.10亿元，减轻企业行政事业性收费和政府性基金收费2.70亿元，降低社保费率减轻企业缴费2.72亿元，稳定市场预期、减轻企业负担，增强企业获得感。

【财政民生保障】 2019年，云浮市实施惠企、惠民政策，坚持把保障和改善民生作为公共财政投入的优先方向，全市基本公共服务体系逐步完善。

落实民生保障资金 云浮市加强财力统筹，确保落实教育、就业、医疗卫生、社会保障、住房保障等民生领域支出以及十件民生实事、底线民生资金。全年全市民生类支出180.65亿元，占一般公共预算支出比重达73.69%。其中，省、市十件民生实事资金分别投入7.91亿元和24.42亿元，民生保障水平改善提高。

加快补齐民生事业短板　从2019年起建立云浮市学前教育和公办普通高中生均公用经费拨款制度，每生每年分别按300元和500元执行。安排广东药科大学云浮校区建设资金、罗定职业技术学院办学经费和新兴中药学校生均经费分别4000万元、600万元和230万元，办学经费保障水平不断提高；加大对公共文化支出财政投入力度，云浮市财政安排500万元支持建设文化强市，2019年云浮市人均公共文化财政支出196元/人，超额完成省下达目标任务，公共文化财政保障水平提升；加快建立医疗卫生领域可持续的投入保障长效机制，财政安排2000万元建设区域性医疗中心及卫生强市，医疗卫生领域服务水平逐步优化。

支持推进“美丽云浮”建设　云浮市全年共安排3800万元用于巩固卫生城市建设、园林城市建设、森林城市建设资金等工作，安排1500万元用于创建全国文明城市，城乡垃圾分类、“厕所革命”等惠民工程陆续开展，群众获得感、幸福感增强。

加强人才就业扶持力度　云浮市财政安排人才资源开发专项资金3000万元，对云浮市创新科技人才、高层次人才给予工作津贴、购房补贴、租房补贴等支持，争取省专项资金支持云浮市实施“粤菜师傅”和“南粤家政”工程，落实就业创业专项补助资金支持大学生就业创业。

【财政改革】　2019年，云浮市以转变理财理念应对财政收支思维定势，纵深推进预算制度改革，建立“1+2+3”的制度体系，提升财政管理水平。修订完善“三定”方案，建立“一个部门对口一个科室”的服务工作机制，服务质量和行政效能提升。印发《关于深化市级预算编制执行监督管理改革的实施意见》《云浮市关于全面实施预算绩效管理的实施意见》两个实施意见，落实“大专项+任务清单”管理模式，引导推动业务主管部门落实预算执行的主体责任，财政部门聚焦预算编制和预算监管；加快建立全方位、全过程、全覆盖的预算绩效管理体系，逐步实现“花钱必问效，无效必问责”。制定市直财政资金支出管理办法、市直投资评审监督管理办法和县级财政管理绩效考核管理办法，优化资金审批流程，提高财政投资评审效率，促进各项考核指标评价结果有效提升。2019年，云浮市财政管理工作绩效考核稳定在全省前9名以内，市本级获得200万元财政管理奖励激励资金，财政支出管理工作被省财政厅评为先进单位。

【财政管理】　2019年，云浮市制定并以市府办名义印发《深化市级预算编制执行监督管理改革实施意见》，推动预算编制执行监督管理改革在云浮市落地。转变财政管理重心，从全流程预算管控转变为聚焦预算编制、放开预算执行、强化预算监管；按照《关于做好2019年省财政管理工作绩效考核工作方案》要求，每月梳理各项工作进展情况，了解各项工作进展情况，研究工作中存在的问题，确保各项工作有序推进；完善公开程序和内容，加大核查整改力度，财政及部门预决算信息在政府门户网站实现全公开，预决算公开进一步推进；做好扶贫资金支出进度统计工作。做好全省扶贫资金动态监控系统平台对接和操作培训指导等工作，确保各类财政扶贫资金数据正常录入系统，实现财政扶贫资金运行过程可记录、风险可预警、责任可追溯、绩效可跟踪。

（云浮市财政局供稿，晏磊执笔）

机构·荣誉

Fiscal Organizational Structure and Honors

2019年广东省财政厅机构变动情况

2019年6月，根据《中共广东省委办公厅、广东省人民政府办公厅关于印发〈广东省财政厅职能配置、内设机构和人员编制规定〉的通知》，广东省财政厅设下列内设机构：

一、办公室

负责文电、会务、机要、档案等机关日常运转工作。承担信息、新闻宣传、保密、信访、政务公开等工作。承担机关及直属单位财务、资产管理、安全保卫等管理工作。承担重要文稿的起草和审稿有关工作。对本部门贯彻中央和省委、省政府财经工作重大决策部署提出具体建议并督促落实。

二、法规处

起草有关地方性法规草案和规章。承担有关规范性文件的合法性审查工作。组织开展财政法治建设。承担重大行政处罚听证、行政复议和行政应诉工作。牵头推进财政“放管服”改革。

三、税政处

牵头拟订有关地方税收政策，健全地方税体系。组织落实中央税制改革和税收政策，承担税收调查有关工作。承担非税收入政策管理工作。负责行政事业性收费项目、政府性基金政策管理。负责地方财政关税相关工作。

四、预算处

提出财政政策、财政体制、预算管理制度的建议，组织编制中长期财政规划。负责总预算收支平衡，承担省级财力统筹管理工作。编制年度省级预决算草案和预算调整方案，组织省级一般公共预算、政府性基金预算编制、审核等工作。代编全省预算草案。承担省级对市县转移支付工作，汇总年度地方财政预算。负责对中央和市县财政结算。牵头推进财政事权与支出责任改革。

五、预算编审处

制定省级部门预算及项目库管理制度并组织实施。承担省级部门预算审核、批复工作。负责省级预算评审管理工作。承担省级部门预算基本支出定员定额标准、项目支出定额标准体系管理工作。承担省级基本支出经费管理工作。

六、国库处

组织预算执行、监控、分析预测。拟订国库管理制度、集中收付制度。组织实施政府非税收入国库集中收缴。管理财政及预算单位账户、财政决算和总会计核算。承担政府财务报告编制工作。承担国库现金管理有关工作。承担省级部门决算编制、审核、批复工作。牵头配合财政收支和预算执行等综合性审计工作。牵头编制财政信息化规划并组织实施。开展财政信息数据库建设。承担收入退库有关工作。

七、综合处

分析预测宏观经济形势并提出宏观调控政策建议。承担交通、统计等方面的部门预算有关工作，提出相关财政政策建议。参与住房保障、住房公积金等资金监管。承担自然资源收入政策、彩票管理有关工作。管理财政票据。

八、政府债务管理处

制定全省政府债务管理制度并组织实施。实施地方政府债务统计监测、风险评估和预警等工作。负责政府债务限额管理、新增债券资金使用及项目管理。负责政府债券额度分配、组织发行和还本付息相关工作。

九、行政处

承担行政等方面的部门预算有关工作，提出相关财政政策建议。拟订行政性经费财务管理制度，提出开支标准和定额。承担省本级非贸易外汇管理工作。承担会议定点管理工作。参与事业单位改革管理工作。参与拟订机关事业单位收入分配政策。承担清理规范公务员津贴补贴有关工作。承担政府购买服务有关工作。

十、政法处

承担政法、纪检监察、军民融合发展等方面的部门预算有关工作，研究提出相关财政政策建议。承担国家赔偿费用管理工作。负责由省承担的国防动员、武装警察经费管理工作。拟订省政法部门财务管理规章制度。

十一、科教和文化处

承担宣传、文化和旅游、科技、教育、体育等方面的部门预算有关工作，提出相关财政政策建议。负责教育经费保障机制改革、科技经费改革，参与文化体制改革等有关工作。

十二、经济建设处

承担发展改革、住房与城乡建设、代建等方面的部门预算有关工作，提出相关财政政策建议。拟订基建财务管理制度。参与审核省级财政性资金投资项目工程估（概）算，承担财政性资金投县资项目工程预算、结算和竣工财务决算审核工作中拟订代建项目财务制度。

十三、工贸发展处

承担工业、能源、有贸、根会和物资储备、应急、地质等方面的部门预算有关工作，提出B相关财政政策建议。参与拟订古技风山持经济发展的产业财政政策。负责有关政策性补贴和专耳储备财政管理工作。牵头报订政府投资基金管理制度并组织实施。承担涉外收入的监缴和管理工作。

十四、农业农村处

承担农业农村、水利、气象、扶供销等方面的部门预算有关工作，提出相关财政政策建议。承担财政支持实施乡村振兴战略工作，统筹安排财政扶 贫资金。提出农村综合改革政策措施建议。指导监督农村财务管理工作。

十五、资源环境处

承担自然资源、生态环境、林业等方面的部门预算有关工作，提出促进资源节约、土地整治、生态保护修复、污染防治、核与辐射安全、海洋、测绘、国家公园建设等方面的财政政策建议。负责自然资源出让收益和部分非税收入收支管理。

十六、社会保障处（省社会保险基金财政管理办公室）

承担人力资源和社会保障、民政、卫生健康、退役军人事务、医疗保障等方面的部门预算有关工作，提出相关财政政策建议。制定离退休经费保障制度。会同有关方面拟订有关资金（基金）财务管理制度。审核并汇总编制全省社会保险基金预决算草案。承担社会保险基金财政监管工作。

十七、资产管理处

承担国资委部门预算有关工作，提出相关财政政策建议。承担国有资本经营预算有关工作。拟订行政事业单位国有资产管理规章制度、企业财务制度及企业财务会计报告编制办法并组织实施。推进省级行政事业单位经营性国有资产集中统一监管工作。落实国有资产管理情况报告工作。负责执法执勤用车、特种专业技术用车有关管理工作。

十八、金融处

承担金融等方面的部门预算有关工作，提出相关财政政策建议。拟订国有金融资本管理制度，承担省级国有金融资本出资人相关工作。拟订政策性金融、普惠金融有关政策。负责省级金融企业国有资本经营预算有关工作。拟订公共服务领域政府和社会资本合作制度并组织实施。负责金融企业国有资产管理专项报告工作。

十九、会计处

承担组织实施国家统一的会计准则制度、管理会计标准、内部控制规范等。指导会计人才队伍建设，承担高端会计人才培养工作。承担会计专业技术资格管理工作。指导和监督注册会计师、会计师事务所、代理记账机构业务工作。承担对外会计合作交流工作。承担资产评估管理有关工作。

二十、政府采购监管处

拟订全省政府采购制度并组织实施。拟订政府集中采购目录、政府采购限额标准和公开招标数额标准。负责全省政府采购评审专家库建设及动态管理。负责政府采购信用监管。负责处理省级政府采购活动投诉、举报等。对省级集中采购机构进行考核。对代理机构实施监督检查。

二十一、绩效管理处

牵头负责制定全面实施预算绩效管理有关综合性制度并组织实施。建立绩效评价指标体系。牵头负责预算绩效目标管理工作。组织开展部门绩效自评、财政复核，负责重点项目绩效评价及结果反馈、信息公开工作。负责组织开展预算绩效管理考核工作。

二十二、监督局

承担财税法规和政策执行情况、预算管理有关监督工作。承担监督检查会计信息质量、注册会计师和资产评估行业执业质量有关工作。负责内部控制管理、内部审计等工作。牵头负责预决算公开监督工作。

二十三、人事教育处

负责机关及直属单位的干部人事、机构编制等工作。指导全省财政系统人才队伍建设和教育培训工作。

二十四、离退休人员服务处

承担机关和指导直属单位的离退休人员服务工作。

机关党委

负责机关和直属单位的党群工作。

2019年广东省财政厅机关及厅属各单位领导名单

一、厅级干部

党组书记、厅长：戴运龙
党组成员、驻厅纪检监察组组长：叶昊文
党组成员、副厅长：郑贤操
党组成员、副厅长：杨朝峰
党组成员、副厅长：陈　剑
党组成员、副厅长：肖红梅
二级巡视员：张仿松
二级巡视员：苏凤玲
二级巡视员：崔亚宗
二级巡视员：朱莉萍
二级巡视员：戴穗生
二级巡视员：云　峰
二级巡视员：李柏生

二、厅机关各处室及厅直属行政机构领导

（一）办公室

主　任：刘华伟
副主任：饶歆俊、李纪桦、朱国银、姚　林

（二）法规处

处　长：戴穗生
副处长：姜　波（援藏）

（三）税政处

处　长：鲁锦锋
副处长：曾　毅

（四）预算处

处　长：姚　露
副处长：丘晓敏、严宏宇、曾友谊

（五）预算编审处

处　长：刘云梅
副处长：谭笑风、毛俊伟

（六）国库处

处　长：陈蔚兰
副处长：李晓彬（援川）、张长治

（七）综合处

处　长：云　峰
副处长：彭钿基、陈周华

（八）政府债务管理处

处　长：周修群
副处长：黄丹妮

（九）行政处

处　长：朱莉萍
副处长：张　超、殷昌福

（十）政法处

副处长：穆慧姝、肖小华

（十一）科教和文化处

处　长：冯宝璇
副处长：张　锐、林　瑜

（十二）经济建设处

处　长：郭　为
副处长：余玩冰、罗德富

（十三）工贸发展处

处　长：刘雄威
副处长：张　槟、刘柏文、王远林（驻村）

（十四）农业农村处

处　长：李树林
副处长：杨　娟、黄　瀛

（十五）资源环境处

处　长：刘小聪
副处长：郑定标

（十六）社会保障处（省社会保险基金财政管理办公室）

处　长：范小花

副处长：琳　琳、简　单、吕海峰

（十七）资产管理处

处　长：林树发
副处长：麦文胜

（十八）金融处

处　长：张景涛

（十九）会计处

处　长：钟　凯
副处长：李　舸

（二十）政府采购监管处

处　长：黄　山
副处长：蚁文娟

（二十一）绩效管理处

处　长：刘　捷
副处长：姚　敏

（二十二）监督局

局　长：黄志伟
副局长：陈　苹

（二十三）人事教育处

处　长：林　华
副处长：宋俊华、徐艳芬

（二十四）离退休人员服务处

处　长：柳捍国
副处长：吴志胜

（二十五）机关党委

专职副书记：吴　科
副处长：董婉茹、丁亚军

（二十六）驻厅纪检组

副组长兼纪检监察室主任：尹　伟
副组长兼综合室主任：郑　湘

（二十七）国库支付局

局　长：康颖朝
副局长：陈　岚、莫　仪、陈伊哲

（二十八）国际金融合作办公室（广东省世界银行贷款办公室）

主　任：吴金华
副主任：董辉龙

三、厅属各单位领导

（一）投资审核中心

主　任：曹远潮
副主任：张燕云

（二）省农业综合开发评估中心

主　任：沈　明
副主任：冯家廉

（三）政务服务中心

主　任：胡圣元

（四）省财政数据信息中心

主　任：李建业
副主任：李海威

（五）省财政科学研究所

副所长：许航敏

（六）省会计函授职业技术学校

校　长：李柏生
副校长：古志东、黄腾达

（七）省注册会计师协会

秘书长：袁　庆
副秘书长：葛　芸、唐祝光（援疆）、罗玉霞

（八）省资产评估协会

秘书长：陈桓考
副秘书长：陈　坚

（名单截止时间2019年12月31日）

2019年广东省各地级以上市财政局领导名单

一、广州市财政局

党组书记、局长：陈雄桥
党组成员、副局长：梁少婷　周少卿　李小平　陈红燕
党组成员、派驻纪检监察组组长：王　春
党组成员、总会计师：汤汉忠
一级调研员（市管干部）：彭建湘　林锡荣
派驻纪检监察组一级调研员（市管干部）：邓鸽翔

二、深圳市财政局

党组书记、局长：汤暑葵
党组成员、副局长、二级巡视员：郭　驰
党组成员、二级巡视员：张素芬
党组成员、市注册会计师行业党委专职书记：温焕强
党组成员、副局长：赵忠良　胡卫东　文　政
党组成员、评审中心主任：郑铁军
一级调研员：赖淑藕

三、珠海市财政局

党组书记、局长：戴伟辉
党组成员、纪检监察组组长：赵建芳
党组成员、副局长：章　革　黄晓明
副局长：高　松
党组成员、市财政国库支付中心主任：陈文院
党组成员、总会计师：何　瑾
党组成员、四级调研员：曾　涓
二级调研员：李九泉　黎达强
四级调研员：李伟权　吕　航　许双斌

四、汕头市财政局

党组书记、局长：黄业龙
党组成员、副局长：郑　珊　李　宁　吴少青　谢胜杰
党组成员、总会计师：蔡翁彬
四级调研员：钟春华

五、佛山市财政局

党组书记、局长：江启强
党组成员、副局长：潘智勇　吴伟明
党组成员、纪检组组长：庞松港
党组成员、副局长：雷绍铭
总会计师：陈瑞彤
四级调研员：徐书晓

六、韶关市财政局

党组书记、局长：陈大川
党组成员、副局长：陈树川
党组成员、纪检监察组组长：朱观洪
党组成员、副局长：肖少康　张文华　谢纪亮（挂职）　杨文乐
副处职干部：温建明
四级调研员：张德文

七、河源市财政局

党组书记、局长：骆　超
党组成员、副局长：温文忠　诸鸿伟　何仕军
党组成员、纪检监察组组长：彭一艺
党组成员、财务总监：李桂生

八、梅州市财政局

党组书记、局长：刘耿灵
党组成员、副局长：吴家云　凌挥明
党组成员、纪检监察组组长：罗奕山
党组成员、副局长：丘小录　邹永礼
党组成员、总会计师：侯卫芳
副局长：秦燕齐（挂职）
二级调研员：邓国良
世行办主任：刘碧荣

九、惠州市财政局

党组书记、局长：何国斌
党组成员、副局长：陈益明　庄煜平　林惠强　杨　惠

十、汕尾市财政局

党组副书记、副局长：林建隆
党组成员、副局长：蔡振钦
党组成员、总会计师：叶其灯

十一、东莞市财政局

党组书记、局长：罗军文
党组副书记、副局长：姚慧怡
党组成员、二级调研员：谢　涛
党组成员、副局长：王　标　翟才善　莫淦波
党组成员、纪检监察组组长：张健芬
国库支付中心主任：王天广
市注册会计师协会党委专职副书记：萧永涛

十二、中山市财政局

局　长：吴竹科
党组书记、副局长：黄健华
党组成员、副局长：梁志军　黄玉珊　陈维真
党组成员、总会计师：林永光
党组成员、驻局纪检组组长：林仁崇
党组成员、一级调研员：顾竹林
四级调研员：邝振强

十三、江门市财政局

党组书记、局长：李文聪
党组成员、副局长：李健斌　梁山涛　邝世铭
副局长：吕嘉琪
党组成员、总会计师：梁润方
市注册会计师行业党委专职副书记：叶丽婷
二级调研员：谢兆启
四级调研员：李钜灿

十四、阳江市财政局

党组书记、局长：冯秀恳
党组成员、副局长：林业玺
党组成员、纪检监察组组长：冯华昭
党组成员、副局长：林　军　谭厚保　李孔祥
　　王作华（挂职）
党组成员、总会计师：冯敏钊

十五、湛江市财政局

党组书记、局长：李汉东
党组成员、纪检监察组组长：戴广锐
党组成员、副局长：李　曜　岑丹红　郭　雄
党组成员、总会计师：李兴进
党组成员、副调研员：胡毅华
二级调研员：李　光　罗红梅
四级调研员：黄　毅

十六、茂名市财政局

党组书记、局长：王伯昌
党组成员、纪检监察组组长：罗武文
党组成员、副局长：郑忠义　潘勇生　邓华顺
　　黎凯晟
党组成员、四级调研员：陈　明
总会计师：冯祥清

十七、肇庆市财政局

党组书记、局长：唐冬冬
二级调研员：陈　亮
纪检监察组组长：吴志劲
党组成员、副局长：苏亦文
党组成员、四级调研员：黎尚华
副处职干部：麦伟刚
副调研员：杨云辉
市公共资产管理中心主任：欧炳新

十八、清远市财政局

党组书记、局长：刘　锋
党组成员、副局长：杨日举　黄运全
党组成员、副局长、市住房公积金管理中心主任：肖　宁
党组成员、总会计师、市公共资产管理中心主任：刘浩文
二级调研员：朱昭斌
四级调研员：唐先明　丘红芳

十九、潮州市财政局

党组书记、局长：林景雄
党组成员、二级调研员：苏岳良
党组成员、副局长：邢玉荣　佘维昭　孙少珊
　　蔡进雄
党组成员、总会计师：刘向东
四级调研员：杨新中　林　鹤

二十、揭阳市财政局

党组书记、局长：李春明
党组成员、副局长：陈坤明　林勇慎　谢小明
　　吴宗鑫

二十一、云浮市财政局

党组书记、局长：李伟忠
党组成员、副局长：伍金明　魏荣新
党组成员、纪检监察组组长：李伟明
党组成员、副局长：吴少明
党组成员、总会计师：孔建伟
四级调研员：雷　盛　陆伟全
（名单截止时间：2019年12月31日）

2019年广东省各县（市、区）财政局领导名单

一、广州市

越秀区财政局
局长：陆伟刚
党组书记、副局长：陈伟雄

海珠区财政局
党组书记、局长：毛祖华

荔湾区财政局
党组书记、局长：高启超

天河区财政局
党组书记、局长：吴　杰

白云区财政局
党组书记、局长：何顺强

黄埔区财政局
党组书记、局长：梁玉军

花都区财政局
党组书记、局长：李一霖

番禺区财政局
党组书记、局长：卢永青

南沙区财政局
党组书记、局长：林少礼

从化区财政局
党组书记、局长：朱翼虹

增城区财政局
党组书记、局长：毛敢良

二、深圳市

福田区财政局
党组书记、局长：罗希德

罗湖区财政局
党组书记、局长：彭世平

南山区财政局
党组书记、局长：温靖宇

盐田区财政局
党组书记、局长：江　涛

宝安区财政局
党组书记、局长：林　戈

龙岗区财政局
党组书记、局长：陈　周

光明区财政局
党组书记、局长：陈标鹏

坪山区财政局
党组书记、局长：黄泽文

龙华区财政局
党组书记：黄永胜
局长：费晓愈

大鹏新区发展和财政局
党组书记、局长：杨　涛

深汕特别合作区发展改革和财政局
局长：黄文青
(该局暂未设立党组)

三、珠海市

横琴新区财政局
局长：刘芳婷
(该局暂未设立党组)

香洲区财政局
党组书记、局长：黎希健

斗门区财政局
党组书记、局长：黄能强

金湾区财政局
党组书记、局长：李健明

高新区发展改革和财政金融局
局长：李凤屏
(该局暂未设立党组)

高栏港经济区发展改革和财政金融局
局长：曾奕明
(该局暂未设立党组)

万山区财金事务局
局长：卢小婷
(该局暂未设立党组)

保税区财政局
局长：林卫红
(该局暂未设立党组)

富山工业园财政局
局长：陈长球
(该局暂未设立党组)

四、汕头市

金平区财政局
党组书记、局长：郑　聪
龙湖区财政局
党组书记、局长：洪瑞彬
濠江区财政局
党组书记、局长：马洌槟
澄海区财政局
党组书记、局长：黄哲纯
潮阳区财政局
党组书记、局长：张朝汉
潮南区财政局
党组书记、局长：吴泽伟
南澳县财政局
党组书记、局长：柯鹏城
保税区财政局
局长：张晓铿
（该局暂未设立党组）
高新技术产业开发区财政局
局长：陈莹莹
（该局暂未设立党组）
华侨经济文化合作试验区财政与金融局
局长：谢寒越
（该局暂未设立党组）

五、佛山市

禅城区财政局
党组书记、局长：黄智斌
南海区财政局
党组书记、局长：洪巨涛
顺德区财政局
党组书记、局长：黎劲康
高明区财政局
党组书记、局长：严杰雄
三水区财政局
党组书记、局长：钱静瑜

六、韶关市

浈江区财政局
党组书记、局长：余　华
武江区财政局
党组书记、局长：刘江平
曲江区财政局
党组书记、局长：吴东华
南雄市财政局
党组书记、局长：姚远华
乐昌市财政局
党组书记、局长：连旷怡
仁化县财政局
党组书记、局长：温天才
始兴县财政局
党组书记、局长：邓国柱
翁源县财政局
党组书记、局长：李红学
新丰县财政局
党组书记、局长：林继开
乳源县财政局
党组书记、局长：李智军

七、河源市

源城区财政局
党组书记、局长：杨辉强
东源县财政局
党组书记、局长：邱如东
和平县财政局
党组书记、局长：陈六胜
龙川县财政局
党组书记、局长：邹思伟
紫金县财政局
党组书记、局长：甘志峰
连平县财政局
党组书记、局长：廖广标
江东新区发展财政局
党组书记、局长：丘云飞
高新区财政局
局长：欧阳科永
（该局暂未设立党组）

八、梅州市

梅江区财政局
党组书记、局长：梁　旅
梅县区财政局
党组书记、局长：叶金胜
兴宁市财政局
党组书记、局长：陈思忠
平远县财政局
党组书记、局长：刘　胜
蕉岭县财政局
党组书记、局长：张　卫
大埔县财政局
党组书记、局长：张回礼
丰顺县财政局
党组书记、局长：刘雪峰

五华县财政局
党组书记、局长：赖伟胜

九、惠州市

惠城区财政局
党组书记、局长：占必佑
惠阳区财政局
党组书记、局长：曾伟荣
惠东县财政局
党组书记、局长：何育青
博罗县财政局
党组书记、局长：钟桂来
龙门县财政局
党组书记、局长：梁[illegible]城
大亚湾开发区财政局
党组书记、局长：阙光虎
仲恺高新区财政局
党组书记、常务副局长：叶添庭
局长：熊佰楚

十、汕尾市

城区财政局
党组书记、局长：吴秋业
海丰县财政局
党组书记、局长：林瑞清
陆丰市财政局
党组书记、局长：陈建勋
陆河县财政局
党组书记、局长：黄国振
红海湾经济开发区发展和财政局
常务副局长（主持工作）：谢锡城
（该局暂未设立党组）
华侨管理区发展和财政局
常务副局长：夏学军
（该局暂未设立党组）

十一、东莞市

不设县（市、区）

十二、中山市

不设县（市、区）

十三、江门市

蓬江区财政局
党组书记、局长：刘民欣
江海区财政局
党组书记、局长：赵英梅
新会区财政局
党组书记、局长：苏伟雄
台山市财政局
党组书记、局长：刘月红
开平市财政局
党组书记、局长：张伟赞
鹤山市财政局
党组书记、局长：黄双怀
恩平市财政局
党组书记、局长：张儒相

十四、阳江市

江城区财政局
党组书记、局长：陈华满
阳东区财政局
党组书记、局长：王启峰
阳春市财政局
党组书记、局长：朱　威
阳西县财政局
党组书记、局长：张　海
高新区财政局
党组书记、局长：阮晓峰
海陵区财政局
党组书记、局长：敖立柱
滨海新区财政金融局
局长：王启峰
（该局暂未设立党组）

十五、湛江市

赤坎区财政局
党组书记、局长：李倩怡
霞山区财政局
党组书记、局长：麦健华
开发区财政局
党组书记、局长：蔡光兴
麻章区财政局
党组书记、局长：冯　波
坡头区财政局
局长：林茂粒
党组书记：叶剑平
吴川市财政局
党组书记、局长：李　忠
廉江市财政局
党组书记、局长：刘启新
雷州市财政局
党组书记、局长：林　豪

徐闻县财政局
党组书记、局长：许良成
遂溪县财政局
党组书记、局长：卢　旺
奋勇高新区财政与投资管理局
局长：陈　敏
（该局暂未设立党组）

十六、茂名市

茂南区财政局
党组书记、局长：吴云波
电白区财政局
党组书记、局长：何　健
信宜市财政局
党组书记、局长：罗魏冰
高州市财政局
党组书记、局长：陈清流
化州市财政局
党组书记、局长：李　雅
滨海新区财政和国资管理局
主要负责人：杨裕全
（该局暂未设立党组）
高新区财政社保局
局长：黎清河
（该局暂未设立党组）
水东湾新城发展财政局
局长：汪子淞
（该局暂未设立党组）

十七、肇庆市

端州区财政局
党组书记、局长：郭兴东
鼎湖区财政局
党组书记、局长：梁宇强
高要区财政局
党组书记、局长：曹剑锋
四会市财政局
党组书记、局长：刘　海
广宁县财政局
党组书记、局长：陈善军
德庆县财政局
党组书记、局长：欧锦泉
怀集县财政局
党组书记、局长：黄安权
封开县财政局
党组书记、局长：龙敬和
肇庆高新区财政局
党组书记、局长：朱雪洪
肇庆新区财政金融局
局长：李健晖
（该局暂未设立党组）
粤桂合作特别试验区（肇庆）财政金融局
局长：杨海燕
（该局暂未设立党组）

十八、清远市

高新区财政局
局长：阳世展
（该局暂未设立党组）
清城区财政局
党组书记、局长：谢宇辉
清新区财政局
党组书记、局长：陈映徽
英德市财政局
党组书记、局长：邓　峰
连州市财政局
党组书记、局长：邓伟斌
佛冈县财政局
党组书记、局长：梁浩锋
连山壮族瑶族自治县财政局
党组书记、局长：张伟平
连南瑶族自治县财政局
党组书记、局长：杨建明
阳山县财政局
党组书记、局长：梁海东
广清产业园财政局
局长：罗仲翔
（该局暂未设立党组）

十九、潮州市

潮安区财政局
党组书记、局长：魏旭平
饶平县财政局
党组书记、局长：张如明
湘桥区财政局
局长：陈宣泽
（该局暂未设立党组）
枫溪区财政局
局长：陈林英
（该局暂未设立党组）

二十、揭阳市

榕城区财政局
党组书记、局长：黄济勇
普宁市财政局
党组书记、局长：黄光胜
揭东区财政局
党组书记、局长：吴国贤
揭西县财政局
党组书记、局长：高锐华
惠来县财政局
党组书记、局长：王伟生
空港经济区财政局
党组成员、局长：林志鸿
产业转移工业园财政局
党组书记、局长：杨劲华
普宁华侨管理区财政局
党组书记、局长：蔡如龙
大南山华侨管理区财政局
局长：方铭生
（该局暂未设立党组）
大南海石化工业区财政局
党组书记、局长：朱　晓
粤东新城财政局
局长：林东辉
（该局暂未设立党组）

二十一、云浮市

云城区财政局
党组书记、局长：范文科
云安区财政局
党组书记、局长：黎学明
罗定市财政局
党组书记、局长：梁祥源
新兴县财政局
党组书记、局长：李耀强
郁南县财政局
党组书记、局长：黄重阳
云浮新区财政局
局长：潘　宁
（该局暂未设立党组）

（名单截止时间：2019年12月31日）

2019年度广东省财政系统职工情况

（一）分布

单位：人

项目	合计	分布			
		省(区、市)厅局	市(地、州)局	县(市、区)局	乡(镇)所
合计	22026	1050	3815	9001	8160
%	100.00	4.77	17.32	40.87	37.05

（二）职务层次、专业技术职务

单位：人

项目	职务层次					专业技术职务			
	厅级	处级	科级	一般干部	工勤人员	合计	高级	中级	初级
合计	24	674	3407	13839	4082	5325	262	1905	3158
%	0.11	3.06	15.47	62.83	18.53	100.00	4.92	35.77	59.31

（三）性别、民族、政治面貌

单位：人

项目	性别		民族		政治面貌			
	男	女	汉族	其他	中共党员	共青团员	民主党派	其他
合计	12184	9842	21753	273	14432	1454	156	5984
%	55.32	44.68	98.76	1.24	65.52	6.60	0.71	27.17

（四）年龄、学历

单位：人

项目	年龄						学历			
	25 岁及以下	26—35 岁	36—45 岁	46—54 岁	55—59 岁	60 岁及以上	研究生	大学本科	大专	中专及以下
合计	1116	6091	6237	6727	1851	4	1162	12617	6557	1690
%	5.07	27.65	28.32	30.54	8.40	0.02	5.28	57.28	29.77	7.67

（五）参加工作时间

单位：人

项目	参加工作时间				
	1971—1980 年	1981—1990 年	1991—2000 年	2001—2010 年	2011 年以后
合计	739	5017	6678	4661	4931
%	3.36	22.78	30.32	21.16	22.39

（六）变化情况

单位：人

变化情况	项目				
	上年实有人数	当年实有人数	总数	增加或减少	
				绝对增加数	绝对减少数
合计	22216	22026	-190	1991	2181
省（区、市）厅局	1191	1050	-141	99	240
市（地、州）局	4283	3815	-468	241	709
县（市、区）局	8830	9001	171	764	593
乡（镇）所	7912	8160	248	887	639

（七）人员性质

单位：人

项目	人员性质									
	行政			事业					企业	
	合计	公务员数	聘用制	合计	财政补助	其中：参照公务员管理	经费自理	聘用制	合计	其中：聘用制
合计	10830	8539	855	11140	10125	4536	309	706	56	41
省（区、市）厅局	686	664	7	364	248	105	116	0		
市（地、州）局	2297	2045	113	1518	1337	852	64	117		
县（市、区）局	4906	3977	257	4067	3778	1494	104	185	28	20
乡（镇）所	2941	1853	478	5191	4762	2085	25	404	28	21

说明：

1.“绝对增加数”栏统计在该统计年度内，由于各种原因（如：调入、录用、聘任、军转干部安置到财政系统工作等）进入财政系统的职工人数；“绝对减少数”栏统计在该统计年度内，由于各种原因（如退休、辞去公职、辞退、开除、调出、死亡等）离开财政系统的职工人数。

2.“行政人员数（其中：公务员数）”栏统计行政编制的人员，公务员人数还要统计在“其中：公务员数”栏中。

3. 综合表（六）、（七）各栏之间关系为：行政＋事业＋企业＝本年实有人数。

4. 综合表（七）中，聘用制人员是指各级财政部门聘用或签订合同一年以上从事财政工作的非固定人员；参照公务员管理的事业单位人员统计在“财政补助”栏中。

先进集体选介

【全国财政系统先进集体深圳市财政局预算处】 深圳市财政局预算处是隶属于深圳市财政局的正处级内设机构，2019年有工作人员11名，其中共产党员10名、发展对象1名。该处在加强财政部门基层党组织建设、深化财税体制改革、发挥积极财政政策作用、推动深圳建设中国特色社会主义先行示范区，保障和改善民生等多个领域取得成绩，在财政预算管理方面为全国全省贡献多个“示范样本”。

深圳市财政局预算处管好用好政府的“钱袋子”，推进财税体制改革，加快建立现代财政制度。2016—2018年，预算处牵头的预决算公开工作连续三年在财政部专项检查中位居全国前三；2017年，深圳市在地方财政综合绩效考核中名列前茅，获国务院办公厅通报表扬和奖励，7项考核指标中有6项由预算处负责。深圳市财政局预算处先后被评为“深圳市工人先锋号”“深圳市巾帼文明岗”“深圳市直机关工委系统十佳榜样”。

深圳市财政局预算处牵头拟订全市预算管理改革纲领性文件。深入贯彻中央、广东省预算管理改革精神，历时7个月学习调研，牵头起草《关于进一步深化预算管理改革强化预算绩效管理的意见》，2018年10月底以市委、市政府名义印发执行。

深圳市财政局预算处深化预算编制改革，提升预算到位率。2017年起，将预算编制时间全面提前，每年5月启动下年度预算编制，推动各级各部门早谋划、早启动下年度工作。严格预算编审，指导各部门将年初预算细化落实到具体项目，达到可执行状态。对专项资金组织单位提前一年发布申报指南，提前做好项目储备。2018年，深圳市本级预算到位率提高到82%，比2018年提升26个百分点，2019年提高到91.5%，预算可执行性全面增强。2018年，深圳一般公共预算支出进度持续位居全国前四位。

深圳市财政局预算处率先推进事权与支出责任划分改革。把握事权与支出责任相适应的改革大方向，先行先试，通过深入调研，制定出台深圳市第五轮市区财政体制方案，走出一条“重心下移、权责统一、提高效能”的新路子。实施清单管理，清晰界定市区两级管理事权。系统协调推进第五轮市区财政体制改革、第五轮市区政府投资事权划分改革、强区放权等三项改革，出台《深圳市第五轮市区政府投资事权划分实施方案》，列示市区两级政府在10大领域、58个类别的政府投资事权划分。制定《关于进一步推进强区

2019年12月26日召开第九次全国财政系统先进集体和先进工作者表彰大会，广东共有3个集体、3名个人获全国财政系统“双先”表彰 （广东省财政厅办公室供图）

放权改革的若干措施》，通过“五个下放”扩大基层政府重点领域事权，明确下放事权144项。以事权定财权，优化政府间财力配置。采取以事权确定财权的办法配置市区两级政府财力，按照统一、规范的因素法核定保障事权所需的标准支出，进而核定各区的财力保障需求和共享税分成比例，然后均衡各区支出水平，实行“补低保高”。“十三五”期间向区级下放财力约1600亿元，市区总体财力格局逐步调整为50：50左右，区级财力占全市比重提高9个百分点，提高基层政府支出责任保障能力。

深圳市财政局预算处率先打造地方专项债“特区标准”。2017年12月，牵头制定发行全国首支轨道交通专项债方案，首次引入会计师事务所、评级机构、律师事务所等第三方专业机构参与，按照市场化要求对各方风险及应对措施进行特别披露，获得市场高度认可，为落实稳增长防风险提供“深圳方案”和“深圳样本”。2019年，在全国首创地方专项债分期还本机制，节省融资成本。

深圳市财政局预算处推进收入组织工作。牵头建立财税库联席会议制度，定期组织谋划财税收入工作。精打细算，科学安排财政收入资源，加大国有资本经营预算调入一般公共预算的力度，2019年调入比例达到42%，提前实现中央到2020年调入比例不低于30%的改革要求；依法依规协调国资国企上缴特殊利润；统筹盘活财政资金，将存量资金和执行中难以形成支出资金，集中投入亟需资金的项目和领域。2019年上半年，在减税降费力度加大的情况下，狠抓收入组织，确保全市一般公共预算收入比2018年增长6.6%，为全国、全省财政收入增长做出贡献。

深圳市财政局预算处优化财政支出结构。严控一般性支出、加快预算执行、盘活财政资金，用好地方债等多重政策工具，落实积极的财政政策，服务稳增长、促改革、调结构、惠民生、防风险。2018年，全市一般公共预算支出4282.5亿元，全市九大类民生支出累计完成2772.4亿元，占财政支出的比重64.7%，其中教育、卫生支出分别增长14.8%、15.3%，加快补齐民生短板，获得人大代表和社会各界肯定。

深圳市财政局预算处支持打好三大攻坚战，牵头成立深圳市政府性债务管理领导小组，健全地方政府性债务风险应急处置机制，建立跨部门联合监测工作机制，全口径监测深圳市政府性债务和隐性债务；统筹财力，对省上解20亿元用于支持粤东西北美丽乡村建设；优先安排老旧高排汽车提前淘汰补贴、公交运营定额补贴等专项资金，推动提升大气环境质量。强化预算执行主体责任，建立支出进度双周通报制度，联合市政府督查室开展专项督查，重点抓好政府投资、专项资金等重大项目支出进度。2018年市区两级政府投资完成超1300亿元，带动固定资产投资突破6100亿元，比2017年增长20.6%；市本级财政专项资金预算执行率连续两年在95%以上，发挥财政资金对经济增长的支撑拉动作用。

深圳市财政局预算处着力提高宏观经济管理驾驭能力，出思路、出政策，当好党委、政府参谋助手。先后牵头完成第五轮市区财政体制设计、部门预算编制执行改革、政府引导基金设立、深化预算管理改革等多项重点任务，牵头制定《深圳市深化财税体制改革率先建立现代财政制度》等“1+3”综合文件，顶层设计完善深圳市财税改革。2018年，深圳市财政局承担《深圳可持续发展的财力支撑研究》和《率先建立现代财政预算管理制度》两个市委重点课题。

【全国财政系统先进集体广东省东莞市财政局樟木头分局】 广东省东莞市财政局樟木头分局是隶属于东莞市樟木头镇人民政府下的正科级单位，业务由东莞市财政局指导，下设办公室、预算收支股、财会资产监督股、财政投资审核中心和征收管理股5个股室，2019年有在职人员37人。樟木头分局着力构建“三位一体”工作格局（打造一支优秀队伍、建立一套完善管理制度、推进一系列改革创新举措），强化党建、作风、组织和文化等方面建设，先后多次获得市、镇先进荣誉，2018年被东莞市妇女联合会授予“巾帼文明岗集体”称号。

樟木头分局围绕着财政制度建设，破旧革新，探索和深化财政制度各项改革。建立和完善内部控制建设机制，从大到业务上的预算、资金、票据、资产、档案等管理，小到考勤、收办文、公章、查档等管理环节均建立一套较完善的管理制度，分局管理制度成为镇各单位学习模板。打破多年固化的重复性预算编制模式，实现预算项目库管理制度机制，筛选常规项目直接纳入项目库，实行滚动管理，简化预算编制流程。完成零余额账户管理到国库集中支付制度转变，在2010年学习东莞市财政经验，在镇街较早对预算单位实行“零余额”账户管理模式，2018年完成国库集中支付管理制度机制。推进公务卡动态监管制度机制，在全镇73个预算单位推行公务卡结算方式，通过预算执行动态监控系统平台全程监控财政资金支付活动。简化财政专项补助资金转移支付流程机制，优化一般项目请款流程，加快财政预算执行进度。推进绩效评价工作机制，制定《樟木头镇镇级财政专项资金使用绩效评价暂行办法》，从财政资金绩效管理工作完成的数量、质量和时效三方面对预算单位进行考核，在全市2018年度财政预算绩效管理工作中获得综合评价得分第四名。建立财政投资资金评审管理工作机制，从调整基建项目财政审核程序入手，结合项目实施情况调整财审造价设定下浮率限额，完成重点工程项目评审工作。如截污次支管网2016—2018、石马河流域综合整治等一批涉及镇“十大民生实事”项目。调整镇属资产处置流程和管理权限机制，将全镇重点整理未入账工程通过签订“资产移交书”从财政统包管理方式交回主管单位统一管理，明确资产管理范围和职责。率先推行政府采购资金审核制度机制。在全市较早提出对政府采购项目进行最高报价审核制度，2017年实施以来，每年财政审核的采购项目招标预算金额比立项批复金额核减率在10%以上。

樟木头分局着眼于社会稳定大局，推进各项民生工程，确保老百姓享受到各项政策改革的成果。落实减税降费政策。2019年6月，建立镇减税降费工作联席会议制度，联合税务部门统筹抓好减税降费落实，协调工作中的重点问题，帮助企业减压减负。加大精准扶贫力度。结合本镇实际调研，促进精准扶贫工作开展。如补助（村）社区基本公共管理费用3142万元，减轻村（社区）集体经济负担；投入747万元用于精准扶贫到户到人专项、云南巧家县对口扶贫专项和韶关贫困区引导资金，确保完成脱贫攻坚阶段性任务。落实惠民惠农政策。社保覆盖面持续扩大，以构建和谐社区、加快新农村建设步伐为契机，落实惠民惠农系列政策。2018年投入1978万元，用于城乡居民社会基本医疗保险、社会基本养老保险等社保经费；投入982万元，用于退伍军人、优抚对象、低保五保等补助；投入542万元，用于残疾人社会保障和康复。推进基层公共服务综合平台建设。2017年完成镇、村两级基层公共服务综合平台建设项目，统筹全镇22个部门、194项公共服务事项的一站式窗口服务，通过省市验收，解决群众办事“最后一公里”的问题。

【全国财政系统先进集体广东省佛山市禅城区财政局】

佛山市禅城区财政局于2003年组建成立，内设机构14个，下属事业单位3个，工作人员104人。禅城区财政局在落实广东省预算编制执行监督管理改革中勇当排头兵，以数字化推动财政管理体系改革，优化提升财政资金管理绩效，发挥财政在经济社会民生事业中的保障作用，以“铁军”精神践行基层财政的时代担当，连续七年绩效考核被评为“优秀”，助力禅城区打造首善之区、创新中心、幸福家园。2018年，禅城区位列全国综合实力百强区第16名、全国科技创新百强区第8名、全国新型城镇化质量百强区第9名、全国绿色发展百强区第11名。

佛山市禅城区财政局构建“线上+线下”监督体系，推动全过程绩效管理。佛山市禅城区财政局创造性构建“循环监督”体系，为财政监督改革提供新蓝本，被国务院研究室列入2006年1号研究报告。在基层率先探索开展全方位、全过程、全覆盖的预算绩效管理模式，建立横向覆盖所有财政投入、纵向贯穿资金运作全程的绩效管理体系，对预算执行与绩效目标实施“双监控”机制，日跟踪、旬预报、月监测、季分析，搭建与中期财政规划相衔接的全年开放、滚动管理项目库，推进绩效理念深度融入预算管理。构建“线上+线下”全方位监督评价体系。线上，在全国率先实现市、区、镇（街）三级预算监督系统联网，人大代表、审计部门可随时随地查询，受到新华社、《人民日报》、中央电视台等媒体广泛报道。线下，将“两代表一委员”监督纳入预算监督体系，每年绩效现场评审邀请“两代表一委员”全程参与质询。

佛山市禅城区财政局财政支付全流程“零跑腿”，建设人民满意政府。通过资金重点保障、刀刃向内流程再造、财政干部脱产参与等方式，助力禅城区在全国率先探索开展一门式改革，打造“一门集中、一窗受理、一网通办、最多跑一次”政务服务新模式，群众满意度99.96%，获“全国创新社会治理最佳案例”。应用“一门式”和“数字财政”建设优势，在全国率先启动扶持政策标准化改革，市区共建集政策发布、政策推送、资金申报、项目审批、资金兑现等功能于一体的“扶持通”——扶持资金综合服务平台，通过信息化建设与大数据应用，在全省县区率先实现财政管理全流程数字化，财政国库集中支付业务从“跑银行”到“点鼠标”，实现“秒付”、全流程可追溯，为加强廉政建设、预算编制执行监督管理改革、放管服改革提供支撑。一系列改革让人民满意度不断提升，助力禅城区营造稳定公开透明、可预期的营商环境。根据《首届（2019）珠三角地区营商环境发展水平评估报告》，禅城区营商环境名列珠三角区县级第一名。

佛山市禅城区财政局助推经济高质量发展。实施积极财政政策，助力经济高质量发展。在历年供给侧结构性改革降成本的基础上，2019年上半年实施新一轮减税降费，为企业减负13.5亿元；每年投入近10亿元落实各类产业和人才政策，占一般公共预算支出比重达8%；出台全方位扶持政策鼓励金融产业做大做强，自2015年至2019年初，区财政局加挂“区金融工作办公室”牌子，2019年上半年禅城区金融机构存、贷款余额分别达到4000亿元、3000亿元大关；在投入4.3亿元成立融资专项资金、科技型企业信贷风险补偿基金基础上，探索利用政府采购等政务大数据，支持人民银行征信系统建设，破解民营企业和中小微企业融资难融资贵的难题。积极财政政策实施，让禅城区经济发展跃上新台阶。在仅154平方公里的地域上，2018年地区生产总值1855亿元，辖区税收总额254亿元，税收密度近1.7亿元/平方千米，市场主体超14万户，5年间区级综合财力从165亿元跃升至超300亿元。

佛山市禅城区财政局投入粤港澳大湾区建设。按照广东省预算编制执行监督管理改革要求，财政局集中财力办大事，助力禅城区全面融入粤港澳大湾区建设。2013年以来，投入50亿元，重点打造三龙湾高端创新集聚区，对接“广深港澳科创走廊”创新资源；投入400亿元，推进150个交通项目建设，构建“双30”（30分钟内到达广州核心、30分钟内到达佛山外围组团）核心交通圈链接大通道，巩固“粤港澳大湾区西部核心城市”中心城区地位。

佛山市禅城区财政局惠民服务提升获得感。财政局牢固树立民生无小事的理念，完善体系清晰、目标精准、可持续化的民生保障体系，推动基本公共服务均等化，践行民生财政，过去5年民生投入从38.7亿元增长到73.8亿元，实行以区为主的“一级办学、一级管理”；探索建立医联体制度，辖区医疗服务水平得到显著提升；文化、体育“十分钟公共服务圈”日趋成熟，市民走出家门可便捷享受各种公共服务。

先进模范人物选介

【第五届广东省“人民满意的公务员”沈明】 1975年10月生，湖南湘乡人，1999年8月参加工作，2001年1月加入中国共产党。中山大学公共管理学硕士，广东省财政厅票据监管处处长。

2013年6月8日，作为广东省第七批援藏工作队员，来到林芝，接替第六批援藏工作队开展援藏工作。始终牢记对口援藏工作的光荣使命，树立“缺氧不缺精神、吃苦不怕艰苦、海拔高斗志更高”的援藏精神，转变角色，扎根高原、奉献林芝，为林芝经济社会发展作出贡献。

到林芝财政局工作后，将自己的工作经验带到新的岗位上，结合林芝发展实际，对财务管理工作进行一系列的改革创新。为确保财政资金安全，着力改变以往援藏经费支出会计出纳岗位一肩挑的状况，专门聘请有经验的会计和出纳人员，使财会岗位互不交叉、相互监督。根据广东省审计厅对第六批援藏工作经费的审计情况，针对工作薄弱环节，主持起草出台《广东省援藏项目资金管理办法》《广东省援藏工作经费、援助资金和物资的管理规定》和《关于对广东省援藏项目开展财政投资评审的通知》，为规范援藏项目和资金管理提供制度保障。同时，创新推行“双审”“双签”“双管”全覆盖的援藏项目资金管理模式，将以往援藏项目资金由援藏工作队主导的模式调整为援受双方共同主导，相互管理、相互监督、共同促进的新型管理模式，调动援受双方的积极性，各省援藏工作队纷纷学习效仿。援藏六年期间，援藏工作队接受国家审计署广州特派办、广东省审计厅、西藏自治区纪委和林芝市审计局的检查和监督，未发现任何重大违纪违法行为。

鲁朗国际旅游小镇是粤藏两省区共同确立的重点援藏项目。由于小镇建设时间跨度较长，整个项目没有明确的资金盘子，规划内资金仅安排4.9亿元，资金缺口比较大。作为负责项目和资金的现场指挥办公室副主任，通过拍卖小镇内商业土地筹集部分资金，并向广东省财政厅沟通反映，解决急需建设资金，推动小镇建设。受工作队领导委托，负责与市林森公司商谈，最终确定由工作队负责安排建设资金，产权让利一部分给该公司，同时工作队拥有一部分产权，久而不决的东久片区用地问题迎刃而解。

2017年初，第八批援藏工作队安排负责“广东援藏产业示范园”项目工作。事无巨细、亲自督办，项目立项、征地、项目选址、规划许可、风险评估、项目初步设计等前期手续工作都由他一人完成。工程建设时，每天驻守工地，接续奋战三个月，确保该项目如期完成。

援藏期间，为当地群众办成一件又一件实事、好事。2015年，协调东莞市宏远篮球俱乐部捐助100万元建设易贡小学简易操场和看台的建设，结束当地小学生没有运动场所的历史；协调省福利彩票中心安排230万元解决广东省实验小学教学综合楼建设。2016年，协调察隅县援藏工作组出资200多万元解决财政局驻村点村道建设，解决村民出行靠人驮马背的问题。2017年，协调广东省体彩中心安排380万元，解决林芝市第二高级中学运场地改扩建项目和图书馆购书项目；协调广东省交通运输厅安排420万元解决察隅边境村民出行道路硬底化，以及波密县倾多镇和玉许乡村民农作道路硬底化建设。同时，从广东省财政厅安排的工作经费中协调出70万元，为林芝市财政局改建老旧的值班室。一笔笔资金变成一个个项目，得到各级政府、部门及各族群众的好评。

2019年，被省委、省政府授予第五届广东省“人民满意的公务员”称号。

【第五届广东省“人民满意的公务员”杨文乐】 1980年8月生，广东韶关人，中共党员，2004年7月参加工作，2003年5月加入中国共产党。华中科技大学公共管理硕士，中级经济师。担任韶关市财政局机关党委纪检委员、行政事业资产管理科科长，市提升办筹资部部长，连续三年公务员年度考核优秀。先后获得“全国财政系统先进工作者”“广东省百佳团支部书记”

“全省财政系统优秀信息员”“韶关市青年岗位能手”“韶关市财政局优秀共产党员”等称号。

承担多项重大全局性工作。在2013年10月争取韶关入选第二批国家节能减排财政政策综合示范城市，以及2018年武江市政工程和浈江市政工程两个PPP项目包装、入国家项目库和政府采购招标等环节中，勇挑重担、迎难而上，为争取项目试点和两个PPP项目入库和成功招标作出突出贡献。

注重研究经济发展中的重大问题，多层次、多角度提出针对性和操作性强的对策和建议，如培育地方主体税源、城市片区项目包装、市区新建道路周边土地收储经营，以及谋划城市公共停车场建设等，通过市场化手段解决城市建设资金来源难题，为领导科学决策提供重要参考。

在芙蓉新城工作期间，围绕村民安置，重点协调推进芙蓉新村和车头新村等建设，解决项目建设中遇到的困难和问题；围绕清表交地，着力实施连片交地，带领征拆队员走村入户攻坚，两年内完成清表交地533.33公顷，保障新城重点项目建设。在韶关市提升办筹资部任部长时，发挥专业才干，应用“融、债、投”等多元化筹资，2018年度筹集城市提升建设资金166亿元，其中浈江、武江PPP项目融资99亿元，企业银行贷款11亿元，争取财政性资金（含地方债）15亿元。

任韶关市财政局办公室主任期间，创新工作方法，提升管理水平，形成“精简程序、清理环节、定岗定职、考核激励、督促检查”五大法宝，先后主持制定和完善财政工作规则等一系列规范性制度文件，促进工作提质增效。韶关市财政局办公室在全市机关事业单位办文综合评比排名中多年占居第一，韶关市财政局多次获得“市文明单位”“市卫生标兵单位”“全市保密工作先进集体”“市节能先进集体”“市属消防安全重点单位消防工作先进单位”等称号。

坚持采取倒逼机制，细致安排每天工作，时常加班加点。2018年底，在主持负责处理原亚太财富中心项目债权债务时，仅用40余天的时间，成功完成工程基建类近3000万元的债权债务的确任工作，树立爱岗敬业的标杆。

刻苦钻研，虚心学习，先后主笔完成50余篇重要参考价值的论文报告，如《政府方在PPP项目公司中需重点关注的几个问题》《我市城市提升工作的几点思考》《加强我市政府投资建设项目投资管理的建议》等，获得韶关市领导的肯定和表扬。

2019年，被省委、省政府授予第五届广东省“人民满意的公务员”称号。

【全国财政系统先进个人姚露】 1972年1月24日生，江西上饶人，1996年8月参加工作，2002年7月加入中国共产党。财政部财政科学研究所财政学专业，硕士研究生，广东省财政厅预算处处长。

先后15次年度考核被评为“优秀”等次，两次立“三等功”。其所在集体先后获“全国财政系统先进集体”、省“文明单位”、省“先进基层党组织”等称号。

注重调查研究，经常深入市县、乡镇财政部门就推进预算体制改革、国库管理改革等工作进行调研，多方听取基层人员意见建议。注重强化服务意识，经常主动上门听取省直部门等服务单位意见建议，加强与服务对象的联系沟通，集思广益完善制度办法。在待人接物上按照“一张笑脸相迎、一张椅子让坐、一杯清茶暖心、一腔热忱办事，一句好言相送”的“五个一”服务程式，从细节做起，提升部门的“窗口”形象。

长期工作在预算处、国库处等财政管理综合业务处室。在谋划推动工作时，坚决落实习近平总书记关于推进粤港澳大湾区建设的重大战略部署，提前谋划、主动参与财政部起草大湾区财政支持政策，并研究广东省贯彻落实方案，得到财政部充分肯定。落实习近平总书记关于打好决胜全面建成小康社会三大攻坚战的重要讲话精神，建立“一地一策、分类指导”的债务分级管理监督指导机制，确保全省“零预警”；研究支持打好污染防治攻坚战财政资金保障方案，安排683亿元集中用于落实打好污染防治攻坚战三年行动计划目标任务和中央环保督察“回头看”整改工作；研究制定打赢脱贫攻坚战资金保障方案，安排244亿元完成省内脱贫攻坚任务，并从2017年起用十年左右时间筹集1600亿元改善农村人居环境，持续推进乡村振兴战略。姚露牢固树立“大财政、大预算”理念，强化“观大势、谋全局、干大事”导向，提高围绕中心、服务大局的能力，发挥指挥棒和龙头作用，集中财力保障省委、省政府重点工作。保基本，组织开展“三保”核查调研，全面摸清欠发达地区“保工资、保运转、保基本民生”底数情况。保民生，研究制定省十件民生实事，2018年省级投入十件民生实事资金475.91亿元，完成预算的107.3%。保重点，围绕省委“1+1+9”工作部署，落实积极财政政策加力提效的要求，克服减税降费减收影响，2019年预算安排围绕推进加快形成“一核一带一区”区域发展格局等重点领域增加支出规模，保障推动高质量发展、乡村振兴战略等省委、省政府重大决策部署。姚露坚持问题导向，从难点入手、向短板发力，落实习近平总书记关于完善省级财政转移支付体制，以及“绝不能忘了老区苏区人民”的重要指示批示精神，研究制定均衡性转移支付办法，突破性地由激励型向保障型转变，支持县区兜住“三保”底线和收支平衡底线；研究制定生态保护补偿转移支付办法，将财政补偿与生态保护成效挂钩，实现“谁保护、谁得益，谁改善多、谁得益多”；研究制定支持老区苏区和民族地区若干财政政策，2019—2020年新增集中财力291亿元，通过高质量的十三项财政支持政策，提高保障基本能力，减轻民生支出负担，扶持特色优势产业，破除基础设施瓶颈，增强其内生发展动力。注重抓建章立制、抓标准规范，抓流程优化，夯实财政管理基础。抓标准制定。研究制定《省级项目支出定额标准管理办法（试行）》等文件，率先开展4个通用定额标准建设，首次向省级部门公开基本支出预算标准，明确预算编制预期，加强预算编制、审核规范性。抓流程优化。坚持以用户为中心、以预算“放管服”为主体，组织2020年预算编制和项目库系统优化升级，建立动态人员基础信息库，实现数据“一次填报、多部门共享”，部门编制预算无需重复报送人员信息，发挥系统基础性支撑作用。抓分析研判，健全预算执行分析制度，强化分析基础，提高执行分析质量和水平，获得2016年度、2017年度财政部地方预算执行分析工作评比一等奖。

围绕率先建立现代财政制度的目标，将改革思维、前瞻思维贯穿于各项工作，推进完善政府预算管理体系，深化预算编制执行监督管理改革、项目库管理改革、国库集中支付改革，为推进广东财政管理改革作出贡献。深化预算管理改革。谋划省级预算编制执行监督管理这一“牵一发而动全身”的战略战役性改革，通过部门权责配置和财政管理重心的“两转变”、财政资金项目审批事项和预算执行流程的“两精简”，实现各方预算管理积极性和财政资金使用效益的“两提高”，引领财政事业发展新格局。通过这项改革，“大财政大预算”“全省一盘棋”“先谋划事再安排钱”“花钱必问效”等管财用财新理念逐步普及；专项资金、项目库、项目支出标准体系等30余项改革配套制度得到完善；“大专项+任务清单”管理模式等简政放权措施有效落实，预算编制、执行、监督管理的规范性、约束力进一步加强。深化国库管理制度改革。推进广东省国库管理改革，多项改革取得突破，逐步建立现代国库管理制度。全面推开乡镇国库集中支付改革，指导各市县因地制宜探索出适合地区实际的改革模式；深化权责发生制政府综合财务报告改革，地市实现100%全覆盖，并在此基础上推进建立更为规范完整部门财务综合报告编制模式；推进地方政府债券自发自还改革、地方国库现金管理改革成为全国首批试点首个完成地区。创新预算编制机制。落实深化省级预算编制执行监督管理改革要求，健全完善分管省领导研究预算、强化部门预算编制主体责任、财政部门集中会审等预算编审制度，建立预算编制工作规程、预算支出审核规则等规范预算编制制度体系，优化预算编制流程和系统，梳理预算编制基础数据，构建各方协同、精准高效的预算编制工作机制。

2019年，被财政部评为全国财政系统先进个人。

【全国财政系统先进个人李征荣】　女，湖南郴州人，1979年10月出生，2002年7月参加工作，2008年9月加入中国共产党。江西财经大学财政学专业，硕士学位。先后从事会计管理、会计准则制度宣传、部门预算编制、财政项目库管理、财政专项资金管理等工作。李征荣工作勤奋，爱岗敬业，乐于奉献，于2005年、2012年、2014年公务员年度考核中被评为优秀等次并获得市财政局嘉奖，2016年6月被广州市直机关工委评为“广州市优秀共产党员”，2018年3月被广州市总工会评为“广州市最美女职工”。

在广州市财政局工作17年间，甘当新时代的“螺丝钉”，自觉服从组织安排，根据工作需要多次轮岗，到岗后能加强业务学习，成为新岗位的业务能手。到部门预算编审处后，深入钻研财政部门预算理论与实践，为适应新时期财政改革要求，2011年负责牵头搭建市财政局财政项目库系统，边思考、边摸索、边实践，在较短时间内探索性提出财政项目库“先审核入库后编制预算”的原则和项目分类标准，每年负责审核入库的单项和批量项目约1万个。不但夯实项目储备、改进预算管理，还控制重复申报、虚假申报项目等问题，实现对所有市级财政资金安排项目支出进行严控管理。

在会计处工作期间，接听会计咨询电话的工作纷繁复杂，新问题层出不穷，是大家公认难啃的“硬骨头”。李征荣除负责会计人员继续教育、会计考试等工作以外，还主动承担接听会计咨询电话工作。为解答好问题，首先苦练内功，加强会计管理法规政策和业务知识的学习，向移动投诉中心的朋友虚心请教应对方式方法，耐心接听、用心及时答疑，为群众提供细致周到的咨询答疑服务。偶尔遇到情绪激动的来电人员，也能不急不躁地安抚好群众的情绪、做好沟通协调，请示领导落实解决办法并做好释疑工作，受到咨询人员的称赞。

负责部门预算项目支出管理期间，率先提出建立多形式项目预算评审制度设想。组织社会专家评审项目预算，邀请人大代表等参与预算评审，将预算评审实质性嵌入部门预算管理流程等，并通过绩效目标评审合理筛选项目，每年项目预算评审的资金核减率30%以上，有效遏制预算“虚高”现象，预算编制精准度逐年提高。

在规范市级财政专项资金管理方面，具体负责分年度分批次清理整合市级财政专项资金，市级专项资金从原有的214项归并整理为19项，促进专项资金管理办法和管理统一平台建设，接受公众监督，解决以往部分专项资金设立依据不够充分、多头管理、补助标准不统一、支出进度慢等痛点，防范资金风险，提高资金使用效益。

在审核单位的部门预算时，按照有关支出标准和财政政策，用好管好财政资金。在负责市本级部门预算汇总编制工作时，能紧密结合中央、省市部署要求和市本级实际，与市人大预算工委沟通，完善预算审查表格，制定预算草案模板，指导部门规范编制预算草案。得到市人大预算工委给予肯定，并将其经验做法向各区推广。在组织重点审议部门参加预算审查工作时，能细心指导部门单位采纳人大代表意见并修改完善部门预算草案，得到相关部门的高度赞扬。

2013年，协助组织召开2018年度项目预算审核会议，和同事们共同高标准撰写出《2018年广州市本级部门预算和部门转移支付预算编制意见》，完成广州市本级各部门年度预算编制工作。为完善预算编制，带病坚持参与2018年1月召开的市十五届人大三次会议审查预算工作全过程，听取预审、二审意见，完善年度预算报告，完成部门预算批复、做好预算公开相关事项。

2019年，被财政部评为全国财政系统先进个人。

【全国财政系统先进个人张志翔】 1982年8月生，广东汕头人，2005年8月参加工作，2005年1月加入中国共产党。广东商学院财政学专业本科毕业，汕头市国库支付管理中心副主任。扎根脱贫攻坚战一线前沿，2013年6月至2016年2月，在汕头市潮南区雷岭镇鹅地村担任驻村扶贫干部，实现省定贫困村“旧貌换新颜”，获得“广东省扶贫开发‘双到’工作优秀个人荣誉称号”。张志翔在汕头市财政局个人年度考核中多次被评为“优秀”，获得“三等功”嘉奖。他重返基层扎根基层，从2018年7月至2019年，挂职汕头市澄海区溪南镇副镇长兼弓兜村第一书记，立志以行动践行初心使命，推动实现乡村振兴，在干部群众中有良好的口碑。

2013年，主动申请到潮南区雷岭镇鹅地村驻扎扶贫。扶贫期间，深入走访困难家庭，与干部群众促膝谈心，力求摸清症结。通过详实的调查走访，了解到鹅地村要脱贫，最大的问题在于扶贫工作缺乏整体规划，导致重复低效投入，长年累月下来，挫伤干部群众特别是贫困户奋发致富的积极性。

邀请规划专家深入村居实地勘察，制订《汕头市潮南区雷岭镇鹅地村村庄控制发展规划》，为扶贫工作搭建整体框架和实施路线。与村民交谈时，帮助村民们慢慢消解长期以来的抵触、畏难情绪，鼓励建立勤劳致富信心，同时与村班子共同确定“党建带动立志，培训增强技能，项目推动参与”的工作路线，将党建工作作为精神脱贫的主要抓手，职业技能培训作为经济脱贫的主要保障，组织500余名贫困人员参加各类技能培训，其中400余人通过应用农业技术提高种养收入，50余人通过第二、三产业培训后转移就业。同时，还对鹅地小学进行修缮改造，联系高水平老师下乡支教。

利用鹅地村有丰富的荔枝资源，提出“以荔枝等特色农特产品作为拳头产业，走发展有特色的新农村旅游业与服务业的致富道路”，协助村里注册成立荔枝专业合作社，盘活全村166.67公顷荔枝林，每年组织四、五次果树种植技能培训，提高村民生产技能，实行产业集约化经营。同时，争取多部门政策和资金支持，改造建设荔枝生态公园，与旅游部门共同为鹅地村打造“荔枝节”旅游品牌，使鹅地荔枝广为人知，为鹅地村经济发展打通“经络”。

扎根鹅地村，带领全村干部群众做好57个扶贫项目，全村基础设施得到修缮，生活环境明显改善，群众收入大幅提升。发挥财政干部的专业优势，对贫困户逐一建档造册，精准制定帮扶方案，挨家挨户仔细核查每一笔账目，确保真扶贫、扶真贫；严把工程招标采购程序和支付程序，让每一笔资金充分发挥作用。全村集体年收入从2012年的9800元增长到10万余元，人均年收入从2750元增长到近1万元。随着村委组织力量的增强，荔枝产业初步成型，全村各家基本脱掉贫困户的帽子。

到综合科负责收费项目清理期间，按照规定逐个单位、逐个事项梳理收费政策依据和标准，对非税项目管理信息进行更新登记，编制和公开政府性基金项目目录清单，确保国家和省各项政策落到实处，为企业和群众减轻负担。在其带动下，市、区（县）财政业务线条的同志齐心协力，各尽所能，对各项行政事业性收费做深入梳理，确保政策落实到位。2016—2019年，汕头市贯彻落实中央、省出台的各类取消、减征、免征和缓征一批行政事业性收费政策，从2016年10月起，全市全面实现省定涉企行政事业性收费“零收费”，中央、省各项免征政策扩围工作有效开展。2016—2018年，汕头市减轻企业和社会负超过5亿元，形成良好政策效应，在降低企业成本的同时，增强社会发展活力。

2019年，被任命为派驻澄海区溪南镇副镇长兼弓兜村第一书记。初到镇里，首先开展实地调研，协助镇党委分析研判，明确工作目标，落实责任到人；加强农村干部队伍建设，选优配强村党组织书记后备干部。作为弓兜村第一书记，他通过召开村“两委”会、党员大会、村民代表会议，入户走访等形式，广泛征求党员、干部、群众的意见，了解村面临最大的困难和最迫切的需求，制定驻村工作任务方案和台账清单，由易到难，分步开展实施，为群众解决实际困难。

发挥财政干部的专业能力，多管齐下帮助镇发展经济，破解基层发展难题：协调交通等有关部门争取到200万元资金投入农村道路等5个项目建设，改善溪南镇交通面貌；帮助具备资质的企业规范管理，申报“四上”企业和高新技术企业，争取政策支持；完成存在历史遗留问题的弓兜村土地发包工作，化解基层矛盾，为村发展扫清障碍。

在分管镇群团组织时，组织超过1000人次的青年参与志愿者服务；坚持以党建带团建，加强党的理论知识的传播和学习，青年思想觉悟得到提高。2018年的征兵工作中，共输送新兵25名（含女兵1名），超额完成7名征兵任务，成为澄海区中两个没有出现退兵情况的高质乡镇之一。通过发动基层组织，在扫黑除恶专项斗争中把线索摸排的工作做到田间地头，梳理出26条涉黑线索报送有关部门，为社会和谐尽一份力。

2019年，被财政部评为全国财政系统先进个人。

2019年度广东省财政系统获省部级以上表彰的先进集体、先进个人名单

受表彰集体或个人	荣誉称号	表彰单位
广东省财政厅预算处	全国助残先进集体	国务院残疾人工作委员会
深圳市财政局预算处	全国财政系统先进集体	财政部
东莞市财政局樟木头分局	全国财政系统先进集体	财政部
佛山市禅城区财政局	全国财政系统先进集体	财政部
姚露（广东省财政厅）	全国财政系统先进个人	财政部
李征荣（广州市财政局）	全国财政系统先进个人	财政部
张志翔（汕头市国库支付管理中心）	全国财政系统先进个人	财政部
沈明（广东省财政厅）	广东省人民满意的公务员	中共广东省委、广东省政府
蔡翁彬（汕头市财政局）	广东省依法治省先进个人	中共广东省委
杨文乐（韶关市财政局）	广东省人民满意的公务员	中共广东省委、广东省政府

统计资料

Fiscal Statistics

2019 年度广东省一般

预算科目	收入合计	省级	地级	其中：地级直属乡镇	县级	乡镇级
一、税收收入	100639466	28375632	38056320	86021	30285032	3922482
增值税	39770749	14208239	13403141	29310	10872771	1286598
企业所得税	20012103	6753479	7954477	12533	4801317	502830
个人所得税	6561902	1799840	3070916	2197	1538868	152278
资源税	111202		12446	99	70884	27872
城市维护建设税	5989755	197	1885798	8241	3715665	38809
房产税	3567614		1716588	10674	1550888	300138
印花税	1521013		371299	3641	1045964	103750
城镇土地使用税	1207012		424324	6311	608527	17416
土地增值税	14028925	5606271	5004736	5962	2990142	42777
车船税	770355		426391	325	302082	4188
耕地占用税	583426		136335		374649	7244
契税	6408923		3612416	6571	2361196	43531
烟叶税	12871				12003	86
环境保护税	65737		25711	157	31705	832
其他税收收入	27879	7606	11742		8371	16
二、非税收入	25905822	4535331	13228961	6481	7486622	65490
专项收入	8925106	1202448	5655990	3293	1909024	15764
行政事业性收费收入	2920570	952004	1126153	149	779385	6302
罚没收入	2311108	207322	1219719	110	846074	3799
国有资本经营收入	900294	915	696803		183530	1904
国有资源（资产）有偿使用收入	7315978	1953333	2932445	2929	2203225	22697
其他收入	3532766	219309	1597851		1565384	15022
本年收入合计	126545288	32910963	51285281	92502	37771654	45773

公共预算收支分级情况

单位：万元

预算科目	支出合计	省级	地级	其中：地级直属乡镇	县级	乡镇级
、一般公共服务支出	18553160	1011414	6823498	542152	8837556	1880692
、外交支出	675	675				
、国防支出	112197	3990	53461	117	52754	1992
、公共安全支出	14268896	2958305	5444693	1000819	5514427	351471
、教育支出	32105114	2822686	8629775	1449830	17822963	2829690
、科学技术支出	11687929	632938	6295514	69990	4550970	208507
、文化旅游体育与传媒支出	3503340	342554	1474089	211820	1503306	183391
、社会保障和就业支出	17034790	1618616	4673477	460267	9418252	1324445
、卫生健康支出	15796015	774673	4564675	454101	9459914	996753
、节能环保支出	7474388	401636	3476502	202156	3210420	385830
一、城乡社区支出	24138429	319495	10194783	588420	12624469	999682
二、农林水支出	9576808	1118273	2174895	234059	5198537	1085103
三、交通运输支出	5252270	877058	2921876	204649	1415462	37874
四、资源勘探信息等支出	1829528	196413	928975	18368	682558	21582
五、商业服务业等支出	646982	23590	434979	905	178408	10005
六、金融支出	552797	3304	391512	1413	157885	96
七、援助其他地区支出	1095934	511757	545916	5839	38002	259
八、自然资源海洋气象等支出	1175431	115358	448982	37336	566926	44165
九、住房保障支出	4245024		1894896	42907	2175794	174334
十、粮油物资储备支出	568246	68133	273853	22120	225233	1027
十一、灾害防治及应急管理支出	1057306	36092	352620	53049	641056	27538
十二、其他支出	395483	-72874	199151	7288	222973	46233
十三、债务付息支出	1899819	377968	957939	86000	547021	16891
十四、债务发行费用支出	7971	2383	3570	195	2015	3
本年支出合计	172978532	14144437	63159631	5693800	85046901	10627563

（广东省财政厅国库处提供）

2019年度广东省一般公共预算收支情况

单位：万元

预算科目	本年收入	预算科目	本年支出
一、税收收入	100639466	一、一般公共服务支出	18553160
增值税	39770749	二、外交支出	675
企业所得税	20012103	三、国防支出	112197
个人所得税	6561902	四、公共安全支出	14268896
资源税	111202	五、教育支出	32105114
城市维护建设税	5989755	六、科学技术支出	11687929
房产税	3567614	七、文化旅游体育与传媒支出	3503340
印花税	1521013	八、社会保障和就业支出	17034790
城镇土地使用税	1207012	九、卫生健康支出	15796015
土地增值税	14028925	十、节能环保支出	7474388
车船税	770355	十一、城乡社区支出	24138429
耕地占用税	583426	十二、农林水支出	9576808
契税	6408923	十三、交通运输支出	5252270
烟叶税	12871	十四、资源勘探信息等支出	1829528
环境保护税	65737	十五、商业服务业等支出	646982
其他税收收入	27879	十六、金融支出	552797
二、非税收入	25905822	十七、援助其他地区支出	1095934
专项收入	8925106	十八、自然资源海洋气象等支出	1175431
行政事业性收费收入	2920570	十九、住房保障支出	4245024
罚没收入	2311108	二十、粮油物资储备支出	568246
国有资本经营收入	900294	二十一、灾害防治及应急管理支出	1057306
国有资源（资产）有偿使用收入	7315978	二十二、预备费	
其他收入	3532766	二十三、其他支出	395483
		二十四、债务付息支出	1899819
		二十五、债务发行费用支出	7971
本年收入合计	126545288	本年支出合计	172978532

（广东省财政厅国库处提供）

2019年度广东省各地市一般公共预算收支情况

单位：万元

科目	一般公共预算收入		一般公共预算支出	
地　市	总　量	增　幅%	总　量	增　幅%
广州市	16990383	4.0	28653263	14.3
深圳市	37733831	6.6	45527336	6.3
珠海市	3444865	3.9	6157366	7.5
汕头市	1382535	5.1	3865350	18.2
佛山市	7316156	4.0	9413223	16.7
韶关市	1010547	6.7	3775937	11.5
河源市	774780	0.7	3702171	11.8
梅州市	915872	–5.7	4438412	–0.3
惠州市	4008593	2.0	6148574	13.0
汕尾市	424509	1.5	2789245	10.7
东莞市	6732663	3.6	8630134	12.8
中山市	2834187	–10.1	4117369	–6.0
江门市	2568298	5.2	4212384	11.5
阳江市	642994	2.7	2423425	7.1
湛江市	1312654	7.7	5031027	4.5
茂名市	1398925	2.8	4581230	7.8
肇庆市	1142081	7.7	3516452	11.4
清远市	1185366	5.9	3952770	15.6
潮州市	480118	1.4	1971576	6.6
揭阳市	730161	–8.0	3496928	11.5
云浮市	604807	4.9	2429923	12.7

（广东省财政厅国库处提供）

2019 年度广东省各市县

地　　区	收入合计							
		小计	增值税	企业所得税	个人所得税	资源税	城市维护建设税	房产税
广东省	126545288	100639466	39770749	20012103	6561902	111202	5989755	356761
广东省本级	32910963	28375632	14208239	6753479	1799840		197	
广东省地市合计	93634325	72263834	25562510	13258624	4762062	111202	5989558	356761
广州市	16990383	13254059	4299666	2126665	742215	3395	1382988	114532
广州市本级	8109716	6311653	1517852	808396	708117	1	369515	47394
广州市区县合计	8880667	6942406	2781814	1318269	34098	3394	1013473	67137
越秀区	578312	401479	163633	46022			69363	4583
海珠区	546746	373221	133167	60157			64819	6191
荔湾区	506007	380217	149558	66770			87572	3847
天河区	771240	629379	227719	89091		3	123292	8527
白云区	623417	442346	173025	58606		44	77162	6934
黄埔区	1811949	1545458	744175	376088		30	187612	11053
花都区	832514	636429	289994	158402		1676	66477	6258
番禺区	1026943	747539	361550	138650			95532	8444
南沙区	839991	715612	284414	193694			119709	3918
从化区	285907	221675	63670	29011	9870	1193	19271	2274
增城区	1057641	849051	190909	101778	24228	448	102664	5104
深圳市	37733831	30678631	11637876	7478100	2962675	38	1805048	6331
深圳市本级	23667012	17293290	6696581	5187304	1767496	38	926	3513
深圳市区县合计	14066819	13385341	4941295	2290796	1195179		1804122	2818
福田区	1926971	1806428	585040	432436	166245		376239	312
罗湖区	928522	859999	319510	147879	79420		151659	201
盐田区	322846	299191	82740	84940	19572		20331	114
南山区	3087420	3005996	828183	606598	263121		443884	375
宝安区	2671386	2591969	1148540	435366	136631		278162	675
龙岗区	2656554	2526699	1040437	282507	424074		242060	619
龙华区	1421554	1305816	507515	187906	48987		177920	266
坪山区	465208	449147	172736	47965	28308		46914	139
光明区	586358	540096	256594	65199	28821		66953	113
珠海市	3444865	2840068	875539	506690	173301	611	260429	1709
珠海市本级	2407551	1962382	607962	372610	143612	426	177643	1142
珠海市区县合计	1037314	877686	267577	134080	29689	185	82786	567
香洲区	411037	344159	111163	63196	12801	168	32670	232
金湾区	301927	255964	84857	36406	7432		22456	146
斗门区	324350	277563	71557	34478	9456	17	27660	188
汕头市	1382535	992590	304113	116345	29298	2528	98476	800

一般公共预算收入情况

单位：万元

税收收入					非税收入							
镇土地使用税	土地增值税	耕地占用税	契税	其他各项税收收入	小计	专项收入	行政事业性收费收入	罚没收入	国有资本经营收入	国有资源(资产)有偿使用收入	其他收入
207012	14028925	583426	6408923	2397855	25905822	8925106	2920570	2311108	900294	7315978	3532766
	5606271			7606	4535331	1202448	952004	207322	915	1953333	219309
207012	8422654	583426	6408923	2390249	21370491	7722658	1968566	2103786	899379	5362645	3313457
143936	1274411	55749	1500769	578941	3736324	1399324	301669	405374	2500	723165	904292
29	1150772		1256271	26751	1798063	623178	213677	220622		332025	408561
143907	123639	55749	244498	552190	1938261	776146	87992	184752	2500	391140	495731
5001				71624	176833	33770	1364	6824		59260	75615
10906		1176		41079	173525	35596	2829	17713		18566	98821
7694		310		29835	125790	22612	1945	4817		48747	47669
9310		162		94532	141861	55697	4564	5463		16279	59858
19953		9953		34254	181071	41116	7527	23389		22105	86934
23710		12962		90348	266491	164808	12238	16903		44904	27638
15177		6094		36028	196085	111866	7195	19149		12436	45439
12192		5087		50086	279404	112442	22306	45180	2500	53171	43805
14462		7281		56872	124379	65948	5036	11073		38280	4042
8361	18102	1724	39975	7755	64232	34669	5468	6083		13636	4376
17141	105537	11000	204523	39777	208590	97622	17520	28158		63756	1534
75257	3896380	3474	1615290	571331	7055200	3417080	374018	402672	521941	1525487	814002
1105	2249324	3474	874860	160838	6373722	3416361	295359	338532	513103	1200519	609848
74152	1647056		740430	410493	681478	719	78659	64140	8838	324968	204154
13645	76567		41435	83536	120543		5852	3908		91079	19704
4043	58940		46014	32397	68523		2952	5015		45283	15273
1583	46412		25259	6905	23655		2834	908	2953	12702	4258
15109	544610		139649	127277	81424		4204	5867		39476	31877
13216	295166		160168	57167	79417	76	19515	15958	22	25180	18666
12378	271837		148127	43362	129855	282	14749	14262	1863	7923	90776
7199	209195		107286	33173	115738	34	21843	9125	4000	68529	12207
3748	87411		37642	10453	16061	12	3619	3701		2817	5912
3231	56918		34850	16223	46262	315	3091	5396		31979	5481
55809	354517	22005	326418	93798	604797	298245	48582	52464		185744	19762
35642	223410	10829	201634	74397	445169	202429	39877	43510		142797	16556
20167	131107	11176	124784	19401	159628	95816	8705	8954		42947	3206
4188	51731	262	37658	7091	66878	41842	1874	7551		14848	763
8014	22076	4764	49922	5370	45963	32391	3376	537		8934	725
7965	57300	6150	37204	6940	46787	21583	3455	866		19165	1718
7512	108507	25962	111848	57939	389945	75459	60354	68295	46866	64295	74676

地　　区	收入合计							
		小计	增值税	企业所得税	个人所得税	资源税	城市维护建设税	房产税
汕头市本级	596560	410914	108752	51872	13522	12	33873	2786
汕头市区县合计	785975	581676	195361	64473	15776	2516	64603	5219
金平区	87416	60237	24052	7355	4030	471	7127	766
龙湖区	151338	116323	37608	21626	3970	472	12193	789
澄海区	163479	129715	39280	10280	2507	193	13965	1036
濠江区	67414	48017	15319	7423	1479	453	4548	351
潮阳区	180872	131034	49558	12495	2005	589	17793	883
潮南区	108830	76317	26757	4112	1522	261	8248	1344
南澳县	26626	20033	2787	1182	263	77	779	47
佛山市	7316156	5212187	1661715	761959	188968	503	508518	36665
佛山市本级	205405	10105	–244	9803	4		5	32
佛山市区县合计	7110751	5202082	1661959	752156	188964	503	508513	36630
禅城区	1093108	777084	226470	129303	38670		74004	5703
南海区	2454271	1829758	554651	258540	49632		165641	11573
顺德区	2468380	1782854	614510	248445	78174		188304	13516
高明区	425335	280756	97582	40845	8977	237	31280	1639
三水区	669657	531630	168746	75023	13511	266	49284	4198
韶关市	1010547	586495	216124	50631	16511	12490	75849	3548
韶关市本级	394124	197003	67072	12759	2588	1011	39492	94
韶关市区县合计	616423	389492	149052	37872	13923	11479	36357	2605
浈江区	43297	27504	13414	3155	1663	9	3786	40
武江区	68514	51014	23742	11846	2934	647	6682	28
曲江区	91112	56893	21274	4074	941	476	5841	34
乐昌市	71338	41920	14773	4230	1141	1317	3876	19
南雄市	56319	36914	10075	2375	814	545	2878	24
仁化县	65559	41448	13022	2553	1005	5851	2703	43
始兴县	47940	27313	9144	2332	449	138	1861	10
翁源县	60827	35969	12558	4121	808	1693	2617	18
新丰县	42385	28045	9868	2904	689	645	2018	12
乳源瑶族自治县	69132	42472	21182	282	3479	158	4095	28
河源市	774780	505822	149003	42260	11737	4026	40315	260
河源市本级	263725	173159	52347	17263	4469	73	17332	117
河源市区县合计	511055	332663	96656	24997	7268	3953	22983	142
源城区	114438	64851	20110	6506	1901	25	7023	48
东源县	102210	76534	25255	4586	1836	1027	5344	38
和平县	67578	44202	9144	2427	711	237	1865	11
龙川县	78429	52672	17718	3949	1349	282	3820	18
紫金县	78965	51390	13957	2108	910	678	2853	14

续表

税收收入					非税收入						
镇土地使用税	土地增值税	耕地占用税	契税	其他各项税收收入	小计	专项收入	行政事业性收费收入	罚没收入	国有资本经营收入	国有资源(资产)有偿使用收入	其他收入
30615	45289	1260	81108	16743	185646	30538	21419	38496	17627	28025	49541
26897	63218	24702	30740	41196	204299	44921	38935	29799	29239	36270	25135
	4956	2		4579	27179	4352	41	1389		15089	6308
	21381			11182	35015	7260	667	678	25136	946	328
7911	12598	7717	16933	7966	33764	8018	10439	8770	3200	3054	283
	8673	1886		4717	19397	2846	6104	1535	903	2780	5229
6368	7323	10914	7544	7609	49838	16149	7497	8996		9682	7514
6286	3001	4177	3610	4896	32513	5354	13512	7465		837	5345
6332	5286	6	2653	247	6593	942	675	966		3882	128
123459	599880	19589	769306	211655	2103969	556634	178741	191529	49344	482294	645427
174	2		19	15	195300	32273	23608	35338	48740	36025	19316
123285	599878	19589	769287	211640	1908669	524361	155133	156191	604	446269	626111
12792	75767	3508	112692	46840	316024	99745	7588	20528		164492	23671
37706	260896	4332	311988	70640	624513	184323	43424	59710	604	156442	180010
37591	181027	6137	223698	69804	685526	167666	82256	52182		21479	361943
14178	19171	2154	41237	8704	144579	27626	12849	11439		53565	39100
21018	63017	3458	79672	15652	138027	45001	9016	12332		50291	21387
22418	32062	32579	56072	36277	424052	62628	22484	28176	774	279173	30817
9049	14652	560	28341	12049	197121	36832	11369	6640	242	121297	20741
13369	17410	32019	27731	24228	226931	25796	11115	21536	532	157876	10076
326				1134	15793	440	1150	1750		12344	109
920	9			1411	17500	790	477	3638		12055	540
2356	2264	9546	4065	2584	34219	4041	1096	2846	88	25179	969
966	2837	2882	5356	2625	29418	2869	1612	1921		21037	1979
2942	2514	1141	4492	6726	19405	2250	1650	2289		12491	725
1604	2713	3640	2635	1370	24111	3772	1340	1664		14961	2374
844	1321	4645	2877	2610	20627	1804	1338	1528	125	13712	2120
1188	2172	3590	3384	1963	24858	3005	1046	2864	44	17800	99
688	2033	3328	3160	1494	14340	1887	530	828	275	10312	508
1535	1547	3247	1762	2311	26660	4938	876	2208		17985	653
35532	44234	67301	65134	20275	268958	33862	69400	27685	9756	71034	57221
12296	15022	2596	31883	8167	90566	12805	38469	10477	8100	9594	11121
23236	29212	64705	33251	12108	178392	21057	30931	17208	1656	61440	46100
3385	5927	2660	8928	3553	49587	5213	2763	586		22340	18685
6979	10129	5734	9436	2389	25676	5507	4071	3231	116	4899	7852
1425	4719	16280	5180	1109	23376	2086	3477	3841		13871	101
2865	3085	11032	4727	2024	25757	3663	8742	2546	500	8256	2050
2903	4339	17269	3030	1850	27575	2603	2004	5760	840	11003	5365

地　区	收入合计							
		小计	增值税	企业所得税	个人所得税	资源税	城市维护建设税	房产税
连平县	69435	43014	10472	5421	561	1704	2078	1223
梅州市	915872	605830	178543	65609	21577	12951	77018	29776
梅州市本级	220576	152201	48079	12669	4537	85	40021	7510
梅州市区县合计	695296	453629	130464	52940	17040	12866	36997	22266
梅江区	72733	51146	16094	5266	1527	171	9811	2538
兴宁市	102161	63558	18005	7920	1387	136	4650	259
梅县区	158789	105457	30858	14179	6281	605	7937	5741
平远县	60038	34039	8439	2286	500	5502	1999	3416
蕉岭县	60200	36735	11661	5928	3040	2152	2451	1493
大埔县	70422	45491	8406	3620	893	3273	2457	2298
丰顺县	70560	46456	15169	6825	1264	303	3048	232
五华县	100393	70747	21832	6916	1338	724	4644	187
惠州市	4008593	2927125	860046	392852	84471	6837	268538	16989
惠州市本级	2173361	1501580	433911	245324	40958	283	150802	8124
惠州市区县合计	1835232	1425545	426135	147528	43513	6554	117736	8865
惠城区	374290	301994	90214	33541	11004	100	27384	1629
惠阳区	550046	469795	130187	52797	14822	569	46640	3451
惠东县	317644	222998	54884	19083	7352	871	12002	1111
博罗县	467219	344702	124979	29688	8698	748	26269	2154
龙门县	126033	86056	25871	12419	1637	4266	5441	518
汕尾市	424509	260973	72011	25414	6090	234	20252	1179
汕尾市本级	148589	81699	24206	9431	2049	19	6683	432
汕尾市区县合计	275920	179274	47805	15983	4041	215	13569	747
城区	63685	42409	11115	3751	1134	12	3038	152
陆丰市	80255	46899	12457	3018	1089	30	4593	206
海丰县	96412	70058	21155	7400	1413	138	4706	291
陆河县	35568	19908	3078	1814	405	35	1232	96
东莞市	6732663	5554553	2312510	694683	234965	236	567573	31242
东莞市本级	6732663	5554553	2312510	694683	234965	236	567573	31242
中山市	2834187	2080269	770473	287902	80760	24	197175	17428
中山市本级	2834187	2080269	770473	287902	80760	24	197175	17428
江门市	2568298	1743734	561692	178745	45835	13285	150452	13621
江门市本级	520985	373738	113816	38745	10728	2238	33884	3082
江门市区县合计	2047313	1369996	447876	140000	35107	11047	116568	10539
蓬江区	296124	204849	57897	20151	5836	808	19437	1822
江海区	145182	125067	44497	13003	2936		12322	1097
新会区	567295	347826	120278	35715	9092	7568	29953	2087
台山市	316522	208667	58677	25135	5900	657	14485	156

续表

税收收入					非税收入						
城镇土地使用税	土地增值税	耕地占用税	契税	其他各项税收收入	小计	专项收入	行政事业性收费收入	罚没收入	国有资本经营收入	国有资源(资产)有偿使用收入	其他收入
5679	1013	11730	1950	1183	26421	1985	9874	1244	200	1071	12047
11659	73366	39490	63949	31892	310042	65403	57806	23133	2997	139596	21107
2246	13448	2881	13585	7140	68375	22567	9058	6642		26698	3410
9413	59918	36609	50364	24752	241667	42836	48748	16491	2997	112898	17697
530	6185		5773	3251	21587	12252	2922	592		5315	506
800	10928	2555	12074	2513	38603	3616	10593	2663	985	19089	1657
3792	19522	1885	9703	4954	53332	7195	1594	1405	501	40018	2619
1020	1880	4479	2643	1875	25999	2502	8510	1090		4544	9353
5	2408	785	2236	3768	23465	6430	1048	2544		11978	1465
555	4815	12756	4143	2273	24931	2511	8892	1922	21	10401	1184
832	4459	3912	5586	2738	24104	3514	5122	2099	1490	11275	604
1879	9721	10237	8206	3380	29646	4816	10067	4176		10278	309
137932	425061	46639	433497	101356	1081468	464068	112416	167541	37841	145566	154036
67283	208854	24574	199651	48696	671781	326876	53315	78470	36998	38175	137947
70649	216207	22065	233846	52660	409687	137192	59101	89071	843	107391	16089
10486	40494	2734	54873	14867	72296	30835	2353	3061		28102	7945
32214	65058	195	78652	14145	80251	32044	20020	15502		12104	581
7099	58130	11077	34062	7327	94646	19074	11154	56788	843	3560	3227
18125	43880	7982	49457	13336	122517	43789	16265	8259		49889	4315
2725	8645	77	16802	2985	39977	11450	9309	5461		13736	21
13744	34457	16941	46828	13204	163536	60005	16261	16658	111	19260	51241
3534	8831	2981	15418	4227	66890	24629	5462	4339		5589	26871
10210	25626	13960	31410	8977	96646	35376	10799	12319	111	13671	24370
1725	5852	1987	10082	2191	21276	12027	1423	449		5826	1551
3801	5093	8544	4360	1845	33356	3523	3178	6458	5	4008	16184
3708	13212	211	11502	3695	26354	9879	5120	4612	106	1520	5117
976	1469	3218	5466	1246	15660	9947	1078	800		2317	1518
99746	595294	20775	446162	270187	1178110	493874	177006	116291	49035	301808	40096
99746	595294	20775	446162	270187	1178110	493874	177006	116291	49035	301808	40096
46240	239056	9062	192831	82465	753918	161579	98999	163864		224813	104663
46240	239056	9062	192831	82465	753918	161579	98999	163864		224813	104663
150135	216601	38445	185239	67088	824564	168685	82707	99639	138505	276321	58707
21499	52005	8568	45764	15664	147247	52012	24022	25305	5343	23567	16998
128636	164596	29877	139475	51424	677317	116673	58685	74334	133162	252754	41709
7250	38291	3303	24754	8902	91275	24777	10330	34732	709	13433	7294
4805	8970	6236	16456	4869	20115	10995	2603	1646	504	4375	-8
45103	30640	6707	30346	11546	219469	23244	6923	10960	51121	119927	7294
29416	29040	2793	20412	6478	107855	11652	6697	7641	39387	24671	17807

地　　区	收入合计							
		小计	增值税	企业所得税	个人所得税	资源税	城市维护建设税	房产税
开平市	279547	188799	64096	21524	4159	632	15860	14757
鹤山市	321696	211290	75945	19732	5282	318	17693	18162
恩平市	120947	83498	26486	4740	1902	1064	6818	6726
阳江市	642994	483941	151641	64529	12795	5314	49662	26195
阳江市本级	229959	149488	27889	19114	4435	465	16500	10529
阳江市区县合计	413035	334453	123752	45415	8360	4849	33162	15666
江城区	45583	37363	13203	3294	1150	108	3411	2038
阳春市	139408	116453	39358	17046	3090	3671	9682	3918
阳东区	148939	121184	52316	18382	3149	559	15868	6813
阳西县	79105	59453	18875	6693	971	511	4201	2897
湛江市	1312654	921127	318299	105867	32169	3480	111950	49997
湛江市本级	668898	474117	173019	60670	13193	85	59099	31778
湛江市区县合计	643756	447010	145280	45197	18976	3395	52851	18219
赤坎区	38964	31683	11963	3949	1240		3269	2159
霞山区	73656	60227	19934	7008	2430	3	17535	3559
麻章区	55210	46116	16268	4262	1765	115	5098	216
坡头区	53919	47347	12692	2683	1355	528	3638	79
雷州市	58747	34751	10898	3811	1369	247	4428	157
廉江市	128233	72896	27284	6563	1658	1788	7166	210
吴川市	100838	64080	19355	5889	1193	299	5320	249
遂溪县	80205	52276	15550	4593	1450	257	3778	235
徐闻县	53984	37634	11336	6439	6516	158	2619	101
茂名市	1398925	737581	251906	63130	15525	3662	111553	2356
茂名市本级	667845	304193	124862	18997	5854	363	74894	851
茂名市区县合计	731080	433388	127044	44133	9671	3299	36659	1504
茂南区	99233	72063	21364	6581	2430	128	7366	286
信宜市	110890	73210	18206	6213	1873	390	4842	152
高州市	177734	93561	22237	6180	2499	1416	6171	343
化州市	129536	74111	23476	9528	1352	629	6345	274
电白区	213687	120443	41761	15631	1517	736	11935	447
肇庆市	1142081	853780	266088	80222	22979	9734	73427	5430
肇庆市本级	398378	302681	92167	30196	8174	20	29256	2339
肇庆市区县合计	743703	551099	173921	50026	14805	9714	44171	3091
端州区	110118	78637	22127	7412	2941	11	7413	512
鼎湖区	88822	74080	19722	6030	1481	6	5866	219
四会市	167919	121967	36828	9732	2903	737	10406	738
高要区	161264	127187	47316	11986	3517	2336	10437	957
广宁县	53992	37082	11900	2373	844	188	2443	152

续表

税收收入					非税收入						
城镇土地使用税	土地增值税	耕地占用税	契税	其他各项税收收入	小计	专项收入	行政事业性收费收入	罚没收入	国有资本经营收入	国有资源(资产)有偿使用收入	其他收入
20796	16504	5240	18127	7104	90748	15090	9709	7597	8697	43770	5885
12741	26750	3266	22946	8455	110406	20191	6327	6440	29813	45396	2239
8525	14401	2332	6434	4070	37119	10724	10090	3318	2931	1182	1198
28250	49803	7563	61999	26190	159053	39940	36711	33351	616	31657	16778
11361	20686	3059	23878	11572	80471	13108	15519	20870	560	16739	13675
16889	29117	4504	38121	14618	78582	26832	21192	12481	56	14918	3103
2029	3459	298	6135	2238	8220	2825	3104	1087	4	1200	
5435	13571		14898	5784	22955	9241	4059	4985		4670	
4775	5691	1157	8559	3915	27755	10694	9071	2676	52	2467	2795
4650	6396	3049	8529	2681	19652	4072	4958	3733		6581	308
38968	107579	25986	82105	44727	391527	96151	58083	64553	5336	127021	40383
17325	51282	6261	34457	26948	194781	53426	12695	27198	2615	75206	23641
21643	56297	19725	47648	17779	196746	42725	45388	37355	2721	51815	16742
1117	6896	212		878	7281	3267	284	1902		942	886
2243	4777	1506		1232	13429	11240	303	401	12	1297	176
1852	5105	564	7462	1462	9094	2824	1487	2354		2237	192
1848	17321	3024	2495	969	6572	2254	1970	754		961	633
1204	3472	533	5280	1937	23996	3585	4676	5392	10	7660	2673
1535	5626	5103	9840	4225	55337	6390	23907	8124	169	16267	480
8438	5981	2285	10014	2815	36758	5502	5560	4432	2043	9424	9797
2722	3545	6383	8914	2729	27929	5239	4207	8331		9505	647
684	3574	115	3643	1532	16350	2424	2994	5665	487	3522	1258
24912	88410	30264	87435	37220	661344	96909	89667	57699	765	392973	23331
14944	20025		22695	13041	363652	71047	23940	18849		234414	15402
9968	68385	30264	64740	24179	297692	25862	65727	38850	765	158559	7929
1792	9631	4206	10272	5424	27170	4634	12352	3187		6969	28
548	11005	14473	10706	3429	37680	3593	13094	8755	487	11751	
1627	25994	4785	14690	4525	84173	4530	26917	10761		41965	
914	12716	4578	8106	3724	55425	4533	3603	5995		37929	3365
5087	9039	2222	20966	7077	93244	8572	9761	10152	278	59945	4536
49628	97538	45924	115961	37970	288301	58448	42449	38588	5129	112025	31662
17018	26584	21624	41073	13172	95697	20643	17824	12492	9	35701	9028
32610	70954	24300	74888	24798	192604	37805	24625	26096	5120	76324	22634
2812	8400	3991	13972	4436	31481	5150	5033	1286		18797	1215
4422	13038	4644	13996	2684	14742	3191	3792	751		6185	823
6809	25244	2345	14049	5526	45952	8727	3507	7886	5120	18212	2500
10957	8446	5850	11352	5413	34077	9795	2585	6788		9916	4993
997	5966	2713	6538	1598	16910	3646	2339	2683		4732	3510

地　　区	收入合计							
		小计	增值税	企业所得税	个人所得税	资源税	城市维护建设税	房产税
德庆县	45647	32335	9519	2190	1008	1395	2042	1448
封开县	53066	36530	13172	7137	653	4495	2731	1414
怀集县	62875	43281	13337	3166	1458	546	2833	2250
清远市	1185366	871531	295967	127639	28765	15177	77727	46569
清远市本级	414846	324362	100857	41853	11299	1741	28671	18146
清远市区县合计	770520	547169	195110	85786	17466	13436	49056	28423
清城区	166166	123413	35316	16293	5068	857	10899	5987
英德市	207245	153388	55333	32752	3736	7325	14712	678
连州市	71753	45329	16747	6848	859	1032	4122	1664
佛冈县	99597	66900	27639	9659	1507	578	5476	3282
清新区	150331	113954	40074	16733	4555	2641	10065	8507
连山壮族瑶族自治县	11921	8353	4538	317	185	19	891	55
连南瑶族自治县	15542	9269	5137	185	458	63	1042	42
阳山县	47965	26563	10326	2999	1098	921	1849	122
潮州市	480118	316526	109570	28787	12866	5854	32448	2235
潮州市本级	228421	152891	53867	16853	8244	1489	13979	818
潮州市区县合计	251697	163635	55703	11934	4622	4365	18469	1416
湘桥区	41194	30665	9924	3595	914	313	3174	176
饶平县	83001	49095	19885	4931	951	1665	4916	203
潮安区	127502	83875	25894	3408	2757	2387	10379	1037
揭阳市	730161	458510	164690	25080	11457	1961	50671	3164
揭阳市本级	238160	139372	48092	9514	3067	228	15798	1029
揭阳市区县合计	492001	319138	116598	15566	8390	1733	34873	2134
榕城区	79569	54787	20038	4064	1757	14	7717	394
普宁市	213610	142390	51300	2304	4110	348	15980	837
揭东区	105500	60558	26260	4107	1180	506	7471	528
揭西县	47043	30889	12334	2057	746	734	2407	204
惠来县	46279	30514	6666	3034	597	131	1298	17
云浮市	604807	378502	105038	35515	27103	8862	29489	2097
云浮市本级	164320	106670	29071	8519	2845	3609	12677	628
云浮市区县合计	440487	271832	75967	26996	24258	5253	16812	1468
云城区	45260	30418	9018	2001	1028	470	22	21
罗定市	134069	82080	27345	10997	1823	2900	7580	42
新兴县	184585	112613	22500	8570	20152	247	5360	62
郁南县	47509	27419	9145	1345	942	296	1719	14
云安区	29064	19302	7959	4083	313	1340	2131	5

续表

税收收入					非税收入						
城镇土地使用税	土地增值税	耕地占用税	契税	其他各项税收收入	小计	专项收入	行政事业性收费收入	罚没收入	国有资本经营收入	国有资源(资产)有偿使用收入	其他收入
3152	1952	2595	5660	1374	13312	1756	783	1964		5888	2921
1408	1588	127	1847	1958	16536	2776	1839	2241		8919	761
2050	6320	2035	7474	1809	19594	2764	4747	2497		3675	5911
25628	91557	6586	119560	36356	313835	67036	53875	44854		58406	89664
8951	40657	3434	55940	12813	90484	28557	19587	7487		16574	18279
16677	50900	3152	63620	23543	223351	38479	34288	37367		41832	71385
2620	18288	1059	21651	5375	42753	5228	4162	12635		6425	14303
4528	11289	8	10159	6765	53857	12222	10350	8576		9842	12867
903	5865	264	5387	1638	26424	3343	4503	2415		1439	14724
2050	4235	1235	8490	2749	32697	5583	3418	3340		8346	12010
4845	7971	484	12845	5234	36377	8205	2457	6744		8748	10223
450	566	62	356	413	3568	883	384	179		1796	326
362	388	9	797	402	6273	1046	1426	677		1768	1356
919	2298	31	3935	967	21402	1969	7588	2801		3468	5576
14278	17054	19703	33099	20515	163592	39082	24704	35850	7405	36605	19946
4932	9334	4224	22282	9502	75530	21884	8233	13296	7026	18581	6510
9346	7720	15479	10817	11013	88062	17198	16471	22554	379	18024	13436
1076	2910	717	3323	2957	10529	2576	469	435	37	2155	4857
1096	2372	5929	2689	2630	33906	5066	14320	4970		7604	1946
7174	2438	8833	4805	5426	43627	9556	1682	17149	342	8265	6633
35110	39020	22365	43140	33372	271651	44477	40333	45578	17499	73162	50602
12616	10941	1413	12179	15226	98788	5600	8618	19946	6439	26871	31314
22494	28079	20952	30961	18146	172863	38877	31715	25632	11060	46291	19288
4097	5300	1177	4688	1994	24782	9143	5405	1098	1535	6051	1550
7789	16106	8262	17534	10280	71220	14150	12337	9418	2584	32484	247
4285	3638	1776	4546	1507	44942	8695	3734	4187	5014	6217	17095
2484	1735	1427	2558	2366	16154	2306	4756	8188		542	362
3839	1300	8310	1635	1999	15765	4583	5483	2741	1927	997	34
16859	37867	27024	52281	17491	226305	23769	22301	19992	2959	92240	65044
7719	9268	8760	12385	5530	57650	5772	8097	11055	966	17427	14333
9140	28599	18264	39896	11961	168655	17997	14204	8937	1993	74813	50711
1595	3484	3721	4995	1954	14842	2743	276	1411	1290	3226	5896
1943	8209	16	13011	4011	51989	5774	2099	2215		712	41189
2824	13096	13660	16193	3750	71972	5573	3673	1721		59360	1645
2184	3245	848	5072	1138	20090	1638	7113	2448	180	8498	213
594	565	19	625	1108	9762	2269	1043	1142	523	3017	1768

(广东省财政厅国库处提供)

2019 年度广东省各市县

地　区	支出合计	一般公共服务支出	外交支出	国防支出	公共安全支出	教育支出	科学技术支出	文化旅游体育与传媒支出	社会保障和就业支出	卫生健支出
广东省	172978532	18553160	675	112197	14268896	32105114	11687929	3503340	17034790	157960
广东省本级	14144437	1011414	675	3990	2958305	2822686	632938	342554	1618616	7746
广东省地市合计	158834095	17541746		108207	11310591	29282428	11054991	3160786	15416174	150213
广州市	28653263	2874620		11293	2404690	5239743	2439456	526666	2959326	24617
广州市本级	9507870	721197		735	853668	1387811	915616	305340	1149715	9809
广州市区县合计	19145393	2153423		10558	1551022	3851932	1523840	221326	1809611	14808
越秀区	1243833	97005		[illegible]	160912	309197	25174	13725	322891	1383
海珠区	1165491	149826		1220	148638	304181	33118	15121	162385	1440
荔湾区	1095664	128123		636	133157	324116	13431	17878	157635	1248
天河区	1511256	174684		1102	162537	389277	63906	13580	123906	1347
白云区	1817742	227018		696	146475	398428	94553	12001	153541	1493
黄埔区	3437265	281869		336	163614	338523	716377	27671	168920	88
花都区	1446524	185649		563	136351	373998	119527	25827	88695	1389
番禺区	1828300	200635		2424	196284	418137	66485	24257	184921	1546
南沙区	2492822	320742		1484	95623	323991	225030	30589	78047	173
从化区	868347	150707		517	68483	260418	9383	9869	90349	59
增城区	2236147	237085		127	138948	431366	156526	30808	278321	175
深圳市	45527336	4760304		10997	2956609	7165514	5484249	669909	1769842	3354
深圳市本级	21807341	2460750		7086	1241535	2279564	3564071	275913	567880	1534
深圳市区县合计	23719995	2299554		3911	1715074	4885950	1920178	393996	1201962	1820
福田区	2955754	195705		1371	212912	728925	472048	61557	121187	215
罗湖区	2196954	489839		1157	176374	436066	213170	20086	183289	139
盐田区	680640	90137			73230	113743	9016	12043	55816	53
南山区	3581702	237131			239077	742982	707030	82819	99827	356
宝安区	4642853	503573			347851	944908	109922	51597	334642	307
龙岗区	4218004	221157		1383	326576	1015556	120805	72254	212869	412
龙华区	2607847	390652			177464	485195	201965	65037	108119	177
坪山区	1502139	89532			63735	180066	27887	13915	34064	60
光明区	1334102	81828			97855	238509	58335	14688	52149	97
珠海市	6157366	756504		16254	494634	1042080	488867	104464	776435	391
珠海市本级	4216550	519457		4712	444624	434711	388931	78034	539605	230
珠海市区县合计	1940816	237047		11542	50010	607369	99936	26430	236830	16
香洲区	766355	89081		915	18563	329881	37063	5392	83906	5
金湾区	596701	64268		9805	17738	116569	47588	10683	37894	4
斗门区	577760	83698		822	13709	160919	15285	10355	115030	5
汕头市	3865350	498182		3634	257062	937080	63821	106573	523469	43

一般公共预算支出情况

单位：万元

能环支出	城乡社区支出	农林水支出	交通运输支出	资源勘探信息等支出	商业服务业等支出	金融支出	援助其他地区支出	自然资源海洋气象等支出	住房保障支出	粮油物资储备支出	灾害防治及应急管理支出	其他支出	债务付息支出	债务发行费用支出
74388	24138429	9576808	5252270	1829528	646982	552797	1095934	1175431	4245024	568246	1057306	395483	1899819	7971
01636	319495	1118273	877058	196413	23590	3304	511757	115358		68133	36092	−72874	377968	2383
72752	23818934	8458535	4375212	1633115	623392	549493	584177	1060073	4245024	500113	1021214	468357	1521851	5588
38388	4552926	940700	393201	459833	157418	99846	140384	164704	1313858	110947	139016	80689	343673	122
53824	878621	289137	241557	117341	110611	32383	123217	50747	719850	59224	15407	66615	234301	12
84564	3674305	651563	151644	342492	46807	67463	17167	113957	594008	51723	123609	14074	109372	110
2906	130489	22615	1409	232	746	976		233	23779	3725	7921	598	1057	44
6933	151712	14227	749	523	1110		6093	7301	15600	3	2322			
3447	131427	17928	128	665	1256	10	9974	732	21351	467	7786	277	332	11
7537	329924	34661	940	3482	3630	12		4708	45779	4875	11572	390		
6320	330197	112704	4650	2480	3223	12010		18397	122120	9416	13163	1014	5	
46175	900401	80884	11154	307960	24417	50988		16037	59771	2985	25723	1818	23485	34
71762	179397	47597	5221	436	1129	677	1100	3854	39353	387	3150	446	22422	2
29658	281631	49955	25878	3150	4688			4838	146527	4743	12902	571	15998	1
28602	762234	74783	45167	5263	4124	2756		21912	40300	12332	13521	909	32053	6
3937	51060	89281	23300	9845	705			9556	16449	3590	9606	704	1336	11
77287	425833	106928	33048	8456	1779	34		26389	62979	9200	15943	7347	12684	1
6349	10154044	833313	1285931	578479	199478	310301	310979	184678	1580171	110891	400222	57298	32691	222
8364	4236107	432792	1224699	439838	199028	230784	293144	104848	661658	81759	97090	11022	24796	54
7985	5917937	400521	61232	138641	450	79517	17835	79830	918513	29132	303132	46276	7895	168
3403	707594	34779	114	1411		1507	9994	11	106226		41531			
0335	359042	36914	4105	3880				7627	78753		22329	14476		22
6739	191821	18278	1371	211					41726		11530	1744		
2010	766400	31925	5663	55		77643	4984	2155	113202		41961			
0741	1343536	28059	13375	83802			−789	30679	155946	17760	51701	3274	4967	
0752	1026190	79462	5136	3710	84	6		12302	281579	11372	67937	24335	1905	
0034	741462	118994	5732	3327	366	241	3146	16030	65751		33128	2447	1023	146
4872	205587	30038	23019	41539		120		10415	32994		14018			
9099	576305	22072	2717	706			500	611	42336		18997			
8439	1110776	231961	88945	78600	38999	82306		61550	6165	14848	57992	12636	92879	189
2939	924203	139544	77213	60829	31022	79796		58651	3178	7115	36041	2114	83553	183
5500	186573	92417	11732	17771	7977	2510		2899	2987	7733	21951	10522	9326	6
7928	95543	18395	42	1615	5697	39			501	3889	7904	35	714	
2464	59157	32743	4927	15529	686	214		2026	639	1677	8693	550	4241	6
5108	31873	41279	6763	627	1594	2257		873	1847	2167	5354	9937	4371	
4118	378119	248062	94044	30759	8590	468	500	25952	64092	9384	13574	4953	24280	97

地　区	支出合计	一般公共服务支出	外交支出	国防支出	公共安全支出	教育支出	科学技术支出	文化旅游体育与传媒支出	社会保障和就业支出	卫生健 支出
汕头市本级	1072707	171370		2093	169200	146475	26612	57604	144432	441
汕头市区县合计	2792643	326812		1541	87862	790605	37209	48969	379037	3943
金平区	277652	25649		326	1777	105400	7454	2464	37872	433
龙湖区	317517	84414		215	5380	98054	3304	2969	23018	354
澄海区	432070	40426		189	19654	108102	9472	7289	65761	615
濠江区	232930	21426		283	3012	60352	3342	5357	29717	222
潮阳区	786670	72956			28917	258652	6108	10426	96615	1244
潮南区	600544	57443		147	22082	146696	6993	18565	111514	951
南澳县	145260	21198		381	7040	13349	536	1899	14540	122
佛山市	9413223	1352691		7702	914091	1597130	981555	240085	885203	1014
佛山市本级	1759800	197077		3939	155585	171638	363224	70210	108754	1006
佛山市区县合计	7653423	1155614		3763	758506	1425492	618331	169875	776449	9138
禅城区	1260240	212981		1120	135670	207351	106300	25810	137171	1260
南海区	2530922	288429			262402	514020	209704	72013	273647	3030
顺德区	2567167	425864		1062	263184	499922	189070	52570	217950	3449
高明区	535516	72067		125	44486	88361	39306	5828	58615	527
三水区	759578	156273		1456	52764	115838	73951	13654	89066	869
韶关市	3775937	539011		4339	167009	588344	90375	73776	571601	3895
韶关市本级	879665	197609		2443	44658	81074	44471	30216	112469	437
韶关市区县合计	2896272	341402		1896	122351	507270	45904	43560	459132	3457
浈江区	152961	32628		55	12309	34160	2322	1013	22528	202
武江区	183412	24372			10784	36653	1565	4319	23779	163
曲江区	285081	26256		302	12582	50045	3881	3782	49556	31
乐昌市	430454	39389		269	17512	84814	3537	4063	77855	49
南雄市	383842	44095		315	14278	61650	1719	6518	72147	65
仁化县	283245	47413		219	12026	43410	2731	6375	40270	23
始兴县	246478	31865		254	11480	38665	4170	5872	44237	32
翁源县	341253	31567			10019	69687	1596	5922	51792	43
新丰县	280451	31217		337	10530	36654	2637	2761	50271	30
乳源瑶族自治县	309095	32600		145	10831	51532	21746	2935	26697	32
河源市	3702171	498166		1486	156927	713165	38936	56872	565458	404
河源市本级	756764	123748		1239	66997	115486	5873	12567	62126	30
河源市区县合计	2945407	374418		247	89930	597679	33063	44305	503332	374
源城区	303439	36281		46	5064	76282	5159	5179	41833	32
东源县	503912	110275		43	16735	78143	4463	7024	75989	60
和平县	490340	53923		32	17958	96884	1105	7414	88745	66
龙川县	727616	78939		53	19581	177576	16361	10813	142987	85
紫金县	487536	51328		73	16196	99850	2355	8047	79707	81

续表

能环保支出	城乡社区支出	农林水支出	交通运输支出	资源勘探信息等支出	商业服务业等支出	金融支出	援助其他地区支出	自然资源海洋气象等支出	住房保障支出	粮油物资储备支出	灾害防治及应急管理支出	其他支出	债务付息支出	债务发行费用支出
26052	132298	24778	70617	4884	1856	400	500	10688	17480	3770	2496	512	14383	64
08066	245821	223284	23427	25875	6734	68		15264	46612	5614	11078	4441	9897	33
9320	18263	8261	216	–109	1291	6			15418	6	419	308		
933	46774	9354	105	3955	903	12		30	637	565	1162	182		
9835	46233	39815	3673	4156	2301			1893	8945	57	1000	158	1599	7
974	61266	8509	915	5916	397	10		1924	2275	669	891	1385	2079	3
56495	19622	71725	11798	11567	1243			3022	2237	2794	3880	1453	2692	
28414	27812	58428	3750	390	447	40		1272	14408	1101	2929	704	2242	12
2095	25851	27192	2880		150			7123	2692	422	797	251	1285	11
08541	1274870	232998	170088	8971	27749	4876	79219	47557	161301	8284	68214	–15883	143418	86
11362	251547	75955	98543	2219	93	2069	78960	16366	25974	1978	37532	–18593	4730	5
97179	1023323	157043	71545	6752	27656	2807	259	31191	135327	6306	30682	2710	138688	81
23707	187367	18506	12670	6101	8146	188	259	5714	23891	836	5076	824	14451	7
11865	289379	74305	29214	–12238	7423	2669		9761	35853	3040	6708	1535	48096	36
36390	365671	25161	8028	5369	8796	–70		6534	44527	90	12857	222	58969	28
10482	105057	21156	1864	838	1686			5894	14707	2024	1981	68	8174	8
14735	75849	17915	19769	6682	1605	20		3288	16349	316	4060	61	8998	2
42218	402136	388719	120445	21271	3130	1071		36920	62445	7928	18273	2832	44234	276
22355	99524	30700	67158	15237	972	987		17200	28545	4816	5457	2126	27774	75
19863	302612	358019	53287	6034	2158	84		19720	33900	3112	12816	706	16460	201
6994	5979	10780	1003	395	33			718			826	196	789	27
7215	33848	9562	1406	505	1			5284	4599		1453	5	1655	25
7095	58622	21290	5057	635	713	62		2399	6212	1	2213	72	2335	62
4712	33589	65748	13501	1029	241			1306	10	382	1368		1770	21
6218	37369	57657	2906	1088	64			2911	8481	6	1215	85	39	4
2520	17560	48337	12936	147	23			1771	1360	139	607	150	1657	21
7639	11280	22974	3343	590	493	7		1257	6222	1237	1271		1261	3
4457	14578	49912	1473	454	283			1233	2065	6	1160		1154	14
2003	46921	38476	5210	573	239			2276	4892	555	1888	148	2585	17
1010	42866	33283	6452	618	68	15		565	59	786	815	50	3215	7
7591	580969	336518	71100	22984	5913	393		23598	28949	11219	23537	3458	49258	1044
9153	199922	40554	19240	12927	925	248		4378	9110	2765	3592	–6384	30926	856
8438	381047	295964	51860	10057	4988	145		19220	19839	8454	19945	9842	18332	188
7035	46161	18470	1937	5091	1089	122		605	6489	1422	1356	8849	2356	32
7127	55158	76300	1627	1196	393			2149	1351	671	1748	65	3029	47
2085	29810	77460	26555	643	1950			2640	1773	1434	2242	142	1089	7
2267	73539	51400	8483	1216	339			6103	933	1777	5882	296	3792	55
9422	94704	20189	6417	799	966			3658	2747	1804	1590	181	6115	41

地　区	支出合计	一般公共服务支出	外交支出	国防支出	公共安全支出	教育支出	科学技术支出	文化旅游体育与传媒支出	社会保障和就业支出	卫生健康支出
连平县	432564	43672			14396	68944	3620	5828	74071	481
梅州市	4438412	528094		378	181808	834771	69695	91820	656417	5693
梅州市本级	559362	99391		378	44423	59071	6073	15039	56218	320
梅州市区县合计	3879050	428703			137385	775700	63622	76781	600199	5372
梅江区	228229	26409			2480	61541	5349	3748	37653	284
兴宁市	689216	48097			24538	149269	22404	16114	139075	1080
梅县区	606827	105099			23700	146288	12048	12626	42943	703
平远县	285572	39411			10400	45909	1489	6629	38372	323
焦岭县	206072	39166			13715	48056	194	12648	59016	306
大埔县	459528	56955			15085	60014	7117	7745	73306	640
丰顺县	519867	53621			20824	94653	6958	6129	86255	813
五华县	802939	59945			26643	160970	8063	11142	123579	1220
惠州市	6148574	801025		5962	459064	1194091	251859	140959	652796	6908
惠州市本级	2475640	273431		2643	236647	282067	163881	49372	226044	2247
惠州市区县合计	3672934	527594		3319	222417	912024	87978	91587	426752	4660
惠城区	687111	114347		1006	20624	239329	12572	12142	78686	874
惠阳区	682553	115894		817	63357	161587	22164	18216	81529	591
惠东县	931369	109471		631	60699	201515	20316	24893	131061	1381
博罗县	945530	126508		621	51426	223004	28763	29115	88987	1352
龙门县	426371	61374		244	26311	86589	4163	7221	46489	460
汕尾市	2789245	298285		834	138941	555056	21029	72454	331269	3473
汕尾市本级	604643	90827		801	53490	57809	11150	20206	44227	224
汕尾市区县合计	2184602	207458		33	85451	497247	9879	52248	287042	3248
城区	259361	41783			4148	80601	462	6833	30319	285
陆丰市	881565	49814		14	44507	202943	977	24514	125337	1676
海丰县	694935	89446		19	27643	147273	7626	13520	80305	919
陆河县	348741	26415			9153	66430	814	7381	51081	367
东莞市	8630134	859551		5844	1121147	1853932	253628	248450	574359	635
东莞市本级	8630134	859551		5844	1121147	1853932	253628	248450	574359	635
中山市	4117369	271366		2322	395263	739034	333278	100175	411739	267
中山市本级	4117369	271366		2322	395263	739034	333278	100175	411739	267
江门市	4212384	523163		9449	326726	850385	153988	115761	673448	471
江门市本级	674773	95399		4237	99405	125956	25311	19806	60859	39
江门市区县合计	3537611	427764		5212	227321	724429	128677	95955	612589	431
蓬江区	431303	73962		508	39183	96463	17860	16881	55433	36
江海区	196879	29330		464	18188	38072	16022	6330	26411	16
新会区	905176	58701		582	49168	208103	52912	19675	149031	116
台山市	697277	83845		1875	36297	121604	13968	18193	145106	80

续表

能环支出	城乡社区支出	农林水支出	交通运输支出	资源勘探信息等支出	商业服务业等支出	金融支出	援助其他地区支出	自然资源海洋气象等支出	住房保障支出	粮油物资储备支出	灾害防治及应急管理支出	其他支出	债务付息支出	债务发行费用支出
10502	81675	52145	6841	1112	251	23		4065	6546	1346	7127	309	1951	6
94103	372001	559511	224246	25290	7050	118		29984	80683	21646	26855	12011	52328	260
11647	34435	91972	39208	16556	592			3804	16141	6809	3357	645	21461	77
82456	337566	467539	185038	8734	6458	118		26180	64542	14837	23498	11366	30867	183
3633	18547	24263	5192	377	326	29		300	7260		1591	3	1062	
7555	33930	68315	39953	3132	519			3431	11109	2095	2952	114	8555	35
11234	55067	64382	30955	709	1271			6706	4211	5372	2690	5881	5274	27
17481	28037	45427	10548	421	362			1486	252	952	1367	668	3959	33
15091	5314	39591	14720	227	481			1773	2990	733	1079	1	1429	14
7010	49610	51361	28622	701	1698			2717	7653	2173	8424	4646	1595	37
11022	35698	83634	16909	2012	469			2636	11202	923	1606	30	3947	21
9430	111363	90566	38139	1155	1332	89		7131	19865	2589	3789	23	5046	16
98835	632144	451506	176014	22848	30088	4339	1912	68308	49488	29837	39797	25074	121496	285
90300	455445	114787	61730	10082	13313	2790	1912	25677	19668	11777	22284	314	86480	228
08535	176699	336719	114284	12766	16775	1549		42631	29820	18060	17513	24760	35016	57
8151	33116	36681	7237	3705	2714	600		2467	82	4902	5221	12039	3987	7
29606	21695	35258	19071	3425	3095	350		10210	25998	3138	3305	92	4615	1
9760	40909	95450	49840	1978	2048			17439	1035	4490	6052	3906	11685	17
35549	34911	109137	33796	3478	7547	599		8077	928	4127	2566	7554	13586	32
25469	46068	60193	4340	180	1371			4438	1777	1403	369	1169	1143	
33462	463372	325152	54240	3794	6635		300	15979	24578	9462	8724	7956	19963	411
35962	192222	29721	13661	1441	1556		300	2394	7715	618	3284	493	13937	364
47500	271150	295431	40579	2353	5079			13585	16863	8844	5440	7463	6026	47
944	21133	40861	350	57	252			394	96	656	1321		584	6
2096	102865	120602	4289	497	545			8070	10267	4799		546	1213	12
3854	108999	83511	8912	1691	3475			2945	61	2650	3047	6654	1356	8
20606	38153	50457	27028	108	807			2176	6439	739	1072	263	2873	21
23190	943049	376273	535871	76166	42333	17738	47883	42262	99426	35745	65023	1217	171243	401
3190	943049	376273	535871	76166	42333	17738	47883	42262	99426	35745	65023	1217	171243	401
0873	1117372	195040	–16509	46611	16967	2007		45920	25371	17361	17780	21887	25602	80
0873	1117372	195040	–16509	46611	16967	2007		45920	25371	17361	17780	21887	25602	80
4454	225912	340198	115657	49814	17604	736		46651	80764	12046	25181	4091	84865	143
7841	24188	29379	59525	6398	1266	539		8771	21326	4017	6351	381	24312	38
6613	201724	310819	56132	43416	16338	197		37880	59438	8029	18830	3710	60553	105
3278	32170	15852	3396	6154	6887	27		1309	15835	37	761	3007	5934	28
2117	8201	6275	1791	4759	1368	33		1237	5667	6	1939	449	2112	1
0391	103900	67000	8299	6496	2690			12778	8412	279	2141	37	27546	47
1200	6509	103099	15248	15708	1829			10473	12828	3995	5975	98	8830	1

地　区	支出合计	一般公共服务支出	外交支出	国防支出	公共安全支出	教育支出	科学技术支出	文化旅游体育与传媒支出	社会保障和就业支出	卫生健康支出
开平市	514066	65175		870	34378	109687	9658	13698	106069	731
鹤山市	428352	61049		669	29021	80345	11852	11541	79733	436
恩平市	364558	55702		244	21086	70155	6405	9637	50806	650
阳江市	2423425	237784		812	106281	397757	39689	45891	336166	3011
阳江市本级	726778	78271		326	48622	73645	26445	19483	54663	536
阳江市区县合计	1696647	159513		486	57659	324112	13244	26408	281503	2475
江城区	235966	26170		313	2965	51306	1140	3343	41048	315
阳春市	694292	52254		73	21269	126901	4263	10966	128790	1152
阳东区	392851	46623		100	17965	[illegible]	[illegible]	[illegible]	[illegible]	[illegible]
阳西县	373538	34466			15460	65627	4408	5735	51066	547
湛江市	5031027	452502		6767	243878	1104425	43753	122241	851989	7299
湛江市本级	1337101	130189		3526	132683	172281	17145	65255	184702	996
湛江市区县合计	3693926	322313		3241	111195	932144	26608	56986	667287	6302
赤坎区	112049	7123		119	1922	50058	2600	4209	17146	138
霞山区	173883	10353		285	3624	71448	1177	6242	27767	229
麻章区	158993	19163		295	1942	39883	9956	1603	26278	206
坡头区	231353	26221		382	2392	61112	1258	6001	39037	292
雷州市	709138	48906		1129	22884	164767	1110	6633	145831	1252
廉江市	893025	65919		525	27071	203159	6149	16746	161460	1416
吴川市	508736	45319		120	17996	125203	2167	4313	93447	1052
遂溪县	499561	50646		386	16128	121511	2077	3637	93511	1009
徐闻县	407188	48663			17236	95003	114	7602	62810	707
茂名市	4581230	390415		412	188040	1247054	37030	117878	738276	5802
茂名市本级	827551	70679		407	53564	180620	22437	13415	80839	340
茂名市区县合计	3753679	319736		5	134476	1066434	14593	104463	657437	5461
茂南区	432730	60740			25429	92635	3141	9552	57885	659
信宜市	697783	49133			23054	195867	1237	19449	142775	1054
高州市	800429	48126			24563	246032	1804	24750	150903	1433
化州市	765594	67468			23541	219667	1171	23183	140021	1150
电白区	1057143	94269		5	37889	312233	7240	27529	165853	1163
肇庆市	3516452	531564		4371	206205	712588	87078	70810	484781	3939
肇庆市本级	843006	147909		1918	62892	123080	50178	26022	91481	616
肇庆市区县合计	2673446	383655		2453	143313	589508	36900	44788	393300	3322
端州区	243788	24200		470	26090	66743	9469	3527	39351	160
鼎湖区	151478	27530		353	10052	30499	3711	3255	21487	156
四会市	336737	69110		246	26891	79469	7554	7113	38487	52
高要区	469389	72908		389	27591	101451	2724	12211	68389	58
广宁县	314105	45110		350	14633	63931	4110	3802	54669	39

续表

能环支出	城乡社区支出	农林水支出	交通运输支出	资源勘探信息等支出	商业服务业等支出	金融支出	援助其他地区支出	自然资源海洋气象等支出	住房保障支出	粮油物资储备支出	灾害防治及应急管理支出	其他支出	债务付息支出	债务发行费用支出
13290	6656	42209	9296	5177	1240	92		4188	5354	3389	4456	70	5953	7
9414	27867	36285	10639	3394	1823	31		5388	7703	299	1898	33	5718	8
6923	16421	40099	7463	1728	501	14		3507	3639	24	1660	16	4460	13
90923	87400	361069	115523	19018	14489	247		26411	91796	9589	12459	92599	35861	490
75529	54628	52232	41325	12713	1552	208		9405	32660	4128	5090	61308	20603	274
15394	32772	308837	74198	6305	12937	39		17006	59136	5461	7369	31291	15258	216
647	1282	36934	4	1041	10354	16		636	12681	719	1211	10534	2060	36
3402	5880	120336	45146	484	1427			9377	18907	1971	2477	19984	5079	44
5402	17312	72678	11360	2857	1019	23		3244	9334	1451	2092	663	4053	70
5943	8298	78889	17688	1923	137			3749	18214	1320	1589	110	4066	66
37359	306357	549009	233820	31142	6870	900		65044	109546	13514	14714	4819	52170	259
25391	152467	63018	150484	15599	2803	552		12030	48191	10371	3449	709	46375	218
61968	153890	485991	83336	15543	4067	348		53014	61355	3143	11265	4110	5795	41
388	10481	2116		66	25			–144	1053	2	819		261	1
851	11980	7335	56	3363	356	1		135	4464		1097	7	402	1
2592	6798	16499	5618	580	1323	13		570	4101	21	680	24	388	1
7534	25433	21220	1790	2660	56			920	5449		967	–411	124	
6348	15551	114276	13862	156	210	17		20703	16312	548	1418	1974	1281	4
0223	39791	134887	31120	5377	653	15		13196	17088	1340	2379	2067	2195	33
2085	13830	57200	13902	808	601	5		2905	11455	213	1414	242	297	
5121	13631	70526	5364	2052	654	15		10325	1236	555	1281	2		
6826	16395	61932	11624	481	189	282		4404	197	464	1210	205	847	1
3541	295934	369811	136257	22277	15445	3749		38187	131737	17783	16431	16371	44262	131
1741	81513	45612	52877	2803	1332	989		9654	52858	5521	3129	6108	27351	75
1800	214421	324199	83380	19474	14113	2760		28533	78879	12262	13302	10263	16911	56
7219	13239	55728	2225	1228	7356			4027	9772	1254	392	1371	3546	17
2154	9991	43208	35397	70	243	48		5373	15036	2594	3388	372	2908	9
3804	40749	63977	12031	1105	3234	35		3771	12491	2105	2791	1549	3299	8
8276	19801	85783	16049	5226	1159	2382		5450	20843	2674	3611	2221	1988	7
0347	130641	75503	17678	11845	2121	295		9912	20737	3635	3120	4750	5170	15
5906	135708	389651	134222	54106	7809	580		23763	76275	14615	19345	32277	59622	185
2638	23533	31636	54154	48165	2231	325		5752	31386	4036	8070	7732	38150	103
4268	112175	358015	80068	5941	5578	255		18011	44889	10579	11275	24545	21472	82
1192	36699	3134	6	2726	288			113	9066	963	2183	22	1468	
5187	16073	6712	2026	313	689			1113	2426	480	1379	615	1517	4
3013	11459	29102	5274	1035	993	159		1470	1160	596	319	8	513	
7011	7641	42219	6378	597	727	81		4228	23489	4079	2027	23797	2725	3
3231	3125	60503	14777	846	120			2284	189	1109	616	6	1641	1

地区	支出合计	一般公共服务支出	外交支出	国防支出	公共安全支出	教育支出	科学技术支出	文化旅游体育与传媒支出	社会保障和就业支出	卫生健康支出
德庆县	289369	34227		171	10036	58534	3605	6368	44576	2829
封开县	355899	60853		204	9195	57562	1828	2961	42628	3802
怀集县	512681	49717		270	18825	131319	3899	5551	83713	8438
清远市	3952770	496282		3930	212822	839230	84106	77504	456406	44403
清远市本级	717902	112065		1952	44553	122705	33573	13165	35658	3024
清远市区县合计	3234868	384217		1978	168269	716525	50533	64339	420748	4137
清城区	501995	71994			40134	137077	13290	4153	51550	557
英德市	740993	74768		681	36211	183370	14253	18322	109059	1016
连州市	403119	42068			[illegible]	[illegible]	1186	6065	68313	467
佛冈县	358316	49714		633	21772	73374	9723	6103	33660	444
清新区	542485	62992		602	26240	116996	7488	13466	60934	800
连山壮族瑶族自治县	176338	23644		62	7320	32331	723	3309	22922	175
连南瑶族自治县	180667	25977			7238	32489	129	3633	28209	210
阳山县	330955	33060			10151	68631	741	6308	46101	464
潮州市	1971576	212124		766	90778	420325	19282	50124	256568	2497
潮州市本级	528735	61088		254	49193	75724	9667	23215	61851	294
潮州市区县合计	1442841	151036		512	41585	344601	9615	26909	194717	2202
湘桥区	248914	22993		87	2451	49198	1376	2261	38203	374
饶平县	613484	70306		84	18468	161118	4220	9116	58109	869
潮安区	580443	57737		341	20666	134285	4019	15532	98405	958
揭阳市	3496928	321927		1686	170942	769720	30494	78842	589604	5800
揭阳市本级	697002	76277		751	80632	96250	10618	16321	84062	545
揭阳市区县合计	2799926	245650		935	90310	673470	19876	62521	505542	5255
榕城区	239012	18245			2221	65739	-2687	10666	41068	383
普宁市	935319	80474			37319	277511	12904	19342	162241	1750
揭东区	535844	53495		195	16403	118886	7541	13224	92730	966
揭西县	497382	39278		176	15002	100221	383	10143	107053	937
惠来县	592369	54158		564	19365	111113	1735	9146	102450	1218
云浮市	2429923	338186		8969	117674	481004	42823	49532	351022	3043
云浮市本级	418938	65847		5855	45912	50842	23332	14281	21794	148
云浮市区县合计	2010985	272339		3114	71762	430162	19491	35251	329228	289
云城区	238030	35560		2224	6428	55008	207	989	43659	19
罗定市	700199	90441			27458	171775	10377	15509	117544	140
新兴县	545841	78421		558	17726	90674	2545	9990	104586	49
郁南县	316087	43896		35	11607	72347	3541	5849	30586	52
云安区	210828	24021		297	8543	40358	2821	2914	32853	27

续表

能环支出	城乡社区支出	农林水支出	交通运输支出	资源勘探信息等支出	商业服务业等支出	金融支出	援助其他地区支出	自然资源海洋气象等支出	住房保障支出	粮油物资储备支出	灾害防治及应急管理支出	其他支出	债务付息支出	债务发行费用支出
24932	3879	57035	8400	325	758	15		2456	584	782	374	2	4012	7
2007	23524	70585	31491	17	113			1965	4257	1880	1858	2	4882	61
6695	9775	88725	11716	82	1890			4382	3718	690	2510	93	4714	6
82253	327195	532464	138176	21737	4722	553		48918	102562	10953	21296	10896	36552	182
31431	176926	32815	13159	6842	1017	477		7802	19121	349	5516	7773	20639	123
50822	150269	499649	125017	14895	3705	76		41116	83441	10604	15780	3123	15913	59
10103	42071	28725	17613	2236	337	74		953	14853	2332	3313	79	5354	1
18110	24592	114240	21728	3883	735			3591	3369	1456	4160	1304	5489	6
2693	14786	86495	24808	284	721			4992	5454	1092	1115	387	573	8
4116	22579	56977	7754	5515	271			9722	7547	484	1362		441	13
6827	31203	63888	23127	1474	1247			9500	31313	1787	2131	8	1186	11
2468	3138	35447	12830	693	201			3542	6264	757	612	1167	1308	8
2847	6422	26886	6943	190	98	2		6549	8549	447	1941		1021	4
3658	5478	86991	10214	620	95			2267	6092	2249	1146	178	541	8
4184	131876	202021	107946	5894	4557	250		18998	32603	10060	7547	74247	31249	455
3012	53326	32680	29748	4797	2207	235		4784	14296	3594	4173	30787	24467	197
1172	78550	169341	78198	1097	2350	15		14214	18307	6466	3374	43460	6782	258
3515	16933	21996	106	832	454			264	3647	2181	507	43228	1197	29
6038	40741	88274	34987	576	455			12775	3908	2410	1400	230	3058	218
1619	20876	59071	43105	-311	1441	15		1175	10752	1875	1467	2	2527	11
9373	209161	314630	97077	21966	4877	235		24446	64379	11940	13789	3476	28164	143
5704	140213	23845	53225	2096	2443	220		3813	13948	4129	5310	2166	10395	81
3669	68948	290785	43852	19870	2434	15		20633	50431	7811	8479	1310	17769	62
3043	20500	7630	205	765	375			203	13259	213	1074	165	3022	5
5366	5587	73013	15232	4036	70			4806	5653	1495	2151	867	2180	31
2642	19125	37849	7570	14092	795			2891	11914	1616	1670	60	6526	16
9563	7243	66127	9198	433	359	15		9379	11418	2569	1995	194	2832	6
3055	16493	106166	11647	544	835			3354	8187	1918	1589	24	3209	4
7652	117613	279929	98918	31555	2669	18780	3000	20243	58835	12061	11445	15453	28041	127
7194	23244	22425	34391	25431	860	18765		4036	26994	3971	2189	219	6461	62
458	94369	257504	64527	6124	1809	15	3000	16207	31841	8090	9256	15234	21580	65
740	10544	29325	19131	29	45			1144	9400	1880	812	20	1766	18
678	4037	76686	11682	3553	380	15		5045	1482	2490	3176	281	8836	17
276	70472	66829	8970	1096	456		3000	4002	12045	1406	3037	1167	7411	6
486	7396	48964	16670	1408	279			3767	3088	1345	1312	4993	1907	14
278	1920	35700	8074	38	649			2249	5826	969	919	8773	1660	10

（广东省财政厅国库处提供）

2019 年度广东省一般公共预算收入超十亿元县（市）统计

单位：万元

单位名称	一般公共预算收入	单位名称	一般公共预算收入
东源县	102210	廉江市	128233
兴宁市	102161	吴川市	100838
五华县	100393	信宜市	110890
惠东县	317644	高州市	177734
博罗县	467219	化州市	129536
龙门县	126033	四会市	167919
台山市	316522	英德市	207245
开平市	279547	普宁市	213610
鹤山市	321696	罗定市	134069
恩平市	120947	新兴县	184585
阳春市	139408		

2019 年度广东省非税收入规模及结构情况

单位：万元

项　目	总　量
一、纳入一般公共财政预算管理的非税收入小计	25905822
专项收入	8925106
行政事业性收费收入	2920570
罚没收入	2311108
国有资本经营收入	900294
国有资源（资产）有偿使用收入	7315978
其他收入	3532766
二、纳入政府性基金预算管理的非税收入小计	61149357
国家电影事业发展专项资金收入	25756
小型水库移民扶助基金收入	25449
国有土地使用权出让相关收入	55315266
国有土地收益基金相关收入	934465
农业土地开发资金收入	118703
城市基础设施配套费收入	2301212
污水处理费收入	1036193
大中型水库库区基金收入	5852
车辆通行费相关收入	387794
港口建设费收入	52889
农网还贷资金收入	205
彩票发行机构和彩票销售机构的业务费用	149621
彩票公益金收入	582393
其他政府性基金相关收入	213559
三、纳入国有资本经营预算管理的非税收入小计	2868104
利润收入	1754648
股利、股息收入	598728
产权转让收入	168437
清算收入	2909
其他国有资本经营预算收入	343382
四、纳入预算管理的非税收入合计	89923283

（广东省财政厅国库处提供）

2019年度广东省政府性基金预算收支情况

单位：万元

收入项目	本年收入	支出项目	本年支出
核电站乏燃料处理处置基金收入		核电站乏燃料处理处置基金支出	
国家电影事业发展专项资金相关收入	25756	国家电影事业发展专项资金相关支出	22299
旅游发展基金收入		旅游发展基金支出	1220
大中型水库移民后期扶持基金收入		大中型水库移民后期扶持基金支出	154351
小型水库移民扶助基金相关收入	25449	小型水库移民扶助基金相关支出	20522
可再生能源电价附加收入		可再生能源电价附加收入安排的支出	
国有土地使用权出让相关收入	55315266	国有土地使用权出让相关支出	50493276
国有土地收益基金相关收入	934465	国有土地收益基金相关支出	343511
农业土地开发资金相关收入	118703	农业土地开发资金相关支出	79980
城市基础设施配套费相关收入	2301212	城市基础设施配套费相关支出	1500485
污水处理费相关收入	1036193	污水处理费相关支出	987597
大中型水库库区基金相关收入	5852	大中型水库库区基金相关支出	4800
三峡水库库区基金收入		三峡水库库区基金支出	
国家重大水利工程建设基金相关收入		国家重大水利工程建设基金相关支出	1484
海南省高等级公路车辆通行附加费相关收入		海南省高等级公路车辆通行附加费相关支出	
车辆通行费相关收入	387794	车辆通行费相关支出	311910
港口建设费相关收入	52889	港口建设费相关支出	97971
民航发展基金收入		民航发展基金支出	225647
农网还贷资金收入	205	农网还贷资金支出	
彩票发行机构和彩票销售机构的业务费用	149621	彩票发行销售机构业务费安排的支出	133618
彩票公益金收入	582393	彩票公益金安排的支出	490296
其他政府性基金相关收入	213559	其他政府性基金相关支出	8109297
收入合计	61149357	支出合计	62978264

（广东省财政厅国库处提供）

2019 年度广东省本级政府性基金预算收支情况

单位：万元

收入项目	本年收入	支出项目	本年支出
核电站乏燃料处理处置基金收入		核电站乏燃料处理处置基金支出	
国家电影事业发展专项资金相关收入	25756	国家电影事业发展专项资金相关支出	3890
旅游发展基金收入		旅游发展基金支出	
大中型水库移民后期扶持基金收入		大中型水库移民后期扶持基金支出	10749
小型水库移民扶助基金相关收入	25449	小型水库移民扶助基金相关支出	-144
可再生能源电价附加收入		可再生能源电价附加收入安排的支出	
国有土地使用权出让相关收入		国有土地使用权出让相关支出	5000
国有土地收益基金相关收入		国有土地收益基金相关支出	
农业土地开发资金相关收入	37844	农业土地开发资金相关支出	6033
城市基础设施配套费相关收入		城市基础设施配套费相关支出	
污水处理费相关收入		污水处理费相关支出	
大中型水库库区基金相关收入	5852	大中型水库库区基金相关支出	206
三峡水库库区基金收入		三峡水库库区基金支出	
国家重大水利工程建设基金相关收入		国家重大水利工程建设基金相关支出	
海南省高等级公路车辆通行附加费相关收入		海南省高等级公路车辆通行附加费相关支出	
车辆通行费相关收入	335236	车辆通行费相关支出	267251
港口建设费相关收入	20934	港口建设费相关支出	2572
民航发展基金收入		民航发展基金支出	156072
农网还贷资金收入		农网还贷资金支出	
彩票发行机构和彩票销售机构的业务费用	120379	彩票发行销售机构业务费安排的支出	56044
彩票公益金收入	198133	彩票公益金安排的支出	69345
其他政府性基金相关收入		其他政府性基金相关支出	264356
收入合计	769583	支出合计	841374

（广东省财政厅国库处提供）

2019年度上划中央“四税”统计

单位：万元

合计	上划中央国内增值税	上划中央国内消费税	上划企业所得税	上划个人所得税
86850814	39773407	6183135	31051417	9842855

（广东省财政厅国库处提供）

2019年度广东省国有资本经营预算收支情况

单位：万元

预算科目	本年收入	预算科目	本年支出
利润收入	1754648	解决历史遗留问题及改革成本支出	206934
股利、股息收入	598728	国有企业资本金注入	908165
产权转让收入	168437	国有企业政策性补贴	182519
清算收入	2909	金融国有资本经营预算支出	
其他国有资本经营预算收入	343382	其他国有资本经营预算支出	132452
本年收入合计	2868104	本年支出合计	1430070

（广东省财政厅国库处提供）

2019年度广东省本级国有资本经营预算收支情况

单位：万元

预算科目	本年收入	预算科目	本年支出
利润收入	348003	解决历史遗留问题及改革成本支出	29355
股利、股息收入	139091	国有企业资本金注入	
产权转让收入		国有企业政策性补贴	128519
清算收入		金融国有资本经营预算支出	
其他国有资本经营预算收入	24237	其他国有资本经营预算支出	2381
本年收入合计	511331	本年支出合计	160255

（广东省财政厅国库处提供）

2019 年度广东省社会保险基金收支决算情况

单位：亿元

项　目	收　入			支　出			滚存结余
	金额	预算数	完成比例	金额	预算数	完成比例	
企业养老保险	4048.45	3694.53	109.58%	2063.13	2099.10	98.29%	11713.96
职工医疗保险	1467.97	1404.23	104.54%	1108.51	1088.73	101.82%	2775.77
失业保险	158.00	150.49	104.99%	112.65	242.77	46.40%	631.01
工伤保险	52.34	53.53	97.78%	65.68	67.75	96.94%	274.80
生育保险	124.27	117.16	106.07%	115.61	131.10	88.18%	91.75
居民医疗保险	585.48	587.74	99.62%	540.24	558.97	96.65%	461.53
居民养老保险	284.43	279.17	101.88%	249.74	239.03	104.48%	457.51
机关事业单位基本养老保险	1602.67	949.73	168.75%	1464.72	903.88	162.05%	681.99
合　计	8323.61	7236.58	115.02%	5720.28	5331.33	107.30%	17088.32

（省财政厅社会保障处提供）

2019年度广东省各地市一般公共预算民生类支出情况

单位：万元，%

项　　目	民生类支出	
	总　　量	占一般公共预算支出比重
全　　省	120751730	69.8
省　　级	8379216	59.2
地市合计	112372514	70.7
广州市	19476535	68.0
深圳市	30641051	67.3
珠海市	4033948	65.5
汕头市	2947052	76.2
佛山市	5861191	62.3
韶关市	2865469	75.9
河源市	2900008	78.3
梅州市	3531396	79.6
惠州市	4356314	70.9
汕尾市	2275118	81.6
东莞市	5990721	69.4
中山市	2956066	71.8
江门市	2995154	71.1
阳江市	1849744	76.3
湛江市	4122923	81.9
茂名市	3824911	83.5
肇庆市	2508892	71.3
清远市	3032070	76.7
潮州市	1512976	76.7
揭阳市	2888572	82.6
云浮市	1802403	74.2

（广东省财政厅国库处提供）

2019 年度广东省各地市国有土地使用权出让收入情况

单位：万元，%

项　　目	国有土地使用权出让收入	
	总　　量	增　　幅
全　　省	55306850	2.0
省　　级	0	–
地市合计	55306850	2.0
广州市	15607449	7.6
深圳市	9224012	2.7
珠海市	4176969	13.6
汕头市	1544079	62.7
佛山市	6675454	–19.4
韶关市	384703	11.1
河源市	625537	42.5
梅州市	716430	41.3
惠州市	2527140	12.9
汕尾市	764990	–15.6
东莞市	4146068	12.6
中山市	898920	–50.0
江门市	2143204	12.9
阳江市	429669	15.4
湛江市	808600	–28.2
茂名市	1037139	37.2
肇庆市	1588248	–11.9
清远市	861588	16.0
潮州市	291817	43.9
揭阳市	579770	–16.2
云浮市	275064	–6.4

（广东省财政厅国库处提供）

文献专载

Special Articles

推进财政制度创新　提升财政治理能力 为全面建成小康社会贡献财政力量

（节选）

广东省财政厅党组书记、厅长　戴运龙

一、持续学懂弄通做实习近平新时代中国特色社会主义思想，坚持用总书记关于财政工作重要论述和对广东重要讲话、重要指示批示精神指导推动财政改革发展，切实把“两个维护”贯彻到财政工作全过程各方面

习近平总书记对财政工作高度重视，强调财政是国家治理的基础和重要支柱，深刻指出科学的财税体制是优化资源配置、维护市场统一、促进社会公平、实现国家长治久安的制度保障，并对财政改革发展作出一系列重要指示。全省财政部门坚持把学习贯彻习近平新时代中国特色社会主义思想作为头等大事和首要政治任务，将总书记对财政工作作出的一系列重要指示，作为做好财政各项工作根本遵循，与总书记对广东重要讲话和重要指示批示精神一体学习领会、抓好贯彻落实，把树牢“四个意识”、坚定“四个自信”、做到“两个维护”体现到做好财政工作的具体行动上，不断开创财政工作新局面。

（一）深入开展“不忘初心、牢记使命”主题教育，自觉做习近平新时代中国特色社会主义思想的坚定信仰者、忠实实践者

开展“不忘初心、牢记使命”主题教育，是以习近平同志为核心的党中央统揽“四个伟大”作出的重大部署。主题教育开展以来，全省财政部门严格对表对标习近平总书记重要指示要求和党中央部署，按照省委工作安排，紧扣学习贯彻习近平新时代中国特色社会主义思想这一主线，聚焦“不忘初心、牢记使命”这一主题，贯彻“守初心、担使命、找差距、抓落实”总要求，统筹推进四项重点措施，做到“四个到位”，扎实推动主题教育顺利开展、不断深入、取得实效，实现了理论学习有收获、思想政治受洗礼、干事创业敢担当、为民服务解难题、清正廉洁作表率的目标。

一是聚焦主题主线。坚持把学习贯彻总书记思想作为根本任务和贯穿主题教育的主线，围绕总书记关于初心使命、党的建设、财政工作及民生保障等重要论述开展集中学习研讨，扎实推动学习贯彻往深里走、往心里走、往实里走。全面落实第一议题制度，将学习贯彻总书记思想和重要讲话、重要指示批示精神，作为党组会议第一议题、党组理论学习中心组学习常设议题，结合财政实际研究谋划具体落实工作，推动学习贯彻常态化制度化。

二是突出问题导向。建立“一台账、三清单”，坚持对着问题改，抓严抓实专项整治，确保精准施策、动真碰硬、改实改好改到位。坚持把调查研究作为基本功贯穿始终，围绕党中央和省委部署要求、深化财政改革、群众反映突出问题选定调研课题，奔着问题深入基层开展调研，掌握运用总书记思想强大思想武器，研究提出解决问题、推动发展的思路举措，形成一批务实管用的财政制度机制。

三是推动学做结合。坚持主题教育与财政工作两手抓、两促进，把开展主题教育与落实总书记重要讲话和重要指示批示，落实党中央决策部署和省委、省政府工作要求，推进粤港澳大湾区建设和落实“1+1+9”工作部署等中心工作深度结合，切实把学习成效转化为做好本职工作、推动事业发展的生动实践。

全省财政部门经过主题教育的锻造锤炼，党员、干部的初心使命进一步树牢，系统上下责任意识、公仆意识、服务意识明显增强；理论学习贯通能力进一步提升，特别是加深了对总书记关于财政工作的重要论述和新时代财政工作新要求的把握，不断提升运用科学理论指导推动财政工作的能力；干事创业担当精神进一步突显，以刀刃向内的勇气自我革命，着力攻坚克难，深化财政改革创新取得显著成效；为民服务宗旨意识进一步增强，坚定践行以人民为中心的发展思想，着力解决群众的操心事、烦心事、揪心事，充分展示了财政干部积极为民服务解难题的实干精神。

（二）不折不扣落实减税降费政策，体现财政部门践行“两个维护”的高度政治自觉和行动自觉

习近平总书记高度重视减税降费工作，2019年1月1日专门作出重要批示，要求减税降费必须实打实、硬碰硬，让企业和人民群众有实实在在的获得感。7月30日，总书记在中央政治局会议上再次强调，财政政策要加力提效，继续落实落细减税降费政策。在省委、省政府正确领导下，全省财政部门以高度的责任担当和坚决的行动，推动总书记重要指示落地落细，把落实更大规模减税降费作为实施积极财政政策的头等大事切实抓紧抓好，作为应对下行压力、稳定和引导市场预期、保持经济平稳运行的关键之举。

省政府建立了减税降费工作联席会议制度，统筹协调全省减税降费工作。2019年省财政厅内设机构改革，单独设立税政处，专责抓好减税降费相关工作，研究地方税体系建设，做好地方税政工作保障。为贯彻落实好党中央决策部署，按照“能快则快、能低则低、能简则简”的原则，广东省在全国第一时间出台贯彻落实措施，落实小微企业普惠性减税、个人所得税专项附加扣除、深化增值税改革、清理规范行政事业性收费和政府性基金等“一揽子”政策，在中央授权范围内为企业“顶格”减税，落实省定涉企行政事业性收费“零收费”。各地也结合实际在权限范围内积极落实相关政策。

在各地各部门的共同努力下，广东省减税降费效应逐步显现。2019年1—11月全省累计实现减税降费2939.4亿元，全年预计超过3000亿元，其中新增减税将超过2400亿元，超出了2019年初的预计数。减税降费真正让企业和群众享受到了政策红利，在减轻企业负担，稳定市场预期，促进企业加强研发、增加投资和扩大就业等方面发挥了重要作用，有力支持了实体经济特别是制造业稳定发展。

（三）全力推动粤港澳大湾区建设，支持深圳建设中国特色社会主义先行示范区和广州实现老城市新活力，以实际行动落实总书记的殷切嘱托

推进粤港澳大湾区建设和支持深圳建设中国特色社会主义先行示范区，是习近平总书记亲自谋划、亲自部署、亲自推动的重大国家战略，是总书记对广东的热切期盼、殷切嘱托，是新时代广东改革开放的大机遇、大文章。省委先后召开十二届七次全会和八次全会，对推进粤港澳大湾区建设、支持深圳建设先行示范区进行全面部署。李希书记强调，要以大湾区建设为纲，以支持深圳建设先行示范区为牵引，推动广州实现老城市新活力和“四个出新出彩”，纲举目张带动全省改革发展，推动“1+1+9”工作部署落实。

省财政厅带头认真学习领会中央战略意图，按照省委、省政府工作部署，围绕广东省贯彻落实粤港澳大湾区发展规划纲要的实施意见和三年行动计划，在财政部支持政策基础上，制定推进大湾区建设若干财政政策的实施方案，提出7个重点领域28项财政措施。实施大湾区个税优惠政策，符合条件的境外高端紧缺人才个人所得税税率下降至15%。首次实现省财政科研资金跨境使用，预计全年省市财政科研资金跨境拨付港澳使用累计超过1亿元，覆盖港澳机构9家。2019年创新集合发行大湾区概念专项债501亿元，试点柜台发行大湾区生态环保建设专项债券22.5亿元，有力解决大湾区基础设施建设投入需求大的问题。省财政厅还建立了支持深圳建设先行示范区和广州实现老城市新活力的特事特办工作机制，积极争取中央支持广州、深圳开展首创性、差异化财政改革探索，推动形成更多可复制可推广的财政改革创新成果。各地结合实际，积极出台政策融入并推动大湾区建设，共同推动以“双区驱动效应”和广州、深圳“双核联动、比翼双飞”作用带动全省改革发展，为坚持和完善“一国两制”实践作出财政部门的努力和贡献。

（四）学深悟透党的十九届四中全会精神，增强全面深化财政改革的紧迫感和使命感

十九届四中全会是我们党站在“两个一百年”奋斗目标历史交汇点上召开的一次十分重要的会议，是在新中国成立70周年之际、中华民族伟大复兴处于关键时期召开的一次具有开创性、里程碑意义的会议。习近平总书记在全会上的重要讲话，深刻阐述了坚持和完善中国特色社会主义制度、推进国家治理体系和治理能力现代化的重要性和紧迫性，围绕坚定制度自信深入回答了一系列方向性、根本性、全局性重大问题，对贯彻落实全会精神提出明确要求，为坚持和完善我国国家制度和治理体系提供了科学指南和根本遵循。全会审议通过的《中共中央关于坚持和完善中国特色社会主义制度、推进国家治理体系和治理能力现代化若干问题的决定》，全面贯彻习近平新时代中国特色社会主义思想，深入回答了在我国国家制度和国家治理体系上“坚持和巩固什么、完善和发展什么”这个重大政治问题，是坚持和完善我国国家制度和治理体系的纲领性文献，也是推进新时代国家治理体系和治理能力建设的政治宣言书。

建立现代财政制度是党中央作出的重大决策部署。党的十八届三中全会提出“财政是国家治理的基础和重要支柱”，并就预算管理制度、税收制度和财政体制改革作出部署。党的十八届三中全会以来，全省财政部门紧紧围绕全面深化改革总目标，坚持正确方向，强化责任担当，全面深化财税体制改革。

省财政厅坚持抓重点和带整体相结合，统筹推进改革，提请省政府印发实施广东省深化财税体制改革率先基本建立现代财政制度总体方案，明确了新一轮财税体制改革的路线图、时间表及总体目标，全省财政改革全面发力、多点突破。党的十九大以来，又以预算编制执行监督管理改革和全面实施预算绩效管理为两大抓手，系统集成、协同高效推进现代财政制度建设。

十九届四中全会和十八届三中全会历史逻辑一脉相承、理论逻辑相互支撑、实践逻辑环环相扣，目标指向一以贯之，重大部署接续递进，不仅系统集成了十八届三中全会以来全面深化改革的理论成果、制度成果、实践成果，而且对新时代全面深化改革勾勒出更加清晰的顶层设计。十九届四中全会审议通过《决定》，对财税体制改革的战略部署在十八届三中全会基础上又有了新的深化和拓展，提出要“优化政府间事权和财权划分，建立权责清晰、财力协调、区域均衡的中央和地方财政关系，形成稳定的各级政府事权、支出责任和财力相适应的制度”；要“完善标准科学、规范透明、约束有力的预算制度”；要“健全以税收、社会保障、转移支付等为主要手段的再分配调节机制，强化税收调节，完善直接税制度并逐步提高其比重”等。同时，《决定》在其他多个方面也对发挥财政职能作用提出了新的更高要求，为我们推动当前和今后一个时期财政改革发展指明了方向。

省财政厅党组认真学习宣传贯彻十九届四中全会精神，及时总结十八届三中全会以来广东省财政全面深化改革工作成果和经验，对照总书记重要讲话和《决定》内容，研究深化财税体制改革、推进财政重点工作的思路和举措。全省财政部门要以坚持和完善中国特色社会主义制度、推进国家治理体系和治理能力现代化为主轴，突出制度建设这一主线，理清工作思路和工作抓手，继续深化财税体制改革，推动财政各项改革向制度更加成熟更加定型靠拢，加快建立完善现代财政制度。

二、2019年广东省财政改革发展成效明显，为经济持续健康发展和社会和谐稳定作出了积极贡献

2019年，面对国内外风险挑战明显上升的复杂局面，在省委、省政府的正确领导下，在财政部的支持指导下，全省各级财政部门坚持稳中求进的工作总基调，主动担当作为，着力落实“1+1+9”工作部署，扎实做好“六稳”工作，统筹推进稳增长、促改革、调结构、惠民生、防风险、保稳定，有力推动经济运行保持总体平稳，社会事业稳步向前。

（一）坚持加力提效实施积极财政政策，为财政经济平稳运行创造条件

面对经济下行、中美经贸斗争、更大规模减税降费政策等因素影响，全省财政部门树立“大财政、大预算、大资产”理财理念，科学稳健把握逆周期调节力度，努力开源节流，用好地方政府专项债，打出了加力提效实施积极财政政策的“组合拳”。一是多渠道开源挖潜稳收入。协调抓好地方中小税种征收，规范非税收入征管，盘活存量资金资产，2019年全省一般公共预算收入完成12651亿元，增长4.5%，增速保持在合理区间并高于全国平均水平。二是多措并举抓支出。各地各部门严格落实每个月召开政府常务会议、厅（局）务会议研究财政预算工作制度，共同管好用好财政资金。实施“支出进度与绩效目标运行”双监控模式及时纠偏纠错。2019年全省一般公共预算支出完成17314亿元、增长10%，重点支出得到有效保障，全省财政支出在全国的排名从近年来的20多名跃升至并列第1名。三是大力压减一般性支出。省级部门带头厉行节约，全年一般性支出压减10%，三公经费下降10.7%，各地压减幅度基本上都超过了5%，不少达到10%以上。在做好节支的同时，省财政统筹安排442亿元，同比增长15.7%，兜实兜牢县区“三保”底线，实现该紧的紧，该增的增。四是用好用足新增债券资金。省财政及时将2019年财政部下达广东省新增债务限额2169亿元下达至市县，在全国率先完成全年新增债券发行任务，10月底全部拨付到项目上，有力拉动形成有效投资，为“稳投资”提供强有力支撑。

（二）坚持打好三大攻坚战，相关工作取得关键性进展

全省各级财政强化责任担当，统筹资金政策，加强财力保障。一是大力支持脱贫攻坚。积极落实广东省打赢脱贫攻坚战三年行动方案，省财政统筹76亿元支持实施增收脱贫工程及兜底保障工程，全省累计近160万相对贫困人口实现脱贫，90%以上的相对贫困村达到出列标准，“两不愁三保障”基本保障到位。二是有力防范化解政府债务风险。严格实施债务限额管理，坚决遏制隐性债务增量，积极稳妥化解隐性债务存量，逐步形成覆盖地方政府债务管理各环节的“闭环”管理体系。2019年广东省超额完成隐性债务存量化解任务，全省地方政府隐性债务存量相比2018年末上报中央备案数预计下降超过四成，政府债务风险实现“零预警”。三是积极支持污染防治。省财政落实打好污染防治攻坚战相关资金298亿元，支持韶关推进国家山水林田湖草生态保护修复试点，推进雷州半岛、茂名露天矿等生态修复，加强红树林及湿地公园保护建设。各级财政将污染防治攻坚战作为财政投入重点保障和优先支出领域，为重点流域整治工作全面提速，练江、广佛跨界河流整治有序推进、城市黑臭水体治理全力推进

等提供有力资金保障。

（三）坚持实施创新驱动战略，助推全省经济高质量发展

聚焦突出短板和薄弱环节，着力支持实体经济发展，提升经济创新力和竞争力。一是强化科技创新财政投入。2019年省财政安排近15亿元支持高校和科研院所开展基础与应用基础研究，安排35亿元支持重点领域研发计划，集中攻关突破“卡脖子”核心技术。二是推进科研领域“放管服”。出台财政科研项目资金的管理监督办法，按照能放尽放的原则赋予科研人员更大的人财物自主支配权，构建“放得下、接得住、管得好”的财政科研项目资金制度规范。三是支持产业创新能力和平台建设。省财政安排3.8亿元扶持省级企业技术中心开展创新能力建设和省级制造业创新中心建设，构建战略性新兴产业新技术新产品对接平台。四是支持实体经济发展。深入落实“实体经济十条”“民营经济十条”等惠企政策，省财政安排43.5亿元支持工业企业实施提质增效，开展智能化、绿色化等技术改造升级项目，促进工业和信息化融合发展，推动制造业高质量发展。

（四）坚持实施乡村振兴战略，推动农业农村加快发展

围绕生态宜居美丽乡村建设，2019年省财政投入乡村振兴战略资金超1000亿元，支持加快推进现代农业产业园建设、农村人居环境整治、“厕所革命”、农村生活污水治理等。一是积极助推乡村产业兴旺、农民增收致富、美丽乡村建设。支持粤东西北地区3000个示范村发展特色效益产业、200个镇打造农业特色专业镇，推进全域农村人居环境整治和“千村示范、万村整治”，96.4%的自然村完成基础环境整治，增强农民群众获得感。二是深入开展涉农资金整合改革。2019年市县可统筹涉农资金同比增长35倍，达到133亿元，实现涉农资金使用由分散到集中、从低效到高效转变。

（五）坚持构建“一核一带一区”区域发展新格局，以功能区为引领的差异化转移支付制度逐步建立

完善财政支持政策体系，提高区域发展的平衡性和协调性。一是突出交通基础设施建设先导作用。大力支持全省铁路、机场等项目建设。其中，落实国铁干线及珠三角城际铁路省级资本金77.6亿元，支持广州至湛江铁路、广州至汕尾铁路等轨道交通建设，安排5.5亿元支持韶关机场、惠州机场、湛江机场迁建等机场项目建设。二是建立均衡性转移支付制度。省对下转移支付政策由激励型向保障型转变，支持全省县区保基本、兜底线，政策范围由原来的60个县（市）增加至86个县区，首次将欠发达地区22个市辖区及珠三角6个困难县区新增纳入政策范围。三是完善生态保护补偿机制。实施范围全覆盖全省48个生态发展区县，并将财政补偿与生态保护成效挂钩，实现“谁保护、谁得益，谁改善多、谁得益多”。2019年，省财政安排北部生态发展区均衡性转移支付资金和生态保护区财政补偿转移支付资金共248亿元，在上年度增长30%的基础上，再增长15%。四是扶持老区苏区和民族地区振兴发展。全额免除“老少三区”居民医疗保险等9项政策支出责任，将重点老区苏区和民族县专项财力补助提升至每年每县4000万元，新出台的民生政策也逐步将“老少三区”列入最高档补助范围。

（六）坚持以人民为中心的发展理念，保障和改善民生工作上新水平

在财政收支平衡压力加大的情况下，2019年全省落实民生类支出12074亿元，十件民生实事全面完成，基本公共服务均等化水平持续提高。一是支持促进稳定就业形势。始终把促进就业创业作为最大的民生，省财政统筹失业保险基金等投入185亿元，全力落实广东省“促进就业九条”政策措施，支持稳定就业和开展职业技能提升行动。其中，保障实施“粤菜师傅”惠民工程，落实资金安排1亿元，累计培训3.7万人次。二是支持推进教育强省建设。落实资金264.7亿元实现生均拨款制度从学前到高等教育全覆盖。落实本专科国家奖助学金扩面提标政策，一步到位支持省属公办学校提高生均标准。省财政首批安排19亿元启动实施提高高等教育毛入学率三年计划，累计投入31.2亿元支持省职教城建设，首批入驻学校全部建成并顺利招生开学。三是支持健康广东建设。深入推进高水平医院建设，落实加强基层医疗卫生服务能力建设项目资金78.3亿元，着力加强粤东西北地区县级以下医疗卫生机构的硬件设备设施。完成47家中心卫生院升级建设，床位增加逾万张。四是完善养老保险省级统筹。落实中央调剂制度，不断完善省级统筹改革制度，弥补全省收不抵支的12个地市缺口基金240亿元，有效解决困难地区养老金支付难问题。五是足额落实底线民生提标政策。省财政安排底线民生保障资金264亿元、增长25%，确保低保、特困、孤儿、困难残疾人等保障水平保持在全国前列。

（七）坚持全面发力、纵深推进，推动财政改革发展取得新突破

全省财政改革在重要领域和关键环节改革取得突破性进展。一是预算编制执行监督管理改革纵深推进。改革启动一年多来，制定出台改革配套制度40多项，完成主要改革事项100多项，推动实施财政“放管服”事项改革22项。省级117个部门均建立预算改革配套制度，21个地级以上市和74个县（市、区）完成本级预算改革部署。我省预算改革得到了财政部高度肯定并专门印发《财政简报》上报中办、国办，抄送各省（区、市）政府。二是稳步推进全面实施预算绩效管理。印发广东省全面实施预算绩效管理的若干意见，深入完善绩效指标库体系，建立预算安排“四挂钩”机制等系列配套制度，全省绩效管理改革的系统性、整体性进一步增强。三是深入推进财政机关机构改革。按照强主责、强主业、强统筹等思路，省财政厅系统性重构内设机构，理顺处室职责50多项，改革面超过一半多。改革后，实现八成以上处室和人员从事与财政预算管理相关工作，全厅力量进一步集中到主责主业上来。创新建立“一个部门对口一个处室”工作服务机制，实现预算单位来财政厅办事“只进一个门、只跑一个处”，提升财政工作效能，把方便留给预算单位，把“麻烦”困难留给自己。四是加快推动“数字财政”建设。成立“数字财政”专班，整合厅内处室和地市财政力量实行挂图作战，主动对接“数字政府”建设，以“最高站位、最优方案、最强保障”推进财政信息化建设，借助大数据技术推动提升财政服务效能，努力为全省各级财政部门业务工作提供有力信息化支撑。

（八）坚持抓住“以案促改”契机，深入推进全面从严治党取得新进展

各级财政部门党组织自觉扛起机关党的建设主体责任，确保全面从严治党落实落细落具体。一是全力抓好曾志权案“以案促改”。将开展曾志权案“以案促改”作为一项重要政治任务坚决贯彻落实，严格对表对标中央纪委国家监委工作建议和省委办公厅印发的整改方案抓落实。一年来，“以案促改”扎实有力推进，针对权力监督、资金管理审批等问题，围绕规范财政权力运行、严格财政资金管理、完善选人用人机制等重点工作出台制度办法62个。二是着力营造风清气正的政治生态。严明政治纪律和政治规矩，严格执行新形势下党内政治生活若干准则，稳扎稳打纠治“四风”，开展违反中央八项规定精神突出问题专项整治。深刻吸取曾志权案教训，深入开展财政系统党风廉政建设专项治理，规范班子成员签批资金文件的权限和程序，健全党组议事决策规则，形成班子成员相互间有效监督制约机制。三是全面加强机关党的建设和干部队伍建设。围绕会带队伍、会抓党务、会上党课、会开展思想政治工作等要求，开展锻造合格党支部书记行动，培优建强“头雁工程”，持续推进党支部标准化规范化建设。突出政治标准选人用人，按照以事择人、人岗相适的原则，选拔任用干部，有计划地把干部放到援建扶贫、重大改革专项工作等一线历练，财政干部队伍精神面貌焕然一新。

2019年9月18日，广东省财政厅召开全省“数字财政”建设工作视频会议
（李伟坚　摄）

2019年广东省财政工作取得的成绩，是坚持以习近平新时代中国特色社会主义思想为指导的结果，是省委、省政府正确领导、科学谋划的结果，也是各级党委、政府和有关部门大力支持配合，全省财政系统广大干部职工努力工作的结果。2019年以来，广东省财政厅党组结合开展“不忘初心、牢记使命”主题教育，借“以案促改”契机把坏事变好事，通过抓人事整改恢复选人用人公信力，努力让财政队伍实现一个“华丽的蝶变”。同时，以“全面对标、全力推动走在前列”为抓手推动财政各项工作取得明显成绩，全年预计23项重点对标工作实现年度走在前列目标，广东省预决算公开工作在全国从近年第31名跃升至第2名，财政绩效管理工作获得全国考核优秀等次第1名。全省财政党员干部以实干笃定前行，用汗水浇灌收获，2019年广东省共有三个集体、三名个人获全国财政系统“双先”表彰，连续3年受邀在全国财政工作会议上作经验交流发言。

同时，也应清醒看到当前财政工作中存在的一些问题和挑战。如，财政部门在当好党委政府参谋助手方面作用还不明显，“大财政、大预算、大资产”的理财管财理念还没有充分运用起来，聚焦预算编制和监督绩效“两头”的主责主业没有充分发挥好，财政干部队伍专业能力水平还不能适应新形势下财政改革发展的需要，财政信息

化建设严重滞后。我们要高度重视这些问题，积极采取措施加以解决。

三、认真贯彻落实党中央决策部署，按照省委、省政府工作要求，扎实做好2020年全省财政工作

2020年是全面建成小康社会和“十三五”规划收官之年，要实现第一个百年奋斗目标，为“十四五”发展和实现第二个百年奋斗目标打好基础，做好2020年财政各项工作意义重大。从经济形势看，全球经济仍处在国际金融危机后的深度调整期，国内“三期叠加”影响持续深化，但我国经济稳中向好、长期向好的基本趋势没有改变，广东既面临不少挑战，也面临很多重大机遇，特别是粤港澳大湾区建设和支持深圳建设先行示范区、支持广州实现老城市新活力，为全省改革发展注入强大动力。从广东财政形势看，受经济下行压力持续加大、大规模减税降费政策带来减收效应持续释放等因素影响，预计财政收入增长动力进一步减弱，同时各领域财政支出增长刚性较强。预计2020年广东省财政收支紧平衡的特点将十分明显，必须积极主动作为，加强统筹安排，做到心中有数，争取最好结果。

2020年广东省财政工作总体要求是：坚持以习近平新时代中国特色社会主义思想为指导，全面贯彻党的十九大和十九届二中、三中、四中全会以及中央经济工作会议精神，坚决贯彻党的基本理论、基本路线、基本方略，深入贯彻落实习近平总书记对广东重要讲话和重要指示批示精神，增强“四个意识”、坚定“四个自信”、做到“两个维护”，紧扣全面建成小康社会目标任务，坚持稳中求进工作总基调，坚持新发展理念，坚持以供给侧结构性改革为主线，坚持以改革开放为动力，深入落实“1+1+9”工作部署，推动高质量发展，坚决打赢三大攻坚战，全面做好“六稳”工作，统筹推进稳增长、促改革、调结构、惠民生、防风险、保稳定，促进经济社会平稳健康发展；实施积极的财政政策要大力提质增效，牢固树立“大财政、大预算、大资产”理念，认真贯彻“以收定支”原则，加大优化财政支出结构力度，坚决压缩一般性支出，用好用足地方政府新增债券，做好重点领域保障；深化财税体制改革，加快建立完善现代财政制度，提升财政治理能力，为全面建成小康社会和“十三五”规划圆满收官提供坚实财政保障。

2020年积极的财政政策要大力提质增效，更加注重结构调整。“提质增效”要求，财政政策要进一步向内挖潜，在当前财政收支平衡压力持续增大、加力空间有限的前提下，兼顾强化逆周期调节和财政收支平衡要求，切实提高财政资源配置效率和使用效率。“结构调整”要求，进一步优化财政资金使用结构和方式，更加突出政策重点，把资金投向供需共同受益、具有乘数效应的先进制造、民生建设、基础设施短板等领域，并加强与就业、消费、投资、产业、区域政策协调配合。为此，在落实2020年财政各项工作时要着重把握好以下原则：一是“艰苦奋斗、勤俭节约”。牢固树立“过紧日子”思想，全方位做好开源节流、增收节支工作，从严从紧管好财政支出，当好“铁公鸡”，打好“铁算盘”，厉行节约办一切事业。二是“以收定支、量力而行”。坚持量入为出，充分运用零基预算理念，打破基数概念和预算支出固化僵化格局，根据事业发展实际需要和财力可能科学核定预算，尽力而为、量力而行，确保支出预算符合当地发展和财力实际。三是“加强管理、严控追加”。执行未纳入项目库的项目不得安排预算、先有预算后有支出等约束机制，严控预算追加事项，加强财政资金绩效目标和支出进度“双监控”，及时发现和纠正问题。四是“系统出发、全面统筹”。从系统论出发优化财政管理方式，全面统筹“四本预算”，不断提高预算编制和执行水平，管好用好财政资金。五是“上下联动、形成合力”。坚持全省“一盘棋”工作格局，加强上下联动、协同配合，在落实财政改革部署、强化财政收支管理、增强财政可持续性上形成强大合力。

围绕中央决策部署和省委、省政府工作要求，2020年要扎实做好以下十个方面工作。

第一，坚持巩固深化主题教育成果，把学习贯彻习近平新时代中国特色社会主义思想不断引向深入。各级财政部门要巩固深化和运用好“不忘初心、牢记使命”主题教育成果，把不忘初心、牢记使命作为加强党的建设的永恒课题和党员、干部的终身课题，不断提高学习教育的针对性和时效性，教育引导党员、干部自觉践行以人民为中心的发展思想，使财政改革发展始终坚持正确政治方向、符合客观发展规律、体现人民群众愿望。全面落实第一议题制度，坚持经常性教育和集中性教育相结合，进一步深化对习近平新时代中国特色社会主义思想重大意义、科学体系、丰富内涵的理解，把总书记思想特别是总书记关于财政工作重要论述作为解决财政工作问题的“金钥匙”，不断提高全省财政干部政治理论素养和履职能力，着力把学习成果转化为提高政治素质、做好财政工作、推动财政事业发展的实际成效。

第二，进一步加强财政收支管理，通过节支改善财政收支平衡状况。2020年财政收支形势比较严峻，要更加突出以收定支，确保财政政策可持续，增强财政运行稳定性。一是科学合理确定收入预期。

科学分析预测、实事求是编制2020年收入预算，在充分考虑各项因素基础上，全省一般公共预算收入按照增长4%预计。各地在编制预算时，要注意收入增长预期与经济社会发展相适应，与财政政策相衔接，切实提高财政收入质量。二是切实做好财政节支工作。省级采取综合统筹压减方式，对部门预算的项目支出、非重点非刚性的事业发展性支出和运用预算安排“四挂钩”办法等进行压减（综合压减比例达17%）。各地要在2019年已压减的基础上进一步压减，继续盘活各类存量资金和资产。加大支出结构调整力度，新增项目支出要从严控制，预算执行中不必要的项目支出要坚决取消。三是强化财政收支执行。加强收入形势分析研判，着力抓好中央和地方共享税收收入，加强地方中小税种征管，规范抓好非税收入，确保财政收入运行平稳。继续落实好每个月召开政府常务会议、厅（局）务会议研究财政预算工作的制度，共同管好用好财政资金。各地政府要落实主体责任，切实把“三保”放在地方财政支出的优先位置，必须保证国家和省定标准保障到位，保障不到位的地方，不得自行提高标准或扩大范围。要规范暂付款挂账管理，积极稳妥有序消化存量挂账，严格控制新增挂账规模和累计余额，严禁通过违规列示暂付款实现收支平衡或解决新增支出需求。

第三，大力提质增效落实积极的财政政策，促进经济实现量的合理增长和质的稳步提升。发挥好财税政策的结构性调控优势，推进供给侧结构性改革，为经济平稳运行提供有力支撑。一是巩固拓展减税降费成效。2019年年中实施的增值税税率降低等政策，将在今年形成翘尾，预计2020年减税降费规模还将扩大。各地要加强财税部门的沟通协作，加强减税降费信息共享，密切关注各行业税负变化，牢牢把握“三个确保”要求，及时研究解决企业反映突出问题，持续发挥减税降费稳定和引导市场预期的政策效应。二是用好用足地方政府新增债券。坚持“资金跟着好项目走”，优化债券投向结构，落实好扩大专项债券使用范围等政策。各地要切实做好全年新增债券需求梳理，加强部门协调，建立健全滚动项目库，加快建立项目储备和前期准备、评估、遴选等工作机制，加快债券发行后资金使用进度，尽快形成实物工作量，扩大有效投资，形成对经济的有效拉动。三是着力推进创新发展。聚焦九大领域核心技术攻关，采取定向委托、揭榜制、并行资助等创新项目组织形式，推动加快攻克一批“卡脖子”关键技术。支持省重点实验室建设、省属科研院所创新能力建设等，建立基础研究投入稳定增长机制，构建基础研究资助部省市联动投入机制。四是大力推动制造业高质量发展。继续支持做强做优珠江西岸先进装备制造业产业带建设，推动创建国家级和省级制造业创业中心，提高产业基础能力和产业链现代化水平。实施新一轮技术改造三年行动计划，扩大政策奖励幅度和收益范围，推动产业转型升级。支持打造一批工业互联网应用标杆示范，推动工业企业“上云上平台”。

第四，全力推动粤港澳大湾区建设，支持深圳建设先行示范区和广州实现老城市新活力，加快构建“一核一带一区”区域发展新格局。完善相关财税政策，充分释放“双区驱动效应”，发挥广州、深圳“双核联动、比翼双飞”作用，牵引带动形成我省主体功能明显、优势互补、高质量发展的区域经济布局。一是落实落细大湾区建设财税支持政策。印发贯彻落实财政部推进粤港澳大湾区建设若干财政政策意见实施方案。落实大湾区个税差额补贴政策，实现高端和紧缺人才税负成本与香港趋同。将符合条件的港澳青年创新创业基地纳入广东省区域性（特色性）创业孵化基地建设扶持范围。优化省级科研资金过境等政策，推动建设国际科技创新中心，打造广深港澳科技创新走廊。加大广东债市场向港澳开放力度，创新债券品种，探索赴港澳发行广东省政府债券。二是落实支持广州、深圳特事特办工作机制。推动南沙国际航运保险业务免征增值税、启运港退税等税收优惠政策加快落地，积极申请自贸片区企业所得税优惠政策延期。充分利用深圳综合授权改革试点契机，支持深圳试行更大的地方税政权限。积极争取中央支持广州、深圳开展首创性、差异化财政改革探索，推动形成更多可复制可推广的财政改革创新成果。三是实施促进区域协调的差异化财税政策。支持沿海经济带重点平台和重点项目建设，打造全省产业发展主战场。完善生态保护补偿机制，推动北部生态发展区走出生态优先、绿色发展新路。加大均衡性转移支付力度，着力缩小粤东粤西粤北地区与珠三角之间、困难县区与全省平均水平之间的“两个财力差距”。强化县级基本财力保障，切实兜住“三保”底线。落实支持老区苏区民族地区发展财政政策，支持增强民生保障能力和发展内生动力，促进老区苏区振兴发展和民族地区高质量发展。

第五，着力支持打赢三大攻坚战，为全面建成小康社会筑牢坚实基础。积极发挥财政职能作用，继续抓重点、补短板、强弱项，确保完成各项目标任务。一是确保实现脱贫攻坚目标任务。继续加大财政扶贫投入力度，持续实施产业扶贫、就业扶贫、消费扶贫、低保兜底等政策措施，全力支持解决“两不愁三保障”突出问题，进一步加强财政扶贫资金监管，确保现行标准下相对贫困人口和相对贫困村全部脱贫出列。二是推动实现污染防治攻坚战阶段性目标。集中资金投入加快推进练江流域污水管网建设，落实重点流域横向生态补偿，支持抓好水污染治理。推动城市空气质量达标攻坚，支持完成节能减排“双控”任务目标。加快推进垃圾分类处理和资源化利用，推动开展“无废城市”建设。三是着力防范化解地方政府隐性债务风险。严格实施地方政府债务限额管理，落实政府法定债务和隐性债务风险等级评定通报机制，坚决遏制隐性债务增量。健全常态化监测机制，加强政府债务与隐性债务监测预警，推动尽快缓释风险。加大力度稳妥化解存量隐性债务，2020年要把大部分该化解的隐性债务化解掉，真正做到开前门、堵后门。坚持市场化法治化原则，做实做细化债方案，确保数字准、责任实。规范做好隐性债务变动统计工作，严禁搞“债务搬家”、虚假化债。

第六，深入贯彻实施乡村振兴战略，加快推进农业农村现代化。落实强农惠农富农各项财政政策措施，集中资源、强化保障、精准施策，推动“三农”工作迈上新台阶。一是加快推进乡村产业布局优化升级。聚焦优势产业和品牌产品，支持建设升级版现代农业产业园。加大力度支持推进“一村一品、一镇一业”，实施产业兴村强镇行动，扶持1000个村发展农业特色产业，建设50个省级以上专业镇，推动建设一批国家级产业强镇，促进农村一、二、三产业深度融合发展。全力推进中小河流治理，开展农村绿色小水电改造，支持做好水田垦造、高标准农田建设、基本农田保护等工作。二是推进生态宜居美丽乡村建设。对标2020年任务标准，持续推进农村人居环境整治和实施“千村示范、万村整治”工程，实施农村“厕所革命”奖补政策，加强对农村生活垃圾和生活污水处理支持力度，推动美丽乡村建设提档升级。三是深化涉农资金统筹整合。按照从省直部门主导向市县政府和省直部门共同主导转变，从“省里先安排钱、市县再谋划事”向“市县先谋划事、省里再安排钱”转变，从执行环节整合向编制环节转变，精简项目建设流程，优化重构涉农资金工作流程、分配机制和项目建设流程，进一步加大省级涉农资金的市县统筹力度，提升财政支农政策效果和涉农资金使用效益。

第七，加强普惠性、基础性、兜底性民生建设，确保民生特别是困难群众基本生活得到有效保障和改善。强化财政民生投入导向，尽力而为、量力而行，持续增强人民群众福祉。一是支持稳定和促进就业。完善就业创业扶持及奖补政策，稳定就业总量，突出支持做好高校毕业生、下岗失业人员、异地务工人员、退役军人等重点人群就业工作。用足用好就业补助资金和失业保险基金，帮扶困难企业职工稳岗转岗。落实广东省职业技能提升行动实施方案，深入推进“广东技工”“粤菜师傅”“南粤家政”等工程。二是支持教育优先发展。落实各学阶生均拨款制度，学前教育生均经费和公办普通高中生均公用经费全省最低标准分别提高33%和100%。扩大各类教育学位优质、均衡、普惠供给，推动落实学前教育“5080”目标，支持义务教育薄弱环节改善与能力提升。围绕“粤东西北地区高校新建迁建工作”“高等教育学位建设”“清远省职教城二期工程”集中投入，支持提高高等教育毛入学率和促进广东职业教育集聚发展。三是支持推进健康广东建设。支持深化医疗、医保、医药“三医”联动。推进30家高水平医院建设，实施粤东粤西粤北地区市级医疗服务能力提升计划，支持疫苗安全能力建设，支持创建呼吸、肿瘤、肾病三大国际医学中心。进一步提高人均基本公共卫生服务项目经费标准和城乡居民医保补助标准，加强卫生健康服务。四是提升底线民生保障水平。全面推开划转部分国有资本充实社保基金工作，推进养老保险省级统筹。将城乡最低生活保障人均补差水平提高到每月609元、276元，特困人员基本生活保障标准不低于当地最低生活保障标准的1.6倍，实现特困人员政策范围内基本医疗救助比例达到100%，城乡低保对象和建档立卡贫困人口达到80%以上。五是支持推动文化强省建设。加强文化遗产保护利用，保障重大公共文化设施建设，支持推动文化旅游融合发展。强化公共文化服务供给，推动补齐人均公共文化支出短板，确保如期实现全面建成小康社会目标。

第八，深化预算编制执行监督管理改革，不断提升理财聚财用财管财水平。按照系统谋划、扩面提效、整体推进、形成合力思路，推动预算管理改革向市县拓展延伸，实现改革在省市县三级全面铺开、全面落实，充分发挥预算管理在财政管理中的龙头关键作用。一是改进预算编制方法和程序。完善预算编制的基本规则，明确支出保障的原则、标准、比例和次序。推广重大政策和项目事前绩效评审，完善预算项目支出标准体系，提高预算编制的科学性精准性。充分运用零基预算理念，支出安排不受以往年度基数限制，打破预算安排的固化格局。二是加快推进全省项目库建设。集中力量用1~2年时间分批推进全省项目库管理改革，实现省市县项目库管理全覆盖。加强项目评审论证和绩效目标审核，坚持“先有项目、后定预算”原则，未纳入项目库项目原则上不得安排预算。三是完善预算安排挂钩机制。完善项目库入库率、绩效评价结果、审计意见、执行进度与预算安排挂钩机制，探索建立财政运行综合绩效与转移支付分配挂钩机制，推动预算安排更加注重结果导向、强调成本效益、硬化责任约束。四是推进财政“放管服”改革。加大力度推广“大专项+任务清单”管理模式，推动预算执行主体责任归位预算单位，重构权责清晰、设置合理、操作顺畅的预算执行流程。五是全面实施预算绩效管理。构建全方位、全过程、全覆盖的预算绩效管理体系，完善绩效目标管理的机制。加强绩效管理标准化体系的建设，改进绩效评价的方式方法和评价指标体系，提高绩效评价结果的科学性、针对性和可用性，提高绩效评价的质量。

第九，推进财政制度创新，加快建立完善现代财政制度。围绕推进国家治理体系和治理能力现代化，突出财政制度建设这一主线，继续深化财税体制改革，推动财政各项改革向制度更加成熟更加定型靠拢。一是深化省以下财政体制改革。推进主要领域省级与市县财政事权和支出责任划分改革，合理划分实施更大规模减税降费后省级与市县财政收入，稳定市县财政收入来源。二是深化转移支付制度改革。完善以功能区建设为导向的差异化转移支付政策，推进地区间基本公共服务均等化，深化转移支付分类改革，厘清各自功能定位，优化整合转移支付项目，做实一般性转移支付强化兜底保障，做强共同财政事权转移支付推动民生发展，做精专项转移支付促进高质量发展。三是深化地方税体系改革。健全完善地方中小税种管理，更好地发挥地方税在筹集地方财政收入、调节经济运行的重要作用。四是深化财政支出制度改革。以提高财政资金使用绩效为目标，不断优化完善财政支出方向、规模、结构和管理制度，实现财政资金配置效率和使用效益“双提升”。五是深化预算管理制度改革。加强基础基层工作，完善标准科学、规范透明、约束有力的预算制度。六是深化政府债务管理制度改革。严格实行地方政府债务限额管理，建立健全地方政府债务风险防控机制，妥善处理存量债务，牢牢守住不发生系统性风险底线。

第十，将制度执行转化为财政管理效能，不断提升财政治理能力。狠抓制度建设和执行，以制度为准星想问题、作决策、抓落实，创新财政行政方式，提高行政效能，不断提高财政服务质量和效率。一是强化财政制度执行。持续跟踪落实财政重大政策和制度执行，建立财政重大政策和制度执行台账，确保一本账掌握财政重大改革政策和制度落实具体情况，做到已经落实的查效果，正在落实的查进度，尚未落实的查原因，不抓落实的查责任，坚决杜绝在制度执行上做选择、搞变通、打折扣的现象，保证各项制度执行到位。二是以信息化建设提升监管能力。统一全省财政核心业务标准规范，重构全省一体化平台和推进全省财政核心业务纵向集中化，采取全省“统一规划建设，统一部署实施，统一数据应用”，共建标准大平台、共享全省大数据，实现财政管理有载体、财政监控有抓手、财政决策有支撑。坚持走信息监控的道路，结合财政核心业务一体化系统、财政信息数据库建设和内控内审等工作，优化财政工作流程，建立健全财政资金分配使用全程留痕、责任可追溯的监管机制，不断丰富和完善财政监督结果应用机制。三是完善对口服务工作机制。按照“一类事项由一个处室统筹、一件事情由一个处室负责”的原则，研究完善财政部门对口服务事项办事指引，明确厘清权责边界、明晰办事程序、优化办事流程，全面理顺优化财政部门办事规程，完善首问首办责任制，深化“放管服”改革，提高对口服务工作标准化、科学化水平。四是着力提高财政干部队伍治理能力。把提高治理能力作为新时代财政干部队伍建设的重大任务，深入推进财政系统建设高素质人才队伍行动，构建“四横、四纵、六航计划”的财政人才工作体系，强化全省财政干部政治历练、专业训练、实践磨炼、综合培训，引导全省财政干部提高运用制度干事创业能力，严格按照制度履行职责、行使权力、开展工作。

（本文系广东省财政厅党组书记、厅长戴运龙2020年1月7日在全省财政工作会议上的工作报告节选）

做忠诚　干净　担当的新时代财政干部

广东省财政厅党组书记、厅长　戴运龙

党的十八大以来，习近平总书记对忠诚、干净、担当作出了一系列重要论述，系统回答了新时代党员干部为什么要忠诚、干净、担当，怎样做到忠诚干净担当等重大问题。从这些重要论述中，可以深刻领会践行忠诚干净担当的要求、方法，同时也能深刻感受蕴含其中质朴真挚的为民情怀、许党许国的担当精神。忠诚是为政之魂，干净是立身之本，担当是成事之要，三者之间相辅相成、有机统一，共同铸就着共产党人的精神风范，共同诠释着党员干部的政治本色。财政是国家治理的基础和重要支柱，财政部门首先是政治机关，应坚持更高标准、更严要求，切实将忠诚干净担当体现在思想上、落实到行动中，做忠诚、干净、担当的新时代财政干部。

永葆对党忠诚的政治品格

对党忠诚是党员干部最基本的政治要求，也是党员干部应当具备的最重要的政治品格。作为一名共产党员，必须始终牢记入党宣誓时的庄严承诺，坚守对党忠诚。

用理想信念支撑忠诚。理想信念是共产党人的精神脊梁，是党员干部安身立命的根本。习近平总书记强调，马克思主义执政党不是因利益而结成的政党，而是以共同理想信念而组织起来的政党。共产主义远大理想和中国特色社会主义共同理想，是保持对党团结统一的思想基础，是共产党人经受任何考验的精神支柱。财政干部要坚定对马克思主义的信仰、对社会主义和共产主义的信念，增强理想信念之“钙”，切实解决好理想信念和世界观、人生观、价值观这个“总开关”问题，坚定中国特色社会主义道路自信、理论自信、制度自信、文化自信，筑牢对党忠诚的思想基础。要坚持把学习领会习近平新时代中国特色社会主义思想作为财政干部日常工作的“必修课”和谋事创业的“前课”，深入领会精髓要义，坚持用习近平新时代中国特色社会主义思想武装头脑，深刻把握、灵活运用蕴含其中的马克思主义世界观、方法论，指导形成推动财政改革发展的正确工作策略和方法，自觉做习近平新时代中国特色社会主义思想的坚定信仰者、忠实实践者。

用“两个坚决维护”诠释忠诚。“两个维护”是首要的政治纪律，只有做到“两个维护”，旗帜鲜明讲政治，才能经受住各种考验，坚持正确政治方向。财政干部要把“两个维护”作为根本政治要求，在深刻认识核心、真诚拥护核心、坚定维护核心这个重大政治问题、重大政治原则上态度鲜明、立场坚定、行动自觉，尤其要深入感受习近平总书记对广东的深厚感情和殷切期望，激发出“两个坚决维护”的内生动力、强大力量，发自内心忠诚核心、拥戴核心、维护核心、捍卫核心，坚决维护习近平总书记定于一尊、一锤定音的权威。严守党的政治纪律和政治规矩，牢记“五个必须”，防止“七个有之”，自觉远离各种“小圈子”。

用实际行动体现忠诚。对党忠诚不是抽象而是具体的，体现为对党组织所有的纪律、规矩都要不折不扣、老老实实地执行，没有什么可隐瞒的，没有什么需要遮遮掩掩的。习近平总书记多次指出党内存在的“两面人”问题，包括有的修身不真修，信仰不真信，表里不一、说一套、做一套，有的公开场合要党员、干部坚定理想信念，背地里自己不敬苍生敬鬼神，笃信风水、迷信“大师”；在党的十九大报告中又特别强调，要弘扬忠诚老实、公道正派、实事求是、清正廉洁等价值观，坚决反对搞“两面派”、做“两面人”。“两面派”、“两面人”，实际上就是表里不一，说的一套，做的一套，表面上忠诚于党，行动上不老实。财政部门必须坚决反对这种“两面人”现象，从小事做起，从细节抓起、从日常严起，把对党忠诚体现到一言一行中、落实到财政各项具体工作里、反映到担当作为上，真正做到嘴上说、心里想、实际做的高度统一，做到光明磊落、行为有矩、诚实做人。

坚守清正廉洁的从政底线

坚持清正廉洁，是党员干部必须守好的基本底线。党员干部若不能守住个人干净的“底线”，就会像大厦失去了支柱、大坝动摇了根基，必然带来道德上的堕落、生活上的腐化、法纪上的失范。财政干部要算清廉政这本账，清清白白做人、干干净净干事，做到思想上清醒、经济上清白、生活上清新。

坚持秉公用权不越轨。领导干部能不能做到个人干净，最经常的检验就是能不能正确对待和行使权力。现实中，一些人权力观扭曲，奉行有权不用、过期作废，一朝权在手、便把令来行，用手中权力给自己谋私利，最后走向不归之路。财政部门掌管“钱袋子”，一定要引以为戒，树立正确的权力观，明确权力来自人民，必须用之于人民，坚持秉公用权、依法用权、廉洁用权，不能擅自滥用，不能被家人利用，不能给朋友借用，也不能搞交易使用。一些不法商人拉拢领导干部，往往不是因为领导干部本人有多大魅力，而是因为手中有可以让他们牟利发财的权力；一些人向领导干部讨好、献媚，实际上也是奔着领导手中的权力而来的。要牢记人情里面有原则、交往之中有纪律，决不能飘飘然、昏昏然，在各种诱惑面前，防微杜渐、警钟长鸣，做到不该要的东西坚决不要，不能去的地方坚决不去，不能做的事情坚决不做，尤其是财政部门涉及财、物管理，涉及资金分配、政府采购等方面，更要坚持秉公用权，严格依法依规办事。

坚持慎独慎微不放纵。思想上一尘不染，行动上才能一身正气。一个人能否廉洁自律，最大的诱惑是自己，最难战胜的敌人也是自己。怎样才能管住自己、战胜自己？关键是筑牢思想防线，做到自警自律、慎独慎微。一个党员干部，自己的病自己知道，解决自己的问题首先要靠自己。财政干部要常思律己之益、常思放纵之害，特别是从典型案例、身边事例中引以为戒，举一反三，警钟常鸣，认清欲望的背后是陷阱，明白贪婪的尽头是末路，从而勒紧心中的“紧箍咒”，通过自省、自责、克己、律己，不断提高道德修养。既解决好世界观、人生观、价值观这个“总开关”问题，也慎微慎独，解决好小节、小事、小处的问题，既大处着眼又小处着手，防止“温水煮青蛙”。同时，净化社交圈、生活圈、朋友圈，正确选择个人爱好，培养健康的生活情趣，管好八小时外生活，平时讲操守、重品行，增强拒腐防变能力。

自觉接受监督不逾矩。遵纪守法、接受监督，既是对党和人民事业负责，也是个人干净的重要保障。信任不能代替监督，不受监督，没有制约，廉政上就容易出问题。财政党员干部要切实增强法纪意识，心中高悬纪律的明镜，手中紧握纪律的戒尺，筑牢廉洁从政的屏障。遵守廉洁自律准则和新修订的纪律处分条例，习惯在党纪国法约束下作决策，在制度笼子里办事情，严格按照法定职责、法定权限、法定程序，公开透明地履行职责，自觉接受来自各个方面的监督。严格落实财政内控各项制度措施，加强风险防控体系建设，切实增强监督的自觉性、有效性，严守廉洁纪律，做遵规守纪、廉洁自律的楷模。

强化敢于担当的责任意识

习近平总书记指出，担当大小，体现着干部的胸怀、勇气、格调，有多大担当才能干多大事业。财政干部要敢于担当、善于担当、勇于负责，脚踏实地、真抓实干，把全部身心都用在干事创业上。

强化攻坚克难的使命担当。当前，广东财政工作面临许多新矛盾、新问题，很多改革涉及既得利益的调整，是难啃的“硬骨头”，这些问题绕不开，也躲不过，要求财政干部必须克服满足现状的倾向，坚决摒弃“不求有功，但求无过”的守旧思想，更好地适应新形势新任务，拿出“明知山有虎、偏向虎山行”的勇气，直面矛盾问题，敢于攻坚克难，抓住事关财政改革发展稳定的重大问题、群众普遍关心和反映强烈的突出问题积极开展工作。特别是财政改革“牵一发而动全身”，如省级预算编制执行监督管理改革、全面实施预算绩效管理、完善省以下转移支付体制、支持机构改革等等，都需要下大力气研究和推进。作为新时代的财政干部，要强化改革攻坚的使命担当，对一些难度大、比较复杂的工作，领导干部要亲自研究，冲在一线，大兴调查研究之风，真正通过调研了解基层实情、提高解决问题的能力水平，每年拿出一定有含金量的调研成果，转化为实打实的政策举措。以对党和人民高度负责的精神，切实把攻坚克难的责任担起来，持续发力、久久为功，确保各项财政改革取得实实在在的成效。

锤炼以身作则的责任担当。所谓“干部”，摆在前面的是“干”，是率先垂范做给大家看，以身作则撸起袖子加油干。特别是领导干部，要身体力行，以上率下发挥好“头雁”作用。在这方面，习近平总书记为全党发挥了示范和带头作用，党的十八大以来，习近平总书记以身作则、率先垂范，以只争朝夕、时不我待的紧迫感，亲力亲为、攻坚克难、善作善成，带领全党解决了许多长期想解决而没有解决的难题，办成了许多过去想办而没有办成的大事，推动党和国家取得历史性成就、发生历史性变革。财政干部要以习近平总书记为榜样，始终坚守财政人的家国情怀，切实增强责任意识、担当精神，认真履职尽责，通过持之以恒的带动、示范，一级做给一级看，一级带着一级干，真正促进财政部门工作作风实起来、严起来、细起来。

增强本领过硬的能力担当。敢于担当，还要善于担当。这就需要财政干部按照高素质专业化的要求，不断提高自身本领素质，解决本领恐慌问题。高素质专业化，通俗地讲就是政治上靠得住、工作上有本事、作风上过得硬。高素质着重讲政治素质，专业化着重强调在政治素质过硬、具有较高领导能力前提下的专业能力、专业精神。当然，能力的提升不是一朝一夕的事情，需要平时注意加强学习积累和实践锻炼，一步一个脚印不断提高。特别是要按照习近平总书记要求的，牢固树立终身学习的理念，把学习作为一种政治责任、一种精神追求、一种健康生活方式，让学习成为工作生活的重要组成部分，下决心挤时间，坚持不懈加强学习、提高本领。坚持干什么学什么、缺什么补什么，结合工作需要有针对性地学习经济、政治、文化、社会、生态、科技、法律等各方面知识，不断熟悉新领域、开拓新视野，加快知识更新储备，使谋划财政改革发展各项工作更符合规律、更符合广东经济社会发展要求。

（原载于《中国财政》2019年第2期）

牢固树立过“紧日子”思想
用政府的“紧日子”保障人民的“好日子”

广东省财政厅党组书记、厅长　戴运龙

今年全国“两会”期间，习近平总书记在参加内蒙古代表团审议时强调，艰苦奋斗、勤俭节约不仅是我们一路走来、发展壮大的重要保证，也是继往开来、再创辉煌的重要保证。习近平总书记的这些要求和论断，既是对我们党在长期革命、建设和改革过程中历史经验的科学总结，也为新时代继承和弘扬艰苦奋斗、勤俭节约优良传统提出了号召。财政是国家治理的基础和重要支柱，财政部门必须坚决贯彻习近平总书记重要讲话精神，弘扬艰苦奋斗、勤俭节约的优良传统，牢固树立过“紧日子”思想，用政府的“紧日子”保障人民的“好日子”。

深刻认识艰苦奋斗、勤俭节约，过“紧日子”的重大意义

艰苦奋斗、勤俭节约，过“紧日子”是我们党的优良传统。习近平总书记指出，不论我们国家发展到什么水平，不论人民生活改善到什么地步，艰苦奋斗、勤俭节约的思想永远不能丢。艰苦奋斗、勤俭节约是中华民族的传统美德，也是我们党的优良传统和作风。纵观我们党的历史，从革命战争年代，到社会主义建设时期，再到改革开放以来，艰苦奋斗、勤俭节约，过“紧日子”作为强大的精神力量，始终激励着我们党攻坚克难、走向胜利、成就伟业。党的历代领导集体一贯主张共产党员和领导干部要保持艰苦奋斗、勤俭节约的作风，坚决反对各种形式的贪图享乐、铺张浪费。在中共七届二中全会上，毛主席向全党提出了著名的“两个务必”，强调要保持艰苦奋斗的作风；改革开放之初，邓小平同志曾说，我们的路还很长，艰苦奋斗还是要讲，一点不能疏忽，要勤俭办一切事情才能实现我们的目标；党的十八大以来，习近平总书记反复强调，全党一定要保持艰苦奋斗、戒骄戒躁的作风，牢固树立过“紧日子”思想，坚持勤俭办一切事业。回顾历史、审视现实，艰苦奋斗、勤俭节约，过“紧日子”始终是我们党的优良传统，我们应保持清醒，任何时候，艰苦奋斗、勤俭节约的传家宝不能丢，过“紧日子”的自觉必须增强。

艰苦奋斗、勤俭节约，过“紧日子”是坚持以人民为中心的发展思想的重要体现。习近平总书记强调，党和政府带头过“紧日子”，目的是为了老百姓过“好日子”，这是我们党的宗旨和性质所决定的。习近平总书记这一重要论断，彰显了以人民为中心的发展思想，深刻诠释了党和政府带头过“紧日子”与老百姓过“好日子”的辩证关系。艰苦奋斗、勤俭节约，不是为省钱而省钱，而是要把过“紧日子”节省下来的资金，用到改善民生的“刀刃”上，把更多“真金白银”用于为民生雪中送炭，确保重点领域的民生支出和保障水平不缩水，让人民群众分享更多改革发展成果，不断促进社会公平正义。因此，保持艰苦奋斗、勤俭节约的作风，带头过“紧日子”的出发点和落脚点都是为了人民，充分彰显了人民至上的价值取向，是以人民为中心的发展思想的重要体现。

艰苦奋斗、勤俭节约，过“紧日子”是财政工作必须坚持的基本方针。财政取之于民、用之于民，财政部门作为政府综合经济管理部门，在弘扬艰苦奋斗、勤俭节约优良传统作风、带头过“紧日子”上责无旁贷，必须把过“紧日子”作为财政工作始终坚持的方针，将过“紧日子”的要求贯彻到财政工作实践中。特别是在当前贯彻实施积极的财政政策加力提效、实施更大规模减税降费的背景下，必须牢记习近平总书记嘱托，在理财管财时恒念物力维艰、常思民生疾苦，对每一分财政资金精打细算、做好规划，让艰苦奋斗、勤俭节约成为自觉追求、时代新风，把政府带头过“紧日子”付诸实践、见诸行动，以过“紧日子”倒逼提高财政资金使用绩效，推动加快建立现代财政制度，为广东实现“四个走在全国前列”、当好“两个重要窗口”提供坚实的财政保障。

坚持以过“紧日子”思想指导谋划财政工作

牢固树立过“紧日子”思想，要当好“铁公鸡”、打好“铁算盘”。精打细算，过“紧日子”，不是要当“守财奴”，该花钱的钱不花，而是既要当好“铁公鸡”，不该花的钱“一毛不拔”；又要打好“铁算盘”，把该花的钱花好，花在刀刃上。在财政资金有限的情况

下，一方面，树立大财政大预算的系统思维，全面统筹预算资金、存量资金资产、债务资金、财政出资的政策性基金、政府股权资产等各类政府资金资产来源，集中财力服务经济社会发展。另一方面，创新财政支出方式，优化支出结构，坚持有所为、有所不为，坚持突出重点、有保有压，集中力量服务大局、办成大事。只有这样才能真正赢得老百姓的信任、理解和支持，才能增强党和政府的公信力和凝聚力。

牢固树立过“紧日子”思想，要坚持花钱必问效、无效必问责。精打细算、过“紧日子”不是为紧而紧，而是强调绩效要求，用好“每一个铜板”，让有限的资金发挥出最大的效益。要全面实施预算绩效管理，将预算绩效管理贯穿预算编制执行全过程，加快预算执行进度，做好预算绩效监控，更好发挥财政资金作用。要深化预算管理改革，明晰部门权责、各负其责，提高各方积极性，用“立规则、定目标、下任务”来强化管理，提升政府行政效率效能与财政资金使用效益。要推进财政“放管服”改革，转变政府职能，精简财政资金和项目审批事项，提高审批效率和透明程度，主动接受各方面的监督。

牢固树立过“紧日子”思想，要坚持先谋事再排钱。精打细算、过“紧日子”，让资金花出效益，必须处理“干事”与“要钱”的关系。“先谋事再排钱”，先有干事方案再研究资金安排，要求工作推进和预算安排坚持通盘考虑，提前谋划，彻底转变各级政府部门“先要钱再谋事”，乃至“只要钱不谋事”的旧观念、旧思维，把钱用到老百姓最急需的地方，达到预期效益。要通过加强调查研究，真正了解百姓的需求，分清轻重缓急，明确是否该做、该谁做、该何时做，集中力量解决主要矛盾，一件一件去干、干好。同时，考虑财力状况和财力可能，既尽力而为，也量力而行，充分考虑自身财力水平，确保预算安排科学精准，防止“任性用钱”。

坚决把过“紧日子”的要求贯彻到财政工作实践中

一方面，坚持“严”字当头，落细落小落具体，做好“压”“减”“控”“管”四篇文章。压，就是压缩一般性支出和“三公”经费支出。严格贯彻落实中央决策精神，除扶贫脱贫等刚性必保支出外，2019年省级部门预算中的差旅费、因公出国（境）费用、会议费、培训费、公务接待费等一般性支出一律按照不低于5%的比例压减，“三公”经费再压减3%。减，就是坚决削减不必要支出。严控以党政机关名义主办的庆典、晚会、论坛、展览、纪念会等大型活动，未列入清单和计划的不得举办。严控举办规模和经费支出，适合市场化管理的大型活动，交由社会组织或企业主办，原则上不安排财政资金，2019年大型活动经费支出比上年下降5%以上。控，就是从严控制新增支出。进一步硬化预算约束，执行中新增临时性、应急性等支出主要通过部门已有资金解决，年中不得随意追加。继续停止新建、扩建、改建、迁建、购置楼堂馆所，统筹机构改革办公用房调配，集约利用资源，节约办公费用。管，就是加强监督管理。完善财政信息公开制度，坚持以公开为常态，不公开为例外，依法依规全面及时公开财政预决算信息。健全严控一般性支出的监督检查和审计机制，实行省级部门行政经费节约考核并建立统计通报制度。

另一方面，坚持以人民为中心的发展思想，切实用政府的“紧日子”保障人民的“好日子”。节用是手段，裕民是目的。提倡过“紧日子”，只能紧政府不能紧民生。要在大力压减一般性支出、严控“三公”经费支出、带头严格管理部门支出的基础上，紧紧围绕人民群众所想、所需、所求，用过“紧日子”腾出的宝贵资金保障人民的“好日子”。2019年广东省级部门预算中，一般性支出按中央压减5%的要求压减，其中“三公”经费比上年下降超过8%。同时，对其他通过削减不必要的支出、从严控制新增支出和开展行政经费节约考核腾出的财政资金，全部用于保障基本民生和重大改革、重大战略实施。2019年广东省安排民生类支出11393亿元，较上年增长超过5%，其中社会保障和就业支出比上年增长30%；安排近900亿元支持实施省十件民生实事，支持把民生问题一个一个解决好、一件一件办好，切实提高保障和改善民生水平，不断增强人民群众的获得感、幸福感、安全感。

（原载于《中国财政》2019年第9期）

规范性文件

Normative Documents

广东省海域使用金征收使用管理办法

（广东省财政厅　广东省自然资源厅2019年5月10日发布，粤财规〔2019〕2号）

第一条　为加强对我省海域使用金的征缴使用管理，根据《中华人民共和国海域使用管理法》《广东省海域使用管理条例》等法律法规和政策规定，制定本办法。

第二条　凡使用我省某一固定海域从事排他性开发利用活动的单位和个人，必须按批准的海域使用权面积、用海类型和方式、使用年限缴纳海域使用金。

第三条　我省海域使用金征收标准实行动态发布。

海域使用者经审批机关批准获得海域使用权时，应按照批复用海时适用的海域使用金征收标准缴纳海域使用金。因海域使用权续期或用海方案调整等需重新报批的，按重新批准时适用的征收标准执行。2018年5月1日后批准的逐年缴纳海域使用金的用海项目，如海域使用金征收标准调整，调整后第二年起执行新标准。

县级以上自然资源行政主管部门负责按照国家和省海域使用金征收标准有关规定征收海域使用金。

海域使用金的征收不得低于国家和省规定的征收标准。通过公开招标拍卖挂牌出让取得海域使用权的用海项目，海域使用金按公开招标拍卖挂牌出让有关规定执行。

第四条　海域使用金按项目用海不同，分一次性征收或按照使用年限逐年征收。

凡属一次性征收海域使用金的项目，必须在领取海域使用权证书时全额缴清海域使用金。用海项目应缴海域使用金金额超过1亿元，且用海单位或者个人一次性缴纳海域使用金确有困难的，经有关自然资源行政主管部门商同级财政部门同意，可批准其分期缴纳。海域使用金分期缴纳的时间跨度最长不得超过3年，第一期缴纳的海域使用金不得低于应缴海域使用金金额的50%。

凡按年度征缴的，在领取海域使用权证书时应缴纳当年度的海域使用金；以后年度按规定缴纳各年度应缴的海域使用金。

按年度逐年缴纳海域使用金的海域使用权人不按期缴纳海域使用金的，限期缴纳；在限期内仍拒不缴纳的，由颁发海域使用权证书的人民政府注销海域使用权证书，收回海域使用权。

第五条　下列用海，免缴海域使用金：

（一）军事用海；

（二）公务船舶专用码头用海；

（三）非经营性的航道、锚地等交通基础设施用海；

（四）教学、科研、防灾减灾、海难搜救打捞等非经营性公益事业用海；

（五）国家规定的免缴海域使用金的其他项目用海。

第六条　下列项目用海，按照国务院财政部门和国务院自然资源行政主管部门的规定，经有批准权的人民政府财政部门和自然资源行政主管部门审查批准，可以减缴或免缴海域使用金。

（一）公用设施项目。

（二）国务院审批或核准的固定资产投资项目。

（三）养殖项目。

海域使用金减免具体规定由省财政部门会同省自然资源行政主管部门适时研究制定，报省人民政府批准后实施。

第七条　符合本办法第五条、第六条规定情形的项目用海，申请人应当在收到海域使用金缴款通知之日起30日内，按照下列规定办理海域使用金减免手续：

（一）申请人申请减免国务院审批项目用海应缴的海域使用金，应当报财政部、自然资源部审查批准；

（二）申请人申请减免省、地级以上市（计划单列市除外）、县（市、区）人民政府审批项目用海应缴的海域使用金，应当向项目所在地财政部门和自然资源行政主管部门提出书面申请，逐级报至省财政厅、省自然资源厅审查批准；

（三）申请人申请减免计划单列市人民政府审批项目用海应缴的海域使用金，应当报计划单列市财政部门、自然资源行政主管部门审查批准；

（四）养殖用海的海域使用金减免由审批养殖用海的地方人民政府财政部门会同自然资源行政主管部门批准。

第八条　海域使用金纳入财政一般预算管理，全部上缴国库，30%作为中央财政预算收入，就地缴入中央国库；70%作为地方财政预算收入，就地缴入地方国库。其中：属于国家和省（含计划单列市）批准的项目用海海域使用金70%部分全部缴入省级（指省或计划单列市）国库，属于地级以上市、县（市、区）批准的项目用海海域使用金70%部分就地缴入本级国库。地方人民政府管理海域外的项目用海，海域使用金全部缴入中央国库。

养殖用海海域使用金全部就地缴入审批养殖用海的本级国库。

第九条 海域使用金原则上由海域使用单位或个人（以下称缴款人）就地缴库。征收部门征收海域使用金时，按照非税收入征缴有关规定办理，通知缴款人按照规定缴款，就地将海域使用金分别缴入中央和地方各级国库。

第十条 海域使用金的征收按照规定使用省财政厅统一印制的财政票据。

第十一条 海域使用金纳入财政预算管理，按《中华人民共和国预算法》等有关规定编列年度收支预算，资金统筹用于海洋事业发展，有关部门和单位要按规定严格执行预算。

第十二条 各级自然资源行政主管部门负责项目的组织实施和管理。

第十三条 各级财政部门、自然资源行政主管部门应加强对海域使用金的征收管理和监督检查，确保海域使用金及时、足额收缴，依法接受审计部门的审计监督。

第十四条 对违反规定的单位和个人，根据《中华人民共和国海域使用管理法》《中华人民共和国预算法》等有关法律法规依法查处，追究有关责任人的责任。

第十五条 本办法自2019年7月1日起施行，有效期5年。

关于印发《广东省海域使用金征收标准》的通知

（广东省财政厅　广东省自然资源厅2019年5月27日发布，粤财规〔2019〕3号）

沿海各地级以上市财政局、自然资源局（不含深圳市）：

根据《财政部　国家海洋局印发〈关于调整海域无居民海岛使用金征收标准〉的通知》（财综〔2018〕15号）要求，省财政厅、自然资源厅制定了《广东省海域使用金征收标准》，现印发给你们，请遵照执行，并将有关事项通知如下：

一、自本通知施行之日起，征收海域使用金按本通知规定执行。

二、沿海各地级以上市（不含深圳）可结合本地区海域资源及海域使用需求等情况，在本标准的基础上适当上浮一定比例（不超过30%）制定标准，报地级以上市人民政府批准后执行，并报省财政厅、省自然资源厅备案。以申请审批方式出让海域使用权的，执行所在市标准；以招标、拍卖、挂牌方式出让海域使用权的，出让底价不得低于按照所在市标准计算的海域使用金金额。

尚未颁布地级以上市海域使用金征收标准的地区，执行本标准。

三、本通知施行前已获批准但尚未缴纳海域使用金的用海项目，仍执行原海域使用金征收标准。其中，招标、拍卖、挂牌方式出让的项目批准时间，以政府批复出让方案的时间为准。

四、经批准分期缴纳海域使用金的用海项目，在批准的分期缴款时间内，应按照出让合同或分期缴款批复缴纳剩余部分。

五、已获批准按规定逐年缴纳海域使用金的用海项目，项目确权登记时间在本通知施行前的，仍执行原海域使用金征收标准，出让合同另有约定的除外，缴款通知书已有规定的从其规定；因海域使用权续期或用海方案调整等需重新报经政府批准的，批准后按照新标准执行。

本通知施行后批准的逐年缴纳海域使用金的用海项目，如海域使用金征收标准调整，调整后第二年起执行新标准。

六、本通知自2019年7月1日起施行，有效期3年。此前我省制发的有关规定与本通知规定不一致的，以本通知规定为准。

七、省财政厅会同省自然资源厅将按照国家要求、海域资源环境承载能力等对海域使用金征收标准进行动态调整。

广东省海域使用金征收标准

根据《财政部　国家海洋局印发〈关于调整海域无居民海岛使用金征收标准〉的通知》（财综〔2018〕15号），现将我省（不含深圳市，下同）海域使用金征收标准明确如下：

一、海域等别调整

根据沿海地区行政区划变化以及海域资源和生态环境、社会经济发展等情况，我省海域等别调整如下：

海域等别

一等：

广州市（黄埔区　番禺区　南沙区　增城区）

二等：

东莞市　汕头市（龙湖区　金平区　潮阳区）　中山市　珠海市（香洲区　斗门区　金湾区）

三等：

汕头市（濠江区　潮南区　澄海区）　江门市新会区　湛江市（赤坎区　霞山区　坡头区　麻章区）　茂名市电白区　惠州市惠阳区　惠东县

四等：

南澳县　台山市　恩平市　汕尾市城区　阳江市江城区

五等：

遂溪县　徐闻县　廉江市　雷州市　吴川市　海丰县　陆丰市　阳东县　阳西县　饶平县　揭阳市榕城区　惠来县

二、海域使用金征收标准

根据国民经济增长、资源价格变化水平，并考虑海域开发利用的生态环境损害成本和社会承受能力，海域使用金征收标准详见附件。

三、用海方式界定

根据海域使用特征及对海域自然属性的影响程度，用海方式界定如下：

广东省海域使用金征收标准

编码		用海方式名称	界　　定
1		填海造地用海	指筑堤围割海域填成土地，并形成有效岸线的用海
	11	建设填海造地用海	指通过筑堤围割海域，填成建设用地用于工业、交通运输、渔业基础设施、城镇建设等的用海。 工业、交通运输、渔业基础设施等填海是指主导用途用于工业、交通运输、渔业基础设施、旅游娱乐、海底工程、特殊用海等的填海造地用海；城镇建设填海是指除工业、交通运输、渔业基础设施等填海以外的其他填海造地用海。
	12	农业填海造地用海	指通过筑堤围割海域，填成农用地用于农、林、牧业生产的用海
2		构筑物用海	指采用透水或非透水等方式构筑海上各类设施的用海
	21	非透水构筑物用海	指采用非透水方式构筑不形成有效岸线的码头、突堤、引堤、防波堤、路基、设施基座等构筑物的用海
	22	跨海桥梁、海底隧道用海	指占用海面空间或底土用于建设跨海桥梁、海底隧道、海底仓储等的用海
	23	透水构筑物用海	指采用透水方式构筑码头、平台、海面栈桥、高脚屋、塔架、潜堤、人工鱼礁等构筑物的用海
3		围海用海	指通过筑堤或其他手段，以完全或不完全闭合形式围割海域进行海洋开发活动的用海
	31	港池、蓄水用海	指通过修筑海堤或防浪设施圈围海域，用于港口作业、修造船、蓄水等的用海，含开敞式码头前沿的船舶靠泊和回旋水域
	32	盐田用海	指通过筑堤圈围海域用于盐业生产的用海
	33	围海养殖用海	指通过筑堤圈围海域用于养殖生产的用海

续表

编码		用海方式名称	界　　定
	34	围海式游乐场用海	指通过修筑海堤或防浪设施圈围海域，用于游艇、帆板、冲浪、潜水、水下观光、垂钓等水上娱乐活动的海域
	35	其他围海用海	指上述围海用海以外的围海用海
4		开放式用海	指不进行填海造地、围海或设置构筑物，直接利用海域进行开发活动的用海
	41	开放式养殖用海	指采用筏式、网箱、底播或以人工投苗、自然增殖海洋底栖生物等形式进行增养殖生产的用海
	42	浴场用海	指供游人游泳、嬉水，且无固定设施的用海
	43	开放式游乐场用海	指开展游艇、帆板、冲浪、潜水、水下观光、垂钓等娱乐活动，且无固定设施的用海
	44	专用航道、锚地用海	指供船舶航行、锚泊的用海
	45	其他开放式用海	指上述开放式用海以外的开放式用海
5		其他用海	指上述用海方式之外的用海
	51	人工岛式油气开采用海	指采用人工岛方式开采油气资源的用海
	52	平台式油气开采用海	指采用固定式平台、移动式平台、浮式储油装置及其他辅助设施开采油气资源的用海
	53	海底电缆管道用海	指铺设海底通信光（电）缆及电力电缆，输水、输气、输油及输送其他物质的管状输送设施的用海
	54	海砂等矿产开采用海	指开采海砂及其他固体矿产资源的用海
	55	取、排水口用海	指抽取或排放海水的用海
	56	污水达标排放用海	指受纳指定达标污水的用海
	57	温、冷排水用海	指受纳温、冷排水的用海
	58	倾倒用海	指向海上倾倒区倾倒废弃物或利用海床在水下堆放疏浚物等的用海
	59	种植用海	指种植芦苇、翅碱蓬、人工防护林、红树林等的用海

附件

广东省海域使用金征收标准

单位：万元/公顷

<table>
<tr><th colspan="3">海域等别
用海方式</th><th>一等</th><th>二等</th><th>三等</th><th>四等</th><th>五等</th><th>征收方式</th></tr>
<tr><td rowspan="3">填海造地用海</td><td rowspan="2">建设填海造地用海</td><td>工业、交通运输、渔业基础设施等填海</td><td>300</td><td>250</td><td>190</td><td>140</td><td>100</td><td rowspan="6">一次性征收</td></tr>
<tr><td>城镇建设填海</td><td>2700</td><td>2300</td><td>1900</td><td>1400</td><td>900</td></tr>
<tr><td colspan="2">农业填海造地用海</td><td>130</td><td>110</td><td>90</td><td>75</td><td>60</td></tr>
<tr><td rowspan="3">构筑物用海</td><td colspan="2">非透水构筑物用海</td><td>250</td><td>200</td><td>150</td><td>100</td><td>75</td></tr>
<tr><td colspan="2">跨海桥梁、海底隧道用海</td><td colspan="5">17.30</td></tr>
<tr><td colspan="2">透水构筑物用海</td><td>4.63</td><td>3.93</td><td>3.23</td><td>2.53</td><td>1.84</td><td rowspan="3"></td></tr>
<tr><td rowspan="2">围海用海</td><td colspan="2">港池、蓄水用海</td><td>1.17</td><td>0.93</td><td>0.69</td><td>0.46</td><td>0.32</td></tr>
<tr><td colspan="2">盐田用海</td><td>0.32</td><td>0.26</td><td>0.20</td><td>0.15</td><td>0.11</td></tr>
</table>

续表

用海方式 \ 海域等别			一等	二等	三等	四等	五等	征收方式
围海用海	围海养殖用海		0.75	0.675	0.6	0.525	0.45	按年度征收
	围海式游乐场用海		4.76	3.89	3.24	2.67	2.24	
	其他围海用海		1.17	0.93	0.69	0.46	0.32	
开放式用海	开放式养殖用海	滩涂	0.225	0.195	0.165	0.135	0.105	
		底播	0.225	0.195	0.165	0.135	0.105	
		筏式	0.45	0.3825	0.315	0.2475	0.18	
		桩架式	0.45	0.3825	0.315	0.2475	0.18	
		网箱	4.4955	4.2041	3.9128	3.6214	3.33	
开放式用海	浴场用海		0.65	0.53	0.42	0.31	0.20	按年度征收
	开放式游乐场用海		3.26	2.30	1.71	1.17	0.74	
	专用航道、锚地用海		0.30	0.23	0.17	0.13	0.09	
	其他开放式用海		0.30	0.23	0.17	0.13	0.09	
其他用海	人工岛式油气开采用海		13.00					
	平台式油气开采用海		6.50					
	海底电缆管道用海		0.70					
	海砂等矿产开采用海		7.30					
	取、排水口用海		1.05					
	污水达标排放用海		1.40					
	温、冷排水用海		1.05					
	倾倒用海		1.40					
	种植用海		0.05					

备注：

1. 根据《财政部　国家海洋局印发〈关于调整海域无居民海岛使用金征收标准〉的通知》（财综〔2018〕15号）规定：1）离大陆岸线最近距离2千米以上且最小水深大于5米（理论最低潮面）的离岸式填海，按照征收标准的80%征收；2）填海造地用海占用大陆自然岸线的，占用自然岸线的该宗填海按照征收标准的120%征收；3）建设人工鱼礁的透水构筑物用海，按照征收标准的80%征收；4）地方人民政府管辖海域以外的项目用海执行国家标准，海域等别按照毗邻最近行政区的等别确定。养殖用海标准按照毗邻最近行政区征收标准征收；5）深圳市（计划单列市）的海域使用金征收标准调整方案由深圳市自行制定。

2. 开放式养殖用海：1）滩涂、底播养殖以实际养殖面积计征；2）筏式、桩架式养殖以占用海域的面积计征；3）网箱养殖以确权用海面积计征，征收标准已按666/120=5.55的倍数进行换算，计征时无需再换算。

3. 实行海域使用招标、拍卖、挂牌出让的，参考底价不得低于上述标准，成交价上不封顶。

4. 沿海各地级以上市可结合本地区海域资源及海域使用需求等情况，在本标准的基础上适当上浮一定比例（不超过30%）制定标准，报地级市人民政府批准后执行，同时报省财政厅、省自然资源厅备案。

关于修订《会计师事务所执业许可和监督管理业务指南》的通知

（广东省财政厅2019年6月2日发布，粤财规〔2019〕4号）

各地级以上市财政局，各会计师事务所：

为贯彻落实《会计师事务所执业许可和监督管理办法》（财政部令第97号）有关规定和国务院关于“放管服”和“证照分离”改革工作要求，结合实际情况，广东省财政厅对《广东省财政厅关于发布会计师事务所执业许可和监督管理业务指南的公告》（粤财规〔2018〕3号，2018年4月20日印发，2018年6月1日起实施）进行了修订。主要修订内容包括：一是进一步精简材料清单。财政部门在线获取核验工商营业执照、经营场所产权或使用权证明、公司章程或合伙协议，申请人无需提供；跨省级行政区划申请设立分所执业许可的上一年度会计师事务所业务收入证明、会计师事务所对分所进行实质性统一管理的承诺书内容嵌入申请表，无需另外提供。二是进一步优化办理流程。明确申请人可选择提交纸质或电子版材料清单；会计师事务所办理跨省级行政区划迁移直接到迁入地财政部门备案，无需到迁出地财政部门办理。三是进一步压缩审批时间，申请会计师事务所（分所）执业许可审批时间比财政部令第97号法定审批时间压减50%。四是对个别表述、条款顺序和表格内容进行适当调整优化。

本《指南》自2019年7月1日起实施，实施范围为广东省（不含深圳市），有效期5年。

附件：会计师事务所执业许可和监督管理业务指南

附件

会计师事务所执业许可和监督管理业务指南

一、申请会计师事务所执业许可材料清单

（一）会计师事务所执业许可申请表；

（二）会计师事务所合伙人或者股东情况汇总表；

（三）会计师事务所合伙人或者股东执业经历表；

（四）注册会计师情况汇总表；

（五）具有注册会计师执业资格的境外人员或移居境外人员承诺函（仅境外合伙人或股东提供）；

（六）合并协议或者分立协议原件或复印件（仅合并或者分立新设会计师事务所提供）。

二、申请会计师事务所分所执业许可材料清单

（一）会计师事务所分所执业许可申请表；

（二）注册会计师情况汇总表（会计师事务所和申请执业许可的分所分别填写）；

（三）会计师事务所合伙人会议或股东会作出的设立分所的书面决议原件或复印件。

三、会计师事务所（分所）执业许可审批前公示

会计师事务所（分所）申请执业许可，财政部门受理申请的，将申请材料中有关会计师事务所名称及合伙人（股东）执业资格及执业时间等情况，或者会计师事务所分所名称及分所负责人信息等情况在门户网站予以公示，公示时间为7日。

四、会计师事务所信息变更备案材料清单

（一）会计师事务所名称、首席合伙人（主任会计师）、经营场所变更，有限责任会计师事务所注册资本变更：

会计师事务所变更事项情况表。

（二）合伙人（股东）变更：

1. 会计师事务所变更事项情况表；

2. 会计师事务所合伙人或者股东情况汇总表；

3. 会计师事务所合伙人或股东执业经历表（仅新增合伙人或股东提供）；

4. 具有注册会计师执业资格的境外人员或移居境外人员承诺函（仅新增境外合伙人或股东提供）。

（三）会计师事务所分所名称、负责人、经营场所变更：

会计师事务所分所变更事项情况表。

五、会计师事务所（分所）注销执业许可材料清单

（一）会计师事务所注销执业许可：

1. 会计师事务所执业许可注销情况表；

2. 会计师事务所执业证书原件。

（二）会计师事务所分所注销执业许可：

1. 会计师事务所注销分所执业许可情况表；

2. 会计师事务所分所执业证书原件。

六、会计师事务所跨省级行政区划迁入广东省（不含深圳）备案材料清单

（一）会计师事务所跨省级行政区划迁移表；

（二）会计师事务所合伙人或者股东情况汇总表。

七、其他事项

（一）会计师事务所（分所）通过财政会计行业管理系统（以下简称系统）在线填报申请或备案信息，材料清单可选择纸质或扫描电子版提交，纸质材料可选择现场提交或邮寄至财政部门，电子版可通过系统上传。

（二）财政部门按照《会计师事务所执业许可和监督管理办法》（财政部令第97号）受理、审核材料清单。

（三）申请会计师事务所（分所）执业许可的，自受理之日起15个工作日内作出决定；信息变更、注销执业许可、跨省级行政区划迁入广东省（不含深圳）备案的，自受理之日起10个工作日内作出决定。

关于省级财政科研项目资金的管理监督办法

（广东省财政厅　广东省审计厅2019年6月5日发布，粤财规〔2019〕5号）

总　则

第一条　根据党中央、国务院推进科技领域“放管服”改革精神和省委、省政府进一步促进科技创新的要求，依据《中共广东省委办公厅　广东省人民政府办公厅印发〈关于进一步完善省级财政科研项目资金管理等政策的实施意见（试行）〉的通知》（粤委办〔2017〕13号）、《广东省人民政府印发关于进一步促进科技创新若干政策措施的通知》（粤府〔2019〕1号）等规定，为规范省级财政科研项目资金管理，提升科研项目资金绩效，落实科研机构和科研人员经费管理自主权，激发创新活力，特制定本办法。

第二条　本办法适用于以科学研究为目的，涵盖基础研究、应用研究、技术研究与开发、科技条件与平台建设、科技交流与合作等活动，以项目制方式由省直部门立项或项目承担单位自主立项管理的省级财政科研项目资金。

以稳定性支持、后补助等非项目制方式安排的省级财政科研资金，由资金使用单位自主统筹管理使用（国家和省另有规定的除外）。

项目承担单位以市场委托方式取得的横向经费，纳入单位财务统一管理，由项目承担单位按照委托方要求或合同约定自主使用，不适用本办法。

第三条　科研项目资金管理遵循“尊重规律、优化流程，充分放权、明确职责，强化激励、突出绩效，专账核算、规范管理”原则。

第四条　科研项目资金使用应遵照实事求是、精简高效、厉行节约、倡导共享的原则。

第二章　职责分工

第五条　科研项目资金按照“谁使用、谁负责”原则，由项目承担单位和项目负责人自主管理使用。按照“谁立项、谁监管”原则，由省直部门承担政策指导和资金监管责任。

第六条 项目承担单位是科研项目资金管理的责任主体，自主管理使用本单位科研项目资金，具体职责包括：

（一）制定并完善本单位财务、资产、政府采购、绩效评价、成果转化及与此相关的科研、人事、科研诚信及科研伦理等内部管理制度和实施办法。明确本单位科研项目预算调剂、间接费用统筹、劳务费人员费开支管理、绩效支出分配、结题财务审计、结余资金使用、成果转化收益分配、急需科研设备耗材采购等管理权限和审核流程。

（二）负责预算审核把关，规范财务支出行为，建立岗位分离、内部约束的内部风险防控机制，完善项目资金使用监督检查和绩效评价。

（三）负责本单位科研项目资金监管，实行专账核算，定期向项目主管部门报告项目实施、资金使用情况。因故终止或撤销的项目须及时向项目主管部门报批，并按要求退回财政资金。

（四）实行内部公开制度，定期公开科研项目预算、预算调整、资金使用、资金结余、科研成果等项目信息。

（五）建立科研财务助理制度，为科研人员提供专业化服务。

第七条 项目负责人是科研项目资金使用的直接责任人，对项目资金使用的真实性、合法性、合规性和相关性负责，具体职责包括：

（一）据实编制项目预算和绩效目标，组织预算执行，真实编列项目决算。

（二）建立并落实科研项目日志管理制度，据实记录科研项目研究方向和技术路线调整、研究团队人员变动、预算调整、资金使用、设备和耗材使用情况等内容，真实反映科研项目研究过程及资金开支情况。

（三）对因故需终止实施的项目，须提出明确处理意见并及时报告项目承担单位。

第八条 省项目主管部门是本部门科研项目资金的分配和监管主体，具体职责包括：

（一）组织科研项目论证评审，编制资金分配方案和绩效目标。

（二）指导下属单位完善项目管理、内控制度，适时开展项目管理自主权落实情况核查。监督项目承担单位规范管理，提高科研项目绩效。

（三）组织开展项目实施期末综合绩效评价，完善评价结果应用。

（四）对因故需终止实施的项目，核定剩余项目资金并提出明确处理意见报送省财政部门。对需收回省财政统筹使用的，配合省财政部门收回项目财政资金。

（五）落实科研诚信管理和联合惩戒机制，对严重违背科研诚信和科研伦理要求的项目承担单位和科研人员，会同相关部门实施责任追究，联合惩戒。

第九条 省财政部门负责制订省级财政科研项目资金管理办法，根据项目主管部门编制的资金分配方案及时拨付项目资金，不直接参与科研项目审批、管理，具体职责包括：

（一）制订省级财政科研项目资金管理办法。

（二）建立科研项目资金拨付、政府采购绿色通道。

（三）开展资金使用管理情况抽查，指导单位完善资金管理制度。

（四）及时收回经省项目主管部门确认需终止实施的项目财政资金。

第十条 省审计机关依法对省级财政科研项目资金的管理使用和绩效情况进行审计监督，具体职责包括：

（一）依照《中华人民共和国审计法》及其实施条例，根据年度审计计划安排或审计工作需要，开展相关科技创新政策落实以及科研项目资金管理使用和绩效情况的审计或审计调查。

（二）对开展的审计或审计调查事项出具相应的审计结论文书，必要时进行公告。

（三）监督有关部门、项目承担单位或个人及时整改审计发现问题。

第三章 项目资金开支范围

第十一条 项目资金支出是指在项目组织实施过程中与研究活动相关的、由项目资金支付的各项费用支出。项目资金分为直接费用和间接费用。

第十二条 直接费用是指在项目研究过程中发生的与之直接相关的费用，具体包括：

（一）设备费。在项目研究过程中购置或试制专用仪器设备，对现有仪器设备进行升级改造，以及租赁外单位仪器设备而发生的费用。

（二）材料费。在项目研究过程中消耗的各种原材料、辅助材料、低值易耗品等的采购及运输、装卸、整理、回收处理等费用。

（三）测试化验加工费。在项目研究过程中支付给外单位或依托单位内部检测机构的检验、测试、化验及加工等费用，非独立核算的内部检测机构应按规定明确检测费用标准。

（四）燃料动力费。在项目研究过程中相关大型仪器设备、专用科学装置等运行发生的可以单独计量的水、电、气、燃料消耗费用等。

（五）差旅费/会议费/国际合作交流费。在项目研究过程中开展科学实验（试验）、科学考察、业务调研、学术交流、业务培训等所发生的外埠差旅费、市内交通费用；组织开展学术研讨、咨询以及协调项目研究工作等活动而发生的会议费用；项目研究人员出国、赴港澳台、外国专家来华、港澳台专家来内地工作以及开展学术交流的费用等。本科目预算不超过直接费用10%的，不需要提供预算测算依据，可统筹使用。

（六）出版/文献/信息传播/知识产权事务费。在项目研究过程中，需要支付的出版费、资料费、专用软件购买费、文献检索费、专业通信费、专利申请及其他知识产权事务等费用。

（七）劳务费。在项目研究过程中支付给参与项目研究的承担单位编制外研究生、博士后、访问学者、项目聘用的研究人员和科研辅助人员的劳务费用。

项目聘用人员的劳务费开支标准，参照当地科学研究和技术服务业从业人员平均工资水平，根据其在项目研究中承担的工作任务确定，其社会保险补助纳入劳务费科目列支。劳务费预算不单设比例限制，由项目承担单位和科研人员据实编制。

项目聘用的研究人员和科研辅助人员依法与项目承担单位签订合同（协议）。

参与项目研究并与项目承担单位签订劳动合同的编制外人员的工资性支出在劳务费中列支，确不具备签订合同或协议条件的，可按规定提供相关佐证材料。

（八）人员费。项目承担单位属科研事业单位的，可从直接费用中开支参与项目研究的在编人员工资性支出，用于补足财政补助标准与本单位实际发放水平之间的差额，并纳入单位工资总额限额管理。

（九）对全时全职承担我省重点领域研发计划的团队负责人（领衔科学家/首席科学家、技术总师、型号总师、总指挥、总负责人等）以及引进的高端人才，可实行年薪制管理。年薪所需经费在项目经费中单独核定，在本单位绩效工资总量中单列，相应增加单位当年绩效工资总量。

（十）专家咨询费。在项目研究过程中支付给临时聘请的咨询专家的费用。专家咨询费不得支付给参与项目管理相关工作人员。

（十一）其他支出。项目研究过程中发生的除上述费用之外的其他支出以及不可预见支出，在申请预算时应单独列示，单独核定。

第十三条 项目承担单位可按照本单位科研规律和项目特点，参照国家和省的有关规定，研究制定符合本单位科研活动实际的各类直接费用支出标准。

劳务费和人员费列支应结合相关人员参与项目的全时工作时间等因素合理确定。

对团队负责人、高端人才的年薪，项目承担单位应在项目申报时报项目主管部门确定人员名单和年薪标准，实行一项一策、清单式管理，并报省科技厅、人力资源社会保障厅、财政厅备案。

项目承担单位应按照实事求是、精简高效、厉行节约的原则，合理确定差旅会议与国际合作交流费、专家咨询费的开支范围、标准等，并简化相关手续。

第十四条 间接费用是指项目承担单位在组织实施项目过程中发生的无法直接列支的相关费用，主要用于补偿项目承担单位为了项目研究提供的现有仪器设备及房屋，水、电、气、暖消耗，有关提高科研管理、服务能力等费用，以及绩效支出等。

项目承担单位在统筹安排间接费用时，应合理分摊间接成本以及对科研及相关人员绩效支出。绩效支出安排与科研人员在项目工作中的实际贡献挂钩，适当向一线科研人员倾斜。绩效支出不单设比例限制，纳入单位奖励性绩效单列管理，不计入单位绩效工资总量调控基数。项目承担单位从我省重点领域研发计划项目间接费用中提取的绩效支出，应向承担任务的中青年科研骨干倾斜。

第十五条 间接费用按照不超过项目直接费用扣除设备购置费后的一定比例核定，与项目承担单位信用等级挂钩，并实行总额控制。具体比例如下：

（一）科技研究类项目。

1. 500万元及以下的部分为不超过20%；

2. 500万元至1000万元的部分为不超过15%；

3. 1000万元以上的部分为不超过13%。

（二）试验设备依赖程度低和实验材料耗费少的基础研究、软件开发、集成电路设计、科研咨询、科技服务、软科学研究、智库等智力密集型项目。

1. 500万元以下的部分为不超过30%；

2. 500万元至1000万元的部分为不超过25%；

3. 1000万元以上的部分为不超过20%。

对数学等纯理论基础研究项目，项目承担单位可进一步根据实际情况适当调整间接经费比例。

第十六条 间接费用由项目承担单位统筹管理使用，并向创新绩效突出的团队和个人倾斜。项目承担单位应在充分征求意见基础上研究制定间接费用管理办法，合规合理使用间接费用，并建立间接费用开支台账，进行单独核算。

科研项目由多个单位承担的，间接费用在总额范围内由牵头单位与参与单位协商分配。

项目承担单位不得在核定的间接费用以外再以任何名义在项目资金中重复提取、列支相关费用。

第四章　预算编制

第十七条 项目负责人根据目标相关性、政策相符性和经济合理性原则，编制项目收入预算和支出预算。收入预算按照从各种不同渠道获得的资金总额填列，包括省级财政资助的资金以及从项目承担单位和其他渠道获得的资金。

支出预算根据项目需求，按照资金开支范围和不同资金来源编列。项目直接费用中除设备费外，其他费用可只提供基本测算说明，不提供明细。仪器设备购置，应对拟购置设备的必要性、现有同类设备的利用情况以及购置设备的开放共享方案等进行单独说明。合作研究资金应对合作研究单位资质及拟外拨资金进行重点说明。

第十八条 项目承担单位组织科研和财务管理部门对项目预算进行审核。由多个单位共同承担同一项目的，项目承担单位的项目负责人和合作研究单位参与者根据各自承担的研究任务分别编报资金预算，经所在单位科研、财务部门审核并签署意见后，由项目负责人汇总编制。

第十九条 省项目主管部门组织专家或择优遴选第三方机构对项目和资金预算进行评审，根据项目实际需求，结合专家评审意见，参考同类项目确定项目资助额度。

第二十条 项目承担单位组织项目负责人根据批准的项目资助额度调整项目预算，并在收到资助通知之日起30日内完成审核，报省项目主管部门备案。

第五章 预算执行与决算

第二十一条 省级财政科研资金可根据项目承担单位申请，通过其他直接支付方式直接拨付至单位账户。

第二十二条 项目承担单位应在单位账户下设省级科研项目资金子账户，对拨付至单位账户的科研项目资金实行专账管理，单独核算，专款专用，并对科研项目资金支出的真实性、合法性、完整性负责。

由多个单位共同承担同一项目的，项目主承担单位应及时按预算和合同转拨合作研究单位资金，并加强对转拨资金的监督管理。

因项目负责人调动等因素导致项目主承担单位变更，原主承担单位应与变更后的主承担单位签订有关协议，明确责任义务，在报经省项目主管部门审批、省财政部门备案后，可由原主承担单位直接将经费拨付至变更后的主承担单位。

第二十三条 资助香港、澳门特区高校、科研机构的省科研项目经费，应按照国库集中支付的有关规定和向境外支付的有关要求，由项目主管部门及时组织拨付至港澳特区高校、科研机构。其中，港澳特区高校、科研机构与省内单位联合承担的项目，项目经费可分别拨付至港澳特区高校、科研机构和省内单位。

第二十四条 项目负责人应按项目预算执行。在科研项目实施期间，项目负责人可以在研究方向不变、不降低申报指标的前提下，自主调整研究方案、技术路线和科研团队人员。涉及重大调整事项，项目承担单位应及时报省项目主管部门备案。

第二十五条 项目承担单位应建立健全科研财务助理制度，为科研人员在项目预算编制和预算调整、资金开支、财务决算和验收方面提供专业化服务，有关费用纳入科研项目经费直接费用开支。

第二十六条 科研项目实施过程中，直接费用中各项费用的预算调整可由项目承担单位自主办理，提高办理效率。项目承担单位应制定本单位科研项目预算调整管理办法，规范预算调整行为。

（一）项目负责人根据科研活动的实际需要，经项目承担单位批准后对直接费用中各项费用进行调剂。

（二）项目间接费用不得调增。

（三）项目预算总额不变，合作研究单位之间发生预算调剂，或者由于合作研究单位增加（减少）发生预算调剂的，应协商一致并重新签订合作协议后办理，并报省项目主管部门备案。

（四）预算调整情况应在结题验收报告中予以说明，并在项目承担单位内部公开。

第二十七条 项目预算执行中有以下情况需要预算调整的，由项目负责人提出申请，经项目承担单位审核同意后，报省项目主管部门审批。

（一）由于研究内容或者研究计划作出重大调整等原因，需要增加或减少项目预算总额；

（二）原项目预算未列示外拨资金，需要增列。

第二十八条 科研资金支出原则上应当通过银行转账、公务卡、支票等非现金方式结算。

对于不具备非现金方式结算条件、但科研工作实际需要发生的支出，报经单位内部核准后，可以现金结算。

项目承担单位应制定相关实施细则，明确不具备非现金方式结算条件情形下的财务审批程序和报销手续，从严控制现金支出事项，减少现金提取和使用。

第二十九条 项目负责人应严格按照资金开支范围和标准开支项目经费。不得擅自调整外拨资金，不得利用虚假票据套取资金，不得通过编造虚假劳务合同、虚构人员名单等方式虚报冒领劳务费和专家咨询费，不得通过虚构测试化验内容、提高测试化验支出标准等方式违规开支测试化验加工费。严禁使用项目资金支付各种罚款、捐款、赞助、投资等。

第三十条 对因故被终止实施的项目，以及因故被撤销的项目，省项目主管部门应及时通知省财政部门收回项目财政资金。项目承担单位应在接到有关通知后30日内退回财政资金。

第三十一条 项目实施期间，年度剩余资金可结转下一年度继续使用。项目完成任务目标并通过验收后，结余资金留归项目承担单位使用，由项目承担单位统筹安排用于科研活动的直接支出。

第三十二条 项目研究结束后，项目负责人应会同科研、财务、资产等管理部门及时清理账目与资产，如实编制项目资金决算，不得随意调账变动支出、随意修改记账凭证。行政事业单位使用项目资金形成的资产，由项目承担单位按照国有资产管理规定管理使用。

有多个单位共同承担一个项目的，项目承担单位的项目负责人和合作研究单位的参与者应分别编报项目资金决算，经所在单位科研、财务管理部门审核并签署意见后，由项目承担单位的项目负责人汇总编制。

项目承担单位应组织其科研、财务等管理部门审核项目资金决算，并签署意见后报省项目主管部门。

第三十三条 项目承担单位属于高校和科研院所的，可自行采购科研仪器设备，自行选择科研仪器设备评审专家。高校和科研院所应简化科研仪器设备采购流程，对科研急需的设备和耗材，经项目承担单位负责人批准，采用特事特办、随到随办的采购机制，可不进行招投标程序，缩短采购周期。对于独家代理或生产的仪器设备，可按规定程序确定采取单一来源采购等方式，增强采购灵活性和便利性。

第六章 监督管理

第三十四条 省项目主管部门应建立健全对项目承担单位开展科研活动和科研资金管理的事中和事后监督机制，合理制定科研项目年度监督检查计划，在相对集中时间联合相关部门开展联合检查和抽查，避免重复检查、多头检查。

制定年度监督检查计划时，应统筹考虑其他部门的检查计划，充分利用大数据等信息技术提高监督检查效率，实行监督检查结果信息共享和互认。

项目承担单位和项目负责人应主动配合省有关部门的检查与监督，对于在项目实施期内已开展同类检查和审计活动的，及时提供检查结果和结论。对审计机关开展的各项审计项目，应及时提供相关数据资料（含电子数据资料）。

第三十五条 项目承担单位应监督项目负责人建立科研管理日志制度，据实记录科研活动和过程管理。科研项目管理日志的记录情况纳入项目承担单位对项目负责人的管理考评范围。

项目承担单位应在项目实施期末自主选择具有资质的第三方中介机构进行结题财务审计。

项目承担单位必须在单位内部实行项目公开制度，公开项目预算、预算调整、项目决算、资金使用（重点是间接费用中的绩效支出、外拨资金、委托服务、结余资金使用）、研究成果等项目信息，接受社会监督。

第三十六条 省财政部门对不按规定编制项目资金预算、不按规定使用资金、不按规定进行会计核算、不按规定报送年度收支报告、不按规定编报项目决算的，按照《中华人民共和国预算法》《广东省自主创新促进条例》《会计法》和《财政违法行为处罚处分条例》等法律法规处理。

对截留、挪用、侵占、虚报冒领项目资金的直接负责主管人员和其他直接责任人员，移送有关主管机关、单位处理；涉嫌犯罪的，依法移送司法机关处理。

第三十七条 省审计机关开展相关审计或审计调查时，可根据审计工作需要依法对社会审计机构出具的科研项目结题财务审计报告和其他相关审计报告进行核查或抽查，如发现社会审计机构存在违反法律、法规或者职业准则等情况的，移送有关主管机关依法追究责任。

对审计中发现的违反国家规定的财政收支、财务收支行为，在法定职权范围内作出处理、处罚决定或移送有关主管部门处理；涉嫌违纪违法的，移送有关机关、单位依纪依法追究责任。

第三十八条 严格执行省级财政科研项目严重失信行为记录与惩戒有关规定，省科技主管部门会同相关部门对严重违背科研诚信要求的行为实行终身追责。对严重违背科研诚信要求的相关科研人员、项目负责人及违反职业规范、职业道德的第三方中介机构采取联合惩戒措施，按照科研项目管理相关规定记入诚信档案，并纳入科研活动黑名单。

第三十九条 任何单位和个人发现科研项目资金在使用和管理过程中或第三方中介机构在开展财务审计、项目申报咨询等活动中有违法违规行为的，有权检举和举报。

第七章 绩效评价

第四十条 项目承担单位应建立项目资金的绩效管理制度，明确项目整体绩效目标和阶段性绩效目标，并选择可衡量的绩效指标，对项目负责人开展定期跟踪监督，以及日常绩效目标运行跟踪管理。

第四十一条 省项目主管部门可委托项目管理专业机构或具有资质的第三方中介机构，严格依据任务书在项目实施期末进行一次性综合绩效评价。

第四十二条 绩效评价结果作为项目调整、后续支持的重要依据，以及对相关研发、管理人员和项目承担单位、项目管理专业机构业绩考核的参考依据。

项目承担单位在评定职称、制定收入分配制度等工作中，应注重运用科研项目绩效评价结果。

合理区分因科研不确定性未能完成项目目标和因科研态度不端导致项目失败，鼓励大胆创新，严惩弄虚作假。

第八章 附 则

第四十三条 本办法由省财政厅、审计厅负责解释。

第四十四条 在本办法印发前立项、尚在实施期内的科研项目，可按本办法执行。社会科学类科研项目按照《广东省财政厅关于省级财政社会科学研究项目资金的管理办法》（粤财规〔2018〕1号）执行。

第四十五条 本办法自2019年7月5日起实施，有效期3年。《广东省财政厅关于印发〈关于省级财政科研项目资金拨付管理的暂行规定〉的通知》（粤财教〔2017〕503号）同时废止。

附件：省级财政科研项目资金管理执行流程图

附件

省级财政科研项目资金执行管理流程图

一、项目资金开支范围

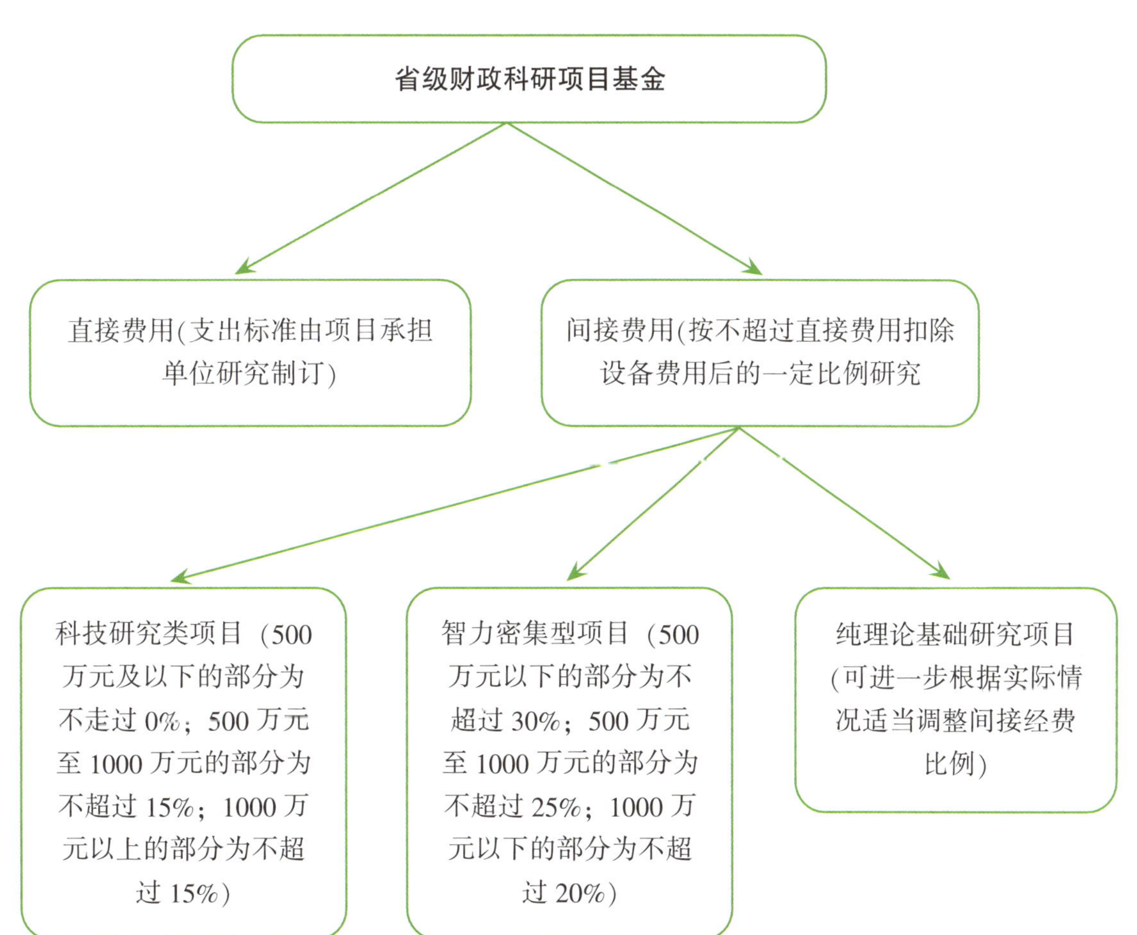

二、项目预算编制环节

项目负责人编制项目收入支出预算（直接费用中除设备费外，其他经费可只提供基本测算说明，无需提供明细

项目承担单位组织项目预算审核

省项目主管部门组织评审，确定项目资助额度

三、项目资金拨付环节

项目承担单位提起资金支付申请（非预算单位由项目主管部门申请转拨）

省财政部门审核拨付

项目承担单位为省级 预算单位的，直接拨付至基本户下设的子账户，专账管理

项目承担单位为企业等非预算单位的，拨付至项目主管部门后，由项目主管部门代拨至非预算单位银行账户。

项目承担单位为港澳特区高校和科研机构的，拨付至项目主管部门后，由项目主管部门按要求拨付至港澳特区高校和科研机构

四、预算调整环节

项目负责人根据科研活动实际需要提出预算调整意见

项目承担单位根据本单位制定的管理办法审批

预算调整由项目承担单位直接审批（其中间费用不得调增）

涉及合作单位之间发生预算调剂，或因合作单位增加（减少）发生预算调剂的应重新签订合作协议，并报项目主管部门备案

五、项目终止或撤销处理环节

对因故需终止实施的项目，由项目负责人提出处理意见并报项目承担单位

项目承担单位审核后及时向项目主管部门报批

项目主管部门审批后明确处理意见，向财政部门申请收回或调整项目资金

财政部门根据项目主管部门意见，收回或调整项目财政资金

六、监督管理环节

项目主管部门制定年度监督检查计划

项目主管部门会同其他部门在相对集中时间开展联合检查和抽查

对不按规定编制项目资金预算、使用资金、开展会计核算、报送年度收支报告、编报项目决算的，按照《中华人民共和国预算法》《会计法》《财政违法行为处罚处分条例》等法律法规处理

对严重违背科研诚信要求的科研人员、项目负责人及违反职业规范、职业道德的第三方中介机构采取联合惩戒措施，记入诚信档案，并纳入科研活动黑名单

对截留、挪用、侵占、虚报冒领项目资金的直接负责主管人员和其他直接责任人员，移道有关主管机关、单位处理；涉嫌犯罪的，依法移送司法机关处理

审计部门在审计工作计划中安排与省级财政科研项目资金使用效益相关的审计工作任务

审计部门依法对有关部门、项目承担单位的财政收支、财务收支行为进行审计、对社会审计机构出具的科研项目结盟题财务审计报告和其他相关窝里斗报告进行核查

违反国家规定的财政收支、财务收支行为的部门和项目承担单位，审计机关依照法律、行政法规的规定出具处理、处罚的决定

违反法律、法规或者职业准则等情况的社会审计机构，移送有关主管机关依法追究责任

七、绩效评价环节

项目承担单位建立项目资金的绩效管理制度

项目主管部门委托项目管理专业机构或具有资质的第三方中介机构，严格依据任务书在项目实施期末进行一次性综合绩效评价

项目主管部门将绩效评价结果作为项目调整、后续支持的重要依据，以及对相关研发、管理人员和项目承担单位、项目管理专业机构业绩考核的参考依据

附　录

Appendix

领导批示

马兴瑞省长对财政工作批示

广东省省长马兴瑞对2019年广东财政工作成效给予肯定，并对2020年继续做好财政工作提出要求。

2020年1月6日省长马兴瑞批示：全省财政系统认真贯彻落实习近平总书记对广东重要讲话和重要指示批示精神，扎实开展“不忘初心、牢记使命”主题教育活动，牢固树立“大财政、大预算、大资产”理念和全省“一盘棋”意识，大力提效实施积极的财政政策，落实更大规模减税降费，全力保障落实“1+1+9”工作部署，深入推进预算编制执行监督管理改革，严控财政运行风险，为全省经济社会持续健康发展做了大量卓有成效的工作。新的一年，要坚持以习近平新时代中国特色社会主义思想为指导，严格落实“过紧日子”的要求，提高财政资金使用效益，有效防范化解隐性债务风险，确保财政收支运行平稳，为贯彻落实党中央、国务院及省委、省政府决策部署提供坚强财力保障，为我省全面建成小康社会和“十三五”规划圆满收官作出新贡献！

2019年8月27日，广东省省长马兴瑞视察广东省财政厅　（肖鑫晖　摄）

年度预决算文件

广东省2019年预算执行情况和2020年预算草案的报告

（节选）

广东省财政厅党组书记、厅长　戴运龙

一、2019年预算执行情况

（一）一般公共预算执行情况

1. 全省一般公共预算执行情况。

——收入预算执行情况。2019年全省一般公共预算收入12651.46亿元，增长4.5%，完成汇总预算①的102%。税收收入10062.35亿元，增长3.3%，增幅比上年降低6.5个百分点；其中主体税种②收入下降0.5%，落实减税政策成效明显。税收收入占一般公共预算收入比重为79.5%。非税收入2589.11亿元，增长9.4%，主要是各级采取有力措施盘活国有资源资产，国有资源（资产）有偿使用收入增长30.1%。

——支出预算执行情况。2019年全省一般公共预算支出17314.12亿元，增长10%。

主要支出项目预算执行情况：教育支出3189.64亿元，完成预算的102.7%；科学技术支出1179.14亿元，完成预算的123%；文化旅游体育与传媒支出350.19亿元，完成预算的111%；社会保障和就业支出1709.48亿元，完成预算的106.7%；卫生健康支出1581.04亿元，完成预算的109.6%；节能环保支出746.19亿元，完成预算的125.5%；城乡社区支出2430.22亿元，完成预算的119.3%；农林水支出959.32亿元，完成预算的

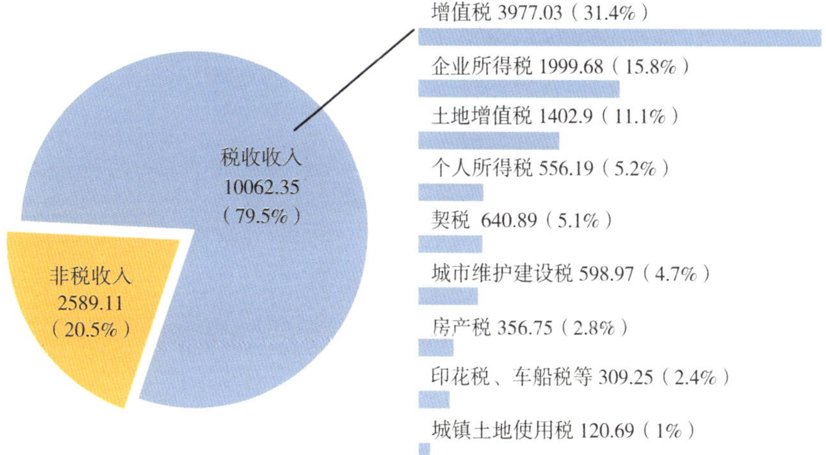

图1　2019年全省一般公共预算收入构成情况

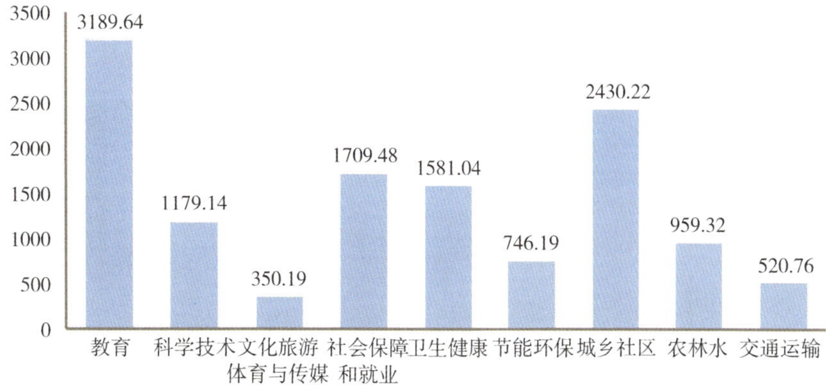

图2　2019年全省一般公共预算重点支出情况

①汇总预算指汇总各级人大批准的2019年（调整）预算数。

②此处主体税种指增值税、企业所得税、个人所得税。

109.9%；交通运输支出520.76亿元，完成预算的83.1%[①]。以上有关支出超额完成预算的主要原因是中央年中下达转移支付资金等增加支出。

2019年全省地方一般公共预算收入加上中央税收返还和转移支付、新增一般债券收入以及调入资金等，相应安排一般公共预算支出以及上解中央等支出后，全省一般公共预算实现收支平衡。具体收支及结转金额待决算完成后报告。

2. 省级一般公共预算执行情况。

——收入预算执行情况。2019年省本级一般公共预算收入3290.44亿元，增长5.1%，完成预算的102.3%。其中，税收收入2836.92亿元，增长4.7%，占一般公共预算收入比重为86.2%；非税收入453.53亿元，增长8.2%。

省本级一般公共预算收入加上中央税收返还和转移支付、新增一般债券收入、市县上解收入以及调入资金等后，2019年省级一般公共预算总收入6867.83亿元。

——支出预算执行情况。2019年省级一般公共预算总支出6564.65亿元，完成预算的107.7%。其中，省本级支出1414.45亿元，占21.5%；对市县税收返还和转移支付及债券转贷支出4368.3亿元，占66.5%（包括一般性转移支付2375.57亿元、专项转移支付1117.2亿元）；上解中央支出393.67亿元，占6%；债务还本支出48.5亿元，占0.7%；安排预算稳定调节基金339.72亿元，占5.2%。

2019年省级一般公共预算的具体收支及结转金额待决算完成后报告。

(二) 政府性基金预算执行情况

1. 全省政府性基金预算执行情况。2019年全省政府性基金预算收入6111.99亿元，增长3.8%，完成汇总预算的98.3%，主要是国有土地使用权出让收入和涉及的相关基金收入未达预期。支出6290.68亿元，增长14.9%，完成汇总预算的91.7%，主要是政府性基金预算支出按照“以收定支”的原则安排。全省政府性基金预算收入加上转移性收入和债券收入等，相应安排政府性基金预算支出以及转移性支出等后，收支平衡。具体收支及结转金额待决算完成后报告。

2. 省级政府性基金预算执行情况。2019年省本级政府性基金预算收入76.96亿元，增长21.6%，完成预算的113%；加上中央转移支付、新增专项债券收入、市县上解收入以及调入资金后，总收入1642.81亿元。总支出1639.98亿元，完成预算的101.5%。其中，省本级支出84.14亿元、对市县转移支付及债券转贷支出1538.03亿元、向一般公共预算调出17.8亿元。

(三) 国有资本经营预算执行情况

1. 全省国有资本经营预算执行情况。2019年全省国有资本经营预算收入286.19亿元，增长45.5%，完成预算的124.9%，主要是部分企

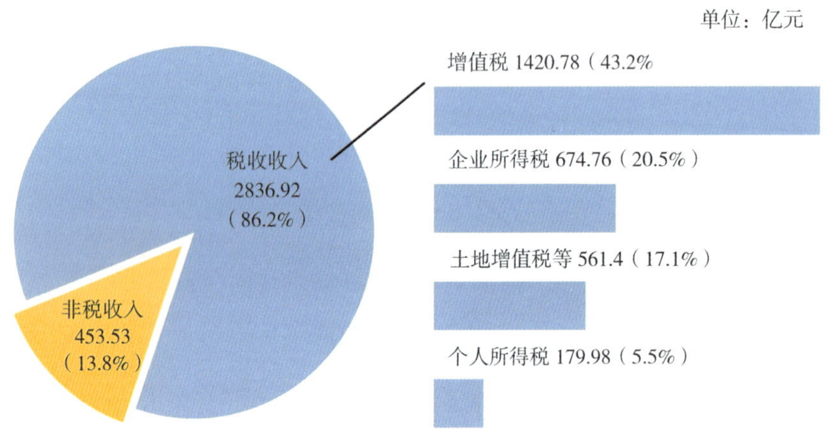

图3 2019年省本级一般公共预算收入构成情况

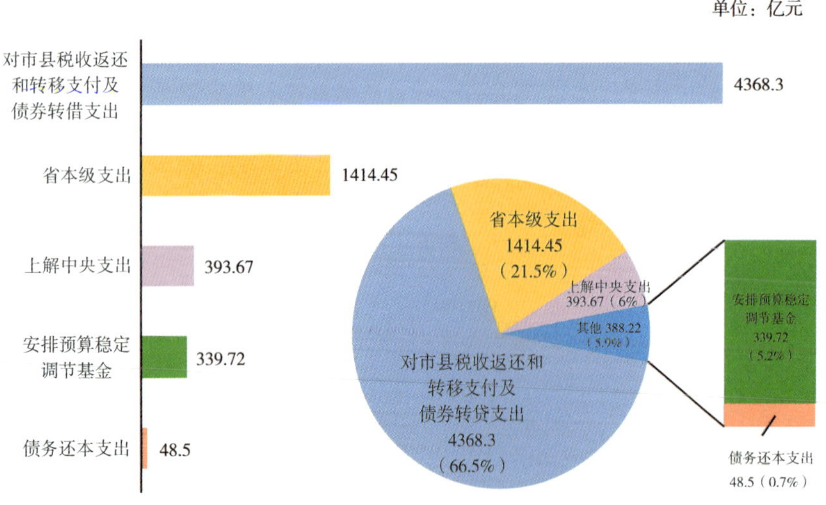

图4 2019年省级一般公共预算支出构成情况（按预算级次）

①交通运输支出未达预期，主要是部分市县将新能源汽车等交通节能减排支出按规定列入节能环保支出科目反映，不影响已定任务落实。

业的利润收入和股利股息收入增加；加上上年结转后，总收入313.99亿元。支出142.1亿元，增长14.9%；加上调出资金等支出后，总支出313.99亿元，完成预算的119.3%，收支平衡。

2. 省级国有资本经营预算执行情况。2019年省本级国有资本经营预算收入51.13亿元，增长52.5%，完成预算的132.2%，主要是部分国有企业收益分类分档收缴比例提高和部分国有企业股利股息收入增加。支出16.03亿元，增长21.8%；加上调出资金等支出后，总支出51.13亿元，完成预算的132.2%，收支平衡。

（四）社会保险基金预算执行情况

1. 全省社会保险基金预算执行情况。2019年全省社会保险基金预算收入7996.16亿元（不含上下级往来，下同），完成预算的110.5%，剔除机关事业单位养老保险一次性补缴因素后增长7.4%。支出6193.05亿元，完成预算的106.7%，剔除机关事业单位养老保险清算支出后，增长24.3%，主要是增加上解企业职工基本养老保险中央调剂基金。当年结余1803.11亿元，年末滚存结余16918.51亿元。

2. 省级社会保险基金预算执行情况。2019年省级社会保险基金预算收入4147.59亿元，完成预算的109.8%，增长4.8%。支出2820.07亿元，完成预算的105%，增长26.4%，主要是增加上解企业职工基本养老保险中央调剂基金。当年结余1327.52亿元，年末滚存结余12050.77亿元。

（五）地方政府债务情况

1. 地方政府债务限额余额情况。中央批准2019年我省地方政府债务限额14198.07亿元，比上年新增2169亿元。其中，新增一般债务限额354亿元①、新增专项债务限额1815亿元。2019年全省地方政府债务余额执行数11956.64亿元，控制在债务限额以内。其中，按债务形式分，政府债券11755.32亿元、非债券形式债务201.32亿元；按偿债来源分，一般债务5498.85亿元、专项债务6457.79亿元。

2. 地方政府债券发行情况。2019年全省发行地方政府债券2370.07亿元。其中，新增债券2161.2亿元，包括一般债券346.2亿元、专项债券1815亿元；再融资债券208.88亿元，均为一般债券。

3. 地方政府债务还本付息情况。2019年全省各级财政按照偿债计划，将债务还本付息支出列入相应预算体系安排。2019年全省偿还地方政府债券本金294.32亿元，均为一般债券；全省支付地方政府债券利息362.72亿元，包括一般债券利息189.78亿元、专项债券利息172.94亿元。

（六）2019年省级预算调整情况

2019年按法定程序办理一次省级预算调整，提交省十三届人大常委会第十二次会议审议批准。2019年省级一般公共预算收支从年初预算的5980.33亿元调增到6097.53亿元，共调增117.2亿元，主要是年中新增一般债券收支。2019年省级政府性基金预算收支从年初预算的651.7亿元调增到1615.7亿元，共调增964亿元，主要是年中新增专项债券收支。省人大常委会相关决议已落实到位，新增债券已全部发行并拨付使用，有力支撑了我省重大项目建设。

（七）2019年主要财税政策落实和重点财政工作情况

2019年，全省各级财政部门深入贯彻党中央、国务院决策部署和省委、省政府工作要求，认真落实省十三届人大二次会议审议预算决议，统筹推进稳增长、促改革、调结构、惠民生、防风险、保稳定，支持做好“六稳”工作，加力提效实施积极财政政策，较好完成2019年预算任务，为全省经济平稳运行、社会健康发展提供有力支撑。

1. 不折不扣落实减税降费政策，切实提高企业和群众获得感。2019年全省新增减税降费预计超过3000亿元。一是深化增值税改革。进一步降低制造业、交通运输业和建筑业等行业税率，扩大进项抵扣范围，推进实质性减税，1—11月（下同）新增减税1156亿元②。二是全面释放个税改革红利。实施修改后的个人所得税法，落实好六项专项附加扣除等政策，减轻居民税负，新增减税701亿元。三是全面落实小微企业普惠性减税政策。放宽小型微利企业标准，提高增值税小规模纳税人起征点，新增减税216亿元。四是“顶格”出台地方税收优惠政策。按照最大幅度50%减征增值税小规模纳税人“六税两费”，受惠企业占全部增值税纳税人的80%。按照最高扣减限额标准执行自主就业退役士兵和重点群体创业就业税收优惠政策。五是清理规范行政事业性收费和政府性基金。落实现行省定收费全部减免政策，扩大涉企行政事业性收费免征对象范围，减免251亿元。六是持续降低社会保险费率。继续阶段性降低工伤保险费率，实施失业保险浮动费率制度，减轻企业缴费231亿元。此外，其他相关减税政策减税384亿元。

2. 全力支持推进粤港澳大湾区和深圳中国特色社会主义先行示范区建设，充分释放“双区驱动效

①2019年，我省新增一般债务限额354亿元，其中，中央转贷地方外债额度7.8亿元由财政部带项目下达，346.2亿元全部用于发行新增一般债券。

②减税降费全年数据尚未完成统计，具体待省级决算向省人大常委会报告时反映。

应”。制定实施支持粤港澳大湾区建设财政措施，在中央财政支持政策的基础上，结合广东实际，出台7个重点领域28项财政措施。支持“人才集聚”，实施境外人才个人所得税优惠政策，符合条件的境外人才个人所得税税率最低可降至15%；支持科研“资金过境”，首次实现省财政资金跨境港澳使用，跨境拨付9家港澳机构科研资金累计超过1亿元；支持“债券联动”，创新集合发行大湾区专项债券500.86亿元，试点柜台发行大湾区生态环保建设专项债券22.5亿元；支持“平台互通”，通过财政奖补、产业基金、政府债券等多种形式，推动大湾区交通基础设施硬联通和科研创新平台软联通；支持“民生共享”，符合条件的港澳人士享受与内地居民同等的购房、子女教育、社保、医疗保障待遇，将港澳创业者纳入内地创业补贴扶持范围。研究谋划财政配套政策，大力支持深圳建设中国特色社会主义先行示范区、广州实现老城市新活力和“四个出新出彩”，积极推动广州、深圳充分发挥“双核联动、比翼双飞”作用。

3. 深入推进供给侧结构性改革，推动经济高质量发展。一是推进制造强省建设。投入106.06亿元，落实“实体经济十条”“民营经济十条”等，深入实施工业技改三年行动计划，支持先进装备制造业、重大产业项目、工业企业“上云上平台”、新一代信息技术发展、产业园发展等。二是大力支持科技创新。投入14.6亿元，支持省重点实验室及科技基础条件平台建设等，支持建设10家省实验室，优化区域创新资源布局。投入35亿元，支持重点领域研发计划，集中攻关“卡脖子”核心技术。落实财政科技领域“放管服”改革，赋予科研人员经费管理自主权。三是用好新增政府债券拉动有效投资。按照项目制合理分配债券额度，在举债空间内实现全省省定重点项目、土地储备项目、棚户区改造项目资金需求全覆盖。加快债券发行支出使用进度，新增债券资金2161.2亿元于2019年10月底前100%拨付到项目，充分发挥投资撬动作用。

4. 聚焦重点任务关键环节，坚决支持和保障打好三大攻坚战。一是推动脱贫攻坚取得关键进展。省财政在2016—2018年投入244亿元的基础上，2019年投入76亿元，连同其他扶持乡村产业发展等资金投入精准扶贫精准脱贫。强化扶贫资金动态监控，落实扶贫资金运行全链条、全环节、全流程监管。二是支持污染防治攻坚强力推进。省财政自2018年起三年安排683亿元，截至2019年底累计投入509亿元，推进练江等重点流域综合整治、黑臭水体治理、城市空气质量达标攻坚、固体废物综合管理、生活垃圾无害化处理和土壤污染治理等，努力实现人民群众对蓝天、碧水、净土的期盼。三是着力防范化解政府债务风险。严格实施政府债务限额管理，规范举债融资。落实偿债资金来源，按时足额缴付本息。坚决遏制隐性债务增量，提前完成年度隐性债务存量化解任务。我省政府债务风险总体安全可控，是全国债务风险水平最低的地区之一，全省各地区债务风险实现“零预警”。

5. 加大力度实施乡村振兴战略，支持农业农村优先发展。省财政投入农林水、自然资源及其他相关支出589.6亿元，推动乡村产业兴旺、生态宜居、乡风文明、治理有效、生活富裕。一是以涉农资金统筹整合改革为抓手，推动市县形成乡村振兴新动能。将8个省级部门主管的26项省级涉农资金归并设置为6大类，向市县下放项目审批权，2019年下放项目审批权限资金241亿元，其中由市县自主统筹使用资金达133亿元，增长35倍，推动实施“千村示范、万村整治”工程、推进“一县一园、一村一品、一镇一业”建设、完成“四好农村路”建设重点任务等，实现涉农资金使用由分散到集中、从低效到高效转变。二是集中力量抓好重大农业农村项目。投入25亿元，支持现代农业产业园建设，实现主要农业县全覆盖。投入16.2亿元，支持重大水利工程建设，推动韩江榕江练江三江连通工程加快实施。发行专项债券26亿元，支持推进珠三角水资源配置工程建设。

6. 健全适应区域功能定位的财政转移支付制度，提高区域发展平衡性和协调性。2019年省对市县各项补助及债券转贷支出4368.3亿元，占省级一般公共预算总支出的66.5%，有力支持市县兜住“三保”①底线和收支平衡底线。一是推动区域财力协调均衡。出台实施均衡性转移支付制度，政策导向由激励型向“雪中送炭”的保障型转变，政策实施范围由60个县（市）扩大至86个县（市、区），突破性地将欠发达地区22个市辖区及珠三角6个困难县区纳入保障，全省市县广泛受益。二是支持筑牢绿色生态屏障。完善生态保护区财政补偿转移支付制度，坚持“谁保护、谁得益，谁改善多、谁得益多”，将财政补偿与高质量发展综合绩效评价结果和生态保护成效挂钩，政策实施范围由26个重点生态功能区县扩大至48个生态发展区县全覆盖。提高省级生态公益林效益补偿标准，对生态红线内执行最高标准，补偿标准居全国前列。三是推动打造新增长极。支持茂名绿色化工和氢能产业园、湛江东海岛产业园、

① “三保”指保工资、保运转、保基本民生。

揭阳滨海新区粤东新城等重大投资项目建设。继续支持欠发达地级市新区基础设施建设。对广州南沙、珠海横琴等重点平台建设实施专项补助。四是支持老区苏区、民族地区振兴发展。将重点老区苏区、民族县专项财力补助提升至每县每年4000万元，设立专项奖补资金促进老区苏区、民族地区产业发展。对中央和省统一部署的国铁干线、高速公路等重大项目资本金，免除重点老区苏区和民族县出资责任。对重点老区苏区、民族地区村级党组织运转经费再提标20%。

7. 坚持不懈保障和改善民生，让发展成果更多更好惠及人民群众。2019年全省民生类支出1.21万亿元，约占一般公共预算支出的七成。一是促进教育优先发展和质量提升。投入264.7亿元，建立学前教育生均拨款制度和公办普通高中生均公用经费拨款制度，义务教育生均公用经费标准保持全国前列，提高省属公办学校生均保障标准水平。加大困难学生资助力度，高职励志奖学金和国家助学金覆盖面提高10%，本专科国家助学金奖励标准提高10%；将免学费和生活费补助政策扩大到就读全日制本科以上的建档立卡贫困户子女，31万建档立卡学生得到资助。投入19亿元，启动实施提高高等教育毛入学率三年计划。累计投入31.2亿元支持省职业教育城建设，首批入驻学校全部建成并顺利招生开学。投入25.5亿元，重点加强寄宿制学校、小规模学校建设，促进城乡义务教育均衡发展。二是强化社会保障体系建设。牢固树立底线思维，安排底线民生保障资金264.45亿元，确保低保、特困人员、孤儿、困难残疾人保障和城乡居民基本养老金保障水平保持在全国前列。落实“促进就业九条”措施，统筹失业保险基金和就业创业发展资金等投入227.4亿元，支持稳定就业和开展职业技能提升行动。实现工伤保险基金省级统筹，强化基金共济功能，增强保障能力。投入24.35亿元，着力保障伤残人员、红军失散人员以及烈士遗属、因公牺牲和病故军人遗属等优抚对象生活待遇水平。各级财政共同出资10亿元，设立退役军人应急救助基金，切实做好帮扶解困工作。三是推动健康广东建设。自2018年起投入90亿元，支持30家高水平医院建设，带动提升全省医疗水平。投入78.27亿元，推进47家中心卫生院和190家县级公立医院升级建设，落实边远乡镇卫生院医务人员岗位津贴和村卫生站医生补贴，扩大定向培养农村卫生人才规模，加强全科医生规范化培训，实施百名首席专家和千名高校毕业生下基层计划，推动解决医疗卫生资源配置不均衡不充分问题。四是加强社会治安防控和公共法律服务建设。投入15.9亿元，大力推进扫黑除恶专项斗争，健全社会治安防控体系，重点帮扶欠发达地区542家基层派出所升级建设，扎实推进“全民禁毒工程”，提升公安科技信息化水平。投入2.41亿元，推进公共法律服务均等化，支持做好村居法律顾问、法律援助等公共法律服务工作。五是提升交通基础设施通达水平。投入64.32亿元，推动国道升级改造、国省道路面改造。安排高速公路资本金42.07亿元，重点支持深中通道、玉湛高速、开阳高速等建设，加快形成高速公路骨干网络。落实国铁干线及珠三角城际铁路省级资本金77.57亿元，支持广湛高铁开工建设，广汕汕高铁、赣深高铁等项目建设加快推进，穗深城际铁路开通运营。投入21.48亿元，支持韶关机场、惠州机场、湛江机场等项目建设。六是全力支持抗灾救灾。及时下拨救灾复产资金24.49亿元，积极应对暴雨洪涝干旱等自然灾害，有力保障受灾群众生活稳定、受灾地区社会安定。七是加强基本住房保障。投入22.56亿元，支持完成保障性安居工程建设任务，将符合条件的公共服务领域群体纳入住房保障覆盖范围。发行棚户区改造专项债券12.3亿元，支持完成棚户区改造年度任务。八是加快发展文化体育事业。投入11.51亿元，引导激励欠发达地区补齐人均公共文化支出短板。投入6.7亿元，实施广东卫视、珠影集团、文艺院团改革振兴工程，增强文艺创作活力。投入2.73亿元，补助推动全省277个美术馆、公共图书馆、文化馆，136个博物馆、纪念馆，92个大型体育场馆免费或低收费开放。九是扎实推进省十件民生实事。2019年全省投入十件民生实事资金971.29亿元，完成预算的109.1%。其中，省财政投入520.6亿元，完成预算的104.3%。

8. 强化财政收支管理，有力保障财政运行总体平稳。一是牢固树立过“紧日子”思想。建立健全机关事业单位过“紧日子”、厉行节约长效机制，大力压减一般性支出，严格控制“三公”经费。2019年省级部门一般性支出压减10%以上，“三公”经费下降10.7%。二是确保财政收入稳定在合理区间。在贯彻落实各项减税降费政策情况下，加强收入形势分析研判，依法依规组织财政收入。全省全年一般公共预算收入增长4.5%，增速保持在合理区间，规模连续29年居全国各省市首位。三是促进预算执行规范高效。加强省级预算执行监督管理，实行绩效目标和预算执行“双监控”，建立省级部门和市县每月研究预算执行机制。2019年上半年和前三季度，广东地区一般公共预算支出进度排名分别列全国第8名、第5名，比上年同期分别提升5个、7个名次。

9. 围绕加快建立现代财政制度目标，不断深化财税体制改革。一是预算编制执行监督管理改革“牵一发而动全身”效应初步显现。加大财政预算管理“放管服”力度，财政部门主责主业更加突出，业务部门从“被动接”向“主动管”转变，市县从“等分配”向“主动谋划”转变，极大调动各方先谋事、优结构、重效益的管财理财积极性。财政管理简政放权加力，实施22项“放管服”事项，省级专项资金审批环节由15个精简到7个，资金下达时间压缩50%以上，促进提升行政效能。大力推广“大专项+任务清单”模式，省级下放市县具体项目审批权限的专项资金达400多亿元，比上年翻番，由市县自主统筹资金支持符合当地实际需要、利于推动当地发展的项目，实现财政资金使用效率和效益“双提升”。二是全面实施预算绩效管理基础不断夯实。贯彻中央和省全面实施预算绩效管理意见，推动构建全方位、全过程、全覆盖的预算绩效管理体系。突出绩效导向，加强预算绩效目标管理，完善绩效指标体系，规范绩效评价方式。落实绩效评价结果与资金安排挂钩激励约束机制，对绩效评价结果不理想的项目，调减或取消预算安排。我省获得全国年度预算绩效管理工作考核优秀等次第1名，“花钱必问效、无效必问责”的理念逐步深入人心。三是省级与市县财政事权和支出责任划分改革向纵深推进。全面落实基本公共服务领域改革，开展医疗卫生、科技等领域改革，谋划教育、交通运输等领域改革，稳步建立财政事权、支出责任和财力相适应的制度。

在取得成绩的同时，我们也看到当前财政管理工作还面临着一些困难和问题：一是财政收支紧平衡态势凸显。落实减税降费政策带来较大减收影响，财政收入增速放缓；支持打好三大攻坚战、民生政策提标扩围、推动区域协调发展等政策任务需要加大财政支出力度。二是理财管财新机制有待完善。“大财政、大预算、大资产”财政资金资源统筹管理格局有待巩固，盘活政府资源资产的能力仍需加强，财政资金杠杆撬动作用发挥不够明显。三是财政管理水平有待提升。前瞻谋划能力需进一步加强，“全省一盘棋”管理机制仍需健全，财政大数据建设相对滞后。我们将在编制2020年预算和开展下一步财政工作时，采取积极措施应对解决。

二、2020年预算草案

2020年是全面建成小康社会决战决胜之年，是“十三五”规划收官之年。虽然国内外风险挑战明显增多，但我省经济发展健康稳定的基本面和稳中向好的总势头没有改变，促进经济高质量发展的政策效应逐步显现，正迎来粤港澳大湾区建设和支持深圳建设中国特色社会主义先行示范区、支持广州实现老城市新活力的重大历史机遇。为推动经济社会发展迈上新台阶，2020年将充分预计财政收支紧平衡的情况，加强资金统筹安排，调整优化支出结构，突出抓好绩效管理，科学合理编制预算。

编制2020年预算的指导思想是：以习近平新时代中国特色社会主义思想为指导，全面贯彻党的十九大和十九届二中、三中、四中全会以及中央经济工作会议精神，坚决贯彻党的基本理论、基本路线、基本方略，深入贯彻落实习近平总书记对广东重要讲话和重要指示批示精神，增强“四个意识”、坚定“四个自信”、做到“两个维护”，紧扣全面建成小康社会目标任务，坚持稳中求进工作总基调，坚持新发展理念，坚持以供给侧结构性改革为主线，坚持以改革开放为动力，以粤港澳大湾区建设为“纲”，以支持深圳建设中国特色社会主义先行示范区为牵引，深入落实“1+1+9”工作部署，坚定推动高质量发展，坚决打好三大攻坚战，全面做好“六稳”工作，统筹推进稳增长、促改革、调结构、惠民生、防风险、保稳定；积极的财政政策大力提质增效，更加注重结构调整，不折不扣落实减税降费政策，坚持政府过“紧日子”，牢固树立“大财政、大预算、大资产”理念，用好地方政府新增债券，统筹财力加强重点领域保障；持续深化财税体制改革，加快建立完善现代财政制度，充分发挥财政作为国家治理基础和重要支柱的作用，为我省全面建成小康社会和“十三五”规划圆满收官提供坚实财政保障。

（一）2020年全省代编一般公共预算

1. 全省一般公共预算收入。根据2020年国内外经济形势和我省经济发展情况，综合考虑减税降费等政策因素影响，预计2020年全省一

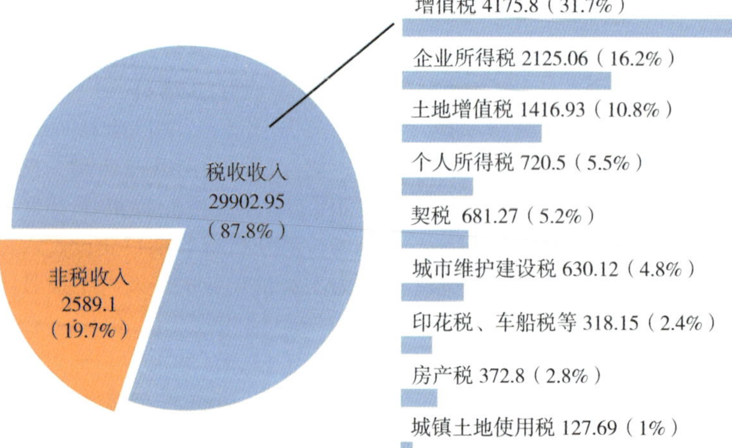

图 5　2020 年全省一般公共预算收入构成情况

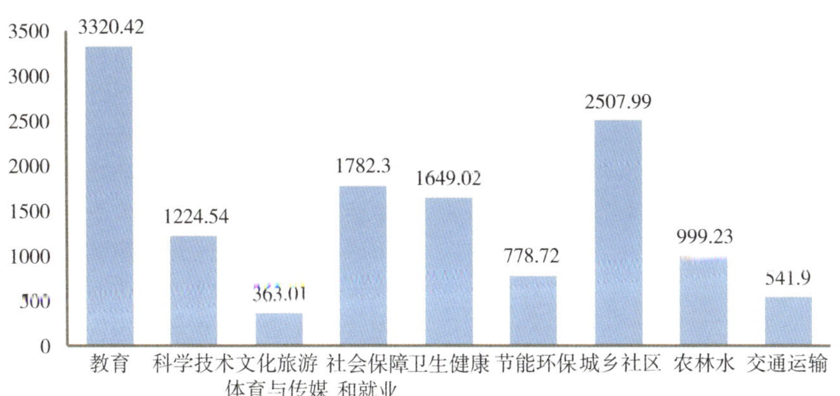

图 6 2020 年全省一般公共预算重点支出情况

般公共预算收入13157.5亿元，增长4%。其中，税收收入10568.4亿元，包括增值税收入4175.88亿元、企业所得税收入2125.06亿元、土地增值税收入1416.93亿元、个人所得税收入720.5亿元等；非税收入2589.1亿元。

2. 全省一般公共预算支出。2020年全省一般公共预算支出安排18006.7亿元，增长4%。

主要支出项目情况：教育支出3320.42亿元、科学技术支出1224.54亿元、文化旅游体育与传媒支出363.01亿元、社会保障和就业支出1782.3亿元、卫生健康支出1649.02亿元、节能环保支出778.72亿元、城乡社区支出2507.99亿元、农林水支出999.23亿元、交通运输支出541.9亿元。

2020年全省地方一般公共预算收入加上中央税收返还和转移支付、中央提前下达新增一般债券收入及调入资金等，相应安排一般公共预算支出以及上解中央等支出后，全省一般公共预算收支平衡。

（二）2020年省级一般公共预算草案

1. 省级一般公共预算收入。预计2020年省本级一般公共预算收入3408.9亿元，增长3.6%。其中，税收收入2992.95亿元，包括增值税收入1506.02亿元、企业所得税收入721.99亿元、个人所得税收入197.98亿元、土地增值税等收入566.96亿元；非税收入415.95亿元。

省本级一般公共预算收入加上中央税收返还和转移支付、中央提前下达新增一般债券收入、下级上解收入及调入资金等后，预计2020年省级一般公共预算总收入6761.77亿元（不含中央年中下达的转移支付补助和债券收入）。其中，省本级一般公共预算收入3408.9亿元；上级补助收入1395.39亿元；债券收入239亿元；下级上解收入1074.88亿元；动用预算稳定调节基金及调入资金等643.61亿元，包括动用预算稳定调节基金581.85亿元、政府性基金预算调入16.89亿元、国有资本经营预算调入28.46亿元、其他调入16.41亿元。

2. 省级一般公共预算支出。2020年省级一般公共预算总支出安排6761.77亿元，收支平衡。其中，省本级支出1374.93亿元，占总支出的20.3%；对市县税收返还和转移支付及债券转贷支出4495.72亿

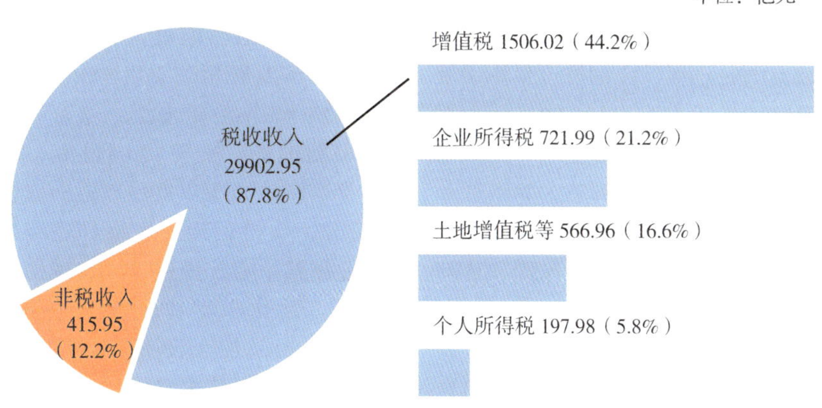

图 7 2020 年省本级一般公共预算收入构成情况

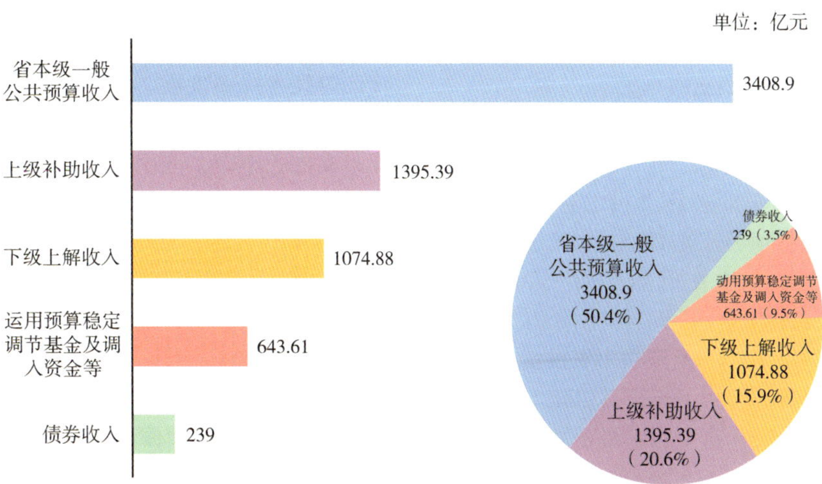

图 8 2020 年省级一般公共预算总收入构成情况

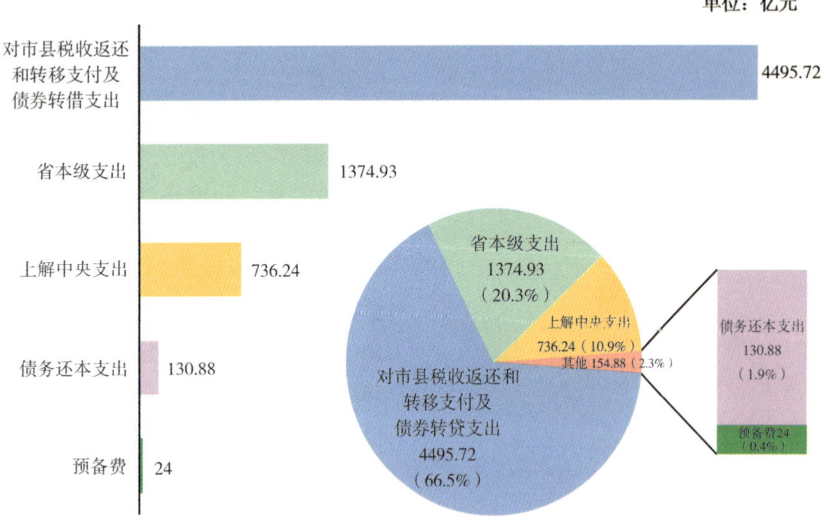

图9　2020年省级一般公共预算支出构成情况（按预算级次）

元，占总支出的66.5%（包括一般性转移支付2877.57亿元，占转移支付比重达79.1%；专项转移支付760.48亿元）；上解中央支出736.24亿元，占总支出的10.9%；预备费24亿元，占总支出的0.4%，占省本级支出的1.7%，比例符合预算法规定；债务还本支出130.88亿元，占总支出的1.9%。

根据中央统一部署，除刚性和重点项目支出外，省级部门预算一般性支出进一步压减，安排预算部门行政经费82.19亿元，较上年下降23%，占省本级支出的6%。其中，“三公”经费5.38亿元，同比减少0.15亿元，下降2.7%。“三公”经费具体构成包括：因公出国（境）支出0.79亿元、公务用车购置及运行维护支出3.62亿元、公务接待费支出0.97亿元。

按照预算法规定，2020年预算年度开始后、预算草案经批准前，提前安排必须支付的部门基本支出、项目支出128.63亿元，以及对市县转移支付381.36亿元，合计509.99亿元。

3. 省级重点支出安排情况。围绕贯彻落实习近平总书记对广东重要讲话和重要指示批示精神，深入落实“1+1+9”工作部署，优化财政支出结构，切实保障重点领域资金需求。2020年省财政安排贯彻落实“1+1+9”工作部署的重点支出资金5459.24亿元，占总支出的80.7%。

——支持促进经济高质量发展和科技创新强省建设，安排科学技术及经济发展相关支出290.7亿元，增长24.7%。主要包括：培育壮大先进制造业。安排12.03亿元，培育打造新的制造业支柱产业；安排6亿元，支持创建国家级和省级制造业创新中心，推进产业发展平台建设。强化产业基础能力。安排25.33亿元，加大设备更新和技改投入，提高政策奖励幅度，扩大受益范围，推动产业转型升级；安排9.81亿元，推动产业园区高质量发展。提升产业链现代化水平。安排9.31亿元，支持工业互联网和新一代信息技术产业发展。支持中小微企业和民营经济发展。安排12亿元，支持中小微工业企业上规模发展，完善投融资服务体系，着力缓解民营和中小企业融资难、融资贵问题。推动经贸发展。安排7.4亿元，落实“外资十条”政策，推动外资重大项目落地；安排9.91亿元，支持企业开拓国际市场，开展“一带一路”经贸合作，并积极拓展内贸消费市场。实施重点领域研发计划。安排35亿元，聚焦九大领域核心技术攻关，采取定向委托、揭榜制、并行资助等创新项目组织形式，加快攻克一批“卡脖子”关键技术。加强基础与应用基础研究。安排10.34亿元，支持省重点实验室建设、省属科研院所创新能力建设等，建立基础研究资助部省市联动投入机制。推进省实验室建设。安排14亿元，支持欠发达地区省实验室建设，落实省市同步投入机制，全面提升区域创新能力。支持推进“数字政府”建设。促进完善“粤省事”“粤商通”“粤政易”等服务平台，营造良好营商环境。推进科技创新能力和创新体系建设。安排11.4亿元，支持国际科技创新中心建设与区域创新能力提升和技术创新体系建设等。

——支持扎实推进乡村振兴战略，安排农林水、自然资源及其他相关支出609.12亿元，加上债券资金增长8.4%。主要包括：全面高质量打赢脱贫攻坚战。安排113.39亿元，紧盯总攻目标和现行标准，聚焦“两不愁三保障”突出问题，持续实施产业扶贫、就业扶贫、消费扶贫、低保兜底等政策措施，确保现行标准下相对贫困人口和相对贫困村全部实现退出。加强脱贫攻坚与乡村振兴的衔接，健全稳定脱贫长效机制。加快推进乡村产业布局优化升级。推进“一县一园、一村一品、一镇一业”，支持打造一批岭南优势产业带。安排25亿元，建设升级版现代农业产业园，打造产业发展新引擎；安排10亿元，实施产业兴村强镇行动，推动建设一批国家级产业强镇，扶持1000个村发展农业优势特色产业，认定50个以上省级农业特色专业镇；安排3.85亿元，支持农业科技研发和技术推广。推进生态宜居美丽乡村建设。安排118.33亿元，持续推进全域农村人居环境整治，重点推进农村“厕所革命”、农村生活垃圾和生活污水处理、村庄集中供水等；安排40亿元，持续推进“四好农村路”

建设，重点支持自然村村道路面硬化、砂土路改造、农村危桥改造等；安排2.5亿元，支持南粤古驿道建设。夯实农田水利基础设施建设。安排68.06亿元，全力推进中小河流治理，开展西江干流、潖江蓄滞洪区等重大水利工程建设，实施病险水闸（水库）除险加固、海堤加固达标，开展小水库小水电治理等；安排64.39亿元，支持高标准农田建设、水田垦造、基本农田和耕地地力保护。加强重点生态工程建设。安排5亿元，推进海湾岸线自然化、生态化、绿植化改造；安排33.7亿元，开展森林资源培育管护防控，打造生态综合示范园和森林乡村；安排27.26亿元，将省级生态公益林效益补偿标准从平均每亩36元提高到40元。加强地质灾害防治。安排6.61亿元，综合治理粤东西北地区大型以上地质灾害隐患点，推进削坡建房排查整治。加强村级基层组织建设。安排49.87亿元，提高欠发达地区行政村“两委”干部、村务监督委员补贴标准，对行政村办公经费、村党组织服务群众等予以补助；安排3.8亿元，支持村级集体经济发展，逐步实现村村都有稳定的集体经济收入，增强村级自我保障和服务群众能力。深化涉农资金统筹整合改革。重点突出“三转变、一精简”，即从省直部门主导向市县政府和省直部门共同主导转变、从“省里先安排钱、市县再谋划事”向“市县先谋划事、省里再安排钱”转变、从预算执行环节整合向预算编制环节整合转变，精简项目审批流程，赋予市县更大自主权，进一步提升财政支农政策效果和涉农资金使用效益。2020年由市县统筹实施项目资金达256.18亿元，约占省级涉农资金的八成，赋予市县更大统筹空间。

——支持节能减排和生态环境保护，安排节能环保和生态保护补偿转移支付支出171.82亿元，在上年度高增长109.3%的基础上，继续增长9.1%①，加上列入其他科目支出的污染防治资金144.25亿元，用于污染防治资金合计316.07亿元。主要包括：支持抓好水污染治理。安排38.29亿元，加上列入其他科目的水污染治理资金134.16亿元后，水污染防治资金合计172.46亿元，加快推进练江流域污水管网建设，落实重点流域横向生态补偿，支持地表水优良水体国家考核断面达标攻坚、污水处理、黑臭水体治理、镇级污水处理设施运维及农村生活污水处理工艺示范和枫江等重点流域整治。支持打赢蓝天保卫战。安排5.55亿元，推动城市空气质量达标攻坚，推广电动公交车及新能源汽车，加强移动源污染治理，开展建筑陶瓷行业清洁能源改造等，确保完成节能减排任务。加强固体废物综合管理、土壤污染防治和实施生态修复。安排3.62亿元，加快推进生活垃圾分类及无害化处理，开展“无废城市”建设试点，推进土壤污染防治详查，建立覆盖全省的土壤环境监测网络，强化海岸线海洋环境监测能力。支持环境监管能力建设。安排7.52亿元，推进生态环境治理体系和治理能力现代化建设，完善生态环境监测体系，支持绿色循环发展与节能降耗，推动构建共建共治共享环境治理新格局。落实生态保护区财政补偿。安排72.44亿元，增长33%，重点用于生态环境保护、绿色产业发展和改善民生，支持北部生态发展区走出生态优先、绿色发展新路子。

——支持优先发展教育事业，安排教育支出642.47亿元，加上债券资金增长10.9%。主要包括：夯实全学阶生均经费保障基础。安排270.79亿元，继续落实各学阶生均拨款制度，其中，学前教育生均经费和公办普通高中生均公用经费全省最低标准分别提高33.3%和100%。扩大教育学位优质、均衡、普惠供给。安排12.97亿元，支持欠发达地区增加学前教育公办学位供给，扩大普惠性学前教育资源，推动实现学前教育“5080”目标；安排21.98亿元，支持消除城镇大班额，加强校舍安全和寄宿制学校建设；安排21.32亿元，同时统筹新增债券资金31亿元，支持提高高等教育毛入学率、促进广东职业技能教育集聚发展；安排8亿元，支持实施“广东技工”工程。健全覆盖全学阶的困难学生资助体系。安排64.11亿元，落实各学阶学生资助及奖助学金政策；完善外省户籍建档立卡学生资助政策。加强教师人才队伍建设。安排8.83亿元，支持粤东西北地区中小学教师培养和轮训；安排30.59亿元，推动落实中小学教师待遇“两个不低于或高于”政策及山区和农村边远地区教师生活费补助政策。加强学校软实力建设。安排54.13亿元，支持高等教育“冲一流、补短板、强特色”；安排10.92亿元，支持提升现代职业教育质量；继续支持教育信息化建设、校园足球、美育等工作，促进我省教育质量综合提升。

——支持构建多层次社会保障体系和促进更高质量更充分就业，安排社会保障和就业支出478.3亿元，增长11.5%。主要包括：鼓励创业带动就业。安排17.28亿元，

①为支持打好污染防治攻坚战，省财政2018—2020年集中投入683亿元，为加快推进，资金集中在前两年投入，2019年节能环保资金增长109.3%，在此基础上，结合项目储备和以前年度资金使用情况，2020年继续增长9.1%。

开展“粤菜师傅”“南粤家政”“圆梦计划”和农村电商等技能培训以及就业创业服务；按中央统一部署，从失业保险基金结余中安排146.4亿元，用于落实广东省职业技能提升行动实施方案，帮扶困难企业职工稳岗转岗等，拓展就业渠道，形成覆盖创业全过程的政策扶持体系。继续提升底线民生保障水平。安排267.95亿元，保障和改善困难群众基本生活，确保保障水平保持在全国前列。将城乡最低生活保障人均补差水平分别从每月554元、251元提高到609元、276元，并确保特困人员基本生活保障标准不低于当地最低生活保障标准的1.6倍；将孤儿基本生活最低养育标准集中供养和分散供养水平，分别从每人每月1685元、1025元提高到1820元、1110元；将困难残疾人生活补贴、重度残疾人护理补贴标准分别继续提高到每人每月175元、235元；促进实现特困人员、城乡低保对象和建档立卡贫困人口的政策范围内基本医疗救助比例分别达到100%、80%以上；城乡居民基本养老保险基础养老金标准继续保持全国前列。加强退役士兵生活保障。安排4亿元，支持做好部分退役士兵社保接续工作；安排3.33亿元，支持自主就业退役士兵一次性经济补助及退役军人职业培训就业创业补助；加强退役军人安置保障等；安排26.1亿元，做好优抚对象抚恤和医疗保障。加强养老服务体系建设。安排3.91亿元，推进以居家养老为基础、社区为依托、机构为支撑的养老服务设施建设，支持养老爱心关怀照料服务。

——支持提升医疗卫生服务水平，安排卫生健康支出542.04亿元，增长9.8%。主要包括：提高医疗保障水平。安排279.24亿元，落实国家统一部署，扩大报销药品目录，进一步提高城乡居民基本医疗保险补助标准。打造医疗卫生高地。安排30亿元，继续落实高水平医院建设计划，重点推进学科建设、人才引进和教学科研平台建设；安排5亿元，支持创建广州呼吸中心、肿瘤中心、肾病中心等三大国际医疗中心。提升基层医疗服务水平。安排80.44亿元，支持粤东西北地区县级以下医疗卫生机构升级、县域医共体和基层医疗卫生人才队伍等基层医疗卫生服务能力建设；安排4亿元，对公立医院取消药品加成减少的合理收入予以补偿；安排1亿元，启动欠发达地区市级医疗服务能力提升计划。加强公共卫生服务。安排44.67亿元，进一步提高人均基本公共卫生服务项目经费标准，将两癌免费检查对象范围从经济欠发达地区的农村妇女扩大至城乡妇女，继续实施出生缺陷综合防控，加强艾滋病、结核病等疾病预防控制；安排3.28亿元，加强预防接种安全体系建设，着力提升疫苗冷链配送能力。

——支持推动文化强省建设，安排文化旅游体育与传媒等支出65.07亿元，增长10%。主要包括：加强公共文化服务供给。安排11.51亿元，推动补齐人均公共文化支出短板，确保如期实现全面建成小康社会的目标；安排2.73亿元，支持博物馆、纪念馆、美术馆、公共体育设施免费、低收费开放，探索实施夜间开放。支持推进精神文明建设。安排11.43亿元，支持培育和践行社会主义核心价值观。保障重大公共文化设施建设。安排8亿元，支持“三馆合一”等重大标志性文化工程建设，为群众提供优质的公共文化资源和精神文明享受。加强文化遗产保护利用。安排4亿元，支持红色革命遗址等文物保护利用，传承红色基因、弘扬革命精神；安排2.8亿元，实施文化遗产保护传承，支持文物保护与利用、非物质文化遗产保护传承，促进岭南文化蓬勃发展。加快文化旅游融合发展。安排1.87亿元，通过贴息等方式支持旅游大项目建设，引导创建全域旅游示范区。

——支持营造共建共治共享社会治理格局，安排公共安全、灾害防治与应急管理等支出311.13亿元，增长7.7%。主要包括：推动更高水平的平安广东建设。安排62.26亿元，持续深入推进扫黑除恶专项斗争，维护国家安全和社会稳定；支持智慧新警务、欠发达地区公安派出所升级建设以及环粤公安检查站建设，构建立体化、信息化社会治安防控体系；重点支持毒品检测实验室建设，巩固“全民禁毒工程”成效。安排7.88亿元，支持做好防灾减灾和安全生产各项工作。推动完善法治体系。安排219.91亿元，推进司法体制综合配套改革，提高“科技法庭”和“智慧检务”建设水平等；加快推进公共法律服务体系建设，加强全民普法教育、扩大法律援助范围、完善社会矛盾纠纷多元调处化解机制等。

——支持加快现代化交通体系建设，安排交通运输支出136.88亿元，加上债券资金增长36.7%。主要包括：推进公路网络建设。安排48.54亿元，支持普通国省道新改建、路面改造、国省道危桥改造建设；通过发行收费公路专项债券、贴息引入粤澳基金等社会资金，支持汕湛高速、怀阳高速等高速公路项目建设。加快推进轨道交通建设。通过发行地方政府债券等方式，多方筹措项目资本金超过200亿元，推进广汕汕、广湛、赣深等高铁项目建设，支持构建“五纵两横”高速铁路骨干网络。加强港口航道建设。安排16.08亿元，支持港口和内河航道网建设，加快推进东江、西江等重点航道项目建设。完善全省机场建设布局。安排27.5亿元，继续推进湛江机场迁建、韶关机场军民合用改扩建、揭阳潮汕机场航站区扩建等工程建设，推动形成我省“5+4”骨干机场布局。

——支持加快形成“一核一带一区”协调发展新格局，安排省对市县税收返还和财力性转移支付及债券转贷等支出2211.71亿元，可比增长11.5%[①]。主要包括：全力支持粤港澳大湾区建设、深圳中国特色社会主义先行示范区建设、广州实现老城市新活力和“四个出新出彩”重大区域发展战略。珠三角九市安排31亿元，落实大湾区个税差额补贴政策，实现高端和紧缺人才税负成本与香港趋同；全力支持广州南沙、深圳前海、珠海横琴等自贸片区建设，积极争取中央优惠政策；支持广深“双核联动”，科学安排财力，开展首创性、差异化财政改革探索，推动形成更多可复制可推广的财政改革创新成果。加大均衡性转移支付力度。安排560.3亿元，增长12.5%，着力缩小粤东西北与珠三角之间、困难县区与全省平均水平之间“两个差距”。强化县级基本财力保障。安排170.39亿元，支持县级优先保障“三保”支出，提升基层基本公共服务能力和水平。推动沿海经济带与粤港澳大湾区、深圳先行示范区协同发展。安排184亿元，支持重点平台和重点项目建设，打造全省产业发展主战场，推动形成全省优势互补高质量发展区域经济布局。落实老区苏区、民族地区振兴发展政策。2019—2020年新增财力超过300亿元，支持“老少边穷”地区增强民生保障能力，提高发展内生动力，确保全面建成小康社会“一个都不掉队”。

4. 加强2020年十件民生实事资金保障。选取群众关切的“身边事”列入十件民生实事项目，全省安排699.36亿元，其中省级安排323.91亿元予以保障。一是增加学前教育公办学位供给；二是健全学前至普通高中各学段生均经费保障制度；三是深入实施“广东技工”“粤菜师傅”“南粤家政”三大培训工程；四是推进疫苗冷链配送和预防接种标准化建设；五是提高低保、特困人员、孤儿基本生活补贴和残疾人两项补贴保障水平；六是新建和提升改造一批农村厕所、中小学厕所和城市厕所；七是进一步推进“四好农村路”建设；八是大力推进重点区域饮用水工程建设；九是加大食品抽检力度和食品安全信息透明度；十是加强地质灾害隐患点综合治理。

（三）2020年政府性基金预算草案

1. 全省政府性基金预算。预计2020年全省政府性基金预算收入6112亿元，与上年持平。其中，国有土地使用权出让收入5562亿元、城市基础设施配套费收入209.92亿元、污水处理费收入98.82亿元、国有土地收益基金收入83.53亿元、彩票公益金收入61.45亿元。支出6322.1亿元，增长0.5%。全省政府性基金预算收入加上转移性收入和债券收入等，相应安排政府性基金预算支出以及转移性支出等后，收支平衡。

2. 省级政府性基金预算。预计2020年省本级政府性基金预算收入85.05亿元，增长10.5%。其中，车辆通行费收入36.1亿元、彩票公益金收入19.01亿元、彩票发行机构和彩票销售机构的业务费用收入11.77亿元。加上中央提前下达转移支付、中央提前下达新增专项债券收入后，总收入1360.9亿元。总支出1360.9亿元。其中，省本级支出376.16亿元、对市县转移支付42.43亿元、向一般公共预算调出16.89亿元、债券转贷支出925.42亿元。

（四）2020年国有资本经营预算草案

1. 全省国有资本经营预算。预计2020年全省国有资本经营预算收入304.98亿元，增长6.6%。其中，利润收入221.37亿元、股利股息收入62.3亿元、产权转让收入5.58亿元、其他国有资本经营收入15.72亿元。加上上年结转资金后，总收入326.15亿元。国有资本经营预算支出158.62亿元，增长11.6%。其中，解决历史遗留问题及改革成本支出26.42亿元、国有企业资本金注入97.99亿元、国有企业政策性补贴22.62亿元、其他国有资本经营预算支出11.59亿元。加上向一般公共预算调出167.53亿元，总支出326.15亿元，收支平衡。

2. 省级国有资本经营预算。预计2020年省级国有资本经营预算收入55.69亿元，增长8.9%。其中，利润收入40.24亿元、股利股息收入15.32亿元、其他国有资本经营收入0.13亿元。支出55.69亿元。其中，解决历史遗留问题及改革成本支出5.63亿元、国有企业资本金注入5亿元、国有企业政策性补贴16.44亿元、其他国有资本经营预算支出0.03亿元、转移支付支出0.13亿元、向一般公共预算调出28.46亿元。

（五）2020年社会保险基金预算草案

1. 全省社会保险基金预算。预计2020年全省社会保险基金预算收入7532.07亿元，可比增长2.3%[②]。支出6416.1亿元，可比增长15.9%。当年结余1115.97亿元，年末滚存结余18034.48亿元。

2. 省级社会保险基金预算。预计2020年省级社会保险基金预算收入4247.28亿元，增长2.4%。其中，企业职工基本养老保险收入4113.84

①剔除税收返还等固定补助后同口径比较。

②剔除2019年一次性补缴以往年度机关事业单位养老保险基金。

亿元、工伤保险收入46亿元、机关事业单位基本养老保险收入87.44亿元。支出3158.54亿元，增长12%。其中，企业职工基本养老保险支出2997.76亿元、工伤保险支出73.71亿元、机关事业单位基本养老保险支出87.07亿元。当年结余1088.74亿元，年末滚存结余13139.51亿元。

（六）2020年地方政府债务情况

经国务院同意，财政部提前下达我省2020年新增债务限额1642亿元。一是一般债券247亿元，分别为广东地区239亿元、深圳市8亿元。广东地区239亿元中，安排省本级91.68亿元，转贷市县147.32亿元。二是专项债券1395亿元，分别为广东地区1235亿元、深圳市160亿元。广东地区1235亿元中，安排省本级309.58亿元、转贷市县925.42亿元。待中央年中下达2020年全年政府债务限额、新增债务限额后，依法编制预算调整方案，提交省人大常委会审议。

2020年全省各级财政严格落实债务偿还计划，将债务还本付息支出列入相应预算体系安排。2020年全省安排偿还地方政府债券本金741.99亿元，包括一般债券本金600.94亿元、专项债券本金141.06亿元；全省安排地方政府债券利息425.34亿元，包括一般债券利息192.41亿元、专项债券利息232.94亿元。

（七）2020年部门预算安排情况

2020年省级部门预算由377个一级预算单位组成，比上年增加2个。2020年省级部门预算财政拨款支出735.14亿元。其中，一般公共预算拨款支出724.45亿元、政府性基金预算拨款支出10.69亿元；基本支出482.52亿元，项目支出252.62亿元。

（八）2020年预算编制的主要特点

围绕贯彻落实党的十九届四中全会提出的“完善标准科学、规范透明、约束有力的预算制度”要求，2020年预算编制按照“统筹兼顾保平衡，集中财力保重点，勤俭节约保民生，提高效益保发展”的原则，突出抓好以下工作。

1. 统筹“一盘账”，形成“大财政、大预算、大资产”格局。统筹“四本预算”与债券资金，加大政府性基金预算、国有资本经营预算调入一般公共预算力度，将提前下达债券资金列入预算通盘安排。统筹存量与增量资产，梳理政府各类资源资产，盘活存量资金和行政事业单位闲置资产，增加国有资源资产有偿使用收入。统筹中央与地方资金，积极争取中央转移支付支持，在防范风险基础上用足用好中央下达的债券额度。

2. 突出“两个重点”，提升财政资源配置效率效益。优化调整支出结构，坚持有保有压。一是突出树牢过“紧日子”思想。大力压减一般性支出和“三公”经费，一般性支出压减幅度超过10%，严控非刚性、非重点项目支出，用政府部门的“紧日子”，保障人民群众的“好日子”。二是突出集中财力办大事。紧紧围绕深入落实中央决策部署和“1+1+9”工作部署安排预算，集中财力办大事，保障重大政策、重要改革和重点项目落地实施。

3. 聚焦“三个关键”，增强理财管财科学性规范性。一是加强项目库管理，体现“细化”。落实“先谋事、后排钱”的理念，按照“先入库再安排、入库后择优安排、不入库不安排”原则，做实做细项目库，专项资金细化到具体项目的比例达到80%，提高预算编制精细度。二是健全预算支出标准体系，体现“精准”。建立人员基础信息库，完善基本支出定员定额标准，加快推进项目支出定额标准建设，将支出标准嵌入项目库并全面应用于部门预算编制，提高预算编制准确性。三是建立预算安排挂钩机制，体现“做实”。落实“花钱必问效、无效必问责”的理念，实行绩效目标申报全覆盖，绩效目标审核不通过不予安排预算。落实预算安排与项目入库率、绩效评价结果、审计意见、执行进度“四挂钩”刚性约束机制，压减取消低效无效支出约20亿元，提高预算编制科学性。

三、完成2020年预算任务的主要措施

深入贯彻习近平总书记对广东重要讲话和重要指示批示精神，结合广东面临的新形势新任务，紧紧围绕加快建立现代财政制度目标要求持续发力，推动财政改革发展不断迈上新台阶。

（一）坚持依法理财管财，不断提升财政管理法治化规范化水平

深入贯彻落实党的十九届四中全会精神，增强预算法治意识，突出抓好实施财税改革与落实预算法的衔接工作。严格执行人大批准的预算，严控预算调整调剂，硬化预算执行约束。落实人大预算审查重点向支出预算和政策拓展的要求，认真执行新出台的《广东省预算审批监督条例》，落实向人大报告政府债务和国有资产管理情况有关制度。完善服务省人大代表、省政协委员工作机制，认真听取人大代表、社会各界对预算及财政工作的意见建议。

（二）聚焦财政主责主业，保持财政收支平稳运行

密切关注减税降费等因素对财政收入的影响，加强分析研判，积极盘活政府资源资产，确保收入增长保持在合理区间。加快支出进度，提高财政资金使用效率。切实防控政府债务风险，坚决遏制隐性债务增量，稳妥化解隐性债务存量，牢牢守住不发生区域性风险的底线。用好用足债券资金，完善新增专项债券项目库管理，探索推进发行管理创新，加快新增债券支出使用进度。实施县级“三保”预算

编制审核，严控超财力出台增支政策，切实兜牢县级“三保”底线。

（三）深化省以下财政体制改革，调动省与市县“两个积极性”

健全财政体制机制，加快建立权责清晰、财力协调、区域均衡的省和市县财政关系，推动形成优势互补的高质量发展区域经济布局。进一步理顺省与市县财政分配关系，制定减税降费后收入划分改革方案。分领域稳步推进省级与市县财政事权和支出责任划分改革，推动实现权责利相统一。完善以功能区为引领的差异化转移支付政策，资金安排向人口规模大、支出负担重、财力较困难地区倾斜，着力增强托底保障能力。

（四）持续深化预算管理改革，以改革促进政府治理能力提升

推动预算编制执行监督管理改革扩面提效、深化落实，由省级向市县拓展延伸，充分发挥其在财政管理中的核心关键作用。加快推进全省项目库建设，实现项目库管理全覆盖，完善项目储备机制。全面实施预算绩效管理，完善绩效指标基础数据库，扩大重点评价领域范围，探索建立下级政府财政运行综合绩效与转移支付分配挂钩机制。加快“数字财政”建设，通过信息化手段提升财政治理能力，实现财政管理有载体、财政监控有抓手、财政决策有支撑。

四、征询意见建议情况

2019年，省财政厅承办省十三届人大二次会议代表建议共365件，约占建议总数的40%。其中：大会建议364件、闭会建议1件；主办件31件、会办件326件、参阅件8件。

2020年，进一步完善省级预算编制征询机制，通过函询、座谈、调研等方式充分听取人大代表、政协委员以及市县、省直部门、专家学者和社会各界意见，收到对2020年预算草案的意见建议389条、对十件民生实事遴选的意见建议73条等。省财政厅进行充分研究，大部分已采纳并相应修改完善2020年预算草案报告，其余意见建议将在下一步工作中研究落实。

根据《关于人大预算审查监督重点向支出预算和政策拓展的实施意见》，省人大常委会组织省人大代表到省财政厅视察，专项提前介入2020年预算编制工作，并提出宝贵意见建议。提前介入监督有关项目的省级财政资金安排情况如下：一是重点领域研发计划，安排35亿元，用于支持提升自主创新能力和国际竞争力。二是水污染治理，安排172.46亿元，用于重点流域、区域水污染防治和跨省流域生态保护等。三是学前教育公办学位建设，安排12.97亿元，用于支持欠发达地区增加学前教育公办学位供给。此外，省人大常委会开展专题审议工作，选取农业农村、科技、交通、社保就业四个专题，重点对所涉及的四个省直部门的部门预算和专项资金预算进行专题审议。专题审议意见已充分吸纳，并在相关部门预算草案和专项资金预算中予以体现。

广东省第十三届人民代表大会财政经济委员会关于广东省2019年预算执行情况和2020年预算草案的审查结果报告

（2020年1月16日广东省第十三届人民代表大会第三次会议主席团第二次会议通过）

广东省第十三届人民代表大会第三次会议审查了省人民政府提出的《广东省2019年预算执行情况和2020年预算草案的报告》及广东省2020年预算草案。会议期间，省人大财政经济委员会分别召开了全体会议和各代表团代表参加的预算审查座谈会，在对预算报告和预算草案进行初步审查的基础上，根据各代表团和有关专门委员会的审查意见，对预算报告和预算草案作了进一步审查。现将审查结果报告如下：

一、2019年预算执行情况总体良好

2019年，在以习近平同志为核心的党中央坚强领导下，我省各级人民政府及其财政部门坚持以习近平新时代中国特色社会主义思想为指导，全面贯彻党的十九大和十九届二中、三中、四中全会精神，深入贯彻习近平总书记对广东重要讲话和重要指示批示精神，认真落实党中央、国务院各项决策部署，贯

彻实施预算法，按照省委工作部署和省十三届人大二次会议各项决议要求，统筹推进稳增长、促改革、调结构、惠民生、防风险、保稳定各项工作，保持经济社会平稳健康发展。财政经济委员会认为，2019年全省和省级预算执行情况总体良好，省十三届人大二次会议关于预算的决议要求得到较好落实。同时，在预算执行和财政管理中还存在一些不容忽视的困难和问题，主要有：财政收支紧平衡态势凸显，部分市县收支矛盾突出；理财管财新体制有待完善，部分专项资金和个别地方政府债券资金使用效率不高；部分县区国库库存偏低，存在阶段性流动性紧张等等。对此要高度重视，采取有效措施切实加以解决。

二、2020年预算报告和预算草案总体可行

财政经济委员会认为，省人民政府提出的2020年全省和省级预算草案，符合中央经济工作会议精神，贯彻落实党中央、国务院决策部署，落实省委工作要求，实施积极财政政策加力提效，继续落实减税降费政策，加强重点领域保障，持续深化财税体制改革。2020年预算草案符合预算法的规定，预算草案总体可行。建议省十三届人大三次会议批准省人民政府提出的《广东省2019年预算执行情况和2020年预算草案的报告》，批准2020年省级预算草案。

三、做好2020年预算执行和财政工作的建议

2020年是全面建成小康社会和“十三五”规划收官之年，要以习近平新时代中国特色社会主义思想为指导，全面贯彻党的十九大和十九届二中、三中、四中全会以及中央经济工作会议精神，坚决贯彻党的基本理论、基本路线、基本方略，深入贯彻落实习近平总书记对广东重要讲话和重要指示批示精神，增强“四个意识”、坚定“四个自信”、做到“两个维护”，紧扣全面建成小康社会目标任务，坚持稳中求进工作总基调，坚持新发展理念，坚持以供给侧结构性改革为主线，坚持以改革开放为动力，以粤港澳大湾区建设为“纲”，以支持深圳建设中国特色社会主义先行示范区为牵引，深入落实“1+1+9”工作部署，坚定推动高质量发展，坚决打好三大攻坚战，全面做好“六稳”工作，统筹推进稳增长、促改革、调结构、惠民生、防风险、保稳定，充分发挥财政作为国家治理基础和重要支柱的作用，为我省全面建成小康社会和“十三五”规划圆满收官提供坚实财政保障。为此，财政经济委员会提出以下建议：

（一）努力确保财政平稳运行

大力推进落实积极财政政策，巩固拓展减税降费成效，着力支持创新发展和产业升级，大力促进实体经济发展，涵养扩大税源。加强对国内外经济形势走向和潜在重大风险的研判，加大各类财力统筹力度，多渠道稳定财政收入。坚决落实过紧日子要求，大力压减一般性支出和“三公”经费支出，厉行节约办一切事业。加大对困难地区的财政保障力度，切实兜牢县级“三保”底线。

（二）深入推进预算管理改革

推动预算编制执行监督管理改革扩面提效，健全完善标准科学、规范透明、约束有力的预算制度。加快推进全省项目库建设，全面落实预算安排与项目入库率、绩效评价结果、审计意见、执行进度“四挂钩”刚性约束机制。全面实施预算绩效管理，加大对重大政策措施贯彻落实情况的绩效评价，绩效评价结果及时向人大报告，并向社会公开。加快“数字财政”建设，以信息化提升财政治理能力。

（三）进一步促进区域协调发展

围绕推进建设粤港澳大湾区、支持深圳建设先行示范区和广州实现老城市新活力，构建“一核一带一区”区域发展新格局，完善以功能区为引领的差异化转移支付制度，加快建立权责清晰、财力协调、区域均衡的省和市县财政关系，着力理顺新时期财政体制。进一步优化支出结构，加大重点支出保障力度，为打好打赢三大攻坚战、加快科技创新强省建设、加快现代产业体系建设、深化经济体制改革、深入实施乡村振兴战略、推进文化强省建设、加强生态文明建设、保障和改善民生等提供财政保障，推动形成优势互补高质量发展的区域经济格局。

（四）加强地方政府债务风险防控

优化新增债券额度分配，加大对重点地区和重大项目的支持力度。切实提高债券资金使用效率和效益，充分发挥债券资金对“六稳”工作的重要作用。加强地方政府债务管理监督，严格实施政府债务限额管理，规范新增债券用途，坚决遏制隐性债务增量，稳妥化解隐性债务存量。积极推进落实政府向人大常委会报告地方政府债务管理情况制度。

（五）积极配合落实人大预算审查监督和国有资产监督改革举措

不断改进完善预算报告和预算草案编报工作。在预算编制和预算执行过程中以及重大财税政策出台前，主动听取人大代表和社会各界意见建议，积极回应各方关切。加强国有资产管理，做好2020年向省人大常委会提交国有资产管理情况综合报告和企业国有资产管理情况专项报告工作。健全完善审计查出问题整改长效机制，切实提高审计整改实效。积极配合推进人大预算联网监督工作，认真落实发现问题处理反馈机制。

广东省第十三届人民代表大会第三次会议关于广东省2019年预算执行情况和2020年预算的决议

（2020年1月17日广东省第十三届人民代表大会第三次会议通过）

广东省第十三届人民代表大会第三次会议审查了省人民政府提出的《广东省2019年预算执行情况和2020年预算草案的报告》及广东省2020年预算草案，同意省人民代表大会财政经济委员会的审查结果报告。会议决定，批准《广东省2019年预算执行情况和2020年预算草案的报告》，批准广东省2020年省级预算。

广东省人民代表大会常务委员会关于批准广东省2019年省级决算的决议

（2020年7月29日广东省第十三届人民代表大会常务委员会第二十二次会议通过）

广东省第十三届人民代表大会常务委员会第二十二次会议听取了省财政厅受省人民政府委托所作的《关于广东省2019年省级决算草案的报告》和省审计厅受省人民政府委托所作的《广东省人民政府关于2019年度省级预算执行和其他财政收支的审计工作报告》。会议结合审议审计工作报告，对广东省2019年省级决算草案及其报告进行了审查。会议同意省人民代表大会财政经济委员会提出的审查结果报告，决定批准2019年省级决算。

关于广东省2019年省级决算草案的报告

——2020年7月28日在广东省第十三届人民代表大会常务委员会第二十二次会议上（节选）

广东省财政厅党组书记、厅长　戴运龙

一、2019年省级一般公共预算收支决算情况

2019年，省本级一般公共预算收入完成3291.1亿元，完成预算的102.4%。加上中央补助收入1632.33亿元、市县上解收入1042.94亿元、发行地方政府债券收入544.07亿元、上年结转收入355.36亿元、调入资金56.77亿元、动用预算稳定调节基金586.81亿元、国债转贷资金上年结余0.19亿

元，省级一般公共预算总收入完成7509.57亿元。

2019年，省本级一般公共预算支出完成1414.44亿元，完成预算的98.1%。加上对市县税收返还和转移支付及一般债券转贷支出4666.89亿元、上解中央支出394.66亿元、安排预算稳定调节基金601.85亿元、债务还本支出48.5亿元、国债转贷支出及结余0.19亿元，省级一般公共预算总支出完成7126.53亿元。

收支相抵，2019年省级一般公共预算结转383.04亿元，全部按规定结转下年继续安排，净结余为0。

根据省十三届人大常委会第十二次会议审议通过的预算调整方案，2019年省级一般公共预算收支从年初的5980.33亿元增加到6097.53亿元，共调增117.2亿元。调增资金117.2亿元均为新增一般债券，已按照省人大审议通过的预算调整方案予以执行完毕，全部用于推进医疗卫生服务体系建设、省职教基地建设、乡村振兴等重点项目。

（一）收入决算情况

省级一般公共预算总收入完成7509.57亿元，完成预算的123.2%。其中，省本级收入3291.1亿元，占省级总收入的43.8%；中央补助收入1632.33亿元，占省级总收入的21.7%；市县上解收入1042.94亿元，占省级总收入的13.9%；发行地方政府债券收入544.07亿元，占省级总收入的7.2%；上年结转收入355.36亿元，占省级总收入的4.7%；调入资金56.77亿元，占省级总收入的0.8%；动用预算稳定调节基金586.81亿元，占省级总收入的7.8%；国债转贷资金上年结余0.19亿元。

1. 省本级收入3291.1亿元，较年初预算超收75.6亿元，超收收入已按预算法规定补充预算稳定调节基金。省本级收入增长5.1%，各主要项目完成情况如下：增值税1420.82亿元，负增长2.3%，主要是落实增值税减税政策；企业所得税675.35亿元，增长4.5%，主要是企业效益增长；个人所得税179.98亿元，负增长27.2%，落实个人所得税减税政策；土地增值税等税收561.41亿元，增长54.1%，主要是大额一次性清算收入增加较多；非税收入453.53亿元，增长8.1%，主要是大力清理盘活各项资源、资产。

2. 中央补助收入1632.33亿元，完成预算的126.4%，主要是预算执行过程中中央财政增加对我省一般性转移支付和专项转移支付合计340.55亿元。

3. 市县上解收入1042.94亿元，完成预算的165.7%，主要是根据中央财政事权划分改革的要求由市县上解基数，以及新增城乡建设用地增减挂钩节余指标跨省域调剂资金上解事项。

4. 发行地方政府债券收入544.07亿元，其中新增一般债券收入335.2亿元、再融资一般债券收入208.88亿元。

5. 国债转贷资金上年结余0.19亿元。

6. 调入资金56.77亿元，其中政府性基金预算调入20.34亿元、国有资本经营预算调入34.57亿元、其他调入1.87亿元。

7. 动用预算稳定调节基金586.81亿元。

8. 上年结转收入355.36亿元。

（二）支出决算情况

省级一般公共预算总支出完成7126.53亿元，完成预算的116.9%。其中，省本级支出1414.44亿元，占省级总支出的19.8%；对市县税收返还、转移支付及债券转贷支出共4666.89亿元（相应形成市县财政收入，并由市县安排支出），占省级总支出的65.5%；上解中央支出394.66亿元，占省级总支出的5.5%；安排预算稳定调节基金601.85亿元，占省级总支出的8.4%；债务还本支出48.5亿元，占省级总支出的0.7%；国债转贷支出及结余0.19亿元。

1. 省本级支出1414.44亿元，完成预算的98.1%，主要是按照“压本级、保基层”的要求，加大对欠发达地区转移支付力度，将部分省本级资金调剂市县使用。其中个别支出决算数为负数，主要是2019年预算执行中收回部分以前年度存量资金，抵减了当年支出。

2019年省本级行政事业单位因公出国（境）费、公务用车购置及运行维护费、公务接待费一般公共预算财政拨款支出合计为4.5亿元，比上年减少0.45亿元，下降9.1%。因公出国（境）费支出0.78亿元，比上年减少0.08亿元，下降9.3%，因公出国（境）团组1763个，人次数为5160人次。公务用车购置及运行维护费支出3.12亿元（公务用车购置费0.99亿元，公务用车运行维护费2.13亿元），比上年减少0.22亿元，下降6.6%。公务用车购置数为394辆，公务用车保有量为8706辆。公务接待费支出0.59亿元，比上年减少0.17亿元，下降22.4%。国内公务接待批次为3.18万批次，国内公务接待人次为30.05万人次，国（境）外公务接待批次为18批次，国（境）外公务接待人次为118人次。省本级“三公”经费比上年下降的主要原因是省级各部门严格执行过“紧日子”有关要求，坚持厉行节约，采取严格控制因公出国（境）和公务用车购置审批，降低公务用车运行，减少公务接待等手段，压减“三公”经费支出。

2. 省对市县税收返还、转移支付及一般债券转贷支出4666.89亿元，剔除上年置换债券转贷因素后增长10.4%。具体情况如下：一是税收返还706.65亿元，完成预算的97.6%，主要是广州市收入完成未达到预期，省对广州市体制结算补助相应减少。二是一般性转移支付支出2501.2亿元，完成预算的

109.4%，省对市县的一般性转移支付占转移支付的比重达到68.9%，其中，均衡性转移支付支出537.93亿元、县级基本财力保障机制奖补资金支出173.15亿元、基本养老金转移支付支出140.92亿元、城乡居民医疗保险转移支付支出275.16亿元、教育共同财政事权转移支付支出235.81亿元、社会保障和就业共同财政事权转移支付支出151.36亿元、卫生健康共同财政事权转移支付支出122.41亿元。三是专项转移支付支出1128.47亿元，完成预算的96.4%，主要是根据财政部共同事权转移支付制度改革有关要求，将部分专项转移支付调整为一般性共同事权转移支付科目反映。其中，教育支出57.97亿元、科学技术支出97.58亿元、社会保障和就业支出15.72亿元、卫生健康支出63.38亿元、节能环保支出86.16亿元、农林水支出324.64亿元、交通运输支出111.73亿元、资源勘探信息等支出30.44亿元。四是一般债券转贷支出330.57亿元，其中新增一般债券转贷支出151.2亿元、再融资一般债券转贷支出179.38亿元。

3. 上解中央支出394.66亿元，完成预算的157.4%，主要是新增城乡建设用地增减挂钩节余指标跨省域调剂资金上解事项。

4. 安排预算稳定调节基金601.85亿元，主要是根据预算法规定，将2019年超收收入和结余资金补充预算稳定调节基金，用于预算跨年滚动平衡。

5. 债务还本支出48.5亿元，完成预算的100%。

6. 国债转贷支出及结余0.19亿元。

7. 其他事项。2019年，中央一般性转移支付和专项转移支付共支出1078.37亿元，主要用于城乡居民基本医疗保险、城乡义务教育、基本养老金等。上年结转资金共支出355.36亿元，主要用于教育、社会保障和就业、交通运输等方向的支出。省级预备费共支出0.88亿元，主要用于非洲猪瘟疫情等应急处置事项，年终余额按规定作为结余补充预算稳定调节基金。省级财政未设置预算周转金，支出规模为0。扣除2020年年初动用预算稳定调节基金581.85亿元以后，预算稳定调节基金余额为280亿元。

二、2019年省级政府性基金收支决算情况

（一）收入决算情况

2019年，省级政府性基金总收入完成1668.34亿元。包括：省本级基金收入76.96亿元，完成预算的113%；上年结转收入11.45亿元；中央补助收入53.02亿元，主要是年度执行中中央财政增加补助民航发展基金、港口建设费、大中型水库移民后期扶持基金、彩票公益金等；下级上解收入14.58亿元，主要是财政省直管县与所在市之间的补助款项增加，按现行体制增加结算列收列支；债务收入1512亿元，均为发行政府新增专项债券收入；调入资金0.33亿元，均为单位上缴的专项债券债务付息和发行费用。

（二）支出决算情况

2019年，省级政府性基金总支出完成1656.59亿元。包括：省本级基金支出84.14亿元；补助市县支出66.11亿元；调出资金20.34亿元，主要是根据国务院加大政府性基金统筹力度的要求，将政府性基金预算调出至一般公共预算；专项债券转贷支出1486亿元，全部为新增专项债券转贷支出。

收支相抵，2019年省级政府性基金结转结余11.75亿元，全部按规定结转下年继续安排使用。

（三）预算调整及上年结转资金支出情况

根据省十三届人大常委会第十二次会议审议通过的预算调整方案，2019年省级政府性预算收支从年初的651.7亿元调增到1615.7亿元，共调增964亿元，全部安排转贷市县支出，调增的964亿元均已执行完毕。

2019年，上年结转资金共支出11.45亿元，主要用于高速公路养护、养老服务体系建设等。

三、2019年省级国有资本经营预算收支决算情况

（一）收入决算情况

2019年省级国有资本经营收入完成51.13亿元，同比增长52.5%，完成年初预算的132.2%，主要是部分国有企业收益分类分档收缴比例提高和部分国有企业股利股息收入增加。其中：省属企业上交利润34.8亿元，省属控股参股企业上缴股利股息13.91亿元，其他收入2.42亿元。总收入共完成51.13亿元，同比增长52.5%。

（二）支出决算情况

2019年省级国有资本经营预算支出完成51.13亿元，同比增长52.5%，完成年初预算的132.2%。其中：解决历史遗留问题及改革成本支出2.94亿元、国有企业政策性补贴12.85亿元、其他支出0.24亿元、转移性支出35.11亿元（含调入一般公共预算资金34.57亿元及补助下级支出0.54亿元）。支出同比增长的主要原因是以收定支，随收入增加而增加。

收支相抵，2019年省级国有资本经营结转结余为0。

四、2019年省级社会保险基金收支决算情况

省级社会保险基金包括企业职工基本养老保险基金、机关事业单位基本养老保险基金和工伤保险基金。失业保险基金、城镇职工基本医疗保险基金（含生育保险基金）、城乡居民基本养老保险基金和城乡居民基本医疗保险基金实行属地管理，当年无收支。

（一）收入决算情况

2019年，省级社会保险基金收

入4226.73亿元，增长4.6%，完成预算的111.9%。其中：企业职工基本养老保险基金收入4048.45亿元，比上年增加245.62亿元，增长6.5%；机关事业单位基本养老保险收入125.94亿元，比上年减少45.16亿元，负增长26.4%，主要是2018年机关事业单位基本养老保险一次性补缴金额较大抬高了基数；工伤保险基金收入52.34亿元，比上年减少20.57亿元，负增长28.2%，主要是按照减税降费统一部署，阶段性降低工伤保险缴费费率。

（二）支出决算情况

2019年，省级社会保险基金支出2216.12亿元，增长10%，完成预算的100.2%，支出比上年增长的主要原因是提高各项社会保险待遇。其中：企业职工基本养老保险基金支出2063.13亿元，比上年增加193.02亿元，增长10.3%；机关事业单位基本养老保险支出87.31亿元，比上年增加3.29亿元，增长3.9%；工伤保险基金支出65.68亿元，比上年增加5.63亿元，增长9.4%。

净上解企业职工基本养老保险中央调剂基金617亿元后，2019年省级社会保险基金当年结余为1393.61亿元。其中：企业职工基本养老保险基金当年结余1368.32亿元；机关事业单位养老保险基金当年结余38.63亿元；工伤保险基金当年结余-13.34亿元，主要是阶段性降低工伤保险缴费费率，工伤保险基金收入下降较多。2019年省级社会保险基金滚存结余12115亿元，比上年增长13%。其中：企业职工基本养老保险基金滚存结余11713.96亿元；机关事业单位养老保险基金滚存结余126.24亿元；工伤保险基金滚存结余274.8亿元。

五、2019年省级部门决算情况

2019年，省级部门共376个预算单位，比上年增加3个。省级部门决算财政拨款收入1157.5亿元、支出1160.73亿元，支出比收入多主要是支出包含了年初结转结余资金安排的支出。其中，一般公共预算财政拨款收入1142.8亿元、支出1144.11亿元；政府性基金预算财政拨款收入14.7亿元、支出16.62亿元。总体上，部门预算执行情况较好，全口径收支预决算编报工作不断完善，部门预决算差异逐步缩小，主要是各预算单位更加精准编制年初预算，财政部门严格控制预算追加，决算全面反映。

六、重点政策执行情况

（一）重点领域支出情况

2019年，我省围绕服务全省经济社会发展，加力提效实施更加积极有为的财政政策，优化财政支出结构，加快财政支出进度，支持做好“六稳”工作，统筹推进稳增长、促改革、调结构、惠民生、防风险、保稳定，较好地保障了各项重点支出需要，确保国家和省各项决策部署的有效落实。

1. 支持促进经济高质量发展和科技创新强省建设，投入科学技术及经济发展相关支出237.36亿元。主要包括：一是推动制造业高质量发展，投入60.29亿元，支持工业企业提质增效，大力发展先进装备制造业；激励企业提升创新能力，投入3.8亿元，支持创建省级制造业创新中心；构建“一核一带一区”产业协调发展新格局，投入21.38亿元，促进省产业园发展，助力打造千亿级产业集群；支持工业化和信息化深度融合，投入8.86亿元，带动超过3000家工业企业“上云上平台”。二是扎实提升贸易投资双向开放，投入17.33亿元，用于落实“外资十条”“稳外贸”等一系列政策，推动外贸新业态发展壮大；投入2.17亿元，支持优化营商环境，促进广货消费。三是支持促进民营经济新一轮大发展，投入10.09亿元，贯彻落实“民营经济十条”等政策，支持推动创新创业和中小微工业企业上规模，进一步完善投融资服务体系，着力缓解融资难、融资贵问题。四是支持重点领域研发计划，投入35亿元，集中攻关“卡脖子”核心技术，解决我省产业发展“缺芯少核”问题。五是强化基础与应用基础研究，投入14.62亿元，支持省重点实验室及科技基础条件平台建设等，支持建设10家省实验室，优化区域创新资源布局。六是推进“数字政府”建设，投入17.49亿元，支持打造全省一体化在线政务服务平台，为企业和群众办事提供便利。七是支持人才工作开展，投入2.01亿元，保障我省各大重点人才工程项目和计划实施，提升在粤院士服务保障水平，大力引才聚才育才，着力打造国际化人才高地。

2. 深化涉农资金统筹整合改革，支持扎实推进乡村振兴战略。一方面，深化涉农资金改革，将8个省级部门主管的26项省级涉农资金归并设置为6大类，向市县下放项目审批权，2019年由市县统筹实施项目资金达294.48亿元，实现涉农资金使用由分散到集中、从低效到高效转变。另一方面，投入农林水、自然资源等相关支出590.92亿元，推进产业振兴、生态振兴、组织振兴等乡村振兴全面振兴。主要包括：一是推进乡村产业振兴，投入25亿元支持50个省级现代农业产业园建设，实现主要农业县全覆盖；投入10亿元，实施“一村一品、一镇一业”行动，大力发展富民兴村特色产业；投入5000万元，实施农村科技特派员千村大对接行动，为800个左右的贫困村提供科技支撑，支持200多个贫困村发展特色优势产业，帮助7000名以上贫困户脱贫增收。全力支持打赢脱贫攻坚战，投入76亿元，连同其他扶持乡村产业发展等资金投入精准扶贫精准脱贫，帮助160万省内相对贫困人口实现脱贫，90%以上的相对贫困村达到出列标准；投入8.28

亿元，支持东西部扶贫协作县均财政补助标准提高到4000万元。二是推进生态振兴，支持生态宜居美丽乡村建设，投入185亿元支持全域推进农村人居环境整治和省定贫困村新农村建设等，推动村庄规划覆盖率、农村卫生户厕普及率、垃圾收运处理覆盖率、生活污水治理率分别达到96%、98%、96%、35%。支持实施南粤古驿道保护利用，投入3.5亿元，修复优化南粤古驿道重点线路和示范段，开发粤北等欠发达地区旅游资源。夯实农田建设，投入46.97亿元，支持高标准农田建设和基本农田、耕地保护；投入17.32亿元，推进全省垦造水田建设工作。加强水利基础设施建设，投入69亿元，完成韩江榕江练江水系连通等多个水利工程建设，治理中小河流2838公里；发行专项债券26亿元，支持推进珠三角水资源配置工程建设。加强林业生态工程建设，投入29.97亿元，支持森林资源、林业保护等工作；投入省级以上生态公益林效益补偿资金24.5亿元，将平均补助标准提高至36元/亩，并分区域实行差异化补偿制度。三是推进组织振兴，强化村级基层组织建设，投入46.3亿元，提高欠发达地区行政村（社区）“两委”干部、村务监督委员补贴标准，对行政村（社区）办公经费、村党组织服务群众等予以补助。

3. 支持节能减排绿色可持续发展，坚决打赢污染防治攻坚战，投入节能环保和生态保护补偿转移支付支出218亿元，加上列入其他科目支出的污染防治资金124.33亿元，用于污染防治和生态保护补偿资金合计342.33亿元。主要包括：一是突出抓好水污染治理，投入228.28亿元，加快推进练江流域污水管网建设，落实重点流域横向生态补偿，支持地表水优良水体国家考核断面达标攻坚、主要江河及水库优良水体保护、饮用水源地规范化建设以及小东江、淡水河、枫江污水整治等。二是聚焦打赢蓝天保卫战，投入7.73亿元，支持推动城市空气质量达标攻坚，开展建筑陶瓷行业清洁能源改造和重型柴油货车车载诊断系统远程在线监控示范等，建设具备科技含量的挥发性有机物成分谱监测网，推动秸秆等生物质原料综合利用；投入22.35亿元，用于新能源汽车充电基础设施建设奖补和新能源汽车贴息等，有力推动我省新能源汽车推广应用，2019年全省共推广应用新能源汽车18.6万辆，超额完成国家下达的5.5万辆推广任务。三是加强固体废物综合管理、土壤污染防治和生态修复，投入17.46亿元，加强固体废物处理设施建设，加快推进生活垃圾分类及无害化处理，开展“无废城市”建设试点，提高全省固体废物处理处置能力和水平。四是支持环境监管能力建设，投入8.97亿元，推进生态环境治理体系和治理能力现代化建设，完善生态环境监测网络体系，支持绿色循环发展与节能降耗，推动构建共建共治共享环境治理新格局。五是落实生态保护区财政补偿，投入67.9亿元，较上年增长20%。坚持“谁保护、谁得益，谁改善多、谁得益多”，建立财政补偿与高质量发展综合绩效评价结果和生态保护成效挂钩机制，扩大补偿范围，将财政补偿与高质量发展综合绩效评价结果和生态保护成效挂钩，政策实施范围由26个重点生态功能区县扩大至48个生态发展区县全覆盖。

4. 支持教育均衡优质发展，投入教育支出575.6亿元。主要包括：一是建立覆盖全学阶的生均拨款制度，投入264.71亿元，为各学阶的教育事业发展提供长效支持，义务教育生均公用经费标准保持全国前列，提高省属公办学校生均保障标准水平。二是支持义务教育均衡优质标准化发展，投入184.75亿元，全面落实各项义务教育补助经费政策；投入25.47亿元，重点加强农村义务教育寄宿制学校建设，促进义务教育薄弱环节改善与能力提升，推进城乡义务教育均衡发展。三是支持推动高等教育“冲一流、补短板、强特色”，投入46.37亿元，用于双一流大学和学科建设、高水平大学建设、粤东西北高校振兴计划和创新强校工程等一系列政策措施；投入19.04亿元①，实施提高高等教育毛入学率三年计划，全力增加优质高等教育学位。四是支持职业教育“扩容、提质、强服务”发展，投入14.2亿元，支持职业教育扩学位、提水平、补短板；累计投入31.2亿元，支持省职业教育城建设，首批入驻学校全部建成并顺利招生开学。五是加大困难学生资助力度，投入53.95亿元，确保我省学生资助政策从学前教育到高等教育全学阶覆盖，助力打赢脱贫攻坚战和建档立卡家庭经济困难学生补助政策落实到位。六是支持新时代教师队伍建设，投入44.07亿元，强化教育“工作母机”建设，落实教师工资待遇“两相当”等一系列政策，吸引优秀人才到艰苦地区任教，确保欠发达地区乡村教师队伍稳定；积极推动教师教育振兴，省财政公费定向培养2200名粤东西北中小学教师；大力支持强师工程建设，进一步提升全省教师队伍专业水平。七是聚焦扩大普惠性学前教育资源，投入9.43亿元支持欠发达地区公办幼儿园和普惠性

---

①其中，统筹高等教育“冲一流、补短板、强特色”资金10.84亿元，职业教育“扩容、提质、强服务”资金8.2亿元。

民办幼儿园新建、改扩建和改善办园项目，持续加大学前教育投入；投入2.11亿元，落实学前教育家庭经济困难儿童资助政策，大力推动了学前教育的发展。

5. 支持高质量充分就业，构建多层次社会保障体系，投入社会保障和就业相关支出469.87亿元。主要包括：一是支持高质量充分就业，投入19.88亿元，积极推动"促进就业九条"2.0版等政策落地落实，推动"广东技工""粤菜师傅""南粤家政"三大工程；在失业保险基金中统筹约240亿元，加大企业稳岗返还力度，强化失业保险稳就业保基本生活功能。二是牢固树立底线思维，投入264.45亿元，强化社保兜底保障能力，确保低保、特困人员、孤儿、困难残疾人保障和城乡居民基本养老金保障水平保持在全国前列。其中，城镇、农村低保对象最低生活保障人均补差水平分别提高到每月554元和251元；特困人员基本生活标准达到不低于当地最低生活保障标准的1.6倍；孤儿基本生活最低养育标准集中供养和分散供养水平分别提高到每人每月1685元和1025元；经济欠发达地区保障城乡低保对象、建档立卡贫困人口政策范围内基本医疗救助比例达到80%以上；困难残疾人生活补贴、重度残疾人护理补贴标准分别提高到每人每月165元和220元；城乡居民基本养老保险基础养老金最低补助标准提高到每人每月170元，城乡居民基本养老保险覆盖率达到98%以上。三是提升养老服务水平，着力保障老有所养，投入4.98亿元，着力支持各地推进以居家为基础、社区为依托、机构为补充、医养相结合的养老服务体系建设，落实民办养老机构财政补贴政策，对经济困难的高龄、失能老年人给予补贴，支持养老服务项目政府购买服务。四是加强退役士兵生活保障，投入28.95亿元，着力保障退役军人和其他优抚对象医疗和生活待遇水平；各级财政共同出资10亿元，设立退役军人应急救助基金，切实做好帮扶解困工作。

6. 支持稳步提升医疗卫生服务水平，投入卫生健康支出538.42亿元。主要包括：一是加强基层医疗卫生服务能力建设，投入78.27亿元，着力加强粤东西北地区县级以下医疗卫生机构的硬件设备设施，完成47家中心卫生院升级建设，床位增加逾万张；落实公立医院取消药品加成财政补偿资金3.98亿元，进一步提升公立医院医疗服务能力和水平。二是打造医疗卫生高地，省和广州市共同投入逾54亿元，支持我省创建三大国际医学中心（广州呼吸中心、南方医科大学南方医院肾病中心、中山大学肿瘤防治中心的国家肿瘤医学中心）；自2018年起投入90亿元，支持30家高水平医院建设，带动提升全省医疗水平。三是提高基本公共卫生服务保障水平，投入24.28亿元，将我省人均基本公共卫生服务经费从每年55元提高到69元。四是健全全民医保体系，统筹投入276.41亿元，按照每人每年520元的标准支持各地落实城乡居民医疗财政补助，进一步完善大病保险制度，大病保险政策范围内支付比例提高至不低于60%，对困难群体下降大病保险起付标准提高报销比例，不设年度最高支付限额。五是支持中医药事业发展，投入6.67亿元，重点支持全省中医优势病种突破、中医临床重点专科建设、中医药人才队伍建设等项目，加强岭南中药材保护，促进中医药产业持续健康发展。

7. 支持推动文化强省建设，投入文化体育与传媒支出59.68亿元。主要包括：一是推动公共文化服务均衡化，投入11.5亿元，着力补齐人均公共文化财政支出短板，引导和激励欠发达地区落实文化补短板工作。二是支持公益性文化体育设施免费开放，投入2.74亿元，推动全省美术馆、图书馆、文化馆（站）、博物馆、纪念馆、公共体育场馆免费或低收费开放，推动全省城市建成"十分钟文化圈"、农村建成"十里文化体育圈"。三是支持文化遗产保护与利用投入，投入2.67亿元，用于131个全国重点文物保护单位、755个省级文保单位保护利用以及文物考古等相关工作；投入0.58亿元，支持非物质文化遗产保护传承与活化利用。四是大力支持我省主流媒体健康发展，投入2.13亿元，用于支持省级主流媒体技术改造等。五是支持红色革命遗址保护和利用，投入3亿元，用于重点支持"红色遗址保护建设"和"红色遗址展陈提升"两大行动，保障具有较大历史价值、政治影响较大的省级以上级别的红色革命遗址与纪念设施的保护建设和改陈布展。六是支持振兴传统文化事业，投入6.5亿元，实施广东卫视、珠影集团、文艺院团改革振兴工程，增强文艺创作活力。七是支持文化和旅游深度融合发展，投入1.69亿元，用于推动旅游产业发展及品牌宣传营销、旅游投资大项目贴息等，支持提升文化和旅游的内涵和品质，打造更优质的旅游体验。

8. 支持营造共建共治共享社会治理格局，投入公共安全、灾害防治与应急管理等支出330.07亿元。主要包括：一是大力支持平安广东建设，投入6.14亿元，推动扫黑除恶专项斗争、禁毒、看守所律师会见室和讯问室建设等重点工作落实；投入2亿元，重点帮扶欠发达地区542家基层派出所升级建设，解决办案用房年久失修等问题，推动公安部门增强基层实力、活力、战斗力；投入2.6亿元，支持建设公安科技信息化，强化广东公安大数据智能化运用，推动构建现代化警务运行机制。二是落实深化司法体制综合配套改革要求，投入113.18亿元，支持服务法检两院财物统管改革，完善财物统管工作机制和经费保障机制，重点支持“科技法庭”和“智慧检务”建设，全省“科技法庭”覆盖率达84%。三是支持公共法律服务，投入3.52亿元，支持推进一村（社区）一法律顾问、法律援助、人民调解、社区矫正等公共法律服务工作，支持升级改造覆盖城乡的公共法律服务生态网络，推进与12345政府服务热线、110报警服务台、“粤省事”平台联动协作，满足群众公共法律服务需求。四是支持做好防灾减灾和安全生产，投入2.61亿元，支持矿山地质环境恢复治理、地质灾害防治和森林防火及航空消防，全面提升地质灾害防治和森林火灾扑救能力；投入1.85亿元，支持开展安全生产应急救援体系建设、公路灾毁修复、宣传教育等，促进全省安全生产形势持续稳定好转。

9. 支持推动现代化综合交通体系建设，投入交通运输支出243.32亿元。主要包括：一是大力支持“四好农村路”建设，投入58.43亿元，支持粤东西北地区“四好农村路”建设养护，2019年我省农村公路总通车里程达到18.27万公里，公路等级比率达98.2%，路面铺装率达91.4%，位列全国前十的先进水平。二是推动全省交通网络加快建设，投入66.66亿元，用于国道升级改造、国道省道路面改造等项目建设，完成普通国省道建设1374公里，国道二级以上比例达到90%；落实高速公路项目资本金42.07亿元，重点支持深中通道、玉湛高速、开阳高速等建设，加快形成高速公路骨干网络。2019年全省高速公路通车里程达到9495公里，连续6年居全国第一。三是加快推进轨道交通建设，落实国铁干线及珠三角城际铁路省级资本金77.57亿元，支持广州至湛江铁路、广州至汕尾铁路、汕尾至汕头铁路、赣州至深圳铁路等项目建设，顺利开通运营梅州至潮汕铁路、穗莞深城际新塘至深圳机场段。四是完善全省机场建设布局，投入21.28亿元，支持韶关机场军民合用工程、惠州机场扩容扩建工程、湛江机场迁建工程等机场项目建设加快推进，揭阳潮汕机场跑道延长及站坪扩建工程、惠州机场扩容扩建工程等项目建成使用。五是支持港口航道建设工作。投入22.15亿元，用于内河航道建设维护和港口建设费补助等，进一步促进我省港航事业稳步发展。截至2019年底，我省内河高等级航道达1397公里。

10. 支持推动形成优势互补、高质量发展的区域经济布局，投入省对市县税收返还和财力性转移支付及债券转贷等支出2209.06亿元。主要包括：一是全力支持粤港澳大湾区建设，推动广州、深圳“双核联动、比翼双飞”。制定实施支持粤港澳大湾区建设财政措施，出台7个重点领域28项财政措施。支持“人才集聚”，实施境外人才个人所得税优惠政策，最低可降至15%。支持科研“资金过境”，首次实现省财政资金跨境港澳使用。支持“平台互通”，推动大湾区交通基础设施硬联通和科研创新平台软联通。支持“民生共享”，符合条件的港澳人士享受与内地居民同等的购房、子女教育、社保、医疗保障待遇。研究谋划财政配套政策，充分发挥深圳建设中国特色社会主义先行示范区“双区驱动”效应。二是全力支持构建“一核一带一区”发展新格局，完善以功能区为引领的转移支付制度。建立均衡性转移支付制度，投入资金537.93亿元，支持全省困难地区兜牢底线，政策导向由激励型向“雪中送炭”的保障型转变，政策实施范围由60个县（市）扩大至86个县（市、区），突破性地将欠发达地区22个市辖区及珠三角6个困难县区纳入保障范围，有效增强县（市、区）兜底保障能力。强化欠发达地区县级基本财力保障，投入资金173.15亿元，推进县级基本公共服务均等化，确保实现基层政权和组织“保基本民生、保工资、保运转”的政策目标。落实老区苏区民族地区振兴发展政策，2019—2020年新增财力超过300亿元，加力提效支持“老少边穷”地区增强民生保障能力，提高发展内生动力，确保全面建成小康社会“一个都不掉队”。

（二）省人大提前介入预算编制监督项目情况

2019年，省人大常委会专项提前介入2019年预算编制工作，并提出宝贵意见建议。提前介入2019年预算编制监督项目的资金落实情况如下：一是建立学前教育生均公用经费拨款制度。2019年省财政投入3.08亿元，完成预算的108.9%，用于支持全省欠发达地区建立学前教育生均拨款制度，补助范围包括公办幼儿园及普惠性民办幼儿园，充分体现公共财政对学前教育普惠性和公平性的支持。二是建设省级现代农业产业园。2019年省财政投入25亿元，完成预算的100%，支持创建50个省级现代农业产业园，每个产业园补助5000万元，着力打造广东现代农业要素聚集区。二是抓好水污染治理，2019年省财政投入228.28亿元，完成预算的100%，以水污染治理作为我省生态环境保护的重中之重，确保污染防治取得成效，并引入省属国企参与环保基础设施建设，强化项目实施资金保障力度。

（三）2019年十件民生实事情况

2019年，我省大力支持落实十件民生实事，集中力量为人民群众办好提高底线民生保障水平等十件民生实事，全年全省投入971.29亿元，完成预算的109.1%；其中，省级投入520.60亿元，完成预算的104.3%。截至2019年底，省十件民生实事共28项具体工作任务全面完成，老百姓在社保、教育、医疗、就业、交通、文化、食品药品安全等方面的保障水平进一步提高，办事更加方便，人民群众获得感、幸福感和安全感进一步增强。

（四）重点项目绩效情况

2019年，省财政厅逐步将绩效管理理念引入预算管理的各个环节，不断完善全过程的预算绩效管理体系，积极落实新出台的广东全面实施预算绩效管理的若干意见，制定省级财政资金绩效评审管理办法、预算绩效目标管理办法、省级财政预算安排“四挂钩”试行办法等3项配套制度，探索重大政策和项目事前绩效评审、“双监控”2项机制，加强绩效目标审核，扩展预算绩效指标库一级行业由20类到30类，绩效评价提质增效，硬化结果约束，压减低效支出，取消无效支出，“花钱必问效，无效必问责”的理念深入人心。2019年，我省在全国预算绩效管理工作考核中获优秀等次第1名。

1. 十件民生实事省级财政资金使用绩效情况。2019年，省财政厅对2018年省级财政投入十件民生实事的资金进行了绩效评价，包括提高山区边远地区学校教师生活补助、完善全民健身活动设施、改善困难群众居住条件、增加农民农业生产补助、推进基层医疗机构升级建设、提高困难群众救助补助标准、提高城乡居民基础养老金水平、提升劳动者就业技能素质、健全社会矛盾纠纷化解机制、完成普通国省道改造任务等十件民生实事。除普通国省道改造任务的资金绩效评价结果为“中”，其余9个领域9件实事的绩效评价结果均为“良”。

2. 部门整体支出绩效评价情况。按照财政部将“预算绩效管理实施对象从项目为主向政策、部门整体支出拓展”的思路和要求，2019年在部门整体支出绩效自评覆盖全部省直部门的基础上，省财政厅继续对省教育厅等20个部门开展了部门整体支出绩效重点评价，在数量上比上年的15个部门增加了33.3%，进一步推动省级部门整体支出绩效评价工作。从评价结果上看，20个部门绩效评价结果为“良”的有18个，占比90%；评为“中”的2个，占比10%。

3. 其他重点资金绩效评价情况。除上述几类绩效评价外，省财政厅还对涉及省委省政府重点工作或重要任务的相关资金以及部分规模较大的涉45项资金进行了绩效评价，涉及促进经济高质量发展专项资金、乡村振兴战略专项资金、促进就业创业发展专项资金、教育发展发展专项资金、精准扶贫资金等重点领域资金；并首次对政府和社会资本合作（PPP）、政府债务项目等进行了探索，共形成评价报告45份。其中：评价结果为“优”2份，占比4.4%；“良”的36份，占比80%；“中”的7份，占比15.6%。对评价结果为“中”的项目，原则上2020年预算压减规模不低于20%。

七、2019年全省财政总决算汇编情况

2019年，在各级人大及其常委会的监督支持下，全省各级政府和财政部门认真执行经各级人大批准的2019年预算，全省财政运行平稳，实现了收支平衡。

（一）全省一般公共预算收支决算情况

根据汇编的决算，2019年，全省地方一般公共预算收入完成12654.53亿元，为汇总各级人大通过年初预算的102%，比上年增加549.27亿元，增长4.5%。全省地方一般公共预算收入12654.53亿元，加上中央（含税收返还补助）补助收入2003.09亿元、新增一般债券收入346.20亿元、再融资一般债券收入208.88亿元、待偿债置换一般债券上年结余1.25亿元、国债转贷资金上年结余0.44亿元、上年结转收入1167.41亿元、调入资金2567.17亿元、动用预算稳定调节基金1807.44亿元等项目之后，全省一般公共预算总收入完成20756.39亿元。

2019年，全省一般公共预算支出完成17297.85亿元，为汇总各级人大通过年初预算的102.5%，比上年增加1568.6亿元，增长10%。全省一般公共预算支出17297.85亿元，加上上解中央支出487.03亿元、国债转贷支出及结余0.44亿元、一般债务还本支出297.83亿元、待偿债置换一般债券上年结余1.17亿元、调出资金2.95亿元、安排预算稳定调节基金1715.66亿元等项目之后，全省一般公共预算总支出完成19799.89亿元。

收支相抵，2019年全省一般公共预算结转956.5亿元，全部按规定结转下年继续安排，净结余为0。

（二）全省政府性基金收支决算情况

2019年，全省政府性基金收入完成6114.94亿元，为汇总各级人大通过年初预算的98.3%，主要是国有土地使用权出让收入及涉及的相关基金收入未达预期。加上上年结转结余收入1318.69亿元、上级补助收入59.23亿元、调入资金16.73亿元、待偿债置换专项债券上年结余0.98亿元、新增专项债券收入1815亿元之后，全省政府性基金预算总收入完成9325.56亿元。

2019年，全省政府性基金支出完成6297.83亿元，为汇总各级人大通过年初预算的91.8%，主要是政府性基金预算支出按照“以收定支”的原则安排。加上调出资金2065.71亿元等项目之后，全省政府性基金预算总支出完成8365.53亿元。

收支相抵，2019年全省政府性基金结转结余960.03亿元。

（三）全省国有资本经营预算收支决算情况

2019年全省国有资本经营收入决算314.61亿元，其中：利润收入175.46亿元，股利股息收入59.87亿

元，产权转让收入16.84亿元，清算收入0.29亿元，其他国有资本经营预算收入34.34亿元，上年结转收入27.8亿元。

2019年全省国有资本经营支出决算285.98亿元，按科目分类：解决历史遗留问题及改革成本支出20.69亿元，国有企业资本金注入90.82亿元，国有企业政策性补贴18.25亿元，其他国有资本经营预算支出13.25亿元，调出资金142.98亿元。

收支相抵，2019年全省国有资本经营结转结余28.63亿元。

（四）全省社会保险基金收支决算情况

截至2019年底，全省企业职工基本养老保险、机关事业单位基本养老保险、城镇职工基本医疗保险（含生育保险）、失业保险、工伤保险、城乡居民基本医疗保险和城乡居民基本养老保险总参保人数约达2.89亿人次，同比增长1.4%。全年社会保险基金收入8323.6亿元，增长21.4%，完成预算的115%。

2019年全省社会保险基金总支出5720.28亿元，增长35.7%，完成预算的107.3%。其中：企业职工基本养老保险基金支出2063.13亿元，占全部基金支出的36.1%，比上年降低8.3个百分点；城镇职工基本医疗保险基金支出1108.51亿元，占全部基金支出的19.4%，比上年降低3.1个百分点。2019年收入和支出增长较大的的主要原因是受机关事业单位基本养老保险清算以前年度基金转列收入、支出因素的影响。

截至2019年底，全省社会保险基金滚存结余17088.31亿元，比上年末增长12.1%。其中：企业职工基本养老保险基金滚存结余11713.96亿元，占全省基金的68.6%，比上年增长13.2%；城镇职工基本医疗保险基金滚存结余2775.77亿元，占全省基金的16.2%，比上年增长14.9%。

八、经批准举借债务情况

（一）地方政府债务限额余额情况

中央批准的2019年我省地方政府债务限额14198.07亿元（包括一般债务限额7116.52亿元、专项债务限额7081.55亿元），比上年新增2105.07亿元。其中：广东地区债务限额13499.57亿元（包括一般债务限额6791.92亿元、专项债务限额6707.65亿元），深圳市债务限额698.5亿元（包括一般债务限额324.6亿元、专项债务限额373.9亿元）。2019年全省政府债务余额11948.95亿元，广东地区政府债务余额11518.68亿元，严格控制在政府债务限额以内。

（二）地方政府债券发行使用情况

2019年，全省发行地方政府债券2370.07亿元，包括：新增债券2161.2亿元（其中一般债券346.2亿元、专项债券1815亿元），再融资债券208.88亿元（全部为一般债券）。新增债券2161.2亿元中，深圳市按规定自行发行314亿元，由深圳市安排支出。广东地区新增债券1847.2亿元按规定由省政府统一发行，其中安排省级支出210亿元（一般债券184亿元、专项债券26亿元），主要用于“四好农村路”等农村建设79.3亿元、普通国省道建设59亿元、医院升级改造建设32亿元，科学及职业教育建设7.3亿元，推动港珠澳大桥建设6.4亿元，珠三角水资源配置26亿元；转贷市县支出1637.2亿元（一般债券151.2亿元、专项债券1486亿元），由市县根据国务院和省确定的债券资金使用范围，研究落实具体安排项目，按预算法规定报本级人大常委会审议批准。

（三）地方政府债券还本付息情况

2019年全省各级财政按照偿债计划，将债务还本付息支出列入相应预算体系安排。2019年广东地区偿还地方政府债券本金264.02亿元，均为一般债券；广东地区支付地方政府债券利息351.83亿元，其中：一般债券利息184.64亿元，专项债券利息167.19亿元。

九、落实省人民代表大会批准的预算决议的有关情况

省十三届人大二次会议审查和批准我省2019年省级预算，并作出了《广东省第十三届人民代表大会第二次会议关于广东省2018年预算执行情况和2019年预算的决议》。省政府及财政部门高度重视，认真研究落实，按照党的十九大对财政工作的要求，着力深化财税体制改革，加快建立现代财政制度，加强全口径预算管理，全面实施绩效管理，确保人大决议落到实处。

（一）加力提效实施积极的财政政策

一是不折不扣落实减税降费政策，2019年全省新增减税降费3043.7亿元。全面落实增值税改革，从2019年4月1日起，全面实施制造业等行业16%的增值税率降至13%、交通运输和建筑等行业10%的税率降至9%，并进一步扩大进项抵扣范围，全年减税1225.9亿元；全面释放个税改革红利，全年新增减税707.9亿元；全面落实小微企业普惠性减税政策，全年新增减税318.1亿元；“顶格”出台地方税收优惠政策，在中央授权范围内用足用好地方税收权限；实行行政事业性收费和政府性基金目录清单管理，出台《广东省行政事业性收费管理条例》和《关于扩大部分涉企行政事业性收费免征对象范围的通知》，持续落实好省定涉企行政事业性收费“零收费”。二是有保有压，加大重点领域支持力度。牢固树立过“紧日子”思想，大力压减一般性支出，同时，加大对供给侧结构性改革、三大攻坚战等重点领域的投入力度，着力保障和改

善民生；围绕全省“一盘棋”的要求，加大对市县的转移支付和债券转贷力度全力支持各地落实“三保”支出责任，2019年省级一般性转移支付占转移支付支出比重达到68.9%，较上年提高7.9个百分点；中央安排广东地区的新增债券额度转贷市县比例达到88.6%，较上年提高4.8个百分点。三是深化政策性基金管理改革。坚持以绩效考评制度为导向，加快推进省级政策性基金投资进度，着力平衡基金政策性目标与基金市场化运作，引导带动社会资本投入经济社会发展的重点领域。

（二）加强财政预算管理

一是深化预算编制执行监督管理和全面实施预算绩效管理改革。进一步推进“放管服”，加强省业务主管部门对经管资金的管理和监督责任，增强主动谋划意识；大力推广“大专项+任务清单”管理模式，引导市县主动理财管财；积极构建全方位、全过程、全覆盖的预算绩效管理体系，将预算挂钩考核机制制度化，量化应用绩效评价结果，不断优化部门预算支出结构。二是推进省以下共同财政事权与支出责任划分改革，强化省级支出责任。从2019年开始，将城乡居民基本医疗保险等7项事权调整为统一分档和比例，省以上财政补助比例较原政策总体提高约10个百分点，其中对第一档“老少边穷”地区和第二档北部生态发展区、东西两翼沿海经济带的补助比例分别提高到100%、85%。三是构建与“一核一带一区”功能定位相适应的差异化支持体系。支持珠三角地区，落实南沙、横琴、中新知识城等重大平台专项补助政策，实施珠江西岸先进装备制造产业发展扶持政策等；对北部生态发展区、东西两翼沿海经济带实施全覆盖的均衡性转移支付机制，增强市县保障基本的能力；对北部生态发展区实行生态转移支付，建立生态保护补偿与绩效评价结果和生态环境状况挂钩机制；对东西两翼沿海经济带，突出支持产业发展和重大招商引资项目，助力打造新增长极。

（三）落实预算监督改革

一是主动接受人大预算审查监督。指导各级财政部门严格落实预算审查监督重点拓展改革要求，督促市县预决算草案及其报告对支出预算和政策作细化说明，全面反映政策落实及成效情况；2019年初首次实现了在人代会召开前提供部门预算电子数据与纸质同步传输，定期向省人大提供预决算、财政收支和政府采购数据以及省对下转移支付文件等财政管理信息，及时响应省人大联网监督分析简报反映的问题和意见建议；坚持开门编预算，加强与省人大代表的沟通交流，深入开展财政重点工作调研，听取各方意见建议。二是落实国有资产专题报告制度。2019年9月，采取价值量和实物量相结合的方式，向省人大报告全省国有资产管理情况报告和行政事业单位国有资产管理情况报告，内容包括各类资产的总量数据和多维度结构性数据。全省21个地级以上市均已建立政府向同级人大报告国有资产管理情况制度。三是严格落实审计整改工作机制，细化整改任务，层层压实责任；建立整改台账，制定具体整改措施和整改时限，逐项狠抓落实；实行审计整改问题销号制度，解决一个“销号”一个；加强结果运用，健全审计信息共享机制，跟踪督促相关省直部门和市县财政部门等责任主体落实审计整改，指导部门和市县加强财政管理；建立健全预算编制与审计结果等挂钩的激励约束机制，严格按照审计决定清理回收或调整违规资金；完善财政管理制度机制，举一反三，防止和减少屡审屡犯问题的发生。

（四）着力强化政府债务管理

一是加强债务风险防控。严格在法定政府债务限额内通过发行新增债券举借地方政府债务，同时优化债务期限结构，提高10年及以上期限债券发行比例，平滑年度间政府还本付息支出；分别将政府债券还本付息资金纳入一般公共预算和政府性基金预算管理，按时足额缴付本息资金；健全常态化监测机制，定期通报各市政府有关债务余额变动情况，督促风险较高地区及时采取措施；牢牢守住不新增隐性债务的底线，积极稳妥化解存量隐性债务，超额完成2019年化解任务。二是主动公开地方政府债务信息。按财政部统一规定建立债务预算信息公开机制和规范地方政府债务报表编报，细化预算草案债务报告事项，新增举借债务纳入年初预算及预算调整方案报同级人大批准；印发实施《省政府向省人大常委会报告地方政府债务管理情况制度》，主动接受人大监督，全面反映全省和省级政府债务规模、结构及增减变化情况，增强地方政府债务信息透明度；2019年，省财政厅首次公开2017年至2018年广东省本级政府债券存续期信息，并组织各市县按要求公开；中国地方政府债券信息公开平台上线后，省财政厅及时公开广东地方政府债务信息，形成面向公众的地方政府债务数据库。

广东省2019年社会保险基金决算草案
（节选）

一、全省社会保险基本情况

截至2019年底，全省企业职工基本养老保险、机关事业单位基本养老保险、城镇职工基本医疗保险（含生育保险）、失业保险、工伤保险、城乡居民基本医疗保险和城乡居民基本养老保险总参保人数约达2.89亿人次，同比增长1.4%。全年社会保险基金（收支均不含上下级往来，下同）收入8323.6亿元，增长21.4%；基金支出5720.28亿元，增长35.7%；净上解企业职工基本养老保险中央调剂基金617亿元后，社会保险基金当年结余1986.32亿元；滚存结余17088.31亿元，比上年末增长12.1%。各险种参保及基金运行情况如下：

（一）企业养老保险运行总体平稳

省级统筹以来，我省通过科学合理制定扩面征缴计划目标，进一步强化目标责任考核，压实压紧地方政府扩面主体责任，巩固缴费人数持续增加的态势。2019年底，全省企业养老保险缴费人数3512.57万人，比2018年底增加186.08万人，增长5.6%。按规定调整缴费基数上下限，年度缴费工资下限调整最低2924元，全省平均缴费工资4034元。

2019年，全省企业养老保险基金收入4048.45亿元，同比增长6.5%；全省基金支出2063.13亿元，同比增长10.3%；根据国家下达的2019年中央调剂基金预缴拨计划要求，按时完成净上解617亿元中央调剂金后，当期结余1368.32亿元；滚存结余11713.96亿元，同比增长13.2%。

进一步提升基金保值增值能力，继续加大委托投资规模。2019年增加企业养老基金1000亿元投资运营，累计投资2000亿元，已全部归集到位并上划社会保障基金理事会。

（二）城乡居民养老保险待遇持续增加

2019年底，全省城乡居民养老保险参保人数2643.51万人，同比增长0.5%，其中缴费人数1151.81万人，同比降低4.1%，养老金领取人数876.26万人，同比增长1.5%。个人缴费收入34.17亿元，同比增长3.8%。2019年，全省基础养老金财政补助最低标准提高到每人每月170元。全年全省待遇支出249.74亿元，同比增长23.7%，个人账户养老金支出占待遇支出的15%。

我省严格落实国家关于城乡居民养老保险基金委托投资的要求，开展城乡居民养老基金委托运营30亿元，已全部归集到位并上划社会保障基金理事会。

（三）机关事业单位基本养老保险工作深入推进

2019年底，全省机关事业单位基本养老保险参保人数307.77万人，同比增长8.1%。基金征缴收入1292.23亿元，增长161.4%。基金待遇支出1405.66亿元，增长219.8%。机关事业单位养老保险基金收支较去年变动较大，一方面是随着我省机关事业单位养老保险工作全面推进，当年征缴收入较2018年当年增长34.2%，当年待遇支出增长84.3%；另一方面按照省部署各地开展准备期清算，以往年度资金清算收支较大，约为2018年10倍左右。

（四）失业保险进一步发挥促进就业作用

2019年底，全省失业保险参保人数达3500.81万人，同比增长4.1%。全年领取失业金人数44.34万人。贯彻落实《国务院办公厅关于印发降低社会保险费率综合方案的通知》，我省进一步阶段性下调失业保险费率，全省平均费率从0.84%降至0.78%，全年征缴收入95.88亿元，同比减少7.3%。落实国家和省稳就业相关政策，开展受影响企业失业保险费返还，基金总支出112.65亿元，同比增长54.1%。落实国家关于提取职业技能提升行动资金要求，全省共提取146.4亿元。

（五）工伤保险实行省级统筹

自2019年7月1日起，我省实行工伤保险基金省级统筹，在全省范围内实现基金管理、参保范围和参保对象、费率政策和缴费标准、待遇支付标准、工伤认定和劳动能力鉴定办法、经办流程和信息系统“六统一”。

2019年底，全省工伤保险参保人数3815.85万人，同比增长6.3%。根据国务院降低社会保险费率政策精神，进一步阶段性下调我省工伤保险费率，全省平均费率从0.37%降至0.17%，全年征缴收入43.89亿元，同比下降29.5%。待遇支出65.07亿元，同比增长9.8%。

（六）基本医保待遇适度提高

2019年底全省基本医保参保人数达10781.16万人，总体参保率稳定在98%以上。其中，城镇职工基本医疗保险参保人数4262.29万人，城乡居民基本医疗保险参保人数6518.87万人。职工医保和城乡居民医保政策内住院报销比例分别为87%和76%；全省职工基本医疗保险基金收入1467.97亿元，支出1108.51亿元，年末基金滚存结余2775.77亿元（当年结余359.46亿元）；全省城乡居民基本医疗保险基金收入585.48亿元，支出540.24亿元，年末基金滚存结余461.53亿元（当年结余45.24亿元）。

二、面临的问题和挑战

（一）降低企业社保负担空间有限

为积极有效应对当前外部环境发生明显变化等因素影响，保持就业局势稳定，降低企业社保负担，近年来我省不断降低企业社保成本。企业养老保险维持用人单位低水平缴费费率不变，统一至13-14%，处于全国最低水平；失业保险费率维持1%不变，继续实施失业保险浮动费率制度；符合条件的地级市阶段性降低职工基本医疗保险用人单位缴费费率，幅度不低于0.5个百分点；工伤保险在全面实施浮动费率的基数上，阶段性下调缴费费率，全省平均费率再下降30%左右，从0.32%降低到0.23%。

2019年，我省进一步贯彻落实《降低社会保险费率综合方案》，加大失业浮动费率制度实施力度，将缴费系数由0.6、0.8、1三个档次调整为0.4、0.6、1三个档次执行，取消了中止实施浮动费率的条件，进一步为参保企业减负；同时进一步阶段下调工伤保险费率，全省工伤保险平均费率从0.23%降至约0.17%。但由于我省社保负担水平已经处于全国最低，进一步降低缴费水平的空间有限。

（二）社保基金省级管理提出新要求

我省企业养老保险、工伤保险已实施省级统筹，失业保险、城镇职工基本医疗保险也将逐步实施省级统筹，各项基金由省统一调度使用，服务下沉、基金上移，对省级管理提出新要求。主要体现在：一是随着省级统筹险种不断增加，省市之间的基金调拨规模不断扩大；调拨效率直接影响待遇发放；二是受实际管理模式限制，省市之间的基金调拨必须通过上下级往来核算，省市之间对账压力不断增加。

三、下一步工作计划

（一）贯彻落实国家阶段性减免企业社保费政策

2020年2月18日，国务院常务会议决定实施阶段性减免企业社保费政策，多措并举稳企业稳就业。为有力应对疫情影响，纾解企业困难。我省按照可免尽免，应减尽减的原则，顶格落实国家阶段性减免政策。主要体现为“免”“减”“延”“缓”四个方面。“免”是对中小微企业免征2020年2月1日至6月30日的养老、失业、工伤保险的单位缴费；“减”是对大型企业、各类社会组织和民办非企业单位，减半征收2020年2月1日至4月30日的养老、工伤、失业保险的单位缴费；“延”是用人单位享受减免政策后仍无力为职工缴纳养老、工伤、失业保险的，可延期缴纳；“缓”是受疫情影响，生产经营出现严重困难的企业可申请缓缴企业社会保险费，缓缴期限原则上不超过6个月。本次阶段性减免政策预计将减免企业社会保险费超过1200亿元，其中，企业养老保险770多亿元，医保、失业和工伤也分别减免422亿元、18亿元和10.6亿元。

根据《政府工作报告》的要求，对中小微企业免征养老、失业、工伤保险的单位缴费政策继续实施至2020年底，我们将切实抓好落实，坚决把降费政策落到企业，留得青山，赢得未来。

（二）不断完善企业职工养老保险省级统筹制度

一是按照国家部署规范完善企业养老保险省级统筹，稳步推进企业养老保险提高缴费比例和基数下限，允许各地结合实际在2021年底前按实际调整到位。二是逐步提高我省企业养老保险待遇水平。按照“先易后难”的原则，属于国家事权的，加强沟通，争取支持，在国家同意后实施；属于省级事权的，研究完善视同缴费账户、完善地方养老金办法、提高高龄津贴等措施，同时加强提高视同缴费指数、解决倒挂问题、完善过渡性养老金计发办法的政策研究，成熟一项、落实一项。三是稳步扩大养老保险基金投资运营规模。探索研究养老保险基金委托投资常态化机制，从新增的养老保险基金当期结余中，适当增加委托全国社会保障基金理事会投资规模。四是改进社保省市管理机制，理顺省市管理权限，提高社保信息化和基金监管水平，不断提升和优化我省社保管理水平。

媒体报道

广东财政：四十载奋勇争先立潮头 新时代改革扬帆再出发

广东省财政厅

改革开放40年来，广东财政紧紧围绕党在不同时期的重大决策部署，立足于改革开放大局，把中央改革精神与广东发展实际有机结合起来，努力发挥财政改革“牵一发而动全身”的突破口作用，解放思想，锐意创新，不断将财政改革向纵深推进，在理财理念、财税体制、财政管理、财政分配等方面进行了系列重大创新，探索形成了具有广东特色的财政改革路径。

党的十一届三中全会吹响改革开放号角，广东财政先行一步启动包干制改革破冰开局

党的十一届三中全会后，中央正式提出对经济管理体制进行全面改革。广东充分利用中央给予的“特殊政策、灵活措施”，在改革中先行一步，以财政管理体制为突破口，率先开启财政“包干制”改革，打破计划经济体制下“定收定支、收支挂钩、总额分成”的财政模式，突出在收入分配领域“放权让利”，为经济体制改革提供保障和支撑。1980—1984年，结合中央对广东实施的包干制办法，广东建立了“划分收支，分级包干”的财政体制，因时因地对市县采取多种包干形式；1985—1990年调整为“划分税种、核定收支、分级包干”的模式，采取分级包干、层层包干的办法，极大地调动了各级政府加快经济发展的积极性，有力地保障和促进了全省各领域的改革与发展。与此同时，按照中央统一政策，陆续实施各项工商税制改革，于1980年起先后开征了29个税种，形成以流转税类和所得税类为主，其他税类为辅的多税种、多环节、多层次课征的复合税制，逐步完善了税收体系，促进了经济健康有序发展。

在推进财税体制改革基础上，着力构建政府与企业新型分配关系，以改革企业利润分配形式为主，先后试行企业基金、利润留成、两步利改税、目标利润管理等多种形式改革，1989年开始试点“税利分流、税后还贷、税后承包”，逐步通过税收手段固定政府和企业的收入分配关系。这一阶段系列改革破除了计划经济体制下高度集中的财政统收统支机制，充分调动了社会各方面改革发展积极性，使得全省经济财政实力迅速提升，为改革开放初期广东在经济发展、体制改革等方面提供了强有力的保障。

南方谈话鼓起改革强劲东风，广东财政推行分税制改革向公共财政发轫转型

1992年初，邓小平同志视察广东并发表重要谈话，充分肯定广东改革开放所取得的成就，要求广东继续先行一步，大胆地试、大胆地闯，改革开放要迈出更大的步伐。同年召开党的十四大，确立了建立中国特色社会主义市场经济体制的改革目标，使改革开放成为不可动摇的基本国策。由此，广东掀起了新一轮解放思想、深化改革、扩大开放、加快发展的高潮。1994年起国家开始实施分税制财政体制改革，1998年正式提出了尽快建立公共财政框架的目标要求，明确财政职能及其作用方式要突出公共性、公平性、公益性和法治性，为社会主义市场经济体制的健全完善提供应有的公共服务和必要保障成为新阶段的财政改革方向。按照中央的部署，1996年广东正式实施分税制改革，从“核定事权、划分税种、分级管理”入手建立省以下分税分成财政体制，在中央分税制改革基础上，建立起省市县“分税分成、水涨船高”的财政分配关系，充分调动地方发展经济的积极性，实现了全省财政收入稳定快速增长和省、市、县三级财力同步增长，使财政实力和调控能力大大增强。在此基础上，广东财政顺应财政职能转变要求，建立健全与分税分成体制相适应的管理模式和运行机制，逐步构建公共财政体制框架，将改

革重心由侧重收入分配向财政支出分配领域转移，重点从规范财政支出管理和调整财政支出结构两个方面推进改革，实现了由生产建设型财政向公共财政的重大历史转型。

2003年，党的十六届三中全会作出进一步健全和完善公共财政体制的战略部署。广东财政结合实际主动创新求变，以构建公共财政主体框架为基础，突出在财政支出管理方式上改革创新。在构建公共财政框架“主体工程”基础上，围绕深化部门预算、国库集中支付、政府采购等预算管理制度改革，突出科学规范性目标，建立符合公共财政要求的现代预算管理框架。其中，部门预算改革统一实行了一个部门一本预算的预算编制方法，建立了“两上两下”的规范编制程序，收支范围涵盖预算内外资金，统一了预算分配权，实现了预算编制的统一性和预算分配的规范性及完整性。国库集中支付改革建立了国库单一账户体系，从根本上规范了财政资金的缴拨方式；先后将政府采购资金等多项资金纳入国库集中支付，优化了资金支付业务流程，有效提升了资金支付效率；整合国库集中支付系统与预算管理系统，理顺了预算管理和预算执行的关系。政府采购改革建立了政府采购“两个竞争机制”和“一个制约机制”模式（即政府采购供应商的竞争机制和采购代理机构的竞争机制，以及采购人、供应商、代理机构、管理机构之间的制约机制），形成“管采分离、机构分设、政事分开、相互制约”的工作机制，出台全国第一部实施《政府采购法》的地方法规，建立全省统一的电子政府采购管理交易平台，有效促进了政府采购的公开化、透明化和规范化。

与此同时，广东财政全方位推进改革创新，开展了多项具有广东特色的财政改革：突出提高财政资金分配效益，在全国率先成立绩效评价机构，开展财政支出绩效评价改革，率先开展省级财政专项资金竞争性分配改革，强化部门的绩效观念和责任意识。突出提高财政支出管理效率，在全国率先开展预算单位银行账户清理工作、开展行政事业单位资产管理改革，推进资金资产资源统筹。突出提高财政支出透明度，率先推进财政部门与人大部门联网、开展财务核算信息集中监管改革，推进财政监督信息化、透明化。突出激励、帮扶、约束并举，在全国率先建立实施“确定基数、超增分成、挂钩奖励、鼓励先进”的激励型财政机制，促进基层政府从“要我发展”向“我要发展”的观念意识转变。突出加强民生领域财政保障，2009年在全国率先制定实施了《广东省基本公共服务均等化规划纲要（2009—2020年）》，探索推进基本公共服务均等化综合改革。这一时期是广东财政改革力度大、举措多、系统性强的重要时期，形成了具有广东特色的公共财政体系，政府与企业尤其是国有企业之间的利益分配关系更加规范，构建起适应社会主义市场经济体制的财税运行体制。

党的十八届三中全会再绘改革攻坚蓝图，广东财政聚焦关键发力推动现代财政制度落地生根

按照党的十八届三中全会对财税体制改革的总体部署，广东财政从“财政是国家治理的基础和重要支柱”的全新定位破题，围绕率先基本建立现代财政制度改革目标，以深化预算管理、明晰事权和支出责任、构建地方税收入体系、推进基本公共服务均等化、公平配置政府公共资源为重点，全面深化财税体制改革。

深化预算管理改革。实施了构建全口径政府预算体系、细化预算编制、规范国有资本经营预算管理、全面实行项目库管理、基本建立跨年度预算平衡机制、全面规范完善专项资金管理、加大预算统筹力度、规范地方政府性债务管理等系列改革措施。在整体构建规范完整、透明高效的现代预算管理制度机制的基础上，2018年起推行省级预算编制执行监督管理改革，这是一项“牵一发而动全身”的战役战略性改革。改革聚焦推动政府职能转变、提高行政效率效能，简政放权，通过“两转变、两精简”，即转变财政管理重心（从管控全程向“管住两头、优化中间”转变）、转变部门权责配置（压实部门预算执行主体责任）、精简财政资金项目审批事项、精简预算执行流程，推行“大专项+任务清单”模式，实现部门、市县推动改革发展的积极性和资金使用效益“两提高”的目标。同时，注重预算改革系统性、整体性、协同性，扎实推进全面实施预算绩效管理，深入研究制订全面实施预算绩效管理实施意见，将绩效理念和方法深度融入预算编制、执行和监督管理全过程，通过构建结果导向、关口前移的预算绩效目标机制，动态跟踪、及时干预的绩效监控机制，高质量、全覆盖的绩效评价机制，刚性约束、公开透明的绩效结果应用机制等“四个机制”，完善层级配套的绩效管理制度、绩效考核考评、第三方机构跟踪监管等“三个体系”，建立全方位、全过程、全覆盖的预算绩效管理机制，推进预算绩效管理制度化、规范化、标准化、信息化，实现花钱必问效、无效必问责。

深化财政体制改革。2017年制定了省级与市县财政事权和支出责任划分改革实施方案，在民政等基本公共服务领域率先开展省与市县划分改革试点，探索形成省级与市县财政事权与支出责任划分清晰框架。结合省以下权责划分调整改革进展情况，相应健全完善转移支付制度，提高一般性转移支付规模比例，增加市县可统筹财力和资金分配使用自主权。

深化税制改革和财政管理改革。营改增改革实现了全面扩围，积极开展资源税、环境保护税等改革，理顺税制降低企业税负，规范市场环境，有力地支持了全省供给侧结构性改革。深入推进政府采购“放管服”改革、政府向社会力量购买服务、首批试点地方政府自行发债等系列改革工作，进一步规范财政管理，加大监管力度，提高财政资金使用效益明显。

深化推进基本公共服务均等化。先后两次修编相关规划纲要，形成“5+5”（即公共教育、公共卫生、公共交通、公共文化体育、公共安全、生活保障、就业保障、医疗保障、住房保障、生态环境保障）的基本公共服务框架。在持续加大财政民生投入的基础上，推动民生财政保障体制机制创新和配套措施落实，探索形成多样化供给形式、多元化供给主体的格局，公众对基本公共服务均等化满意度持续提高。

深化财政投入机制创新。充分利用广东市场经济发育充分这一优势，突出在经营性领域发挥财政政策杠杆作用，通过建立全省PPP项目库，加快推广PPP模式运用；进一步完善股权投资支持方式，扩大财政经营性资金股权投资改革试点；设立政策性引导基金，创新财政资金投入方式等投入机制创新，充分发挥财税体制对优化资源配置、维护市场统一、促进社会公平的保障作用，推进了财政治理体系和治理能力现代化建设。

40年来，广东财政锐意改革创新，改革成效明显。财政实力不断壮大，一般公共预算收入从1978年的41.82亿元增加到2017年的11320.35亿元，40年间增长271倍，年均增长15.4%，收入总量从1991年开始连续27年位居全国各省、市、自治区首位。财政支出结构不断优化，逐步退出对一般性、竞争性领域的直接投入，不断加大公共服务领域投入，财政支出保重点、保民生、保基层特点彰显。同时，积极发挥财政“稳定器”和“调节器”的作用，灵活运用多种财政政策工具，有效了促进全省经济持续稳定健康发展。

党的十九大赋予新时代改革新任务新要求，广东财政高扬改革之帆推动财政改革走在前列

回顾40年来广东财政改革所取得的成就，最根本的经验就是始终坚持党对财政工作的领导，各级财政紧紧围绕中央和省委、省政府改革部署，立足省情实际，认清财政方位，保证各项改革始终沿着正确方向前进，保持改革创新的坚强动力。必须不断解放思想，坚持与时俱进转变理财理念；必须树立全局意识，坚持中央精神与广东实际相结合；必须强化责任担当，坚持“财”为“政”服务；必须把握改革规律，坚持整体推进与重点突破相结合；必须高举改革创新旗帜，坚持敢为人先的改革精神。

站在新的历史起点上，广东财政将全面深化改革，以财政现代化改革匹配国家治理现代化要求，努力推动广东财政改革走在全国前列，为实现广东“四个走在全国前列”、当好“两个重要窗口”提供财政保障。一是切实转变理财理念。树立大财政大预算理念，聚焦主责主业，谋大事、干大事、成大事，增强全省管财理财“一盘棋”意识，强化工作前瞻谋划思维，更好支持经济社会发展。二是突出改革重点和关键。继续深化预算编制执行监督管理改革，推进全面实施预算绩效管理、事权与支出责任划分等重大改革，率先基本建成具有广东特色的现代财政制度。三是深入推进财政“放管服”改革。按照“放的更开、管得更好、服得更实”的要求，推动财政管理向部门放权、向市县放权、向市场放权、向社会放权，建立更加有效的监管约束制度体系，提升“数字财政”水平，进一步优化提升财政管理能力。四是统筹盘活政府资金资产资源。加大预算资金、存量资金、债券资金和财政出资的政策性基金等各类资金的统筹力度，用足用好用活政府债券资金，盘活各类闲置资源资产，强化对公共资源和资产的统筹力度，灵活运用财政投资的政策性资金、PPP模式等手段，切实拓宽财力统筹渠道。五是优化财政资源配置方式。坚持聚焦主业、聚焦中央和省委、省政府部署的重点工作，做实做细项目库，分清轻重缓急，按照“通盘考虑、着眼长远、突出重点、抓住关键”的要求，精准投放资金，把财政资金真正用在刀刃上。六是贯彻落实新时代党的建设总要求。牢固树立“四个意识”，坚定“四个自信”，自觉践行“两个维护”，推进财政部门党的政治建设、思想建设、组织建设、作风建设、纪律建设，打造忠诚干净担当的高素质专业化财政干部队伍，为财政改革发展提供坚强组织保证。

（原载于《中国财政》2019年第1期）

标准先行　规范引领　积极助推“数字政府”建设

为积极践行党的十九大提出的“加快建立全面规范透明、标准科学、约束有力的预算制度，全面实施绩效管理”中的“标准科学”的要求，广东省财政厅与省有关部门联合印发《省级政务信息化服务预算编制规范和标准（试行）》（以下简称《信息化预算标准》），充分发挥标准在预算编制和管理中的基础支撑作用，将信息化项目预算管理与“数字政府”购买服务实施模式相对接，建立政务信息化服务预算标准体系，发挥标准先行、规范引领作用，通过“标准”管理助推“数字政府”建设。

转变管理理念，全面对接“数字政府”建设新要求

广东“数字政府”改革推进政务信息化项目由条线化管理向整体化管理转变、由政府投资工程建设向购买服务转变。广东财政主动适应改革变化，紧扣省级政务信息化服务的特点和需求，改变传统以投资建设工程量来编制工程造价预算标准的模式，根据服务类别、服务内容、性能要求等次等，以具体服务使用量为核算依据，按照“数字政府”省级政务信息化服务“六统一”的管理要求建立政务信息化服务预算标准体系，将购买服务提供的技术含量、服务响应、质量效果作为重要条件来设计预算支出标准，解决了政务信息化项目建设过程中缺乏科学标准依据、难以合理评估项目规模和服务费用的问题。《信息化预算标准》编制方法科学、依据充分、内容完整，符合“数字政府”改革建设要求，具有可操作性，不仅适应了省级政务信息化项目预算管理需要，更起到了规范引导和助力推进作用，形成了以财政部门为主导、业务部门为主体制定标准的新模式，探索出预算标准服务“数字政府”改革工作的新模式。

统一规范编制，引导信息化项目规划高效准确

《信息化预算标准》对预算编制形式、申报内容、评审标准进行统一和规范，同时考虑不同信息化服务边界、供需状况、市场化程度和技术产品成熟度的成本差异，通过测算和验证，甄别差异，考虑不同变量参数，按可控制原则，使不同行业、不同部门、不同应用的政务信息化服务预算能够按照统一框架编制和审核，体现为“四个统一”：一是统一活动需求。根据部门所需服务需求，将预算标准统一分为政务云服务、政务网服务、软件开发服务、运维服务4项预算标准，分类填报。二是统一框架要素。规范和定义了省级政务信息化服务涉及的相关名词和方法，将项目基本情况、必要性分析、需求分析、资金预算、绩效目标管理作为编制预算必报的内容。三是统一定价标准。充分考虑服务活动需求的影响因素和市场多层次多元化特征，将不同区域市场价格转化为对统一管理水平、产品特性、服务质量的要求，按照提供服务的标准设置相对统一的价格。四是统一应用场景。将不同业务环境通过统一云平台设计、管理、控制和数据传输，规范设置了应用服务场景，将预算标准覆盖全场景、全功能应用服务。

科学确定要素，确保项目规划可计量、可检验、可实施

《信息化预算标准》通过“三个突出”设计预算标准，确保预算标准符合“数字政府”改革要求，符合部门业务需求，符合市场实际。一是在标准的计量上突出以服务为采购对象。紧紧围绕“数字政府”以购买服务为推进模式的特点，所有项目预算的计量均按向供应商购买的服务量为计量单位。如政务云服务、政务外网服务、运维服务以市场成熟的资源服务使用量、线路服务、设施和系统运行维护服务为计量单位，定制软件服务费创造性地根据一次性开发费和运维费按租赁年数折算，将建设费用转换为服务费。二是在标准的计价上突出服务价格的市场化。预算标准以市场价格为基础，并建立调整机制，可以根据经济社会发展水平、物价指数及市场价格变化等因素，适时调整支出标准。如软件开发服务不再采用难于简单量化和市场化的人力时间成本，而采用更科学实用、可市场化度量的标准功能点数计费；成品软件租赁服务费按实际需求，参考市场报价及政府协议价，进行综合计算；政务外网服务的市场较为成熟、标准化高，计费则直接采用市场询价，参考历史合同综合评估后确定。三是在标准的层次上突出满足不同需求。既有具体服务支出的定额标准，又有服务总量标准，对每一项具体服务支出都作出了明确的界定，包括数

量、金额、类型等多方面的因素指标，符合市场计量要求，可以方便快捷确定每一项具体服务项目的合理支出额度，通过总量控制也对项目执行适度调整有利。同时，科学设置不同类型服务调整系数，根据多元服务的特点，采用系数调整反映实际需求。

全环节运用，推动信息化服务项目加快实施

《信息化预算标准》充分考虑了国内行业专家意见、行业通用情况、市场价格、应用场景，建设成果得到了专家的充分肯定和认可。据中央党校电子政务研究中心对2018年省级政府网上政务服务能力的调查评估，广东省在全国排名第一。同时，预算标准有效促进了财政预算工作与“数字政府”改革建设的有机融合，促成了良好的预算编制秩序、树立科学的理财用财观念，实现了“三个加快”：一是加快预算编制。建立政务信息化服务预算标准体系，加快了政务信息化服务预算项目编制进程，以更科学实用的标准服务预算快速便捷测算资金需求，明晰运维边界和预算保障，保证了快速响应最新需求的信息化服务要求。二是加快预算审核。财政部门、政务服务数据管理部门通过标准加快审核相关服务项目方案，市县参照制订市县信息化项目预算标准，形成“数字政府”建设全省“一盘棋”工作格局。三是加快信息化服务项目实施。明确了服务项目的内容和配置标准，有利于加快推进项目的实施进度，保证项目符合功能性、服务性等要求，确保资金安排有法可依，有据可查，成本可控，助推“数字政府”、“廉洁政府”的建设。

（原载于《中国财政》2019年第17期）

财政“五个支持”全力推进粤港澳大湾区建设

按照习近平总书记关于“要把大湾区建设摆在重中之重的位置，以珠三角为主阵地，举全省之力办好这件大事”的重要指示精神，广东省财政厅在开展“不忘初心、牢记使命”主题教育工作中，切实用习近平新时代中国特色社会主义思想武装头脑、指导实践、推动工作。坚持提高科学思维能力，发扬钉钉子精神，把“中央要求、湾区所向、港澳所需、广东所能”紧密结合起来，以高站位落实大战略，以通规则探索新模式，以小切口推动大变局，通过支持“人才集聚”“资金过境”“债券联动”“平台互通”“民生共享”，努力破除三地合作政策壁垒，为实现这一重大国家战略目标提供坚实的财政保障。

支持“人才集聚”，促进大湾区要素自由有序流动

习近平总书记以政治家的远见卓识，从全局高度为粤港澳大湾区发展谋划蓝图，为大湾区建设领航掌舵、把脉定向，指出要充分发挥市场在资源配置中的决定性作用，促进人流、物流、资金流、信息流自由流动、高效配置。港澳两地集中反映，粤港澳三地个人所得税税负差额大，对人才自由有序流动造成障碍。省财政高度重视，积极回应港澳所需，在中央的大力支持下，逐步构建珠三角九市与港澳衔接的财税政策体系。一是放宽境外人士在内地居住时间的认定。2019年财政部明确出入境往返当日不计入境内居住天数。二是对境外高端紧缺人才个人所得税税负差额予以补贴。这是中央首次赋予的跨地市个税优惠政策，政策实现“两个扩围一个优化”，覆盖范围由原深圳前海、珠海横琴，全面扩围至珠三角九市；覆盖群体由原港澳人士，全面扩展至境外高端紧缺人才；操作更加便捷，明确15%的税负差额补贴标准，有利于降低申报人的申请成本，减少审核难度，便于珠三角九市实际操作。6月22日，省财政厅已向社会公布具体通知并作政策解读，这一政策的出台，使得大湾区工作的境外人才个人所得税税率最高可从45%下降至15%，对大湾区广聚英才将起到积极的引导作用，为国际科技创新中心建设提供重要保障。

支持“资金过境”，助力大湾区科研合作

2017年在港院士致信习总书记，反映了香港科研人员参与国家科研研究的热切期盼，指出了科研资金过境难的问题。习总书记作出重要指示，强调要促进香港同内地加强科技合作，支持香港科技界为建设科技强国、为实现中华民族伟大复兴贡献力量。为解决创新要素自由流动的制度障碍，省级科研资金实现跨境拨付，助力港澳融入国家创新体系。一是建立科研资金跨

境使用机制。2019年，广东省政府以1号文印发《关于进一步促进科技创新若干政策措施的通知》，明确建立省财政科研资金跨境使用机制。省财政建立科研绿色拨付通道，对符合条件的科研经费，通过国库集中支付的方式予以拨付。2019年7月30日，顺利跨境拨付香港科技大学省级科研资金316.96万元，成为首例港澳高校参与省级科研资金科技计划的成功案例。二是完善符合港澳实际的财政科研资金管理机制。2019年省财政厅、省审计厅联合制定省级财政科研项目资金的管理监督办法，明确应按照国库集中支付的有关规定和向境外支付的有关要求，规范管理跨境科研资金。三是吸引澳门资金来粤投资，支持广东与澳门财政储备资金合作组建的广东粤澳合作发展基金投资运作，首期设立200亿元，重点投向广东省内等关系大湾区民生发展的优质项目及企业。

支持“债券联动”，推动港澳与大湾区内地建设精准对接

习总书记指出，要携手港澳，在促进双向投资、构建新型合作模式等方面积极探索。《广东省基本公共服务均等化规划纲要（2009—2020年）》明确要有序推进金融市场互联互通。省财政大力推动债券发行管理创新，充分发挥港澳金融优势。一是实现额度倾斜，2018、2019年累计安排珠三角九市1900.2亿元，倾斜支持粤港澳大湾区综合交通、生态环保、教育与医疗卫生等重大基础设施建设。二是实现合作创新，加强粤澳金融合作，2018年首次引入澳门金融机构作为境外投资者分销认购粤港澳大湾区土地储备专项债券50亿元。三是实现品种创新，整合大湾区资源，探索在重大基础设施建设领域“集合发债、统筹使用”。2018年、2019年先后集合发行大湾区土地储备、基础设施互联互通建设、生态环保建设、科创平台建设、城市综合发展等5类专项债842.8亿元。四是实现认购创新，2019年特别选取广州、佛山优质的专项债券项目，试点柜台发行大湾区生态环保建设专项债券22.5亿元，积极推动广东各地居民参与认购，助力粤港澳大湾区建设，其发行量（22.5亿元）和个人认购金额均居全国各试点地区第一位。

支持“平台互通”，推动大湾区高质量发展

总书记提出，要把粤港澳大湾区建设成为高质量发展的典范。当前，各地尚未能充分发挥综合优势，经济创新力和国际竞争力仍待提升。省财政厅坚持高质量发展方向，以科技创新为战略支撑，先进制造业为主体，积极构建现代产业体系，积极推动基础设施“硬联通”，助力在更高水平上扩大开放。一是加快基础设施“硬联通”。积极推进粤港澳大湾区重要交通基础设施建设，协同港澳打造世界级机场群、港口群。如截至目前，中央和省财政累计安排168亿元支持港珠澳大桥建设、深中通道42亿元，投入广深港高铁省方资本金72亿元等，为三地全域深度参与大湾区建设创造有利条件。二是支持打造国际科技创新中心。2019年，省财政安排战略性新兴产业领域核心关键技术攻关23.2亿元，支持重大平台与基地、实验室建设等14.62亿元，支持大型创新平台建设等5.8亿元，支持粤港澳联合实验室和协同创新平台建设1亿元等，推动粤港澳大湾区国际科技创新中心建设。对珠三角九市省实验室按不高于省市1∶2的比例进行奖补，促进三地创新合作。三是加强产业共建和对外开放。继续落实省级资金保障“实体经济十条”“民营经济十条”“外资十条”“稳外贸九条”一系列省级政策，争取国家和省各类产业投资基金支持，对华星光电、乐金显示、超视堺等重点项目通过产业基金或财政贴息支持，协同打造新兴产业聚集区。四是支持重点平台发挥示范作用。省财政安排专项补助，推动横琴新区、南沙新区等重点平台基础设施建设，扶持高新区和珠三角国家自主创新示范区建设，支持珠三角九市与港澳共建各类合作园区。

支持“民生共享”，推动大湾区公共服务共享

总书记要求，要坚持共享发展，打造宜居宜业宜游的优质生活圈，为港澳同胞特别是青年在内地学习、就业、创业、生活提供更加便利的条件，使大湾区建设更多惠及广大民众。针对当前三地公共服务共享不通畅的问题，省财政厅坚持立足长远，深化同港澳的公共服务合作交流。一是推动基本公共服务“软联通”。积极推动符合条件的港澳人士享受与内地居民同等的社保待遇、就业创业补贴和学生资助等，不断增强港澳同胞对国家的向心力和认同感。二是推动会计服务合作交流。积极推动会计政策开放，先后实施香港与内地注册会计师考试部分科目互免、取消港澳居民担任内地会计师事务所合伙人持股比例限制、放宽港澳人士担任特殊普通合伙会计师事务所其他合伙人条件。2019年，进一步鼓励对不具有中国注册会计师执业资格的港澳会计专业人士，根据会计师事务所的内部协议，成为从事特定业务或执行某些管理职能的合伙人，并在珠三角九市执业发展。推动会计行业“放管服”改革，成立“粤港澳会计师事务所合作联盟”，让港澳会计师事务所来粤办事更方便、来粤合作更顺畅、来粤发展空间更广阔。

（原载于《中国财政》2019年第17期）

充分运用“加减乘除”支持实体经济加快发展

习近平总书记强调，建设现代化经济体系，必须把发展经济的着力点放在实体经济上，把提高供给体系质量作为主攻方向，显著增强我国经济质量优势。近年来，广东省财政部门深入贯彻落实习近平总书记重要讲话精神，按照省委、省政府的部署，将推动经济高质量发展作为制定完善财政政策措施的基本依据，充分运用“加减乘除”四法，把发展经济的着力点放在以先进制造业为主体的实体经济上，加大要素保护力度，切实降低实体经济要素成本和制度成本，强化广东综合制造优势，大力支持实体经济实现平稳健康发展。

从减法入手，落实减税降费政策，支持实体经济“轻装上阵”

近年来，中央出台了一系列减税降费政策措施，广东各级财政部门狠抓落实，全力推动各项减税降费政策落地实施，用政府收入的“减法”，换取企业效益的“加法”和市场活力的“乘法”，更好地推动实体经济高质量发展。2019年上半年，全省累计实现减税降费1727.8亿元，超过年初测算全年减税降费数（2681亿元）的64%。全面落实增值税实质性减税政策，降低增值税税率（由17%、11%分别降为16%、10%）、统一小规模纳税人标准等翘尾新增减税135亿元；将制造业等行业16%的增值税率降至13%、交通运输和建筑等行业10%的税率降至9%，并进一步扩大进项抵扣范围，深化增值税改革及其附征的城市维护建设税、教育费附加、地方教育附加合计减税418亿元。全面落实小微企业普惠性减税政策，累计新增减税123.6亿元。其中，放宽小型微利企业标准加大企业所得税优惠力度减税56.6亿元，提高增值税小规模纳税人起征点减税40.8亿元，减征增值税小规模纳税人“六税两费”减免26.3亿元。全面释放个税改革红利，个人所得税改革新增减税475亿元。其中：提高基本减除费用和调整税率翘尾新增减税427.7亿元；实施六项专项附加扣除政策减税47.3亿元。

从减税降费政策实施效果来看，实体经济和生产性服务业获益最大。制造业、批发零售业、建筑业和租赁商务服务业等四大行业新增减税额占总新增减税额近八成，其中制造业和批发零售业企业新增减税额占比分别为34.7%和33.8%，为实体经济特别是制造业和小微企业的发展带来了“及时雨”，为企业研发和技术改造提供了资金和动力。比如，得益于增值税税率下调，广汽集团2019年预计全年将减税20亿至30亿元；美的集团仅降低增值税率一项就可减税约18亿元，剔除出口退税减少8亿元，两者相抵后全年预计降税10亿元；广州云从信息科技有限公司是一家科技初创型企业，预计今年将减税300万元，减税幅度达32%。

从加法入手，加强重点领域支持，提高供给体系质量

支持基础设施建设。为加快推进基础设施供给侧结构性改革，促进全省区域协调发展，广东设定了以适度超前、布局科学、功能完善、质量一流、面向未来的现代化基础设施为目标，聚焦补短板、增后劲。设立了基础设施投资基金并由省财政出资120亿元注入到省铁投集团，为轨道交通建设提供了有力支持，广深港高铁、深茂铁路江门至茂名段、广梅汕增建二线及厦深联络线等项目顺利开通运营，广汕高铁、赣深客专、梅汕铁路等项目建设加快推进。同时，免除了原中央苏区县、海陆丰革命老区困难县及少数民族县境内国铁干线市级资本金出资，全部转由省级承担。2018年省财政投入机场建设资金11.88亿元，支持广州白云机场三期扩建工程、韶关机场、惠州机场、湛江机场迁建、揭阳机场扩建工程建设，基本形成了以珠三角机场群为核心、粤东西为两翼的机场布局。2018年安排港珠澳大桥珠海口岸及人工岛工程4亿元，确保港珠澳大桥如期通车。此外，管好用好区域协调发展战略专项资金，2018年安排基建投资用途4.6亿元，保障省级基建项目建设。

支持先进制造业。聚焦先进制造业，着力打造珠江西岸先进装备制造产业带。2015—2019年，省财政统筹安排188亿元，按照“突出关键环节、精准扶持”的要求，省市县联动，重点对优质项目落地建设、首台（套）装备研发使用、集约集聚发展等予以支持。2018年，全年珠西装备制造业完成投资1140多亿元，增长6%以上。同时，按照“一事一议”原则，综合利用股权投资、贴息、基金等方式支持引进重大标志性项目，发挥龙头项目的示范和集聚效应，打造具有世界

影响力的产业集群。近年来，广东省重点支持的华星光电、超视堺、乐金显示等一批高世代显示面板生产线先后落地建设，促进广东形成具有国际影响力的新一代显示面板产业集群。另外，从2012年起，省财政每年安排资金支持工业设计发展及推广、平台建设及产业化扶持，有效提升广东工业设计行业的知名度和产业集聚度，推动广东形成一批国家级、省级工业设计中心。

扩大消费需求。加大财政支持力度，充分发挥消费对经济发展的促进作用。推进4K电视网络应用与产业发展，集中资金支持推广4K用户、扩大4K内容供给，打造数字经济消费习惯，以消费需求推动全省网络基础设施建设和互联网信息产业发展。大力发展工业互联网，以企业上云上平台为着力点，力争推动1万家工业企业上云上平台，率先形成完善的工业互联网基础设施和产业体系，在补齐制造业发展短板、提升制造业生产效率的同时，发展低成本、低时延、高可靠、广覆盖的5G、IPv6等互联网通信基础设施。狠抓新能源汽车推广应用，2018—2020年，省财政拟安排资金16.59亿元，支持新能源汽车重大科技研发、产业创新平台建设、贴息支持本土企业降低生产成本、建设检测中心以及实施氢燃料电池汽车示范应用等。

强化科研支撑。持续深化科研项目资金管理改革，加大对科研人员的激励引导力度，提升科技创新积极性和创造性，为科技研发和产业发展提供良好制度环境。2019年省财政安排35亿元实施重点领域研发计划，加大力度支持重点领域关键核心技术研发，力争在核心技术、关键零部件和重大装备等科技成果方面取得突破。加强省实验室建设，集聚国内外优势创新资源，为广东产业发展提供了丰富的技术储备。大力引进港澳和海外人才，实施“海外专家来粤短期工作资助计划”，鼓励海外专家来广东从事短期科研创新活动，给予最高不超过40万元生活补贴。实施“海外青年人才引进计划”，支持外籍（境外）和有留学经历的博士毕业生在广东从事博士后研究工作。

从乘法入手，对内优化营商环境，对外推动外贸反哺

促进营商环境优化。落实《关于促进小微工业企业上规模发展的实施意见》，2016—2019年，省财政共安排资金5.6亿元，主要用于对新升规企业的普惠性奖励。据统计，2018年广东省新增规上工业企业8439家，位居全国第一，其中东莞市新增2822家。2016—2019年中央和省共安排资金9.3亿元支持江门市小微企业创业创新基地城市示范建设，打造多层次创业创新平台，优化小微企业发展软环境，构筑多元的综合服务体系，促进小微企业转型和升级。2018-2019年中央财政安排资金2.29亿元支持广东佛山、中山、江门等7个地市打造特色载体推动中小企业创新创业升级，推动各类载体向市场化、专业化、精细化发展，构建各具特色的区域创新创业生态环境，推进中小企业专业化高质量发展。

促进外贸平稳发展。针对广东省在吸引优质大型外资项目落户、增资扩产和总部经济的不足方面，特别是引进跨国公司地区总部、世界500强等优质企业以及高科技产业方面，2018年省财政新增5亿元资金用于外资项目奖励政策。2018年全省制造业实际利用外资占比提高12.1个百分点，达35.9%，高技术制造业实际利用外资增长84.7%。2016年以来广东省财政安排资金4.62亿元促进投保出口信用保险，支持出口企业投保短期出口信用险，按实际缴纳保费的一定比例予以资助，增强中小微企业的抗风险能力。同时，对向“一带一路”及新兴国际市场国家和地区的出口投保给予倾斜支持，鼓励省内企业与“一带一路”国家的经贸发展。近年来，省财政安排专项资金支持省政府驻海外经贸办事处开办，在北美（设立于美国）、欧洲（设立于德国）和东南亚（设立于马来西亚）等重点区域构建外经贸服务网络。同时，安排1.1亿元支持出口企业开拓国际市场，支持“广东品牌全球展销中心”和“境外经贸合作园区”建设等方面，打造境外展销平台和经贸交流合作平台。2015年省财政出资20亿元引导设立总规模为200亿元的广东丝路基金，重点支持企业赴“一带一路”沿线国家开展重大项目建设。

从除法入手，破除企业融资难贵问题，增强实体经济活力

搭建借贷双方融资桥梁。通过增信、分险两条线，搭建借贷双方融资桥梁。2015—2018年，省财政累计安排7.3亿元设立中小微企业信贷风险补偿资金，带动20个地市（不含深圳）及29个区县设立了中小微企业信贷风险补偿资金，引导金融机构加大对中小企业的融资支持力度，扩大贷款规模、降低融资成本，截至2018年底累计帮助9200多家（次）企业获得贷款555亿元。省财政先后注资30.1亿元设立和壮大省融资再担保公司，截至2018年底共19个地市组建了政策性担保机构，累计帮助4100多家中小企业获得贷款近230亿元。

支持利用多层次资本市场融资。省财政安排资金支持民营企业上市融资、到新三板挂牌、到区域性股权市场直接融资，促进民营和小微企业利用资本市场直接融资。2018年以来全省受惠民营企业175家，已补助民营企业约1.03亿元。

开展信用担保代偿补偿。省财政厅积极开展全国信用担保代偿补偿机制试点工作，争取并获得3亿元中央资金支持，同时配套出资2

亿元，设立省中小企业信用担保代偿补偿资金，用于对纳入省融资再担保公司再担保业务支持的中小企业融资担保贷款予以风险补偿，按一定比例对担保机构的代偿进行补偿。截至2018年底，与符合条件的32家担保机构签署了合作协议，累计支持小微企业融资金额20.85亿元，累计扶持中小企业676户，在保业务余额12.63亿元，在保企业429户。

降低中小企业融资成本。2019年省财政安排资金1.15亿元，对2018年度新升规工业企业、已认定的省高成长中小企业在一定期间内获得商业银行贷款并实际发生的利息支出进行贴息，降低企业的融资成本。同时，2018年安排资金5429万元，对小微企业融资担保业务进行降费奖补，引导融资担保机构降低小微企业担保费率，切实减轻中小企业融资负担。

设立省产业发展基金。2018年省财政注资粤财公司100亿元设立省产业发展基金，围绕加快广东产业转型升级、推动产业结构优化、振兴实体经济的政策目标，多层次多方位吸引社会资本和地方资金集中投入支持我省产业发展。截至2019年7月底，基金已签约投资额67.52亿元，募集社会资本315.41亿元，实现5.7倍募资放大。

（原载于《中国财政》2019年第17期）

以“资格认定”取代“招标评选”

广东创新国库集中支付代理银行选定

为深化省级财政国库管理改革，广东省财政厅在新一轮（2019—2021年）国库集中支付代理银行的选定工作中，积极落实“放管服”改革要求，创新工作理念和方式，采取“资格认定”方式选定授权支付业务代理银行，充分调动银行积极性，提高代理工作质量。

广东以放为先，放开授权支付业务代理资格。为充分发挥商业银行参与财政业务的积极性，有效增强财政部门与商业银行在财政国库业务合作的广度与深度，从2019年起，广东改变以往通过公开招投标方式选定代理银行的做法，进一步拓宽资格范围，向所有经人民银行认定具备省本级国库集中收付代理资格的23家商业银行放开授权支付代理资格。凡有意愿有条件的商业银行均可提出承办授权支付业务的申请，符合系统建设要求的商业银行即可成为国库集中支付代理银行。截至目前，已有19家银行主动提出申请并稳步推进系统开发建设，新一轮国库集中支付代理银行数量预计比上一轮（2016—2018年）增长90%，让预算单位拥有更多样、更便利的代理银行业务选择。

在放开授权的同时，广东多措并举，加强对代理银行的监督管理。通过强化日常业务监督、年度银行考评、完善规章制度等方式，加强对代理银行的监督管理。日常业务监督方面，积极跟进代理银行业务办理情况，发现违规操作及时予以提醒并责令其立刻整改，书面说明情况，并将差错事项纳入年度考评扣分项；年度银行考评方面，向预算单位发放调查问卷收集了解代理银行代理服务情况，深入银行网点实地查验业务操作和业务凭证是否规范，加强对代理银行的服务监督；完善规章制度方面，通过制定操作规范、明确管理要求等约束代理银行资金划拨行为，有效防范资金支付风险。

此外，广东还加强服务，提升代理银行办理业务质量和能力。一是加快推进财政支付管理电子化改革，实现资金支付全流程无纸质，有效减轻代理银行上门取单、送单业务量，全面提升代理银行资金支付效率；二是加强代理银行调研培训力度，了解代理银行日常业务中遇到的“疑难杂症”，积极开展“答疑解惑”工作，进行有效指导，提高代理银行服务财政的执行能力；三是建立日常信息互通机制，通过微信群、QQ群等保持业务信息高效传递，让业务交流“少走弯路”，让信息传递“畅通无阻”。

（原载于2019年1月3日《中国财经报》，郑如君）

广东深化预算编制执行监督管理改革

2018年，广东深化省级预算编制执行监督管理改革，通过部门权责配置和财政管理重心“两转变”、项目审批事项和预算执行流程“两精简”，实现各方积极性和资金使用效益“两提高”。

去年5月，广东省出台《关于深化省级预算编制执行监督管理改革的意见》，以“依法依规、简政放权、绩效导向、风险防控”为原则，以预算管理“放管服”改革为抓手，推出了以“三个两”为核心的五项改革举措。

一是聚焦厘清部门职责，优化预算管理各环节权责划分。将部门权责配置从预算管理权责交叉转变为权责明晰、各负其责，明确主管部门预算执行的主体责任，并推动财政部门管理重心从全流程预算管控转变为聚焦预算编制和监管，突出主责主业，负责具体组织总预算执行，不直接参与具体项目审批等事务。

二是聚焦科学编制预算，提高预算精准性和权威性。做实做细部门项目库，申请列入预算的原则上提前一年入库，提高年初预算到位率；加强全口径政府预算统筹，集中财力办大事；推进预算编制标准化建设，健全预算支出定额标准体系，推动预算编制有标准可循；全面实行绩效目标审核，加强对支出和政策预期绩效研判，提高预算编制精准性；健全预算安排与绩效目标、资金使用效果、审计整改结果挂钩的激励约束机制，坚决撤销无效资金、削减低效资金。

三是聚焦提升支出效率，精简审批环节和流程。精简项目审批事项和流程，主管部门独立负责项目审批事项，财政部门不再直接参与；推广“大专项+任务清单”模式，尽可能下放给市县或用款单位自行审批具体项目；优化预算执行流程，全面推进国库集中支付电子化管理，改进政府采购流程，精简基建项目财政资金拨付程序。

四是聚焦规范预算执行，严格预算调整调剂程序。严格执行省人大批准的预算，未经法定程序不得调整，年中出台的新增财政支出的政策措施原则上列入以后年度预算安排，确需当年支出的，优先在本部门预算和跨部门相关资金中统筹解决；严格控制预算调剂，确需调剂的，省业务主管部门应在预算法和财政部门规定的范围内办理，调剂金额达到该项支出总额的10%及以上的，报分管省领导审批，达到总额的20%及以上的，经分管省领导和分管财政部门的省领导审核后，报省政府主要领导同志审批。

五是聚焦提高资金效益，强化绩效监管和风险防控。全面实施绩效管理，推动绩效管理贯穿预算编制、执行和监督环节；严格审计监督，对直接负责资金分配使用的省业务主管部门和市县进行审计监督；加强内控管理，确保市县和用款单位对下放具体项目审批权的资金“接得住”“管得好”；加强信息手段监管，依托“数字政府”建设全省一体化信息平台，实现全省预算管理动态联网监督。

据了解，改革实施半年多以来，广东各级财政和预算单位管财用财理念与预算管理方式发生了深刻转变，有效提升了政府行政效率效能与财政资金使用效益，改革“牵一发而动全身”的效应逐步显现。

首先，推动管财用财理念发生转变。改革后，部门和市县的理财自主性提升，先有干事方案再研究资金安排成为预算管理的基本原则；“划标准要钱、报项目分钱、不问效花钱”的粗放预算管理模式得到改变，强化了绩效责任意识；“保姆式财政”转变为“部门自主理财”，强化了聚焦主业意识。

其次，有效提升了行政效率效能。改革推进“财政向部门”和“省级向市县”的“两个放权”，促进了预算安排与中央和省委省政府的决策部署、全省上下级部门之间的资金管理方式、资金投向与市县经济社会发展三个方面的“更加协同”。部门对本部门负责的预算编制、执行和监督事项独立抉择，自主决策、自主组织开展，各项工作节约时间50%以上，行政效率效能明显提高。

再次，推动预算管理方式更加科学。改革后，财政部门“以审代管”“全程参与”的预算管理方式转变为“政策导向”“绩效导向”和“标准导向”。2018年，广东省级财政通过建立和落实预算统筹、绩效管理、项目库、重大项目预算评审和绩效评估等十项新机制，推动预算管理方式向公开规范透明、标准科学、约束有力、全面实施绩效管理转变。

最后，提升了财政资金使用效率和效益。改革后，高效便捷、精准到位的财政资金使用机制逐步完善，支出进度、资金绩效进一步提升。2018年7月后，广东省预算支出进度在全国排名比上年同期显著前进了17—19个名次。2019年省级预算编制实行了绩效评价结果、审计结果和支出进度与预算编制定量挂钩的机制。

据悉，下一步，广东将全面推进预算编制执行监督管理改革在全省的落地实施；做实全省“一盘棋”的工作机制，横向上，建立部门与财政高效协同的财政资源优化配置机制；纵向上，建立全省统一的预算管理标准规范体系、全省统一的信息管理平台和全省目标一致的财政资金优化配置机制。同时，找准科学编制预算的抓手，健全预算编制标准规范，加强项目库管理，开展重大项目评审，完善支出标准体系建设，实行预算执行情况与预算编制挂钩；全面统筹预算资金、债券资金和各类政府资产资源，构建大财政大预算大债务格局；推进全面实施预算绩效管理，建立全方位、全过程、全覆盖的预算绩效管理体系。

（原载于2019年1月8日《中国财经报》，代兰兰）

全面推进预算执行动态监控
广东实现资金使用监管无“盲点”

近年来，广东省积极落实财政部关于推进地方预算执行动态监控改革的部署，通过加强制度建设、完善工作机制、突出监控重点、坚持上下联动等措施，初步建立集事前预警、事中监控、事后核查于一体，覆盖省市县乡（镇）四级的预算执行动态监控体系，有效推动了预算执行严格规范、资金使用合规透明。

一是突出制度建设，注重规范操作。通过制定《广东省省级预算执行动态监控管理暂行办法》和《广东省财政厅省级财政预算执行动态监控内部管理暂行规定》，对监控主体、监控内容、监控方式、违规处理、管理职责等方面作出明确规定，形成从监控系统预警到预警疑点核实、从预警结果反馈到预警情况分析等一整套规范有序的工作流程，确保动态监控工作有章可循、有规可依。

二是突出完善机制，注重工作实效。通过与深化省级预算执行监督管理改革相衔接，构建事前预警、事中监控、事后核查相结合的预算执行动态监控运作机制，重点加强对财政资金支付环节的监管。事前对预算单位办理资金支付申请进行预警提醒；事中对预算单位触发的预警信息进行核实并反馈单位纠正；事后定期通报预算单位的动态监控预警情况。近年来，全省监控预警的违规操作金额和笔数呈现逐年双下降趋势。

三是突出监控重点，注重全面覆盖。将预算执行动态监控与创新开展的财务核算信息集中监管改革等相结合，对财政资金的监管从财政内部资金分配拨付延伸到预算单位支付使用和会计核算等各环节，将监控范围拓展到所有财政资金和全部预算单位，使每一笔资金支付业务都在阳光下运行，实现全程监管无“盲点”。

四是突出上下联动，注重协同推进。坚持全省“一盘棋”，通过建立全省预算执行动态监控工作情况报送制度、通报制度、督导制度以及实地调研督查、举办业务培训、下发指导文件、共享政策制度等多种方式加强对全省各级预算执行动态监控工作的督促和指导，上下联动协同推进，实现省、市、县、乡（镇）四级财政预算执行动态监控工作全覆盖的目标任务。

（原载于2019年1月29日《中国财经报》，代兰兰）

广东省级专项资金管理五突出五明确

近日，广东印发修订后的《广东省省级财政专项资金管理办法（试行）》，明确了“五突出、五明确”，使资金使用更加规范透明高效。

一是突出“明晰属性、分类管理”，明确专项资金管理方式和权限。明晰专项资金属于事业发展性资金的属性，主要采取项目制管理方式，将专项资金分为两类进行管理：即直接面向基层、量大面广的项目，省级采取“大专项+任务清单”管理模式，将具体审批权限下放市、县，同步下发任务清单，由市、县统筹使用专项资金。重点行业领域、跨区域的重大项目，省级保留审批权限，直接分配管理专项资金，确保“全省一盘棋”推进工作。

二是突出“先谋划事、再安排钱”，明确前期论证和项目储备要求。改变以往“钱等项目”的粗放管理模式，省业务主管部门提前谋划专项资金重点支持方向并提出切实可行的实施方案，再研究论证资金需求，重点做实做细专项资金项目库，未入库项目原则上不安排预算。通过提前细化预算，促进预算科学精准编制和高效执行。

三是突出“优化结构、盘活存量”，明确清理整合和统筹安排要求。专项资金目录清单按“战略领域、财政事权、政策任务”三个层次编制，涉及同一类事项或工作的专项资金由同一个省业务主管部门管理分配。部门全面梳理中央和省部署的重大政策事项，安排资金足额保障，确保不留“硬缺口”；对常规性新增任务支出需求，优先通过调整优化支出结构、清理盘活存量资金等方式解决。实行专项资金安排动态调整，按照轻重缓急统筹安排项目，年度间不得固化。

四是突出“简政放权、精简流程”，明确预算执行责任和程序。实行预算执行承诺制，自主审批选取项目；取消财政部门在评审、公示、验收等环节的具体审批事项；审计部门有针对性地对业务主管部门和用款单位开展审计监督。严格按预算法规定时限分配和下达专项资金，优化拨付流程，切实加快支出进度。对省业务主管部门未按时下达资金，市县和用款单位未及时审批项目造成沉淀的资金，按规定收回省财政统筹使用。

五是突出“绩效优先、公开透明”，明确绩效管理和信息公开要求。按照中央全面实施预算绩效管理的要求，实施专项资金绩效目标和预算执行“双监控”，推进业务主管部门、用款单位自评和财政部门重点绩效评价，并将评价结果与以后年度预算安排挂钩，实行专项资金目录清单、管理办法、申报通知、项目计划、资金分配、资金使用、绩效评价结果和审计意见、投诉情况等信息“八公开”。

（原载于2019年2月12日《中国财经报》，代兰兰）

五“着力”拓开“广东路径”

预算绩效管理工作走在全国前列的广东省，怎样能够在全面实施预算绩效管理方面继续走在全国前列？

“作为最早探索财政绩效管理的地区，广东省财政厅在认真学习和深刻领会中央文件基础上，再探索，再创新，起草了《广东省关于全面实施预算绩效管理的若干意见》，明确了全省推进全面实施预算绩效管理的总体思路和工作举措，要求通过五个‘着力’，加快构建全方位、全过程、全覆盖的预算绩效管理体系。”全国人大代表、广东省财政厅厅长戴运龙介绍道。

五着力包括：——着力“全覆盖”，积极拓展预算绩效评价范围。今年，省财政厅将组织省直部门开展绩效自评，并将项目支出自评范围扩大到所有专项资金，将部门整体支出自评范围扩大到全部省直预算单位。同时，组织开展对到期专项资金及乡村振兴等264项重点支出、约1700亿元资金的重点绩效评价。

——着力“定标准”，构建预算绩效指标和标准体系。广东省财政厅于2018年6月制定印发了《广东省财政预算绩效指标库》，收录52个子类、277个资金用途、2589个绩效指标，在全国率先建立较为领先的预算绩效指标和标准体系。实践证明，这些绩效指标和标准体系架构清晰、内容齐全、指标量化、科学规范，为全面准确反映各级政府、各部门绩效提供了必要的基础条件。

——着力“强应用”，建立绩效结果硬约束机制。2019年预算安排根据绩效重点评价结果对部分资金采取了压减、调整结构等措施，强化了绩效评价结果硬约束。二是创新绩效信息报送和公开机制。督促主管部门公开绩效自评报告，并将重点评价报告在省财政厅门户网站公开。

——着力“深融合”，开展预算绩效目标申报审核。根据预算编制执行监督管理改革有关要求和职责分工，广东省财政厅在2019年预算编制项目及入库过程中，对238项专项资金一级项目、约300项其他事业发展性支出一级项目、3000多项部门运转性项目支出重点二级项目、69项部门整体支出绩效目标进行审核。为此，该省财政厅进一步完善“部门自审+第三方机构初审+财政部门复审”的审核机制，创新建立“绩效处-业务处-主管部门”的专人沟通对接机制，确保客观性与专业性的高度结合。

——着力“稳基础”，强化预算绩效管理要件建设。一是加强绩效制度建设。2018年，广东省制定印发了《广东省财政预算指标库管理暂行办法》等有关政策制度，目前正根据全面实施预算绩效管理的要求，着手完善省级预算绩效评价管理办法等有关配套制度。二是加强绩效信息化建设。简化绩效目标管理和绩效评价管理的系统操作流程，增加评价报告考核和多样统计表格的功能，实现绩效系统与项目库系统项目数据的实时共享更新，强化了数据分析应用功能。

戴运龙表示，2019年是全面实施预算绩效管理的开局之年，广东省财政厅将讲继续认真落实中央和省委省政府工作部署，积极推动构建贯穿预算编制、执行、监督整个流程的预算绩效管理机制：

一是完善各项配套措施。根据省实施意见文稿，研究制订落实工作方案，明确各级各部门职责分工，并完善预算绩效管理各环节配套制度，确保全面实施预算绩效管理有关政策措施落地见效。

二是完善指标化、规范化的预算绩效目标管理机制。结合深化省级预算编制执行监督管理改革和项目库管理的要求，完善预算绩效目标申报审核机制，制定《广东省省级预算绩效目标管理办法》，并加强预算绩效指标库的应用和动态管理。

三是建立高质量、全覆盖的绩效评价机制。将评价范围进一步覆盖四本预算，部门整体支出绩效评价覆盖全部省级预算单位。制定《广东省省级预算绩效评价管理办法》，优化评价工作流程，加强对评价工作的跟踪监控，提高绩效评价质量。

四是构建透明和刚性的绩效结果应用机制。通过与预算安排挂钩进一步强化绩效评价结果和绩效目标审核结果的刚性，强化各级各部门绩效信息公开责任，进一步落实将重点项目预算绩效目标、重点项目绩效评价报告报送省人大会议参阅的做法，增加报送的绩效评价报告和绩效目标表数量，提高内容质量，为省人大代表审议预算提高更有价值的参考。

（原载于2019年3月7日《中国财经报》）

广东提高政府购买服务透明度

广东省财政厅制定《省直机关政府购买服务信息公开管理暂行办法》，对公开范围及主体、公开渠道、违规处理等作出明确规定

广东省财政厅近日制定出台《省直机关政府购买服务信息公开管理暂行办法》，以统一规范省直机关政府购买服务信息公开行为，提高政府购买服务工作透明度，强化社会监督，体现政府购买服务公开择

优、公平竞争的基本原则。

《暂行办法》明确，6项政府购买服务信息应当主动公开，第一是政府购买服务有关的行政法规、规章和其他规范性文件；第二是政府购买服务指导性目录；第三是政府购买服务项目信息，包括采购项目公告、采购文件、采购合同等项目信息；第四是凭单制政府购买服务项目的实施公告、符合资格条件的承接主体名单或范围；第五是政府购买公共服务项目绩效目标、指标及评价验收结果；第六是政府采购等法律、法规和规章规定应当公开的其他信息。涉及国家秘密、商业秘密，以及法律、行政法规规定应予保密的政府购买服务信息按保密相关规定办理。政府购买服务政策制定部门是有关法规、规章、规范性文件和指导性目录公开的责任主体，负责本部门制定上述第一、第二项内容的信息的公开工作；政府购买服务购买主体是具体政府购买服务项目信息公开的责任主体，负责公开第三、第四、第五项有关信息；第六项信息的公开按照有关法律法规规章的规定执行。

在公开渠道方面，《暂行办法》规定，省财政厅依托广东省政府采购网建设广东省政府购买服务信息平台，该平台是政府购买服务信息公开的有效网络媒介。广东省政府购买服务信息平台是上述第一、第二项信息公开的唯一网络媒介，有关信息应全面、完整在平台公开；政策制定部门还应当在其部门门户网站同步公开有关信息。第三、第四、第五项信息应当按如下规定确定信息公开渠道：按照政府采购有关规定属于政府集中采购目录以内和政府采购限额以上的服务项目，应当在广东省政府购买服务信息平台公开。按照广东省网上中介服务超市有关规定，纳入网上中介服务超市的中介服务项目，应当在网上中介超市公开。其他项目信息应当通过公开责任主体门户网站等有效信息发布渠道进行公开。公开政府购买服务信息必须做到内容真实、准确可靠。

《暂行办法》还对违规处理作了细化规定，其中提出，购买主体有5类情形之一的，由同级财政部门责令限期改正，包括应当在指定媒体发布政府购买服务信息而未发布的；政府购买服务信息中有关获取文件的时间和方式明显不合理的；政府购买服务信息中以不合理条件限制或排斥潜在承接主体的；提供虚假信息、证明材料的，或者应当公告的信息含有欺诈内容的；在两个以上媒体发布同一购买服务项目的信息内容不一致的。任何单位和个人非法干预政府购买服务信息发布活动的，限制政府购买服务信息发布地点和发布范围的，由省财政厅根据《政府采购信息公告管理办法》规定责令限期改正，依法予以警告。拒不改正的转送有关机关依法处理。任何单位或个人发现政府购买服务信息发布不符合本办法有关规定的，可以向省财政厅投诉和检举，省财政厅应当依法予以处理。法律法规另有规定的除外。

（原载于2019年3月20日《中国财经报》）

强调“同步”管理　明确“量化”标准
广东打响全面实施预算绩效管理“发令枪”

19个类别、61项重点工作任务，同时明确具体措施和责任单位——近日印发的《中共广东省委 广东省人民政府关于全面实施预算绩效管理的若干意见》（以下简称“意见”），打响了广东省全面实施预算绩效管理的“发令枪”。

意见提出，在构建全方位预算绩效管理格局的框架下，按照深化财税体制改革和建立现代财政制度的要求，结合广东省深化推进预算编制执行监督管理改革，通过建立重大政策和项目事前绩效评估机制、优化预算绩效目标管理、开展绩效运行监控和加强绩效评价、强化绩效结果应用、推进绩效信息公开等有效手段建立全过程预算绩效管理链条，并逐步完善将预算绩效管理覆盖全口径预算、将预算绩效管理拓展到政府投融资等财政政策和财政管理的全覆盖管理体系。

意见强调，通过将绩效目标管理与预算管理同步布置，同步申报、同步审核、同步批复、同步公开，聚焦绩效目标与预算管理深融合，提高预算编制精准性；通过建立预算执行承诺机制、建立预算执行绩效定期监控预警和提醒纠正制度和建立不同类型的监控模型等，聚焦绩效监控新模式，提高预算执行效率性；通过建立绩效自评复核机制、开展部门整体绩效评价并逐步覆盖全部预算单位、创新方法提高评价质量等，聚焦绩效评价高质量，提高预算资金效益性；通过加强绩效管理机制建设、建立和完善预算绩效指标库、依托“数字政府”加强预算绩效信息化建设、强化第三方培育管理等，聚焦绩效基础强根基，提高绩效管理规范性。

意见明确，量化绩效结果应用的具体标准，对绩效好、一般和低效无效的政策和项目实行不同的应用方式。在事前绩效评估、绩效目标、绩效监控和绩效评价等方面，明确不同绩效结果与预算安排和政策调整挂钩方式，充分利用绩效结果推动改进预算编制和完善相关政策；还明确对公开不及时、不完整、不规范的，依法依规通报并予以问责；对绩效结果弄虚作假或预算执行与绩效目标严重背离的部门和单位及其责任人要提请有关部门进行追责问责。

根据意见，广东省将通过加快建立全方位、全过程、全覆盖的“三全”预算绩效管理体系，推进制度化、规范化、标准化、信息化的“四化”预算绩效管理建设，实现“花钱必问效、无效必问责”，提高财政资源配置效率和使用效益，提高预算管理水平和政策实施效果。

（原载于2019年3月30日《中国财经报》）

广东成功发行全国首单含权地方债

全国首单含权地方政府债券——规模为20亿元的2019年广东省土地储备专项债券（二期）于近日在深圳证券交易所成功发行，引起市场机构高度关注，踊跃认购，中标利率3.14%，全场投标倍数达到33.47倍。债券募集资金用于珠海市西部片区土地收储项目，以提升所在区域产业发展空间，服务粤港澳大湾区建设。

含权债券是债券契约中含有期权条款的债券，既可赋予发行人选择权，亦可赋予债券持有人选择权。与普通债券（即非含权债券）相比，含权债券大大提高了债权债务管理主动性和灵活性。本期含权债券期限设计为3+2年，附第3年末发行人全额赎回选择权。广东省财政厅可以在债券存续期第3年末确定是否行使赎回权，若行使赎回权，则该期债券于第3年末到期，否则该期债券存续至第5年末。广东省财政厅通过本次债券期限结构化创新，极大增强了债券本金偿还灵活性，有效实现了债务余额主动管理。

近年来，在财政部地方债管理顶层设计框架下，广东省财政厅按照法治化、市场化和规范化方向，积极稳妥探索地方政府债券发行改革，打造“广东债”品牌，推动发行管理工作走在全国前列。2018年实现“3个全国首次”，即首次发行跨地市土地储备专项债券、首次发行水资源专项债券、首次引入澳门金融机构作为境外投资者，引起社会各界好评。

（原载于2019年4月4日《中国财经报》，代兰兰）

广东：放开用活管好涉农资金

聚焦“放开、用活、管好”目标，完善涉农资金管理体制机制，《广东省涉农资金统筹整合实施方案（试行）》（以下简称《实施方案》）日前在全省推行。《实施方案》通过“两个50%”（即由省级组织实施的项目资金原则上不得超过涉农资金总额的50%，由市县组织实施的每类约束性任务所需资金占比不得超过该类由市县统筹实施资金总量的50%）双控要求，赋予市县更大的自主权。改革后，市县可统筹使用的资金额度从5亿多元上升到近200亿元，增长近35倍。

首先，确保“放得开”，从预算编制源头整合涉农资金，赋予市县更大自主权。《实施方案》全面调整涉农资金使用格局，将现有省农业农村、水利等9个农口部门的26项省级涉农资金归并设置为农业产业发展、农村人居环境整治、精准扶贫精准脱贫攻坚、生态林业建设、农业救灾应急和农业农村基础设施建设等6大类，明确每类资金牵头部门，并由牵头部门会同相关业务主管部门，根据财政部门明确的预算额度，结合全省实施乡村振兴战略的整体规划，制定各类资金分配方案、任务清单。同时，按照“两个50%”要求，赋予市县三项权力，即确定项目规划布局的权力、确定项目建设先后顺序的权力、确定项目实际投资额度的权力。由市县统筹实施的项目，省级资金按规定分类整体下达，由市县自主确定具体项目。县级在完成上级约束性任务后，可将剩余资金调剂用于其他涉农项目。允许市县结合本地实际，加强性质相同、用途相近的涉农资金统筹使用，促进功能互补、用途衔接的涉农资金集中投入等。

其次，确保“用得活”，合理划定省级及市县组织实施的项目范围。一是明确省级组织实施的项目资金原则上不得超过涉农资金总额的50%。除省委、省政府确定由省级单位组织实施的项目，跨地区跨流域的重大投资项目，技术较复杂、需依靠省级单位的资源及技术力量统筹实施及示范推广的重点综合性项目等由省级组织实施，其他项目均由市县统筹实施。二是设定任务清单并与资金同步下达。省级业务主管部门编制任务清单，区分约束性任务和指导性任务，实施差别化管理并细化到各地级市。约束性任务需纳入考核，指导性任务不作为考核硬性指标。明确只有党中央国务院以及国家有关部委明确需对广东省进行考核的涉及国计民生的事项，经省政府同意按人数、面积、工程量等因素量化考核验收的项目，纳入国家和省重大规划任务，新设试点任务以及农业生产救灾、对农直接补贴等才能作为约束性任务，其他任务为指导性任务，省级下达的约束性任务所需资金占比不得超过50%。三是制定具体操作规程。明确涉农资金统筹整合工作6个环节，即制定资金分配方案、审定资金分配方案、整体下达涉农资金、同步下达任务清单、明确县级主体责任、加强涉农资金监管，指导市县制定本级涉农资金统筹整合操作规程。

最后，确保“管得好”，全面加强涉农资金监管。《实施方案》要求，省级层面通过加强培训、督导检查、进度通报、约谈以及审计等方式，加强对涉农资金的监管，对约束性任务进行绩效考核并将考核结果与后续年度涉农资金安排相挂钩。市县层面通过实行涉农资金统筹整合实施方案备案制以及公开公示等主动接受上级和社会监督。在此基础上，各级审计部门按照“谁审批、谁使用、谁负责”的原则，按规定对资金使用进行审计监督等，县级按规定在统筹整合范围内将剩余资金调剂用于其他涉农项目的，审计、财政等部门在各类审计监督中不作为违规问题处理。

（原载于2019年4月9日《中国财经报》，代兰兰）

政策差异化区域更协调

广东实施差异化的财政支持政策，破解区域协调发展不平衡问题

广东省财政通过完善与区域发展定位相适应的省以下财政体制，实施差异化的财政支持政策，积极支持构建“一核一带一区”（即珠三角核心区、沿海经济带、北部生态发展区）区域发展新格局，加快推动区域协调发展，破解区域协调发展不平衡问题。

坚持“控省级、保市县”。省级进一步下沉财力，加大对市县特别是欠发达地区转移支付力度，向老少边穷地区和基层倾斜，提高各地“保工资、保运转、保基本民生”财力保障水平。据初步统计，2018年省财政对市县税收返还和转移支付及债券转贷支出达4117亿元，占省级一般公共预算总支出的69.3%，比上年提高6.6个百分点。

2019年预算安排省对市县税收返还和转移支付及债券转贷支出4215亿元，占省级总支出的比例进一步提高到70.5%。

坚持“差异化、促均衡”。在支持粤港澳大湾区建设方面，省财政厅配合财政部研究起草专项财税支持政策，落实南沙、横琴、中新知识城等重大平台专项补助政策，支持技术创新体系建设，实施珠江西岸先进装备制造产业发展扶持政策等，促进珠三角优化发展。对北部生态发展区、东西两翼沿海经济带实施全覆盖的均衡性转移支付机制和县级基本财力保障机制，在此基础上，增强政策协调性和精准度。对北部生态发展区实行生态转移支付，不再简单考核地区生产总值指标，支持打造生态屏障。对东西两翼沿海经济带，突出支持产业发展和重大招商引资项目，助力打造新增长极。

坚持“兜底线、保基本”。一是兜住“三保”底线，均衡性转移支付资金分配向财力困难地区倾斜，逐步缩小区域间基本公共服务水平差距。二是兜住生态底线，完善生态补偿转移支付制度，建立生态补偿与生态监测评估和整治结果挂钩机制，实行奖优罚劣。三是兜住老少边穷地区底线，专项补助原中央苏区、海陆丰革命老区困难县、少数民族县，补助标准从每县1000万元提高至3000万元。四是兜住财力薄弱镇（乡）底线，“点对点”精准扶持，实现对欠发达地区县（区）财力薄弱镇（乡）的全覆盖，镇均补助标准从160万元提高到190万元，提升基层政府保障能力。

坚持“强责任、减负担”。广东省落实财政事权和支出责任相适应的要求，适当强化省级支出资金，减轻欠发达地区市县负担。推动基本公共服务领域共同财政事权和支出责任划分改革，对城乡居民医疗保险、基本公共卫生服务等事权，根据“一核一带一区”功能定位将全省市县精细划分为4档，省以上财政补助比例总体比原政策平均提高约10个百分点，其中对原中央苏区、海陆丰革命老区困难县、少数民族县的支出责任补助比例达100%，对北部生态发展区、东西两翼沿海经济带的补助比例提高到85%，大幅减轻欠发达地区市县负担，并确保全部地市获益。完善跨区域重点项目资本金负担机制，对国家和省统一部署在原中央苏区、海陆丰革命老区困难县、少数民族县境内的国铁干线、高速公路、机场、港口码头、水利、生态环保等项目，免除当地出资责任。

坚持“保重点、补短板”。省级财政统筹资金精准投入，保障重点领域支出，支持薄弱地区补齐短板。一是保障重点项目建设。通过预算安排、发行地方政府债券、设立整合政策性基金等方式，及时足额落实重大工程建设项目省级资金；积极用好债券资金，新增债分配注重对接省定重点项目，实现粤东西北地区省定重点项目资金需求、珠三角地区国铁干线项目资金需求、原中央苏区高速公路资金需求“三个全覆盖”。二是支持推进乡村振兴战略。2019年全省预算安排农林水、自然资源及其他相关支出589.6亿元，可比增长9.2%，支持推进乡村产业振兴、改善人居环境、升级基础设施、打好精准脱贫攻坚战等。三是制定《广东省完善基本公共服务均等化推进机制的实施方案》，探索基本公共服务省级统筹机制，推进基本公共服务标准化，补齐基本公共服务短板。

（原载于2019年4月15日《中国财经报》，代兰兰）

广东生均拨款制度覆盖全学阶

近日，广东省财政厅、广东省教育厅联合印发通知，明确从2019年起建立全省学前教育和公办普通高中生均拨款制度。至此，广东省建立了覆盖学前教育、义务教育、高中阶段教育（含中职和普通高中）、高等教育（含高职和本科）的全学阶生均拨款制度。

根据通知，从2019年起，广东省公办幼儿园和普通高中年生均公用经费拨款最低标准分别为300元和500元，2020年和2021年，各按每生每年100元的幅度逐年提高标准。公办幼儿园包括教育部门、其他部门、地方企业事业单位、部队、集体办独立幼儿园及附设幼儿班。对普惠性民办幼儿园参照全省公办幼儿园生均公用经费财政拨款标准给予经费补助，经费补助标准同全省公办幼儿园年生均拨款标准一致。

为帮助全省经济欠发达地区建立两项生均拨款制度，省财政对欠发达地区分三档按70%、50%、

30%的比例予以补助。其中，第一档为原中央苏区、海陆丰革命老区困难县、少数民族县，省财政按70%比例补助；第二档为除第一档以外的北部生态发展区和东西两翼沿海经济带市县，省财政按50%比例补助；第三档为珠三角核心区财力相对薄弱市县，省财政按30%比例补助。2019年，省财政共安排补助资金6亿元。

学前教育和普通高中生均拨款制度的建立，标志着广东省实现了生均拨款制度的全学阶覆盖，提前1年达到国家关于制定区域内各级学校生均经费基本标准和生均财政拨款基本标准的要求。

（原载于2019年4月16日《中国财经报》，代兰兰）

广东厘清省与市县共同财政事权和支出责任

广东省基本公共服务领域省级与市县共同财政事权和支出责任划分改革方案近日出炉。方案明确了基本公共服务共同财政事权范围、保障标准和支出责任分担方式等，旨在建立权责清晰、财力协调、标准合理、保障有力的基本公共服务制度体系和保障机制，提升基本公共服务统筹层次，推动基本公共服务均等化。

方案对标中央做法，全面梳理基本公共服务领域财政事权，将关系人民群众切身利益、受到社会广泛关注、需要优先保障的8大类18个事项确定为省级与市县共同财政事权。一是覆盖最基本的教育学段，包括义务教育阶段的公用经费、免费提供教科书、普通高中和中等职业教育阶段的国家助学金、免学费补助。二是覆盖最基本的社会保险，即城乡居民基本养老保险补助、城乡居民基本医疗保险补助。三是覆盖最基本的生产生活需要，即基本就业服务、基本住房保障、基本公共卫生服务、计划生育扶助。四是覆盖最底线的扶助救助需求，包括困难群众救助、受灾人员救助、残疾人服务、家庭经济困难学生生活补助、贫困地区学生营养膳食补助。将上述事项确定为省级与市县共同保障，全面兜牢基本民生保障底线，织密扎牢民生保障网，充分体现坚持以人民为中心的发展理念。

方案坚持民生政策可持续，结合实际确定了基本公共服务保障标准。对于国家明确标准的基本公共服务事项原则上执行国家标准；对广东现行标准高于国家基础标准的，按现行标准执行；对中央暂未明确国家基础标准的，充分考虑省以下各级财政承受能力，由省级确定省定地区标准，或由市县因地制宜地确定保障标准。

为配合改革推进，广东省在2019年预算编制和10件民生实事项目遴选工作中，结合财力实际，研究提出相关基本公共服务政策提标扩围的方案，提高城乡居民基本医疗保险补助标准、城乡居民基本养老保险基础养老金最低标准、城乡最低生活保障人均补差水平、孤儿基本生活最低养育标准、困难残疾人生活补贴和重度残疾人护理补贴标准等，进一步提高民生保障水平，确保改革发展成果更多更公平地惠及全体人民。

根据18项基本公共服务领域财政事权的受益范围和均等化程度，结合现行政策做法，广东省按照权责相统一的原则，规范了事权分担方式，实行以按比例分担为主、以按项目分担和按因素确定为辅的方式。对于支出责任分担比较清晰的9项事权，由省财政统筹中央和省级资金，与市县按比例分担。其中，重点对城乡居民基本医疗保险、基本公共卫生服务、计划生育扶助、普通高中教育国家助学金、普通高中教育免学杂费、中等职业教育国家助学金、中等职业教育免学费7项事权调整为统一分档和比例；城乡居民养老保险基础养老金补助参考上述分档，比例有所差异；义务教育阶段公用经费维持现行政策分档和比例。对于分担比例尚不明确、需引导市县发挥积极性的基本公共就业服务、医疗救助、困难群众救助、受灾人员救助、残疾人服务、免费提供教科书、家庭经济困难学生生活补助、贫困地区学生营养膳食补助、城镇保障性安居工程9项事权，参照中央做法暂不调整，继续实行按项目分担或按因素确定的分担方式。

为促进区域协调发展，方案根据省委、省政府确定的“一核一带一区”功能定位，参照中央支持欠发达地区的做法，将全省市县分类分担从以往的大致区分两档，调整为精细划分四档：第一档为原中央苏区、海陆丰革命老区困难县、少数民族县，精准定位“老少边穷”地区；第二档为除第一档以外的北部生态发展区和东西两翼沿海经济带；第三档为珠三角核心区财力相对薄弱市县；第四档为珠三角核心区其余市县。上述分档充分考虑各地财力水平，省级对不同地区实行差异化承担支出责任，侧重向北部生态发展区和东西两翼沿海经济带倾斜，重点加大对“老少边穷”地区的支持力度，着力补齐民生短板，推动全省区域协调发展和基本公共服务均等化。

为切实减轻市县基本公共服务负担，方案明确强化了省级支出责任，提高省以上财政分担比例。对实行统一分类分档、按比例分担的7项事权，将省以上财政对一至四档地区的分担比例依次确定为100%、85%、65%、30%；城乡居民养老保险基础养老金也参照前三档的分担比例。改革后，省以上财政分担比例较现行政策平均提高约10个百分点，大幅减轻市县支出压力，确保全部地级以上市获益。对第一档“老少边穷”地区的补助比例达100%，对第二档北部生态发展区、东西两翼沿海经济带的补助比例提高到85%，均高于中央方案的第一档地区分担比例。

（原载于2019年4月25日《中国财经报》，代兰兰）

打好防范化解重大风险攻坚战

广东保持政府债务风险“零预警”

近年来，广东省不断完善政府债务风险制度机制，全面规范地方政府举债融资行为，推进存量债务置换，强化政府债务管理风险预警，在发挥政府债券资金效益的同时有效控制政府债务风险，2017年和2018年持续呈现没有政府债务风险预警地区的良好态势。2018年末，全省地方政府债务余额控制在财政部核定的政府债务限额以内，保持总体安全，风险可控。

——加强组织保障，建立政府性债务风险应急处置机制。广东省委、省政府主要领导多次作出指示，要求坚决贯彻落实好中央决策部署，切实加强风险防控，管好用好政府性债券资金。2017年7月，广东省成立了政府性债务管理领导小组，省长为领导小组组长，常务副省长为副组长，领导小组办公室设在省财政厅，省政府办公厅、省发改委等部门为成员单位。同时，修订《广东省政府性债务风险应急处置预案》，明确债务风险级别及划分标准，建立政府性债务风险事件报告制度，明确根据债务风险事件风险等级实行分级响应，并采取扩宽财源渠道、优化支出结构、处置政府资产、申请省级援助、加强预算审查、改进财政管理、正确引导舆论等措施进行应急处置。

据了解，在财政部《关于进一步规范地方政府举债融资行为的通知》出台前，广东省就印发了《关于严格执行地方政府和融资平台融资行为规定的通知》，集中重申了关于担保承诺、融资平台转型、政府债券资金使用以及其他财政支出责任事项等方面的负面清单，明确了地方政府融资行为的“高压线”。此后，该省又出台《关于进一步加强政府性债务和隐性债务管理的意见》，提出了规范政府举债融资、合理控制政府债务规模、化解预警地区政府债务风险、积极稳妥化解隐性债务风险、落实风险应急处置机制、建立完善统计监测报告机制等10条政策措施。2018年5月，省政府委托省财政厅首次向省人大常委会专项报告全省政府性债务管理情况，主动接受人大监督，落实政府债务情况报告制度，进一步增强了政府性债务使用管理的透明度。

——堵“后门”，开“前门”，规范地方政府举债融资行为。按照财政部的统一部署，广东省全面开展地方政府违法违规举债融资行为和以政府购买服务名义融资行为清理整改工作，明确举债融资行为的政策边界和负面清单，坚决制止违法违规举债融资行为，并持续跟踪督促各地抓紧推进落实整改，规范地方政府举债融资机制。在坚决堵住违法违规举债“后门”的同时，开好“前门”，在财政部下达地方政府债务限额内，依法发行新增债券，精准对接粤港澳大湾区国家重大战略，保障中央和地方重点项目合理融资需求，遏制违法违规举债融资的动机。今年2月，广东省创新发行全国首单“3+2”含权土地储备专项债券20亿元，实现对债券期限和利息成本的主动控制。

——清存量，保偿还，及时处理地方政府债务。为加强对市县通过发行地方政府债券置换存量政府债务工作的指导，广东省财政厅印发了《关于进一步做好存量逾期政府债务处置工作的通知》《关于抓紧完成置换存量债务收尾工作的通知》，针对存量政府债务的实际情况，提出分类处置意见，指导分类妥善处置存量逾期政府债务，做好置换收尾工作，全力保障各级置换需求，有效推进存量政府债务置换工作。2015—2018年，广东省累计发行置换债券6136.8亿元，优化了债务结构，降低了债务利息负担，减轻了财政压力。同时，对于政府债券，每年提前做好地方债还本付息计划，督促指导全省各级将还本付息资金纳入年度预算安排，落实偿债资金来源，全力保障还本付息工作，按时足额缴付地方政府债券本息资金，积极履行地方债偿还责任，有效维护政府信誉。

——完善预警体系，消除政府债务风险预警地区。广东省财政厅依托财政部政府性债务管理系统等平台，按月统计政府债务变化情况，强化政府债务风险预警；建立债务通报制度，按季度向省领导和各地级以上市党委、政府通报各市政府债务情况；及时转发财政部地方政府债务风险评估和预警结果通报，按照“一地一策、分类指导”的原则，指导高风险地区化解债务风险，制定本地区的风险化解方案，合理统筹财力，优化支出结构，落实债务偿还计划。据财政部下发的2017年地方政府债务风险预警通报情况，广东全省没有政府债务风险预警地区，首次实现“零预警”。据初步测算，2018年广东全省仍保持没有政府债务风险预警地区的良好态势。

（原载于2019年6月3日《中国财经报》，代兰兰）

广东地方债银行柜台热销
个人投资者助力粤港澳大湾区建设

6月17日，广东省政府成功发行地方政府债券611.1亿元。广东各地居民热情参与本次广东地方债投资，积极助力粤港澳大湾区建设。

根据中国债券信息网公开发布的招标发行文件，广东省财政厅选取农业银行、工商银行、建设银行、中国银行、浦发银行、兴业银行、交通银行、平安银行、顺德农商行等9家银行，6月18–20日通过银行柜台面向个人和机构投资者分销其中22.5亿元粤港澳大湾区生态环保建设专项债券（发行利率3.34%，期限为5年期）。最终分销结果显示，个人投资者认购金额高达13.96亿元，认购比例达62.1%，个人投资者认购金额位居全国各试点省市第一位。

本次柜台分销行情火爆：农业银行6月18日上午开售后1分钟内，即完成6.5亿元分销任务；工商银行、建设银行6月18日即完成全部分销，且个人投资者认购金额占比均超过70%；顺德地区当地居民认购踊跃，顺德农商行个人投资者认购金额占比高达99.8%；6月19日上午，9家柜台承办银行全部完成柜台销售任务，本次柜台发行提前圆满完成。据分析，本次广东地方政府债券热销的主要原因是，广东省经济财政实力雄厚，广东地方政府债券安全性高、流动性强、认购渠道多、认购起点低，且兼具免税、可质押等特点。

通过商业银行柜台市场发行专项债券，有利于拓宽发行渠道，更好发挥专项债券对稳投资、扩内需、补短板的作用，增强投资者对本地经济社会发展的参与度和获得感。这是广东地方政府债券首次通过商业银行柜台发行，是广东省积极落实中共中央办公厅、国务院办公厅《关于做好地方政府专项债券发行及项目配套融资工作的通知》中“丰富地方政府债券投资群体”有关要求的有力实践。广东省财政厅紧紧围绕“举全省之力建设粤港澳大湾区”主题，特别选取广州、佛山优质的专项债券项目，试点柜台发行粤港澳大湾区生态环保建设专项债券22.5亿元，柜台发行量位居全国各试点省市第一位。

（原载于2019年6月25日《中国财经报》，代兰兰）

实践印迹

广东构建“四多”预算绩效管理体系

预算绩效管理改革起步早的广东省，多年来不断创新、突破，逐步形成了以“四化”为支撑、具有“四多”特色的预算绩效管理路径，为全面实施绩效管理夯实了根基。

以制度化为基础，构建多制度联动分级管理

一直以来，广东省始终注重制度先行，从综合性制度、专项管理办法和业务操作规范三个层面抓好建章立制，逐步形成“层级配套、功能协调、覆盖到位”的预算绩效管理制度体系。

一是针对预算绩效管理的基本原则、范围、方法、要素，以及工作目标、任务、路径和要求，制定综合性制度。如广东省委、省政府出台《关于全面实施预算绩效管理的若干意见》，明确全省推进全面实施预算绩效管理的总体思路和工作举措，计划通过“三全四化”，实现“两必问两提高”，确保全面实施预算绩效管理落地见效。

二是针对具体预算支出类型，尤其是各类专项资金的不同特点和绩效管理要求制定专项办法。如到期专项资金绩效管理办法、一般性转移支付绩效管理暂行办法、基本公共服务均等化绩效考评办法、整体支出绩效评价办法等。

三是完善业务操作规范。制定内部协调、工作流程、操作规程、评价范本等大量程序性文件和具体办法。如省级财政专项资金竞争性分配监管内部工作流程、绩效管理考核奖励试行办法、预算绩效管理委托第三方实施工作规程和评价质量控制体系、考核标准体系等。

以标准化为前提，构建多维度绩效指标体系

健全预算绩效标准体系是全过程预算绩效管理的重要基础，也是提高预算绩效管理质量的有效措施。广东省财政厅2011年起就专门组织团队对绩效评价指标开展研究。2018年，通过实地调研、分类收集、反复提炼、专业论证等严格程序，历时1年多，制定印发了《广东省财政预算绩效指标库》，收录52个子类、277个资金用途、2589个绩效指标。这一指标体系呈现出四个方面的特点：

一是指标框架全面反映政府绩效结构。在兼顾政府收支分类、各部门职能和资金使用方向的基础上，建立预算绩效指标和标准体系。指标和标准体系分为20个大类，包括通用类和行业类指标，总体架构分为三个层级，其中：一、二级指标使用财政部通用指标分类，三级指标为个性化指标，通过资金用途、指标解释、指标值等13个方面细化反映部门和行业绩效指标。

二是指标动态管理提高绩效质量和效能。通过从定性信息向定量数据转变、从财政部门自建自用向各部门共建共享转变、从静态编制向动态管理转变、从单向统计向综合分析转变、从依靠“人为判断”向“数据分析”转变的“五个转变”，对预算绩效指标进行多维衡量和系统、动态管理，提高绩效质量和效能。

三是指标体系贯穿预算绩效管理全过程。将预算绩效指标和标准体系定位于服务预算和绩效管理，作为推动预算与绩效管理相融合的重要纽带，贯穿于预算编制阶段、预算执行和监督全过程。

四是指标应用提供绩效大数据支撑。通过指标和标准体系的实际应用，为衡量政府履职效果提供数据支撑。通过类型检索，直接提取重点评价项目的可用指标；通过指标检索形成《污染防治绩效指标集》和《精准脱贫绩效指标集》，为打赢“三大攻坚战”和落实扶贫资金动态监控要求“保驾护航”。

以规范化为条件，构建多特色并行管理模式

广东省注重规范化建设，尤其在事前评估、目标管理、绩效监控、绩效质量控制等具体操作环节，逐渐形成多特色并行的管理模式。

——探索事前绩效评估机制。省财政厅积极研究制定《广东省省级重大政策和项目事前绩效评估办法》，为新出台重大政策、项目实施事前绩效评估工作做好准备。东莞市、中山市等已建立了“先评审后入库、先入库后安排预算”的预算管理机制，围绕“该不该、行不行、花多少”的原则，由财政部门委托第三方机构或组织专家对入库项目进行审核，并将审核结果作为进入项目和编制预算的硬性条件。

——强化绩效目标管理。财政省级在2019年预算编制项目及入库过程中对238项专项资金一级项目、约300项其他事业发展性支出一级项目、3000多项部门运转性项目支出重点二级项目、69项部门整体支出绩效目标进行审核。进一步完善“部门自审+第三方机构初审+财政部门复审”的审核机制，建立“绩效处—业务处—主管部门”专人沟通对接机制。

——逐步探索双监控模式。2018年，广东以省政府名义印发《关于深化省级预算编制执行监督管理改革的意见》，明确要求部门建立预算执行承诺机制，对预算执行进度和绩效目标完成程度实行双监控；开展了扶贫资金绩效目标动态监控方案，并通过绩效管理信息系统对178个项目实行了事中绩效监督，跟踪绩效目标完成情况。佛山、江门市等建立了部门自行跟踪、财政部门监控、第三方重点监控相结合的多层次预算绩效监控机制。

——推动绩效评价全覆盖。广东省所有市县区均已开展了绩效评价，并逐年扩大评价范围。2018年，省本级将部门整体支出自评范围扩大到全部省直预算单位；组织开展到期专项、乡村振兴等264项约1700亿元资金的重点绩效评价。除一般公共预算支出项目外，还将地方水库移民扶持基金、省级体育彩票公益金、国企改革发展资金、省本级工伤保险基金支出等其他三本预算中的部分项目列入评价范围。河源市、江门市等绩效评价范围覆盖了财政四本预算；湛江市、肇庆市等已从项目支出拓展到部门整体支出。

——建立绩效结果硬约束。省级在建立评价结果反馈及整改机制、专题向省政府报告的基础上，着力推动“挂钩”和“公开”：一是完善绩效评价结果与预算挂钩机制。除补助到个人的民生项目外，对2018年重点绩效评价结果为“中”“低”“差”的项目，原则上在下年预算压减安排规模或不予安排，强化绩效评价结果硬约束。二是创新绩效信息报送和公开机制。广州市番禺区等建立事前评估和绩效目标与预算安排挂钩机制，对事前评估或绩效目标审核不通过的项目不予安排预算。

以信息化为手段，构建多功能线上操作系统

广东省从2010年起推进财政绩效信息管理系统建设，绩效系统上线至今已有超过4300个单位、2万多个用户登录使用。实现了事前评估、绩效目标、绩效监控、绩效评价和绩效管理结果应用的在线申报，在线审核、在线跟踪、在线反馈和在线查询；实现了绩效指标库的入库、调整、退库等动态管理；实现了对第三方机构邀请通知、申报意向、选择确定、匹配项目、工作进展、及时反馈问题、提供绩效管理结果的全过程跟踪管理。

（原载于2019年7月15日《中国财经报》，通讯员：代兰兰）

广东加大对政采合同的监管力度

广东省财政厅近日印发通知，要求加强政府采购合同签订、公开和备案管理，进一步强化省直各单位作为采购人的主体责任。

广东省财政厅强调，采购人与中标、成交供应商应当自中标、成交通知书发出之日起30日内，按照采购文件确定的事项签订政府采购合同。采购人不得向中标、成交供应商提出任何不合理的要求作为签订合同的条件。中标、成交通知书对采购人和中标、成交供应商均具有法律效力。中标、成交通知书发出后，采购人改变中标、成交结果的，或者中标、成交供应商放弃中标、成交项目的，应当依法承担法律职责。政府采购合同应当包括采购人与中标人的名称和住所、标的、数量、质量、价款或者报酬、履行期限及地点和方式、验收要求、违约责任、解决争议的方法等内容。采购需求具有相对固定性、延续性且价格变化幅度小的服务项目，在年度预算能保障的前提下，采购人可以签订不超过三年履行期限的政府采购合同。关于补充合同签订，政府采购合同履行中，采购人需追加合同标的相同的货物、工程或者服务的，在不改变合同其他条款的前提下，可以与供应商签订补充合同，但所有补充合同的采购金额不得超过原合同采购金额的百分之十。

针对政府采购合同的公开和备案，广东省财政厅要求，采购人依法实施政府采购活动签订的政府采购合同应当在广东省政府采购网予以公开。未能确定具体合同金额的政府采购项目，应当公告框架协

议。政府采购合同中涉及国家秘密、商业秘密的部分可以不公告，但其他内容应当公告。合同标的名称、规格型号、单价及合同金额等内容不得作为商业秘密。属于《中华人民共和国政府采购法》第八十五条规定的紧急采购和保密采购项目，以及广东省政府集中采购目录以外、限额标准以下的项目，无需进行合同备案。采购人应当自政府采购合同签订之日起2个工作日内，登录广东省政府采购网上传政府采购合同扫描版，如实填报政府采购合同的签订时间。广东省政府采购网将会记录各采购人合同签订时间、公开和备案时间，作为通报的依据。依法签订的补充合同，也应在补充合同签订之日起2个工作日内公开并备案采购合同。

广东省财政厅还明确，将加大对政府采购合同的监管力度。中标、成交结果发布后超过30天尚未完成政府采购合同签订的政府采购项目，采购人应当登录广东省政府采购网，填报未能依法签订政府采购合同的具体原因、整改措施和预计签订合同时间等信息。省财政厅视填报情况，约谈有关省直单位或开展政府采购监督检查。自2019年8月1日起，采购人登录广东省政府采购网备案政府采购合同时，应当如实准确填报合同签订时间。省财政厅将对以下情形实施通报管理：一是对中标、成交结果发布后超过30天尚未签订政府采购合同的省直单位进行通报。二是对未在政府采购合同签订之日起2个工作日内公开备案政府采购合同的省直单位进行通报。采购人与中标人应当根据合同的约定依法履行合同义务。政府采购合同的履行、违约责任和解决争议的方法等适用《中华人民共和国合同法》。

（原载于2019年7月24日《中国财经报》）

全面实行“一个部门对口一个处室”服务机制
广东财政厅“自我革命”提升服务效能

在日前召开的广东省省级财政对口服务改革暨预算编制动员会上，省财政厅向省直部门正式公开承诺：全面实行“一个部门对口一个处室”服务机制。对此，各省直部门普遍表示，省财政厅机构改革较好落实了“放管服”改革要求，秉持了“服务第一”的理念，坚持了从部门的角度出发，“把麻烦给了自己，把方便给了部门”。

2018年以来，广东省财政厅围绕“提质增效转作风”，主动谋划“放管服”改革工作。在“放”的方面，深入推进预算编制执行监督管理改革；在“管”的方面，全面实施预算绩效管理改革；在“服”的方面，紧紧抓住中央和省机构改革的重大机遇，以“自我革命”的精神，“刀刃向内”大刀阔斧深化财政机构改革，“眼光向外”探索优化服务路径举措，创新建立“一个部门对口一个处室”服务机制，围绕“四个一”，解决突出问题，提升服务效能。

以往部门到省财政厅办理综合性业务少则跑四五个处室，多则跑八九个处室，部门沟通协调程序繁琐，一定程度影响了办事效率。“一个部门对口一个处室”服务机制建立后，每个省直部门的预算管理事项由省财政厅一个处室对口服务，每一类综合性事项由省财政厅一个处室牵头统筹。部门办理纳入对口服务清单的事项，直接向省财政厅对口处室提出申请，由对口处室统一受理，并牵头协调厅内相关处室予以办理，确保部门到省财政厅办事原则上“只进一个门、只跑一个处”。对口服务做到“详见一张单”。认真梳理省财政厅各处室职责，制定对口部门服务事项清单，明确5大类25项对口服务事项，统一事项办事标准、办理规程，让对口服务有章可循、有据可依。简化流程做到“最多跑一次”。省财政厅配套制定《一个部门对口一个处室办事指引》，统一办理流程、政策依据、办事材料、指标办理、提醒事项、案例介绍、政策咨询人等，力求部门“一看就懂、马上会办”。

在对口服务机制建立之前，部门主管资金根据业务性质由财政厅多个处室负责。这种“各管一段”的方式，不利于部门对资金进行全盘统筹。在建立对口服务机制过程中，省财政厅坚持从为部门提供优质服务角度出发，明确并及时公布部门办理财政业务所需材料的形式、数量和内容，对需要补充完善的，实行一次性告知，减少部门因反复申报而带来的工作量，切实提高效率，按照业务归口和单位归口原则，由对口处室统一衔接单位“完整一本账”，有效实现了“管事”“管钱”一个口径，促进部门整个行业领域资金的统筹谋划。

（原载于2019年8月3日《中国财经报》，代兰兰）

广东拨付首笔对香港高校的科研资助资金

日前，广东省财政厅将香港科技大学承担的省级科研项目财政资金316.96万元顺利拨付香港，成功实现首笔对香港高校的科研资助资金的跨境拨付。

据了解，广东省委十二届七次全会闭幕后，省财政厅迅速行动，组织召开专题协调会，主动会同相关部门深入研究科研资金跨境拨付工作流程，涉税备案，风险防范等问题。通过现场办公的方式，破解资金跨境的“堵点”，找准风险防控重点，优化跨境拨付流程的关键点。在省科技厅、税务局和农业银行的大力支持下，广东省成功将首笔对香港高校的科研资助资金跨境拨付，打通了资金跨境的通道和范式，实现科研资金“湾区通”。

广东省财政厅有关负责人表示，首笔科研资金跨境拨付将产生积极示范效应，进一步吸引港澳特区高校和科研机构更积极参与到全省科技计划合作项目，促进粤港澳大湾区科研合作，形成粤港澳三地协同创新新格局。

（原载于2019年8月8日《中国财经报》，代兰兰）

为重大项目建设提供“加速度”
——广东专项债发行管理改革纪实

国家有南水北调，广东省有“西水东调”——为缓解粤港澳大湾区东部地区未来可能面临的水资源短缺问题，今年5月，调西江之水至东莞、深圳的珠三角水资源配置工程正式开工。

作为我国核电大省，今年广东台山核电一期项目建成投产、太平岭核电厂一期工程在惠州市开工建设，省内核能开发与核电使用规模再扩大、平台再升级。

新开工的深圳机场卫星厅工程同样令人期待。预计到2021年建成后，各地旅客在深圳候机中转将彻底告别拥挤。

……

2019年，岭南热土再展奋进新姿态。全省共安排重点项目1170个，年度计划投资6500亿元，一项项基础设施工程、产业工程、民生工程接连上马，成为全省新时代改革开放再出发的推进器。

此间，为更好地发挥专项债券“稳投资、扩内需、补短板”作用，推动重点工程加快开工建设，尽早形成实物工作量，广东省继续发扬“敢闯敢试，敢为人先”的开创先行精神，在深化专项债券发行管理改革、聚焦重点领域和重大项目、提速专项债券资金支出进度等方面实施多项举措，取得良好效果。

专项债券发行管理改革创新进入“丰收期”

近两年是广东省探索专项债券发行管理改革创新的“丰收期”。

2018年8月，国内首只跨地市土地储备项目集合发行的地方政府项目收益债券——粤港澳大湾区土地储备专项债券“新鲜出炉”，受到市场追捧。此次债券发行总额达341.9亿元，覆盖广州、珠海、佛山、东莞、中山5个地市67个大湾区土地储备项目，涉及土地面积7.4万亩。

今年，广东省再接再厉，陆续集合发行了大湾区城市综合发展、基础设施互联互通建设、生态环保建设、科创平台建设等专项债券500.9亿元。

"'集合发债、统筹使用'提高了资金筹集效率，更加精准匹配粤港澳大湾区建设的资金需求，同时有助于进一步增强债券吸引力，提高专项债券市场流动性。"广东省财政厅有关负责人表示。

广东省还积极实践"长期限式"科学发行，通过综合考虑项目类型期限、投资者需求、地区债务分布、债券市场情况等因素，2019年发行10年期以上（含10年期）新增专项债券866.5亿元。"适当拉长专项债券期限，可以更好地匹配粤港澳大湾区城际轨道、深圳城市黑臭水体治理等建设和运营周期较长的项目资金需求，也将有效减轻不必要的即期偿债压力，防范债务风险。"上述负责人说。

今年2月，广东省成功发行首单20亿元"3+2"年含权土地储备专项债券，在专项债券发行管理改革创新大事记上再书一笔。这笔契约中含有期权条款的债券设置了可赎回条款，发行人在综合考虑市场利率水平、项目建设和收益等因素后，可选择在债券发行第三年末全部赎回已发行债券，或选择在第五年末到期还本时一并支付最后一次利息。上述负责人表示，此类结构化创新增强了偿还债券本金的灵活性，降低发行人的利息支出与偿债压力，同时有利于避免偿债资金闲置，防范资金挪用风险。

探索要有底气，创新需要智慧。该负责人表示，广东省深化专项债券发行管理改革有始有终有成果。一方面，因为广东省经济财政实力较强、债务风险较低、市场信用评级等级高，为先行先试取得多次成功提供了有利条件；另一方面，得益于全省上下为实现"四个走在全国前列"，当好"两个重要窗口"，实现新时代改革开放再出发、高质量发展再迈新台阶，动力十足、士气高涨。

"海阔凭鱼跃，天高任鸟飞。"2019年，财政部安排广东省新增政府债务限额2169亿元（含外债转贷7.8亿元），创历史新高，较2018年增加806.6亿元，增幅达59.2%，更加充裕坚实的财力保障也为探索创新"施展拳脚"提供了前提与空间。

"下一步，广东将按照财政部要求，继续先行先试、稳妥有序推进专项债券发行管理改革，为全国提供'广东经验'，提升'广东债'品牌效应。"上述负责人透露，广东将力争在丰富债券品种、优化债券期限结构、创新本金偿还方式、探索赴澳门发行、促进投资者多元化等方面取得新突破。

全力以赴支撑国家重大战略实施

粤港澳大湾区为我国推动形成全面开放新格局再开一扇视野宽阔的窗，再添一扇迎八方宾客的门，现已成为广东省新时代改革开放再出发的"纲"。广东省财政厅牢牢抓住这个"纲"，充分发挥专项债券稳投资作用，全力以赴为国家重大战略落地实施提供有力支撑。

一是给予粤港澳大湾区建设额度倾斜。近两年，广东省陆续集合发行粤港澳土地储备、城市综合发展、基础设施互联互通建设、生态环保建设、科创平台建设等专项债券842.8亿元。今年，广东省在新增债务限额内对大湾区全部省定重点项目资金需求、全部土地储备资金需求、棚户区改造项目资金需求落实"三个有求必应"。

二是按照"携手港澳，在促进双向投资、构建新型合作模式等方面积极探索"的要求，首次引入澳门金融机构作为境外投资者分销认购粤港澳大湾区土地储备专项债券50亿元。

三是今年发行粤港澳大湾区生态环保建设专项债券时，省财政厅又特别选取广州、佛山的优质专项债券项目开展商业银行柜台发行试点，鼓励个人认购债券，为大湾区建设添砖加瓦。此次发行总额达22.5亿元，个人投资者认购金额高达13.96亿元，发行量与个人认购金额均居全国各试点地区首位。

在上述举措促进下，珠江三角洲水资源配置工程、铁路干线、轨道交通、机场、产业园区、污水治理等大湾区建设重大项目及时有序推进，为日后粤澳港三地人流、物流、资金流、信息流便捷流动奠定基础。一个充满活力的，堪当国际科技创新中心的，宜居宜业宜游的世界级城市群正在加速崛起。

值得注意的是，今年重点项目中有不少是续建，广东省财政厅有关负责人指出，根据《广东省2019年重点建设项目计划》，今年广东省重点项目中有续建项目893个，占项目总数的76.3%。"广东省对专项债项目库项目从严把关，会优选前期手续完备、具备施工条件或已经开工、在建、续建的项目入库。我们认为，在建、续建项目是'稳投资'的重要支撑，广东省予以优先支持，着力防范资金链断裂风险，避免出现工程'烂尾'和资金损失。"该负责人说。

中央办公厅、国务院办公厅近期印发了《关于做好地方政府专项债券发行及项目配套融资工作的通知》，提出积极引导金融机构对符合标准的项目提供配套融资支持；允许将专项债券作为符合条件的重大项目资本金。对此，上述负责人表示，省财政厅已就用好上述政策向省政府提出工作建议，包括：精准聚焦重点领域和重大项目；对于实行企业化经营管理的项目，鼓励引导金融机构按商业化原则依法合规提供专项债券项目配套融资；筛选符合条件的重大项目，做好项目设计、编制项目收益与融资平衡方案、重点开展风险评估论证，规范使用专项债券资金安排项目资本金。“我们将按照坚定、可控、有序、适度的原则，严格对照通知中具体规定，确保执行政策不走样。”该负责人说。

多措并举推动尽快形成实物工作量

项目形成实物工作量，发挥实际作用，提供高质量的公共服务是专项债券资金切实发挥使用效益的“完成式”，这对资金、手续、建设顺畅衔接提出要求。

为加快专项债券资金的拨付进度，广东省财政厅提出预算、债务、国库等部门配合优化债券转贷、资金拨付流程，提前做好基础工作，省财政厅通常在发行后1个工作日内将债券资金转贷拨付完毕，地市财政部门应在债券发行后3个工作日内办结转贷工作。

为加快债券资金支出进度与工程建设进展，广东省建立了新增债券“一周一报，月度通报”督导跟踪工作机制，每周统计上报债券支出进展、分析研判异常数据，每月将支出进度通报至省领导、市领导；建立了债券资金支出与额度分配挂钩机制，对支出进度较快的地方，在分配下一年度新增债券额度时予以适当倾斜；对于年度结束未及时使用的债券资金，省财政按程序收回；省发展改革委、财政与住建、自然资源、生态环境、水利等部门定期召开重点项目建设联席会议，共同研究手续办理慢等问题，梳理形成问题清单台账，明确销号措施，并组织赴一线了解工程进度和支出情况。

根据财政部相关规定，省财政可在地方政府债券完成发行前，对已有预算安排的项目通过库款调动的方式，帮助市县加快债券资金使用进度和项目建设进度。广东省用好这一政策，实现抢抓项目施工黄金期。例如，选址惠州市的强流重离子加速器和加速器驱动嬗变研究装置项目均属于“十二五”国家重大科技基础设施，为尽快动工建设，省财政于2018年提前调度惠州市3700万元用于土石方填筑、施工便道修筑等项目基础准备工作。“目前项目一期工程已基本施工完毕，整体进度提前5个多月，累计节约各类成本约388万元。”广东省财政厅有关负责人表示。

“今年上半年，广东省新增专项债券支出1092.36亿元，支出进度加快；省重点项目完成投资3630亿元，为年度计划投资的55.8%，实现‘时间过半，任务过半’。其中，基础设施工程完成投资占全部项目完成投资的59.2%。”上述负责人介绍道，今年计划开工的277个项目中已有深圳机场卫星厅、珠江三角洲水资源配置工程、南方海洋科学与工程广东省实验室（广州）等127个项目实现开工建设，另有虎门二桥（南沙大桥）、台山核电一期、广州市LG化学偏光片等17个项目建成投产。

卓有成效的资金保障正给广东省重点项目建设带来“加速度”。7月，广东省重点项目工作领导小组明确提出，各地市要落实属地责任，突破建设协调、征地拆迁等制约问题，推进150个尚未开工的项目按时开工；省有关部门要主动提前介入、加强指导，重点保障项目用地、用林、用海等资源要素。同时，各地、各部门还要提前开展“十四五”规划重大项目编制工作，重点谋划储备一批事关全省发展大局的现代产业项目和现代交通基础设施项目……

（原载于2019年8月13日《中国财经报》）

广东生态保护区财政补偿全面扩围提标

广东省践行“绿水青山就是金山银山”的新发展理念，实施生态保护区财政补偿转移支付办法，通过“点线面”相结合，扩大受益范围，筑牢全省绿色生态屏障，推动生态地区高质量发展。

该省精准扩“面”，坚持抓生态、筑屏障，财政补偿实现对生态保护区全覆盖。针对原制度设计上存在受益面偏窄的问题，以构建“一核一带一区”区域发展新格局为引领，财政补偿转移支付范围实现对生态发展区、生态保护红线区、禁止开发区及国家级海洋特别保护区全覆盖，由26个重点生态功能区县扩围至48个生态发展区县，由50个国家级禁止开发区扩围至145个省级以上禁止开发区，将生态保护红线区和国家级海洋特别保护区新增纳入财政补偿范围。省财政根据生态类型、生态环境状况、财力水平等因素对生态保护区实施分类补助，科学保障。

同时，兜住底“线”，坚持保

基本、促均衡，财政补偿实现稳步增长。针对补偿资金规模较小、补短板作用不明显、市县获得感不强等问题，广东省财政以保障生态地区基本公共服务水平为首要任务，努力克服减税降费减收影响，当好"铁公鸡"，严格控制和压减一般性支出，打好"铁算盘"，集中财力加大对生态地区因开展生态保护、污染治理、控制减少排放而带来的财政减收增支的财力补偿。2018年省财政安排生态保护区财政补偿资金共55.84亿元，较2017年实现翻番，在此基础上，2019年安排67亿元，同比增长20%，切实提高生态地区基本财力保障水平，促进生态地区与同类非生态地区均衡发展。突出重"点"，坚持谁保护、谁得益，财政补偿实现与生态保护成效挂钩。针对生态保护补偿激励和导向作用不强等问题，广东省财政以提升生态环境质量、促进高质量发展为导向，转移支付资金分配不再简单考核生态地区GDP和财政收入，首次引入"高质量发展综合绩效评价结果"和"生态环境状况指数（EI）"因素，建立"谁保护、谁得益，谁改善多、谁得益多"的资金分配机制，加大对生态禀赋好和生态建设意愿强的地区的支持，让保护环境的地方不吃亏、多受益、更有获得感，引领生态地区在高水平保护中实现高质量发展。

（原载于2019年8月15日《中国财经报》，代兰兰）

广东标准先行助推"数字政府"建设

近日，广东省财政厅与省政务服务数据管理局联合印发《省级政务信息化服务预算编制规范和标准(试行)》（以下简称《信息化预算标准》），将信息化项目预算管理与"数字政府"购买服务实施模式相对接，建立政务信息化服务预算标准体系，发挥标准先行、规范引领作用，通过"标准"管理助推"数字政府"建设。

预算标准全面对接"数字政府"建设新要求

建设"数字政府"，将推进政务信息化项目由条线化管理向整体化管理转变、由政府投资工程建设向购买服务转变。广东财政主动适应改革变化，紧扣省级政务信息化服务的特点和需求，改变传统以投资建设工程量编制工程造价预算标准的模式，根据服务类别、服务内容、性能要求等次等，以具体服务使用量为核算依据，按照"数字政府"省级政务信息化服务"六统一"的管理要求建立政务信息化服务预算标准体系，将购买服务提供的技术含量、服务响应、质量效果作为重要条件来设计预算支出标准，解决了政务信息化项目建设过程中缺乏科学标准依据、难以合理地评估项目规模和服务费用的问题。《信息化预算标准》编制方法科学、依据充分、内容完整，符合"数字政府"改革建设要求，具有可操作性，不仅适应了省级政务信息化项目预算管理需要，更起到了规范引导和助力推进作用，形成了以财政部门为主导、业务部门为主体的标准制定新模式，探索出预算标准服务"数字政府"改革工作的新模式，是预算标准支撑事业发展的又一次典型运用。

预算标准引导信息化项目规划高效准确

《信息化预算标准》对预算编制形式、申报内容、评审标准进行了统一和规范，同时考虑不同信息化服务边界、供需状况、市场化程度和技术产品成熟度的成本差异，通过测算和验证，甄别差异，考虑不同变量参数，按可控原则，使不同行业、不同部门、不同应用的政务信息化服务预算能够按照统一框架编制和审核，体现为"四个统一"：

一是统一活动需求。根据部门所需服务需求，将预算标准统一分为政务云服务、政务网服务、软件开发服务、运维服务4项预算标准，分类填报。

二是统一框架要素。规范和定义了省级政务信息化服务涉及的相关名词和方法，将项目基本情况、必要性分析、需求分析、资金预算、绩效目标管理作为编制预算必报的内容。

三是统一定价标准。充分考虑服务活动需求的影响因素和市场多层次多元化特征，将不同区域市场价格转化为对统一管理水平、产品特性、服务质量的要求，按照提供服务的标准设置相对统一的价格。

四是统一应用场景。将不同业务环境通过统一云平台设计、管理、控制和数据传输，规范设置了应用服务场景，将预算标准覆盖全场景、全功能应用服务。

预算标准确保项目规划可计量、可检验、可实施

《信息化预算标准》通过“三个突出”设计预算标准，确保预算标准符合“数字政府”改革要求，符合部门业务需求，符合市场实际。

一是在标准的计量上突出以服务为采购对象。紧紧围绕“数字政府”以购买服务为推进模式的特点，所有项目预算的计量均按向供应商购买的服务量为计量单位。如政务云服务、政务外网服务、运维服务以市场成熟的资源服务使用量、线路服务、设施和系统运行维护服务为计量单位，定制软件服务费创造性地根据一次性开发费和运维费按租赁年数折算，将建设费用转换为服务费。

二是在标准的计价上突出服务价格的市场化。预算标准以市场价格为基础，并建立调整机制，可以根据经济社会发展水平、物价指数及市场价格变化等因素，适时调整支出标准。如软件开发服务不再采用难于简单量化和市场化的人力时间成本，而采用更科学实用、可市场化度量的标准功能点数计费；成品软件租赁服务费按实际需求，参考市场报价及政府协议价，进行综合计算；政务外网服务的市场较为成熟、标准化高，计费则直接采用市场询价，参考历史合同综合评估后确定。

三是在标准的层次上突出满足不同需求。既有颗粒度小的具体服务支出定额标准，又有服务总量标准，对每一项具体服务支出都作出了明确的界定，包括数量、金额、类型等多方面的因素指标，符合市场计量要求，可以方便快捷确定每一项具体服务项目的合理支出额度，通过总量控制也有利于对项目执行进行适度调整。同时，科学设置不同类型服务调整系数，根据多元服务的特点，采用系数调整反映实际需求。如机房基础环境运维服务费以硬件设备原值乘运维费率、年限调整系数计算；软件开发功能点数则以未调整功能点数量（UFP）乘软件类别调整因子乘复用系数计算。

预算标准推动信息化服务项目加快实施

《信息化预算标准》还充分考虑了国内行业专家意见、行业通用情况、市场价格、应用场景，建设成果得到了专家的充分肯定和认可。据中央党校电子政务研究中心对2018年省级政府网上政务服务能力的调查评估，广东省在全国排名第一。同时，预算标准有效促进了财政预算工作与“数字政府”改革建设的有机融合，促成了良好的预算编制秩序、树立科学的理财用财观念，实现了“三个加快”：

一是加快预算编制。建立政务信息化服务预算标准体系，加快了政务信息化服务预算项目编制进程，以更科学实用的标准服务预算快速便捷测算资金需求，明晰运维边界和预算保障，保证了快速响应最新需求的信息化服务要求。

二是加快预算审核。财政部门、政务服务数据管理部门通过标准加快审核相关服务项目方案，市县参照制订市县信息化项目预算标准，形成“数字政府”建设全省“一盘棋”工作格局。

三是加快信息化服务项目实施。明确了服务项目的内容和配置标准，有利于加快推进项目的实施进度，保证项目符合功能性、服务性等要求，确保资金安排有法可依，有据可查，成本可控，助推“数字政府”的同时打造“廉洁政府”。

据悉，下一步，省财政厅还将加大标准建设力度，以建设“科学标准”的现代预算管理制度为目标，进一步完善标准体系、强化标准应用，全力支持加快“数字政府”改革建设。

（原载于2019年9月3日《中国财经报》，通讯员：代兰兰）

以政府权力“减法”换市场活力“乘法”

广东省财政厅亮出改革清单，年内完成22项“放管服”事项

将会计师事务所执业许可审批等省级行政职权下放市县实施，取消考核基数内因公出国（境）经费等财政部门审核审批事项，优化项目支出用款计划审核流程……结合“不忘初心、牢记使命”主题教育的为民服务解难题具体目标，广东省财政厅近日印发《“放管服”改革清单和工作台账（第一批）》，明确年内将完成22项具体“放管服”事项，以政府权力“减法”换市场活力“乘法”，为企业和群众带来实实在在的红利和便捷高效的服务。

首先，取消12项财政部门审核审批事项，释放省直部门理财的源动力。为切实把简政放权落到实处，在规范制度机制、确保资金安全的前提下，广东省财政厅取消12项财政部门审核审批事项，既压实省直有关部门主体责任，又增强其管财理财的动力和活力，从而更好地干事创业、为企业和群众服务。在政府采购领域，取消审批公开招标数额标准以上采购项目的采购方式，取消审核政府采购进口产品，将政府采购公开招标数据标准由200万元提高到400万元，在管好的基础上实现更加灵活便利。在行政事业单位资产管理领域，取消审批行政事业单位500万元以下资产处置等事项，压实省直行政事业单位主管部门的资产管理主体责任。在预算收支管理领域，利用技术升级、风险防控等手段，取消审核学费返拨、基建项目进度款、考核基数内因公出国（境）经费等事项。据了解，考核基数内的因公临时出国（境）经费改由派出单位和主管部门审核，将有95%的团组能够大幅简化审批流程，有效提高审批效率。

其次，将4项省级行政职权调整为市县实施，提高企业和群众办事的便利性，赋予市县更多主动作为的空间。省财政厅将量大面广、风险可控、地市实施管理更方便有效的4项事权下放。其中，将非营利组织免税资格认定审核及社会团体、群众团体公益性捐赠税前扣除资格确认等2项委托地市实施，方便社会组织“就地办、就近办”；将境外会计师事务所临时办理审计业务审批、会计师事务所执业许可审批等2项委托地市实施，推进审批服务便民化。以会计师事务所执业许可审批为例，2018年，该省（不含深圳）共批复61家会计师事务所（分所）执业许可，受理208家会计师事务所变更和9家注销备案。在2018年将审批前公示时间从原来的15日压缩为7日，材料清单最大限度简化，审批时间从法定30个工作日压缩到15个工作日的基础上，今年将审批权委托地市实施，将进一步实现会计师事务所执业许可“就近能办、少跑快办”，为近300家会计师事务提供实实在在的办事便利。此外，为确保市县接得住、管得好，省财政厅还持续跟踪做好后续工作，通过统一平台、统一标准、统一监管，实现放权与管好相统一，真正做到便民利企。

再次，优化资金支付流程，2/3的部门支出进度较上年明显提升。针对部分用款单位反映的财政资金支付程序多、时间久、效率低等财政资金支付过程中的痛点难点堵点问题，省财政厅全面检视问题，狠抓整改落实，聚力优化完善支付业务流程，提升财政资金拨付效率，使财政资金更高效地转化为企业和群众看得见摸得着的福祉。如，优化省直部门预算资金支付方式。除按规定需实行直接支付的资金外，原则上通过授权支付方式办理，减少财政内部审批，扩大预算单位资金使用自主权。优化基本支出用款计划下达机制。将现有基本支出在1月、6月、9月分别下达指标总额50%、25%、17%的模式，调整为1月下达92%，12月下达剩余8%。优化项目支出用款计划审核流程。强化系统控制管理，精简审核环节，提高用款计划下达效率，提升单位用款及时性和便利度。截至7月底，省直部门重点科目支出进度比去年加快16.5个百分点，有2/3的部门支出进度较上年明显提升，预计到年底，支出进度还将进一步加快。

最后，落实减税降费1727.8亿元，增强企业和群众的获得感。通过全面贯彻落实增值税改革、个人所得税专项附加扣除、小微企业普惠性税收减免、降低社保费率以及进一步清理规范行政事业性收费、政府性基金等一系列减税降费政

策，确保国家政策“礼包”不折不扣地送到纳税人手中。据统计，1-6月，全省累计实现减税降费1727.8亿元。

“我们将以‘不忘初心、牢记使命’主题教育为动力，以‘刀刃向内、自我革命’的精神，加快政府职能转变，勇于担当、探索创新，确保清单上的22改革任务落实到位，推动财政‘放管服’改革取得更大成效。”广东省财政厅有关负责人表示。

（原载于2019年9月17日《中国财经报》，代兰兰）

优化政采营商环境系列报道

广东为优化政采营商环境开出“新药方”

广东省财政厅近日印发通知，为促进政府采购领域公平竞争、优化营商环境开出“新药方”。

广东省财政厅从规范备案政府采购计划和合同，科学编制采购文件，明确采购文件领购要求，规范供应商质疑答复工作等方面对进一步优化政府采购领域营商环境提出了细化要求。

在科学编制采购文件方面，广东省财政厅强调，采购人、采购代理机构应当根据政府采购政策、采购预算、采购需求编制采购文件。采购文件公开前，采购人、采购代理机构应当对采购文件编制的合法、合规性以及政府采购政策落实情况进行自查，不得设置不合理的条件，对供应商实行差别待遇或者歧视待遇，对民营企业设置不平等条款，对内资企业和外资企业在中国境内生产的产品、提供的服务区别对待。采购需求应当符合国家法律法规规定，执行国家相关标准、行业标准、地方标准等标准规范，落实政府采购支持节能环保、促进中小企业发展、监狱企业发展、促进残疾人就业等政府采购政策要求。采购需求应当包括采购对象需实现的功能或者目标，满足项目需要的所有技术、服务、安全等要求，采购对象的数量、交付或实施的时间和地点，采购对象的验收标准等内容。采购人、采购代理机构严格依据采购需求编制采购合同。采购合同应当完整反映采购需求的有关内容。采购合同的具体条款应当包括项目的验收要求、与履约验收挂钩的资金支付条件及时间、争议处理规定、采购人及供应商各自权利义务等内容。采购需求、项目验收标准和程序应当作为采购合同的附件。

针对采购文件领购要求，广东省财政厅明确，任何单位和个人不得采用任何方式，阻挠和限制供应商自由进入本地区和本行业的政府采购市场。除法律法规规定情形，潜在供应商拟参加政府采购活动时，采购人、采购代理机构不得通过设置采购文件领购条件、要求潜在供应商提交资格性材料等方式限制或者拒绝潜在供应商领购采购文件。采购人、采购代理机构应严格按照采购公告中规定的采购文件领购时限，向供应商提供采购文件。提供采购文件领购时间应为工作日的上午9：00至12：00、下午14：30至17：30，采购人、采购代理机构不得以任何理由缩短采购文件的领购时间。采购人、采购代理机构应同时向供应商提供电子采购文件和纸质采购文件。提供电子采购文件的，应免费提供；提供纸质采购文件的，鼓励免费提供。

为规范供应商质疑答复工作，广东省财政厅提出，采购人、采购代理机构应当完善质疑答复内部控制制度，实现政府采购质疑答复岗位和操作执行岗位相分离，进一步健全政府采购质疑答复机制。采购人、采购代理机构应在采购文件中载明供应商质疑函模板以及接收质疑的单位、联系电话以及联系地址等事项。采购人、采购代理机构收到质疑函后应当办理签收手续。供应商当面递交的，应当出具签收回执；供应商邮寄送达的，应当留存邮寄回执；通过其他法定方式递交的，应当留存相关签收证据。供应商质疑存在质疑供应商未在法定质疑期内提出质疑等4类情形的，采购人、采购代理机构可在签收质疑函后3个工作日内，做出书面回复并说明原因。采购人、采购代理机构应当在收到质疑函后7个工作日内作出答复，并以书面形式通知质疑供应商和其他有关供应商。供应商对采购文件提出质疑的，采购人、采购代理机构可就质疑事项组织相关采购人、专业技术人员等对采购文件进行论证。供应商对评审过程、中标或者成交结果提出质疑的，采购人、采购代理机构可以组织原评标委员会、竞争性谈判小组、询价小组或者竞争性磋商小组协助答复质疑。

广东省财政厅还规定，对于会计审计、资产评估、法律咨询等因服务时间、服务数量、采购总金额事先不确定等原因，已经通过入围方式确定多家供应商，设置备选库、名录库、资格库的政府采购服务项目，除在入围过程中已明确服务标准、定价原则、入围后的选择规则并已签订采购合同的采购项目可继续执行之外，其他的采购项目应予以清理。此后，对于此类政府采购项目，需在明确服务标准、定价原则、年度总预算等采购需求的前提下，依照法定程序择优选择具体供应商，遵循量价对等的原则签订政府采购合同。由一家供应商承担的采购项目，可与其签订单价固定、数量不确定的采购合同；确需多家供应商共同承担的，可根据业务性质、服务区域等要素，进行合理分包，但需将相应采购业务明确到具体供应商。各省级主管预算单位、各地级以上市财政局（不含深圳，下同）对照《财政部关于促进政府采购公平竞争优化营商环境的通知》有关要求，抓紧对本部门、本地区妨碍政府采购领域公平竞争的规定和做法予以清理和纠正，并及时向社会公开清理结果。

（原载于2019年9月18日《中国财经报》）

促均衡　保基本　全覆盖　解困局　兜底线
广东建立均衡性转移支付制度

按照广东省委、省政府构建“一核一带一区”区域发展新格局的决策部署，省财政多渠道筹集资金，2019年安排442亿元，比上年增长15.7%，加大均衡性转移支付力度，并于近日印发《广东省省对市县均衡性转移支付办法》，建立均衡性转移支付制度，促进区域协调均衡发展。

该办法将包括珠三角困难县区及欠发达地区市辖区在内的86个县（市、区）纳入支持范围。均衡性转移支付内容包括“两补一调一奖”，即标准收支差额补助、基本公共服务均等化补助、偏离度调整机制、奖励资金4个部分。

其中：标准收支差额补助是对市县未达到标准支出水平而存在的财力差额给予补助，资金根据各地标准收支差额的占比进行分配，从纵向均衡省与市县的财力分布。基本公共服务均等化补助是对人均支出（财力）水平低于全省市县（不含深圳市）平均水平的地区给予补助，财力越困难，与全省市县平均水平差距越大，人口越多，补助越多，横向缩小地区间财力差距。偏离度调整机制是以省对市县均衡性转移支付平均增长率为基准，对偏离基准增长率一定幅度的地方适当调减（或调增）转移支付额，保障各地财政运行的稳定性。奖励机制是省级给予市对下均等化努力程度较好的地区市本级奖励，鼓励市本级加大对所辖县（市、区）的转移支付力度。

均衡性转移支付资金不规定具体用途，由各地政府根据本地区实际情况统筹使用。

据广东省财政厅有关负责人介绍，广东省为促进区域协调发展推出的这一改革举措，具有5大亮点：

一是促均衡，系统性构建推动高质量发展的转移支付体制机制。针对广东多年来存在的区域发展差距大的瓶颈问题，省财政深入学习贯彻习近平总书记对广东关于构建推动经济高质量发展体制机制走在全国前列的重要要求，勇于解放思想，切实转变理财理念，深化财政体制改革，更加注重提高发展平衡性和协调性，更加突出公平性和普惠性。建立以“促均衡”为目标的均衡性转移支付制度，紧密结合对北部生态发展区实施的生态补偿“补成本”、对东西两翼沿海经济带重点平台实施的定向支持“强产业”、对老区苏区和民族地区实施的专项扶持“促振兴”等一系列政策，精准对接“一核一带一区”区域发展新格局，系统构建以功能区为引领、有利于区域财力分布均衡的差异化转移支付体系，着力缩小粤东西北与珠三角之间、困难县区与全省平均水平之间的“两个差距”，支持推动全省经济社会高质量发展。

二是保基本，根本性实现转移支付政策导向由激励型向保障型转变。随着广东经济由高速增长阶段转向高质量发展阶段，原有的与GDP、财政收入增长挂钩的激励性转移支付制度逐渐显现出逆周期调节功能不足、“兜底线、补短板”作用不强的弊端。省财政主动适应经济发展新常态，牢固树立底线思维，优化调整转移支付政策导向，从侧重于激励型转向侧重于“保住基本、兜住底线，雪中送炭、扶弱补短”的保障型。均衡性转移支付分配与GDP、财政收入增长彻底脱钩，按可持续、保基本的原则，通过“两补一奖”新分配机制，将资金向人口规模大、支出负担重、自身财力困难的地区倾斜，夯实其加快发展的财力基础。

三是全覆盖，突破性地将珠三角困难县区纳入政策范围。广东省原转移支付政策主要覆盖粤东西北地区，而珠三角的江门、肇庆等地部分县区虽然财力薄弱，人均财力已低于粤东西北平均水平，却未能纳入支持范围。省财政在深入调查研究的基础上，积极回应市县发展诉求，改变按粤东西北和珠三角地域简单划分的传统做法，统一根据财力困难程度精准确定范围，将珠三角和粤东西北所有财力困难县区统一纳入范围，做到哪里有困难，政策就覆盖到哪里。其中，珠三角财力低于全省平均水平的台山、开平等6个县区首次新增纳入政策范围。全面扩围后，均衡性转移支付由原政策的60个县（市）扩围至86个县区，实现全省财力困难县区“全覆盖、广受益”。

四是解困局，针对性地解决欠发达地区市辖区财力薄弱问题。长期以来，广东省财政转移支付体制实行“省保县、市保区”的模式，市辖区主要由市本级财政予以保障。由于欠发达地区市本级财力有限，难以给予市辖区有力支持，导致市辖区成为“两头不到岸”的“夹心层”，其财力薄弱问题逐渐凸显。此次办法将欠发达地区22个市辖区全部纳入均衡性转移支付政策范围，实现省级财力性补助资金从无到有的历史性突破；对近年来撤县改区的7个市辖区延续5年原有转移支付待遇不变，缓解其转型期财力不足的现实困难，做到“扶上马送一程”。同时，建立省对市本级奖励机制，激励其加大对市辖区支持力度，实现省市联动支持市辖区补齐财力短板，推动做强地市中心城区，提升辐射带动能力。

五是兜底线，全面性地保障县区落实“三保”政策和保持平稳运行。均衡性转移支付下达县区后，优先兜住“两条底线”。一是兜牢“保工资、保运转、保基本民生”的底线，增强财力困难县区的托底保障能力，坚持“三保”支出在财政支出中的优先顺序、国家标准的“三保”支出在“三保”支出中的优先顺序，压实“三保”这一社会稳定的“压舱石”。二是兜牢财政收支平衡的底线，帮助财力困难县区弥补因落实更大规模减税降费政策带来的财力缺口，确保实现全省财政收支平稳运行。

广东省财政厅有关负责人表示，通过建立均衡性转移支付制度，并加大转移支付力度，按2019年预算安排均衡性转移支付增量资金测算，东西两翼沿海经济带和北部生态发展区人均获得均衡性转移支付增量补助106元，将使其人均基本公共服务支出较目前提高约2.2%，使粤东西北人均一般公共预算支出与珠三角8市的差距缩小2.1%。

（原载于2019年10月10日《中国财经报》，通讯员：代兰兰）

广东财政量身定制“数字政府”支持体系

今年以来，广东省财政厅积极发挥财政职能作用，从财力保障、政策支持、标准建设等方面深度参与“数字政府”建设，全力推动“数字财政”建设，努力提升政府治理体系和治理能力现代化水平。

首先，巧用财政资金“撬动力”，提供坚实财力保障。广东省财政厅通过加强调研摸底、实行分类管理、规范预算编报等方式，逐步建立健全“数字政府”建设项目预算保障机制。同时，在年度预算中，按照既定的审核程序和标准，做好信息化项目的审核工作，统筹安排好信息化项目预算，提高信息化项目预算编制的科学性和准确性。2019年省财政安排纳入“数字政府”范围的项目预算约11.7亿元，其中安排省政务服务数据管理局用于推进“数字政府”改革建设资金合计约6.3亿元，支持打造全省一体化在线政务服务平台，为企业和群众办事提供便利。

其次，抓住政策支持“牛鼻子”，提高项目推进效率。省财政厅主动作为，积极为“数字政府”改革建设提供预算管理模式支撑和财政政策支撑。自2019年起，广东省将省政务服务数据管理局从二级预算单位调整为一级预算单位，既利于该局推进项目，又利于优化“数字政府”改革建设的资金安排与使用，使预决算更加清晰明朗。省财政厅还按照“宜粗不宜细”的原则，研究制订了《省级政府政务信息化项目自行采购指引（试行）》，并配合广东省政务服务数据管理局制定了《广东“数字政府”政务信息化项目自行采购实施方案（试行）》以及《广东省省级政务信息化服务项目管理办法（试行）》等，为“数字政府”项目政府采购提供了有效的政策支撑。2019年6月，省财政厅向省政务服务数据管理局统一批复了纳入“广东省省级政务信息化服务资格项目（2019年第一批）”的63个省直单位单一来源采购方式，预算总额达到10.45亿元。

再次，善用标准建设“导航仪”，量身定制预算标准体系。去年以来，省财政厅会同省政务服务数据管理局开创性地编制了《省级政务信息化服务预算编制规范和标准（试行）》，为“数字政府”以及全国政务信息化建设项目支出标准体系建设提供有效的参考范本。省财政厅紧扣省级政务信息化服务的特点和需求，改变传统以投资建设工程量来编制工程造价预算标准的模式，根据服务类别、服务内容、性能要求等次等，以具体服务使用量为核算依据，按照“数字政府”省级政务信息化服务“六统一”的管理要求建立政务信息化服务预算标准体系，将购买服务提供的技术含量、服务响应、质量效果作为重要条件来设计预算支出标准，解决了政务信息化项目建设过程中缺乏科学标准依据、难以合理地评估项目规模和服务费用的问题。各市县参照制订市县信息化项目预算标准，形成“数字政府”建设全省“一盘棋”工作格局。建立政务信息化服务预算标准体系，以更科学实用的标准服务预算快速便捷测算资金需求，明晰运维边界和预算保障，确保资金安排有法可依，有据可查，成本可控，助推“数字政府”同时打造成为“廉洁政府”。

最后，搭乘数字政府“快班车”，全力推进“数字财政”建设。省财政厅以“最高站位、最优方案、最强保障”谋划和推进全省“数字财政”建设工作。该厅按照全省“统一规划建设，统一部署实施，统一数据应用”的推进模式，优化各级财政业务流程，统一全省财政核心业务标准规范，全面推进省级横向一体化和全省核心业务纵向集中化，建设省级大数据中心，努力破解全省财政信息系统标准多样化、信息孤岛化、管理分割化等痛点、难点问题，并争取在1–2年内取得实效。

（原载于2019年11月12日《中国财经报》，代兰兰）

广东多维释放政策红利促高质量发展

“顶格”减免各项税费，最大限度让利于企业，1—9月累计实现减税降费2520.4亿元

今年以来，广东省按照中央授权允许上浮的最高标准“顶格”减免各项税费，用足用好各项政策空间，最大限度让利于企业，减负效果明显。1—9月，全省累计实现减税降费2520.4亿元，其中：减税2130.7亿元，减轻企业行政事业性收费和政府性基金收费205.4亿元，降低社保费率减轻企业缴费184.3亿元。

“五个强化”措施确保减税降费政策落地实施

广东省委、省政府对落实减税降费高度重视，分别召开省委常委会和省府常务会议进行研究部署，全省各级各部门狠抓落实，通过“五个强化”措施确保减税降费政策落地生效。

——强化组织领导。省级建立了减税降费工作联席会议制度，统筹协调全省减税降费工作。全省21个地市均建立了减税降费联席会议制度或成立了减税降费工作领导小组，有的还成立联合执纪监督工作领导小组等专项工作组，并制定工作方案，实行“挂图作战”。全省各级财政部门均相应成立了减税降费工作领导小组，形成一级抓一级，层层抓落实的工作机制，有效保障减税降费政策落地。

——强化工作协同。财税等部门建立协同工作机制，密切配合，

加强政策预判和前瞻性研究，在中央政策出台后，按照“能快则快、能低则低、能简则简”原则迅速落实。今年1月17日，国家出台小微企业普惠性税收减免政策，广东省即在1月25日印发了贯彻落实方案；2月13日，财政部、国家税务总局等部门印发关于进一步扶持自主就业退役士兵创业就业和促进重点群体创业就业有关税收政策的通知后，广东于3月6日就提出了相关措施。以上两项政策出台速度排全国前五位。

——强化宣传辅导。全省各级财税部门认真梳理近年来国家和省出台的各项减税降费政策，形成政策台账，做到减税降费政策“心中有数”；通过新闻发布、媒体报道、政策宣讲，以及在财税部门门户网站设立专栏，在财政、税务微信公众号发布推文等多种形式，宣传解读减税降费政策，力求做到家喻户晓、应知尽知。

——强化调研督导。先后向60多家企业发出调查问卷和开展实地调研，了解减税降费落实情况及意见建议；联合省委督查室、省政府督查室、省税务局等7部门在全省开展减税降费联合调研督导，全面摸查落实减税降费情况，对发现的突出问题提出督导意见；组织全省各级财政部门开展减税降费自查自纠，会同发展改革部门组织开展涉企收费清理，严肃查处各类违反财经纪律、增加企业负担、损害群众利益的问题，切实整治减税降费政策措施实施过程中的不作为、慢作为、乱作为问题，打通政策落实“最后一公里”。

——强化收支统筹。通过盘活国有资产、加大预算稳定调节基金调入力度等措施，多渠道筹措资金弥补减税降费政策带来的减收影响；严格控制一般性支出和“三公”经费支出，认真落实一般性支出压减5%以上，“三公”经费再压减3%左右的要求；加大财政转移支付力度，2019年省级安排对下转移支付及债权转贷资金4332亿元，占比达到71%，其中一般性转移支付占比达到66%；增强困难地区和基层政府“三保”能力，对于收支矛盾突出、库款流动紧张的地区，省级及时采取措施予以支持，促进财政收支平稳运行。

减税降费政策效果明显、反响良好

今年以来，中央相继出台一系列减税降费政策，广东省全部按照中央授权允许上浮的最高标准“顶格”减免各项税费，最大限度让利于企业。

——增值税改革减负效果明显。1—9月，深化增值税改革减税886.6亿元，其中，降低增值税税率（由17%、11%分别降为16%、10%）、统一小规模纳税人标准等翘尾新增减税137.1亿元；将制造业等行业16%的增值税率降至13%、交通运输和建筑等行业10%的税率降至9%，并进一步扩大进项抵扣范围，深化增值税改革及其附征的城市维护建设税、教育费附加、地方教育附加合计减税749.5亿元。

——个税改革红利全面释放。1—9月，个人所得税改革新增减税683.3亿元。从扣除项目看，该省享受赡养老人、子女教育、住房贷款利息这3项附加扣除的人次占比位居前3位，其中，享受赡养老人、子女教育附加扣除的人次累计占比超过70%。

——小微企业减税政策普惠面广。1—9月，小微企业普惠性政策累计新增减税200亿元。其中，放宽小型微利企业标准加大企业所得税优惠力度减税88.4亿元，提高增值税小规模纳税人起征点减税68.9亿元，减征增值税小规模纳税人“六税两费”减免42.7亿元。

——企业社保费负担降低。实施失业保险浮动费率制度，并做好失业保险基金用于推进职业技能提升的相关工作；符合条件的地级市阶段性降低职工基本医疗保险用人单位缴费费率幅度不低于0.5个百分点；工伤保险在全面实施浮动费率的基数上，阶段性下调缴费费率，全省平均费率再下降30%左右。1—9月，降低社保费率减轻企业缴费184.3亿元。

——政府性基金和行政事业性收费降低。严格贯彻落实中央各项降费政策，同时结合该省实际情况积极研究出台降费措施，对归属地方收入的文化事业建设费按照缴纳义务人应缴费额的50%减征。1—9月，全省减轻企业行政事业性收费和政府性基金收费负担205.4亿元。

政策效应叠加显现，有效激发经济发展活力

从实际效果看，今年实施的更大规模减税降费涉及面广、力度之大前所未有，对激发市场主体活力、促进经济增长产生了积极的作用。行业方面，实体经济和生产性服务业获益最大。制造业、批发零售业、建筑业和租赁商务服务业等四大行业新增减税额占总新增减税额近八成，为实体经济企业研发和技术改造提供了资金和动力。从企业类型看，民营企业和小微企业获益明显。据统计，全省民营企业和个体工商户新增减税额占总新增减税额逾3/4；民营企业和个体工商户小微企业普惠政策新增减税额占比高达88.5%；民营企业和个体工商户因统一增值税小规模纳税人标准和降低增值税税率新增减税额占比达68.5%。据省统计部门数据显示，前三季度，广东消费品市场稳定增长，社会消费品零售总额增长7.8%；固定资产投资保持较快增长，同比增长11.3%；规模以上工业企业增加值同比增长4.5%，其中，民营工业同比增长7.1%。

——小微企业受益明显。小微企业普惠性减税政策红利对小微企业产生了乘数效应，提振了企业信

心，缓解了企业“成长烦恼”，让中小企业发展空间更为广阔。如，某医药科技有限公司预计今年应纳税额接近100万元，根据小微企业普惠性减税政策，公司企业所得税实际税率为5%，相较去年同期明显降低。同时，增值税改革后每年可以额外增加10%的进项税额抵减金额，进一步减轻了企业负担。广州某信息科技有限公司预计今年减税幅度达32%，大大减轻了企业资金压力，加大了产品研发和引进科研人才的资金投入。

——制造业等实体经济活力有效激发。深化增值税改革给市场主体带来实实在在的减负效应，让企业轻装上阵参与市场竞争，更加关注智能化、数字化等新经济领域，推动转型升级，进一步实现经济高质量发展。广汽集团得益于2019年减税降费政策，特别是增值税率下降，预计整个集团将减少税收20亿至30亿元。该企业表示，减税红利将直接惠及消费者，让老百姓有实实在在的获得感。美的集团仅降低增值税率一项减税政策就可以整体减税约18亿元，剔除出口退税减少8亿元，两者相抵后全年预计降税10亿元。国内大型日化企业立白集团预计全年减税6600万元。

——改革红利提振消费信心。个人所得税改革事关每个纳税人、每个家庭，体现了政策的普惠性和特殊性，减税红包精准落袋，将激发居民的消费意愿潜力，提振消费信心。如，从2018年10月开始，某速递公司2000多名员工每月缴纳个税大约减少了10多万元，2019年1月六项专项附加扣除政策实施后，每月缴纳个税又减少近20万元。公司2018年10月到2019年2月期间代扣代缴个人所得税额同比减少256.66万元，降幅达49.58%。

（原载于2019年11月23日《中国财经报》，通讯员：代兰兰）

广东：加快构建现代财政制度

2019年，面对国内外风险挑战明显上升的复杂局面，广东财政全面贯彻党中央和国务院决策部署，按照省委、省政府工作要求，坚持稳中求进的工作总基调，坚持以供给侧结构性改革为主线，推动高质量发展，聚焦财政主责主业，深入推进财税体制改革，加快建立现代财政制度、完善财政治理体系，不断提升财政治理效能。

完善体制机制　加快建立现代财政制度

财政是国家治理的基础和重要支柱，是落实党委和政府各项决策的物质基础。履行好财政的使命和职责，要求财政部门首先在政治上要过硬、绝对可靠，要把讲政治的要求始终贯彻到财政事业发展中，贯彻到谋划财政工作、制定财政政策、推进财政改革的实践中。2019年，广东省财政部门把总书记关于财政工作重要论述和对广东重要讲话精神、重要指示批示精神，作为解决财政工作一切问题的“金钥匙”，在学懂弄通做实上下功夫，在支持和推动完善制度和治理体系上担当作为、勇于实践，持续深化财政改革创新。

敢闯敢试、敢为人先，是广东的精神传统。刀刃向内、自我革命，体现着近年来广东财政改革的勇气与决心。2018年度预算绩效管理工作考核，广东位居优秀等次第1名，2019年全国县级财政管理绩效评价考核，广东位列全国第7，支出进度排名从2017年25名提升到2018年前10名，再进一步提升至2019年9月的前5名，各项结果展示着广东财政改革的经验与成效。

科学的财税体制是优化资源配置、维护市场统一、促进社会公平、实现国家长治久安的制度保障，也是国家治理体系的重要组成部分。党的十九大以来，广东财政聚焦加快建立现代财政制度，坚持统筹推进、重点突破、稳扎稳打相结合，扎实有序推进财政体制、预算管理制度、财政分配、财政管理等方面的改革，初步建立了体制机制充满活力、支出结构合理优化、管理制度科学规范、监督问效透明有力的现代财政制度框架。广东财政紧紧扭住预算编制执行监督管理改革这一“牛鼻子”，发挥“牵一发动全身”的引领作用，通过部门权责配置和财政管理重心的“两转变”、财政资金项目审批事项和预算执行流程的“两精简”，实现各方预算管理积极性和财政资金使用效益的“两提高”，推动各级政府及部门强化管财理财意识、完善现代预算管理制度、提升政府治理绩效。改革后，预算安排与重大政策和项目精准对接，2019年，省级财政安排落实省委“1+1+9”工作部署重点支出占总支出比例超过八成。

充分发挥财政职能作用　提升财政治理效能

2019年，广东财政着力提高制度执行力和治理能力，自觉遵从制度、严格执行制度、坚决维护制度，努力把制度优势更好转化为财政治理效能。

粤港澳大湾区和深圳中国特色社会主义先行示范区是丰富“一国两制”实践的重大国家战略，是党中央赋予广东的重大使命、重大任务、重大机遇。广东财政积极争取中央支持，以高站位落实大战略，全力推动粤港澳大湾区和深圳中国特色社会主义先行示范区、广州“四个出新出彩”等重大发展战略实施。一方面，通过“五个支持”，推动实现“双区驱动”效应。落实推进粤港澳大湾区建设若干财政政策，通过支持人才集聚、资金过境、债券联动、平台互通、民生共享等“五个支持”，全力推进“双区”建设。另一方面，建立“四大机制”，推动增强“双核联动”作用。制订支持深圳先行示范、广州“四个出新出彩”特事特办工作机制，明确专门工作机制、“绿色通道”、政策协调指导、信息等四方面工作机制，及时对接广州、深圳诉求，积极协助争取中央支持。

推动经济发展跨越关口、实现高质量发展，必须发挥好财政体制、政策、资金的保障作用。近年来，广东省各级财政部门落实积极财政政策，着力提升财政资源配置效率和使用效益，突出发挥好财政资金政策在推动质量变革、效率变革、动力变革中的引导带动作用和服务保障作用。首先是重点领域予以强化保障。支持科技强省战略，2018年起省财政三年投入100亿元，落实重点领域研发计划实施方案；2018—2020年，省级财政统筹相关资金130亿元，支持高等教育“冲一流、补短板、强特色”，增强高校服务创新驱动发展战略的能力。支持先进制造业发展，2015—2019年省财政统筹安排188亿元，着力打造珠江西岸先进装备制造产业带。支持生态文明建设，2018－2020年省级财政累计安排683亿元，突出支持打好污染防治攻坚战三年行动计划。

同时，通过减税降费激发市场活力。2019年1—10月，全省累计新增减税降费2709.4亿元，其中，深化增值税改革减税1000.8亿元，小微企业普惠性政策累计新增减税205.4亿元，个人所得税改革新增减税692亿元。制造业、批发零售业、建筑业和租赁商务服务业等四大行业新增减税额占总新增减税额近八成。在为企业减负的同时，广东严格执行压减一般性支出政策，在年初一般性支出预算压减5%的基础上，2019年全年一般性支出压减10%，腾出更多资金用于保障基本民生和实施重大改革、重大战略支出。

加强财政投入　全力保障和改善民生

党的十九届四中全会提出，要坚持和完善统筹城乡的民生保障制度，满足人民日益增长的美好生活需要。财政取之于民、用之于民，保障和改善民生是坚持以人民为中心的发展思想的具体体现，是发展的根本目的，也是民生财政政策的着力点。

近年来，广东财政持续加大民生财政投入，健全民生保障体系，创新和完善体制机制，推动民生制度更加规范、民生保障更加到位、民生标准更加提高、民生覆盖更加广泛，让人人平等享有较高水平的民生服务保障。

广东省加强保障和改善民生的制度设计和规划引领，先后两次修编《广东省基本公共服务均等化规划纲要》，确立基本公共服务制度，制订覆盖十大领域104个项目清单，全面构筑符合省情、涵盖全面、覆盖城乡、便捷高效、持续发展的基本公共服务体系。建立和完善基本公共服务均等化绩效考评和推进机制，确保基本公共服务均等化顺利推进和公众满意度逐年提升。

广东还在完善制度机制的同时，加大财政投入。2013—2019年，全省各级财政对民生领域的投入超6万亿元，投入十件民生实事资金超1万亿元。底线民生保障水平整体跃居全国前列，208万相对贫困人口实现脱贫，民生类支出占比维持在七成左右。基本公共服务领域中，主要保障项目指标已基本达到或超过全国平均水平。保障标准稳定增长。其中，2013—2019年期间，义务教育公用经费标准小学、初中分别从每生每年750元、1150元提高到1150元、1950元；城乡居民养老保险基础养老金补助标准从每人每月65元提高到170元。

2020年，广东财政将围绕贯彻落实党的十九届四中全会精神，按照财政部工作部署和省委、省政府工作要求，抓好收支管理，不折不扣落实减税降费政策，以深化预算编制执行监督管理改革和全面实施预算绩效管理为两大抓手，继续全面深化财政改革，推进率先建立现代财政制度，更好服务广东经济社会健康发展，为全国经济平稳运行和经济结构调整作出更大贡献。

（原载于2019年12月26日《中国财经报》）

勇于创新　做好政府采购监管“细活”
——访全国人大代表、广东省财政厅厅长戴运龙

针对面广、量大、高度复杂的采购活动，将工作重心从事前审批向事中事后监管转变，从具体事务向完善制度、落实政策转变。政府采购监管工作要有“细活”意识，创新才能落到实处。

“做好新时代的政府采购工作，要始终牢记改革只有进行时、没有完成时。”全国两会期间，全国人大代表、广东省财政厅厅长戴运龙在接受中国政府采购报记者采访时表示，政府采购监管工作的创新，同样是一个不断持续推进的过程。

政府采购监管工作究竟应该如何做？戴运龙这样说道：“要紧密联系常态监管、协同监管、动态监管，相互贯通简政放权、放管结合、优化服务。针对面广、量大、高度复杂的采购活动，将工作重心从事前审批向事中事后监管转变，从具体事务向完善制度、落实政策转变。政府采购监管工作要有‘细活’意识，创新才能落到实处。”

常态监管中的创新

2018年，广东省针对评审专家监管，以创新机制、重点管控为带动，规范评审专家行为。创新监管方式方法，严格规范并督促评审专家认真履职。

制度先行。广东省印发《关于启用广东省政府采购评审专家抽取系统的通知》《关于开展评审专家、采购人或采购代理机构履职记录有关事项的通知》，不断细化完善评审专家管理操作。

改进专家抽取系统。2018年9月启用全省评审专家抽取系统，统一服务界面、电话呼叫和抽取流程，实现全省范围专家资源共享、系统随机抽取和全程留痕可监控。

加强专家培训。全省各级财政部门上下联动，组织开展评审专家培训工作，提升专家专业水平，全省培训专家人数达7400多人次。

“勇于创新，是广东政府采购一直以来的风格。”戴运龙介绍道。该省率先建立三方互评机制和专家阶梯抽取制度。2018年10月1日起，实行评审专家、采购代理机构、采购人互评履职记录，通过设置分级分类评价指标和评价标准，促进规范评审专家和代理机构行为。根据评审专家履职评价情况，设置抽取概率，实行阶梯抽取制度。

针对政府采购活动中的另一重要当事人——代理机构，以名录登记、监督检查为抓手，加强对采购代理机构监管。

在实际工作中，广东省坚持问题导向，注重发挥日常管理和监督检查相结合的协同增效作用。规范开展代理机构名录登记。严格执行财政部代理机构名录登记工作要求，明确挂网公开登记注册操作指引，加强政策咨询和技术服务。截至2018年底，全省已完善名录登记的代理机构852家。在代理机构监督检查方面，按照财政部“双随机一公开”等工作部署开展检查工作，全省2017年共检查144家代理机构，梳理排查政府采购活动在招标文件编制、信息公告等各环节存在的问题，引导代理机构提高服务质量、规范执业行为。

率先实现政府采购信用监管

“创新不流于表面。除了常规监管的创新，我们进行了诸多探索。”戴运龙说。如，探索实施以守信激励和失信联合惩戒为主要内容的政府采购监管新模式。以推动信息共享和联合惩戒为契机，率先开展政府采购信用监管。

2018年6月，广东省政府采购信用监管系统正式上线运行并在全省各级财政部门统一部署实施。系统直接对接“信用中国”网站，充分运用权威的信用信息，加强事中事后监管，在全国范围内实现政府采购信用监管零的突破。

“依托信息化和大数据分析，加强对采购活动的动态监管，推进政府采购信息公开，通过社会监督推动采购制度完善和活动规范。”戴运龙说。以“互联网+政府采购”为依托，推进政府采购信息公开。一方面，积极构建覆盖政府采购全流程的信息公开机制。另一方面，建立合同备案及公开预警和通报机制。印发《关于重申做好政府采购合同备案和公开工作的通知》，在广东省政府采购网设置预警功能，对采购人未按法律规定进行合同备案和公开的予以通报，进一步强化采购人主体责任，加快政府采购支出进度。

依法依规依程序加强监管

“政府采购监管是职责所在，是主责主业，在工作中，我们以程序合法、定性准确、处罚适当为原则，依法依规依程序加强监管。”戴运龙说。

加强投诉处理内控管理。严格落实投诉处理内部操作指引，明确处理流程，规范办案标准，严格按照法定时限办理，预防行政法律风险。

完善法律顾问制。聘请专职法律顾问，发挥法律顾问专业作用。

坚持落实合议制度。对投诉、举报、行政处罚等重大行政处理事项，在调查环节实行内部先期会商制，及早研判调查方向和步骤；在处理决定环节实行由厅法规处、法律顾问和政府采购监管处干部共同参加的合议制，集中讨论、决议，确保案件处理程序依法依规、法律适用得当，防控自由裁量权。

严格责任追究。认真查处政府采购活动违法违规行为，建立健全统一的政府采购严重违法行为和失信行为曝光机制，严格落实财政部“一地受罚、全国禁赛”的责任追究机制。

加强联合惩治。高度重视发挥部门监管合力，对审计、纪检等部门移交案件做到件件有落实、事事有回应。2018年，共收到供应商投诉55件、信访举报19件，共作出行政处罚决定18件。

（原载于2019年3月12日《中国政府采购报》，记者：耿丹丹）

省级财政科研项目资金管理监督办法正式出台
直接费用全部可调　项目资金全部快拨

《广东省财政厅　广东省审计厅关于省级财政科研项目资金的管理监督办法》（下称《办法》）近日正式出台。《办法》共八章四十五条，赋予了科研机构和人员更大的人财物自主权。

《办法》简化了预算编制，规定项目直接费用中除设备费外，其他费用预算均无需提供费用明细。还下放了包括设备费在内的所有直接费用科目调剂权，放开科研项目结余资金留用时间限制，由项目承担单位统筹安排用于科研活动的直接支出。

同时，《办法》明确项目资金全部快拨。建立了科研项目资金拨付绿色通道和专账管理机制，科研项目资金可直接拨付至项目承担单位账户下设的省级科研项目资金子账户，对科研项目资金实行专账管理，单独核算，专款专用。科研急需的设备和耗材，可不进行招投标程序，缩短采购周期。

此外，《办法》提高了部分科研项目的间接费比例，将智力密集型基础研究项目的间接费比例调整为500万元以下的部分不超过30%（原扣除比例为20%），500万至1000万元的部分为不超过25%（原扣除比例为15%），1000万元以上的部分为不超过20%（原扣除比例为13%）。

值得注意的是，为服务粤港澳大湾区科技协同创新，《办法》明确省财政科研项目经费可跨境拨付。资助港澳特区高校、科研机构的省科研项目经费，可按照国库集中支付的规定，由项目主管部门直接拨付至港澳特区高校、科研机构。

针对科研人才，《办法》提出，对全时全职承担我省重点领域研发计划的团队负责人以及引进的高端人才，可实行年薪制管理。

为加强科研项目资金综合监管，保障资金安全，此次还建立联合惩戒的信用网。明确科技部门要会同多部门严格执行科研失信惩戒规定，对严重违背科研诚信要求的相关科研人员、项目负责人及违反职业规范、职业道德的第三方中介机构采取联合惩戒措施，纳入科研活动黑名单。

（原载于2019年6月24日《南方日报》，记者：肖文舸，通讯员：岳才轩）

广东省委、省政府印发《关于全面实施预算绩效管理的若干意见》

近日，广东省委、省政府印发《关于全面实施预算绩效管理的若干意见》（下称《意见》）。《意见》深入贯彻落实党的十九大关于建立全面规范透明、标准科学、约束有力的预算制度，全面实施绩效管理的重要部署，对我省全面实施预算绩效管理提出明确要求，作出部署安排。

《意见》提出，按照深化财税体制改革和建立现代财政制度的要求，深化推进预算编制执行监督管理改革，创新预算管理方式，更加注重结果导向、强调成本效益、硬化责任约束，加快建立全方位、全过程、全覆盖的预算绩效管理体系，推进预算绩效管理制度化、规范化、标准化、信息化，实现“花钱必问效、无效必问责”，提高财政资源配置效率和使用效益，提高预算管理水平和政策实施效果。到2020年，省级基本建成全方位、全过程、全覆盖的预算绩效管理体系。到2022年，市县级基本建成全方位、全过程、全覆盖的预算绩效管理体系。绩效理念和方法深度融入预算管理，实现绩效管理与预算管理一体化，基本建成具有广东特色的预算绩效管理体系。

《意见》要求，构建全方位预算绩效管理格局。实施覆盖各级政府、部门和单位、政策和项目的预算绩效管理。将各级政府收支预算全面纳入绩效管理，建立省市县多级联动的预算绩效管理机制。将部门和单位预算收支全面纳入绩效管理，以预算资金管理为主线，以预算项目为载体，从运行成本、管理效率、履职效能、社会效应、可持续发展能力和服务对象满意度等方面，衡量部门和单位整体及核心业务实施效果。将政策和项目全面纳入绩效管理，从数量、质量、时效、成本、效益等方面，综合衡量政策和项目预算资金使用效果，对实施期超过一年的重大政策和项目实行全周期跟踪问效，建立动态评价调整机制。

《意见》要求，建立全过程预算绩效管理链条。建立重大政策和项目事前绩效评估机制，审核和评估结果作为预算安排的重要参考依据。优化预算绩效目标管理，结合我省预算编制执行监督管理改革，将绩效目标全面纳入项目库管理，并与预算编制管理同步布置、同步申报、同步审核、同步批复、同步公开。开展绩效运行监控，依托广东“数字政府”及预算绩效管理信息化建设成果，按照“谁支出、谁负责”的原则，对绩效目标实现程度和预算执行进度实行“双监控”。加强绩效评价，完善自评和外部评价结合的绩效评价工作机制。强化绩效结果应用，建立完善绩效结果与预算安排和政策调整挂钩机制。推进绩效信息公开，按照信息报送和公开的有关规定，将重要绩效目标、绩效评价结果与预决算草案同步报送同级人大、同步向社会主动公开。

《意见》要求，完善全覆盖预算绩效管理体系。将预算绩效管理覆盖全口径预算，建立涵盖一般公共预算、政府性基金预算、国有资本经营预算、社会保险基金预算的绩效管理体系，推动预算绩效管理扩围升级、加强四本预算之间的衔接，根据不同预算资金的性质和特点统筹实施绩效管理。将预算绩效管理拓展到政府投融资等财政政策和财政管理，积极开展政府投资基金、政府和社会资本合作（PPP）、政府采购、政府购买服务、政府债务项目的绩效管理，探索开展重大财政管理政策的绩效评价。

《意见》要求，健全预算绩效管理制度。加强绩效管理机制建设，完善涵盖绩效目标管理、绩效运行监控、绩效评价管理、评价结果应用的全过程预算管理流程，进一步健全层级配套、功能协调、覆盖到位的绩效管理制度体系。建立和完善预算绩效指标库，财政部门建立健全定量和定性相结合、门类齐全的共性绩效指标框架，完善绩效指标库动态管理机制，各业务主管部门加快构建分行业、分领域、分层次的核心绩效指标和标准体系。依托“数字政府”加强预算绩效信息化建设，各地区各部门在预算绩效管理信息化建设的总体框架和统一接口下，建设符合本地区本部门实际的绩效管理平台。充分发挥第三方机构作用，制定和完善第三方管理有关规程，加强第三方执业质量的全过程跟踪和监管，推动社会力量有序参与预算绩效管理。

《意见》强调，要坚持党对全面实施预算绩效管理工作的领导，充分发挥党组织的领导作用。各级政府和各部门各单位是预算绩效管理的责任主体，要建立上下协调、部门联动、层层抓落实的工作责任制，明晰绩效管理权责。审计机关要依法对预算绩效管理情况开展审计监督，有关审计结果作为预算安排和监督问责的重要参考依据，财政、审计等部门发现违纪违法问题线索，应当及时移送纪检监察机关。要将预算绩效结果纳入政府绩效和干部政绩考核体系，作为领导干部选拔任用、公务员考核的重要参考或依据。要加强预算绩效管理与深化预算编制执行监督管理改革、机构和行政体制改革、政府职能转变、深化放管服改革等有效衔接，统筹推进中期财政规划、财政收支分类、项目支出标准体系、国库现金管理、权责发生制政府综合财务报告制度等财政领域相关改革，切实提高改革的系统性和协同性。

（原载于2019年9月17日《南方日报》）

广东正式上线区块链财政电子票据

10月15日，广东省正式上线区块链财政电子票据，广州市妇女儿童医疗中心和华南师范大学率先开出区块链财政电子票据，这也是广东省首批上链开票单位。

记者了解到，这是广东省首次将区块链技术在财政电子票据管理系统中升级应用。使用区块链技术的优势在于，票据的生成、传送、存储及社会流传全过程信息更真实、全面地记录在区块链上，各环节操作痕迹可实时查看、可追溯，防篡改和造假。并且，所有数据加密保存，贯穿电子票据流转使用各业务场景中，只有所涉及的授信方才能查看和打开访问该电子票据信息，确保交款人隐私保护。

本次广东省区块链电子票据平台由省财政厅牵头建设，后续将扩大“上链”单位的应用范围和领域。除了电子票夹小程序，下一步还将与粤省事打通，将区块链财政电子票据平台与便民缴费、社会化流转使用、报销入账相结合，生态共建提速广东省财政电子票据全面推广。

（原载于2019年10月17日《南方日报》，记者：黄叙浩，通讯员：岳才轩）

近三年每年9.6亿支持小微企业融资

省财政“四大支持”助力中小企业“双创”升级

近日笔者从省财政厅了解到，我省通过强化减税降费、融资担保、政府采购、财政扶持等举措，切实给中小企业减负，缓解融资难题，支持我省中小企业创新创业，今年上半年小微企业普惠性政策累计新增减税123.6亿元，全省深化增值税改革减税553亿元。

值得关注的是，今年以来，我省率先出台相关政策减轻企业社保负担，企业养老保险单位缴费比例为13%—14%，处于全国最低水平。2015—2018年省财政累计安排7.3亿元设立中小微企业信贷风险补偿基金，2017—2019年每年安排资金9.6亿元，支持民营企业上市融资、到新三板挂牌、到区域性股权市场直接融资，促进民营和小微企业利用资本市场直接融资。

减税降费实体经济和生产性服务业获益最大

省财政厅相关负责人介绍，小微企业普惠性减税覆盖面广、受益度大、指向性强。今年上半年，小微企业普惠性政策累计新增减税123.6亿元。其中，放宽小型微利企业标准加大企业所得税优惠力度减税56.6亿元，提高增值税小规模纳税人起征点减税40.8亿元，减征增值税小规模纳税人“六税两费”减免26.3亿元。

自今年深化增值税改革正式实施以来，从行业看，实体经济和生产性服务业获益最大。制造业、批发零售业、建筑业和租赁商务服务业等四大行业新增减税额占总新增减税额近八成。

与此同时，今年以来，在国家允许的政策范围下，我省率先出台相关政策减轻企业社保负担，企业养老保险单位缴费比例为13%—14%，处于全国最低水平。上半年，降低社保费率减轻企业缴费81.5亿元。

笔者了解到，省财政厅通过设立中小微企业信贷风险补偿基金、鼓励银行设立票据贴现中心、加大财政支持企业直接融资力度、实施融资担保机构降费补助政策等方式，发挥政府性融资担保机构作用，缓解民营经济中小企业融资难的问题。

三年来12850家次企业获研发后补助

省财政厅还着力加大政府采购支持力度，出台《关于规范政府采购活动中交纳投标保证金行为的通知》等文件。2018年，中小企业获得政府采购合同总额为2071.29亿元，占采购总额的55.14%，比2017年增加40.28亿元，增幅1.98%。其中，授予小微企业的采购金额为878.61亿元，占授予中小企业采购金额的42.42%。

值得一提的是，近年来，省财政通过实行“四大支持”举措，助力中小企业“双创”升级。

一方面，支持中小企业提质增效转型和创新发展，2016—2018年省财政每年安排资金支持中小企业提质增效转型升级，支持广东省中小企业企业公共技术服务示范平台和广东省中小企业创新产业化示范基地建设。

另一方面，支持培育发展高新技术企业，2015—2017年省财政安排60亿元实施高新技术企业培育补助。在企业入库及出库当年，按照企业上一年度应纳税所得额5%的标准给予补助，不足30万元的按30万元补助，超过300万元的按300万元补助。政策实施以来已有超过18000家企业进入省级培育库享受财政补助政策，目前我省高新技术企业已有45280家，连续三年位居全国第一。

此外，支持企业研发后补助。2015—2017年省财政共安排资金75.66亿元，实施企业研究开发事后奖补。实施三年来，共12850家次企业获得补助，引导带动企业研发经费投入总额为1949.6亿元，研发费用加计扣除的企业数量及加计扣除额都呈明显上升态势。

同时，支持打造特色载体。2018—2019年，安排中央财政资金2.29亿元，支持佛山、中山、江门等7个地市实体经济开发区打造专业资本集聚型、大中小企业融通型、科技资源支撑性、高端人才引领型创新创业特色载体。

（原载于2019年11月1日《南方日报》，记者：黄叙浩，通讯员：岳才轩）

广东省财政厅党组书记、厅长戴运龙：
充分发挥财政职能作用
切实保障“1+1+9”工作部署落实

党的十九届四中全会专题研究坚持和完善中国特色社会主义制度、推进国家治理体系和治理能力现代化问题，审议通过《中共中央关于坚持和完善中国特色社会主义制度、推进国家治理体系和治理能力现代化若干重大问题的决定》（下称《决定》）。

近日，广东省财政厅党组书记、厅长戴运龙在接受南方日报专访时表示，党的十九届四中全会是在新中国成立70周年之际、“两个一百年”奋斗目标的历史交汇点上，召开的一次具有开创性、里程碑意义的重要会议，全省财政部门将以习近平新时代中国特色社会主义思想为指导，进一步树牢“四个意识”、坚定“四个自信”、坚决做到“两个维护”，把深入领会理解《决定》丰富内涵和精神实质，与学习贯彻习近平总书记对广东重要讲话和重要指示批示精神结合起来，充分发挥财政职能作用，认真抓好全会《决定》的贯彻落实，在支持和推动完善制度和治理体系上担当作为、勇于实践，持续深化财政改革创新，推动保障落实省委、省政府“1+1+9”工作部署。

统筹推进　重点突破

扭住“牛鼻子”加快预算编制执行监督管理改革

“财政是国家治理的基础和重要支柱，是落实党委和政府各项决策的物质基础。这要求财政部门首先在政治上要过硬、绝对可靠，要把讲政治的要求始终贯彻到财政事业的发展中，贯彻到谋划财政工作、制定财政政策、推进财政改革的实践中。”戴运龙指出，我省财政部门将强化责任担当，把习近平总书记关于财政工作的重要论述和对广东的重要讲话精神、重要指示批示精神，作为解决财政工作问题的“金钥匙”，在学懂、弄通、做实上下功夫。

敢闯敢试、敢为人先，是广东的精神传统。刀刃向内、自我革命，体现出近年来广东财政改革的勇气与决心。在2018年度预算绩效管理工作考核中，广东位居优秀等次第1名；2019年全国县级财政管理绩效评价考核，广东位列全国第7名；支出进度排名从2017年的第25名提升到2018年的前10名，再进一步提升至2019年9月的前5名……各项结果展示出广东财政改革的成效与魄力。

科学的财税体制是优化资源配置、维护市场统一、促进社会公平、实现国家长治久安的制度保障，也是国家治理体系的重要组成部分。“党的十九大以来，我省财政聚焦加快建立现代财政制度，坚持统筹推进、重点突破、稳扎稳打相结合，扎实有序推进财政体制、预算管理制度、财政分配、财政管理等方面的改革，初步建立了体制机制充满活力、支出结构合理优化、管理制度科学规范、监督问效透明有力的现代财政制度框架。”戴运龙介绍，扭住预算编制执行监督管理改革这一改革“牛鼻子”，发挥“牵一发动全身”的引领作用，通过部门权责配置和财政管理重心的“两转变”、财政资金项目审批事项和预算执行流程的“两精简”，实现各方预算管理积极性和财政资金使用效益的“两提高”，推动各级政府及部门强化管财理财意识、完善现代预算管理制度、提升政府治理绩效。

戴运龙表示，下一步，我省将以深化预算管理改革为引领深化各项财政改革，以实施预算绩效管理改革和项目库建设为抓手，建立推广重大政策和项目预算事前绩效评审，用1—2年时间实现全省项目库建设和项目提前储备全覆盖，扩大下放审批权限的资金范围，推动预算编制执行监督管理改革在全省铺开。同时，以预算管理改革为牵引，持续完善省级财政转移支付体制，深入推进涉农资金统筹整合改革，继续深化国库集中支付管理改革、国有资产集中统一监管改革，做好改革系统集成工作，切实加快现代财政制度建设步伐。

五个支持　四大机制

全力推动粤港澳大湾区和深圳先行示范区建设

建设粤港澳大湾区、支持深圳建设中国特色社会主义先行示范区，是丰富“一国两制”实践的重大国家战略，是党中央赋予广东的重大使命、重大任务、重大机遇。

“广东省财政积极争取中央支持，以高站位落实大战略，以通规则探索新模式，以小切口推动大变局，全力推动粤港澳大湾区建设和深圳建设中国特色社会主义先行示范区、广州‘四个出新出彩’等重大发展战略实施。”戴运龙介绍。一方面，通过“五个支持”，推动实现“双区驱动”效应。落实推进粤港澳大湾区建设若干财政政策，通过支持人才集聚、资金过境、债券联动、平台互通、民生共享等“五个支持”，全力推进“双区”建设。另一方面，建立“四大机制”，推动增强“双核联动”作用。制订支持深圳先行示范、广州“四个出新出彩”特事特办工作机制，明确专门工作机制、“绿色通道”、政策协调指导、信息等四方面工作机制，及时对接广州、深圳诉求，积极协助争取中央支持。

戴运龙表示，将深入研究财政政策措施全力支持推进粤港澳大湾区建设和深圳建设中国特色社会主义先行示范区。坚持以粤港澳大湾区建设为纲，以支持深圳建设中国特色社会主义先行示范区为引领，切实发挥财政职能作用，积极支持广州、深圳相关财税领域改革试点先行，指导两市按照战略定位和具体任务科学安排财力，形成可复制推广的财政改革创新经验，以双区驱动利好叠加效应带动全省改革发展，为坚持和完善“一国两制”实践作出应有努力和贡献。

重点保障　减轻负担

发挥财政体制、政策、资金保障作用实现高质量发展

党的十九届四中全会提出，要坚持和完善社会主义基本经济制度，推动经济高质量发展。

戴运龙表示，推动经济发展跨越关口、实现高质量发展，必须发挥好财政体制、政策、资金的保障作用。近年来我省各级财政部门将推动经济高质量发展作为制定完善财政政策措施的基本依据，落实积极财政政策，着力提升财政资源配置效率和使用效益，突出发挥好财政资金政策在推动质量变革、效率变革、动力变革中的引导带动作用和服务保障作用。

首先是对重点领域予以强化保障。支持科技强省战略，2018年起省财政三年投入100亿元，落实重点领域研发计划实施方案。支持先进制造业发展，2015—2019年省财政统筹安排188亿元，着力打造珠

江西岸先进装备制造产业带。支持生态文明建设，2018—2020年省级财政统筹累计安排683亿元，突出支持打好污染防治攻坚战三年行动计划。

同时，通过减税降费激发市场活力。2019年1—9月，全省累计新增减税降费2520.4亿元。制造业、批发零售业、建筑业和租赁商务服务业等四大行业新增减税额占总新增减税额近八成。在为企业减负的同时，广东严格执行压减一般性支出政策，在年初一般性支出预算压减5%的基础上，2019年全年一般性支出压减10%，腾出更多资金用于保障基本民生和实施重大改革、重大战略支出。

戴运龙表示，将持续贯彻落实积极财政政策，更好促进实体经济健康发展，服务深化供给侧结构性改革。积极发挥财政职能作用，落实政策和资金安排，特别是积极防范化解政府隐性债务风险，支持打好打赢三大攻坚战。

完善机制　加大投入
财政全力保障和改善民生

党的十九届四中全会提出，要坚持和完善统筹城乡的民生保障制度，满足人民日益增长的美好生活需要。

戴运龙表示：“财政取之于民、用之于民，保障和改善民生是坚持以人民为中心的发展思想的具体体现，是发展的根本目的，也是民生财政政策的着力点。”

近年来，我省持续加大民生财政投入，健全民生保障体系，创新和完善体制机制，推动民生制度更加规范、民生保障更加到位、民生标准更加提高、民生覆盖更加广泛，致力于实现人人平等享有较高水平民生服务保障的目标。

我省加强保障和改善民生的制度设计和规划引领，先后两次修编《广东省基本公共服务均等化规划纲要》，确立基本公共服务制度，制订覆盖十大领域104个项目的清单，全面构筑符合省情、涵盖全面、覆盖城乡、便捷高效、持续发展的基本公共服务体系。

广东在完善制度机制的同时，进一步加大财政投入。2013—2019年，全省各级财政对民生领域的投入超6万亿元，投入十件民生实事资金超1万亿元。底线民生保障水平整体跃居全国前列，208万相对贫困人口实现脱贫，民生类支出占比维持在七成左右。基本公共服务领域中，主要保障项目指标已基本达到或超过全国平均水平。

“我们将按照全会有关目标要求，持续保障和改善民生，增强人民群众的获得感。”戴运龙表示，将进一步健全财政投入机制，支持建立健全幼有所育、学有所教、劳有所得、病有所医、老有所养、住有所居、弱有所扶等方面的公共服务体系。注重加强普惠性、基础性、兜底性民生建设，继续巩固提高底线民生保障水平，深入推进基本公共服务均等化。

“深入学习贯彻党的十九届四中全会精神，是当前和今后一个时期省财政厅的一项重要政治任务。”戴运龙表示，全厅上下将把党的十九届四中全会对财政工作提出的新目标、新任务、新要求，与贯彻落实习近平总书记对广东重要讲话和重要指示批示精神结合起来，与新时代财政改革工作的新要求新思路结合起来，与开展新一轮“大学习、深调研、真落实”工作结合起来，把贯彻落实工作抓实抓细，推动党的十九届四中全会各项目标任务以及省委、省政府各项工作部署全面落实到位、干出成效。

一线实践

全面推进深化预算编制执行监督管理改革

抓改革　转理念　见实效

“我们有地方跳广场舞啦！”肇庆市封开县螺田村的村民最近很舒心，不少人每天都要到村口走走看看。那里，一个环境优美、设施齐全的广场已经建成。

“预算改革赋予了市县充分的资金统筹权和具体项目审批权，资金使用效益提高了，群众的获得感也大大提高了。”肇庆市封开县县长梁健梅在介绍农村人居环境整治示范村建设情况时表示，预算改革后，市县充分利用省级下放的资金统筹权和具体项目审批权，有效达成了“投入一批、建成一批”的目标。

今年以来，省财政厅紧紧围绕中央深化财税体制改革各项工作部署，实施预算编制执行监督管理改革，推动管财用财理念与预算管理方式发生深刻转变。

“先谈钱后谋事”转变为“先谋事后谈钱”

举全省之力推进粤港澳大湾区建设，符合条件的境外人才个人所得税税率最高可从45%下降至15%；加快推进高质量发展，2018—2019年累计安排珠三角九市1900.2亿元；实施乡村振兴战略，计划十年投入生态宜居美丽乡村建设资金约1600亿元……省财政厅以高站位落实大战略，积极做好广东改革开放的大文章。

“1+1+9”工作部署是省委贯彻落实习近平总书记对广东重要讲话和重要指示批示精神、推动新时代广东改革发展的具体行动方案。省财政厅通过建立省领导专题研究分管部门预算、业务部门自主谋划预算、财政部门集中会审预算三项机制，确保财政资金安排紧紧围绕落实中央和省委、省政府的重要决策部署。同时做好项目库建设工作，明确未纳入项目库的项目原则上不得安排预算，做到“先谋事后谈钱”。

2019年，省级财政安排落实省委“1+1+9”工作部署重点支出占总支出比例超过八成。在编制2020年省级预算时，项目库储备二级明细项目1.6万个、1504亿元，部门提前做好项目入库储备，确保预算一经批复即可及时支出。

“重分配轻管理”转变为“花钱必问效”

如何做好新时代财政管理工作？省财政厅转变用财理财理念，使“花钱必问效，无效必问责”深入人心。在编制2019年预算时，省财政厅对2018年省级重点评价中评价结果为“中”“低”“差”的项目采取了压减、调整结构等措施，较2018年预算共压减、调整13亿元，压减率近50%。

这做法对部门转变观念、重视预算执行和绩效起到很好的促进作用。具体来看，将事后监督拓展为事前事中事后全流程监督，督促部门主动加强资金下达后的跟踪监管，较好解决以往“重分配、轻管理”的问题；审计部门直接对负责资金分配使用的部门、市县和用款单位实施审计监督，2019年省审计厅实现对117个省级部门审计全覆盖；依托“数字政府”技术支撑，建设全省预算管理大数据监控平台，实行预算管理动态监控，落实预算执行进度和绩效目标“双监控”，实现全流程“实时监控、智能预警、及时核查、整改反馈、跟踪问效”。

“财政全流程管理”转变为“各方权责更加协同”

预算改革科学划分和落实预算编制、执行和监督等各主体、各环节权责，财政部门从全流程预算管理转变为聚焦预算编制和绩效监管，由业务主管部门全面负责本部门预算执行，推动预算执行主体责任“归位”业务部门，按照这一要求，省财政厅一方面实施“省级向市县”“财政部门向业务部门”两个放权，另一方面一系列持续深化财政“放管服”改革措施接连出台。

2018年广东省级下放市县审批权的专项资金规模达200多亿元，2019年达400多亿元，规模翻番；建立“一个部门对口省财政厅一个处室”服务工作机制，市县收到省级资金后制定分配方案转下达时间由平均3个月压减到1个月以内。

预算改革后，各方自主理财的积极性、主动性得到了极大提升。比如，广东省农业农村厅近三年来每年统筹中央和省级资金11亿元，落实“一村一品、一镇一业”富民兴村工作；揭阳市从省市安排的21亿元涉农资金中统筹整合6亿元用于人居环境综合整治项目、推动练江流域水环境综合整治等。

（原载于2019年11月26日《南方日报》，记者：肖文舸、黄叙浩，通讯员：岳才轩）

广东出台10项措施用“政府的紧日子”保障“群众的好日子”
省级部门一般性支出　今年压减不低于5%

为贯彻落实中央关于树立过紧日子、严格控制和压减一般性支出的精神，推动各级党政机关和事业单位厉行节约，近日，广东省印发《关于树立过紧日子思想　严控一般性支出的意见》，通过严控新增支出、压减一般性支出、严格“三公”经费支出、加强审计考核等10条措施，推动将过紧日子的思想落到实处，用“政府的紧日子”保障“群众的好日子”。

一是严控新增支出。坚持“先谋事，再要钱”，执行中新增临时性、应急性等支出主要通过部门已有资金解决，年中不得随意追加；坚持精打细算，严禁铺张浪费和大手大脚花钱，对不该或不必开支的事项一律不得开支。各地市、省直各部门落实每月研究一次预算执行的办公会议制度，进一步硬化预算约束。

二是压减一般性支出。除扶贫脱贫等刚性必保支出外，2019年省级部门预算中的差旅费、因公出国（境）费用、维修（护）费、会议费、培训费、公务接待费、劳务费、公务用车运行维护费、其他交通费用等一般性支出一律按照不低于5%的比例压减，节省资金用于保障基本民生和重大战略、重大改革及重点领域。

三是严格“三公”经费支出。严格控制赴“热门”国家和热点旅游城市访问团组，严格执行支出标准最高限额，不得超预算或无预算安排出访。严守公务用车配备及使用管理纪律，严格规范公务接待行为和经费支出，不得超标准、超范围接待。

四是严控会议培训。严格实行会议、培训年度计划管理，控制会议和培训数量、时间和规模。严控以党政机关名义主办的庆典等大型活动，未列入清单和计划的不得举办。2019年大型活动经费支出比上年下降5%以上。

五是节约办公费用。坚持集约利用资源，节约办公费用，严禁违规购买高档烟酒等名贵特产类特殊资源。做好机构改革资产划转，规范资产管理，严格执行政府采购经费预算和资产配置标准和采购程序。

六是统筹办公用房调配使用。继续停止新建、扩建、改建、迁建、购置楼堂馆所，统筹机构改革办公用房调配，推进办公用房集中统一管理和配套资源共享共用。严禁违规超标准占用办公用房。

七是完善内部财务管理制度。全面推进内部控制建设，建立健全内部制约和监督体系。健全成本性支出财务管理制度，建立支出执行分析制度，强化财会人员岗位责任制和领导人员审批责任制，规范会计核算基础，强化下属单位管理。

八是全面实行公务卡制度。除按规定实行财政直接支付或银行转账外，境内发生的公务差旅费、公务接待费、公务用车购置及运行费、会议费、培训费等经费支出，一律使用公务卡结算。

九是增强信息公开透明度。完善财政信息公开制度，坚持以公开为常态，不公开为例外，依法依规全面及时公开财政预决算信息，增强一般性支出信息公开透明度。

十是强化财政审计监督考核。全面推行绩效管理，完善绩效评价结果与预算安排挂钩机制。实行省级部门经费节约统计通报制度，将行政经费节约考核情况作为绩效考核的重要组成部分。

（原载于2019年3月26日《南方日报》，记者：肖文舸，通讯员：岳才轩）

广东财政支持粤港澳大湾区建设

2月18日，中共中央、国务院印发了《粤港澳大湾区发展规划纲要》，这是广东改革开放的大机遇、大文章。近日，羊城晚报记者从广东省财政厅获悉，广东财政将聚焦粤港澳大湾区建设，在推动科研经费跨境使用、加快促进科技创新、加强会计服务交流、发行使用新增债等方面改革创新，进一步增加政策支持和资金投入。

资金和政策支持涉及四个方面

据广东省财政厅介绍，资金和政策支持粤港澳大湾区建设主要涉及四个方面：

一是积极争取中央加大财政政策支持力度，省级财政围绕便利粤港澳三地要素自由流动、互利合作等健全配套财政政策。

二是支持重点领域核心技术攻关。落实省重点领域研发计划，安排35亿元通过定向组织、对接国家、“揭榜”奖励、并行资助等方式，推动核心技术和关键器件研发。

三是支持基础与应用基础研究。落实加强基础与应用基础研究的若干意见，安排14.62亿元支持重大平台与基地、实验室建设等；安排3亿元支持推进加速器驱动嬗变研究装置和强流重离子加速器等国家大科学装置建设。

四是支持科技创新合作。实现广东省科研资金顺利“过境”。安排1亿元支持粤港澳联合实验室和协同创新平台建设，推动粤港澳大湾区国际科技创新中心建设。支持推进以科技创新为核心的全面创新，安排粤港澳大湾区开放基金项目预算7000万元。

加强大湾区科研合作和会计服务交流

在财政管理方面，广东省财政也提出了支持政策：

一是实施大湾区科技联合资助计划，港澳特区高等院校和科研机构可承担广东省财政科技计划项目并获得经费资助，实现广东省财政科研资金顺利“过境”；二是深化财政科研经费管理“放管服”改革，提升财政科研资金绩效；三是多层次全方位开展粤港澳会计行业服务合作交流。

债券分配发行管理精准对接

另外，新增地方政府债券对粤港澳大湾区建设予以支持，2018年安排珠三角九市666亿元，倾斜支持粤港澳大湾区重大基础设施建设。2019年，在财政部提前下达的限额内，安排珠三角九市515亿元，并将根据财政部全年下达限额情况，继续研究给予支持。

在新增债发行管理与粤港澳大湾区建设精准对接，有效整合粤港澳大湾区资源，形成发展合力，实现“三个整合，三个首次”，即整合大湾区土地资源，首次发行跨地市土地储备专项债券；整合大湾区水资源，首次发行水资源专项债券；整合大湾区金融资源，首次引入澳门金融机构作为境外投资者。

广东省财政厅表示，2019年，广东省财政将配合落实中央关于推进粤港澳大湾区建设的支持政策，围绕《粤港澳大湾区发展规划纲要》重大布局，研究制定支持推进大湾区建设的财政政策，为实现这一重大国家战略目标提供坚实的财政保障。

（原载于2019年3月7日《羊城晚报》，记者：严丽梅，通讯员：岳才轩）

广东按国家最高标准扣减税费　退役士兵自主就业和重点群体创业就业可享税收优惠政策

3月7日，记者从广东省财政厅获悉，经报广东省政府同意，省财政厅、省税务局会同有关部门于3月6日联合下发《关于进一步执行我省自主就业退役士兵和重点群体创业就业有关税收政策扣减限额标准的通知》（粤财法〔2019〕10号，以下简称《通知》），规定自2019年1月1日起至2021年12月31日，在中央授权范围内，对全省自主就业退役士兵和重点群体创业就业，全部按照最大上浮幅度执行税收政策扣减限额标准。

《通知》同时还明确，以前年度享受退役士兵和重点群体创业就业税收优惠政策未满3年且符合《通知》规定条件的，可按《通知》规定享受优惠至3年期满。

据悉，该项政策的实施，将最大限度为广东自主就业退役士兵及建档立卡贫困人口、登记失业人员、毕业年度内高校毕业生等重点群体创业就业提供税收优惠。

《通知》具体规定如下：

退役士兵和重点群体人员自主创业、从事个体经营

自办理个体工商户登记当月起，在3年（36个月，下同）内，广东按照国家标准上浮20%即按每户每年14400元为限额，依次扣减其当年实际应缴纳的增值税、城市维护建设税、教育费附加、地方教育附加和个人所得税。

招用吸纳退役士兵和重点群体人员就业的企业

自签订劳动合同并缴纳社会保险当月起，在3年内按实际招用人数，分别按照国家标准上浮50%即9000元和上浮30%即7800元，予以定额依次扣减应纳增值税、城市维护建设税、教育费附加、地方教育附加和企业所得税优惠。

（原载于2019年3月8日《羊城晚报》，记者：严丽梅　岳才轩）

广东省财政厅紧急安排6488万元支持河源梅州开展救灾复产重建

记者6月17日从广东省财政厅获悉，连日来广东省多地发生强降雨，部分地区受灾严重，造成重大经济损失。按照广东省委、省政府关于做好受灾地区应急救灾复产工作部署，广东省财政厅紧急安排救灾复产重建资金6488万元，其中河源4596万元，梅州1892万元，支持重灾地区开展救灾复产工作，尽快恢复正常生产生活秩序。

据了解，截至6月14日17时，河源市6个县（市、区）94个乡镇受灾，受灾人口32.31万人，直接经济损失23.05亿元；梅州市3个县（市、区）48个乡镇受灾，受灾人口1.58万人，直接经济损失2.21亿元。据广东省财政厅介绍，本次省财政安排的救灾复产重建资金，突出将生活救助、水利应急、公路灾毁修复、农业救灾复产等作为重点扶持范围，受灾地区可结合受灾实际情况按轻重缓急原则使用救灾复产重建资金，在落实好重点救灾项目资金后，其余可调剂用于其他救灾工作。

（原载于2019年6月17日《羊城晚报》，记者：严丽梅，通讯员：岳才轩）

广东赋予科研人员更大人财物自主支配权

记者6月23日从广东省财政厅获悉，经广东省人民政府同意，广东省财政厅联合广东省审计厅在总结前期改革经验的基础上，持续推进科技领域"放管服"改革，于近日印发《广东省财政厅　广东省审计厅关于省级财政科研项目资金的管理监督办法》（以下简称《办法》）。《办法》自2019年7月5日起实施，有效期3年。

资金使用权"能放尽放"

据广东省财政厅介绍，《办法》按照建立以信任为前提的科研管理机制的要求，进一步增强高校、科研院所和科研人员管理自主权。

一是直接费用全部可调。简化了科研项目直接费用编制要求，下放科研项目直接费用中包括设备费在内的所有科目调剂权，由项目承担单位根据科研活动实际需要自主调整。由项目承担单位制定预算调整管理办法，规范预算调剂行为。

二是项目资金全部快拨。建立了科研项目资金拨付绿色通道和专账管理机制，科研项目资金可直接拨付至项目承担单位账户下设的省级科研项目资金子账户，对科研项目资金实行专账管理，单独核算，专款专用。同时，为服务粤港澳大湾区科技协同创新，明确资助香港、澳门特区高校、科研机构的省科研项目经费，可按照国库集中支付的有关规定，由项目主管部门按规定直接拨付至港澳特区高校、科研机构。

三是结余资金全部留用。《办法》放开科研项目结余资金留用时间限制。项目完成任务目标并通过验收后，结余资金全部留归项目承担单位使用，由项目承担单位统筹安排用于科研活动的直接支出。

更注重对科研人力成本补偿

《办法》强化激励导向，更加注重对科研人员人力成本补偿，进一步调动科研人员创新积极性。

这主要体现在：一是提高了间接费用提取比例。科技研究类项目间接费用比例提高到不超过项目直接费用扣除设备购置费后的20%，基础研究等智力密集型项目不超30%，对数学等纯理论基础研究项目，项目承担单位可进一步根据实际情况适当调整间接经费比例。间接费用比例提高增加了绩效激励的空间。二是实行高端科研人才年薪制。年薪所需经费在项目经费中单独核定，在本单位绩效工资总量中单列，相应增加单位当年绩效工资总量。三是重点向一线和青年科研人员倾斜。项目承担单位从广东省重点领域研发计划项目间接费用中提取的绩效支出，应向承担任务的中青年科研骨干倾斜。

保障资金安全有底线

同时，《办法》通过构建“一链一网一体系”，加强科研项目资金综合监管，保障资金安全。包括：

建立无缝衔接的责任链，压实科研项目资金管理各主体的管理职责，明确项目承担单位是科研项目资金管理的责任主体；项目负责人是科研项目资金使用的直接责任人；省直主管部门是本部门科研项目资金分配和监管的责任主体；省财政部门制定管理办法和资金拨付责任以及审计机关的审计监督责任。

建立联合惩戒的信用网，明确科技部门要会同多部门严格执行科研失信惩戒规定，对严重违背科研诚信要求的相关科研人员、项目负责人及违反职业规范、职业道德的第三方中介机构采取联合惩戒措施，纳入科研活动黑名单。

建立完善的内部管理制度体系要求，项目承担单位完善本单位财务、资产、政府采购、绩效评价、成果转化等内部管理制度和实施办法。实行内部公开制度，真实反映科研项目研究过程及资金开支情况。

优化流程对科研减少干扰

《办法》从优化流程入手，减少对科研活动的干扰，为科研人员潜心科学研究创造良好条件。

其中优化科研仪器设备采购管理，简化高校和科研院所科研仪器设备的政府采购程序，高校和科研院所可自行采购科研仪器设备，自行选择科研仪器设备评审专家。对科研急需的设备和耗材，经项目承担单位负责人批准，采用特事特办、随到随办的采购机制，可不进行招投标程序，缩短采购周期。

在增强监督检查的统筹性方面，合理制定科研项目年度监督检查计划，在相对集中时间联合相关部门开展联合检查和抽查，避免重复检查、多头检查。充分利用大数据等信息技术提高监督检查效率，实行监督检查结果信息共享和互认。

（原载于2019年6月24日《羊城晚报》，记者：严丽梅，通讯员：岳才轩）

广东省财政厅公布首批“放管服”改革清单
22项“放管服”事项今年完成

8月19日从广东省财政厅获悉，《广东省财政厅“放管服”改革清单和工作台账（第一批）》已于近日印发，其中明确今年年内将完成22项具体“放管服”事项，为企业和群众带来更加便捷高效的服务。

释放省直部门理财源动力

在广东省财政厅公布的第一批“放管服”改革清单和工作台账中，明确取消12项财政部门审核审批事项，以释放广东省直部门理财的源动力。

以“取消考核基数内的因公临时出国经费先行审核”为例，在取消前，是由广东省外办初审，广东省财政厅进行经费先行审核，再返回省外办进行出国审核审批；取消后，改由派出单位和主管部门审核。此举将有95%的团组能够大幅简化审批流程，有效提高审批效率。

据了解，2018年，广东省财政厅核定省直党政机关因公临时出国团组293个，其中基数内团组277个，基数外核定团组16个。“出国团组审批时间显著缩短，为部门开展工作提供了很大的便利性。”广东省委外办财务处有关负责人表示。

还有，在政府采购领域，取消审核政府采购进口产品，将政府采购公开招标数据标准由200万元提高到400万元；在预算收支管理领域，利用技术升级、风险防控等手段，取消审核学费返拨、基建项目进度款、考核基数内因公出国（境）经费等事项。

4项省级行政职权下放至市县

广东省财政厅还明确年内将把4项省级行政职权调整为市县实施，将这种量大面广、风险可控、地市管理更方便有效的事权下放实施，不仅可降低民众办事的沟通成本、时间成本，也赋予各地更多主动作为的空间。

如：将非营利组织免税资格认定审核及社会团体、群众团体公益性捐赠税前扣除资格确认等2项委托地市实施，方便社会组织“就地办、就近办”；将境外会计师事务所临时办理审计业务审批、会计师事务所执业许可审批等2项委托地市实施，推进审批服务便民化。

以会计师事务所执业许可审批为例，今年将审批权力委托地市实施后，可进一步实现会计师事务所执业许可“就近能办、少跑快办”，为近300家会计师事务提供实实在在的办事便利。

优化资金支付流程

聚力优化完善支付业务流程，提升财政资金拨付效率，使财政资金更高效地转化为企业和群众看得见摸得着的福祉，也是此次“放管服”改革的重要内容。

如，除按规定需实行直接支付的资金外，原则上通过授权支付方式办理，减少财政内部审批，扩大预算单位资金使用自主权。优化基本支出用款计划下达机制，将现有基本支出在1月、6月、9月分别下达指标总额的50%、25%、17%，调整为1月下达92%，12月下达剩余8%。

据统计，截至今年7月底，广东省直部门重点科目支出进度比2018年加快16.5个百分点，有2/3的部门支出进度较上年明显提升，预计今年全年的支出进度还将进一步加快。

广东省财政厅“放管服”事项清单（第一批）

1. 取消考核基数内的因公临时出国经费先行审核
2. 取消颁发农村审计人员证
3. 取消公开招标数额标准以上的采购项目采用邀请招标、竞争性谈判、询价、竞争性磋商等采购方式的审批，放权到采购人
4. 提高公开招标数额标准
5. 取消政府采购进口产品财政部门审核环节
6. 取消行政事业单位500万元以下资产处置事项财政部门审批
7. 取消省直行政事业单位资产评估结果财政部门核准
8. 取消省直行政事业单位50万元（含）以上对外投资财政部门审批
9. 取消省直行政事业单位国有资产出租出借财政部门审批
10. 取消高校上缴学费返拨财政部门审批
11. 取消省财政厅对预算单位统发工资总额审核中业务处室审核环节
12. 非营利组织免税资格认定审核下放到地级以上市财政部门
13. 社会团体、群众团体公益性捐赠税前扣除资格确认下放到地级以上市财政部门
14. 会计师事务所（含分所）执业许可审批
15. 境外会计师事务所临时办理审计业务审批
16. 省直部门预算拨付除个别情形外，原则上全部实行授权支付
17. 取消授权支付国库处审核和业务处室审核
18. 优化授权支付用款计划办理流程
19. 绩效工资财政部门总量审核
20. 取消省财政厅对省级基本建设项目进度款审核
21. 推进结构性减税，研究进一步深化增值税改革，推动扩大享受减半征收所得税优惠政策的小微企业范围等减税降费政策落地
22. 研究出台更具实效、更管长远的清费减费举措。继续清理规范政府性基金和行政事业性收费，全面推行依清单收费

（原载于2019年8月20日《羊城晚报》记者：严丽梅，通讯员：岳才轩）

花钱必问效　无效必问责
广东2018年预算绩效管理工作成绩全国居首

财政资金该怎么花？钱是否用在了刀刃上？这些始终是纳税人关心的问题。近日，财政部公布的对2018年度中央部门和地方预算绩效管理工作考核结果显示，广东省获得优秀等次第1名。对此，省财政部门相关人士介绍了广东特色预算绩效管理的特点，并表示将会把“花钱必问效、无效必问责”进行到底。

据介绍，广东特色预算绩效管理以制度化、标准化、规范化、信息化为支撑，逐步构建“全方位、全过程、全覆盖”的预算绩效管理体系。

一直以来，在预算绩效管理改革上，广东注重制度先行，从综合性制度、专项管理办法和业务操作规范三个层面抓好建章立制。制定印发《关于全面实施预算绩效管理的若干意见》、制定“十件民生实事”专项资金使用绩效评价办法、整体支出绩效评价办法等，确保改革规范有序地开展。

标准化方面，广东在2018年制定印发《广东省财政预算绩效指标库》，建立预算绩效指标和标准体系，总体架构分为三个层级，其中三级指标为个性化指标，具体从资金用途、指标解释、指标值等13个方面细化反映部门和行业绩效指标。

规范化方面，广东着力推进“挂钩”和“公开”。除补助到个人的民生项目外，对2018年重点绩效评价结果为“中”“低”“差”的项目，原则上在下年预算压减安排规模或不予安排。另外，东莞市、中山市等已建立了“先评审后入库、先入库后安排预算”的预算管理机制。佛山市南海区和顺德区选取部分重点民生项目，分别以“项目预算听证”和“参与式预算”的方式，让民众直接参与预算编制。

信息化方面，省财政绩效信息管理系统从2011年上线至今，已有超过4300多家单位、两万多个用户登录使用。构建了“6库、6子系统、6化”的绩效功能管理等。

省财政厅表示，广东将落实全面实施预算绩效管理，将其细化为61项重点任务，通过全面实施预算绩效管理，优化经济结构、推动高质量发展，提升纳税人的获得感。

（原载于2019年11月7日《羊城晚报》，记者：严丽梅，通讯员：岳才轩）

广东进行科技领域财政事权和支出责任划分改革
科技创新基地建设发展等补助
由省财政与市县财政共同支出

广东省人民政府办公厅日前印发《广东省科技领域省级与市县财政事权和支出责任划分改革实施方案》（下简称《方案》。

《方案》明确，从科技研发、科技创新基地建设发展、科技人才队伍建设、科技成果转移转化、区域创新体系建设、科学技术普及、科研机构改革和发展建设等方面划分广东省科技领域财政事权和支出责任。

《方案》进行了进一步的细分和明确。其中，被确认为省级与市县共同财政事权，由省级财政和市县财政区分不同情况，承担相应支出责任的事项包括：利用财政资金设立的用于支持基础研究、应用研究和技术研究开发等方面的科技计划；对科技创新基地建设发展的补助；对通过风险补偿、后补助、创投引导等财政投入方式支持的科技成果转移转化；对推进区域创新体系建设财政负担资金；对普及广东省科学技术知识、倡导科学方法、传播科学思想、弘扬科学精神、提高全民科学素质等工作的保障等。

被确认为省级或市县财政事权、由同级财政承担支出责任的事项包括：省级实施的涉及科技人才引进、培养支持等人才专项，以及对省级科研机构改革和发展建设方面的补助，确认为省级财政事权、由省级财政承担支出责任；市县按相关规划等自主实施的科技人才引进、培养支持等人才专项，确认为地市财政事权，由市县财政承担支出责任；对市县科研机构改革和发展建设方面的补助，确认为市县财政事权、由市县财政承担支出责任。

此外，对于科技领域的其他未列事项，则包括国际科技合作与粤港澳创新创业合作，由省财政承担主要支出责任，市县根据本地区相关规划与实际，承担相应支出责任；省级科学技术奖励，由省财政承担主要支出责任，市县可根据本地区实际进行配套奖励，由市县财政承担相应支出责任。其他未列事项，则按照改革的总体要求和事项特点具体确定财政事权和支出责任。

（原载于2019年11月12日《羊城晚报》，记者：梁栩豪）

广东省财政厅厅长戴运龙接受本报专访：做好“加减乘除”提升财政资金使用效益

广东各级财政七年来民生投入超6万亿

财政是国家治理的基础和重要支柱，科学的财税体制是优化资源配置、维护市场统一、促进社会公平、实现国家长治久安的制度保障，也是国家治理体系的重要组成部分。

省财政厅党组书记、厅长戴运龙近日在接受羊城晚报记者专访时表示，全省财政系统要通过深入学习习近平总书记重要讲话精神，学习《中共中央关于坚持和完善中国特色社会主义制度推进国家治理体系和治理能力现代化若干重大问题的决定》（以下简称《决定》）的丰富内涵和精神实质，认真抓好贯彻落实，在支持和推动完善制度和治理体系上担当作为、勇于实践。

戴运龙就广东推动健全完善财政治理体系、提升财政治理能力等问题与记者展开对话。

1. 充分发挥预算管理改革引领作用

羊城晚报：在坚持和完善中国特色社会主义制度，推进国家治理体系和治理能力现代化的过程中，广东财政工作的主线是什么？

戴运龙：广东财政严格按照中央深化财税体制改革总体方案各项部署，紧紧围绕率先基本建立现代财政制度的总体目标和主线，扎实有序推进财政体制、预算管理制度、财政分配、财政管理等方面的改革，初步建立了体制机制充满活力、支出结构合理优化、管理制度科学规范、监督问效透明有力的现代财政制度框架，为广东做到“四个走在全国前列”、当好“两个重要窗口”提供有力财政保障。

一方面，深入推进预算管理改革。省委、省政府将这项改革作为推进政府治理体系和治理能力现代化的重要方面，我省这项改革实施一年多来，财政部门主责主业更加突出，预算单位和市县谋事管财责任感显著加强，获得了市县和预算单位的高度肯定，也得到了财政部高度关注。稳步推进全面实施预算绩效管理，在2018年度全国预算绩效管理工作考核通报中，广东位居优秀等次第1名。大力推进涉农资金统筹整合，通过涉农资金“两个50%”双控要求，市县可统筹财力上升35倍、达到133亿元，实现涉农资金使用从低效到高效转变。

另一方面，协同推进其他重点改革，包括制定实施省级与市县财政事权和支出责任划分改革实施方案，探索形成省级与市县财政事权与支出责任划分清晰框架；深入推进政府采购“放管服”改革等；深入推进基本公共服务均等化，推动民生财政保障体制机制创新和配套措施落实等工作。

2. 做好“加减乘除”提升财政资源配置效率

羊城晚报：《决定》对“坚持和完善社会主义基本经济制度，推动经济高质量发展”提出了具体要求。请谈谈近年来广东财政在推动经济高质量发展、着力提升财政资源配置效率和财政资金使用效益方面的实践成果和主要经验？

戴运龙：近年来，我省各级财政部门将推动经济高质量发展作为制定完善财政政策措施的基本依据，落实积极财政政策，做好“加减乘除”四则运算，着力提升财政资源配置效率和使用效益，突出发挥好财政资金政策在推动质量变革、效率变革、动力变革中的引导带动作用和服务保障作用。

做“加法”，加大支出力度，强化重点领域保障。支持科技强省战略，2018年起省财政三年统筹安排100亿元，落实重点领域研发计划实施方案；2018—2020年，省级财政统筹相关资金130亿元，支持高等教育“冲一流、补短板、强特色”，增强高校服务创新驱动发展战略的能力。支持先进制造业发展，2015—2019年，省财政统筹安排188亿元，着力打造珠江西岸先进装备制造产业带；同时，综合利用股权投资、贴息、基金等方式支持引进重大标志性项目，打造具有世界影响力的产业集群。支持生态文明建设，2018—2020年省级财政累计安排683亿元，突出支持打好污染防治攻坚战三年行动计划。支持外贸平稳发展，2018年省财政新增5亿元资金用于外资项目奖励政策，解决我省在吸引优质大型外资项目落户、增资扩产和总部经济方面的不足。

做“减法”，严控经费支出，坚守节用裕民正道。在年初一般性支出预算压减5%的基础上，2019年全年一般性支出压减10%。

做“乘法”，落实减税降费，激发市场主体活力。2019年1—9月，全省累计新增减税降费2520.4亿元。从减税降费政策实施效果来看，实体经济和生产性服务业获益最大。制造业、批发零售业、建筑业和租赁商务服务业等四大行业新增减税额占总新增减税额近八成。

做“除法”，全面深化改革，破除体制机制障碍。深化预算编制执行监督管理改革、全面实施预算绩效管理、完善省级财政转移支付体制等等。

3. 民生类支出占比维持在七成左右

羊城晚报：《决定》对使改革发展成果更多更公平地惠及全体人民提出了明确、具体的目标。请谈谈近年来广东财政在加大民生投入、着力提高保障和改善民生水平方面的特点。

戴运龙：近年来，我省财政持续加大民生财政投入，突出表现有以下几个特点：

制度机制“全”。加强保障和改善民生的制度设计和规划引领，2009年率先全国编制实施《广东省基本公共服务均等化规划纲要（2009—2020年）》，经两次修编，确立基本公共服务制度，制订覆盖十大领域104个项目清单，全面构筑符合省情、涵盖全面、覆盖城乡、便捷高效、持续发展的基本公共服务体系。

投入力度“大”。2013—2019年，全省各级财政对民生领域的投入超6万亿元。底线民生保障水平整体跃居全国前列，208万相对贫困人口实现脱贫，民生类支出占比维持在七成左右。

民生实事“实”。优化项目遴选方式，选取群众关切、兜底线的民生项目。2013—2019年，投入十件民生实事资金超过1万亿元。

保障标准“优”。基本公共服务领域中，主要保障项目指标达到或超过全国平均水平的比例达到94%。同时，建立稳定增长机制。如，2013至2019年期间，义务教育公用经费标准小学、初中分别从每生每年750元、1150元提高到1150元、1950元；城乡居民养老保险基础养老金补助标准从每人每月65元提高到170元。

供给方式“多”。综合运用财政贴息、补助、奖励、竞争性分配等方式引导社会资金投入民生领域，完善基本公共服务保障网络，形成公共服务事业供给主体多元化格局，提高公共服务效率和质量。

4. 三方向发力支持重大发展战略

羊城晚报：请问在落实广东重大发展战略上，广东财政将通过怎样的举措来进一步服务大局？

戴运龙：广东财政部门将树牢“四个意识”、坚定“四个自信”、坚决做到“两个维护”，更加坚定在新时代下推动财政事业发展的信心和决心。财政部门将坚决贯彻落实广东省委、省政府“1+1+9”工作部署，大力支持粤港澳大湾区建设、深圳建设中国特色社会主义先行示范区、广州“四个出新出彩”、构建“一核一带一区”区域发展新格局等重大发展战略实施。

一是切实发挥财政职能作用，推动实现“双区驱动”效应。我省财政将通过支持人才集聚、资金过境、债券联动、平台互通、民生共享等“五个支持”，全力推进“双区”建设，积极推动大湾区要素自由流动，充分发挥“双区驱动”效应。

二是严格落实特事特办工作机制，推动增强“双核联动”作用。制订《省财政厅支持深圳先行示范、广州“四个出新出彩”特事特办工作机制》，充分发挥省财政统筹协调、服务保障作用，及时对接广州、深圳诉求，积极协助争取中央支持。大力支持广州市、深圳市开展财税领域相关试点改革，推动形成经济高质量发展的新动力源，加快实现高质量发展。

三是实施差异化财政转移支付政策，推动构建“一核一带一区”区域发展新格局。省财政将通过健全省级财政均衡性转移支付、生态保护补偿机制等制度安排，以差异化财政转移支付政策支持推进构建“一核一带一区”区域发展新格局，增强全省发展的平衡性和协调性。

（原载于2019年11月25日《羊城晚报》，记者：严丽梅）

全国人大代表、省财政厅厅长戴运龙：为大湾区建设提供坚实财政保障

在推动科研经费跨境使用、加快促进科技创新等方面增加投入

数说2019

2019年，广东省财政厅将围绕《粤港澳大湾区发展规划纲要》重大布局，研究制定支持推进大湾区建设的财政政策，为实现这一重大国家战略目标提供坚实的财政保障。

昨日，全国人大代表、省财政厅厅长戴运龙接受广州日报专访时透露，广东省财政将聚焦粤港澳大湾区建设，在推动科研经费跨境使用、加快促进科技创新、加强会计服务交流、发行使用新增债等方面改革创新，进一步增加政策支持和资金投入。此外，2018年，广东财政在减税降费、推动经济高质量发展等方面坚决贯彻中央和省委、省政府决策部署，取得了积极成效。

减税降费：2018广东新增减税降费1600亿元

降低增值税税率、个人所得税改革、支持小微企业发展的优惠政策……去年开始，受惠这些减税措施，人们感觉税后的“钱袋子”鼓起来了。戴运龙表示，多重积极效应正在广东逐渐显现：“行动快、力度大、惠及面广！”

2018年，在落实中央减税降费政策的基础上，在地方税收权限范围内，广东提出了本省降低企业税收负担的措施，纳入“实体经济新十条”和“发展民营经济十条”。

数据显示，2018年全省新增减税降费1600亿元，约占全国1/8。据统计，2018年前三季度，全省共有5331户企业享受了高新技术企业所得税优惠政策。个人所得税改革红利将惠及1342万纳税人。

“通过减税降费，降低了生产成本，减轻了企业负担，在支持实体经济发展、激发民间投资活力、稳定经济增长等方面发挥了积极作用。”戴运龙说：“广东是制造业大省，通过增值税改革、降低增值税率等，将有效地提振制造企业信心，促进产业转型升级。”

今年，广东将继续把减税降费的“活水”引向实体经济。戴运龙表示，2019年，中央明确继续实施积极的财政政策。对于省级权限内可确定的减税降费措施，省财政厅将研究把适用税额降低到法定税率最低水平，并继续实行省定涉企行政事业性收费“零收费”。

这些举措将极大增强企业获得感。他举例道，今年1月17日中央出台的小微企业普惠性税收减免政策，授权省级政府对增值税小规模纳税人可以在一定幅度内减征“六税二费”。1月25日，省财税部门联合发文，明确在中央授权范围内，按最大幅度50%减征，将使500多万户纳税人受益，预计减税95亿元。

高质量发展：聚焦前沿科技和民生福祉

广东在构建推动经济高质量发展体制机制上要走在全国前列，必须有效发挥财政优化资源配置作用。戴运龙告诉记者，省财政部门将按照省委、省政府部署，将推动经济高质量发展作为制定完善财政政策措施的基本依据，着力提升财政资源配置效率和使用效益。

“2018年起省财政三年投入100亿元，落实重点领域研发计划实施方案，力争在前沿性、引领性技术领域取得新成效。”戴运龙透露道，2018—2020年，省级财政统筹相关资金130亿元，支持高等教育“冲一流、补短板、强特色”，增强高校服务创新驱动发展战略的能力。

经济高质量发展，离不开生态文明建设。2018—2020年省级财政将统筹存量资金533亿元，新增150亿元，累计安排683亿元，突出支

持打好污染防治攻坚战三年行动计划确定的目标任务和中央环保督察反馈突出问题的整改，推动广东省生态环境质量3年总体改善、5年明显改善。

今年广东将继续加大财政对民生领域的投入力度，突出保基本、兜底线，支持办好民生实事。据了解，2019年，全省预算安排民生类支出11393亿元，较上年执行数增长5.3%，支持把民生问题一个一个解决好、一件一件办好，以高质量发展成果切实保障和改善民生。

大湾区建设：

实现省财政科研资金顺利“过境”

《粤港澳大湾区发展规划纲要》正式发布后，建设大湾区也成了广东代表团讨论的焦点。

粤港澳大湾区的建设离不开财政的支持。戴运龙向记者透露，广东省财政将聚焦粤港澳大湾区建设，在推动科研经费跨境使用、加快促进科技创新、加强会计服务交流、发行使用新增债等方面改革创新、增加投入。

记者发现，广东省财政十分重视推动粤港澳大湾区科研合作。广东省已实施大湾区科技联合资助计划，港澳特区高等院校和科研机构可承担广东省财政科技计划项目并获得经费资助，实现广东省财政科研资金顺利“过境”。

如何推动粤港澳大湾区打造国际科技创新中心？戴运龙表示，省财政积极支持核心技术攻关和基础研究。省财政将安排35亿元推动核心技术和关键器件研发。安排14.62亿元支持重大平台与基地、实验室建设等。还将安排1亿元支持粤港澳联合实验室和协同创新平台建设，推动粤港澳大湾区国际科技创新中心建设。同时，安排粤港澳大湾区开放基金项目预算7000万元。

今年，全省预算安排民生类支出11393亿元，较上年执行数增长5.3%。

省财税部门明确在中央授权范围内，按最大幅度50%减征，将使500多万户纳税人受益，预计减税95亿元。

省财政将安排35亿元推动核心技术和关键器件研发。

安排14.62亿元支持重大平台与基地、实验室建设等。

安排1亿元支持粤港澳联合实验室和协同创新平台建设。

安排粤港澳大湾区开放基金项目预算7000万元。

（原载于2019年3月7日《广州日报》，记者：贾政、何瑞琪、杨洋、蔡冬庆、郑金城、陈家源）

广东实施差异化财政支持政策 加快推动区域协调发展

昨日，记者从广东省财政厅获悉，该厅通过完善与区域发展定位相适应的省以下财政体制，实施差异化的财政支持政策，积极支持构建“一核一带一区”（珠三角核心区、沿海经济带、北部生态发展区）区域发展新格局，加快推动区域协调发展，破解区域协调发展不平衡问题。2019年预算安排省对市县税收返还和转移支付及债券转贷支出占省级总支出的比例进一步提高到70.5%。

省财政厅介绍，省级进一步下沉财力，加大对市县特别是欠发达地区转移支付力度，向“老少边穷”地区和基层倾斜，提高各地“保工资、保运转、保基本民生”财力保障水平。

初步统计，2018年省财政对市县税收返还和转移支付及债券转贷支出达4117亿元，占省级一般公共预算总支出的69.3%，比上年提高6.6个百分点。2019年预算安排省对市县税收返还和转移支付及债券转贷支出4215亿元，占省级总支出的比例进一步提高到70.5%。

（原载于2019年4月3日《广州日报》，记者：何颖思，通讯员：岳才轩）

广东公布大湾区个税优惠政策细则 明确差额补贴的标准和范围

昨日从广东省财政厅获悉，粤港澳大湾区个人所得税优惠政策落地文件正式印发，在中央政策的基础上，进一步细化明确差额补贴的标准和范围、人才认定的框架范围和原则意见等要求。

近日，经省人民政府同意，省财政厅、省税务局联合印发《关于贯彻落实粤港澳大湾区个人所得税优惠政策的通知》(粤财税〔2019〕2号，以下简称《通知》)。《通知》明确，对在大湾区工作的境外高端人才和紧缺人才，其在珠三角九市缴纳的个人所得税已缴税额超过其按应纳税所得额的15%计算的税额部分，由珠三角九市人民政府给予财政补贴，该补贴免征个人所得税。

《通知》还明确，工资薪金所得、劳务报酬所得、稿酬所得、特许权使用费所得、经营所得、入选人才工程或人才项目获得的补贴性所得，共6项所得纳入差额补贴的个人所得范围，鼓励外籍人才到大湾区工作创造价值，同时支持外籍青年来大湾区创业就业。

补贴根据个人所得项目，按照分项计算（综合所得进行综合计算）、合并补贴的方式进行，每年补贴一次。从两处以上取得前述所得的人才，补贴按照属地原则进行合理分担，便于各地具体衔接。

此外，《通知》明确高端人才和紧缺人才的框架范围和原则意见，比如应当具备以下基本条件：香港、澳门永久性居民，取得香港入境计划（优才、专业人士及企业家）的香港居民，台湾地区居民，外国国籍人士，或取得国外长期居留权的回国留学人员和海外华侨；在珠三角九市工作，且在此依法纳税，等等。具体由各市制定操作办法，赋予各市充分的自主权。

该《通知》自今年1月1日起执行，试行一年，一年后视情况予以修订。

(原载于2019年6月23日《广州日报》，记者：何颖思，通讯员：岳才轩)

省财政厅解读公职人员差旅伙食费和市内交通费收交新规
早午晚三餐无收费标准的 分别按20元40元40元交纳

无对外收费标准的，差旅伙食费早午晚三餐分别按照20元、40元、40元交纳费用，市内交通费按每半天交纳40元，每日最高交纳80元……近日，省财政厅、省委机关事务管理局、省人民政府机关事务管理局联合印发《关于规范差旅伙食费和市内交通费收交管理有关事项的通知》(以下简称《通知》)，细化明确公职人员差旅伙食费和市内交通费交纳标准及管理要求，规范接待单位开具凭证及收取费用管理。

8月下旬，省财政厅开展了省级公务支出管理业务培训，将新出台的规范差旅伙食费和市内交通费收交管理政策作为其中的重要一课进行全面解读。

差旅伙食费：无对外收费标准的早午晚三餐分别按20元、40元、40元交

《通知》明确，省直党政机关和事业单位出差人员（以下简称出差人员）出差期间按规定领取伙食补助费。除确因工作需要由接待单位按规定安排的一次工作餐不用交纳伙食费外，出差人员用餐费用自行解决。出差人员需接待单位协助安排用餐的，应当提前告知控制标准，并向伙食提供方交纳伙食费。在单位内部食堂用餐，有对外收费标准的，出差人员按标准交纳；没有对外收费标准的，早餐按照日伙食补助费标准的20%交纳，午餐、晚餐分别按照日伙食补助费标准的

40%交纳。在宾馆、饭店等餐饮服务单位用餐的，按照餐饮服务单位收费标准交纳相关费用。出差人员如无需接待单位协助安排用餐的，可选择自行解决用餐。

据省财政厅介绍，按现行省直党政机关和事业单位差旅费伙食补助100元每人每天的标准，早午晚三餐应分别按照20元、40元、40元交纳费用。

市内交通费：无收费标准的每半天交纳40元，每日最高交纳80元

《通知》提出，出差人员出差期间按规定领取市内交通费。接待单位协助提供交通工具并有收费标准的，出差人员按标准交纳，最高不超过日市内交通费标准；没有收费标准的，每人每半天按照日市内交通费标准的50%交纳。

省财政厅介绍，按现行省直党政机关和事业单位差旅费市内交通补助标准，每人每日最高交纳80元，每半天交纳40元。

出差人员：应当索取相应凭证，不作为报销依据

《通知》明确，接待单位协助安排用餐、提供交通工具的，出差人员应当索取相应的行政事业单位资金往来结算票据或税务发票等凭证，个人保存备查，不作为报销依据。

省财政厅对此作出解释，因出差人员已领取差旅伙食费和市内交通费补助，上述凭证不作为报销依据，个人保存备查，既强化个人责任，又解决财务人员审核难、报销手续繁琐的问题，避免既领取相关补助又再报销相关费用。

接待单位：按规定收取相关费用，及时出具收款凭证

《通知》提出，接待单位应当按规定收取出差人员相关费用，及时出具行政事业单位资金往来结算票据或税务发票；确实无法出具上述凭证的，可出具其他收款凭证。加强收取费用的管理，做好业务台账登记，纳入统一核算，所收费用可作为代收款项用于相关支出或作收入处理。

省财政厅解释，上述规定解决了此前接待单位不愿收、不敢收及凭证出具和账务处理不明晰、不规范的问题。在具体操作上，可按照《关于省直党政机关和事业单位差旅费管理问题的补充通知》中有关要求，接待单位收取的伙食费、市内交通费用于抵顶接待单位的招待费支出、车辆运行支出等接待相关支出。

各地各部门：制定本地区、本单位具体操作规定

《通知》提出，各地各部门要按有关规定进一步完善内部管理制度，合理制定收费标准，协助安排用餐应当根据出差人员告知的控制标准合理安排。同时，为统一规范要求，《通知》要求各地要结合本地区实际，制定本地区出差人员差旅伙食费和市内交通费收交管理规定。省直各单位可根据本通知要求，制定本单位差旅伙食费和市内交通费交纳、报销具体操作规定。

据省财政厅介绍，《通知》是为深入贯彻落实中央八项规定精神，严肃财经纪律，根据《党政机关厉行节约反对浪费条例》《广东省党政机关国内公务接待管理办法》《省直党政机关和事业单位差旅费管理办法》等规章制度，按照《财政部办公厅 国家机关事务管理局办公室 中共中央直属机关事务管理局办公室关于规范差旅伙食费和市内交通费收交管理有关事项的通知》（财办行〔2019〕104号）要求，结合广东实际制定的。

（原载于2019年9月11日《南方都市报》，记者：李文，通讯员：岳才轩）

主题索引

说　明

1. 本索引为《广东财政年鉴》2020年卷主题分析索引，由条目索引、数据图表索引和随文图片索引三部分组成。款目按汉语拼音字母（同音字按声调）升序排列。书中的类目名、分目名用黑体字标明，其余用宋体字排印。
2. 索引款目后的括号为说明项，款目后的数字表示内容所在页码，数字后面的拉丁字母（a、b、c）表示栏别（即版面的1、2、3栏）。表格索引和随文图索引只标注页码。
3. 同一主题在书中多处出现的，在其款目后用不同的页码注明；同一主题在市县财政工作类目中不同城市出现的，在同一款目下另起行退一字排列。
4. 本索引对《图片专辑》《中华人民共和国成立70周年广东财政改革发展专记》《年度关注》《大事记》《文献专载》《规范性文件》《附录》等类目内容不做主题分析。

条目索引

数字

B

C

D

F

G

R

S

T

W

X

Y

Z

数据图表索引

F

G

H

Q

S

Z

随文图片索引

H

J

M

Q

S

T

Y

Z

Table of Contents

Photo Album

70th Anniversary of the Founding of the People's Republic of China: Special Feature on Fiscal Reform and Development of Guangdong

Highlights of the Year

Memonabilia

Guangdong Public Finance Outline

Legislation and Taxation of Public Finance

Fiscal Budget Management

Government Debt

Treasury Management

Budget Management by Specialized Departments

Fiscal Supervision and Management

Administrative Construction

Fiscal Services

Industry Associations and Societies

Municipal and County-level Public Finance

Fiscal Organizational Structure and Honors

Fiscal Statistics

Special Articles

Normative Documents

Appendix